시골과 도시

나남
nanam

한국연구재단 학술명저번역총서
서양편 354

시골과 도시

2013년 4월 15일 발행
2013년 4월 15일 1쇄

지은이_ 레이먼드 윌리엄스
옮긴이_ 이현석
발행자_ 趙相浩
발행처_ (주) 나남
주소_ 413-120 경기도 파주시 회동길 193
전화_ (031) 955-4601 (代), FAX : (031) 955-4555
등록_ 제 1-71호(1979.5.12)
홈페이지_ http://www.nanam.net
전자우편_ post@nanam.net

ISBN 978-89-300-8673-8
ISBN 978-89-300-8215-0 (세트)
책값은 뒤표지에 있습니다.

'한국연구재단 학술명저번역총서'는 우리 시대 기초학문의 부흥을 위해
한국연구재단과 (주)나남이 공동으로 펼치는 서양명저 번역간행사업입니다.

문화연구의 새 장을 연 레이먼드 윌리엄스의 대표작!

시골과 도시

레이먼드 윌리엄스 지음

이현석 옮김

나남
nanam

제임스 버드, 매리 앤 루이스, 조셉 윌리엄스, 마가렛 윌리엄스
시골 노동자들이셨던, 제 조부모님들께 바칩니다

옮긴이 머리말

통계마다 다소 차이는 있으나 현재 한국의 전체 인구 중 읍면 이상의 도시에 거주하는 인구의 비율(도시화율)은 80%를 넘는 것으로 알려져 있다. 모르긴 해도 이 책을 읽는 독자들 중 열에 아홉은 도시 사람들일 것이라는 이야기이다. 1960년대만 해도 도시화율이 20% 남짓하였음을 감안하면, 그간 한국에서 진행된 도시화의 가공할 만한 속도와 규모를 너끈히 짐작할 수 있다. 우리만큼 극단적이지는 않지만 세계 전체의 사정도 크게 다르지 않다. 세계의 도시화율은 1970년대에 30% 정도였던 데 반해 현재는 50%를 넘어섰다. 사정이 이러하니 지구 전체가 도시로 뒤덮이는 날이 멀지 않았다 해도 과언이 아니다.

도시는 고대부터 존재했으나 본격적인 도시화는 아무래도 자본주의 경제체제의 발흥과 떼어서는 생각할 수 없다. 근대 이후 유럽의 일부 지역에서 시작된 자본주의 경제체제는 산업화와 도시화를 양대 축으로 삼아 인류 전체를 절대빈곤에서 해방시킬 수 있을 만큼 엄청난 생산력의 발전을 이룩하였다. 그 결과 산업화와 도시화를 먼저 이룬 유럽의 일부 국가들은 세계의 다른 지역들이 따라야 할 본보기가 되었다. 다른 지역들이 유럽의 일부가 경험한 근대화 과정을 모방한다면 그 지역들에도 자본주의 경제체제가 성공적으로 뿌리를 내릴 것이고, 이는 결국 세계 전체의 번영으로 이어지리라는 것이었다. '근대화 이론'으로 일컬어지는 이와 같은 주장들이 창궐하는 가운데, 유럽 일부 지역의 도시는 다른 지역에도 미구에 도래할 발전상을 앞서 보여 주는 사례로 정착되었다. 그리고 이들 도시에 숲을 이룬 고층 건물들, 거대한 공공시설들, 휘황한 밤거리의 조명들은 많은 이들의 선망의 대상으로 부각되었다.

레이먼드 윌리엄스의 《시골과 도시》는 유럽의 바로 이 지역, 그중에서도 주로 영국의 잉글랜드에서 진행된 도시화 과정을 치밀하게 추적한다. 왜 하필 잉글랜드인가? 그것은 자본주의가 가장 먼저 발흥했을 뿐 아니라 이후 전 세계로 확장되는 데 결정적 역할을 담당한 지역으로서, 도시화와 산업화를 이해하고 그것의 여러 문제들을 성찰하는 데 요긴한 사례들을 제공하기 때문이다.

그런데 《시골과 도시》는 크게 두 가지 점에서 잉글랜드의 도시화나 산업화 과정을 다루는 많은 연구서들과 다르다. 우선 다분히 논쟁적이다. 이를테면 저자는 도시를 시골의 미래형으로 보는 데 반대한다. 다시 말해서 단선적으로 나아가는 시간상의 어느 한 점에 시골이 존재하고 그것이 진화하여 도시가 되는 것으로 보는 관점을 부정한다. 도시는 시골과 동시대에 존재하며, 시골을 약탈하고 착취하면서 성장한다. 도시에서 성장한 자본은 시골의 농지를 강압적으로 사유화한 끝에 결국 다수의 농민들을 '자유로운'(노동력을 판매하는 것 외에는 다른 생계 수단이 없는) 노동자로 '해방'시키기에 이른다. 잉글랜드가 급속도로 산업화하고 맨체스터를 비롯한 새로운 유형의 도시들이 우후죽순처럼 생겨난 것은 바로 시골에 대한 이처럼 잔혹한 침탈 — 이후 '시초축적'이라고 불리게 되는 — 이 수백 년간 지속된 결과였다. 그런데 《시골과 도시》는 잉글랜드의 도시와 시골 사이에서 진행된 잔혹한 역사를 이렇듯 집중적으로 다루지만, 그렇다고 해서 논의의 범위를 잉글랜드로 한정하는 것은 아니다. 저자에 따르면 잉글랜드의 도시 자본이 시골을 붕괴시켰던 것은 시골을 대신하여 식량이나 원료를 제공해 줄 식민지가 존재했기 때문이다. 요컨대 잉글랜드 내부의 시골과 도시의 잔혹사는 잉글랜드라는 '대도시적 국가'와 해외 식민지 간의 더욱 폭력적인 역사와 동시적으로 전개된 것이었다. 여기서 우리는 《시골과 도시》의 현재성을 확인하는데, 결국 저자는 자본주의적 근대화가 순차적으로 세계를 동질화하는 과정이 아니라 같은 시간 속에서 세계를 공간적으로 차별화하는 과정이었고(데이비드 하비), 서구적 근대의 성립은 '생각하는 자아'가 아니라 식민지 침탈에서 생겨난 '정복하는 자아'에 의한 것이었음(엔리케 두셀)을 이미 풍부한 사례를 들어 보여 주고 있기 때문이다.

《시골과 도시》의 논쟁적 측면은 시골을 보는 시각에서도 역시 뚜렷하게 드러난다. 《시골과 도시》가 출판될 당시의 영국에서는 자본주의가 초래한 재앙을 비판하면서 자본주의 도래 이전 시기를 신비화하고, 잉글랜드의 옛 시골 마을을 '유기적 공동체'로 이상화하는 풍조(F. R. 리비스로 대표되는)가 유행하였는데, 저자는 이러한 풍조를 통박한다. 저자는 이들이 말하는 '유기적 공동체'를 확인하기 위해서 시간의 에스컬레이터를 타고 과거로 여행을 해 보지만, 결국 대다수 민중이 지배계급의 폭력적 침탈에 신음하는 장면들만을 확인하게 될 뿐이다. 자본주의의 도래 이후 도시와 시골 간에 일방적인 지배·약탈 관계가 형성된 것은 사실이다. 그러나 그렇다고 해서 자본주의 이전 시기의 전통적 시골 마을을 권력 관계로부터 자유로운 이상적 공동체로 상정하는 것은 잘못이라는 것이다. 도시와 대비하여 시골을 이상화하는 것은 역사적 사실을 오인하는 것일 뿐 아니라, 도시에서 진행되었거나 지금도 진행 중인 많은 유의미한 변화를 놓칠 우려가 있다는 점에서 정치적으로도 위험한 행위이다. 문제는 자본주의의 도래 이전과 이후를 관통하는, 그리고 도시와 시골을 두루 포용하는, 넓은 시공간 속에서 실제로 벌어지고 있는 지배 피지배 관계의 진상을 추궁하는 작업일 것인바, 《시골과 도시》는 바로 이러한 작업을 수행하고 있는 것이다.

《시골과 도시》의 두 번째 특징은 이러한 작업을 수행하는 과정에서 다양한 '문학적' 텍스트들을 폭넓게 활용하고 있다는 점이다. 빼어난 문학·문화이론가로서의 저자의 이력을 감안할 때 이는 어쩌면 당연한 일일는지도 모른다. 그러나 여기에는 단순한 편의성 이상의 의미가 있다. "옮긴이 해제"에서 상세히 논할 것이므로 줄여 이야기하면, 저자는 평생에 걸친 문학연구 작업을 통해서 문학 텍스트가—적어도 근대 이후 저자의 당대에 이르는 '문학 제도'의 전성기 동안에는—시대의 변화를 감지하는 가장 예민한 촉수들 중 하나로 기능하였음을 확인하였다. 말과 글은 개인의 개성적 표현이자 어떤 의미에서는 동시대를 사는 이들이 함께 빚어내는 장엄한 합창이기도 하다. 그렇기 때문에 그것은 인간들이 어울려 만드는 변화의 움직임에 기민하게 반응할 수밖에 없다. 훌륭한 '문학적' 텍스트란 이러한 변화의 기척을 의미심장하게 담아낸 글일 것이며, 훌륭한 문학·문화연구자들이란 글 속에서 이러한 변화의 징후들을 추출하는 데 능력을 발휘하는 사람들일 것이다. 이런 관점에서 《시골과 도시》는 이미 고전으로 공인된 텍스트를 새로이 해독할 뿐 아니라 경우에 따라서는 주류 문화가 역사의 무덤 속에 매몰해버린 많은 텍스트들을 새로이 발굴해내기도 하면서, 시골과 도시를 중심으로 거대한 역사의 변화가 진행되는 장면을 재구성해내고 있는 것이다.

《시골과 도시》는 1973년 처음 출간(Chatto & Windus)된 이래 1975년(Oxford University Press와 Paladin), 1985년(Hogarth Press), 2011년(Spokesman Books)에 판형을 달리하여 간행되었다. 그러나 저자에 의해서 의미 있는 수정이 이루어진 경우는 없다. 번역 텍스트로는 가장 많이 알려진 1975년의 옥스퍼드대학 출판부 판을 사용하였다.

고전 고대에서 현대에 이르는, 그리고 서사시, 노동요, 자서전, 과학 소설 등을 망라하는 숱한 인용문들은 번역작업을 시시각각 가로막는 장애물이었다. 결국 약속했던 시간을 훨씬 지나서야 탈고하게 되었는데, 그 과정에서 일역판(《田舍の都會》, 山本和平·增田秀男·小川雅魚 번역, 晶文社, 1985)의 존재는 큰 힘이 되었다. 그리고 역자보다 더 세심하게 원고를 들추어 오류를 지적하고 대안을 함께 모색해 준 익명의 리뷰어들에게서 결정적인 도움과 자극을 받았음도 밝히지 않을 수 없다. 일역판이나 리뷰어들과 역자 사이에는 여전히 이견이 존재한다. 그러나 이들이 없었다면 이만큼의 작업조차 도무지 불가능했을 것이다. 이들에게 깊은 감사를 드린다.

2012년 9월

이 현 석

시골과 도시

차례

제 1 장

시골과 도시

'시골'(*country*)과 '도시'(*city*)는 의미가 매우 풍부한 단어들이다. 그리고 두 단어가 인간 공동체의 경험에서 얼마나 많은 것을 대변하는 것으로 여겨지는지를 상기하면, 이는 놀랄 일이 아니다. 영어로 '시골'은 국가를 의미하는 동시에, '국토'(*land*)의 일부를 의미하기도 한다. '시골'은 사회 전체일 수도 있고, 아니면 사회의 일부인 전원지역일 수도 있다. 인간은 오랜 정착생활의 역사 속에서 인간의 생계를 직간접적으로 해결해 주는 토지와 인간 사회가 이룬 업적 사이의 관계를 깊게 인식해 왔다. 그리고 도시는 바로 인간 사회가 이룬 업적들 중 하나였다. 수도가 되었건 아니면 단순한 대도시가 되었건 도시가 문명의 특징적 형태라는 사실에는 변함이 없다.

실제 역사에서 구체적 거주형태가 놀라울 정도로 다양했음에도, 그 다양한 거주형태에 대해서 일정한 강렬한 감정이 축적되어 왔고 또 일반화되어 왔다. 시골에 대해서는 평화, 순수, 소박한 미덕 등이 깃든 자연적 생활방식이라는 관념이 축적되었고, 도시에 대해서는 학문, 소통, 빛 등이 존재하는 인간 업적의 중심이라는 관념이 축적되었다. 이와 관련하여 대단히 적대적인 연상 또한 이루어졌다. 그 연상에 따르면 도시는 소음, 세속성, 야심의 장소이고, 시골은 후진성, 무지, 편협함의 장소이다. 시골과 도시를 서로 대조되는 근본적 인간 생활방식으로 보는 이러한 관점의 기원은 고전 시대까지 거슬러 올라간다.

그러나 실제 역사는 줄곧 놀라울 정도로 다양하게 전개되었다. '전원적(시골의) 생활방식'은 사냥꾼, 목동, 농부,[1] 공장식 농장주 등의 서로 판이하게 다른 삶을 포괄해 왔다. 그리고 그것의 조직형태는 부족 집단과 장원에서 봉건영지까지, 혹은 소농과 차지농에서 자치 코뮨(*commune*)까지, 라티푼디움[2]과 집단농장에서 대규모 자본주의 기업과 국영 농장에까지 다양하였다. 도시 역시 종류가 다양하기로는 시골 못지않았다. 도시는 일국의 수도, 행정의 본부, 종교의 중심지, 시장, 항구, 무역의 거점, 군대 주둔지, 공업 중심지 등을 모두 포함하였다. 고대와 중세의 도시들과 현대의 대도시나 집합도시[3]들은 모두 도시라는 명칭으로 불리고 기능 면에서도 일부 관련이 있긴 하지만, 본질은 전혀 다르다. 게다가 현대 세계에는 시골과 도시라는 전통적 양극단 사이에 근교 주택지, 베드타운, 판자촌, 공업단지와 같은 대단히 다양한 거주지가 존재한다. 일견 단순해 보이는 마을(*village*) 개념조차 실제 역사에서는 외부적으로는 그 규모와 종류에 따라, 내부적으로는 거주 형태가 분산적인가 집중적인가에 따라, 대단히 다양한 의미를 갖는다. 이는 영국(Britain)에서도 다른 어느 나라나 마찬가지로 분명하게 확인할 수 있는 사실이다.

---

1) (역주) farmer: 'farm'은 저자가 이 책 말미의 "덧붙이는 말"에서도 언급하고 있듯이, 본디 (지대나 세금으로 지불하는) 고정금액을 뜻하는 라틴어 'firma'에서 유래한 단어였다. 이에 따라 'farmer'는 16세기 이후 '지대를 지불하고 토지를 임대하여 작물을 재배하는 자'를 의미하게 되었으나, 차츰 의미가 확장되어 '작물을 재배하고 가축을 사육하는 농부 일반'을 지칭하는 데에도 사용되기에 이르렀다. 저자는 이 모두를 포괄하는 의미로 이 단어를 사용하고 있다. 따라서 역어를 통일하지 않고 맥락에 따라 '임차농', '임대 농장주', '농부', '(자영) 농장주' 등으로 옮기기로 한다.

2) (역주) latifundia, latifundium: 고대 로마의 대토지소유제도.

3) (역주) conurbation: 집합도시, 광역도시권. 몇 개의 도시가 팽창하여 형성된 하나의 거대한 도시권.

실제 역사가 이렇게 다양한데도 시골과 도시에 관한 특정한 이미지들과 연상들은 끈질기게 존속한다. 이 책의 목적은 그 이미지들과 연상들을 묘사하고 분석하는 것, 그리고 그것들을 다양한 역사적 경험과 관련하여 고찰하는 것이다. 나의 관심 범위는 훨씬 넓지만 현실적인 이유에서 이 책은 대체로 영국[4]의 문헌들로 분석대상을 한정하였다. 그렇긴 하되 영국의 경험이 특별한 중요성을 갖는다는 사실은 어떤 경우에도 확연하게 드러날 것이다. 그도 그럴 것이 영국은 시골과 도시의 관계에서 결정적인 변화들 중 하나가 매우 이른 시기부터, 그것도 어떤 의미에서는 지금까지도 비슷한 예를 찾기 힘들 만큼 철저하게, 일어났던 곳이기 때문이다. 산업혁명은 단순히 도시와 시골 모두를 변화시킨 것만이 아니었다. 산업혁명의 기반은 고도로 발전된 농업자본주의였는데, 그 농업자본주의는 진작부터 전통적 농민층을 소멸시키며 형성된 것이었다. 영국 역사의 제국주의 단계에서 영국과 그 식민지들의 농업경제의 성격은 다시 한 번 여느 지역보다 꽤나 앞서 변화하였다. 그 결과 국내 농업에의 의존도가 대폭 줄었고, 농업 종사자는 경제활동인구의 4퍼센트를 넘지 않게 되었다. 이런 변화가 일어났을 때 영국은 이미 인류의 장기간에 걸친 정착생활의 역사에서 최초로 출현한 압도적 도시거주형 사회의 모습을 보이고 있었다. 이후 진행된 두드러진 발전 중 많은 부분이, 심지어 전 세계에서 통용된 '발전'의 관념 자체가, 영국이 보여준 명확한 선례를 따르게 되었기 때문에 영국의 경험은 여전히 남다른 중요성을 갖는다. 영국의 경험은 문제의 징후를 보여줄 뿐 아니라 어떤 의미에서는

---

4) (역주) English, England: 'England'는 스코틀랜드, 웨일즈, 북 아일랜드와 함께 영국(The Great Britain)을 구성하는 특정 지역의 명칭이다. 그러므로 이를 정확히 옮기자면 '영국'이 아니라 '잉글랜드'라고 해야 할 것이다. 그러나 저자는 잉글랜드지역의 변화가 영국 전체는 물론이고 나아가서는 세계 전체의 변화를 선취하는 의미를 갖고 있다고 주장한다. 따라서 영국의 다른 지역과 잉글랜드지역의 차별성을 드러나게 지적하는 경우를 제외하고는 '잉글랜드'를 모두 '영국'으로, '잉글리시'를 '영국의'로 옮기기로 한다.

징후에 대한 진단의 역할까지 하는 것으로서, 우리는 지금도 — 앞으로는 어떻게 될지 모르지만 — 그 경험을 여전히 생생하게 기억한다. 우리가 영국의 경험을 생생하게 기억하는 이유는 다음과 같은 중요한 사실들 때문이다. 영국인들은 급격한 변화에도 불구하고 시골과 시골생활이라는 관념에 대하여 일정한 태도를 이례적일 정도로 완강하게 고수했다. 그 결과 사회가 압도적으로 도시적이 되었을 때조차 농촌 문학은 여전히 수십 년 동안 영국 문학의 주류였다. 그리고 20세기에 들어서까지도 여러 형태의 전통적 관념과 경험이 도시와 공업지역에 엄존한다. 이 모든 사실들이 시골과 도시에 관한 영국의 경험과 이해에 — 독점적인 중요성이라고는 물론 말할 수 없지만 — 영속적인 중요성을 부여하는 것이다.

우리는 영국의 이러한 중요성을 일반론적으로 말할 수 있고, 또 일반론적으로 평가해야 마땅할 것이다. 그러나 이 문제는 내가 기억할 수 있는 어린 시절부터 나를 줄곧 따라다녔던 개인적 문제이기도 함을 미리 말해두는 것이 좋겠다. 나는 도시화와 산업화의 경향이 지배적이던 시절, 잉글랜드와 웨일즈 접경 지역의 매우 오래되고 외진 벽촌에서 태어났다. 20마일도 안 되는 거리 안에 — 사실 한 버스 노선의 종점에 — 한쪽에는 오래된 대성당의 도시가, 다른 쪽에는 오래된 경계지 시장 마을이 있었지만, 그러나 거기서 불과 몇 마일 떨어지지 않은 곳에는 거대한 사우스 웨일즈 철강석탄지대와 최초로 건설된 산업도시들이 있었다. 즉, 나는 인간의 거주형태와 생활방식의 차이나 역사적 변화과정에 대한 그 어떤 묘사나 해설을 읽기 전부터 그것들의 실태를 현장에서, 결코 잊을 수 없을 정도로 명료하게, 목격했던 것이다. 교육을 받는 동안 나는 대학을 중심으로 건설된 또 다른 도시로 떠났고, 이후 생활과 여행과 업무 때문에 실로 다종다양한 대도시들을 방문하게 되었다. 그런 가운데 시간과 공간의 전후를 살피면서 시골과 도시의 관계를 하나의 경험이자 문제로 인식하고 이해하기 위해 노력하였다. 나는 이미 다른 방식으로 이를 다룬 바 있지만,[5] 그와 함께 시골과 도시의 관계를 사회, 문학,

사상을 망라하는 역사의 문제로 명료하게 서술하기 위해서 꾸준히 자료를 수집해 왔다.

이 책은 그 결과물이다. 그러나 책의 서술이나 분석은 종종 어쩔 수 없이 일반론적인 형식을 취하긴 하지만, 그럼에도 그 배후에는 언제나 이처럼 개인적인 경험의 무게와 깊은 관심이 존재한다. 그리고 시골과 도시의 관계는 객관적으로 존재하는 문제일 뿐 아니라 수백만의 사람들의 초미의 관심사이자 직접적인 경험이었고 지금도 그러하기 때문에, 이러한 개인적 동기를 언급한다 해서 그 동기를 굳이 정당화할 필요는 없으리라 본다.

그리하여 논의를 시작하기도 전에 시골 생활은 이미 내게 많은 의미를 지닌 것으로 다가온다. 시골 생활은 내가 지금 글을 쓰고 있는 창문 저 너머 들판의 느릅나무, 산사나무, 하얀 색깔의 말(馬)이다. 그것은 11월 저녁에 가지치기를 끝낸 후 카키색 외투 주머니에 손을 찌르고 걸어서 귀가하는 남자들이다. 그리고 아이들이 학교에 가 있는 동안 추수작업을 하기 위하여 오두막 바깥에서 스카프를 목에 두른 채 밭으로 데려다 줄 푸른 색 버스를 기다리는 여자들이다. 그것은 진흙탕 길에 톱니바퀴 모양의 흔적을 남기며 움직이는 트랙터이고, 분만을 앞둔 돼지를 한밤중에 가녀리게 비추고 있는 길 건너 돼지우리의 불빛이며, 꼬부라진 모퉁이 길을 도느라 화물칸에 빽빽하게 들어찬 양떼들이 죄다 한쪽으로 몰려 울어대는 털털거리는 트럭이고, 고즈넉한 저녁 무렵 당밀 먹인 건초에서 풍겨오는 지독한 냄새다. 그것은 또한 투기적 개발로 에이커에 12,000파운드의 택지로 거래되는, 길에서 그리 멀리 떨어지지 않은 불모지 — 밑으로는 점토층이 두텁게 깔린 — 이다.

이미 말했듯이 나는 시골 마을에서 태어났고, 지금도 시골 마을에서 살고 있다. 그렇지만 내가 태어난 곳은 웨일즈 접경지역의 블랙마운틴

5) (역주) 소설 《접경 지역》(*Border Country*, 1960)과 《두 번째 세대》(*Second Generation*, 1964) 등을 말한다.

즈 산맥 밑이었다. 그곳에는 붉은 빛의 경작지를 배경으로 연푸른 목초지가 펼쳐져 있고, 창문 너머로 맨 처음 눈에 들어오는 것은 호랑가시나무와 떡갈나무이다. 그런가 하면 지금 내가 사는 곳은 평지로서, 이스트 앵글리아지방 특유의 높다란 하늘 밑으로 점토층 토양이 수로와 수문에까지 이어지는, 검은 빛의 펜즈(늪지대)이다.

나는 이처럼 대조적인 자연환경을 언제나 의식하였다. 그러나 대조적인 것은 이것만이 아니다. 블랙마운틴 마을 내부에는 역시 여기와 마찬가지로 대단히 풍부한 감정을 일으키는 강렬한 대조가 존재한다. 일견 인간의 때가 묻지 않은 것으로 보이는 자연 — 나무들과 새들과 변화무쌍한 산야의 형상들에 대한 물리적 감각 — 과, 그 자연의 많은 부분을 실제로 생산하고 있는 농업 노동의 대조가 그것이다. 블랙마운틴 마을에서는 흙으로 된 경사면에 서 있고 여기서는 평지나 좁은 도랑 곁을 따라 서 있는 관목울타리, 블랙마운틴 마을에서는 호랑가시나무나 떡갈나무와 함께 서 있고 여기서는 느릅나무나 가시덤불과 함께 서 있는 관목울타리. 그리고 그것들을 보고 심고 관리해 온 인간들. 어린 시절 우리 오두막 옆을 지나던 좁은 길의 끝에는 지금 화물트럭이 질주하는 자동차도로가 직선으로 뻗어 있다. 그러나 그 좁은 길 역시 누군가가 만들고, 정비하고, 차로 달리던 곳이었다. 그 좁은 길은 완료된 지 채 두 세대도 지나지 않은 토지작업의 결과였다. 한 젊은 건설업자가 농부의 딸과 결혼하여 밭의 한 모퉁이를 물려받았고, 그 밭에 집을 지었고, 다음에는 좁은 길이 있는 작업장을 만들었고, 그 옆으로 다른 집들을 지었던 것이다. 이후 그는 또 다른 작업장들을 지었는데, 나중에 그것들은 집이 되었다. 그가 처음 지은 작업장이 바로 내 부모님의 최초의 집이었다. 지금 내가 사는 집 뒤편에는 느릅나무가 서 있고 흰 말이 노니는 들판이 있다. 그 들판에는 9세기에 지어진 건축물의 희미한 흔적이 남아 있다. 들판의 1피트 아래로는 쇄석도로가 숨어 있는데, 덕분에 오늘날 철조망을 새로 치기 위해 말뚝을 박으려는 인부들이 애를 먹곤 한다.

이처럼 시골 생활에는 감정, 활동, 지역, 시간의 면에서 제각기 다른 의미들이 다수 존재한다. 들판 아래 깔린 쇄석은 말이 지나다니는 길 끝에 있는 대학보다 오래된 것으로서, 가시나무 울타리 밑에 숨어서 바람이 많이 부는 탁 트인 들판을 가로질러 스타브구즈 숲을 지난 곳까지 5마일가량 뻗어 있다. 쇄석 위를 덮은 지층은 어떤 계산에 의하면 천 년 정도 되었다고 한다. 한편 블랙마운틴 마을의 좁은 길은, 지금의 자동차 도로와도 다르고 내 기억 속의 그늘진 좁은 길과도 사뭇 다르지만, 어쨌건 비교적 근자에 만들어진 것으로서 12살 난 내 아버지가 농장의 인부로 일하던 시절의 산물이다. 나는 아버지가 농장을 그만둘 때 받은 농장주의 추천장을 가지고 있다. 추천장에서 농장주는 떨리는 둥근 필체로 아버지가 정직하고 의욕적인 사람이라고 적고 있다. 아버지가 농장을 그만둔 것은 철도의 짐꾼으로 일하기 위해서였다. 계곡을 통과하는 길은 네 갈래였다. 구도로, 석탄운반용 궤도, 신도로, 철도가 그것이다. 계곡으로 통로를 내기 위해서 땅을 잘라내고 돋운 흔적들이 언덕을 따라 꼬부라지는데, 그것은 만든 지 백 년이 지난 안정되고 친숙한 풍경이었다. 내가 태어났을 때 아버지는 계곡의 신호소에서 근무하는 철도 신호수였다. 그는 뉴포트와 헤리포드, 그리고 더 멀리는 런던처럼 유명한 장소들과 연결된 교통망의 일부였지만, 그럼에도 자기 채마밭을 가꾸고, 양봉을 하고, 거기서 나온 소출을 팔기 위해 자전거를 타고 장에 가는, 마을 사람이었다. 농장주는 승용차를, 중개업자는 트럭을, 아버지는 자전거를 타고 장에 갔다. 이것은 철도와는 다른 또 하나의 교통망이었다. 내가 지금 이야기하고 있는 것은 우리가 사는 바로 이 세기의 일이다. 아버지는 할아버지와 마찬가지로 농투성이로 태어났지만, 역시 할아버지와 마찬가지로 농사일로는 생계를 해결할 수 없었다. 내 할아버지 조셉은 중년까지 농장노동자로 일하다가 직업과 거처를 잃고 도로건설 인부가 되었다. 그는 중부지방과 여러 도시들로 연결되는 도로의 개통을 위해 산을 깎고 벌목하는 일을 했다. 삼촌 중 한 명은 런던에 살았고, 다른 삼촌은 버밍엄에 살았다. 우리는 모두 한가족으로서 방문을 위해서나 휴가를 보내기 위해서 시골과 도시를 왕래하였다. 우리는 도로를 따라서, 그리고 나중에는 철도를 따라서, 혹은 우편물과 인쇄물이 가는 곳에 따라서, 흩어져 살았던 이산가족이었다. 시골과 도시 사이의, 중간 규모의 장소와 지역공동체 사이의, 중간적 직업 혹은 임시 직업과 거주지 사이의, 관계와 커뮤니케이션은 이런 식으로 변화하였다.

이처럼 시골 생활은 다양한 의미를 지니고 있었다. 그러나 시골 생활의 다양한 의미는 자체적으로도 변화하였고, 다른 것들과의 관계 때문에 변화하기도 했다. 내 고향인 남서부 지역에서는 밤이 되면 브리너(Brynarw)의 검은 산등성이 저쪽으로 남 웨일즈 공업지역의 용광로가 붉게 타오르곤 했다. 이제 동부에 사는 나는 밤이 되면 느릅나무와 흰 말의 들판 저쪽으로 케임브리지의 불빛을 본다. 그 불빛은 노란색이 섞인 흰 색이다. 이곳에서는 가을이면 수확이 끝난 밭을 태우는데, 때로는 가시나무 울타리까지 불이 옮겨 붙기 때문에 처음 그 장면을 밤에 보았을 때 나는 진짜 기묘한 화재가 난 줄 알았다. 나 자신의 교통망은 지금 앉아서 글을 쓰고 있는 창가로부터 케임브리지와 런던, 그리고 그 너머에 있는 우체국 소인이 찍히는 장소들, 낯선 소인들과 먼 도시들, 이를테면 로마, 모스크바, 뉴욕에까지 이른다.

도시의 불빛. 나는 침대에 들기 전 어두운 방으로 나와 밤하늘의 불빛을 본다. 나처럼 이렇게 서서 도달할 수 있을 것 같기도 하고 없을 것 같기도 한 크라이스트민스터를 멀찌감치 응시하던 하디의 주드를 떠올리며 도시를 본다.[6] 혹은 고원지대에서 런던으로 오던 중 웨스트민스터 다리에서 다음과 같이 읊었던 워즈워드를 떠올린다.

---

6) (역주) 토머스 하디의 소설《이름 없는 주드》(*Jude the Obscure*, 1895)에서 주인공 주드는 가난한 석공으로 일하면서 크라이스트민스터대학에 입학할 것을 꿈꾸고 열심히 노력하지만 결국 뜻을 이루지 못한다.

세상에 이보다 아름다운 것은 없으리라.
이처럼 장엄한 광경을 무덤덤하게 지나치는 사람은
참으로 아둔한 사람일 것.
이 도시는 이제 아침의 아름다움을
의상처럼 입는다. 배들, 탑들, 높은 건물들, 극장들, 사원들은
말없이 벌거벗은 채, 누워서 들판과 하늘을 향해 몸을 연다.
연기 한 점 없는 공기 속에 모두가 찬란하게 반짝인다.[7)]

이것이 평일의 인파와 소음이 쏟아지기 전의 도시를 묘사한 것임은 사실이다. 그러나 발견이 불러일으킨 심장의 박동은 확연하게 전해지며, 나 역시 그런 감정을 거듭해서 느낀 바 있음을 기억한다. 위대한 문명의 건물들, 공회당, 도서관과 극장, 탑과 높은 건물, 그리고 종종 그보다 더 한 감동을 주는 가옥들, 거리들, 다양한 목적을 갖고 움직이는 엄청난 인파의 압력과 흥분. 나는 많은 도시들에서 그 박동을 경험하였다. 스톡홀름, 파리, 밀라노의 저마다 다른 모습 속에서 중심, 활동, 빛과 같은 감동적인 도시적 특성을 확인하였다. 물론 나도 다른 사람들과 마찬가지로 지하철은 혼잡하고, 교통은 밀리고, 집들은 단조롭고, 낯선 군중은 마구 밀쳐댄다고 느꼈다. 그러나 문명의 확고하고 때로는 장대하기까지 한 중심이 주는 역동성의 느낌을 여기에 더하지 않는다면, 그것은 결코 성인(成人)의 경험이라 할 수 없을 것이다. H. G. 웰즈는 사회변혁을 토론하는 정치집회를 마치는 자리에서, 고층건물이 즐비한 대도시는 변혁을 위해서 얼마나 많은 장애물을 제거해야 할 것인지를 가늠하게 해주는 척도라고 말한 적이 있다. 나 역시 권력의 중심인 거대한 건축물들을 보며 웰즈와 같은 감정을 느낀 바 있다. 그러나 나는 "저것은 너희들의 도시, 너희들의 위대한 부르주아적 기념비, 여전히 토대가 취약한

7) "Composed upon Westminster Bridge, Sept 3, 1803", in *The Poetical Works of William Wordsworth*, ed. E. de Selincourt and H. Darbishire (Oxford, 1949~49) Vol. III.

문명의 거대한 구조물이다"라고 말하지 않는다. 혹은 그렇게 말하면서 또한 "이것이 우리 인간이 건설한 장엄한 결과물이다. 그렇다면 앞으로 우리가 무엇을 이루지 못하겠는가?"라고 덧붙인다. 참으로 도시는 이와 같은 가능성의 감각, 집회와 운동의 느낌을 나에게 언제나 변함없이 선사한다. 그것은 내가 느끼는 다른 감정, 이를테면 내 고향 사람들과 같은 부류의 사람들이 여러 세대에 걸쳐 개간하고 울타리로 둘러싸 왔던 형형색색의 거대한 조각보(*patchwork*) 같은 들판을 산에서 내려다 볼 때 느끼는 감정, 혹은 유명한 저택, 외따로 떨어진 농장, 성곽이나 교회 곁에 붙어 있는 오두막들, 강과 숲과 오솔길들, 예로부터 내려온 선(線)들과 새로 만들어진 선들을 볼 때 느끼는 감정과 마찬가지로 변함없다. 따라서 시골과 도시가 서로 다른 방식으로 이처럼 깊은 의미를 갖는 한, 나의 감정은 어떤 추후의 논의에 앞서 이미 고정되어 있다고 할 수 있다.

그러나 나는 또한 배우기 위해서, 학문을 하기 위해서, 그리고 개인적 사실들과 가족의 제반사를 총체적 기록에 추가하기 위해서, 증거자료와 연관관계와 다양하게 변화하는 관점들을 배우기 위해서, 시골에서 도시로 온 특수한 경우이기도 하다. 대학의 담이 우리가 어린 시절 그 주변은 맴돌았으되 정작 입장할 수는 없었던 대정원의 담과 같다 하여도, 이제는 정문이 있고, 입구가 있고, 그 끝에는 도서관이 있으며, 활용능력만 갖추면 얼마든지 이용가능한 일차 자료들이 있다. 생각해 보면 아이러니하게도 내가 처음으로 시골 생활과 농촌 문학의 진정한 의미에 관한 통설, 다시 말해서 주도면밀하고 설득력 있는 문화사를 처음으로 듣게 된 것은, 대학에 진학한 후 만난 도시 사람들과 학자들을 통해서였다. 나는 여전히 이와 관련된 독서를 한다. 학술서적들, 사립학교를 중퇴하고 농업에 투신했던 사람들이나 시골 마을에서 자라 농촌관련 저술가가 된 사람들이 쓴 책들, 단행본, 잡지, 신문기사 등에서 농촌 생활과 관련된 부분들을 읽는 것이다. 그리고 독서를 하면서 개인사의 영향으로 언제나 똑같은 질문을 하고 있는 자신을 발견한다. 이 작가들과 관련해서

나는 어디에 서 있는가? 다른 시골 어딘가에 서 있는가, 아니면 시골에 대하여 가치판단을 하는 도시에 서 있는가? 이것은 문화의 지속성과 관련된다는 점에서, 실로 예민하면서도 아이러니한 문제이다.

그러나 케임브리지에는 이보다 더한 문제가 존재하였다. 우리는 그것을 양가성의 문제라 불러도 좋을 것이다. 케임브리지는 학자와 교육자의 대학이면서, 입신출세를 꿈꾸는 개인지도교사와 하급직원의 대학이기도 하다. 인간에 관한 지식을 확장하고 자연과 타인의 생활에 밝은 빛을 비추는 사람들의 세계이기도 하면서, 담으로 둘러싸인 건물에서 편협한 마음으로 자신들이 터득한 자격취득의 요령을 전수하며 나태하고 거만한 언동과 소비행태를 일삼는 또 다른 사람들의 세계이기도 하다. 내 가족에게 대학은 케임브리지대학이건 볼로냐대학이건 상관없이 언제나 낯선 곳이었다. 그러나 케임브리지는 또한 한때 전국에서 으뜸가는 시장이었던 스터브리지 장이 서는 곳이기도 했다. 디포가 1720년대에 묘사한 대로 케임브리지는 “전국의 상인들이 대거 몰려드는 놀라운 곳”이고 “수많은 인파가 운집해 놀라울 정도로 혼잡한 곳”[8] 이자 버년의 ‘허영의 시장’의 모델이 되기도 했던 곳이다. 졸업하고 많은 시간이 흐른 후 한 칼리지의 연구원이 되어 돌아왔을 때, 나는 자신이 지적인 직업에 임용된 덕분에(혹은 탓으로) 영구적인 지주집단의 일부, 본의 아닌 구성원이 된 것을 알았다. 그래서 정중하게 초대받아 간 학생들과의 점심식사 자리를 도무지 즐길 수 없었다. 아서 영[9] 이 케임브리지대학에 대해서 다음과 같이 말한 것이 떠올랐기 때문이다.

> 대학의 수입은 1년에 16,000파운드이고, 대학의 구성원은 1실링 5펜스만 내면 연수입 1,000파운드[10] 의 신사라도 — 그가 자신의 재정상태를

---

8) Daniel Defoe, *Tour Through the Whole Island of Great Britain*, ed. G. D. H. Cole and D. C. Browning, Everyman Revised Edition(1962), 83.

9) (역주) Arthur Young(1741~1820) : 영국의 농경제학자, 사회통계학자.

> 고려하는 사람이라면 — 자주 먹을 수 없을 정도의 정찬을 즐길 수 있다.[11]

디포는 케임브리지의 어떤 거리를 걸은 적이 있었다.

> 헌팅턴 방향의 펜즈 가장자리, 북쪽대로와 만나는 곳. 위에서 말한 것처럼 이쪽은 온통 보기만 해도 즐거운 곡창지대인데, 신사계급의 저택들이 군데군데 들어서 있다.[12]

영은 1791년에 다른 길을 걸었다.

> 케임브리지에서 세인트 네오트로 가는 길을 걸으면서 대영제국에서 최악인 — 모쪼록 최악이기를 바라는 — 6, 7마일가량의 농지를 본다. … 케임브리지의 유서 깊은 첨탑이 보이는 곳에 위치한 이 농지의 형편없는 경작상태와, 케임브리지대학 연구체제가 농업을 완전히 무시하고 있다는 사실 사이에는 일정한 상관관계가 있는 듯하다.[13]

영이 걸었던 그 길은 지금 내가 대학에서 집으로 돌아올 때 차로 달리는 길이다. 이제 경지는 잘 경작되고 있다. 그러나 코벳[14]은 1822년에 바로 이 길 서쪽에 인접한 마을에서 무엇인가를 보았다.

> (내가 본 것은) 이 마을과 거의 같은 규모인 프랑스 북부 피카르디지방의 마을에서 보았던 것과 대단히 비슷하다. 나는 거기서 여자들이 옥수

10) (역주) 당시의 1,000파운드는 영국 소매물가지수(*Retail Price Index*)를 기준으로 오늘날의 100만 파운드 이상에 해당하는 거액이다.

11) A. Defries, *Sheep and Turnips: being the life and times of Arthur Young*, 1938, 150~1에서 재인용.

12) Defoe, *Tour*, 87.

13) Defries, 177~8.

14) (역주) William Cobbett(1763~1835): 영국의 급진적 정치가이자 농촌 작가.

> 수 밭에 써레질을 하고 있는 것을 보았다. 분명 이 마을은 공명정대하신 하느님께서 저주를 내린 것 같은 콘월과 데본셔지역의 몇몇 지독한 부패선거구[15]를 제외하고는 그 어떤 영국 마을과도 비슷하지 않아 보인다. 마을 주변 토양은 참으로 엉망인 것 같다. 지면이 죄다 노출되어 있을뿐더러 이따금씩 눈에 띄는 관목 숲은 물론이고 나무 울타리조차 누런 이끼로 덮여 있다. 모든 것이 황량하고 스산하다. 그리고 이처럼 음산하기 짝이 없는 장면 중 가장 음산한 부분에 그야말로 적절하게 '캑스턴 교수대'가 서서 지나는 이에게 정답게 한쪽 팔을 들어 보인다. 교수대는 최근에 새로 도색을 했고 선명한 필체로 '교수대'라고 적혀 있는데, 생각건대 아마도 밀 2말에 4실링이라는 현실을 참을 수 없어하는 사람들이 잘 볼 수 있도록 배려한 것이겠다.[16]

이런 사정도 이제는 달라졌다. 그러나 시골과 도시의 관계, 그리고 출신 배경과 교육의 관계를 생각할 때마다 나는 이러한 역사가 계속 진행 중임을 깨닫는다. 그것은 관념과 경험의 관계일 뿐 아니라, 지대(地代)와 이자, 상황과 권력의 관계이기도 하다. 요컨대 더 광범위한 체제의 문제인 것이다.

바로 이것이 나의 입장이다. 나는 작업을 시작하면서 한때 빛처럼 빠른 속도로 움직이던 경험들과 의문들을 하나씩 차근차근 고정시켜 풀어가야 함을 인식한다. 시골과 도시의 생활은 움직이면서 존재한다. 가족과 민중의 역사를 통하여 시간 속에서 움직이며, 여러 관계들과 결정들의 결합을 통하여 감정과 관념 속에서 움직인다.

석면시멘트로 지은 헛간 뒤에서 개 한 마리가 짖고 있다. 사슬에 묶인 개 특유의 소리로. 그것은 지금이나 그때나 변함이 없다. 이곳에서나 다

---

15) (역주) rotten boroughs: 도시화의 영향으로 인구가 급감하여 황폐해진 시골 지역.

16) William Cobbett, *Rural Rides*, ed. G. D. H. and M. Cole, 3 vols. (Oxford, 1930) 76.

른 많은 곳에서나 변함이 없다. 의문이 생기면, 나는 의자를 뒤로 물리고 자료들을 내려다보며 변화를 느껴야 한다.

제 2 장

관점의 문제

가장 먼저 문제가 되는 것은 관점이다. 몇 년 전에 어떤 책의 서평을 쓸 일이 있었다. 일상적 언어로 씌어진 시골에 관한 책이었는데, 평소라면 즐겁게 읽었을 것이다. 그런데 그 책은 시골 생활의 실제 경험을 개진하기에 앞서 다음과 같은 도식을 제시하고 있는 것이었다.

> 베르길리우스[1]의 시대부터 우리에게 전승된 생활양식이 갑자기 끝났다.[2]

자세히 보니 분명 묘한 이야기였다. 베르길리우스부터? 이곳 영국에? 전원적 생활양식이?

그러나 여기에 함축된 개괄적 입장은 물론 낯익은 것이었다. 예컨대 같은 책의 다음과 같은 기억할 만한 문장을 보라.

> 태곳적부터 연속성을 유지해 오던 문화가 이제 통째로 결정적 타격을 입고 말았다.

1) (역주) Virgil: Publius Vergilius Maro (70 BC~19 BC), 고대 로마의 시인.
2) G. Ewart Evans, *The Pattern under the Plough* (London, 1966) 17.

이 책에 의하면 이러한 사태는 최근 50년 동안, 말하자면 제 1차 세계대전 이후에 발생한 듯하다. 그러나 여기서 문제가 생겼다. 나는 대단히 영향력 있는 책 — 리비스와 톰슨이 1932년에 공저한 《문화와 환경》— 중의 한 문장을 떠올렸다. "옛 영국"의 "유기적 공동체"가 사라졌는데, "이러한 변화는 실로 최근에 일어난 것이다."[3] 리비스와 톰슨의 견해는 근본적으로 1907년에서 1923년에 걸쳐 출판된 조지 스터트[4]의 저서들을 따른 것이었다. 스터트는 1911년에 나온 《마을의 변화》에서 영국의 농촌 마을이 "이제 죽어가고 있다"고 썼다.[5] 조금 전에, 바로 저 언덕 너머로 막 사라졌다는 말이다.

그러나 이때 에스컬레이터처럼 보이는 무엇인가가 움직이기 시작했다. 스터트는 농촌 마을의 소멸을 두 시기로 추적해 올라갔다. 1861년의 인클로저[6]와 1900년 이후의 새로운 택지 조성[7]이 그것이다. 그러나 이는 우리를 곧장 토머스 하디의 소설들의 시기로 이끈다. 하디의 소설들은 1871년부터 1896년 사이에 나왔지만, 1830년대 이후의 영국 농촌을 묘사하고 있다. 그리고 비평가들은 바로 여기, 하디의 소설들에서 농촌 생활의 거대한 변화의 기록을 읽을 수 있다고 주장해 오지 않았던가? 비평가들은 하디의 소설이야말로 어떤 작가가 "농업과 사계절의 무궁무진한 리듬"이라고 불렀던 것의 교란과 파괴를 기록한 것이라고 주장해 오

---

3) F. R. Leavis and Denys Thompson, *Culture and Environment* (London, 1933) 87.

4) (역주) George Sturt (1863~1927) : George Bourne이라는 필명으로도 활동한 영국의 작가로 주로 지방의 풍물을 상세하게 묘사한 저작을 남겼다.

5) George Sturt (George Bourne), *Change in the Village* (London, 1912) 7.

6) (역주) enclosure: 영국의 잉글랜드와 웨일즈지역에서 농업경영을 '합리화'할 목적으로 전래의 개방경지나 공유지를 울타리로 둘러싸서 사유화하고 토지의 용도를 변경했던 조치. 일찍이 중세부터 시작되어 19세기까지 계속되었다.

7) (역주) residential settlements: 인클로저로 전통적 마을이 파괴되자 영국 정부는 1900년 이후부터 새로운 택지를 조성하여 농촌인구를 수용하였다.

지 않았던가? 그리고 이 시대는 또한 리처드 제퍼리즈[8]의 시대이기도 했다. 제퍼리즈는 1870년대에 영국의 '옛 머슴'(*old Hodge*)을 회고하면서, 과거 어느 때보다도 최근 반세기 — 즉, 1820년대 이후 — 동안 영국의 농촌에 가장 큰 변화가 일어났다고 말했다. 그런가 하면 조지 엘리엇 역시 《플로스강의 물방앗간》(1860)과 《펠릭스 홀트》(1866)에서 이와 비슷하게 1820년대와 1830년대의 영국 농촌을 회고하고 있지 않았던가?

그러나 이제 에스컬레이터는 멈추지 않고 계속 움직이고 있었다. 왜냐하면 1820년대와 30년대에 만년에 접어든 코벳은 당시의 영국 농촌과 직접 접촉하는 가운데서도 더 행복했던 옛 영국의 시골, 즉 그가 어렸을 때인 1770년대와 1780년대의 마을을 회고하고 있었기 때문이다. 또한 토머스 베위크[9]는 1820년대에 집필한 《회상록》에서, 자신의 유년시절인 1770년대의 행복했던 시골 마을을 회상하고 있었다. 말하자면 이 두 사람은 결정적인 변화가 자신들의 생애 동안에 일어났다고 주장했던 것이다. 존 클레어[10] 역시 1809년에

> 황금시대의 행복했던 에덴동산[11]

을 회고하였는데, 텍스트의 내적 정황으로 볼 때 이는 1790년대를 지칭하는 듯하다. 비록 그가 다른 자리에서는 사라지고 있는 농촌을 회상하며 "이미 멀리 가버린 목장, 소멸한 지 오래된 풍경"이라 적은 바 있기는 하지만 말이다.

그러나 에스컬레이터는 계속 움직였다. 왜냐하면 코벳과 베위크의 어린 시절은 크랩의 《마을》(1783)의 시절이었으므로.

---

8) (역주) Richard Jefferies(1848~1887): 영국의 농촌 작가, 저널리스트.

9) (역주) Thomas Bewick(1753~1828): 영국의 목판화가이자 조류학자.

10) (역주) John Clare(1793~1864): 영국의 농촌 시인.

11) John Clare, "Helpstone", in *Poems*, ed. J. W. Tibble, 2 vols. (London, 1935).

> 비록 시를 통해 노래하더라도 더 이상 진실을 무시해서는 안 될 일,
> 마을의 생활이 고통스러움을 인정하라.[12)]

또한 골드스미스의 《폐촌》(1769)의 시절이었으므로.

> 지금 바로 여기 이렇게 서서 생각에 잠길 때조차
> 나는 농촌의 미덕이 사라져 가는 장면을 본다.

그리고 간단한 계산으로도 다음과 같은 그리운 오번(Auburn) 마을의 회상 속에서

> 평야에서 가장 사랑스럽던 마을이여!
> 건강과 풍요가 일하는 농부를 격려해 주고,
> 미소 짓는 봄이 가장 먼저 찾아오며,
> 여름에는 꽃들이 떠나기 아쉬워 머뭇거리던 곳
> 철없이 편안했던 시절의, 정든 아름다운 시골집이여
> 모든 놀이가 재미있었던, 젊은 날의 보금자리여[13)]

우리는 언덕 하나를 더 넘어 1750년대로 거슬러 올라가게 될 것이었다.

물론 시간 여행이 계속되면서 일반적인 계산법 이상의 어떤 것, 일반적인 역사 이상의 어떤 것이 문제가 된다는 사실이 명백해진다. 분명 우리는 시간과 장소를 구체적으로 명기하지 않은 '옛 영국'을 감상적이면서도 지적으로 분식(粉飾)하는 시도들에 대해서 가장 예리한 종류의 회의를 가질 필요가 있다. 그러나 최소한 이러한 증언들 중 일부는 직접적인 경험의 산물이다. 그렇다면 이러한 경우들에서 우리는 역사적 오류 여

---

12) George Crabbe, "The Village", in *Poetical Works of George Crabbe*, ed. A. J. and R. M. Caryle (Oxford, 1914).

13) Oliver Goldsmith, "The Deserted Village", in *Complete Poetical Works*, ed. A. Dobson (Oxford, 1906).

부가 아니라, 역사적 관점을 문제 삼아야 할 것이다. 이때 내가 지금껏 에스컬레이터라고 불러 온 현상은 역사의 실상을 고찰하는 중요한 실마리가 될 수 있다. 다만 그렇게 되기 위해서는 에스컬레이터가 그리는 패턴의 규칙성을 볼 수 있어야만 할 것이다.

아마도 에스컬레이터에 다시 한 번 올라타는 것이 좋을 듯하다. 왜냐하면 지금까지 우리가 한 것은 '옛 영국'과 농업의 영원한 리듬의 현장을 20세기 초에서 18세기 중엽으로 옮긴 데 불과하기 때문이다. '분별력 있고 안정된 18세기'를 떠올리는 데 그친다면, 결국 상투적 설명과 그다지 다를 바가 없게 된다. 그렇다면 1620년대, 필립 매신저[14]의 《도시의 부인》과 《묵은 빚을 갚는 새로운 방법》의 시대로 거슬러 올라가야 할까? 이 작품들은 새로운 상업주의가 옛 지주계급 사회와 그것의 미덕을 파괴하는 장면을 보여준다. 인클로저를 일삼는 독점상인 자일즈 오버리치 경이 등장하는가 하면, 옛 농촌 문명의 부패도 적시된다.

> 당신의 부친은
> 정직한 시골 농장주 험블 씨였어요.
> 이웃들은 그분을 결코 주인나리라고 부르지 않았지요. 당신의 오만함은 그분에게서 물려받은 것인가요?[15]

우리는 이 질문에 대답할 수 없지만, 똑같은 불평이 나오는 바스타드[16]의 1598년 작품 《크레스토레로스》(*Chrestoleros*)로 올라갈 수는 있다. 혹자는 17세기로 접어드는 시기에는 사회적 불만이 팽배했다는 사실을 감안해야 한다고 지적할지 모른다. 그렇다면 아예 1516년에 나온 토머스 모어의 《유토피아》로 거슬러 올라가는 것은 어떨까. 《유토피아》에서는

---

14) (역주) Philip Massinger(1583~1639/40): 영국의 극작가.

15) Philip Massinger, *The City Madam*, 4막 4장.

16) (역주) Thomas Bastard(1565/6~1618): 영국의 성직자 겸 풍자작가.

또 하나의 옛 질서가 파괴되고 있었다.

> 가장 훌륭하고 값비싼 양모를 생산하는 지역에서는 귀족과 지주는 물론이고 수도원장과 같은 성직자까지도 자신들의 선조나 선임자가 매년 토지에서 거두어들이던 수입과 소득에 점점 불만을 품게 되었습니다. 그들은 이 세상에 아무 도움도 되지 않는 게으르고 안락한 생활을 하면서도 도무지 만족할 줄 모릅니다. 그래서 소유지를 모조리 울타리로 둘러싸서 목장으로 만들고 아무도 농사를 짓지 못하게 해서 사회에 해를 끼치고 있습니다. 그들은 가옥들을 철거하고 마을 전체를 깡그리 없애고 있습니다. 양의 우리로 사용하기 위해 교회만은 남겨놓았지요. 이 훌륭하고 성스러운 족속들은 임야나 사냥터나 동산이나 장원을 조성하느라 이미 많은 땅을 낭비하고서도 전혀 아랑곳하지 않고 모든 거주지와 경작지들까지 황폐하게 만들고 있습니다.[17]

다만 이럴 경우 물론 우리는 예의 안정된 '중세,' 유기적 사회 — 그런 것이 있었다고 하면 — 로 거슬러 올라가게 된다. 예컨대 랭란드[18]의 농부 피어스가 노동자들의 불만을 기록하던 1370년대로 말이다. 노동자들은 하루 지난 야채를 먹으려 하지 않고 신선한 고기를 요구하며 신을 비난하고 왕을 저주한다. 그러나 그들은 과거에 '기아'(*Hunger*)가 '법'을 제정했을 때에는 불평하지 않았다. 우리는 흑사병[19]의 시대를 지나 '밀렵금지법'[20]이 제정되던 시대로, 아니면 교황 인노첸시오 3세[21]가 다음과

---

17) *Utopia*, ed. J. H. Lupton (Oxford, 1895) 39~40.

18) (역주) William Langland (1330?~1400): 영국의 시인.

19) (역주) 14세기 유럽에 대유행한 전염병으로 이미 쇠약한 상태이던 중세봉건체제에 결정적 타격을 가하여 근대로의 변화를 가속화했다.

20) (역주) Game Laws: 야생 동물의 관리에 관한 법. 노르만 족은 1066년에 영국을 정복하면서 봉건 법제를 도입했는데, 이에 따라 국왕은 삼림에 대하여, 영주는 농촌의 황무지에 대하여, 배타적인 권리를 행사하게 되었다. 이것이 영국의 밀렵금지법의 효시로서, 이후 이 법은 다양한 형태로 지속되었다.

21) (역주) Innocent III (c. 1161~1216): 로마 교황(재위 1198~1216).

같은 글을 쓰고 있던 '대헌장'[22]의 시대로 거슬러 올라가야 할까?

> 농노는 봉사한다. 협박으로 겁에 질리고, 부역으로 녹초가 되고, 구타로 괴롭힘을 당하고, 재산을 빼앗겨 가면서.[23]

혹은 전 인구의 80퍼센트가 예농(隷農), 종복(從僕), 오막살이농이거나 노예[24]였던 '토지대장'[25]의 시대에서 영원한 리듬을 찾을 것인가? 아니면 후손들이 노르만 족의 강탈과 멍에라고 부르게 되는 사건 이전의 자유로운 색슨 족 세계에서? 색슨 족이 강을 거슬러 올라오기 전의 켈트 족 세계에서? 금발의 켈트 족이 도래하여 만행을 저지르기 전의 이베리아 족 세계에서? 도대체 어느 시대가 되어야 에스컬레이터가 멈출 것인가?[26]

물론 이 질문에 대한 하나의 답은 에덴동산이 될 것인데, 우리는 나중에 이 널리 알려진 정원을 다시 고찰해야 할 것이다. 그러나 우선은 에스컬레이터에서 내려 에스컬레이터의 일반적 움직임 자체를 생각해 보아야 하겠다.

에스컬레이터의 움직임에는 누구나 다 아는 습관, 즉 '좋았던 옛 시절'

---

22) (역주) Magna Carta: 1215년 존 왕이 내란의 위협에 직면하여 반포한 인권 헌장.

23) *Selected Letters of Innocent III*, ed. Cheney and Semple(Edinburgh, 1953).

24) (역주) '예농'(혹은 '빌런', villein, villanus, vilain)과 '종복'(혹은 '보르디에', 'bordar', 'bodarius')은 중세의 예속민들 중 장원 내에 거주하던 다소 우월한 지위를 가진 농민을 지칭한다. '오막살이농'(*cotter*, *cottager*)은 영주 소유인 황무지에 정착해서 일부 시간은 영주 직영지를, 나머지 시간은 자신의 땅을 경작했던 일꾼을 지칭한다.

25) (역주) 土地臺帳, Domesday: 정복왕 윌리엄이 시행하여 1086년에 완성한 영국 전역에 걸친 토지조사 기록.

26) (역주) 노르만 족은 1066년 영국을 점령하였고, 색슨 족은 450년경에서 1000년 사이, 켈트 족은 기원전 8세기경에서 기원전 1세기경 사이에 영국을 지배하였다. 이베리아 족은 기원전 4000년경에 영국으로 이주했다고 추정된다.

을 들먹여 현재를 비판하는 습관 이상의 의미가 있는가? 분명 그런 의미도 있지만, 그것만으로 해명되지 않는 부분도 있다. 자신만만하게 제시되었다가 이내 움직이기 시작하여 계속 과거로 후퇴해 가는 이 다양한 휴식처들, 연속적으로 전개되는 '옛 영국들'은 각각의 고유의 관점에서 볼 때 일정한 현실적 의미를 갖는다. 물론 우리는 이 '옛 영국들'이 그것을 창조한 사람들의 어린 시절에 해당함을 안다. 이는 매우 당연한 일이다. 향수는 보편적이고 지속적인 것이라고 말할 수 있기 때문이다. 다만 다른 사람이 느끼는 향수는 우리를 불편하게 만든다는 점이 문제일 뿐이다. 유년기의 추억이 영속적인 의미를 갖는다는 말에는 설득력이 있다. 그러나 다시 한 번 곰곰이 생각해 보면 하나의 에스컬레이터, 역사로의 부단한 후퇴과정으로만 보이던 것이 실은 그보다 복잡한 움직임이라는 것이 드러난다. '옛 영국', 정주(定住), 농촌의 미덕 — 이 모두는 사실 각기 다른 시대에 각기 다른 의미를 지닌다. 즉, 우리는 대단히 다양한 가치들에 대해서 의문을 제기하고 있는 것이다. 따라서 우리는 각각의 회상을 그때마다 하나하나 정밀하게 분석해야 한다. 각각의 회고는 단계적으로 진행된 일련의 비판을 전제하는데, 종교적, 인문주의적, 정치적, 문화적 비판이 그것이다. 이 단계들은 각기 그 자체로 검토할 가치가 있다. 따라서 각각의 단계에 대한 검토 작업들에는 — 물론 이 작업들은 결국 중차대한 중심 문제로 귀착되겠지만 — 다른 성격의 고려사항이 각기 존재하는 것이다.

우리가 소환했던 증인들은 역사적 사실과 관점의 문제를 제기하는 것과 함께, 문학적 사실과 관점의 문제 또한 제기한다. 증인들이 사태를 말하는 방식이 모두 같지는 않다. 연극 대사와 소설의 한 구절에서부터 논문의 주장이나 잡지 기사에 이르기까지 다양한 것이다. 또한 시에서 따온 구절들이라 해서 동일하게 취급해서도 안 된다. 시적 양식들은 서로 다르며, 때로 그 차이는 매우 중요한 의미를 지닐 수 있기 때문이다. 우리가 이런 점들에 대한 비판적 분별력을 처음부터 갖추고 있어야만 중요한 감정의 구조들을 분석할 수 있다. 그렇다면 우리가 먼저 명확히 규명해야 할 문제 — 그것은 시형식과 관련하여 끈질기게 지속되는 문제이기도 하다 — 는 목가(*pastoral*)의 문제, 목가라고 알려진 어떤 것의 문제이다.

제 3 장

목가와 반(反)목가

1

> 비록 시를 통해 노래하더라도 더 이상 진실을 무시해서는 안 될 일,
> 마을의 생활이 고통스러움을 인정하라.

《마을》 제 2권의 서두인 크랩의 이 2행 연구(二行聯句, *couplet*)는 문제 전반의 성격을 이해하는 데 중요한 안내문이다. 시에 대한 저 변명조의 어투는 어디서 온 것인가? 진실에 대한 저와 같은 강조는 누구를 겨냥한 것인가? 크랩의 시 《마을》은 이 두 질문을 염두에 두고 읽을 필요가 있다.

> 이런 실제적 예들을 접할 수 있기에 나는 오두막을 그린다.
> 시인이 아니라 진실이 그리는 대로.

다시 한 번 진실이 나오고, 다시 한 번 시가 배척된다. 우리가 크랩이 그린 영국에 대해서 나중에 어떤 의문을 제기하던 간에, 그의 의중에 있는 것이 영국 농촌의 과거와 현재의 대조가 아니라 진실한 글쓰기와 거짓된 글쓰기의 대조라는 사실은 명백하다. 더 일반론적으로 말하면, 그는 자

신의 시적 의도에 내포된 리얼리즘과 (현실에서 벗어난—역자) 목가시의 전통을 의식적으로 대조하려 한다. 이전에는 목가시라는 것이 성립할 수 있게 하는 토대가 존재했지만 그것은 고전 시대의 일이지 그의 시대나 그 직전 시대의 경우는 아니라고 크랩이 생각한 것은 분명하다.

> 전원의 시인이 조화로운 선율로
> 고향 들판을 찬양하던 시대는 가버렸다.
> 전원의 아름다움이나 요정의 아름다움을
> 번갈아가며 솜씨 좋게 노래하던 목동들은 이제 없다.[1]

여기서 크랩은 신고전주의시대 목가시라는 하나의 문학적 전통, 즉 "만토바 풍(Mantuan) 노래[2]의 기계적 반복"을 명확하게 거부한다. 사무엘 존슨이 수정하기 전에 크랩은 다음과 같이 썼다.

> 즐거움이 평화롭게 샘솟는, 이보다 아름다운 곳에서라면
> 만토바 사람들의 자랑인 티티루스[3]가 노래를 부를 수도 있을지 모른다.
> 그러나 현대 시인들이 티티루스에게 홀려서, 아니면 그의 시에 감동해서
> 만토바의 시를 모방해야 하겠는가?
> 우리는 진실과 자연에서 크게 벗어나
> 공상에 빠지거나 베르길리우스의 길을 따르게 될 것이다.[4]

존슨은 마지막 행을 "공상이 아니라 베르길리우스의 길을 따르게 될 것이다"로 수정함으로써 효과를 약화시킨다. 크랩이 존슨의 도움을 청하

---

1) *The Village*, 앞의 책.

2) (역주) 만토바는 베르길리우스의 고향이므로 "만토바 풍 노래"는 베르길리우스를 모방한 시를 의미한다.

3) (역주) Tityrus: 베르길리우스의 《목가시》(*Eclogues*)에 나오는 목동.

4) 존슨의 수정의 증거로는 Boswell, *Life of Samuel Johnson*, ed. J. W. Crocket(London, 1831) Vol. V, 55를 볼 것.

지 않는 편이 더 좋았을 것이다.

"베르길리우스의 시대부터 우리에게 전승된 생활양식." 그러나 그 생활양식이 정착농업의 연속성을 의미한다면 그것은 베르길리우스의 시대보다 훨씬 더 오래된 것이다. 문학 작품을 멋대로 사회적 사실로 간주하는 것은 참으로 중요한 의미를 갖는 구조적 관행이다. 그것은 '목가'의 문제 전체를 둘러싸고 있는 혼란의 징후이다.

왜냐하면 문학에서 시골 생활을 기술하고 있는 중요한 사례는 베르길리우스보다 수세기 전, 기원전 9세기의 작품인 헤시오도스의 《노동과 나날들》로 거슬러 올라가기 때문이다. 《노동과 나날들》은 대단히 특수한 관습과 신앙을 배경으로 하는 가장 넓은 의미의 농경서사시로서, 절약과 노력을 최고의 미덕으로 숭상하는 생활양식과, 그 생활양식 속에서 진행되는 농업과 상업의 실상을 보여 준다. 미덕의 찬양은 판도라의 상자에서 온갖 악 — 그중에는 중노동이라는 악도 있다 — 이 풀려나는 신화적 구조와 다섯 시대론이라는 당시에 유력했던 역사관 속에서 이루어진다. 다섯 시대 중 최초의 시대는 황금시대인데, 그 시대의

> (사람들은) 악과 슬픔에서 멀리 떨어져 그런 것들은 알지도 못한 채… 좋은 것을 모두 누렸다. 왜냐하면 사람들이 애쓰지 않아도 풍요로운 대지가 과실(果實)을 얼마든지 제공해 주었기 때문이다.[5]

우리는 나중에 이 황금시대 신화의 장구한 영향을 검토할 것이지만, 전원문학의 시조인 헤시오도스에게도 황금시대는 이미 까마득한 과거라는 점을 지적해 두어야겠다. 황금시대와 헤시오도스의 시대 사이에는 다른 세 시대[6]가 존재하였다. 헤시오도스가 실제적 영농, 사회 정의, 이웃에

5) Hesiod, *Works*, ed. and tr. H. G. Evelyn White (London, 1914, rpr. 1954) 11.

6) (역주) 은의 시대, 청동의 시대, 영웅의 시대를 말한다.

대한 사랑을 권장하는 것은 그의 시대인 '철의 시대'의 성격에 따른 것이다. 노동하는 공동체가 이러한 것들을 실천한다면 그 시대의 '고통스런 생활'에서 구원받을 수 있다는 것이다.

그리스 목가시인들은 훨씬 나중에, 즉 약 6세기 후에 등장한다. 다시 말해 '목가'가 엄밀한 의미를 다소라도 갖는 하나의 문학 형식으로 출현한 것은 기원전 3세기 헬레니즘 세계에서이다. '목가'의 무대는 헤시오도스의 보이오티아[7]가 아니라 테오크리토스[8]와 모스쿠스[9]의 시칠리아, 그리스의 여러 섬들, 그리고 이집트이고, 그 운동의 문학적 중심은 알렉산드리아이다. 즉 이미 이 시기부터 '목가'의 현실적 근거지는 다양했던 셈이다. 테오크리토스의 열 번째 《목가》는 파종과 수확을 배경으로 하지만 이는 예외적 경우이고, 대개는 염소와 양, 소를 치는 것을 다룬다. 밭을 갈고, 포도밭을 손보고, 돼지와 양과 염소를 사육하는 것으로 구성되었던 헤시오도스의 1년치 노동은, 이 시기에 벌써 이처럼 크게 변화한 것이다. 통설에 의하면 목가문학은 지역 농민 공동체의 노래 경연에서 발전하였다고 한다. 그러나 테오크리토스의 경우처럼 노래의 흔적이 남아 있는 경우도 더러 있기는 하지만, 목가문학을 전체적으로 보면 일정한 정교화와 언어적 가공 — 문학적 용어의 사용에서 확연히 드러나는 — 이 두드러진다. 또한 '목가'가 노동 현장에서 이루어졌음을 시사하는 대목도 눈에 띄며, 그러한 성격이 지배적인 경우도 적지 않다. 그리하여 이후 연면히 이어질 리시다스[10]라는 인물이 최초로 출현하는 장면에서

7) (역주) Boeotia: 아테네 북서쪽에 있던 고대 그리스의 도시 국가. 헤시오도스는 호메로스의 이오니아파와 대조되는 '보이오티아파'의 대표로 일컬어진다.

8) (역주) Theocritus (BC 310?~BC 250): 그리스의 시인으로 흔히 목가시의 창시자로 간주된다.

9) (역주) Moschus (BC 150년경에 활동): 그리스의 목가시인, 문법학자.

10) (역주) Lycidas: 리시다스는 테오크리토스의 목가에 처음 출현한 후, 베르길리우스의 시를 위시한 여러 목가시에서 목동을 대표하는 인물로 기듭 형상화되었다. 영문학에서 가장 유명한 사례로는 밀턴의 목가적 비가인 〈리시다

우리는 다음과 같은 대목을 읽게 된다.

> 그는 염소치는 이였는데, 한 번이라도 그를 본 사람은 누구라도 그 사실을 알 수 있었다. 그는 천상 염소치는 사람처럼 보였기 때문이다. 어깨에는 신선한 응유(凝乳) 냄새를 풍기는 털북숭이 염소의 황갈색 모피를 걸쳤고, 가슴에는 낡은 윗도리에 폭넓은 허리띠를 둘렀으며, 오른손은 구부러진 야생 올리브 방망이를 쥐고 있었다.[11]

《목가》 제 9곡의 '시골 가수들'은

> 송아지를 암소 밑에 두고, 황소가 젊은 암소와 나란히 달리도록

조치한 뒤에야 노래를 시작한다. 다프니스[12]는 시원한 시냇물 옆의 멋진 모피 의자에 앉아 있는데, 그 의자는 강풍에 휘말려 절벽에 떨어져 죽은 짐승의 가죽으로 만든 것이다. 이것이 소치는 이의 '안락'이고, 염소치는 이가 그리는 '이상적 풍요'는

> 여러 마리의 암양과 암염소들 속에, 그리고 그것들에서 나온 양모 속에 몸을 누이는 것이다. 그리고 겨울에는 떡갈나무 장작으로 화로를 데워 푸딩을 끓이고, 말린 도토리를 구워먹는 것이다.[13]

늑대, 여우, 메뚜기, 딱정벌레들은 향유(香油)와 물푸레나무와 사과와 벌꿀 못지않게 이런 경험의 중요한 구성요소이다. 《목가》 제 4곡에서

스〉(1637)가 있다.

11) *The Greek Bucolic Poets*, ed. and tr. A. S. F. Grow(Cambridge, 1953) 30.

12) (역주) Daphnis: 헤르메스와 님프의 아들. 예술을 좋아하여 목신(牧神)에게 노래와 피리를 배우고 시칠리아에서 목동 노릇을 했다. 목가의 창시자로 불린다.

13) 같은 책, 39~40.

목동은 "빌어먹을 올림픽 게임에서의 승리를 너무도 열렬하게 바란 나머지" 여윈 황소와 암소를 버려두고 축제에 참가한다. 아름답게 진행되는 목가풍의 노래 속에는 이처럼 소박한 공동체 의식이 강력하게 존재한다. 근근이 생계를 해결하는 이 소박한 공동체의 구성원들은 겨울과 흉작과 재해를 잘 알기 때문에 여름과 풍요가 주는 즐거움을 그만큼 더 절절하게 경험한다. 이를테면

> 봄이 겨울보다, 사과가 자두보다 더 달콤한 것처럼. 그리고 새끼양보다 어미양에게서 더 많은 양모가 나오는 것처럼[14)]

경험하는 것이다. 목가시의 전통이 발전함에 따라 여름이 주는 기쁨을 그리며 여름의 도래를 기원하는 부분만을 따로 떼어내는 것도 물론 가능해졌다. 이를테면 헤시오도스의

> 엉겅퀴 꽃들과 시끄러운 매미가
> 나무에 앉아 노래 부를 때 …
> … 오 내게
> 비블리스(Biblis)의 포도주와 최고의 빵,
> 그리고 마지막 한 방울까지 짜낸 염소의 젖과 함께
> 바위가 드리우는 그늘을 주오.[15)]

같은 대목이나, 테오크리토스의 다음과 같은 구절이다.

> 온갖 풍요로운 즐거움과 유쾌함이 거기 있었다.
> 하늘에는 종달새와 쾌활한 참새가 지저귀고,
> 갈색 벌들이 우물 위를 맴돌았다.

---

14) 같은 책, 47.

15) T. F. Higham and C. M. Brown, *Oxford Book of Greek Verse in Translation*(Oxford, 1938) 144~5.

숲비둘기 낮게 울고, 윤택한 여름과
만물이 익어가는 계절의 냄새가 도처에 그득하였다.
발에는 배들이, 허리에는 사과들이
흐드러지게 열렸고, 잔치를 위해 심은 자두나무들은
열매의 무게로 가지가 땅에까지 드리웠다.[16]

한참 세월이 흐르자 이런 구절들을 잘못 인용하면서 그것들을 목가시의 본질로, 그것도 유일한 본질로 보는 경우가 생겨났다. 그러나 테오크리토스로부터 2세기가 지난 기원전 1세기의 베르길리우스로 눈을 돌리면, 사계절의 노동이나 농촌의 실제 상황을 반영하는 목가적 전통이 문학적 정교화의 경향 속에서도 여전히 이어지고 있음을 확인할 수 있다. 베르길리우스의 《목가》는 테오클리토스의 목가보다 더 정교해진 만큼 어떤 의미에서는 사태를 더 이상화하는 작품이다. 그러나 베르길리우스 당대 이탈리아 농촌의 불안한 실상은 머나먼 시적 공간인 아카디아[17]에까지 종종 모습을 드러낸다. 예컨대 《목가》 제 1곡에 나오는 목동 멜리보에우스의 유명한 기원 —

오, 행복한 노인이여. 여기서 그대는 성스러운 샘물과 낯익은 시냇물로
둘러싸여 참으로 고마운 그늘을, 시원한 그늘을 즐길 것이다.
옛날처럼 이웃의 토지와 그대의 토지가 나란히 뻗어 있는 여기서,
꽃을 탐하는 하이블라[18] 꿀벌들이 산울타리 주위로 붕붕대는 소리를 자장가 삼아,
그대는 조용히 잠이 들 것이다. 다른 쪽에서는 포도나무 가꾸는 사람들이

16) W. Headlam, *A Book of Greek Verse* (Cambridge, 1907) 213.

17) (역주) Arcadia: 본디 그리스 남부 펠로폰네소스 반도 중앙에 있는 주의 이름인데 그 목가적이고 고립적인 특징 때문에 그리스·로마 시대의 목가시와 르네상스 시대의 문학에서 낙원의 대명사가 되었다.

18) (역주) Hybla: 고대 시칠리아의 여러 지역을 일컫는 명칭.

바위 그늘에서 산들바람에 맞춰 노래를 부를 것이다.
그대가 가장 좋아하는 숲비둘기들은 쉰 목소리로 구구 울며 날아가고,
산비둘기들은 느릅나무 꼭대기에서 낮은 목소리로 지저귈 것이다.[19]

— 은 베르길리우스 자신의 경우, 즉 쫓겨난 소농(*small farmer*)의 처지와 명백하게 대조된다.

그러나 그대를 제외한 우리들은 여기서 쫓겨나 사방으로 흩어져야 한다 —
스키타이[20]로, 뼈 속까지 말라붙는 아프리카로,
백악질(白堊質)의 물이 흐르는 옥수스[21] 강으로,
심지어 잘려 나가 세상 끝자락에 붙어 있는 영국에까지 —
아, 내 언제 다시 고향을 볼까? 오랜 세월이 지나서,
아니면 영영 못 볼까? — 내 소박한 오두막의 초가지붕과,
모두가 내 왕국이었던 옥수수 밭의 이삭들을, 경이로운 눈으로 보게 될까.
내가 애지중지했던 밭을, 신을 저버린 병사가 차지하고 이방인이 수확하다니!
내부의 분란이 우리를 이 지경으로 만들었구나…
더 이상 노래를 부르지 못하겠다.[22]

《목가》 제9곡에서 목가를 부르는 행위는 토지 몰수의 위협에 처한 소농의 희망과 공포에 다시 한 번 직접적으로 연결된다.

오, 리시다스여, 내 이 나이까지 살아 이방인이 내 조그만 땅뙈기를

---

19) *The Eclogues of Virgil*, tr. C. Day Lewis(London, 1963) 11.
20) (역주) Scythia: 지금의 흑해 북부.
21) (역주) Oxus: 지금의 아무다리야 강.
22) 같은 책, 11.

차지하는 꼴을 보게 되다니 — 이런 일은 상상도 할 수 없었다.

'당신 재산은 몰수야, 소작인 영감. 그러니 꺼져'라는 말을 들으리라고는.

우리는 끝장났다. 이 가혹한 운명의 역전이라니 —

지금 내가 시장에 끌고 가는 이 염소는 바로 그 놈의 염소(빌어먹을 염소!) 이다.

시 자체는 토지와 그것을 예전부터 부치던 농부를 보호하려 할지 모른다. 그러나 폭력의 위협과 전쟁의 결과 퇴역 군인들이 대규모 토지 몰수를 통해 정착하게 되자,

리시다스여, 우리가 읊는 시는 독수리 앞에 놓인 비둘기보다 나을 것 없는 신세가 되었다.[23]

그리고 우리는 베르길리우스 자신이 바로 이런 몰수 위협에 시달리던 소규모 토지소유자의 아들이었음을 기억한다.

베르길리우스의 목가는 이처럼 농촌의 정주가 주는 기쁨과, 상실과 추방의 위협을 대조한다. 전쟁과 내란의 시기가 되자 이러한 대조는 도시의 소요와 내전과 정치적 혼란을 시골의 평화와 대조하는 것으로 발전하였는데, 이는 일부 초기 문학이 이미 우리에게 보여 주었던 대조이다. 대조의 의미는 대조가 어떻게 이루어지는가에 따라 크게 달라진다. 그것은 《목가》의 제 1곡과 9곡에서처럼 현재의 사실일 수도 있고, 멜리보에우스의 슬픈 회상에서처럼 여전히 생생하게 남아 있는 추억일 수도 있다. 혹은 더 넓은 관념의 체계를 형성하는, 다시 말해 과거나 미래에 대한 도식을 형성하는 단초가 될 수도 있다. 《농경시》의 일부 구절들, 예컨대 2권의 끝부분에는 이후 목가시의 중요한 특징을 이루게 되는 이상화와 지속적 회고의 경향이 존재한다. 테오크리토스의 목가적 풍경은

23) 같은 책, 41.

직접적이고 근접한 것, 즉 도시 성벽 바로 밖 풍경이었다. 헤시오도스의 '황금시대'는 신화적 추억으로서, 노동이 필수적인 것으로 찬양의 대상이 되는 현대인들의 '철의 시대'와 대조되었다. 변화는 베르길리우스 작품들 중 일부에서 일어난다. 변화의 결과 풍경은 더 멀어져 문자 그대로의 아카디아가 되고 '황금시대'는 그 먼 아카디아에 존재하는 것으로 간주되는데, 시의 힘은 그 '황금시대'를 시 속으로 불러내는 동시에 그것을 찬미의 대상으로 만든다.

> 전쟁의 분란에서 멀리 떨어진 그들에게, 언제나 공명정대한 대지는 자발적으로 안락한 삶을 선사한다 … 나무와 밭은 저절로 수확을 생산하기에 인간은 그저 주워 담기만 하면 된다. 인간의 평화로운 삶은 안전하며 그의 생활에 결핍이란 없다.[24)]

대지의 풍요로움을 자연스럽게 기뻐하는 것에서 한 걸음만 더 나가면, 경작할 필요가 없이 풍요로운 토지를 주술적으로 환기하는 것이 된다. 《농경시》가 복잡하게 전개되는 가운데 베르길리우스는 — 비록 고립된 몇몇 구절들에서이긴 하지만 — 바로 그 한 걸음을 내딛는다. 농부의 일년과 그의 도구, 방법, 위험, 적, 기술, 평생에 걸친 노력 등을 자세하게 묘사하고 찬양하는 긴 대목이 그것이다. 그러나 우리는 이러한 이상화의 경향이 출현했다는 사실뿐 아니라, 그것이 아직은 농촌의 노동생활 전체에서 추상적으로 분리되지는 않았다는 사실도 강조할 필요가 있다. 그런가 하면 목가적 분위기는 이와는 다른 별개의 문맥 — 미래의 문맥, 황금시대의 복원과 재림의 문맥 — 속에서 조성되는 경우도 있다. 그리하여 《목가》 제 4권에서처럼 황금시대가 정치적으로 임박한 것으로 그려지는 장면까지 나타난다.

---

24) *Georgics*, II, 459~501.

> 염소들은 젖으로 가득 찬 젖통을 흔들며 귀가할 것이고, 아무도 그들을 돌보지 않을 것이다.
> 소는 사자를 더 이상 무서워하지 않을 것이다 …
> … 그리하여 포도열매는 야생에서 방치되어 산사나무 위에서 홍조를 띨 것이고,
> 떡갈나무의 단단한 껍질에는 꿀이 이슬처럼 맺힐 것이다 …
> … 밭에는 더 이상 써레질이 필요 없을 것이고, 덩굴에는 더 이상 가지치기용 칼을 사용할 필요가 없을 것이며,
> 건강한 농부는 드디어 소의 멍에를 풀어줄 것이다.[25)]

이러한 주술적 유토피아적 전망은 '베틀을 움직여 미래를 직조하라'는 예언이다. 이와 같은 찬양 속에는 현재를 보는 대단히 다른 의식, 즉 현재로부터 해방되는 길은 과거를 복원하는 것이라는 의식이 들어 있다.

그러므로 이러한 발전 과정 — 일종의 이상적 분위기와 이미지가 고전 시대 목가와 기타 전원 문학에 최초로 등장하게 되는 — 에까지도 그와는 다른 종류의 경험과의 긴장 관계가 거의 언제나 존재한다. 여름과 겨울, 즐거움과 상실, 수확과 노동, 노래 부르기와 고단한 여행, 과거나 미래와 현재 사이의 긴장 관계가 그것이다. 바로 이 고전 시대 양식들을 개작한 르네상스 시대의 업적 — 이를 업적이라 부를 수 있다면 — 은 원작에서 생생한 긴장 관계의 흔적들을 단계적으로 삭제하여 결국 대립적인 요소들을 모두 없애고, 일부 선택된 이미지들만, 그것도 실제가 아닌 인공적 세계 속에, 존재하게 만든 것이다. 그 결과 떠나야만 하는 세계에 대한 멜리보에우스의 회상은 평온무사한 시골 생활의 즐거움과 평화를 노래하는 수많은 그럴싸한 습작들의 '전거'가 된다. 더욱 주목할 만한 것은, 호라티우스의 유명한 《서정가》(*Epode*) 제 2곡 — 시골의 행복한 은거를 노래한 수많은 시들의 전거가 된 것이 확실한 〈행복하여라, 그

---

25) *Eclogues*, 앞의 책, 23~4.

는〉(*Beatus Ille*) — 에서 핵심적인 긴장 관계를 삭제하는 일이 다반사였다는 사실이다. 전쟁과 도시와 냉혹한 고리대금업으로부터 멀리 떨어진 가축과 벌꿀과 과일과 맑은 시냇물을 찬양하는 대목은, 호라티우스의 시에서는 고리대금업자의 감상적인 회상이었다. 그는 빌려 준 돈을 회수하고 농장주로 전업할 것을 검토하지만 시의 클라이맥스 부분에서 결국 돈을 다시 빌려 준다.[26] 이후의 시들이 이 아이러니한 장면을 처음에는 의식적으로, 그리고 나중에는 관습적으로 삭제했다는 사실은 그것들이 목가시의 이름이나 주제를 계승했다는 사실보다 중요하다.[27]

모든 전통들은 선택적이다. 이 점에서 목가의 전통도 다른 전통과 다르지 않다. 시인이 달려 간 길을 학자들은 따르게 마련이다. 그리하여 16세기에서 18세기에 이르는 영국의 '목가'시, 혹은 '전원 은거'시의 여러 문제들은 과거의 전거를 들면서 자신만만하게 주석하고 설명하는 작업 속에서 거듭 무시된다. 이런 작업을 하는 사람들은 말한다. 크랩과 몇몇 시인들이 했던 식으로 시골의 진정한 현실을 보아서는 안 된다. 그것은 공리주의적이거나 유물론적인 반응, 아니 심지어 농부의 반응일 뿐이다. 그 대신 우리는 이 시가 호라티우스의 《서정가》 제 2곡이나 베르길리우스의 《목가》 제 4곡을 따른 것임을 기억하자. 그리고 더 고명한 옛 이름들로는 테오크리토스와 헤시오도스가 있음을 기억하자. 이들의 시대는 또 다른 의미의 '황금시대'였다.

이러한 헛소리를 물리칠 때가 되었다. 학문적 주석은 영향관계를 추적하는 악습에 너무도 깊게 물들어 있어서

---

26) *Odes of Horace*, tr. A. D. Godley (London, 1898).

27) 관습적 삭제가 언제나 이루어졌던 것은 아니어서 Jonathan Smedley의 *Poems on Several Occasions* (1730) 와 William Somerville의 *Poems* (1727) 같은 예외적 경우도 존재한다. 나는 Elizabeth Duthie의 덕분에 이들 예외적 경우를 알게 되었다.

> 모든 사상이나 이미지가 전통을 따른 것이라고 주장하는 사람들, 세상에는 작지만 거대한 샘물 같은 것이 있다는 생각조차 하지 못하는 사람들, 그리하여 흐르는 물을 보기만 해도 그것이 다른 사람의 수조(水槽)에서 흘러온 것이라고 관대하기 그지없게 생각하는 사람들
>
> 《크리스타벨》(*Christabel*) 서문[28]

에 대한 콜리지의 교정이 언제나 필요한 지경이 되었다. 게다가 다른 사람의 수조(출처라고 간주되는 것) 자체가 너무도 심하게 변하고 단순화되어서 그동안 그 물이 어떻게 변했는지를 쉽게 알 수 없게 되었다면, 콜리지의 교정을 얼마나 더 거쳐야 할까?

2

> 그러므로 '목가'를 즐거운 것으로 만들려면 어느 정도 환상을 사용해야 한다. 즉 목동의 생활 중 최상의 부분만을 보이고 비참한 부분은 숨겨야 한다.

포프가 이런 말을 할 수 있었을 때, '전통'은 이미 변화한 상태였다. "시를 통해 노래하더라도 더 이상 진실은 없다." 목가시의 성격을 놓고 17세기와 18세기에 오랫동안 진행되었던 비평적 논쟁은 최소한 이 사실만은 공통적으로 전제하고 있었다. 논쟁의 쟁점은 주로 즐거운 '목가'나 전원시(*idyll*)의 성격과 관련되었다. '목가'나 전원시는 (라팽[29]과 신고전주의자들이 주장하는 것처럼) 언제나 '황금시대'와 관련되는 것인가, 아니면 (퐁트넬[30] 등이 주장하는 것처럼) 시골 생활의 평온함이라는 더 영속적이

---

28) S. T. Coleridge, *Select Poetry and Prose of S. T. Coleridge*, ed. S. Potter (London, 1950) 58.

29) (역주) René Rapin(1621~1687): 프랑스의 시인, 문학이론가.

고 실로 초시간적인 관념과 관련되는 것인가? 앞의 주장은 그것이 '황금시대'였기 때문에 실제로 평화롭고 순수한 시대였을 것이라고 본다. 뒤의 주장은 사실이 그렇다 해도 평화와 순수함이란 관념 자체는 '황금시대'가 아니라도 존재할 수 있고, 따라서 당대의 자기 나라를 배경으로 한 전통적인 문학적 환상으로 존재할 수 있다고 본다. 이러한 환상은

> 목동의 생활 중 평온한 부분만을 드러내고 그 생활의 비루함은 해체하거나 은폐한다. 생활의 순수함만을 표현하고 비참함은 감추는 식으로.[31]

이런 사실을 염두에 두면 크랩을 이해하는 것이 가능해진다.

> 그러나 그런 즐거운 장면들 속에서도
> 가난한 토착민들은 일하고,
> 따가운 한낮의 햇볕은
> 그들의 노출된 머리와 땀범벅인 관자놀이를 희롱한다.
> 그런 가운데 그들보다 지능도 낮고 기력도 없는 사람들은
> 불운을 한탄하면서 맡은 바 직분을 감내한다.
> 그런데 내 어찌 감히 오만한 시의 금박 장식으로
> 현실의 이런 해악을 숨길 것인가?[32]

"내 어찌 감히?"라는 질문은 습관과 제도와 체험이 충돌하는 결정적 순간, 관점의 위기에 직면한 사람의 절실한 분노를 표현한다. 감히 숨기려 드는 그들은 누구인가? 크랩은 누구를 향하여 말하고 있는 것인가?

---

30) (역주) Bernard le Bovier de Fontenelle(1657～1757): 프랑스의 철학자, 시인.

31) *Pope: Twickenham Edition*, Vol. I, 27.

32) *The Village*, 같은 곳.

> 오, 그대가 느낄 수 없는 결핍을 갖고 장난치지 말고,
> 조악한 식사의 궁핍함을 비웃지 말라.
> 자양분은 없지만 조촐하고, 풍성하진 않지만 소박한 그들의 식사에
> 빈곤을 찬양하는 그대들은 감히 손도 대지 못할 것이다.
> 시골의 안락함을 꿈꾸고 매끄러운 시냇물과
> 그보다 더 매끄러운 시를 즐기는 그대 신사들이여,
> 가라! 그대가 평화로운 오두막을 찬미한다면
> 가서 오두막의 안을 들여다보고, 거기에 평화가 존재하는지 물어 보라.[33)]

소박함을 짐짓 입에 담는 사람들은 대단히 많아서 베르길리우스에서 곧바로 이어지는 계보를 작성하는 것도 가능하다. 그 계보의 끝에 이르면 — 예컨대 영국의 '아우구스투스 시대[34)] 시인들'의 경우처럼 — 목가시(*eclogue*)[35)]는 고도로 인공적이고 추상적인 형식이 되고, 소박함은 오로지 외적인 형식에 그치게 된다. 그러나 베르길리우스의 《농경시》에서 시작하는 다른 계보도 존재한다. 예컨대 15세기 후반과 16세기 초반의 폴리치아노[36)]와 알라마니[37)]의 시에는 모방뿐 아니라 영감도 눈에 띈다.

---

33) 같은 책.

34) (역주) 18세기 초의 영국 문인들이 고대 로마의 아우구스투스 황제 시대를 대단히 높게 평가하고 모방했기 때문에, 영국의 18세기 초를 '아우구스투스 시대'라고 부른다.

35) (역주) pastoral, eclogue, idyll: 'eclogue'는 보통 독백이나 대화 형식의 짧은 목가(*pastoral*)를 지칭하고, 'idyll'은 자연환경에 대한 묘사가 두드러지는 짧은 목가를 지칭한다. 다시 말하면 eclogue와 idyll은 'pastoral'의 하위 장르이다. 따라서 이 책에서는 이러한 양식적 차이를 표나게 강조할 경우에는 "대화적 목가"(*eclogue*)와 "묘사적 목가"(*idyll*)로 옮기되, 그 외의 경우에는 모두 통일해서 '목가'라고 옮기기로 한다.

36) (역주) Angelo Poliziano(1454~1494): 이탈리아의 시인이자 인문주의적 고전학자.

37) (역주) Luigi Alamanni(1495~1556): 이탈리아의 시인이자 정치가.

폴리치아노의 《전원》(*Rusticus*) 이라는 시는 라틴어로 되어 있지만 토스카나 지역 소작농의 사계절에 걸친 노동을 묘사한다. 알라마니의 《농경》(*La Coltivazione*) 은 베르길리우스의 《농경시》의 시골 생활에 대한 현실적 묘사를 근대 이탈리아에 적용하고 있다.

그러나 '목가'는 같은 시기에 이례적인 변화를 보이는데, 그와 함께 한때 엄밀하게 규정되었던 '목가'의 의미도 변화하였다. 변화의 가장 중요한 요소는 자연의 아름다움에 대한 집중적 관심이 부활한 것이었다. 하지만 이제 자연은 관찰의 대상으로서의 자연이고, 관찰의 주체는 노동하는 시골사람이 아니라 과학자나 여행자이다. 이로써 원래의 목가에서 묘사적 부분만 따로 떼어내는 것이 가능해졌다. 이렇게 분리된 부분은 이후 '자연시' 전통을 형성하는 데 중요한 역할을 했으며, 그 전통은 나름대로 강력하고 감동적인 작품을 산출하며 수세기 동안 이어져 우리 시대에까지 이르렀다. 변화의 또 다른 중요 요소는 이와는 판이한 것이었다. 이 시기에 목가는 엄밀한 의미에서 연극적이고 로망스적인(*romantic*) 것이 되었다. 보카치오로부터 산나짜로[38] 의 《아카디아》(1500년경) 에 이르는 목가풍 로망스는 새로운 형식이었다. 그것은 목가시와 전통적 자연 묘사를 흡수하여, 이상화된 낭만적 연애라는 본질적으로 전혀 다른 세계를 구현하였다. 목가풍 로망스는 전통적 목가에서 목동들이 연가를 부르는 설정을 명목상으로는 빌려왔지만, 그러나 이제 모습을 드러내기 시작하는 목동과 요정은 귀족의 오락을 장식하는 마네킹이다. 타소의 《아민타》(*Aminta*, 1572) 에서 시작된 목가극 역시 목가풍 로망스와 유사한 궁정의 산물이다. 이 연극에서 목동은 하나의 이상화된 가면, 궁정식 변장인데, 역설적이게도 순수함의 전통적 상징인 그를 통해 음모가 더욱 정교해지는 것이 가능하게 된다. 귀족들의 여흥의 일종으로 멀리 마리 앙투아네트까지 계속되었고 수많은 채색도자기 인형으로 그 물리적 유산을

38) (역주) Jacopo Sannazaro(1458~1530) : 이탈리아의 시인.

남기고 있는 이 섬세한 유희는, 분명 시골 생활— 그것이 어떤 의미를 지니는 것이든 — 보다 궁정의 현실적 이해(利害)와 더 깊은 관계가 있다.

그러나 사람들이 이런 사실을 언제나 이해했던 것은 아니다. 포프는 유희를 사실로 착각하고 목가에 관한 글에서

> 현대의 목동들의 실상을 묘사할 것이 아니라, 고귀한 사람들이 목동 노릇을 했던 과거를 상상하여[39]

묘사할 것을 추천한다. 궁정 사람들이 그처럼 오랫동안 목동 연기를 했다면 원래의 목동은 귀족이었음이 분명하다는 이야기이다.

그러나 순수함이 가장무도회용 의상으로만 사용되었던 것은 아니다. 당시의 또 다른 현실적 이해관계가 목가로 들어왔는데, 중세 및 중세 이후 시대의 관습인 알레고리가 그것이다. 1589년에 푸트넘[40]은 '목가시'가

> 시골풍의 연애나 사교 활동을 흉내 내거나 재현하기 위해서가 아니라, 순박한 인물의 형상과 조잡한 언어를 통하여 중요한 문제를 암시하고 제시하기 위해서[41]

고안된 것이라고 주장하였다. 그는 베르길리우스의 경우도 이에 해당한다고까지 말하는데, 이것이야말로 문화의 수용이 선택적인 개조를 통해 이루어진다는 사실을 정확하게 보여 주는 예라 하겠다. 베르길리우스는 헤시오도스와 마찬가지로 직접적 세계 — 노동의 사계절과 목가적 노래가 어디까지나 그 본연의 모습으로 존재하는 — 속에서 인생의 중요 문

---

39) Pope, 앞의 책, 26.

40) (역주) George Puttenham(1529~1590): 영국의 문학비평가.

41) G. Puttenham, *The Arte of English Poesie*, ed. G. D. Wilcock and A. Walker(Cambridge, 1936) 38.

제와 그것의 의미를 제기할 수 있었다. 그러나 목가의 귀족적 변형은 목가가 보여 주는 근본적 인간 행위를 알레고리의 '베일'이나 궁정유희용 의상과 같은 단순한 형식으로 환원해버렸다. 이것은 중대한 변화이다. 하지만 변화가 너무도 압도적이었기 때문에 (물론 변화의 충격은 사라진 지 오래라고 말할 수 있겠지만), 현대 이론가들은 다른 문제에 대해서는 20세기적이면서도, 목가에 관한 한 원래의 실체나 그 실체를 더욱 중요하게 계승한 사람들에게서 나온 개념이 아니라, 이러한 형식에서 나온 개념을 통상적으로 구사하게 되었다. 이들은 '목가'가 일반적 진실을 구현하거나 암시하는 단순소박한 질료라고 말한다. 그렇다면 현대의 프롤레타리아 산업소설도 목가가 될 수 있는 것이다! 이러한 비평 작업은 예컨대 스펜서와 같은 시인의 작품을 이해하는 비평적 과정으로서는 충분히 정당하지만, 범위를 이렇게 확장하는 것은 어리석은 짓이다. 그러나 어리석은 짓에도 의미는 있다. 왜냐하면 영국의 문학사상의 다른 많은 영역에서와 마찬가지로 여기서도 봉건제로부터 부르주아 세계로 넘어가는 중요한 역사적 전환의 시점을 의도적으로, 그리고 효과적으로 응고시켜버리는 일이 이루어졌기 때문이다. 목가가 가장이나 알레고리에 불과하다면 크랩의 질문은 무의미한 것이며 시끄러운 소음에 불과할 것이다. 그러나 크랩의 질문은 중요한 시대 전환의 실상을 인식하고 이해하기 위해서 반드시 답해야 하는 질문이다.

우리가 이렇게 이야기할 수 있는 이유는 궁정의 목가와 귀족 저택의 목가가 진정으로 중요한 의미를 갖는 발전이 아니었다는 사실을 역사적으로 확인할 수 있기 때문이다. 궁정의 목가와 귀족 저택의 목가는 시간적으로나 상황적으로 고립된 것이었기 때문에, 그것의 양식과 실태를 비교적 쉽게 파악할 수 있다. 그보다 훨씬 더 중요한 사실은 바로 이 인공적인 양식이 새로운 종류의 사회 — 발전하고 있던 농업자본주의 사회 — 의 이해관계에 부합되는 방향으로 내적으로 변화했다는 것이다. 궁정 오락으로 기능했던 신목가(*neo-pastoral*)와, 시골 저택이나 그 부속 영지 같은 새로운 장소에서 행해지던 신목가는 완전히 다르다. 우리는 인공적인 대화적 목가(*eclogue*)와 묘사적 목가(*idyll*)의 전개 과정을 추적해야 한다. 그러나 우리가 결정적 전환의 의미를 이해하는 것은 그것들을 새로운 이데올로기 속에, 시골 저택 속에 다시 위치시킬 때에만 가능하다.

3

시인들은 군주들과 귀족들에게 혀를 자주 빌려 주었다. 군주들과 귀족들은 시인에게 사례를 하거나 응답을 하는 입장이었다. 반면 시인들이 목동들에게 무엇을 어느 정도의 이자율로 빌려 주었는지는 논란의 여지가 훨씬 많은 문제이다. 영국의 신목가에 지속적으로 제목을 제공해 온 시드니의 《아카디아》가 마을 전체를 울타리로 에워싸고 임차농들을 추방해 만든 장소에서 집필된 것이라는 사실을 잊기는 쉽지 않다. 그렇다면 우아한 유희와 시골 생활의 가시적 현실과는 그야말로 팔 하나 — 농부들의 거친 팔뚝 하나 — 만큼의 거리인 것이었다.

물론 《아카디아》와는 다른 종류의 목가적 은유도 있었다. 착한 목동은 교회의 부패와 대립하는 그리스도, 자애로운 성직자의 비유로 언제나 활용가능하였다. 스펜서의 《목동의 달력》의 5월과 7월과 9월의 목가는 이러한 활용의 영국적 사례이다. 좀더 일반적인 경우는 — 단순한 연상에 의한 것으로 생각되지만 — 목동의 생활을 자연에서의 생활과 자연스런 감정을 의미하는 것으로 활용하는 것이었다. 이런 식의 은유는 16세기 말과 17세기 초에 이르면 너무 자주 사용된 탓으로 이미 상투적인 것이 되었지만, 그래도 이 시기의 짧은 시들 중 일부에는 연극이나 로망스의 정교한 비유나 장치에서는 보기 드문 신선함이 있다. 왜냐하면 그 시들의 무대는 아카디아일 뿐 아니라 사람들이 잘 아는 시골이기도 했기 때문이다.

즐거운 5월의
해 뜨는 아침에
나는 숲 주변 길을 걸었다,
5월이 한창 무르익었을 때.[42]

여기서 돌연 필리다(Phillida)와 코리던(Coridon)이라는 이름의 (로망스적인 — 역자) 두 연인이 숲 주변에 출현하지만, 어쨌든 니콜라스 브레턴의 이 시는 대개의 신목가의 배경인 수정같이 맑은 샘물, 바짝 마른 계곡, 연가를 불러 주는 새들 따위보다는 목가적 성격이 덜하다. 말로우의 다음 구절에서, 은유는 시인이 의식적으로 조성한 애매함 속에서 일정한 정서적 효과를 발휘한다.

지푸라기와 담쟁이덩굴을 엮어 만든 허리띠에
산호 걸쇠와 호박(琥珀) 장식을 달고.[43]

그러나 우리에게 이보다 더 지속적인 흥미를 불러일으키는 것은, 신목가의 은유가 관찰대상인 자연 속에서 자신의 존재를 확증하려 하는 방식이다. 궁정의 장난감과 감정의 과장법이 — 일부 잃은 것도 있고 얻은 것도 있는 상태로 — 시골길로 귀환하는 것이다. 우리의 까다로운 탐구는 신목가의 관습이 오로지 문학적 기교에 불과했던 시대가 아니라, 바로 이 지점에서 출발한다.

물론 이 시기 전에도 일종의 반목가는 더러 있었다. 타운리 기적극들[44] 중 하나인 《두 번째 목동극》(*Secunda Pastorum*)은 노동하는 목동

---

42) Nicholas Breton, "The Ploughman's Song", in *Oxford Book of 16th Country Verse*, ed. E. K. Chambers(Oxford, 1932) 410.

43) Christopher Marlowe, "The Passionate Shepherd to his Love", in Marlowe's *Poems*, ed. M. Maclean(London, 1968) 257.

44) (역주) Towneley: 기적극(*mystery plays*, *mysteries*)은 중세의 수공업자 길드가 공연하던 일련의 연작 연극을 지칭하는 것으로서 내용은 모두가 성경에 기

이 베들레헴 근교에서 비유적이면서도 현실적인 역할을 수행하는 모습을 보여 주었고, (셰익스피어의-역자) 《사랑의 헛수고》의 겨울 노래에도 노동하는 목동이 등장한 적이 있다. 그러나 일반적인 반목가는 말로우를 반박하는 롤리[45] 에게서 찾을 수 있다. 롤리의 시에서는 영원히 계속되는 신목가적 5월에 시간이 냉혹하게 침입한다.

> 그러나 강물이 거칠어지고 바위가 차가워질 때
> 시간은 양떼들을 들판에서 우리로 몰고 간다.[46]

기쁨에 끝이 없고 노령에 결핍이 없다면 목가가 설득력이 있겠지만, 현실은 그렇지 않다는 이야기이다.

그렇다면 로망스적 연애와 영원한 신목가적 5월을 버리고 생활방식 전체를 다루게 된 것, 영국의 전원 안에 태곳적부터 내려온 전원의 이상을 표현하는 새로운 은유가 출현한 것이야말로 흥미로운 사건이다. 대정원(*park*) 이나 화원(*garden*) 에서 궁정풍 연애에 열중하는 신목가적 로망스의 요정이나 목동을 보여 주는 대신, 시골의 정적, 순수함, 소박한 풍요를 보여 주는 것. 은유적이지만 현실적이기도 한 은거의 장소를 보여 주는 것. 물론 이러한 변화 과정에서 '황금시대'나 '낙원' 같은 전통적 이미지를 활용하는 것은 언제나 가능하였다. 예컨대 마이클 드레이튼[47] 이 〈버지니아행 항해〉에서 식민지를 '황금시대'와 '낙원'으로 설정하는 흥미로운 대목을 보라.

반한 것이었다. 타운리 기적극은 중세 후기부터 1576년까지 영국의 웨이크필드 지역에서 공연되었던 것으로 추정되는 32편의 기적극들을 말하며, "웨이크필드 기적극"이라고도 한다.

45) (역주) Sir Walter Raleigh(c. 1552~1618): 영국의 시인, 탐험가.

46) Walter Raleigh, "The Nymph's Reply to the Shepherd", in *Poems of Sir Walter Raleigh*, ed. Agnes M. C. Latham(London, 1929) 40.

47) (역주) Michael Drayton(1563~1631): 영국의 시인.

버지니아,
세상에서 하나뿐인 낙원.

자연은 새와 사슴과 물고기를 제공해 주고,
비옥한 토지는 힘겨운 노동 없이도
일 년에 세 번 이상의 수확을 선사한다.
원하는 이상의 대풍작을.

… '황금시대'는 그래도
자연의 법칙은 부과한다.
그래서 그들에겐
금방 지나가는 겨울 추위를
견디는 것 말고는
어떤 걱정도 없다.[48)]

이런 종류의 상상은 진부한 것이 된다. 17세기 말의 한 익명시는 그 상상의 대단히 순수한 형태를 보여 준다.

야심이 인간을 배신하기 전
창세기의 세계는 얼마나 아름다웠던가.
오색으로 물든 들판에서 행복한 인간은
풍요가 산출하는 모든 부를 누린다.
자연의 자궁의 거대한 보고(寶庫)에서 나온
혼탁하지 않은 원래 모습 그대로의 순수한 부를.
그는 소란에서 벗어나 얼마 안 되는 가축이나마
늘어나는 데 만족하며,
평화의 부드러운 날개를 덮고 편안히 산다.
어떤 두려움도, 어떤 전쟁의 폭풍도 그의 머리를

---

48) Michael Drayton, "To the Virginian Voyage", *The Works of Michael Drayton*, ed. J. William Hebel(Oxford, 1931) Vol. II, 363.

괴롭히지 않으며, 그의 가슴에는 어떤 야심도 없다.
양, 목동의 지팡이, 뿔피리가 그의 전재산,
더 이상은 필요하지도 않고 바라지도 않는다.[49]

여기서 우리는 자연의 풍요에 대한 소박한 전망이 사회적 의미를 갖는 도덕적 태도로 다시 흡수되는 장면을 볼 수 있다. 즉 고전적 전거(典據)를 떠나 "오색으로 물든 들판"으로 이동하는 것을 볼 수 있는 것이다. 시골 생활은 전통적으로 그러했듯이 여기서도 야심, 소란, 전쟁에 대한 순진한 대안이다. 이러한 전망을 보여 주는 시들은 — 때로는 몽환적인 시로, 때로는 황홀경의 형식을 취하면서 — 무수히 존재한다. 한 예로 찰스 코튼[50]이 〈은둔〉이라고 적절하게 이름붙인 시를 보자.

오오, 신이시여! 여기 있는 모두가 얼마나 감미롭습니까!
들판은 얼마나 아름답습니까!
저희의 음식과 침대는 얼마나 깨끗합니까!
저희는 얼마나 즐겁게 시간을 보냅니까!
얼마나 편안하게 잠을 잡니까!
이 평화로움이여! 이 조화로움이여!

이것은 세계로부터, 혹은 더욱 흥미롭게는 타인이라고 간주되는 존재들로부터, 벗어나려는 끈질긴 욕망의 한 형태이다. 인용된 구절의 "저희"는 같은 시의 끝부분에 나오는 "저"이다.

주여! 사람들이 저를 혼자 내버려두면,
저는 너무도 행복한
사람이 될 것입니다.

---

49) *Oxford Book of 17th Century Verse*, ed. H. J. C. Grierson and G. Bullough (Oxford, 1934) 954.

50) (역주) Charles Cotton(1630~1687): 영국의 시인, 번역가.

우리는 이러한 어조를 에이브러햄 카울리[51]의 〈소원〉에서 다시 들을 수 있다. 카울리는 "거대한 벌집과 같은 도시"와 선명한 대조를 이루는 자연과 고립을 제시한다.

오, 샘물이여, 언제 내가 불편한 생각에서 풀려나
그대 속에서 나 자신을 찾게 될까?
오 들판이여! 오 숲이여! 언제, 대체 언제 내가
그대 그늘의 행복한 소작인(*tenant*)이 될까?[52]

그리고 흥미로운 사실은, 극단적으로는 장소를 초월한 단순한 몽상이라 볼 수도 있을 이 작품에 당대의 사회적 경험과 욕망에서 비롯된 또 다른 특성이 지속적으로 공존한다는 점이다.

카울리는 욕망을 실현한 자신을 "행복한 소작인"으로 본다. 이 표현은 현실의 사회경제적 관계를 자연적 전망 속으로 어느 정도 흡수한다. 존 홀[53]의 〈목가풍 찬가〉도 마찬가지다.

나무는 위대하신 주에게서 잎을 받아
지대(地代)로 그 잎을 다시 지불한다.[54]

리처드 러블리스[55]는 〈엘린다의 장갑〉이라는 기묘한 시에서 오직 이런 종류의 이미지만을 구사하여 낭만적인 찬양을 한다.

다섯 채 건물이 서 있는 그대 눈 덮인 농장이여!

---

51) (역주) Abraham Cowley(1618~1667) : 영국의 시인.

52) Abraham Cowley, "The Wish", *Poems of Abraham Cowley*, ed. A. R. Waller (Cambridge, 1905) 88.

53) (역주) John Hall(1627~1656) : 영국의 시인.

54) John Hall, "Pastorall Hymne", *Oxford Book of 17th Century*, 798.

55) (역주) Richard Lovelace(1618~1657) : 영국의 시인.

순백의 여주인에게 전해 주오,
여기 오늘치 지대를 납부하러 온 사람이 있다고.
그러나 여주인은 꽃과 사랑을 따러 외출 중,
그대는 텅 빈 채 그대를 가지려는 거친 손에 방치된 상태.

그러나 슬퍼마오, 흰색 모피로 지은 작은 집이여,
석고처럼 하얀 여주인이 이내 귀가할 것이니.
설혹 귀가하지 않더라도 걱정 마오. 그대 좁은 방의
홀쭉한 통로에 잘 맞는 소작인이 있다 해도
어쩔 수 없는 운명에 의해 입장이 거부될 것이니.

그러니 지대를 당신에게 맡기는 것을 허락해 주오.
지대는 다섯 번의 키스, 건물 한 채에 하나씩…[56]

이 시는 정교한 기상[57]을 구사하는 가운데 비록 짧은 순간이나마 17세기 시골 생활의 현실을 은둔의 시에서보다 더 많이 드러내 보여 준다. 그러나 우리는 이보다 뒤에 나온 시들 중 일부에서 실제의 사회계급을 더욱 구체적으로 다루는 경향이 점점 증가함을 볼 수 있다. 그 사회계급은 소규모의 독립적인 자유토지보유농[58]이다. 예컨대 나훔 테이트[59]의 다음과 같은 구절을 보라.

관대한 하늘이시여, 제게 넓은 토지가 아니라
하찮은 시골의 땅뙈기를 허락하소서!

---

56) Richard Lovelace, "Elinda's Glove", *Poems of Richard Lovelace*, ed. C. H. Wilkinson (Oxford, 1930) 58.

57) (역주) 奇想, conceit: 상식적으로는 연결하기 힘든 2개 이상의 관계로부터 공통성을 추출하여 과감하게 연결하는 문학적 기법.

58) (역주) 자유토지보유농에 대해서는 이 책의 132쪽 각주 2) 참조.

59) (역주) Nahum Tate (1652~1715) : 아일랜드 출신으로 영국에서 활동한 시인, 극작가.

혹은 폼프레트[60]의 구절,

제대로 된 적당한 규모의 영지를 갖고 싶네,
우아하지만 거창하지는 않은 생활을 할 수 있도록.
소박한 씀씀이를 충당하기에 충분하고
이따금씩 친구를 접대하느라 무리할 수 있는 정도로.
가난한 집 아들이 나의 행운을 보아도
자기 불운을 지나치게 한탄하지는 않을 정도로.[61]

혹은 포프가 거의 그대로 모방한 호라티우스 중의 한 대목.

자기 땅에서 자기 공기를 호흡하는 데 만족하고
물려받은 소박한 토지 외에는
바라지도 않고 신경 쓰지도 않는
그런 사람이 행복한 사람이리.

자기 소에게서 우유를, 자기 땅에서 빵을,
자기 양에게서 옷을 받는 사람.
자기 나무에게서 여름에는 그늘을
겨울에는 불을 얻는 사람이.[62]

그동안 신화적이거나 유토피아적인 이미지로 존재했던 '노동하지 않아도 저절로 생산하는 자연'은 이들 시에서 의미심장한 사회적 차원을 획득한다. 이제 자연은 고용된 일꾼을 갖춘 "제대로 된 적당한 규모의 영지"이다. 예컨대 매슈 그린[63]의 다음 구절.

---

60) John Pomfret(1667~1702): 영국의 시인, 성직자.

61) John Pomfret, "The Choice", in *Poems*(London, 1792).

62) "Ode on Solitude", Pope, 앞의 책, Vol. VI.

63) Matthew Green(1696~1737): 영국의 시인.

읍내에서 20마일쯤 떨어진
작고, 깔끔하고, 건강에 좋은 나의 농장.
읍내에 가본 적이 없는 하녀 두 명,
무식하지는 않은 하인 한 명,
쟁기질 하는 하인을 도와
풀을 밟으며 소를 끌고 가는 사내 아이 한 명…

복귀한 경제적 현실은 자연적 전망으로 다시 흡수된다.

나의 누추한 거처가
선택된 자리에 위치해서…
면역지대[64] 로 노래를 지불하는
새들의 서식처가 되었으면.[65]

이 흥미로운 전개과정을 통해서 우리는 전통적 목가가 일단 특정한 장소에서 진행되는 몽상으로 변화했다가, 17세기 말과 18세기 초에 이르면 점점 더 영국의 현실적 시골 생활과 그것의 사회경제적 관계를 묘사하게 되고, 종내는 그것을 이상화하는 방향으로 변화하였다는 사실을 확인할 수 있다. 크랩은 신목가 문학의 관습적 단순소박성뿐 아니라, 바로 이와 같은 사태에 대해서도 이의를 제기하고 있었던 것이다.

---

64) (역주) 免役地代, quit-rents: 중세와 근대 초기에 영국의 농민이 부역이나 현물을 납부하는 대신 영주에게 납부한 현금지대.

65) "A Cure for the Spleen", in *Oxford Book*, 286.

4

왜냐하면 이는 단순히 정통적 목가냐 아니면 파격적 목가냐의 문제만이 아니기 때문이다. 앞에서 말한 것처럼 정통적 목가와 파격적 목가를 구분하는 것은 그리 어렵지 않다. 진짜 어려운 문제는 흔히 농촌경제의 현실 — 신목가적 몽상의 영원한 평화와 순수성을 받쳐 주는, 기존의 사회적 토대 — 을 묘사한다고 이해된 일부 중요 시편들이다. 그 시편들은 시골 저택을 노래한다. 예컨대 카울리는 〈고독〉에서 시골 저택을 자연의 일부라고 찬양하였다.

> 참으로 위대하고 훌륭한 늙은 귀족 나무여!
> 숲 밑으로 흐드러진 평민 풀이여!
> 시(詩)의 새들은 둥지가 조용하고
> 양식이 풍족한 것에 대한 보답으로,
> 즐거운 노래를 지불한다.
>
> 가난한 시인의 가장 풍요로운 장원(莊園)이여!
> 그대 시골 저택과 은거지여,
> 행복한 신들 모두는 그대를 지극히 사랑하여,
> 장엄하게 빛나는 천상의 대도시를 비워 두고
> 그대를 방문하곤 한다.[66]

여기서 숲과 새와 시인과 신은 문자 그대로(비유는 그 정도로 완벽하다) 17세기 영국의 사회구조 — 자연의 질서 — 이다. 이 점에서 판쇼[67]의 시는 카울리와 흥미로운 비교대상이다. 1630년에 영국의 향신[68] 계급

66) *Oxford Book of 17th Century Verse*, 713.

67) (역주) Sir Richard Fanshawe(1608~1666): 영국의 외교관, 번역가, 시인.

68) (역주) gentry: 넓은 의미로는 귀족을 포함한 명문가 사람들을 지칭하는 데 쓰이기도 하지만, 보통은 신분적으로 귀족과 자영농민(*yeoman*) 사이에 위치한

은 자신들의 지방 영지로 복귀하라는 명령을 받는데, 판쇼는 그 당시의 실제 상황을 직접 언급하고 있기 때문이다. 그는 본다,

풍요의 바다 위를 떠다녔던
한 축복받은 섬을.
그리고 멧비둘기들이 가지마다 앉아서,
지금 우리의 섬이 그러하듯,
모든 사람의 안전한 은신처라 노래 불렀던 섬을.

이것은 우리에게 친숙한 '명랑한 시골'의 이미지이다.

그러나 우리는 마치 무슨 적이라도 쳐들어 온 것처럼
비천한 밭을 민중에게 맡기고,
자신을 안전하게 보호하기 위해
성벽으로 둘러싸인 도시로 온다.

그래서 그들은 돌아가야 한다.

뿌리로 도망가서 심장을 질식시켰던
국토의 수액(樹液)과 피는,
이제 몸 전체로 활력을 퍼뜨리라는
명령을 받는다.[69]

계층을 의미한다. 시골에 넓은 영지를 소유하면서 이를 임차 농장의 형태로 운영하는 까닭에 직접 노동에 종사하지 않는 경우가 일반적이었다. 원래는 토착 지주가 중심이었으나, 점차 도시에서 부를 축적하여 토지를 매입한 사람들도 포함하게 되었다. "향신"(鄕紳)이나 "향반"(鄕班)으로 옮기기도 하고 원어 그대로 "젠트리"로 표기하기도 하는데, 여기서는 "향신"으로 옮긴다.

69) "Ode upon occasion of His Majesty's Proclamation in the year 1630. Commanding the Gentry to reside upon their estates in the Country", *Oxford Book*, 448.

밀턴은 국민 교육의 필요성을 주장하는 글에서, 위의 이미지와 연관된 '자연적 성장으로서의 문화'라는 이미지를 사용하여 이미지의 외연을 더 넓힌다. "현재 마비되고 무시된 채 방치된 후미진 모든 곳에 정치와 문화의 자연적 열기를 골고루 전달하고…"[70] 판쇼는 귀향하면서 제 2의 베르길리우스 — 그는 도처에서 베르길리우스를 언급한다 — 의 탄생을 예견하지만, 그러나 그의 주된 호소는 베르길리우스보다 더 직접적이다.

향신계급이 자신들이 성장했던 곳으로
돌아가는 것을 불평하지 않도록 하라.

이 시를 통해 우리는 17세기 영국 농촌의 위기를 보는 한 가지 관점을 확인한다. 그리고 물론 향신계급이 카울리의 "빛나는 대도시"를 떠나는 것이 그리 자주 있었던 일도 아니고 자연스러운 일도 아니었다는 사실 또한 알게 된다.

하지만 여기서 문제가 되고 있는 감정의 구조 — 시골 저택들과 신뢰할 수 있는 문명과의 관계 — 의 핵심은 실제의 장소와 실제의 인간에 대한 일련의 시들이다. 가장 주목할 만한 작품들로는 벤 존슨의 〈펜즈허스트〉와 〈로버트 로스 경께〉, 그리고 토머스 커루[71]의 〈색스엄에게〉가 있다. 이 시들은 단순한 의미의 목가시나 신목가시가 아니다. 이 시들은 특정 저택이나 그 저택의 주인에 대한 찬사의 형식을 통해서 시골 생활에 대한 특수한 관점을 피력하고 일정한 사회적 · 도덕적 가치를 표현한다.

로스 경, 그대의 선택에 의해서건, 운명에 의해서건,
아니면 둘 다에 의해서건, 시골을 사랑하실 수 있으니 얼마나 행운이십

70) John Milton, "The Readie and Easie Way to Establish a Free Commonwealth", (Second Revised Edition, London, 1660), repr. *Prose of Milton*, ed. R. Garnett(London, 1921) 156.

71) (역주) Thomas Carew(1595~1640) : 영국의 시인.

니까.

게다가 도시와 궁정이 그처럼 가까운데도
그곳의 악덕이나 유희에 물들지 않으시니 말입니다.[72)]

이렇게 해서 시골 신사의 생활은 궁정과 도시의 생활과 명백하게 대조되는 것으로 찬양된다. 교훈을 부각시키기 위해서 도시의 변호사, 자본가, 궁정인(*courtier*)이 등장한다.

시가 계속되면서 로스의 농촌 경제 속으로

몰려드는 시골 사람들 떼거리[73)]

에는 오만과 탐욕과 이해타산을 찾아볼 수 없다는 점이 강조된다. 그리하여 존슨은 자신 있는 목소리로 목가적 전통을 확인하고 그것에 지방적 특색을 부여하는 작업을 할 수 있게 된다.

황금으로 된 머리를 가졌다고 자랑하는
태곳적의 시골이 확실히 이러했다.[74)]

그런데 이것은 단순한 찬사가 아니라 실제의 현실을 이야기하는 것인가? 신목가적인 상상은 튜더 시대의 시골 저택에서 구체적인 사회적 토대를 획득했던 것인가? 일부 비평가들은 그런 식으로 이해했다. 그러나 〈펜즈허스트〉의 복잡성은 이런 결론을 내리는 것을 주저하게 만든다. 왜냐하면 선입견 없이 이 시를 읽는 사람이라면 누구나, 이 시가 보여 주

---

72) 〈로버트 로스 경께〉(*To Sir Robert Wroth*)와 〈펜즈허스트〉(*To Penshurst*)는 *The Forest*(1616)에 수록되어 처음으로 출판되었고, Ben Joson, *Works*, ed. C. H. Herford and P. and E. Simpson(Oxford, 1925~52) Vol. VII에서 재출판되었다.

73) "To Sir Robert Wroth", 같은 곳.

74) "To Sir Robert Wroth", 같은 곳.

는 부정어(*negatives*)를 통한 정의 과정에 주목할 것이기 때문이다.

> 펜즈허스트여, 그대는 보는 이의 부러움을 사기 위해
> 흑대리석이나 대리석으로 지어진 게 아니다.
> 그대는 윤기 나는 기둥들의 행렬이나 황금 지붕을 자랑하지도 않는다.
> 전설로 전해질 첨탑이나 계단이나 안마당도 없다.
> 그저 오래된 건물일 뿐. 사람들은 현란한 저택들에게는
> 한을 품지만 그대는 존경한다 …
> … 그대의 담은 시골의 돌로 쌓은 것이지만,
> 사람을 파멸시키거나 신음소리가 나게 해서 만들어진 것은 아니다.
> 근처 주민들 중 그것을 부수고 싶어 하는 사람은 아무도 없다.
> … 이제 다른 저택들과 그대를 견주려는 사람들이
> 그 오만하고 야심만만한 저택들에 더 볼 것이 없음을 알고 나면,
> 그곳의 주인은 저택을 지었을 뿐이나, 펜즈허스트의 주인은 거기에 산다고 말하리라.[75)]

부정과 대조—이제는 도시나 궁정이 아니라 다른 시골 저택들과의—를 통한 이와 같은 선언은 펜즈허스트를 지방 문명 전체의 상징으로 곧장 확대해석할 수는 없다는 사실을 알려 준다. 오만, 탐욕, 이해타산은 도시 상인이나 궁정인들뿐 아니라, 시골의 토지소유자들에게도 만연한 것이 분명하다. 그렇다면 이 시가 찬양하고 있는 것은 아마도 새로운 시대의 압력에 저항하는 시골 사회의 이념일 것이다. 그리고 존슨에게 향응을 베풀었던 펜즈허스트 저택은 그러한 이념의 구현체일 것이다.

바로 이 점에서 커루의 〈색스엄에게〉와의 비교가 특히 필요하게 된다. 왜냐하면 커루의 시도 부정어를 통해 정의를—펜즈허스트가 아닌 다른 저택을 대상으로 하고 있긴 하지만—내리고 있기 때문이다.

---

75) "To Penshurst", 같은 곳.

> 그대의 입구에는 가난한 사람들을
> 조사하거나 물리치는 문지기가 없고,
> 자물쇠나 빗장도 없다. 그대의 대문은
> 오직 손님을 맞이하기 위해 있다.[76]

혹은 다시 한 번, 더 미묘한 표현으로.

> 그대의 보호가 없었다면 차갑게 얼어붙은 날씨 때문에
> 가난한 사람들이 숱하게 굶어 죽었을 것이다.
> 그 사람들의 감사 기도가 그대의 식탁을
> 어느 누구의 식탁보다 축복받은 것으로 만들었다.[77]

이 '자선'의 섬은 시인 자신에게 식사를 제공하는 저택이다. 그러나 그 저택이 온통 가혹한 경제적 현실로 둘러싸인 섬이라는 사실이 이어지는 찬사의 요점이다.

존슨과 커루가 자신들의 예외적 행운에 표하는 경의 — 그들이 초대받은 펜즈허스트 저택과 색스엄 저택은 다른 저택과 달리 "사람을 파멸시키거나 신음소리가 나게 해서 만들"어진 것이 아니고, "근처 주민들 중 그것을 부수고 싶어 하는 사람은 아무도" 없었다고 표현하는 식의 — 를 우리가 거부할 필요는 없을 것이다. 그런 저택들과 그런 사람들이 실제로 존재했다는 사실을 구태여 의심할 필요는 없다. 그러나 시인들 스스로가 증언하듯, 그 저택들과 저택들의 거주자들은 어디까지나 다른 사람들은 비열하고 잔인하게 휘둘렀던 권력을 그나마 온건하게 행사하였을 따름이다. 자세히 읽으면 이 시가 내세우는 도덕은 당대 경제의 산물이 아니라, 그 경제에 대한 국지적 저항의 입장에서 나온 것임을 알 수 있다.

---

76) *Poems of Thomas Carew*, ed. R. Dunlop (Oxford, 1949).
77) 27~30행.

물론 이 두 편의 시는 — 그중 존슨의 시가 더 강렬하고 설득력 있긴 하지만 — 사회적 질서를 더 큰 질서 — 요즘은 형이상학적 의미를 가미해서 '자연적 질서'라고 부르곤 하는 — 의 일부로 본다. 두 편의 시가 '자연'의 섭리를 두드러지게 강조한 것은 확실하다. 그러나 깊이 생각해 보면 이는 양쪽에 날이 선 칼과 같다. 새들과 기타 피조물들이 스스로 잡아먹히기를 원하도록 만드는 시인의 기지(*wit*)는 (가장 열렬한 전통주의자라도 이를 관찰이라 부르지는 않을 것이니, 기지일 수밖에 없다) 도대체 정확히 무슨 종류의 기지인가? 존슨은 펜즈허스트의 영지의

> 넓은 식탁을 장식하기 위해
> 자줏빛 꿩은 얼룩덜룩한 옆구리 살을 제공하고,
> 들판에 널려 있던 오색의 메추라기는
> 그대의 식사용으로 즐겁게 죽어 준다[78]

고 본다. 커루는 같은 과장법을 더욱 확장한다.

> 꿩, 메추라기, 종달새가
> 마치 방주로 모여들 듯 나의 저택으로 날아 왔다.
> 소는 양과 함께 자진해서 도살당하러 왔고,
> 온갖 짐승들이 자신을 제물로 바치러 몰려들었다.
> 물고기들은 개울에서보다 음식 접시에서
> 수영하기를 더 즐겼다.[79]

사실 이런 구절들에서 기지의 성공 여부는 독자가 시인의 자연관을 의식적으로 공유하느냐 여부에 달려 있다. 시인은 자신의 과장법을 자각하고 있는데, 이러한 자각은 사실 이 문학적 관습에 관행적인 것으로서 넓

---

78) "To Penshurst", 23~8행.
79) "To Saxham", 65~9행.

은 시각을 가진 사람이라면 누구라도 공통적 의식이 그것을 제어하고 승인함을 알 수 있다. 어떤 층위에서 보면 과장법에 대한 이러한 자각은, 시가 식탁을 중심으로 구성되어 있다는 사실에서 명백하게 드러나듯, 거리낌 없고 행복한 소비의 윤리이다. 그러나 이는 커루의 시에서처럼 언제든 조야한 수준으로 추락할 수 있다. 커루는 많은 왕당파 시인들[80]과 마찬가지로 자연을 보는 다른 관점이 있을 수 있다는 사실을 알기 때문에 섣불리 단순한 진술을 할 수 없게 되고, 그 결과 의식적으로 과장법을 무리하게 사용한다. 하지만 존슨의 시에는 시인 자신의 상황을 자각함으로써 생겨난 일정한 비애가 존재하는데, 이는 그의 시의 조야함을 완화시킨다.

나는 (이즈음 귀족의 식탁에 초대된 사람들이 그러하듯)
즐겁게 식탁에 앉지는 않지만, 그래도 나오는 요리는 잘 먹는다.
여기서는 누구도 내가 비우는 잔의 수를 세지 않고,
급사가 지켜 서서 나의 식탐(食貪)에 얼굴 찌푸리는 일도 없다.
그저 원하는 대로 요리를 가져오고, 먹게 해 줄 뿐.

이런 상황에 대한 시인의 안도감을 느끼기는 어렵지 않다. 주인의 환대를 묘사하는 시인의 어조 전체는 분명 주인이 토지와 그곳에 사는 생물을 안일하고 무절제하게 착취한다 — 조직적이고 기업적인 생산과 소비를 지속적으로 즐긴다 — 는 사실을 단순히 암시하기만 하는 수준이 아니다. 토지가 비옥하니 생산성은 계속 높아지게 마련이라는 생각에서 나온 이러한 착취행위는, 많은 곳에서 초기 단계의 집약농업을 가능하게 한 토대였다. 그러나 바로 그렇기 때문에 '자연적 질서'란 자연과 인간의 조화라는 식으로 단순하게 이야기하는 것은 더욱 곤란해진다. 여

80) (역주) Cavalier Poets: 찰스 1세(재위 1625~1649)의 궁정을 중심으로 활동했던 영국 시인들. 커루와 앞에 나온 리처드 러블리스도 그 일원이었다.

기서 자연적 질서는 인간과 조화를 이루기는커녕 단순하고도 분명하게 인간의 식탁을 위한 제물이 되고 있었기 때문이다.

물론 존슨과 커루 모두에게서 (이번에도 존슨의 시가 더 설득력이 있긴 하지만) 자연의 섭리를 보는 이러한 관점은 공동소유 관념과 연결되어 있다. 저택의 식탁은 빈민을 포함한 모든 이를 환영하고 그들에게 식사를 제공하는 것이다. 신뢰할 만한 문명 — 복잡하게 상업화된 사회의 추상적 방식이 아니라, 직접적이고 개인적인 방식으로 서로를 배려하는 문명 — 이라는 관념이 유지되었던 것은 바로 이런 측면을 강조하는 작업을 통해서였다. 사람들은 말한다. 이것이 책임과 환대와 자선이 존재했던 자연적 질서라고. 그리고 '옛 영국'이 붕괴한 지금, 우리는 책임과 환대와 자선의 정확한 의미를 이해하지 못하고 있다고.

당연히 우리는 그 단어들의 의미를 안다. 곧바로 우리가 추정할 수 있는 것은, 혹은 단순한 충동처럼 우리에게 다가오는 것은, '배려'라는 의미이다. 그러나 기독교적 자선의 전통은 바로 이 배려라고 하는 점에서 취약하다. 왜냐하면 로자 룩셈부르크가 처음으로 지적했던 것처럼, 기독교의 자선은 소비의 자선일 뿐이기 때문이다.

> 로마시대의 무산계급은 노동이 아니라 정부가 나눠 준 구호품으로 생활했다. 그렇기 때문에 재산을 공유하자는 기독교도들의 요구는 생산수단의 공유가 아니라 소비수단의 공유를 의미하는 것이었다.[81]

애드리언 커닝엄이 주장하듯이 기독교적 자선 개념 — 인간애적 관계를 소비의 공동체로 표현하고, 기독교의 식탁과 빵을 나누는 행위를 자선 개념의 자연적 상징물로 만들고, 그것의 사회적 완성으로 축제를 내세우는 — 은 다른 시대와 다른 사회로 이어져, 주변적인 것이 되거나 심지어

81) Rosa Luxemburg, "Socialism and Churches", A. Cunningham, *Catholics and the Left* (London, 1966), 83~4에서 재인용.

해악을 끼치기까지 하였다.[82] 소비의 자선(음식을 나누는 친교)을 습관적으로 입에 올리게 되면서, 생산의 자선 — 실제로 노동과 생산을 하고, 그 결과물을 생산비율과 상관없이 모두 나눠 갖는 사람들 사이의 인간애적 관계 — 은 무시되고 은폐되었으며, 때로는 억압되었다. 소비의 자선이 노동 사회에 일반적으로 적용될 때, 노동 사회의 실상은 신비화될 수밖에 없었다. 노동 현장에서 어떤 가혹행위를 하더라도 노동이 끝난 뒤 잔치판이라는 자선을 베풀면 다 해결된다고 쉽게 생각해 버리게 되었던 것이다. 기독교적 자선의 전통이 형성한 감정과 표현의 복합체에서 신의 이름과 주인의 이름이 같다는 사실[83]은 대단히 의미심장하다.

그러나 어떤 신비화도 저절로 이루어지지는 않는다. 노력이 필요한 것이다. 펜즈허스트와 색스엄의 세계를 도덕적 경제로 보이게 하는 것은 의식적 선택과 강조를 통해서만 가능하다. 의식적 선택과 강조는 앞에서 언급한 비평들뿐 아니라, 존슨과 커루의 시 자체에도 존재한다. 여기에는 물론 사회적 이유가 있었다. 손님으로 초대받은 시인은 다른 사람들이 생산한 것을 소비하는 가운데 저택 주인의 사회적 입장과 자신을 동일시하였던 것이다. 그러나 이 시기에 이미 복잡한 양상을 보이게 된 전통적 이미지도 신비화 작업에 없어서는 안 되는 시적 구성요소였다. 존슨의 〈로버트 로스 경께〉가 보여 주는 것처럼, 신비화 작업에는 '황금시대'라는 전통적 이미지만 사용되었던 것은 아니다. 물론 존슨은 펜즈허스트에 대한 긍정적 묘사를 처음 시작하면서 고전시대 문학을 활용한다. 켄트 숲에는 숲의 정령(Dryads)과 목신(牧神, Pan)과 주신(酒神, Bacchus)이 살고, 식량을 공급하는 자선의 신의 이름은 페나테스(Penates, 가정의 수호신)이다. 그러나 더 깊게 들어가면, 모든 것을 미리 조달해서 준비하는 이 영지는 기독교 신화와 고전 신화가 관습적으로

---

82) A. Cunningham, "The Failure of the Christian Revolution", 같은 책.
83) (역주) 'Lord'라는 단어는 신과 주인을 모두 의미한다.

혼합된 에덴동산이다. 인간이 노력하지 않아도 충분히 사용하고 즐길 수 있도록 만물이 저절로 자연스럽게 제공되는 이 땅은 '낙원'이다.

> 먼저 버찌가, 다음에는 자두,
> 무화과, 포도, 마르멜로 열매들이 각각의 계절에 맞춰 온다.
> 홍조 띤 얼굴의 살구, 솜털이 난 복숭아는
> 어떤 아이라도 따먹을 수 있게 그대의 벽 위에 열린다.[84)]

그렇지만 이 구절을 제외한 나머지 부분에서 이곳은 '낙원'이 아니라 펜즈허스트로, 즉 영주 부부가 소유하고 관리하는 자연적 질서로 묘사된다. 마벨의 〈정원〉에 나오는 비슷한 구절을 떠올리면 존슨의 시적 조작 과정을 쉽게 알 수 있다.

> 신의 즙액으로 가득한 진귀한 복숭아가
> 저절로 내 손에 들어온다.
> 나는 멜론 위를 비틀대며 걷다가
> 꽃의 덫에 걸려 풀 위로 넘어진다.[85)]

이 시에서 자연의 은혜의 향유, 정원이 주는 천국 같은 느낌은 또 다른 기지의 대상이 되어, 안이한 소비는 추락을 부른다는 주장과 연결된다. 그리고 이런 주장은 인간이 낙원에서 추락한 결과 모든 것을 제공하는 자연을 편안히 누리는 대신 힘들게 빵을 벌어야 하는 처지가 되었다는 사실, 즉 노동의 저주가 인간 모두의 운명이 되었다는 사실을 상기하게 만든다. 농촌의 질서를 찬미하는 존슨과 커루의 시는 결국 예술의 힘을

---

84) "To Penshurst", 41~5행.

85) Andrew Marvell, "The Garden", *Poems and Letters of Andrew Marvell*, ed. H. M. Margoliouth, rev. ed. P. Legouis and E. E. Duncan-Jones (Oxford, 1971) Vol. I.

통해 바로 이 노동의 저주를 제거하고, 자연의 은혜와 자발적 자선을 주술적으로 재창조하는 시이다. 이들의 시에서 자연의 은혜와 자선은 농촌의 토지소유자를 — 혹은 독특한 물화(*reification*) 작용을 통해서 그 토지소유자의 저택을 — 승인하고 축복하는 역할을 담당한다. 그러나 노동의 저주의 주술적 제거는 사실상 노동자들의 존재를 시에서 제거하는 간단한 방법에 의해서 이루어진다. 가축을 사육하고 집에서 도살하여 음식을 준비하는 사람들, 덫을 놓아 꿩과 메추라기를 잡고 물고기를 잡는 사람들, 과일 나무를 심고 거름을 주고 가지를 치고 과일을 수확하는 사람들. 이들은 시에 존재하지 않으며, 이들의 노동은 자연적 질서가 대행한다. 이들은 마침내 모습을 보이지만, 그러나 그저 "시골의 어중이떠중이," 혹은 더 단순하게는 "꽤나 가난한 사람들"로 등장할 뿐이다. 그리고 독자는 이 사람들의 노동이 아니라 자연적 질서가 영주에게 음식을 제공하고, 영주는 그 음식으로 오만하게 자선을 베푸는 장면을 본다. 잔치라는 마무리는 이러한 상황의 신비화, 관계들의 신비화를 최종적으로 승인한다. 이 대목에서 한 노동자가 존슨의 시대 이후에 시골 잔치를 묘사한 시를 잠깐 읽어 보는 것이 좋겠다. 스티븐 더크[86]는 1720년대 후반에 다음과 같이 썼다.

> 풍성하게 차린 식탁,
> 맥주잔들은 마음을 즐겁게 해 주는 노래를 부르고
> 너무도 관대한 그가 잔들을 빠르게 돌려서,
> 다가올 노동도 생각나지 않고 지나간 노동도 걱정되지 않네.
> 그러나 내일 아침, 다시 똑같은 일을 하러 가야 할 때가 되면,
> 내년의 곡식을 저장하러 똑같은 헛간으로 돌아가야 할 때가 되면,
> 속임수는 이내 들통나리.[87]

---

86) (역주) Stephen Duck(1705?~1756): 영국의 시인.

87) Stephen Duck, "The Thresher's Labour", *Poems on Several Occasions* (London, 1736).

더크 이전의 시적 이미지들은 의미심장하게도 잔치와 노동의 관계를 얼버무려서 모든 이가 노동을 잊고 "속임수"를 묵인하는 일순간을 '자연스럽고' 영원한 것인 양 보이게 한다. 진정으로 중요한 것은 바로 이 시선이다. 존슨은 펜즈허스트의 들판에서 노동을 보지 않고 저절로 곡식을 생산하는 토지를 본다. 그리고 커루는 그의 개성에 충실하게, 아예 보지도 않는다.

> 서리와 눈이 내 눈을 가려
> 문 밖의 아름다움을 보지 못해도…
> … 문 안의 (색스엄) 그대는
> 그 자체로 너무도 우아하고,
> 가족에게 행복의 은총을 베푸는
> 자연 그대로의 향기가 넘쳐흘러,
> 겨울이 와도 그대에게는 아무것도 줄지 않고
> 봄이 와도 아무것도 늘지 않으리.[88]

이 시는 저택 고유의 은혜나 "자연 그대로의 향기"와 같은 찬양조의 신비화를 통하여 노동은 물론이고 계절의 산물까지 억압하거나 애매하게 얼버무린다. 그런데도 이를 자연적 질서라고 부른다면 단어를 오용하는 것이다. 이 시는 시골 생활의 묘사가 아니라 사교적 찬사이며, 귀족과 그에 기생하는 인물들의 상투적 과장표현이다.

존슨과 커루의 시적 관습을 형성한 사회적 질서는 정작 이들과는 다른 종류의 농촌시에서 직접적으로 묘사된다. 헤릭[89]의 〈추수용 수레〉(1648)가 그 좋은 예이다. 이 시는 노동을 사실로 인정한다.

> 오라 여름의 아들들이여. 너희들의 노고로 해서

---

88) "To Saxham", 1~2행과 5~10행.

89) (역주) Robert Herrick(1591~1674): 영국의 시인.

우리는 포도주와 기름의 주인이 되었다.
너희들의 힘든 노동과 거친 손으로 해서
우리는 땅을 갈고 수확을 한다.
곡식의 이삭으로 머리를 장식하고, 이제 오라. 그리고 피리에 맞춰,
한해의 수확이 집으로 운반되어 온 것을 노래하라.[90]

그러나 이 시는 (자신이 노동을 하며 부르는 것이 아니라—역자) 다른 사람의 노동을 보며 부르는 특별한 종류의 노동요이다. 시는 계속된다. 한해의 결실이 집에 도착했으니,

오소서, 영주나리, 그리고 수레를 보소서.

시의 헌사에 의하면 이 영주는 "존경하는 웨스트멀랜드 백작, 마일드메이 경"이다. 헤릭은 이처럼 영주와 노동자 사이에 자신을 배치하여, 존슨과 커루의 시가 암묵적으로 처리하거나 신비화했던 지배적 사회관계를 명확히 밝힌다. 노동자들은 영주의 건강을 기원하는 건배를 해야 하고, 곧 다시 일을 해야 함을 잊지 말아야 한다. 가축처럼.

너희들은
참을성 많은 소에게 다시 멍에를 씌우고
(지금은 접어놓은) 쟁기와
써레로 모두 돌아가야 한다.
그리고 영주님의 지당하신 말씀처럼, 가축을 잘 먹여야 한다.
그것의 음식이 너희들 배를 채워주니까.
그리고 이 술은 내리는 비와 마찬가지로,
너희들의 고통을 없애기 위한 것이 아니라
다시 솟아나게(*spring*) 하기 위한 것임을 명심하라.

---

90) Robert Herrick, *The Poetical Works of Robert Herrick*, ed. F. W. Moorman (Oxford, 1921) 100.

노동자들을 거나하게 만드는 초기적 형태의 인간 관리, 술판조차 더 많은 노동(과 더 많은 고통)을 이끌어내기 위한 수단일 뿐임을 보이기 위해서 비와 봄의 비유[91]를 구사하는 이 시는 정서적으로 투박하다. 그러나

> 가축을 잘 먹여야 한다. 그것의 음식이 너희들 배를 채워주니까.

와 같은 노골적 표현은, 이전의 시들이 자연의 은혜라는 이미지로 은폐했던, 실로 통렬한 역설이라 하겠다. 〈수확용 수레〉가 〈펜즈허스트〉나 〈색스엄에게〉보다 자연적·도덕적 경제를 보여 주는 예로 인용되는 경우가 덜하다는 사실은 놀라운 일이 아닐지 모른다. 그러나 진정한 문제는 시가 현실적 과정을 어느 정도 의식하고 있느냐 하는 것이다. 존슨과 커루가 매개하는 것을 헤릭은 당혹스럽게 노래한다. 그가 노래하는 것은 하나의 사회적 질서와 그 질서가 만들어낸 시선(*way of seeing*)이다. 이제 우리가 그 질서와 시선을 잊는 일은 좀체 없을 듯하다.

---

91) (역주) "spring"은 명사로 쓰면 '봄'이지만 동사로 쓰면 '솟아나다'는 뜻이 된다. 따라서 이 구절은(겨울) 비가 봄(*spring*)을 이끌 듯, 술은 노동자들의 고통을 다시 솟아나게 한다는 뜻으로 해석할 수 있다.

제4장

황금시대

그러나 관점의 위기는 여전히 존재한다. 우리는 더 오래되고 행복했던 영국 농촌을 찾아서 시간을 계속 거슬러 올라가 보았지만 안착할 수 있는 장소나 시대는 결코 찾을 수 없었다.

하지만 과거를 행복의 소재지로 언급하는 행위에는 나름의 논리가 있다. 충분히 오랜 시간을 기준으로 보면 영국의 시골 생활이 근본적으로 변화했음을 쉽게 식별할 수 있다. 그러나 그 변화의 양상이 지역에 따라 중요한 차이를 보이는 것은 물론이고 전체적으로 너무 광범위하고 복잡하기 때문에, 어느 시점을 택해서 그 전후를 분명하게 둘로 나누고 각각을 다른 시대라고 부르면 편리할 터이지만, 그런 시점은 없는 것으로 보인다. 세부적 사실들을 기록한 역사서들을 읽으면 새로운 발전 방향이 명확하고 결정적으로 드러난 후에도 과거의 형식과 관행과 감정의 구조가 엄연히 존속했음을 금방 알 수 있다. 게다가 구질서, '전통적' 사회로 보이는 것은 당혹스러울 정도로 다양한 시대에 거듭 출현한다. 그것은 실상 당대의 변화를 가늠하게 해 주는—어느 정도는 체험에 근거한—하나의 관념으로 출현하는 것이다. 그렇기 때문에 과거에 대한 이러한 언급을 이해할 수 있게 해 주는 감정의 구조는 근본적으로 역사적 설명이나 분석의 문제가 아니다. 진짜 중요한 것은 사람들이 변화에 대해서 이처럼 특수한 종류의 반응을 보인다는 사실인데, 여기에는 더 현실적이고 흥미로운 사회적 원인이 존재한다.

우리가 지금까지 검토해 온 시들에서 실제의 역사적 과거에 대한 언급을 찾아 볼 수 없는 것은 바로 이 때문이다. 그럼에도 그 시들은 봉건시대 및 봉건시대 직후의 가치 — 고정적이고 상호적인 사회경제적 제관계에 기초한 체제 — 를 이상화한다. 여기서 중요한 것은 그 시들이 다른 체제(농업자본주의 체제)가 성공적으로 뿌리를 내리기 시작하던 시기와 시간적으로 일치한다는 사실이다. 왜냐하면 이러한 일치의 배후에는 현대에도 중요한 의미를 갖는 일단의 가치의 충돌이 존재하기 때문이다. 예컨대 다음 구절에서 드러나는 봉건적 질서 혹은 귀족적 질서의 찬미 —

영주님의 지당하신 말씀처럼, 가축을 잘 먹여야 한다.
가축의 음식이 너희들 배를 채워주니까[1]

— 는 과거를 이상적인 것으로 회고하는 사람들에 의해서 자본주의를 비판하는 예로 널리 인용되었다. 우리에게 친숙한 회고적 급진주의 속에서, 의무, 자선, 불우한 이웃에 대한 환대 등에 대한 강조는 자본주의의 횡포, 사회관계를 천박한 금전적 관계로 만들어버리는 공리주의적 경향과 대조된다.

이러한 행위는 현대 세계에 가치의 명백한 위기 상황을 초래한다. 왜냐하면 새로운 금전적 질서의 천박성과 편협성에 반대하는 회고적 급진주의가 종종 현대자본주의를 비판하는 역할을 맡게 되기 때문이다. 즉 인간적 감정을 전달하되 그것을 통상 전(前)자본주의적인 — 따라서 다시 실현하는 것이 불가능한 — 세계와 연결하는 역할을 맡게 되기 때문이다. 이렇게 해서 현대세계에 필수적인 사회적 비판이 안전한 과거 세

1) Herrick, 앞의 책.

계, 즉 책과 기억 속에만 존재하는 세계를 지향하게 된다. 그 세계 속에서 학자들은 정작 현실 세계에서는 고립되고 무관심한 인간이기 십상이지만, 학문상으로는 얼마든지 인간적인 태도를 견지할 수 있다. 그러나 그보다 더 중요한 사실은 이런 식의 자본주의 비판이 일단 작동되기 시작하면 언제든 (봉건 세계의 흔적을 다소 지니지만, 그럼에도 불구하고 현대 세계에 얼마든지 적용가능하고 그럴 경우 그만큼 더 위험한 결과를 초래하게 되는) 일정한 종류의 체제, 사회적 위계, 도덕적 안정성을 옹호하는 역할을 할 수 있다는 것이다. 20세기의 지적 운동에서 이러한 '농촌적' 가치들 중 일부는 토지를 떠나 공공연한 반동적 사회 행위 — 전통적 재산 소유관계를 옹호하거나 '피와 대지'의 이름으로 민주주의를 공격하는 따위 — 의 강령이 되었다.

그러나 많은 사람들은 이런 지점에 이르기 전에 물러선다. 영국에는 지성적인 농촌적 급진주의가 불안정한 형태로나마 지속적으로 존재했다. 지성적인 농촌적 급진주의는 실로 적극적으로 산업주의와 자본주의에 반대하고, 상업주의와 환경파괴에 대항하며, 농촌 특유의 생활방식과 감정, 문학, 전승된 지혜에 대한 애착을 보여 준다. 그러나 이러한 감정들 중 그 어느 것에 대해서도 우리의 판단 기준은 자본주의적 이행의 성격을 어떻게 보느냐 하는 것이다. 다른 모든 급진주의와 마찬가지로 지성적인 농촌적 급진주의도, 현재를 비판하기 위하여 과거와 미래 중 어느 한 방향을 선택해야만 하는 순간이 온다. 그리고 우리가 자주, 그리고 심각하게 목격했던 것처럼 농촌적 급진주의가 과거를 선택한다면, 우리는 그것이 옹호하는 가치의 뿌리까지 논의를 진행해야 한다. 비판적 가치의 원천인 과거의 자연적 경제, 도덕적 경제, 유기적 사회에 대해서 주의를, 인간적 주의를 기울일 필요가 있는 것이다.

일찍부터 존재한 복잡한 문제가 하나 있다. 이런 입장에 대한 가장 공공연한 반대자들은 특정한 부류의 대도시 지식인들이다. 이 부류에는 시골 생활을 전혀 접해보지 못해서 무지가 확연히 드러나는 사람들뿐 아니라, 농민, 촌뜨기, 시골 바보에 대하여 오랫동안 이어져 온 (그리고 대단히 다양한 원인에서 비롯된) 경멸을 상속받은 사람들이 모두 포함된다. 이들은 시골이 도시와 진짜 다른 곳임을 보여 주는 파티용 분장이나 상투적인 연극적 몸짓 따위를 잔뜩 모아서 그것을 자기들의 화폐로 사용한다. 우유와 짚단과 가축과 거름이 이들에게는 곧장 패러디와 웃음을 유발하는 신호이다. 이들이 어쩌면 진지하게 발전할 수도 있을 일단의 입장을 포함하지 않는다면, 즐기도록 내버려 두어도 별 상관이 없을 것이다. 그러나 예컨대 "시골 생활의 몽매함"[2]에 대한 저 결정적인 고어체 문장을 사용하기를 거부했던 사회주의자가 몇 명이나 되는가? 최근까지, 다시 말해 중국과 쿠바에서 농민사회주의혁명이 있기까지, 이런 식의 반응은 유럽의 대도시 사회주의자들 사이에 당연한 것이었다. 그리고 그 배후에는 역사적 논의에서 중심적인 의미를 갖는다고 할 수 있는 모종의 더 진지한 입장이 언제나 존재하였다. 왜냐하면 맑스 이후 자본주의 자체가 어떤 측면에서는 진보적이라든가, 자본주의 내에서 진행되는 도시화와 사회적 근대화가 진보적이라는 이야기는 상식이 되었기 때문이다. 그리하여 자본주의를 비판하고 자본주의가 오랜 시간에 걸쳐 공장과 도시에 초래한 참상을 비판하는 위대한 작업이, 일정한 역사 도식 속에서는 그것을 기꺼이 '진보적'이라고 부를 수 있다고 하는 주장과 공존했다. 우리는 자본주의의 비약적 발전이 효율적 생산과 노동력 해방을 가능하게 했다고 쾌활하면서도 조급한 목소리로 — 흔히들 하는 표현으로는 현실주의적으로 — 평가하는 것을 줄기차게 들어왔다. 이렇게 평가하는 사람들은 도시화와 산업화라는 자본주의 발전의 특수한 형태를 비난하는 동시에 이상화한다. 그리고 마치 천연자원 개발이 인간에 대한 착취와는 전혀 무관한 일일 수 있다는 듯, 지배(힘, 수확, 생산, 인간의 자연 정복)를 무반성적으로 찬양한다. 이들의 주장은 결국 '자본주

---

2) K. Marx and F. Engels, *Manifesto of the Communist Party* (London, 1934) 14.

의를 비난하라, 자본주의를 찬양하라'는 것이고, 이들이 바라건대 이러한 감정적 난맥상을 지적으로 정리해 줄 처방은 변증법이다. 난맥상은 다음과 같은 때늦은 관찰, 보완적 조건을 첨부하는 것으로 절정에 이른다. 일정한 단계가 되면 — 그 단계가 지금인가? 어제였다 — 자본주의는 이러한 진보적 성격을 상실하기 시작하므로, 생산 효율을 더 높이고 자연을 더 효과적으로 지배하기 위해서는 사회주의가 자본주의를 대체하고 추월해야 한다. 사회주의가 자본주의의 기획을 완성할 것을 제안하는 이러한 경향은 강력한 세력을 형성하고 있다. 이러한 경향과 비교하면 구식의 서글픈 회고적 급진주의조차 인간의 문제를 구체적으로 고민하는 것처럼 보일 정도이다.

그렇다고는 해도 회고적 급진주의는 결국 인간의 문제를 구체적으로 고민할 수 없다. 자신이 말하는 바를 실천할 수 없는 것이다. 단순한 회고적 시선과 단순한 진보적 돌진을 주장하며 지루한 논전을 벌이는 것은 가능하지만, 거기서 생산적인 결과는 전혀 나오지 않는다. 우리는 달리 시작해야 한다. 요컨대 이런 체제 혹은 저런 체제를 이상화하는 것이 아니라, 역사 자체에서 출발해야 한다. 이상화란 결국 우리를 오도하는, 역사에 대한 일면적 반응일 뿐이다.

먼저 신흥 자본주의 체제의 공격적인 무자비함에 대한 대안으로 많은 사람들이 요긴하게 활용해 온 '자연적' 혹은 '도덕적' 경제의 이상화를 살펴보자. '자연적' 혹은 '도덕적' 경제에는 자연적이거나 도덕적인 구석이 거의 없다. 그것의 가장 기본적인 기술적(*technical*) 정의 — 시장경제가 아직 침투하지 않은 '자연적' 자급자족 농업 경제 — 부터가 이미 의심스럽고, 그 정의에 해당되지 않는 예외적 경우도 많이 있다. 물론 그것이 강조하는 내용의 일부는 기꺼이 받아들일 만하지만 말이다. 그러나 이런 농업이 이루어지던 사회체제는 잔인함과 가혹함 면에서 이후에 인류가 경험한 어떤 체제 못지않았다. 그것을 언제나 괴롭혔던 전쟁과 약탈을 제외하더라도, 그리고 작물을 재배하고 가축을 사육하다가 결국 약탈당하고 전 재산이 잿더미가 되어 포승줄에 묶여 끌려가는 신세가 된 무수한 사람들을 제외하더라도, 이 경제는 평화로울 때조차 대단히 철저한 착취 체제였다. 이 체제는 인간을 토지와 동일한 재산으로 취급하고, 세금과 부역을 강제 부과하거나 가축처럼 사고팔아서 결국 노동하는 동물로 전락시키고, 오로지 가축이나 하천을 보호하는 것과 마찬가지 목적으로, 다시 말해 더 많이 노동하고 더 많은 식량을 생산하고 더 많은 피를 흘리게 할 목적으로, 법과 관습을 통해 인간을 '보호'하였다. 그것은 모든 실제적 관계에서 대단히 총체적인 종류의 물리적 · 경제적 지배를 지향하는 경제였다. "농투성이란 버들잎과 같아서 잘라낼수록 싹을 더 잘 틔운다"[3] 는 한 장원 관리인의 격언은 '자연적'이고 '도덕적'인 경제의 본질적 원리로서, 그것의 본질적 측면 모두를 적확하게 지적하고 있다.

인간은 오랜 세월에 걸쳐 정주지를 개척하며 정착했다. 그리고 정착은 언제나 변두리에서 서로 간에 일정한 간격을 두고 이루어졌다. 인간은 이런 직접적인 방식을 통해서, 그리고 그에 따른 책임을 맡고 미덕을 실천하면서, 일정 기간 동안 생존하였다. 고대 영국을 회고할 때 우리는 당시의 인구가 얼마나 적었으며, 그런 상황에서 직접적 정착생활이 지역별로 각기 어떻게 가능했던 것인지를 반드시 기억해야 한다. 켈트 시대의 농장들은 서로 대단히 멀리 떨어져 있었고, 로마제국 점령기[4] 마을의 경지면적은 현대의 2 혹은 3퍼센트 정도였다. 기원후 천년 동안 인구는 백만이 채 못되는 수준에서 백만을 겨우 웃도는 수준으로 증가했을 뿐이다. 이러한 사실은 인간의 초기 정착 생활을 그야말로 자연과 직접 싸우며 황무지를 개간하는 과정으로 볼 수 있음을 상기시켜 준다. 그러

---

3) M. H. Dobb, *Studies in the Development of Capitalism* (London, 1946) 44에서 재인용.

4) (역주) 로마제국이 영국을 점령하여 지배했던 서기 43년경부터 410년경까지의 시기.

나 이것이 이야기의 전부는 결코 아니다. 부족의 정착지는 칼을 앞세운 권력의 지배를 받았고, 공물 제공의 의무를 지고 있었다. 켈트 족, 색슨 족, 스칸디나비아 족 왕국들의 기초는 전면적이면서도 국지적인 강탈이었다. 게다가 외부인들까지 끊임없이 들어와 압력을 가했다. 그들은 정복이 목적인 경우도 있었고, 척박한 땅이나 기근, 공포를 피하여 들어오는 경우도 있었다. 한편 소박한 수준의 지역방어대가 결성되어 군대조직으로 발전함에 따라 또 다른 형태의 침략이 이루어졌다. 집단 내부에서 권력과 의무를 배분하는 방식을 바꾼 것이다. 내부와 외부를 가리지 않고 무장한 폭력배들이 시시때때로 그럴듯한 왕위나 작위를 달고 무자비하게 몰려들어서는 다른 사람들이 수확한 것을 먹어치웠다. 그리고 무장한 폭력배들은 사회적 · 자연적 계급이 되었고, 그들의 신과 교회가 이들을 축복했다. 이 계급 피라미드의 맨 밑바닥에는 노동하는 경작자, 인간적이고 자연적인 인간이 오랜 세월에 걸쳐 존재했다. 그들은 때로는 거주 공간과 작업 영역을 허용받기도 하고 때로는 박탈당하기도 했지만, 언제나 땅을 개간하고 자신의 몸을 다 바쳐 이 신흥 사회계급을 부양했다는 사실에는 변함이 없었다. 이런 사태는 노르만 왕조와 영국 왕조의 중세적 '질서'에서 절정에 이르렀다고 볼 수 있다. 그 '질서'는 "가축을 잘 먹여야 한다"는 깃발을 휘두르며 착취를 더욱 조직적이고 광범위하게 자행했기 때문에, 더욱 완벽한 '질서'가 되었다.

진정한 문제는 하나뿐이다. 시간이 지나 이번에는 이 중세질서가 붕괴하여 사회가 혼란해진 것을 탄식하는 대목을 읽을 때, 우리는 어디에 서서 누구와 입장을 함께 할 것인가? 농노, 종복, 농업노동자, 예농과 함께 할 것인가? 아니면 흔히 '자연적'이라고 추상화하는 (그러나 실제로는 여러 세대에 걸쳐 수십만의 인간을 단순한 도구 이상의 존재로는 결코 취급하지 않았던) 질서와 함께 할 것인가? 설혹 우리가 올바른 선택을 할 수 있다 하더라도 — 물론 진실로 다수 인간의 편에 서서 그들이 체험했던 그대로 세계를 보고자 하는 역사가가 있을지는 언제나 의문이지만 — 이

질서가 새로운 종류의 질서로 발전하게 되면 또 누구와 입장을 같이 해야 하는가?

입장 선택은 부분적으로 질서의 붕괴를 어떻게 묘사하는가에 달려 있다. 통상적으로 사람들은 중세의 붕괴가 '흑사병'으로 시작되었다고 본다. '흑사병'은 한 세대 사이에 백만 명 이상의 생명을 앗아갔고 많은 정착지를 황폐화시켰다. 역병의 연이은 창궐은 인구 증가 때문에 경작지를 확장하지 않을 수 없던 저간의 사정을 변화시켰는데, 이에 따라 영주와 차지농·농업노동자 관계도 변화하였다. 그러나 중세질서 내부에는 역병과 무관한 체제 변화의 추동력들이 존재하였다. 이를테면 도시와 수도원의 성장이 그것이었다. 도시와 수도원은 중세 영주가 건설한 경우가 많지만, 그럼에도 불구하고 새롭고 복합적인 사회경제 관계들과 개념들의 진원지였다. 그런가 하면 목재와 연료와 목초를 조달할 목적으로 삼림이 개간되었고, 양모무역의 성장으로 더 많은 목초지가 필요하게 됨에 따라 인클로저가 대규모로 진행되어 많은 농지가 파괴되었으며, 새로운 유형의 자본가적 지주가 급속도로 출현하였다. 전체적으로 볼 때 이는 중세질서의 몰락이 아니라 활발한, 때로는 잔인할 정도로 활발한 성장을 의미한다. 수도원의 강압적 폐쇄[5]로 수도원 소유였던 광대한 토지를 새로이 이용할 수 있게 되었고, 그 결과 새로운 형태의 토지소유권이 강화되었다. 영국혁명기[6]에 이르기까지도 전면적 인클로저와 새로운 형태의 토지소유권에 대한 공식적 저항이 있었지만, 왕정복고기[7]에는 마침내 새로운 유형의 지주로 구성된 정권이 집권하게 된다.

---

5) (역주) 헨리 8세는 이혼문제로 로마 교황과 갈등을 일으켜 1534년 로마 교황과 결별을 선언하고 자신이 교회의 수장이 되는 영국 국교회(성공회)를 설립하였다. 또한 자신에게 복종하지 않는 수도원을 해산시키고 토지를 몰수하였다.

6) (역주) 내전이 발생한 1642년에서 왕정이 복고된 1660년 사이의 시기.

7) (역주) 혁명으로 인한 공화정이 끝나고 망명 중이던 국왕이 권좌에 복귀한 1660년에서 1700년까지의 시기.

이것은 적어도 2백 년 동안 발전해 왔던 새로운 질서의 결정적 확립을 의미하는 것이었다. 새로운 질서는 이미 대규모 목축용 영지와 증축된 저택들의 모습으로 물리적으로 존재했다. 그중에서도 특히 16세기 초부터 성곽과 요새화된 장원을 대체하기 시작했던, 그리고 앞에서 알아본 것처럼 새로운 사회체제의 가시적 중심이 되었던 '시골 저택'은 새로운 질서의 대표적 사례였다. 이제 과거보다 안정적이고 중앙집권적인 질서 — 직접적인 군사적 · 물리적 지배가 아니라 사회경제적 지배에 기초한 — 가 과거보다 더 풍요롭고 인구도 증가한 국가에서 전모를 드러내었다. 이후 수세기 동안의 지배 세력의 운명을 보면 그것은 성장과 성취의 과정이었지만, 다수 민중에게는 한 지배형태가 다른 지배형태로 교체된 것이었다. 즉 민중을 기만하여 지배하는 데 필요한 만큼의 작위(爵位, *titles*)와 권력 상징은 그대로 이어받으면서, 그리고 자신을 역시 '자연적'인 질서로 포장하면서, 신비화된 농업자본주의질서가 신비화된 중세질서를 대체한 것이었다.

그러나 영국 농촌사의 중요 문제는 중간계급이 한없이 복잡하다는 점이다. 중간계급은 봉건영주와 농노 사이에, 대지주와 고용된 농업노동자 사이에 존재하였다. 우리가 봉건제 자체나 봉건제에 이어지는 자본주의의 여러 단계들을 단순화하면, 중간집단들 — 자유민과 일부 예농, 자유토지보유농[8]과 대규모 차지농, 소규모 토지소유자, 공유지[9] 사용권을 보유한 소농과 오막살이농[10] — 의 중요성을 과소평가하게 된다. 혼란의 시기는 이러한 중간집단들이 출현한 시기이기도 하지만, 또한 그들이 탄압을 받고, 탄압에 맞서 투쟁하고, 내적으로 분열하던 시기이

8) (역주) 이 책의 132쪽 각주 2) 참조.

9) (역주) commons: 소유권은 특정 개인에게 있으나 다른 사람들도 가축의 방목권과 같은 일정한 권리를 공유하던 토지.

10) (역주) cottagers: 영주 소유인 황무지에 정착해서 일부 시간은 영주 직영지를, 나머지 시간은 자신의 땅을 경작했던 농민.

기도 하다. 현재까지도 영국 농촌을 보면 잔존하는 중간계급들 중 일부를 얼마든지 확인할 수 있는데, 이들은 여전히 어쩔 수 없이 혹심한 경제적 압박에 시달리고 있다. 영국의 많은 농촌역사가들과 농촌생활 경험을 바탕으로 글을 쓴 저술가들은 항상 자신들을 영주나 토지소유자와 동일시하였다. 문학의 경우도 최소한 18세기까지는 사정이 다를 바 없었다. 그렇지만 어느 시대에나 중간계급들의 강력한 대변자는 있었다. 사실 중간계급들을 대변하는 사람들은 토지를 소유하지 못한 진정한 피착취 민중 — 이들은 현실적으로 언제나 다수일 수밖에 없다 — 을 대변하는 사람들보다 많았다. 이러한 다양한 (그리고 때로는 무의식적으로 이루어지는) 동일화는 중요하다. 왜냐하면 혼란에 대한 당시의 반응과 '현재보다 더 행복했고 더 자연적이었던 과거'라는 신화의 반복적 출현을 분석하는 작업은 아무래도 이러한 동일화를 의식하면서 이루어져야 하기 때문이다.

그렇다면 흥미로운 사실은 이 동일화의 입장들이 저마다 서로 다른 방식이긴 했지만 어쨌든 한결같이 '더 행복했던 과거'라는 신화를 활용했다는 것이다. 우리는 벤 존슨과 커루의 시에서 이 신화가 영주에게 복무하는 장면을 보았다. 그들은 토지와 영지를 신비화하여 '황금시대'와 '낙원'이라는 시적 위조지폐를 만들었다. 그들의 시가 찬미하고 있었던 것은 물론 봉건 영지 자체가 아니었다. 영지는 기정사실로 간주될 뿐, 영지를 일구는 노동은 존재하지 않고, 마찬가지로 영지의 기원도 명시되는 법이 없다. 그러나 색스엄은 농촌혼란기의 산물이었다. 1500년경에 문서에 그 이름이 등장하는 색스엄 저택은 1531년에 크로프츠 가문의 소유가 되었다. 커루가 그곳을 방문할 당시 저택은 궁정과의 관계 때문에 명소가 되었다. 국왕이 뉴마켓 경마장에 오고 가는 도중에 자주 들러서 묵어가곤 했던 것이다. 색스엄에서는 여흥의 일환으로 마스크 극[11]이 공연

11) (역주) masque: 16·17세기 유럽의 궁정이나 귀족의 저택에서 여흥의 일환으로 공연되던 가면극.

되곤 했고, 그 때문에 시인들이 모여들었다. 어버이와 같은 영주의 이미지가 꽤나 정교한 일단의 사회관계를 신비화하게 된 것은 이런 과정을 통해서였다.

한 향토사학자의 말을 인용하면 현재 색스엄에 남은 것이라고는

> 들판에 덩그렇게 파인 해자(垓字), 예배당의 기념비 한두 점, 그리고 매우 작은 자선 시설

뿐이다. 향토사학자는 크로프츠 가문의 2백 년에 걸친 세월을 회고하면서 덧붙인다.

> 그들은 더 많은 일을 할 수 있었을 것이다.[12)]

펜즈허스트는 물론 현재도 건재하여 광고나 소책자에 등장한다. 그 저택이

> 인간의 파멸이나 신음소리에서 생겨난 것은 아니다[13)]

고 시인은 노래하지만, 실은 처형과 소유권 박탈을 통해 왕실 장원이 되었던 것을 에드워드 6세(재위 1547~53)가 윌리엄 시드니에게 하사한 것이다. 윌리엄 시드니는 전왕 헨리 8세(재위 1507~47) 시절 왕실 집사였고, 에드워드 6세 치하에서는 왕실의 개인지도교사이자 의전관을 역임한 인물이다. 즉 존슨이 반세기 후에 저택을 방문했을 당시 펜즈허스트는 결코 시간을 초월한 질서 따위가 아니었다. 펜즈허스트도 색스엄과 마찬가지로 예술 활동을 두드러지게 후원하는 곳이긴 했지만, 영지의 관점에서 볼 때 그것은 궁정과의 연줄이 이익을 가장 신속하게 챙기는

---

12) *Little Saxham Parish Registers, 1559-1850*(Woodbridge, 1907).

13) Ben Jonson, "To Penshurst."

방법이었던 16세기 특유의 상황에 의존하고 있었다. 여기서도 우리는 사회적 이미지가 당시의 엄밀한, 그리고 생겨난 지 얼마 되지 않는, 사회관계를 은폐하는 장면을 본다. 저택의 주인이 자기 재산의 원천인 왕실에 후하게 보답하는 것은 형식적 예의일 뿐 아니라 왕실과의 긴밀한 관계의 표현이기도 하다.

따라서 우리가 펜즈허스트의 소유자보다 나중에 출현한 것이 분명한 투기적 지주들에 대해서 입장을 표명하기를 요구받을 때, '전통적' 주거지들 역시 그리 오래 되지 않은 것임을 반드시 상기할 필요가 있다. 펜즈허스트와 색스엄은 현재 옛 질서의 상징으로 간주되지만, 실상은 그 저택들처럼 이상화된 적이 없는 모든 '시골 저택들'과 매한가지로 새 체제의 직접적 산물이었다. 펜즈허스트나 색스엄의 주인들은 그들을 이은 투기적 지주들보다 훨씬 안정되고 신비화된 형태로 물질적 이익을 확보할 수 있었기 때문에, 인간적 표정을 지으면서 새 지주들의 조악한 수탈 행태를 거리낌 없이 비난할 수 있었다. 이 자연 — 국왕이 하사하신, 저절로 수확을 산출하는 듯이 보이는 자연 — 과 비교하면, 당시의 노골적인 자본주의와 관련하여 벤 존슨이 볼포네에게 할당한 대사의 신랄함을 쉽게 실감할 수 있다.

> 나는 장사를 하는 것도 아니고 투기를 하는 것도 아니야.
> 멀쩡한 땅을 쟁기질해서 다치게를 하나, 짐승을 살찌워
> 도살장으로 보내기를 하나, 강철, 기름, 옥수수, 사람들을 짜서
> 가루를 내는 공장도 내겐 없어.
> 걸핏하면 깨지는 유리를 만드는 것도 아니고, 주름살 깊은 바다가
> 위협하는 곳에 배를 내보내지도 않는단 말이야.
> 공공 은행에서 돈을 돌리는 것도 아니고,
> 사채업을 하는 것도 아니란 말이다.[14]

---

14) Ben Jonson, *Volpone*, Act I, sc. i. ; 벤 존슨, 〈볼포네, 또는 여우〉, 임이연 옮김, 《벤 존슨 희곡선》(문학과지성사, 2005) 1막 1장.

이 자제하는 태도 — 쟁기질해서 땅을 망치는 등의 통상적으로 부를 좇는 자들의 요란한 행태가 자신과는 무관하다고 하는 초연한 자세 — 를 보면 사실 화자가 펜즈허스트의 주인이 아닌가 싶을 정도이다. 그러나 이 대사는 교활한 사기꾼 볼포네의 것인데, 이는 깊이 생각해 볼 가치가 있는 아이러니라 하겠다.

사회의 다른 쪽 극단인 땅도 집도 없는 사람들의 경우, 이들이 쓰는 황금시대라는 개념은 더욱 이해하기 어려워 보인다. 그렇지만 기능상의 차이는 명백하다. 영주가 사용하는 황금시대 개념에서는 초자연적 성격이 두드러진다. 황금시대는 파도가 몰아치는 무정한 바다에 떠 있는, 조상 대대로 물려받은 마법의 섬이다. 그러나 땅 없는 사람들이 쓰는 황금시대 개념에서는 당연히 토지의 박탈이 더 총체적이다. 사실 땅 없는 사람들은 '자연적 질서' 자체의 내부에서 황금시대를 바라보기 때문에, 옛날에 대한 언급은 그만큼 더 결정적이고 절대적이다.

> 아담이 땅을 갈고 이브가 실을 자았을 때
> 누가 신사였는가?[15)]

땅 없는 사람들이 주장하는 것은 이후 오랫동안 문명이 부패해 왔다는 사실이지, 에덴동산의 예외적 행운이 아니다. 그리스도의 구원조차 그들에게는 미치지 못했다.

> 우리는 그리스도의 모습을 본떠서 창조되었는데, 짐승같은 취급을 받고 있다.

이것은 가장 주목할 만한 빈농 조직들 중 하나인 14세기의 '위대한 결사

---

15) A. L. Morton, *A People's History of England* (London, 1938) 119에서 재인용. 이 발언은 1381년 농민반란의 사상적 지도자였던 설교사 John Ball이 한 것이다(역자).

(結社)'[16]의 선언이었다. 이 선언은 당시 사람이면 누구나 가지고 있다고 생각되던 종교적 믿음을 활용하여, 현실적 모순을 신비화하는 것이 아니라 그 모순에 도전한다. 그러나 땅 없는 사람들의 감정의 배후에는 '부패하지 않았던 과거'라는 관념이 뿌리 깊게 남아 있는 경우가 많았다. 따라서 시간이 흘러도 토지박탈이 계속되면 당혹스러울 정도로 다양한 시대가 '부패하지 않았던 과거'의 후보로 대두하게 될 것이었다. 당대 지주들에 대한 정당한 적개심 속에서, 그리고 역사에 무지했던 시대 상황 탓으로, 어떤 지주도 존재하지 않았던 과거를 끊임없이 회고하는 일이 가능했던 것이다. 그렇기 때문에 그 과거를 어떤 시대로 규정하고 어떤 이름으로 부를 것이냐 하는 것은 자의적이고 부수적인 문제이다. 이들의 회고는 열망으로서의 회고인데, 왜냐하면 그것은 에덴동산과 같은 기독교적 관념 — 타락 이전의 소박한 자연 세계 — 에 영향을 받은 것일 뿐 아니라, 마술적 자연이 스스로 곡식을 산출한다는 따위의 차원을 넘어서는 황금시대 관념에서도 영향을 받은 것이기 때문이다. 이러한 황금시대 관념의 기초는 원시적 공동체와 원시적 공산주의의 관념이다. 헤시오도스에게서는 이러한 관념을 찾아 볼 수 없다. 그의 황금시대의 인간들은 신처럼 살고 있다. 헬레니즘 시대에 기원을 두고 있는 것으로 보이는 이러한 관념은 베르길리우스의 시에서 분명하게 표현된다.

> 어떤 농부도 들판을 정복하지 않았다. 경계표를 박아서 땅을 배당하거나 나누는 것도 허용되지 않았다. 사람들은 공동의 이익을 추구했으며, 누가 요구하지 않아도 대지는 스스로 모든 것을 풍부하게 산출하였다.[17]

이것은 '스스로 산출하는 자연'의 관념과 '재산이나 목적을 의식적으로 공

16) (역주) the Great Society: 14세기 유럽 각지에서 발생했던 농민반란에 영향을 준 것으로 추정되는 영국의 빈농 조직.

17) Virgil, *The Georgics of Virgil* tr. L. P. Wilkinson(Cambridge, 1969).

유하는 공동체'라는 관념을 혼합한 것이다. 이는 원시적 인간들이 공통의 이익을 이해할 능력이 없었다고 보는 루크레티우스[18]의 견해와 좋은 대조를 이룬다. 그러나 이 혼합은 단일한 황금시대 전통의 내부에서 지속되었다. 따라서 우리는 '황금시대'를 탈사회화하고 신비화하는 영주적 용례 — 자연은 스스로 산출하고, 자연의 소유자인 주님(영주, *Lord*)은 이를 승인한다 — 와 이러한 혼합을 구분해야 한다. 르네상스 문학에는 이와 같은 공동체 관념의 흔적이 다수 존재한다. 예컨대 스펜서는 〈허버드 아주머니 이야기〉(*Mother Hubbard's Tale*)에서 여우의 입을 빌려 말한다.

> 옛날 옛적, 농업의 신이 다스리던 '황금시대'에는 말이야.
> 내 것도 없었고, 네 것도 없었어.
> 그래서 그때 사람들은 세배나 더 행복했지.[19]

혹은 채프먼의 구절.

> 그때는 내 것이니 네 것이니 하는 말이 없었고,
> 모든 것을 공유했다. 사람들은 어떤 것도 허투루 쓰지 않았고
> 대지는 공평하게 수확을 나눠 주었다.[20]

땅을 갖지 못한 사람들은 소멸하지 않고 지속된 이 특수한 '황금시대' 관념 — 기억으로 기능하는 신화 — 을 이용하여 자신들의 열망을 표현했다. '위대한 결사'는 다음과 같이 선언하였다.

> 하늘 아래 모든 것은 공유되어야 한다.

---

18) (역주) Titus Lucretius Carus(c 99 BC~c 55 BC): 로마의 시인, 철학자.
19) E. Spenser, *Works of Edmund Spenser*, ed. Osgood and Lotspeich (Baltimore, 1932~1949) Vol. II, 110.
20) G. Chapman, *Dramatic Works*, Vol. III(London, 1873) 117.

이 주장은 17세기의 '개간파'[21]를 거쳐 '토지 차티스트'[22]와 우리 시대의 급진적 노동자들에까지 계속될 것이었다. 이들은 과거가 현재보다 행복했었음을 거의 필사적이라 할 만큼 주장했지만, 그것은 그런 과거가 현재까지 계승되었음을 인정하기 위해서가 아니라 현재 상황을 변화시키기 위해서였다.

그러나 '잃어버린 순수성' 관념의 가장 흥미로운 용례는 영주나 땅 없는 자들이 아니라 동요하는 중간집단들에서 나온다. 그 이유는 중간집단들의 거주 형태가 — 베르길리우스의 《목가》에서 볼 수 있었듯이 — 지속적이기는 하되 결코 영구적이지는 않았기 때문이다. 중간집단들은 사회적 토지제도가 변화하는 와중에 자리를 확보했지만, 그것을 상실할 가능성 때문에 언제나 위협을 느꼈다. 중간집단들은 땅 없는 빈곤층의 비참한 익명성으로 추락할 것이라는 압박감에 시달렸고, 실제로 그렇게 된 경우도 적지 않았다. 변화를 틈타 계급상승에 성공한 중간집단들은 새로운 변화가 일어나거나, 혹은 변화가 멈추지 않고 계속될 경우, 재빨리 비판적 태도를 취했다. 새로운 역사적 국면을 주도하는 세력에 대한 이들의 발언은 진정한 분노를 담고 있었지만, 자신들보다 비천한 처지에 놓인 사람들 — '게으른 노동자들' — 에 대한 이들의 발언을 보면 그 분노가 양면에 날이 선 칼과 같은 것이었음을 알 수 있다. 토머스 모어의 《유토피아》에 나오는 제한적 인간주의는 그 예가 될 수 있다. 새로운 착취자들과 탈법적으로 지나친 지대를 요구하는 자들에 대한 모어의 불만은 강력하고 명확하다.

---

21) (역주) Diggers: 영국혁명기의 급진주의 분파로서 공산주의적인 성격이 다분한 사유재산반대운동을 했다.

22) (역주) Land Chartists: 19세기 영국 선거법 개정운동의 한 분파. 그 지도자인 오코너(Feargus O'Connor)는 선거법 개정운동에서 정치성을 배제하고 노동자들을 농촌에 복귀시키려 하였다.

> 많은 귀족들은 다른 사람들의 노동력에 의존해서 수벌처럼 빈둥거리며 살면서도 그것에 만족하지 않습니다. 그들은 지대를 올리는 방법으로 차지인들을 철저하게 쥐어짜서 끝장을 내버리지요.[23]

모어가 소규모 차지농의 입장에서 부유한 지주들에 반감을 표시한다는 것 역시 분명하다.

> 저 끝없이 탐욕스러운 가마우지 같은 한 인간이, 마치 역병처럼 전답을 모두 차지하고서는 수천 에이커의 땅을 말뚝이나 울타리로 한꺼번에 둘러 막아버리는 바람에 농민들은 자기 땅에서 쫓겨나게 됩니다 … 폭력적인 억압에 굴복하거나 부당한 학대를 못 이겨서 끝내 모든 것을 팔아버리지 않으면 안 되게 되는 것이지요….[24]

이것은 매점매석과 인클로저라는 우리에게 친숙한 과정을 통해서 소농(*small men*)을 축출하는 현실을 이야기한다. 그러나 소규모 토지소유가 붕괴하고 빈민을 환대하는 관습이 쇠퇴하는 것과 함께 또 다른 경향이 모습을 드러낸다. 모어는 이에 대해서도 역시 신랄하게 비난한다.

> 이 비참한 걸식과 가련한 빈곤에 터무니없는 방종과 집요한 사치벽, 과도한 방탕이 더해집니다. 귀족의 하인뿐 아니라 직공도, 그리고 시골의 농부까지도 다른 모든 계층 사람들과 함께 괴상한 유행에 따른 옷을 입고 우쭐대고, 흥청망청 먹고 마시느라 엄청난 돈을 탕진합니다.[25]

이것은 사치스러운 빈민에 대한 심술궂은 비난이다. 우리는 '노동자 법령'[26] 시대의 랭란드에게서도 이런 비난을 들을 수 있었거니와, 이후 거

---

23) *Utopia*, 35~6.

24) 같은 책, 39~40.

25) 같은 책, 42.

26) (역주) Statute of Labourers: 흑사병으로 인구가 격감하는 바람에 임금이 급

의 세대마다 이런 식의 비난은 부자들이 반복해서 부르는 익살맞은 합창은 물론이고 불안정한 중간집단들이 날카롭고 격렬하게 불안감을 표명하는 자리에서도 되풀이되었다. 불만의 두 근거, 투기적 부자와 나태한 빈자는 모어의 수사적 점층법(*rhetorical climax*) 속에서 결합된다.

> 부자들이 모든 물건을 매점하지 못하게 하시고, 선매(先賣)하지도 못하게 하십시오. 그리고 독점권을 가지고 시장을 마음대로 지배하지도 못하게 하십시오. 많은 인간들이 나태해지도록 방치하시지도 말 것이며, 농업을 회복하고 직물업을 다시 일으켜 나태한 족속들이 유용하게 시간을 보낼 수 있는 정직한 일자리를 제공하십시오.[27]

말하자면 우리가 말하는 조건과 우리가 제시하는 방법으로 일터로 복귀하면, 하느님이 강력한 독점가들과의 부당한 경쟁에서 보호해 주실 것이라는 이야기이다. 그렇다면 모어가 생각하는 이상적 자연이란 소규모 토지소유자들을 다시 창출하는 사회인 셈이다. 유토피아 섬은 이런 이상의 투영(投影)이다. 모어는 신세계의 원시적 경제에 대하여 베스푸치[28] 같은 사람들이 제공한 보고를 활용하여 '지금보다 행복했던 원시시대'라는 신화를 다시 한 번 들추어낸다. 그러나 이 섬의 낙원이 모든 것을 공유하는 곳이라고는 전혀 말할 수 없다. 그곳은 법이 노동을 규제하고 보호할 뿐 아니라 강제하기도 하는, 소소유자의 공화국이다.

이런 생각의 배후에 어떤 사회적 경험이 존재하는지는 명확하다. 상층농민계급은 엄격한 봉건 질서가 붕괴하던 시기에 입지를 확보하였고, 몇 세대 동안의 경험을 통해서 자유와 독립에 대한 나름의 생각과 환상을 갖게 되었다. 그런데 이들은 대토지소유자들 — 즉 양모무역의 성장

등하자, 의회는 기아를 겨우 면할 수준으로 임금을 동결시킬 것을 목적으로 1351년 '노동자 법령'을 반포하였다.

27) 같은 책, 43.

28) (역주) Amerigo Vespucci(1454~1512) : 이탈리아 출신의 탐험가.

으로 시장과 농업기술이 변화하는 과정에서 큰 성공을 거둔, 과거의 상층농민계급 동료 — 의 억압과 재산 강탈에 시달리고 있었다. 따라서 이들의 도덕적 항의는 과거 자신들이 누렸던 일시적 안정에 기초한 것이었다. 이후의 농촌이 겪게 되는 고통의 역사에서도 비슷한 장면이 거듭 계속해서 되풀이된다. 이런 식의 항의는 순수하고 감동적이지만, 어떤 측면에서는 비현실적이다. 이들이 주장하는 지역적이고 온정적인 배려, 현재의 일정한 재산 형태와 노동 형태에 대한 국가적 보호라는 관념은, 결국 봉건제의 전횡을 거부하는 동시에 새로이 등장한 화폐의 전횡도 — 그야말로 절실한 감정을 실어 — 거부하는 것이다. 이는 일시적일 수밖에 없는 체제를 안정화하려는 시도인데, 그 체제는 한편으로는 인클로저에 맞서, 다른 한편으로는 나태한 노동자들에 맞서, 소농을 보호하게 될 것이다. 이런 식으로 이들은 봉건제의 유산과 붕괴로부터 하나의 도덕적 질서를 추상해 낸 후, 그것을 본래 불안할 수밖에 없는 상황에 관념적이고 강제적으로 적용하려 한다. 소유권의 신성함은 격심하게 변화하는 소유관계와 공존해야 하고, 자선의 이상은 예전의 노동관계 못지않게 가혹한 새로운 노동관계와 공존해야 한다는 것이다. 이것이 혼란하고 무질서한 현재와는 대조적으로 과거는 질서정연하고 행복했다고 보는 사고방식의 세 번째 원천이다. 일시적 상황에서 비롯된, 그리고 안정되게 살고자 하는 간절한 욕망에 기초한, 과거의 이상화는 당대의 혹심했던 현실적 모순을 은폐하고 회피하는 역할을 수행하였다.

제5장

도시와 시골

그러나 여기서 생겨나는 감정의 구조는 '지금보다 더 행복했던 과거'라는 관념에만 기초하는 것은 아니다. 이 관념은 그것과 연관이 있는 다른 관념, 순수성의 관념, 다시 말해 목가시와 신목가시와 명상시가 보여주는 '시골의 순수성'이라는 관념에도 기초한다. 이 감정의 구조를 분석하는 열쇠는 시골과 도시 · 궁정의 대조—시골에는 자연이 존재하고 도시 · 궁정에는 세속성이 존재한다는—이다. 우리가 이미 살펴보았듯이 이러한 대조는 시골에서 행해지는 노동과 그 노동을 조직하는 소유관계를 묵살하는 것에 의존하는 경우가 많다. 그러나 시골과 도시의 대조에는 다른 요소도 존재한다. 농업생산수단(밭, 숲, 작물, 가축)은 그것을 관찰하는 사람들에게는 매력적인 대상이며, 그 생산수단 속에 살며 그것을 사용하여 노동하는 사람들도 풍작의 시기에는 여러 가지 점에서 그것에 매력을 느낀다. 그렇기 때문에 농업생산수단은 상업주의의 거래소(*exchanges*)나 회계사무소와, 그리고 공업생산의 광산, 채석장, 제분소, 제조공장 등과 효과적으로 대조될 수 있다. 우리는 지금도 여러 가지 방식으로 이러한 대조를 경험한다.

그러나 이러한 대조가 이루어지는 가운데, 풍경 속에 효과적으로 용해되었던 농촌 착취의 제과정과, 법정, 금융시장, 정치권력, 도시 사람들의 막대한 소비 속에 존재하는 착취의 객관적 기록은, 줄곧 이데올로기적으로 분리되었다.

시골 생활과 도시 생활의 수사적 대조는 참으로 오래된 것이다. 퀸틸리아누스[1]는 시골과 도시의 대조를 진부한 논제의 첫 번째 예로 들고 있으며, 후기 그리스 문학과 라틴 문학에서 시골의 순수함과 도시의 탐욕의 관례적 대조는 이미 상투적인 것이었다. 그러나 이 대조는 로마를 다른 지역과 무관한 독립적 유기체로 볼 수 있게 된 시점에 특별히 그 로마라는 도시와 관련되면서, 명확한 내용을 지니게 되었다. 유베날리스[2]의 가차없는 풍자시에서 우리는 단순한 상투적 표현 이상의 어조를 느낀다. 그는 도시의 부패상을 줄곧 명확하게 열거한다.

> 로마에서 무엇을 할 수 있겠나? 거짓말하는 법을
> 배우지 못했으니.

아첨과 뇌물, 조직적 유혹, 일상적인 소음과 교통체증, 강도가 출몰하는 불안한 거리, 거주자로 넘쳐나는 불량주택, 항시 존재하는 화재의 가능성 — 이러한 번잡한 생활이 제멋대로 나아가는 도시의 본모습이다. 따라서 이런 지옥에서 벗어나 시골이나 해변으로 은거하고자 하는 것은 시골과 도시의 생활방식을 단순히 대조하는 것과는 다른 몽상(*vision*)이다. 그것은 물론 금리생활자의 몽상인데, 그가 희구하는 멋진 시골은 노동하는 농부의 시골이 아니라 부유한 거주민의 시골인 것이다. 《풍자시》 14곡에서처럼, 그곳에서 시골의 미덕은 다만 기억으로 존재할 뿐이다.

---

1) (역주) Quintilian(35~96?): 로마의 교육자이자 작가. 그의 수사학에 관한 서적인 《웅변교수론》(*Institutio Oratoria*)은 이후 교육이론과 문학평론에 상당한 영향을 끼쳤다.

2) (역주) Juvenal(55/60?~127): Decimus Junius Juvenalis. 로마의 풍자시인.

옛날에 산악지방 농민들은
조촐한 오두막에 만족하라고 …
자식들에게 말하곤 했다 …

도시에서 이런 미덕은 거짓된 향수인 경우가 많다.

로마의 인간들은 자신들의 탐욕을 감추려고
조상의 농민적 미덕을 가장한다.

왜냐하면 그 몽상은 도시생활을 부정할 때조차 도시 고유의 성격을 띠기 때문이다.

세상이 젊고 하늘이 아직 신선하고 맑았던 그 시절,
사람들은 지금과 다르게 살았다.

그러나 《풍자시》 6곡에 나오는 과거에 대한 이와 같은 관습적 언급은 실제로는

외풍이 심한 동굴이 인간의 유일한 거처였고,
화로와 신과 가족과 가축 모두가 함께 어둠 속에 갇혀 있던

시대, 그리고 여자들은 "입으로 도토리 열매 껍질을 함부로 내뱉는 남편들보다 더 남루했던" 시대를 가리킨다. 이상화되는 것은 과거나 현재의 농촌 경제가 아니라, 시골에 구입한 자유보유토지 포함 저택(*freehold house*), 혹은 "매력적인 해변 별장," 혹은 심지어 "풀 한포기 자라지 않는 난바다 섬"이다. 그렇다면 이것은 전원의 꿈이 아니라 도시 근교 생활이나 교외 주택의 꿈이다. 이러한 꿈은 도시의 내적 부패 — 변호사, 상인, 장군, 뚜쟁이들의 발호, 지위를 이용하여 사리사욕을 취하는 자들의 악취, 인간이 무리지어 사는 데 따르는 소음과 위험 — 와 직접적인 관련이

있다. 실제로 《풍자시》 15곡은 도시적 이상을 찬양한다.

> 지고(至高)의 이성, 서로를 도우려는 욕구,
> 분산된 집단을 민족(*peoples*)으로 규합하고,
> 한때 조상들의 거처였던 숲을 버리고 집단 주택을 지어,
> 곁에 있는 이웃 덕분에
> 더 깊은 잠을 이룰 수 있게 하고,
> 집단 방위를 배우고자 하는 욕구…

여기에 정확한 주석이 추가된다.

> 그러나 요즘 인간들은 뱀보다도 더 의견이 안 맞는다.

부패한 도시 생활에 대한 이 강력한 풍자는 이후 문학에 대단한 영향을 미쳤다. 그리고 많은 장소들과 세대들에서도 비슷한 경험이 — 이 시와 같은 영향력을 행사하지는 않았지만 — 거듭 반복되었다. 그러나 요점은 이러한 풍자가 도시의 생활방식과 시골의 생활방식에 대한 보다 온건한 종류의 전통적 대조와 어떻게 통합되었는가 하는 것이다. 뭐니뭐니 해도 로마는 제국의 수도인 거대도시인지라 다른 도시와는 구별되는 특수한 경우였다. 우리는 로마의 부패 원인을 다수 민족을 착취하던 근원에까지 소급해 올라갈 수 있을 것이다. 그러나 로마의 특수하면서도 대단히 극적인 부패는 도시와 시골의 일반적 관계를 보는 일정한 관점 속에 통합되어 시골 일반의 질서를 승인하는 역할을 맡게 되면서 사뭇 다른 모습으로 변질된다. 분명 이것이 이데올로기적 전환의 요점이다.

중세 후기와 봉건제 해체 이후 시기에 일어난 도시의 성장, 도시화를 향한 새로운 움직임의 사회경제적 원인이 무엇인가 하는 것은 여전히 대단한 논란거리이다. 도시가 어느 정도 독립적으로 발전했다는 주장이 있다. 예컨대 상업이 확대되면서 도시가 발전했다는 주장(피렌느[3])이

그것이다. 그런가 하면 수도원이나 군대주둔지와의 관계 때문에 성장한 경우도 있었다. 도시가 독립적인 동업조합의 생산기지로서 발전한 경우는 그 집중화와 도시적 관리방식의 경향 때문에 매우 중요한 의미를 갖는다. 그러나 어쨌든 많은 도시들은 직간접적으로 농업적 질서 자체의 일부로서 발전한 것으로 보인다. 최초의 단순한 단계에서 도시는 농산품 거래 시장으로 발전하였고, 더 고차적 단계에서는 금융, 행정, 2차적 생산의 중심지로 현실의 사회질서를 반영하였다. 그렇다면 실로 온갖 종류의 상호작용과 긴장관계가 존재했고, 그 결과 일부 도시들이 일정한 독립성을 획득하게 되었던 것이다. 그러나 우리가 지금 이야기하고 있는 시대, 즉 이데올로기적 전환이 일어났던 16세기와 17세기에는 여전히 토지재산과 그것을 이용한 농촌에서의 생산이 사회의 실질적 토대를 이루고 있었다. 도시들은 아직 이러한 지배적 질서에 기능적으로 관련되어 있었고, 수도조차도 예외가 아니었다. 새로 출현한 사회적 토대들 중 하나(무역을 통한 이익 창출)는 사실 농촌과 도시 간의 이와 같은 직접적 관계를 불안하게 만들고 있었다. 당대의 상투적인 불평들 대부분은 바로 이러한 불안을 표현하는 것이었다. 그러나 우리가 시골의 미덕과 도시의 탐욕을 추상적으로 대조하는 글을 읽을 때, 대단히 안일하고 상투적으로 대조되곤 하는 도시의 사회적 질서와 시골의 도덕적 질서가, 실제로는 정례적·필연적·기능적으로 서로 연결되어 있었다는 사실을 잊어서는 곤란하다.

그리하여 우리는 이제 존슨의 시 〈로스 경께〉를 읽으면서 시골의 향신(*gentleman*)과 세속적 도시인의 대조가 의미하는 바를 여실히 느낄 수 있다. 그러나 변호사는 토지소유권을 증명하는 일을 하지 않는 시간에는 대체 무엇을 하는가? 거래소의 거래 중 많은 부분은 눈에 보이지 않는

---

3) (역주) 피렌느(Henri Pirenne)는 《중세의 도시》(*Medieval Cities*, 1927)에서 10세기부터 13세기 사이에 유럽이 지중해를 장악하고 동양과의 해상교역로를 확보한 것이 도시의 발전에 결정적 영향을 미쳤다고 주장하였다.

본국의 농업 노동자들과 외국의 노동자들의 잉여가치를 착취한 결과물이다. 또한 도시의 화폐경제가 확대되면서 축적된 새로운 자본의 대부분은 어디로 진출하는가? 시골로 재투자되어 착취과정을 강화하지 않는가? 탐욕과 계산은 도시 고유의 악덕으로 너무도 쉽게 규정되고 규탄되지만, 실제로 그 악덕은 시골 저택과 그 저택 주변의 밭과 노동자에게로 그야말로 어김없이 귀향한다. 이것은 이중적 과정이다. 시골에서는 인간과 자연의 착취가 자행되고, 도시에서는 그 착취의 결과가 실현되고 집중되는 것이다. 그러나 이와 함께 이와는 다른 종류의 착취로 거둬들인 수입 — 상인들, 변호사들, 왕의 총신들이 축적한 부 — 도 마치 새로운 사회 현상인 듯, 아니 오로지 새로운 현상인 듯한 모습으로만, 시골에 침투한다. 윌리엄 해리슨이 1557년에 상인과 관련하여 다음과 같이 말한 것처럼.

> 상인과 향신은 종종 재산과 신분을 교환한다. 이 상호간의 신분 변환에 의해서 상인은 향신이 되고 향신은 상인이 된다.

우리는 이 상호간의 신분 변환에 주목해야 한다. 여기에 이 시대에 진행된 사회 과정을 보는 일반적 시각 — 도시가 시골을 오염시킨다고 보는 — 이 존재하기 때문이다.

> 이러한 상호간의 신분 변환은 〔비옥한 모판(*seedplot*)에서 모를 옮겨 심듯〕 총신들, 변호사들, 상인들을 끊임없이 시골로 옮겨 심는다.[4)]

분명 그렇다. 펜즈허스트가 바로 그런 경우이다. 그러나 도시의 비정한 새 질서가 시골의 순수한 전통적 질서를 파괴하고 있다고 보는 이데올로

---

4) William Harrison, *Description of England*, ed. F. Furnivall(London, 1887), 131.

기의 토대는, 당시의 경제적 변화 속에서 끊임없이 자신의 모습을 스스로 정의해나가던 토지정착민과 도시거주자 간의 현실적 이해관계의 충돌이었다.

봉건제 붕괴기 전체를 통해서 토지소유권이 복잡하게 이동했음은 확실하다. 시골에 출현한 새로운 인간들 중 명확히 확인가능한 가장 두드러진 부류는 상인과 변호사이다. 16세기 중반에 로버트 크롤[5]은 모든 인간이 태어난 곳에서 직업을 얻고 사는 것을 당연시했던 봉건 질서를 이례적일 정도로 정확하게 언급하면서 이러한 과정을 비판하였다.

> 상인들이 상품에만 간섭하고,
> 농장은 그곳에서 먹고 살아야 하는
> 사람들에게 맡겨 둔다면,
> 상인들은 참으로 훌륭한 사람들일 것이다.

그러나 다른 분야와 마찬가지로 토지에서도 신분과 직업의 이러한 경직성은 이미 최소한 2세기에 걸쳐 소멸되었다. 그렇기 때문에 크롤이 계속해서 말하듯

> 농장을 사서는
> 농장노동이 아무리 고통스러울지라도
> 그것을 하지 않으면 살 수 없는 사람들에게 다시 임대하고,
> 엄청난 계약금을 받거나
> 지대를 올리는[6]

5) (역주) Robert Crole 혹은 Robert Crowley (c. 1517~1588) : 영국의 성직자, 시인.

6) Robert Crole, *Selected Works of Robert Crowley (Crole)*, ed. J. M. Cowper (London, 1871), 131.

사람들이 오직 상인들뿐이라고 생각하는 것은 즐거운 공상이긴 하되, 궁극적으로는 현실과 무관한 환상이다. 이러한 일은 도처에서 일어나고 있었다. 우리가 토머스 모어의 예를 통해 이미 보았듯이, 이와 관련된 요령을 토지소유자들에게 전수하는 데에는 어떤 상인도 필요하지 않았다. 혹은 존슨의 《악마는 멍청이다》에 나오는 한 인물이 다음과 같이 말하는 것처럼,

> 우리는 그런 변화를 매일 본답니다.
> 소송의뢰인 소유였던 옥토가 지금은 변호사 것이지요.
> 그리고 테일러 씨의 저 풍요로운 장원에는
> 지난번 토지 구입 때 가격 산정의 기준이 되었던 뜰보다도
> 나무가 더 무성했답니다.
> 자연의 영고성쇠란 그런 것이지요.[7]

소송 때문에 영지를 잃는 경우는 분명 없지 않았고, 변호사가 그 수혜자 중 하나였음도 확실하다. 그렇다고 해서 토지소유권의 변화과정 전체를 이런 종류의 '국외자'가 도래한 탓으로 본다면 그것은 소박한 주관의 투영일 뿐이다. 사실 이는 매사를 신비화하기 일쑤인 회고의 결과이다. "풍요로운 장원"을 소유한 "테일러 씨"는 매력적인 인물이지만, 우리는 펜즈허스트의 경우와 마찬가지로 그의 소유권이 에덴동산에서부터 시작되었다고 생각해서는 안 된다. '전통적' 질서라는 관념이 우리를 대단히 효과적으로 오도하는 것은 바로 이 지점이다. 왜냐하면 토지소유의 역사상 그 어느 시점에도 기존의 토지소유자에게 순수함이란 존재하지 않았기 때문이다. 그에게 있지도 않은 순수함을 부여하는 것은 우리 자신이다. 토지소유권의 역사는 정복, 절도, 정치적 음모, 궁정에서의 아첨, 강요, 금전적 위력의 장기적 과정으로서, 인간적 관점에서 조사를

---

7) *The Devil is an Ass*, 2막 1장.

하면 결백할 토지소유권은 거의 없다. 그러므로 이와 같은 토지 획득 과정을 오로지 옛날에 이루어졌다는 이유로 해서 순수한 것으로 보고, 그 순수함이 이후의 토지 획득 과정의 비정함과는 판이한 것이었다고 생각하는 것은, 집요하게 계속되는 뿌리 깊은 환상이다. 기존의 소유자와 야심적인 신참자 사이에, 혹은 토지자본과 새로운 상업자본 사이에, 이해의 대립이 있었다는 사실을 부인할 필요는 없다. 그리고 그 대립은 물론 '전원파', '궁정파', '도시파' 정당들의 형성을 통해서 정치적으로 반영되기도 하였다. 그러나 20세기의 관찰자라면, 혹은 인간적 감정을 지닌 보통 인간이라면, 이 급변하던 상대적 역사 과정의 복잡한 질투와 증오 속에서 어느 정당이 되었건 그것의 일원으로 활동한다는 것은 생각할 수도 없는 일일 것이다. 이들의 활동을 상세히 기록한 의사록을 읽을 때마다 우리는 토지소유자들이란 신구(新舊)를 막론하고 현대의 한 농촌역사가가 적절하게 표현한 대로 "무자비한 무리"일 뿐임을 알게 된다. '옛 가문'이라고 감상적으로 일컬어지는 가문들은 대개 그들의 이웃을 꽤나 오랫동안 억압하고 착취해 온 존재들이다. 그리고 '침입자'로 불리는 새로운 인간들은 이미 확립된 체제 — 자체적인 압력 때문에 새로운 강탈 형식을 개발하고 있던 체제 — 에 진입하여 그 체제를 강화시켜 나가던 존재들이다. 우리에게 일말의 인간적 감정이 남아 있다면, 옛 소유자와 새로운 소유자 밑에서 언제나 한결같이 토지를 개간하고 경작하며 홀대받던 일반대중에게 그 감정을 표현하는 편이 나을 것이다.

따라서 이처럼 일시적인 상황에 기초하여 이루어진 시골과 도시의 대조는 단지 간접적인 중요성을 지닐 뿐이다. 그러나 시골과 도시의 대조 전체에는 강조할 필요가 있는 또 다른 차원이 존재한다. 당연한 이야기이지만 도시는 이웃한 시골이 생산한 것을 먹어치운다. 그것이 가능한 것은 도시가 시골의 착취자들에게 정치적 권위와 권력, 법률, 상업 분야의 편의를 제공하기 때문이다. 도시는 시골의 착취자들과 서로에게 필요한 이익과 권력을 나눠 갖는 특별한 방식으로 유기적으로 연결되어 있다. 그러나 주변적인 몇몇 부분들에서 도시화 과정이 일부 자립적 성격을 띠게 되면서, 특히 해외 정복이나 외국 무역이 진행됨에 따라서, 한 '질서'와 다른 '질서'를 대조할 수 있게 하는 새로운 기반이 생겨난다. 권력과 이익의 대행자이던 도시가 시골에서 말하자면 '분리'되고, 특정한 정치상황에서는 시골에 대한 지배력을 행사할 수 있게 된다. 도시와 시골이 서로 맞물려 이루어지던 착취 관계에, 도시 전체가 시골 전체를 사실상 착취한다고 볼 수 있는 관계가 더해지는 것이다.

도시에서는 보통 국가 전체의 현실적 · 사회경제적 제과정이 집중적으로 진행되기 때문에, 이런 과정이 지속되다 보면 로마의 경우처럼 도시의 질서와 위엄은 물론이고 기만과 사치도 거의 자기증식적인 것으로, 즉 도시가 자체적으로 만들어나가는 것으로 보이게 되는 지점에 도달할 수 있다. 그리하여 17세기 런던의 법적 · 사회적 지하세계의 경우처럼, 실질적 서비스 주변으로 기생충들이 모여든다. 소송을 독점하는 변호사 주변으로 사기꾼과 직업적 협잡꾼이 모이고, 이윤추구에 골몰하는 상인 주변으로 광고꾼, 바람잡이, 노골적인 모리배가 모인다. 정치권력의 주변에는 정보제공자, 중개업자, 해결사, 그리고 (도시의 어느 장소 못지않게 법정에도 자주 출몰하는 존재인) 창녀가 모이는데, 이들 중 일부는 귀족계급에서 몰락한 자들이고 일부는 귀족계급의 일원이 되려는 자들이다.

상속법 개정의 결과로 도시는 이와는 다른 종류의 편의도 점점 더 많이 제공하게 되었다. 지역적으로 서로 떨어져 살던 시골의 토지소유자들에게 필수적인 결혼시장 — 이후 '사교계가 열리는 시기'(*season*)라 불리게 된 — 이 되었던 것이다. 결혼시장 주변에도 역시 직업적 수행원, 살롱 경영자, 방탕한 중매인, 창녀들 따위와 포주, 뚜쟁이들이 몰려들었다. 다양한 지하세계들이 뿌리를 내려 도시 어디서나 흔하게 되었을 때, 시골 특유의 순수성을 간직한 순진한 시골 남자가 도시에 막 도착하여 이 놀라운 집단을 보게 되는 장면을 상상하기란 어렵지 않았다. 이러한 상상에는 분명 얼마간의 진실까지도 들어 있었다. 제임스 1세 시기의 희극 — 매신저의 《묵은 빚을 갚는 새로운 방법》이나 미들턴[8]의 《늙은이 속이는 법》(*A Trick to Catch the Old One*) — 에서 지하세계는 누가 보기에도 생동감이 넘치며, 재산소유권과 담보증서를 손에 넣기 위한 계략이 횡행한다. 그렇기 때문에 오버리치,[9] 루커,[10] 호드,[11] 혹은 위트굿[12]과 같은 인물들의 천박함을 인정하고, 특정 시점의 행위만을 보면서 '정당한 소유자들,' 선량하고 순진한 사람들과 자신을 동일시하는 것은 쉬운 일이다. '정당한 소유자들'은 도시의 부패한 골목길을 헤치고 자신들이 물려받은 시골 영지로 가는 길을 찾아 나간다. 그렇지만 이러한 동일시는 대개 허위의식일 수밖에 없다. 왜냐하면 그 '정당한 소유자들'의 출신지인 '안정되고' '합법적인' 시골 질서가 과거에는 진실로 어떠했고 현재의 실상은 또 어떠한지를 전혀 문제 삼지 않기 때문이다.

왕정복고기 희극에서는 '시골'과 '도시'의 대조가 흔하게 이루어지지만, 그 대조에는 사실 어딘가 매우 애매한 구석이 있다. 왕정복고기 희극은 본디 도시의 상류사회 인사가 동료들을 위해 쓴 것으로서 그것의 근저에는 시골 생활의 조잡함과 어색함, 혹은 간단히 말해서 멍청함을 거부하는 — 혹은 하릴없이 거부하는 척 해야 하는 — 데 따르는 불안감이 명백하게 존재한다. 정형화된 몇몇 시골 인물들은 이러한 불안감의 산물이다. 블랙에이커,[13] 호이든,[14] 텐벨리 클럼지[15]와 같은 인물들,

---

8) (역주) Thomas Middleton(1580~1627) : 영국의 극작가, 시인.

9) (역주) 매신저의 《묵은 빚을 갚는 새로운 방법》에 나오는 탐욕스러운 사기꾼.

10) (역주) 미들턴의 《늙은이 속이는 법》에 나오는 탐욕스러운 노인으로 낭비벽이 심한 조카 위트굿에게 높은 이자를 붙여 돈을 빌려 줌으로써 그를 곤경에 빠트리려 한다.

11) (역주) 《늙은이 속이는 법》에 등장하는 노인으로 탐욕스러운 점에서 루커와 쌍벽을 이루는 인물.

12) (역주) 《늙은이 속이는 법》의 주인공으로 계략을 써서 루커와 호드를 물리친다.

13) (역주) 위철리(William Wycherley, 1640~1716)의 《솔직한 사람》(*The Plain Dealer*)의 등장인물.

그리고 후기에 들어서는 럼프킨[16]과 '머머셋'을 구사하는 일군의 인물들,[17] 시골 얼간이들이 그들이다. 상류사회 인사들은 잡담을 나누면서 이런 전형적 인물들을 쉽게 비웃는다. 도시 사회의 구성원들은 자신들 대다수가 여전히 시골 저택이 거둬들이는 수입으로 생계의 대부분을 해결하고 있음에도 불구하고, 그런 사실을 외면하고 인간이 상상할 수 있는 가장 신랄한 종류의 반목가를 집필하였다. 이제 이러한 특수한 입장에서 보는 시골은 다음과 같다.

> 길게 마구 뻗어나간 외로운 집. 가족이 몇 안 되어서 아무도 살지 않는 것 같은 집. 거기서 당신은 제 모친과 다리를 저는 늙은 이모, 그리고 저를 보게 될 것입니다. 우리는 드넓은 거실에 서로 멀찌감치 떨어져 앉아 마치 널찍한 새장 속 서너 마리 우울한 새처럼 의기소침한 채 시간을 보내지요.[18]

그러나 이처럼 지루하게 고착된 생활은 여러 고착된 관계들과도 또한 연관이 되는 것이어서, 헌신적인 사랑마저 같은 식으로 묘사되는데 —

> (헌신적인 사랑이란 것은) 시골보다 더 음침하구나! 에밀리아, 그 슬픈 곳으로 떠나는 나를 불쌍히 여겨 줘. 벌써 까마귀가 꽉, 꽉, 꽉하며 끔찍하게 우는 소리가 들리는 듯하네.[19]

---

14) (역주) 반브루(John Vanbrugh, 1664~1726)의 《타락》(*Relapse*, 1696)에 나오는 등장인물로 텐벨리 클럼지의 딸.

15) (역주) 반브루의 《타락》에 나오는 시골 귀족.

16) (역주) 골드스미스(Oliver Goldsmith, 1728~1774)의 《지는 것이 이기는 것》(*She Stoops to Conquer*)에 나오는 시골의 부유한 상속자.

17) (역주) '머머셋'(*mummerset*)은 시골 배우를 뜻하는 'mummer'와 일반적인 시골의 지명인 'Somerset'의 합성어로, 배우들이 영국의 전형적인 시골사투리를 흉내 내기 위해 만든 억양을 지칭한다.

18) George Etherege, *The Man of Mode*(London, 1676), 5막 2장 217~18행.

19) 같은 곳, 492~3행.

그러나 까마귀가 우는 것은 결국 세상이 우는 것이다. 즉 재산과 결혼 문제에 대해서 결정을 내리지 않으면 안 된다는 것이다. 그리고 이것이 감정적 애매함의 근원이다. 런던 사교계에서 산책과 방문과 음모를 통해 진행되는 것은 바로 이러한 결혼 계약인데, 결혼 계약은 그들의 생활에 필수적인 재산 계약이기도 했다. 이런 게임을 하면서 그것에 대해 냉소적 태도를 취하지 않는 것은 불가능했다. 그러나 그 냉소주의는 결코 진행되는 게임의 판돈을 거부하는 데까지 나아가지는 않았다. 그렇기 때문에 그것은 진정한 반대가 아니라 냉소주의인 것이었다.

> 영 패션: 로리, 일이 잘 풀리면 바로 이것이 우리의 상속재산이 되는 것이지. 그런데 이 가문의 저택은 노아의 방주 꼴이지 않나. 마치 하늘의 새와 들판의 짐승을 위해서 저택 주요부분을 설계한 것 같군.
> 로리: 제발 저택의 배치에는 신경 끄시고, 가문의 상속녀를 잡으세요. 저택일랑 악마에게나 맡기시고.
> 영 패션: 아니, 저택을 잡아야지, 상속녀는 악마에게나 맡기고.[20]

따라서 이 결혼 전 '구애'(*courting*) — 실로 적절한 명칭이다[21] — 과정의 노골적인 냉소주의가 결혼에까지 연장되는 것은 놀라운 일이 아니다. 결혼이 재산 계약에 입각하여 이루어질 때, 그것은 도시에서 벌어지는 임시방편적 성행위와 같은 정도의 도덕성을 지닐 뿐이다. 왜냐하면 이 탐욕적이면서도 지루한 음모들 — 참여자들이 서로를 한갓 물질적 대상으로 취급하게 만드는, 소유와 획득의 비천한 게임들 — 에 내재한 냉소주의의 핵심은 그것이 더 심각한 냉소주의의 한갓 표면에 불과하다는 것이기 때문이다. 심각한 냉소주의는 결혼의 문제일 뿐 아니라 계급사회의 문제이기도 한 것으로서, 인간 남녀를 부동산과 수입의 물리적 운반

---

20) John Vanbrugh, *The Relapse* (London, 1696), 3막 3장, 1~10행.

21) (역주) 'court'에는 '구애를 하다' 말고도 '아첨을 하다'나 '재난을 초래하다'는 뜻도 있다. 또한 명사로 쓰면 '법정'을 의미하기도 한다.

수단이자 시장에서 매매되는 물건으로 전락시켰다.

> 현명한 사람들은 우리의 팔자가 다르다는 것을 알 것이다.
> 너는 여자와 결혼하고, 나는 괜찮은 영지와 결혼하는 것이다.[22]

결혼이 이런 것이라면, 재산사냥꾼과 창녀가 집에서 밀회하는 것과 도덕적으로 대조되는 예로 결혼을 들 수는 없다. 이런 식으로 개인적 애정이나 성실성보다 사회적 이익이나 편의를 우선시하는 체제는 당연히 일정한 습관과 기풍 — 요즘 사람들이 편의적으로 왕정복고기 연극의 '부도덕성'이라 부르는 — 을 그 체제의 가시적 중심부에 퍼뜨린다. 우리가 '부도덕성'이라는 표현을 칭찬하기 위해서 사용하건, 경멸하기 위해서 사용하건, 그것이 의미하는 것은 결국 하찮고 피상적인 부도덕성일 뿐이다. 즉 체제가 실제로 중요시하는 것이 무엇인지를 냉정하게 깨달은 사람 특유의 지치고 연약한, 그러면서도 필사적일 정도로 기민하고 영리한 반응을 의미할 뿐이다.

그렇다면 사악한 도시와 순진한 시골의 단순한 대조는 존재하지 않는다. 왜냐하면 도시의 사건을 일으키는 것은 시골 지배계급의 욕구이기 때문이다. 왕정복고기 연극은 음모나 정사(*affair*) (또 하나의 적절한 표현이다)[23] 대신 결혼을 도덕적으로 승인하지 않으며, 어리석음 대신 분별력을 승인하지도 않고, 악 대신 선을 승인하지도 않는다. 왕정복고기 연극이 승인하는 것은 정당한 사람이 재산을 소유하게 되는 것이다.

> 과부 애러벨러 랭기쉬의 부동산 전체가 에드워드 미라벨에게 양도 위탁됨.[24]

---

22) *The Man of Mode*, 5막, 2장, 217~8행.

23) 'affair'에는 '정사'(情事)라는 뜻 외에(공적·사적) '업무'라는 뜻도 있다.

24) William Congreve, *The Way of the World*(London, 1700), 5막, 1장, 550~2행.

왜냐하면 사실 걸음을 멈추고 귀를 기울여 보면 도시의 재기발랄한 대화가 재산과 수입이라는 내밀한 관심사에서 멀어지는 일은 결코 없다는 사실을 알게 되기 때문이다. 대개의 경우 이런 풍조의 예외로 보이는 사람들 — 순진하고 겸손하고 성실한 사람들 — 조차 대개 마지막에는 자신이 재산소유자임을 드러낸다. 《솔직한 사람》의 결말 부분에서 도시의 탐욕스러운 속임수가 밝혀져 비난의 대상이 되었을 때, (도시의 악덕과 물욕에서 자유로운 것처럼 보이던 — 역자) 피델리아는 그녀의 순결함뿐 아니라 재산도 제공하겠다고 제안한다.

> 아버님이 물려주신 재산이지요. 아버님은 북부의 비천하지 않은 가문 출신으로서 제가 유일한 혈육이에요. 그래서 1년에 2,000파운드의 유산을 남겨 주셨어요.[25]

이것이 가장 현실적인 의미에서의 '세상의 관습'인 것이다.

그렇다면 웰본[26]과 오버리치를 대조하던 제임스 1세 시대의 연극이 턴벨리 클럼지와 영 패션을 통합하는 왕정복고기 연극으로 변화한 것은, 도덕적 기준 — 그 기준이 위선적인 것이든, 실제적인 것이든 — 의 면에서 보면 손실이지만, 솔직성의 면에서 보면 이득이다. 왕정복고기에 들어서면서 토지를 취득하고 확장하는 현실적 과정을 보는 태도는 확실히 더 냉정해졌다. 신비화가 감소하는 것과 함께 이상도 무력해져갔던 것이다. 그러나 우리는 역사의 어떤 단계에서도 도시와 시골의 이러한 대조를 액면 그대로 받아들여서는 안 된다. 왜냐하면 지금 우리가 이야기하고 있는 계약의 경우, 결국 시골에서 온 사람은 누구였단 말인가? 그들은 노동자나 오막살이농이 아니었다. 노동자와 오막살이농은 가족을

---

25) William Wycherley, *The Plain Dealer* (London, 1676), 5막, 3장, 183~6행.

26) (역주) 매신저의 《묵은 빚을 갚는 새로운 방법》에 나오는 명문 가문 출신의 젊은이. 오버리치의 흉계에 빠져 재산을 잃었지만 결국 복수에 성공한다.

굶기지 않으려고 시골에서 밭을 지켜야 했다. 필수적인 용무를 갖고 시골에서 도시로 온 사람들은 토지소유자와 그를 이을 아들, 토지소유자의 부인과 혼기가 찬 딸이었다. 그들이 사기를 당하거나 속거나 유행에 뒤처졌다고 조롱을 받을 때, 그리고 그 조롱에 대한 반박으로 그들이 떠나온 고향의 단순 소박한 정직성의 기준이 제시될 때, 우리는 그 조롱과 찬양 형식의 배후에 존재하는 인물들을 인정하고 동정하게 될지도 모른다. 그러나 우리가 보아야 하는 것은 바로 그 형식이다. 이제는 문제의 인물들의 육신도 흙이 된 지 오래니까 말이다. 그들이 도시로 가지고 와서 팔려고 했던 것은 영원히 기만당하는 사람들 — 어떤 경우에든 결코 우리 눈에 띄는 일이 없는 농업노동자들, 재산을 몰수당한 자들, 추방당한 자들, 그들이 도시로 올 수 있게 여비와 경비를 지불한 토지와 노동의 경작자들 — 의 짧고 고통스러운 생애에서 나온 것이었다. 그것은 "신은 시골을 만들고 인간은 도시를 만들었다"[27]는 도덕적 주장을 입증하는 사례가 아니었다. 인간의 끝없는 노동이 영국의 시골을 만들고 또 만들었으며, 영국의 도시는 그 시골을 되비추는 형상이자 대행자 — 자신의 이익에 따라 성실해지기도 하고 부실해지기도 했던 — 였다. 도시에서 일어나는 여러 사건들이 인간의 실제 생활을 결정하는 제관계를 분명하게 드러내고 그것이 얼마나 불쾌한 것인지를 인식하게 해 주어서 결국 우리가 도시를 부정할 수 있게 되었다 하더라도, 방문자들의 소박한 생활과 고매한 사고[28]를 도덕적으로 내세우거나 푸른 들판 운운하는 것[29]

27) (역주) 이것은 쿠퍼(William Cowper, 1731~1800)의 《일》(*The Task*), I권 749행의 인용이다.

28) (역주) plain living and high thinking: 이 구절은 워즈워드가 런던의 참혹한 현실을 보고 충격을 받아 쓴 시 〈1802년 9월 런던에서〉(*Written in London. September, 1802*)의 11행을 차용한 것이다.

29) (역주) a babble of green fields: 셰익스피어의 《헨리 5세》(2막 3장)에서 여관주인은 헨리 5세에게서 버림받고 쓸쓸하게 죽어간 폴스태프의 마지막 모습을 전하며 "그분의 코는 펜촉같이 뾰족해지고, 푸른 들판이니 뭐니하고 중얼거

은 결코 해결책이 아니었다. 궁극적 해결책은 사회관계들과 본질적인 도덕의 변화였다. '도시와 시골'이라는 허구는 정확히 이 지점에서 자기 역할을 다 했다. 즉 피상적 비교를 조장하고 진정한 비교를 방해하는 역할을 했던 것이다.

렸어요"라고 말한다. 저자는 이 구절을 차용하여 도시 생활의 황폐함에 대한 무력한 대안의 예로 들고 있다.

제6장

그들의 운명과 선택

그러나 내전, 공화국, 왕정복고, 1688년의 입헌제 성립으로 특징지을 수 있는 역사적 이행기는 영국 사회의 성격을 근본적으로 변화시켰다. 따라서 전원 문학 역시 이데올로기, 매개,[1] 새로운 창조적 저작의 산출 등의 면에서 변화한 것은 놀라운 일이 아니다. 명상을 이상으로 여기던 농촌 은거 시(*the poems of rural retreat*)는 소박한 생산의 미덕을 이상으로 삼게 되는 뚜렷한 변화를 보였고, 이후에는 더욱 복잡하게 변화하였다. 우리는 톰슨의 경우를 통해 이 복잡한 변화의 양상을 알아볼 것이다. 그러나 흥미로운 변화는 가장 중요한 계보라고 해야 할 시골 저택 시에서도 일어났다. 마벨의 〈애플턴 저택〉에서 포프의 〈벌링턴 백작께 드리는 서한시〉까지를 통독하면 시골 저택 시의 변화를 확연히 파악할 수 있다.

〈애플턴 저택〉과 〈펜즈허스트〉나 〈색스엄〉 사이에 명백한 연속성이 일정 부분 존재한다는 사실을 들어서 이들을 같은 종류의 시로 분류하는 것은 가능하다. 〈애플턴 저택〉에도 〈펜즈허스트〉나 〈색스엄〉에서처럼

1) (역주) mediation: 저자는 "둘 사이를 이어주는 것"이라는 일반적 의미로 이 단어를 사용하기도 하지만, 직접적 개별성과 보편적 총체성을 변증법적으로 취합한다는 헤겔-루카치적 의미로 사용하기도 한다.

"공허한 궁전"과 대조되는, 다른 장소와 다른 영주의 "불균형한 건물"과 대조되는, 예외적 저택이 존재한다.

그러나 이곳에는 모든 것이 '자연'과 같이
질서정연하고 친밀하게 좌정해 있다.[2]

그리고 이제 역사적이고 회고적인 언급이 이루어진다.

이 저택의 규모는
지금보다 건장한 체구의 남자들이
좁은 문으로 허리를 굽혀 드나들던,
지금보다 소박했던 그 시대와 정신처럼 조촐하다.
그처럼 좁은 문을 지나는 것은
'천국의 문'을 통과하는 연습을 하는 것.[3]

'도덕적 경제'의 특징은 여기서도 여전하다.

'가난한 자들'이라는 장엄한 '장식벽'이
열린 정문의 외부를 꾸미고 있다.
저택 내부의 방들도 정문과 마찬가지여서,
'친구들'이라는 가구가 날마다 새로 들어온다.[4]

그러나 이제 시대가 변화했음이 명백해진다. 저택의 기원은 더 이상 신비화되지 않고, 솔직하면서도 재치 있게 서술되면서 정당화된다. 의회군의 장군이자 신형군[5](新型軍)의 창설자였던 페어팩스가 지은 이 저택

---

2) "Upon Appleton House", 25~26행. in Marvell, *ed. cit.*

3) 27~32행.

4) 65~68행.

5) (역주) New Model Army: 영국혁명기인 1645년에 창건된 의회군의 새로운

은 이 시가 집필되기 불과 한두 해 전에 완공되었다. 저택은 같은 가문 소유의 낡은 저택을 철거한 부지에 세워졌는데, 그 부지는 애플턴의 시토 수도회(Cistercian) 산하 수도원이 해체되면서 페어팩스 가문의 소유가 된 것이었다. 마벨이 시를 쓰던 당시 저택의 부지 내에는 아직 수도원의 잔해가 남아 있었다. 이렇게 해서 마벨은 "지금보다 소박했던 옛 시대와 정신"을 인정함에도 불구하고, 영국의 많은 토지소유권의 기초를 사실상 확립시켰던 노골적인 소유권 이전을 용인할 뿐 아니라 정당화하기까지 한다. 새로운 소유자들에게는 이 수녀원 역시 몰수된 다른 모든 수도원과 마찬가지로 사악했던 것으로 보인다. 마벨은 수도원이 건재하던 당시 페어팩스 가문에 일어났던 한 사건[6] ―"수녀들의 교묘한 혀가 그녀를 기만했다"― 을 활용하여 탐욕적이고 위선적이고 사람을 강력하게 사로잡는 수도회를 형상화한다. 여기서 얻게 되는 교훈은 다음과 같다.

> "그러나 어리석음이 설립하고, 사악함이 관리하는
> 저 건물들은 분명 오래가지 않으리라."[7]

따라서 마벨은 수도원의 몰수와 소유권의 변화를 온전히 승인할 수 있다.

> 건물을 몰수해서 파괴할 즈음
> 땅은 페어팩스 가문 소유가 되었다.
> 그리고 그 때문에 '수녀들'과 '설립자들'의 희망은
> 오히려 더 훌륭하게 실현되었다.
> 왜냐하면 '수녀들'이 처녀 마리아와 무관한 족속임이 밝혀졌더라도,

군대.

6) (역주) 수녀원은 이 영지의 상속녀였던 이사벨(Isabel Thwaites)을 거의 감금하다시피 하여 수녀로 만들려고 했는데, 그녀의 약혼자인 윌리엄 패어팩스(William Fairfax, 이 저택을 건설한 토머스 패어팩스의 조상)가 그녀를 구출하여 결혼하였다.

7) 217~218행.

'수도원'은 결국 그녀의 것이었으니까.
많은 '수녀들'이 서약을 했음에도,
'수도원'은 지금껏 '신앙의 집'이었던 적이 없었다.[8)]

시가 이처럼 솔직해지는 것과 함께, 의미심장하게도 인접한 환경을 보고자 하는 의욕과 능력이 증가한다. 저택의 건설은 군사적 행운에 따른 것인데, "정확히 요새의 형태로" 설계되었던 저택의 정원은 평화를 상징하는 것으로 변모하여,

요새라고는 정원밖에 없었고
수비대라고는 꽃들밖에 없었던[9)]

잃어버린 낙원의 모습을 보여 준다. 그러나 이 시에서 가장 주목할 만하고 아름다운 부분 — 이 시가 다양한 관점들, 본질적으로 서로 다른 다양한 경향성과 관심들을 하나로 정리하여 보여 준다는 사실 자체도 흥미로운 것이지만 — 은 시인이 멀리 있는 밭과 숲을 보면서 그리로 걸어가는 대목이다. 스스로 수확을 산출하는 주술적 전원은 이제 형상들로 가득 찬 노동의 풍경으로 보인다. 형상들은 꼴 베는 사람들과 건초 묶는 사람들, 풀을 벤 목장에 가축을 방목하러 오는 "공유지 주민들", 겨울이 되어 물에 잠긴 강변의 목초지들이다. 시인은 이 모두를 보지만, 그러나 오직 형상들로만 볼 뿐이다. 그것은 눈앞의 장면을 의식적으로 응시하는 시선, 거리를 두고 풍경을 조망하는 관점이다.

빛나는 목초로 둘러싸인 그들은
거울 위에 그린 풍경처럼 보인다.[10)]

---

8) 273~280행.
9) 331~332행.
10) 457~458행.

실제로 풀을 다 베어낸 목초지는 화가의 캔버스로 보인다.

> 릴리(Lilly)[11]의 그림을 위해 펴놓은 캔버스처럼
> 매끄럽고 깨끗한, 수평의 공간.[12]

그러나 형상들은 이 시각 속에서 여전히 조망되고 있다. 시인은 수확의 "건강한 열기," 풀베기와 춤, "공유지 주민들"을 보는 것이다. 이런 형상들로 가득 찬 풍경을 보고난 시인이 숲으로 들어가는 대목도 못지않게 흥미롭다. 숲은 세상에서 도피하는 수단으로서, '자연'으로의 진정한 은둔을 의미한다.

> 참으로 안전하고 평온하다.
> 이 나무들 뒤에 내 정신을 주둔시켰으니.[13]

시인이 봄이 되어 돌아올 때 (겨울 동안 강이 범람하여 물에 잠겼던 — 역자) 강변은 다시 모습을 드러내고 들판은 녹색을 되찾는다.

그렇다면 이 주목할 만한 시의 내부에 존재하는 긴장은 지금까지 어떤 시에서도 없었던 새로운 종류의 것이다. 이 시는 저택과 그 저택의 건설을 가능하게 한 토지 몰수를 일종의 종교적이고 자연적인 질서로 정당화한다. 그러나 그와 함께 이 시에는 저택을 넘어서 노동의 풍경으로, 그리고 사람의 손이 닿지 않은 자연의 은거지로 나아가려는 움직임도 있다. 시의 감정은 이 두 방향을 오가는데, 그것을 통제하는 것은 오직 시적 목소리뿐이다. 시적 운율에 맞춰 표현되는 즐거움 속에는 새로운 슬픔, 자신의 경험과는 다른 경험에 대한 각성도 또한 존재한다. 예컨대

---

11) (역주) Peter Lely(1618~1680): 네덜란드의 초상화가로 1643년에 영국으로 이주하여 활동하였다.

12) "Upon Appleton House", 443~444행.

13) 601~602행.

저택을

천국의 중심, 자연의 무릎.
그리고 낙원의 유일한 지도[14]

라고 관습적으로 찬양하는 대목과, 저택을 불안한 현대와 대조하는 절절한 대목이 나란히 공존하는 것이다.

옛날과 달리 세계는
내동댕이쳐진 조잡한 덩어리에 불과하다.
모든 것이 무책임하게 뒤죽박죽이 된
심연, 사막, 절벽, 암석.[15]

마벨의 마음에 세계가 이런 식으로 비쳤다면 그것은 어쩔 수 없는 일이다. 그러나 그것까지는 그렇다 치더라도 저택의 딸의 미모와 순수성을 정교한 형식을 통해 찬미하고 그녀의 결혼을 기대하는 대목에 이르게 되면, 우리로서는 참을 수 없을 정도의 아이러니를 느끼게 된다. 저택의 딸은 페어팩스라는 참나무에 기생하는 잔가지로서,

사제는 보편적 선을 실현하기 위해
참나무에서 성스러운 잔가지를 자를 것이다.
그러면 그녀의 부모는 크게 기뻐하면서
그들의 선택을 그들의 운명으로 만들 것이다.[16]

아이러니한 것은 이러한 시적 이상화가 있고 나서 채 몇 년도 지나지 않아 이루어진 결혼의 상대가, 저 소름끼치는 제 2대 버킹엄 공작 조지 빌

14) 777~778행.
15) 761~764행.
16) 741~744행.

리어즈[17] 였다는 개인적 운명만이 아니다. 또 하나의 아이러니는 (이처럼 이상화된 — 역자) 새 저택의 딸이 결국 재산과 작위(爵位)를 재구성하는 정치적 흥정에 동원되었다는 사실이다. 그것은 왕당파 빌리어즈와 유력한 의회파 장군의 딸의 결혼이다. 빌리어즈 영지의 일부가 몰수되어 페어팩스 가문에 넘어간 바 있었으므로, 결혼은 정치와 재산권의 측면에서 복잡한 의미를 지니는 해결책이었다. 한때 미덕의 화신이라 불렸던 여성의 운명이란 실은 바로 정확히 이런 종류의 선택을 하는 것이었다. 따라서 우리는 마벨이 다른 시에서 표명한 다음과 같은 견해가 정당함을 인정해야 할 것이다.

> 권력을 획득할 때와 똑같은 기술을
> 권력을 유지하는 데에도 사용해야 한다.[18]

그러나 사람들은 정치적 문제에 대해서는 종종 이러한 견해를 적용했지만, 몰수, 흥정, 저택 건설로 이어지는 장기적 재산권 획득 과정에 대해서는 — 응당 그래야 했음에도 불구하고 — 적용하지 못했다.

이처럼 복잡한 재산 관련 거래들의 결과 과거와 판이하게 다른 감정의 구조가 출현하였다. 마벨의 시는 구질서와 신질서 사이의 착잡한 감정을 표현한다는 의미에서 진정으로 과도기적인 시이다. 이제 우리는 시골 저택 거주자 모두가 마치 단절 없이 이어진 핏줄이라도 되는 것처럼 시골 저택 시 전체를 하나의 전통으로 묶는 것이 얼마나 어리석은 일인지를 알 수 있다. 극단적인 경우 이는 저택들 자체를 문자 그대로 물화하

---

17) (역주) George Villiers, 2nd Duke of Buckingham(1628~1687) : 영국 혁명기에 왕의 편에서 주도적인 활동을 했고, 왕정복고 후에 주요 관직을 섭렵했던 인물. 혁명기에 몰수되었던 재산을 되찾아 한때 "국왕의 가장 부유한 신하"로 일컬어졌지만, 숱한 추문으로 얼룩진 방탕한 생활로 탕진하고 불우한 만년을 보냈다.

18) "Horatian Ode", 119~120행, Marvell, 앞의 책.

는 것이다. 즉 새로운 귀족계급과 새로운 농업자본주의가 질서를 끊임없이 재형성하고 있었음에도 불구하고, 저택과 그것의 연장선상에 있는 저택 주인을 (변함없는—역자) 질서의 명백한 상징으로 만드는 것이다. 포프—이상화 경향이 짙은 목가의 포프가 아니라, 서한시의 포프—의 시대로 접어들면, 새로운 귀족계급의 변화된 감정이 한결 명확하게 표현된다. 〈배서스트 백작께 드리는 서한시〉와 〈벌링턴 백작께 드리는 서한시〉에서 포프는 "재산을 사용하는 방법"을 논한다. 그는 인색과 낭비벽이라는 양 극단의 악덕을 피하고, 신중한 생산적 투자와 합리적 자선행위를 조화롭게 병행할 것을 권한다.

재산을 소중히 여기는 분별에
재산을 즐기는 기술과 재산을 분배하는 덕성을 더하고,
재산을 추구하되 비천하거나 지나치게는 말고,
나태함으로 망하거나 비굴함으로 흥하지 않으며,
적당한 지출로 재산의 균형을 잡고,
검약과 위엄을, 자선과 화려함을, 풍성함과 건강을 결합하는,
그런 분별을 우리에게 가르쳐 주소서, 배서스트 경이여!
아직 재산으로 손상되지 않은 그대여![19]

그렇다면 누가 토지를 장식하고, 누가 토지를 개량할 것입니까?
배서스트처럼 화초를 심는 사람, 혹은 보일처럼 건축하는 사람이지요.[20]
지출을 정당화하는 것은 효용밖에 없고,
화려함의 그 모든 빛은 분별에게서 빌려온 것입니다.
그대는 아버지의 토지를 평화롭게 즐기거나,

19) "Epistle to Bathurst", 111행.

20) (역주) 제3대 벌링턴 백작, 리처드 보일(Richard Boyle, 1695~1753)은 세련된 팔라디오식 건축 스타일을 영국에 보급하는 데 중요한 역할을 한 건축가이자 건축후원자였다.

아니면 규모를 늘려서 이웃들을 기쁘게 합니다.
그대의 쾌활한 소작인들은 한 해 동안의 노동에 감사를 드리지만,
토지보다는 하느님(영주, *Lord*) 께 더 큰 은혜를 입었습니다.
그대의 드넓은 풀밭은 유방이 커진 어린 암소와
멋진 준마에게 흔쾌히 풀을 제공합니다.
계속 성장하는 숲은 자존심이나 과시를 위한 것이 아니라,
미래의 건물이나 함대를 위한 것입니다.
그대가 조성한 숲이 언덕에서 언덕으로 확대되기를,
그리하여 시골에 그늘을 제공하고 도시를 일으켜 세우기를.[21)]

질서는 더 이상 존슨과 커루의 경우에서처럼 자연적 질서로 당연시되지 않는다. 그리고 마벨의 경우에서처럼 노력을 기울여야 겨우 얻을 수 있을 정도로 불안한 것도 아니다. 그것은 의식적이고 도덕적인 교육의 문제이다. 저택은 돈의 용처의 면에서나 생산적 투자의 면에서나 당연히 부차적일 수밖에 없다. 저택은 찬미의 대상인 자연이 아니라, 인간이 창조한 결과물로서의 자연이다. 자연은 상속이나 행운을 통해서 누리게 된 낙원이 아니라, 인간 노동의 소산이다. 이러한 방식을 통해서 이 시는 전통적 이미지들을 사용하여 현실을 승인하거나 상징과 관찰을 의식적으로 혼합하던 경향을 탈피하고, 당대의 언어를 사용하여 직설적으로 도덕적 주장을 펴는 방향으로 변화하였다.

지출을 정당화하는 것은 효용밖에 없고

그러나 이러한 노골적인 부르주아 윤리학에는 두 가지 고려 사항이 첨부된다. 우선 자선과 박애의 관념이 다시금 강력하게 제기된다. 자선과 박애는 본디 도덕적 자연 경제의 이상에서 유래했고, 언어적으로도 그것과 상당한 연속성을 지닌다. 그러나 '로스의 남자'[22)] 를 찬양하는 대목에

---

21) "Epistle to Burlington", 177~90행.

서 확인할 수 있듯이, 자선과 박애는 이제 하나의 모범적 사례로 주장되면서 (즉 자연 경제에서 저절로 솟아나는 덕성이 아니라 의식적으로 노력해야 얻을 수 있는 덕성으로 간주되면서 — 역자) 토지소유제도의 부정적 산물과 뚜렷하게 대조된다. 〈배서스트 서한시〉에서 이 부정적 산물은 아이러니하게도 마벨의 애플턴 저택 처녀의 남편인 바로 그 사람, 제 2대 버킹엄 공작 빌리어즈이다.

> 위대한 빌리어즈가 누워 있습니다 — 아아! 이 얼마나 엄청난 변화입니까,
> 저 쾌락을 좇던 생활, 너무도 변덕스럽던 영혼이!
> … 저것이 건강, 재산, 친구들과 명성을 거덜 낸,
> 무절제한 영주의 말로입니다.[23]

이제 자선을 외면하는 것은 도덕적 · 신학적 악덕의 본보기일 뿐 아니라, 재산사용의 의무를 이행하지 않는 것이기도 하다.

두 번째 고려 사항은 저택을 단순한 물질적 대상으로 고립시켜 보는 것과 관계가 있다. 이는 저택의 도덕적 찬미로 시작되었던 과정의 완성이자 변화이다. 〈벌링턴 서한시〉의 많은 부분은 18세기의 저택 건설과 정원 조경 전통의 발원지 가까이에 위치해 있다. 그 전통은 시골을, 개량(*improvement*)이라는 새로운 도덕의 외적 징표로 재구성했다. 18세기의 저택 건설과 정원 조경 전통은 벤 존슨이나 마벨이라면 쓸모없는 과시나 공허한 궁전이라 표현했었을 것을 비난하면서도, 그와 함께 제대

---

22) (역주) '로스의 남자'(Man of Ross)는 저명한 박애주의자 존 컬리(John Kyrle, 1637~1724)의 별칭이다. 그가 자선 활동을 했던 곳이 헤리포드셔의 로스-온-와이였으므로 이러한 별칭이 생겼다. 포프는 "To Bathurst", 262행 이하에서 그를 찬양한다.

23) "To Bathurst", 305~14행. (역주) 버킹엄 공작은 엄청난 재산을 소유하고 왕국의 최고위 관직을 섭렵했지만, 결국 모든 것을 잃고 1687년에 요크셔의 한 외진 여관에서 쓸쓸하게 죽었다.

로 된 저택 건설과 공원 설계의 방법을 — 다시 말하자면 '자연'을 개량하는 방법을 — 의식적으로 권유하기도 한다.

> 모든 점에서 '자연'을 절대 잊지 마시고,
> '자연이라는 여신'을 정숙한 미녀로 대접하십시오.
> 지나치게 옷을 입히지 말 것이되, 그렇다고 발가벗은 채로 두지도 마십시오.[24]

이 설득력 있는 권유에서 새로운 감정의 구조가 새로운 경제의 일부로 명확하게 모습을 드러낸다. 이제 우리가 알아보아야 할 것은 이 개량의 도덕이 전개되는 복잡한 과정이다.

24) "To Burlington", 50~52행.

제 7 장

개량의 도덕

1

진정한 영국 시골의 역사는 줄곧 토지소유권 문제와 그것에서 기인하는 사회·노동 관계를 중심으로 전개되었다. 18세기가 되면 약 5천 가구가 전체 경지의 거의 절반을 소유하게 되었다. 이러한 토지 지배의 중심은 경지의 약 4분의 1을 소유한 4백 가구였는데, 당시의 인구는 대략 7, 8백만에 달했다. 이러한 지배체제에서는 더 이상 그 어떤 고전적 의미에서의 농민층[1]도 존재하지 않았고, 차지농과 임금노동자층이 정상적인 것으로 간주되는 경향이 점증하였다. 말하자면 농업자본주의의 사회적 제관계라 부를 만한 것이 형성되었다. 이에 따라 농업 생산의 관리는 점점 더 조직화된 시장의 관점에서 이루어지게 되었다.

봉건시대와 봉건시대 직후의 여러 제도들이 이처럼 발전하는 농업자본주의로 이행해 간 과정은 물론 대단히 복잡하다. 그러나 이행의 사회적 의미는 매우 분명하다. 귀족이 유력한 토지소유계급을 정치적으로

1) (역주) peasantry: 대개 독립적인 소농과, 영주 소유의 땅을 관습에 따라 반영구적으로 보유하고 경작하는 소작농(관습보유농, *customary holder*) 등을 느슨하게 포괄하는 명칭인데, 저자는 이를 "사회적, 정치적 의무를 지고 있는 소규모 자작농"으로 규정하고 있다. 이에 대해서는 이 책의 10장 참조.

지칭하는 용어였다는 것은 사실이다. 또한 유력한 토지소유계급의 오래된, 혹은 오래된 것처럼 보이는 작위와 저택이 사람들에게 사회계층 간의 의무와 전통적 관계가 사회를 결정한다는 환상을 심어 준 것 또한 사실이다. 그러나 유력한 토지소유계급의 주요 활동은 이와는 근본적으로 다른 성격의 것이었다. 그들은 지대와 자본 투자의 수익을 계산하여 생활하였고, 부당한 지대 요구, 독점, 인클로저 등의 과정을 통해 더욱 확고하게 토지를 장악하였다.

그렇지만 4백 가구와 농촌 프롤레타리아트의 단순한 대립관계 같은 것은 결코 존재하지 않았다. 오히려 사태는 그와는 반대로 진행되었다. 경제 과정의 양 극단 — 대규모 토지소유자와 농촌 프롤레타리아트 — 사이로, 소규모 토지소유자, 대규모 차지농, 잔존하는 소규모 자유토지보유농과 등본보유농,[2] 중소규모 차지농, 오막살이농, 잔여 공유지 사용권을 보유한 오막살이농과 직인 등의 다양한 계층이 형성되는 경향이 점점 뚜렷해졌다. 이러한 계층화 과정은 16세기에 시작되어 18세기에도 여전히 활발하게 진행되고 있었다. 비교적 소규모의 농장은 대부분 압력에 직면했지만 (특히 토지개량이 이루어진 경지에서 이런 경향이 두드러졌다), 다른 한편으로 전체 경지 면적 자체는 꾸준히, 그리고 때로는 극적으로, 증가하였다. 토지소유자, 차지농, 노동자의 사회적 관계의 내부에까지도 새로운 태도가 출현하여 계속 진화하였다. 이제 사람들은 토지를 일정액의 수입을 보장해 주는 세습재산이 아니라, 훨씬 큰 이윤을 챙길 수 있는 투자의 기회로 계산하기 시작했다. 토지 개조와 정비 작업을 역설하는 '개량의 이데올로기'는 사회가 이런 식으로 발전하는 데 중요하고

2) (역주) 등본보유농(*copyholder*)과 자유토지보유농(*freeholder*): 등본보유농은 영주의 장원재판소의 토지대장에 등재함으로써 해당 토지를 보유하게 된 농민을 지칭한다. 등본보유농은 토지를 자유롭게 처분할 수 없고, 상속, 매매, 저당 등의 경우에도 장원재판소의 허락을 받아야만 했다. 반면 자유토지보유농은 장원재판소가 아니라 국왕재판소의 관할을 받는 토지를 보유한 농민을 지칭하는데, 등본보유농에 비하여 의무와 부담이 훨씬 가벼웠다.

주도적인 역할을 했다. 이에 따라 이런 식의 근대화를 방해하는 사회관계들은 꾸준히, 그리고 때로는 가혹하게, 해체되었다.

18세기 문학은 이러한 변화로 인한 가치들의 위기를 다양하게 표현한다. 앞으로 살펴보게 되겠지만, 18세기 시에서 행복한 차지농과 시골 은거의 이상화는 사라지고 변화와 상실에 대한 심각하고 우울한 의식이 대신 자리를 잡았는데, 이러한 의식은 결국 전통적인 회고의 구조를 새로운 방식으로 확립하게 되었다.

그러나 이런 변화가 일어나기 전에는 새로운 제도와 경향이 인간에게 초래한 결과를 생동감 있게 다루는 경우도 있었다. 사실 소설이 이 시대의 가장 창조적인 형식으로 출현한 것은 바로 이러한 관심 때문이었다. 사랑과 결혼의 문제는 토지재산의 문제가 지배하는 사회 속에서 제임스 1세 시대 후기의 희극과 왕정복고기 풍속 희극, 그리고 포프의 도덕적 서한시를 거쳐 리처드슨과 필딩의 소설로 확장되었고, 확장되는 과정에서 질적으로 변화하였다. 필딩의 《톰 존스》의 이웃 토지소유자들인 올워디와 웨스턴, 혹은 리처드슨의 《클라리사》의 러블리스는 여러 가지 면에서 웰본과 오버리치, 그리고 턴벨리 클럼지와 영 패션의 세계의 직계 후손들이다. 《톰 존스》의 플롯의 토대는 결혼을 이용하여 서머셋빌에서 가장 큰 두 영지를 합치려는 욕망이다. 소피아 웨스턴과 블리필을 결혼시키려는 계획은 이런 목적에서 구상된 것이다. 톰 존스가 올워디의 진정한 상속자라는 사실이 밝혀진 후에 (소피아 웨스턴이 혐오스러운 블리필과의 결혼을 거부하고—역자) 그와 결혼하는 것은, 과거에 개인적인 이유로 거부했던 영지 통합을 결국 실현하는 것이다. 클라리사 할로우와 솜즈의 결혼 계획도 이와 마찬가지로 재산을 집중해서 자신들의 지위를 높이려는 그녀 가족들의 계산의 일부이다. 그녀는 이에 반발하여 전통적 지주 귀족인 러블리스의 파괴적이고 냉소적인 세계로 퇴각한다.

이 소설들의 인물들의 행동이 극화하는 것은 점증하는 압력 하에서 경제적 이익과 그와는 다른 가치를 두고 벌어지는 기나긴 선택의 과정이다. 이전 시기의 연극에서 우리는 하나의 특수한 관점 — 결혼 계약이 체결되는 장면만 따로 떼어 그것에 집중하기 때문에 초기에는 항의의 어조를, 이후에는 냉소적 관찰자의 어조를 확립하고 유지할 수 있었던 런던 사교계의 관점 — 을 통하여 이런 과정을 보았다. 반면 소설에서 우리는 런던 사교계를 떠나 가족들 자체로 이동하는데, 그리하여 가정과 인물의 사적 내부에서 진행되는 행위를 보게 된다. 리처드슨과 필딩은 판이하게 다른 작가이지만 이런 변화를 보이는 점에서는 동일하다. 이전 시대 희극은 상이한 집단 — 양가(良家)의 자식들과 야심만만한 사기꾼들 — 의 대표들을 형식적으로 대립시킨 뒤, 그들이 벌이는 세속적인 짓거리를 거리를 두고 흥미롭게 관찰하였다. 그러나 소설에서 행위는 내면적 성격을 띠며, 인물 개인의 문제로 경험되고 극화된다.

공공연한 개량의 이데올로기는 디포에게서 대단히 명확하게 나타난다. 그러나 디포는 개량의 이데올로기를 추상화하는데, 이것이 그가 리처드슨이나 필딩과 본질적으로 다른 작가인 이유이다. 이는 어떤 의미에서는 아이러니한 사실이다. 왜냐하면 디포는 1720년대의 저작인 《잉글랜드와 웨일즈 기행》에서 생산과 판매의 방식이나 지대의 액수를 기록하는 등 시골 생활의 세부적 현실에 대한 최고의 관찰자였기 때문이다. 우리가 18세기 농업의 전문화 정도와 시장을 위한 생산의 비율이 어느 정도였는지, 그리고 농업이 도시와 항구, 초기 석탄산업, 철강산업, 직물산업 등과 얼마나 복잡하게 얽혀 있었는지를 알 수 있게 된 것은 디포 덕분이다. 디포가 묘사한 시골은 목가적 색채를 거의 찾아볼 수 없는 대단히 상업적인 세계였다. 그는 강렬한 관심과 실사구시적 보고의 결합을 보여 줌으로써 18세기의 주요한 농촌 탐구 전통의 진정한 선구자가 되었다. 전통은 윌리엄 마셜,[3] 《농촌 보고서》,[4] 아서 영과 《농업 연

3) (역주) William Marshall(1745~1818): 영국의 농업개량가, 저술가.

4) (역주) the *Country Reports*: 18세기에 처음 발족한 영국 농무성이 농촌 지역의 실태를 조사하기 위해 여러 저술가들에게 지역별로 의뢰해서 수집한

감》[5] 등을 거쳐 코벳과 19세기로 이어졌다. 이들이 강조한 측면이야말로 실제의 농업 노동 발전의 진정한 흐름이었으며, 이들의 작업 자체가 변화의 주요한 지표였다. 그러나 이러한 측면의 강조는 또한 새로운 생산방식이 관철되는 사회관계와 인간세계를 거의 예외 없이 독특하게 추상화하는 것이기도 했다. 사회적 탐구와 경제적 탐구의 적절한 결합은 이 전통이 끝나는 세기전환기의 위기 국면에 이르러서야 가능했다. 따라서 농촌과 시장의 실태를 그처럼 상세하고 전문적으로 관찰했던 디포가, 소설에서 그 실태의 근저에 존재하는 사회현실을 고찰하지 않았다는 것은 놀라운 일이 아니다. 《로빈슨 크루소》에서 가장 두드러지게 드러나는 것처럼, 디포는 오히려 개량과 단순한 경제적 이익의 추구라는 추상적 정신을 실태와는 동떨어진 별개의 이야기 속에 투영하였다. 그리고 역시 《로빈슨 크루소》와 《몰 플랜더스》가 대표적으로 보여 주듯이, 타인을 근본적으로 일시적이고 기능적인 존재로 취급하는 고립된 개인의 허구적 세계를 창조하였다. 상황과 윤리에 대한 디포의 강조는 그것이 의식적인 것이었건 무의식적인 것이었건 예언적이고 강력한 것이었다. 그러나 크루소는 결국 멀리 떨어진 섬을 개량했을 뿐이고 몰 플랜더스는 자신의 육체만을 거래했을 뿐이라는 사실은, 디포의 강조가 실제로 어떤 성격의 것이었던가를 우리에게 알려 준다. 정작 중요한 토지개량과 거래는 (《로빈슨 크루소》와는 달리 — 역자) 집에서 가까운 곳에서 진행되는 것과 동시에 (《몰 플랜더스》와는 달리 — 역자) 광범위한 지역들에서 진행되었던 것이다. 그러나 디포는 소설의 배경을 의도적으로 고립시킴으로써 개량의 윤리와 순수한 실천 형태를 그만큼 더 쉽고 일관성 있게 분석할 수 있었다.

실제의 시골 생활에서 상업적 정신은 다른 제도들, 고려 사항들, 양식

보고서.

5) (역주) Arthur Young(1741~1820): 영국의 농업개량가, 저술가. 그는 1784년에 《농업 연감》(*Annals of Agriculture*)을 창간하여 총 46권을 발행하였다.

들과 얽히게 마련이었고, 또 그것들로부터 시험을 받을 수밖에 없었다. 리처드슨과 필딩은 디포만큼 영국 농촌의 실제 사정을 알지 못했다. 그러나 그들은 디포와는 매우 다르게 인간관계의 상세한 진행과정을 강조하였다. 즉, 추상적 시대정신이 아니라, 시대정신의 직접적인 체험을 강조하였다.

그러나 이러한 인간관계로부터 시대정신을 추상화할 수 있느냐 하면, 그렇지는 않다. 인접한 영지를 합치는 수단으로 소피아와 블리필의 결혼이 거론될 때, 블리필의 성격은 당대의 상업주의의 전형적 특징에 맞춰 묘사된다.

> 낭만적인 연인들이 원하는 것처럼 상대방의 마음을 완전하고 절대적으로 소유하는 일 같은 것은 그의 머릿속에 단 한 번도 들어와 본 적이 없었다. 그녀의 재산과 육체만이 그가 바라는 유일한 목표였으며, 이에 대해 그는 의심의 여지없이 자신이 그 절대적인 소유권을 갖게 되리라 생각했다.[6)]

물론 향사(鄕士)[7)] 웨스턴은 그것이 마치 세상에서 가장 자연스러운 일이기라도 한 것처럼, 그의 딸을 이용해서 영지를 합치려 한다. 그리고 올워디는

> 갑자기 예상 밖의 세속적 이익을 얻을 수 있는 정보를 접하기라도 하면 심장이 콩닥콩닥 뛰는 사람들 부류는 아니지만[8)]

---

6) Henry Fielding, *Tom Jones*, 6권 7장. 《톰 존스》, 류경희 옮김(삼우반, 2007), 1권 372~3. 번역은 다소 고쳤음.

7) (역주) squire: 향신(*gentry*) 가문의 남자 가장을 지칭. 향신 가문은 대체로 지역에서 가장 부유하고 명망성이 높은 토지소유자(*landowner*)를 지칭한다.

8) 같은 책, 354.

그럼에도 그보다 한술 더 뜬 냉정하고 철학적인 계산의 소유자로 호의적으로 그려진다.

> 지혜가 … 가르치는 교훈이란 가장 비천한 사람들까지도 보편적으로 알고 따르는 단순한 격언을, 실제 생활에서 사람들이 실천하는 것보다 단지 조금 더 확장한 것일 뿐이다. 그 격언은 '너무 비싼 값을 주고 사지 말라'는 것이다. 이제 누구든 그 격언을 세상이라는 거대한 시장에 갖고 나가 명예, 재산, 쾌락, 그리고 그 시장이 제공하는 다른 모든 상품들에 일관성 있게 적용하는 사람이 있다면, 감히 장담컨대, 그가 바로 지혜로운 사람이다. 그리고 그 사람은 지혜라는 말의 가장 세속적 의미에서도 분명히 그렇다고 인정되어야 한다. 왜냐하면 그는 사실상 그저 약간의 수고라는 비용만을 지불하고도 앞서 말했던 모든 좋은 것들을 구입해서 집으로 가져오기 때문이다. 그러면서도 그는 다른 사람들이 그런 것들을 얻기 위해 지불하는 공통의 대가, 즉 건강, 순수함, 명성을 온전히 자기 것으로 유지하기 때문에 최고의 거래자라 할 수 있는 것이다.[9]

사실 이는 바로 《톰 존스》를 쓰는 저자 자신의 입장이다. 그것은 상대적으로 안정된, 그리하여 더 성숙하게 계산하는, 사회의 도덕이다. 이런 입장을 취하는 사람은 블리필의 냉혹한 탐욕과 향사 웨스턴의 노골적인 저속함을 인식할 수도 있고 비판할 수도 있다. 그러나 여기서 계산과 비용은 그것이 저속하다고 비판하는 입장에서보다 더 광범위한 준거틀을 갖게 된다. 수입이나 영지와 함께 사랑, 명예, 육체적 쾌락, 성실성 등도 계산의 대상이 되어야 하는 것이다. 이런 입장을 가진 인간은 체념이 바탕에 깔린 안정감을 보여 준다. 그는 자신보다 천박하게 계산적인 인간들 앞에서는 단호하고 당당하지만, 그 자신 또한 행복의 수지타산을 따지는 데 — 진정한 시장가격을 산정하는 데 — 관심이 있다. 톰 존스가

---

9) 같은 책, 356.

자신의 이익을 일견 스스로 포기함으로써 많은 것을 배우는 것은 사실이다. 그러나 필딩은 톰 존스가 (계산을 초월하여 — 역자) 자신의 직접적 욕망에 충실하게 행동하는 것을 관대하게 승인하는 선에서 멈추지 않는다. 필딩은 톰 존스의 직접적 욕망 충족이 결국 물질적 이익과 화해하고, 조화를 이루고, 심지어는 직접적 욕망 충족이 물질적 이익 자체가 되는, 그런 수지타산의 균형 상태를 복구하는 방향으로 소설의 행위를 조정한다. 《톰 존스》는 물질적 재산과 인간적 욕구의 관계에 끊임없이 의문을 제기하지만, 그 의문은 의지의 작동에 의해서, 사전에 계획되었던 행운에 따라 진상이 밝혀짐에 의해서, 결국 물질적 재산과 인간적 욕구가 느슨하고 안일하게 합치되게 만드는 기법을 통해 해결된다. 필딩의 유명한 아이러니는 독자들이 이러한 속임수를 뻔히 알면서도 끝내 넘어가게 만드는 문학적 수단이다. 문제 해결 장면 — 존스가 정당한 상속자임이 밝혀지고 사랑의 결합이 영지의 결합일 수 있게 되는 — 에서 필딩의 어조는 계산적이라 해도 무방할 정도로 사려 깊고 상냥하다.

> 혹 독자 여러분의 기대에 어긋날지도 모르겠지만, 너무나 기쁘게도, 이제 존스 군은 세상에서 가장 행복한 사람이 된 듯싶다.[10)]

이렇게 해서 재산 양도, 인간관계의 조정, 연금지급 등이 깔끔하게 마무리된다. 그리고 결국 행복을 맞이하게 된 두 사람의 "겸손함과 관대함과 자비심"이 너무도 대단한 까닭에 그들보다 신분이 낮은 사람들, 즉 차지인들과 하인들도 이들의 결혼을 축복한다.

이처럼 확고한 도덕을 내세울 필요는 분명히 있었다. 이전 시기에는 토지와 상속녀를 두고 뻔뻔스러울 정도로 냉소적인 쟁탈전을 벌이는 게 지배적 풍조였지만, 18세기 전반기에 사회가 비교적 안정되면서 바로 이처럼 더 넓고 긴 안목으로 지위를 확립하는 풍조가 생겼다. 이제 문제를

---

10) 《톰 존스》 2권, 679.

합리적이고 발전적으로 해결하려면 인간성, 가족의 관심, 개인적 욕구를 가능한 한 고려해야 한다. 그것이 불가능하다면 상업적 이익이라는 시대의 주류가 밀어닥쳐 인간성을 파괴해 버리는 사태가 벌어질 것이다.

의미심장하게도 이와 같은 음산한 견해는 특수한 광신적 행위를 통해서 문학적으로 구현된다. 리처드슨은 순결을 따로 떼어내어서, 인간적 가치를 위한 투쟁 전체에 대한 유일한 반응으로 만드는 것이다. 《파멜라》에서 순결이 거래의 조건으로 다루어지는 것은 사실이다. 그것은 자체적인 가치를 갖는 어떤 것이 아니라, 결혼이라는 필수적 안전판이 확보되지 않으면 절대 넘겨서는 안 되는 자산이다. 그러나 《클라리사》에서 순결은 어떤 수준에서도, 혹은 어떤 수단을 통해서도, 절대 거래할 수 없는 어떤 것이다. 이제 순결은 더 이상 육체적인 순결에 불과한 것이 아니라, 정신적 순결도 의미한다. 즉 육체와 영혼의 완전성이 순결이다. "가문의 지위를 높이려는 멋진 계획"(즉 양가의 토지재산을 합쳐 개량하려는 계획)의 일환으로 솜즈와 결혼할 것을 권유받고 클라리사가 하는 대답—

> "어머니, 오빠의 계획 때문에 제가 도저히 참을 수 없는 남자와 결혼해야 하나요?"[11]

—은 상대적으로 온건하기는 하지만 블리필과의 결혼 계획을 듣고 소피아가 하는 말과 같은 종류의 것이다.

> "오! 아빠, 그런 결혼은 죽음보다도 더 나쁜 거예요. 그 사람은 제게 무관심하지조차 않아요. 저는 그 사람을 증오하고 혐오해요."[12]

---

11) Samuel Richardson, *Clarissa*, Vol. I, Letters 13 and 17.

12) 《톰 존스》 1권, 376.

그러나 《톰 존스》에서와는 달리 《클라리사》에서 이러한 관점은 끝까지 관철된다. 클라리사가 러블리스에게 몸을 맡기는 것은 결혼시장에서 행운을 노리거나 육체의 가격을 올리려는 행위와는 아무 관계가 없다. 그것은 냉소적 타산의 세계 — 의미심장하게도 그것은 전통적 토지소유자의 세계, 즉 이미 확실한 지위를 누리고 있기에 어떤 중재도 필요 없는 '명문가'의 세계이다 — 에 완전히 몸을 던지는 행위이다. 어떤 결혼 계약도 그녀의 행위를 승인할 수 없으며, 강간조차도 그녀의 순결을 파괴할 수 없다. 이것은 통합을 통한 강화, 필수적 계약, 이익과 가치 간의 거래 따위와는 정면으로 대치된다. 클라리사는 타협을 거부하고 파멸을 받아들임으로써 인간의 고결성을 광신적으로 지킨다.

리처드슨은 이처럼 한 가지 점을 집중적으로 강조함으로써, 타협이 가능한 모든 세계에서 벗어났다. 그리고 당연한 이야기이지만 사회 전반의 위기 상황을 개인적인 (그리고 이 맥락에서는) 상류사회의 문제로 특수화해서 보여 주는 데 성공했다. 《클라리사》는 덕성을 모든 실제적 효용의 세계와 분리해서 사고하는 경향 — 이는 청교주의의 후기 단계의 특징이자, 이보다 뒤에 출현한 낭만주의의 특징이다 — 의 중요한 징후이다. 《클라리사》는 당대 지주 가문의 탐욕과 야심을 다루고 있지만, 궁극적으로는 시대나 사회구조에 대한 비판이 아니라 '세상'이라는 단어로 추상화할 수 있는 어떤 것에 대한 비판이다. 이 소설에 이처럼 현실에서 후퇴하는 측면이 있음을 무시해서는 안 된다. 그렇지만 이 소설이 날로 자신만만해져 가던 자본주의 사회의 문제들에 대하여 독특한 해결책을 제시하고 있는 것 또한 사실이다. 순결을 특수화하고 개인의 고립을 — 심지어 개인의 파멸까지도 — 그 개인의 역설적인 생존수단으로 만드는 것은, 연민과 자선을 특수화하는 것과 연결된다. 그리고 사회에서 후퇴하여 우리에게 인간성을 가르쳐 주는 자연으로 도피하는 경향과도 연결된다. 우리는 다음 장에서 이러한 경향이 냉혹한 체제의 지속적 위기 상황에 대한 하나의 반응으로 진행되는 과정을 추적해 볼 것인데, 그 냉혹한 체제에 대한 어떤 적절한 사회적 반응도 당시로서는 아직 가능하지 않았다.

2

따라서 《클라리사》의 필사적이면서도 개인적인 주장과 토지개량가들의 냉정하고 실제적이고 탐구적이고 일상적인 어조는 분명 엄청난 거리를 두고 떨어져 있는 것처럼 보일 것이다. 사회적 위기를 다른 요소들과의 연관성 속에서 보는 것은 오직 일상적이고 일반적인 사례들을 통해서만 가능하다. 농업 관련 저술가들의 글을 읽을 때 우리는 토지개량을 촉구하는 그들의 주장에 동조하기 쉽다. 토지개량이 지대를 계산하는 (즉 결국 차지인에게 고액의 지대를 부과하게 되는 — 역자) 문제와 관련된 것임이 적나라하게 드러나는 경우가 허다한 데도 말이다 (흥미롭게도 러블리스는 차지인들에게 결코 불법적인 지대를 부과하지 않았다. 그의 성적 방종과 마찬가지로 그의 수입 역시 투기적이라기보다는 세습적인 것이었다). 우리는 토지개량을 역설하는 작가들에게서 참으로 많은 것을 배우기 때문에, 그리고 식량 증산의 면에서 그들이 — 실험적 임차농들과, 그리고 그들보다 널리 알려진 실험적 토지소유자들과 함께 — 이룬 업적이 참으로 인상적이기 때문에, 토지를 사랑하는 사람이라면 누구나 그들 편이 되기 쉽다. 그러나 당시의 즉각적 효과 면에서는 쉽게 정당화할 수 있었던 토지개량의 궁극적 결과가 무엇인가 하는 것은, 우리에게도 그렇지만 토지개량 작가들 자신에게도 대단히 이해하기 힘든 문제였다.

아서 영의 전기는 토지개량의 정신과 그 복잡한 실태를 동시에 이해할 수 있게 해 준다. 영이 성장기를 보낸 영지는 여러 세대 동안 그의 부계 가족 소유로 방치되었다가, 모계 가족(17세기 후반에 네덜란드에서 이주한 유태계 가족)의 자본 투자로 비로소 정비되었다. 시대적 관행을 따라 옛날 집은 호화저택(*mansion*)으로 재건축되었다. 가족의 수입으로는 이런 사회적 야심을 감당하기 힘들었다. 아서 영은 상인의 도제가 되었는데, 사실 그의 원래 희망은 아버지처럼 목사가 되는 것이었다. 아버지가 사망했을 때 거의 무일푼이던 그는 생계를 해결할 요량으로 책을 쓰기 시작했고, 얼마 후 귀향하여 어머니의 조그만 영지에 있는 20에이커의 등본보유농지를 경작하였다. 그는 만성적으로 자본부족에 시달리는 등 농장주로서는 성공하지 못했지만, 농업 작가로서는 개량된 농업생산 기술을 수집하고 농업 개량의 정신을 전파하는 등 새로운 차원을 개척하였다. 그는 18세기 말에서 19세기 초에 걸쳐 진행된 제 2차 인클로저 운동을 누구보다 강력하게 대변하였다. 그는 시골을 부지런히 답사하였으며, 그가 펴낸 총 46권에 달하는 《농업연감》은 새로운 실험적 농업을 전파하는 데 강력한 영향력을 행사한 핵심적 매체였다. 새로운 실험적 농업은 토지 자체에서 시작되었다. 이를테면 새로운 작물(특히 근채류〔根菜類〕들)을 심고, 배수설비를 개선하고, 계획적으로 토지를 복토하고, 가축을 사육하는 것 등이었다. 그러나 영은 새롭게 대두하던 다른 사회세력과 농업을 결합할 것을 강조하였다. 예컨대 상업자본(그는 개인적 경험을 통해 상업자본이 농업에 얼마나 중요한지를 인식하였다), 초기 산업기술들(처음에는 항만 건설이나 채석장 작업에 쓰였다가 이후 농지조성에 활용된 땅 고르는 기계 따위), 자연과학(그는 프리스틀리[13]와 공동으로 토양학을 연구하였다), 정치권력과 정치조직(그는 새로운 농업정책의 필요성을 국왕과 의회에 역설하였고, 결국 새로 발족한 농무성의 장관으로 임명되었다) 등과의 결합을 강조하였다.

영은 모든 점에서 오늘날 우리가 '18세기의 토지 근대화'라고 부르는 문제를 다루었다. 그러나 그가 끊임없이 강조했던 것은 농업의 후진성, 만족스럽지 못한 농업 발전 속도, 거대한 황무지의 방치, 해외무역에 비해 부진한 농업 투자였다. 그리고 만년에 이르면서 자신의 사회 경험과

13) (역주) Joseph Priestley(1733~1804): 영국의 신학자, 화학자.

사회 관찰의 (비관적 — 역자) 결과를 점점 더 인정하게 되었다. 토지개량에는 많은 자본이 필요하며, 따라서 토지소유자의 리더십이 필요하였다. 그러나 토지개량은 토지소유계급의 지배력을 증가시키는 결과만을 낳는 것이 아니었다. 토지개량은 이익 창출이 가능한 대규모 경지단위를 만들기 위해 인클로저와 매점매석을 진행함으로써 더 많은 사람들의 재산과 토지를 박탈하였다. 재산과 토지를 박탈당한 사람들은 새로운 상황 속에서 도태되거나 경쟁력을 상실하였다. 많은 임대 농장주들이 새로운 농업기술을 신속하게 채택하지 못했던 것 자체도 토지보유제도와 관련이 있었다. 토지개량이 지대 인상을 초래하기 일쑤였기 때문에, 임대 농장주들의 입장에서는 이미 생산 현장에서부터 어쩔 수 없는 장애가 발생했던 것이다. 새로운 생산방법 도입으로 인한 이익과 차지인들에게 부과하는 지대 사이에 합리적인 관계를 유지했던 것은 코우크[14] 와 같은 보기 드문 토지소유자의 경우뿐이었다. 그리하여 이러한 경제 과정은 제한된 영역 내에서는 매우 쉽게 정당화될 수 있었지만, 그 영역을 넘어서는 경우에는 그 경제 과정과 모순되는 사회적 결과를 낳는 경우도 있었고 가족과 공동체에 재앙을 초래하는 경우도 있었다. 영은 자신의 투쟁 목표였던 농업 변혁이 사회 전체에 미친 결과를 인식하고 자신의 생각을 재고한 후, 새로운 의문을 품게 되었다. 그리고 이런 의문을 품게 된 사람은 그 혼자만이 아니었다.

> 빈민들이 인클로저 과정에서 지금까지 받았던 가혹한 대접을 미래에도 받을 것이라면, 차라리 영국의 모든 공유지가 바다 속으로 가라앉아 버렸으면 좋겠다.[15]

---

14) (역주) Thomas Coke (1754~1842) : 가축 사육과 경작의 혁신으로 유명한 대지주. 노퍽크에 소재한 그의 영지는 영국농업혁명의 성공적 사례로 높은 평가를 받았다.

15) Arthur Young, *Annals of Agriculture*, 26권, 214.

제8장

자연이 자아내는 실들

1

영의 18세기에서 — 영이 일정한 기여를 하기도 했고 또 비할 바 없이 탁월한 기록을 남기기도 했던 영국 농촌의 변화와 모순 속에서 — 우리가 보는 것은 필딩 식의 상냥한 수용과 리처드슨 식의 절박하고 특수화된 공포만이 아니다. 농촌 생활에서 사라진 평화와 미덕을 사회적인 관점에 입각하여 이들보다 더 심각하게 표현한 새로운 사례도 있다. 행복한 차지농에 부치는 시, 명상적 목가시 전통에서 볼 수 있는 이상화된 독립적 인간을 노래하는 시는 상실, 변화, 회한을 노래하는 시로 이어진다. 예컨대 골드스미스의 2행 연구는 감동과 명상, 경악과 내면으로의 움츠림이 교차하는 이러한 감정의 구조를 정확하게 보여 준다.

> 내가 여기서 생각에 잠겨 서 있는 동안에도
> 시골의 미덕은 토지를 떠나고 있다.[1)]

18세기 전반에는 아직 과거의 감정의 구조가 여전히 유지되고 있다. 그럼에도 1720년대와 1740년대 사이에 집필된 톰슨의 《사계》에는 실로

1) *The Deserted Village*, 397~8행.

광범위한 태도들—많은 경우 사실 그것은 감정이 아니라 태도라고 해야 더 적확한 표현일 것이다—이 존재하는 바, 모순적인 요소가 이미 모습을 드러내기 시작하고 있는 것이다. 그렇기 때문에 톰슨은 가장 전통적인 시어를 구사하여 '황금시대'를 노래할 수 있지만—

곡식이 저절로 황금의 바다가 되어
하염없이 물결쳤다…
…야생 산사나무는, 볕에 그을린 노동에서 풀려나
편안히 앉은 사람들 위로
진홍빛 과일을 비처럼 뿌려 주었다…[2)]

—그러나 다음과 같이 계속한다.

그러나 이제 저 겉만 그럴싸한 전설들이 의미했던 것,
그리고 그 전설들이 어렴풋이 보여 주던 순수한 순간들은
이 '철의 시대'에 더 이상 존재하지 않는다.[3)]

그는 다음처럼 우리에게 친숙한 은둔의 목가를 노래할 수 있지만,

오, 세상의 거친 파도를 멀리하고
선택된 소수의 사람과 함께 계곡 깊숙이 은퇴하여
시골 생활의 순수한 즐거움을 마시는
사람은—그가 자신의 행복을 알기만 한다면—
세상에서 가장 행복한 사람이어라![4)]

---

2) James Thomson, "The Seasons", *Complete Poetical Works of James Thomson*, ed. J. L. Robertson (Oxford, 1908), 48~9.

3) 같은 책, 13n.

4) 같은 책, "Autumn", 1235~8행.

그러나 도시에 대해 실로 독특하게 애매한 태도를 보여 주기 때문에 — 이를테면 도시의 유행과 사치를 비난하면서도 도시의 학문과 세련된 매너는 찬미하기 때문에 — 목가는 (심지어 "선택된 소수의 사람"이라는 구절까지 구사하는 데서 드러나듯) 시골이 아니라 도시 근교와 같은 느낌을 조성하게 된다. 〈겨울〉의 개정판에 나오는 다음의 대목은 이런 느낌을 정확하게 전달한다.

오, 체스터필드 경[5] 이시여,
시골의 시신(詩神) 이 남루한 모습으로 숲의 그늘로 날아가기 전에
부디 당신께 노래를 바치는 것을 허락해 주소서![6]

토지개량을 찬미하는 동시에 낭만적 황무지도 찬양하는 톰슨의 태도에는 더 심각한 애매함이 존재하는데, 이는 결국 그의 시에 실제적 모순을 초래하는 방향으로 발전한다. 개량의 찬미는 새롭고 중요한 태도로서, 다이어[7] 의 〈양모〉와 필립스[8] 의 〈사과주〉 같은 시에서도 비슷한 예를 볼 수 있다. 이 시들은 농촌에서 시작된 산업화 과정을 의식적으로 찬양한다. 톰슨의 〈나태의 성〉에서 인더스트리(근면, 혹은 산업) 경은 진정한 근대화 정신으로 충만하여 "혼미한 쾌락의 땅"[9] 을 정복한다. 이러한 태도는 은둔의 목가에 새로운 차원을 더한다.

그는 깊숙이 은둔했지만
농경 작업(*rural industry*) 의 즐거움까지 잊은 것은 아니었다.

---

5) (역주) 제 4대 체스터필드 백작인 필립 스태노프(Philip Stanhope, 1694~1773) 는 18세기의 교양 있는 신사의 모범으로 꼽히던 인물로, 톰슨은 1744년 개정판에 위 인용문의 헌사를 추가하였다.

6) 같은 책, "Winter", 663~5행.

7) (역주) John Dyer(1699~1757) : 웨일즈 출신의 영국 시인.

8) (역주) John Philips(1676~1709) : 영국의 시인.

9) 같은 책, "Castle of Indolence", I, vi, 255.

계절은 우아하게 바뀌면서
언제나 새로운 장면이 나타나고, 새로운 풍경이 전개된다 …
어둡고 음침한 황야가 농업의 여신의 풍성한 수확으로 밝게 빛난다.[10]

이는 때로 토지개량을 실제로 권유하는 것으로 이어진다.

그대, 관대한 영국인들이여, 토지를 경작하라…
그대의 비옥한 토지에 신의 은혜가 더해지고,
모든 밭에 자연의 축복이 넘치도록.
헐벗은 나라들의 옷이 되고,
세계의 무궁무진한 곡창이 되도록.[11]

이것은 토지개량을 주장하는 토지소유자의 공공연한 이데올로기로서, 곡물재배와 곡물수출이 증가한 현실과 매우 정확하게 조응한다. 톰슨의 찬미에는 어떤 다른 생각도 개입할 여지가 없어 보인다.

행복한 영국…
… 그대의 계곡에는
황금빛 파도가 출렁이고, 그대의 산에는
무수한 양들이 운다. 산허리에는
검게 물들어 가는 소들이 무리지어 활발하게 움직이며 울고,
산자락에는 풀 베는 사람의 낫질에도 굴하지 않은
목초들이 붉게 타오른다. 그대 별장의 빛은
모든 곳을 비추며, 그대의 국토는 부로 가득 찼다.
그리고 지주는, 피곤함도 잊고 즐겁게 일하는 백성들에게
피할 수 없는 노동이 부를 가져다줄 것을 보증한다.[12]

---

10) 같은 책, "Castle of Indolence", II, xxvii, 288.
11) 같은 책, "Spring", 67행과 74~7행.
12) 같은 책, "Summer", 1442행과 1448~56행. 106n 참조.

개정판에서 "피할 수 없는"(*certain*) 노동은 "보호되는"(*guarded*) 노동으로 바뀌었지만, 어떤 경우든 "부의 분배"를 보증하는 것은 기존의 사회질서이다. 개량을 주장하는 어떤 농업전문가도 이런 분배가 실제로 이루어진 사례를 보고한 바 없었다. 그러나 그것은 많은 사람들이 기대하는 바였다. 시는 이러한 질서의 중심이다. 시는 인류의 보물인데, 시가 없다면 "시의 도움을 받지 못한 인간"은 야만인이 되어버릴 것이다. 시가 없다면,

> 탁월한 도덕성도, 사회적 행복도,
> 법률도, 인간에겐 없을 것이다. 지주도,
> 밭을 가는 백성도, 굳은살이 박인 직인의 손도,
> 재빠른 하인도, 상인도 없을 것이다.13)

골드스미스가 오번 마을 사람들이 추방되자 시도 함께 추방되는 것을 보는 장면에서 우리는 이 구절을 떠올릴 필요가 있을 것이다. 그러나 기존 사회체제에 대한 톰슨의 아첨은 너무도 어색하고 시가 불평등한 소유관계를 유지하는 데 기여한다는 사실은 너무도 명백하므로, 아무리 톰슨이라 해도 생각을 달리하게 되었다. 그는 1727년에서 1744년 사이에 위의 시행들을 다음과 같이 수정하였다.

> … 탁월한 도덕성도, 혹은 사회적 행복도,
> 법률이라는 보호자도, 인간에겐 없을 것이다. 밭을 가는 다양한
> 기술도, 혹은 도구를 사용하는 기술도 없을 것이다.14)

이렇게 해서 기술은 현실적 사회관계로부터 추상화되었는데, 이는 시인의 불안감을 보여 준다. 곡물의 수확 장면에서

---

13) 같은 책, "Summer", 119n.

14) 같은 책, "Summer", 1764~7행.

주인은 뒤쪽에서 걸어가며 곡물다발을 쌓아 올린다.
만족한 눈으로 여기저기를 두리번거리면서
즐거운 마음이 곡물처럼 쌓여가는 것을 느낀다.[15]

그러나 포프의 도덕 서한시에서처럼 풍요에 대한 자부심은 자선과 결합되어야 한다.

생각하라, 오오! 감사하는 마음으로 생각하라.
수확의 신이 그대에게 얼마나 자비로운지를.
그대의 불행한 동료들이 하늘을 나는 새처럼
그대 주위를 맴돌며 구차하게 자기 몫을 구걸하는 동안,
수확의 신은 그대의 밭에 풍요를 베풀었으니.[16]

이 "동료들," 즉 가난한 자들은 질서와 풍요를 찬양하는 시에서는 배제되었던 요소였다. 이 요소를 점점 더 인정하게 되면서 감정의 구조는 변화하였다. 톰슨은 나아가 '가난한 자들'이 단순히 자선의 대상이나 경제적인 부담일 뿐 아니라 부의 현실적 생산자이기도 하다는 비교적 새로운 인식 — 교양 있는 상류층은 18세기에 그것을 '발견'한다 — 에 도달하기까지 한다.

그러니 주인들이여,
그대들을 우아하고 편안하게 쉬게 해 주는
거친 노동의 손을 잊지 말아야 한다.[17]

물론 톰슨은 이처럼 다양한 태도들을 하나로 종합하거나 그것들 간의 모순을 문제 삼지는 않는다. 그러나 중요한 것은 바로 이 시기에 이르러 우

15) 같은 책, "Autumn", 162~4행.
16) 같은 책, "Autumn", 169~74행.
17) 같은 책, "Autumn", 350~52행.

리가 이후의 시골 관련 저술을 지배하게 되는 우울하고 신중한 현실도피의 어조를 듣게 된다는 사실, 그리고 그 어조의 가장 주목할 만한 예가 톰슨이라는 사실이다.

다음과 같은 대목이 보여 주는 낭만적 경향은 개량된 시골 — 넓게 개간되어 생산성이 향상된 토지 — 을 찬양하는 것과는 성격이 전혀 다르다. 우리는 마벨에게서 멀리 온 것이다.

> 저기 보이는 한밤중의 숲, 그 황량하고 거대한
> 숲의 한가운데로 들어가고 싶어라 …
> … 그곳이 바로 명상의 장소이니…[18]

혹은 다시 한 번,

> 이렇게 고독하고 사색에 잠긴 모습으로
> 적갈색 목초지와 슬픔에 잠긴 숲을 종종
> 헤매고 싶어라. 그곳에서는 나무꾼의 노동을 위로하는
> 가냘픈 노래조차 들리지 않을 것이니. [19]

바로 여기, 즉 토지개량의 대상이 되기 일쑤인 숲의 한가운데에서, 황량함과 적막함이 시인을 고무한다. 생산이 끝난 늦가을을 노래하는 도중에 느닷없이,

> 황량한 경치가 영혼을 뒤흔든다.
> 그가 온다! 그가 온다! 불어오는 바람마다
> 철학적 '우울'의 힘이 실려 온다. [20]

---

18) 같은 책, "Summer", 516~17과 522행.

19) 같은 책, "Autumn", 970~73행.

20) 같은 책, "Autumn", 1003~5.

과장된 표현이긴 해도 이것은 결정적 순간이다. 지금껏 사회질서나 법과 풍요의 승리로 표현되던 자연이 이제는 하나의 대안적 질서로 간주되고 있는 것이다. 고독하고 예언적인

여명의 숲과 환상 같은 계곡들[21)]

은 인간이 존재하지 않는 장소이지만, 인간에 대한 사랑을 품고 있는 자연이기도 하다. 이러한 변화가 완성되는 것은 반세기가 지나서의 일이지만, 톰슨이 각별하게 중요한 이유는 《사계》가 '자연'을 보는 두 시각, 시골과 토지에 대한 두 태도를 동시에 보여 주기 때문이다.

그렇다면 진정한 문제는 변화의 변증법이다. 《사계》보다 훨씬 뒤에 나온 쿠퍼의 〈야들리 참나무〉(1791)는 수령(樹齡)이 수백 년이 넘어 속이 빈 채 썩어가는 참나무를 보면서 역사와 운명의 무상함을 전통적인 방식으로 우울하게 성찰하는 것을 주요 내용으로 한다. 그러나 시의 중간에 나오는 성찰은 당시 많은 사람들이 경험하고 있던 변화의 변증법을 포착하고 있는 것으로 보인다.

자연이 자아내는 실들은,
자연의 가장 조잡한 작품들에서도 섬세하고,
인간의 생각을 넘어서며,
바깥으로부터의 자극에 기뻐하고,
소모되면서도 그 자극의 힘을 견디네.
결국 잦은 충격으로 끊어지더라도
실의 소멸은 최상의 소리를 위한 것이라.[22)]

활발하고 생산적인 활동 속에서 소멸을 보는 이 감각은 정확하다.

---

21) 같은 책, "Autumn", 1031행.

22) "Yardley Oak", 80~85행. *The Late Augustans: Longer Poems of the Later Eighteenth Century*, ed. D. Davie(London, 1958), 95.

2

그렇다면 우리는 성찰에서 회고로 넘어가는 과정의 두 국면을 구별해야 한다. 첫 번째 국면에 해당하는 시들은 시골을 배경으로 하여 (그 시들의 특징적 용어를 빌리면) 소박하고 가치 있는 사람들을 찬양하면서, 도시와 궁정의 부와 야심에 시골을 비교적 의식적으로 대조한다. 두 번째 국면의 시들은 첫 번째 국면의 시들이 보여 준 시골과 도시의 윤리적 대조(여기서 시골과 도시는 말하자면 일정한 분위기나 개성적인 풍토를 대표한다)를 역사적 대조(여기서 미덕은 이미 소멸한 옛 시골 생활에 존재했던 과거지사가 된다)로 발전시킨다.

물론 첫 번째 부류의 시들은 오랜 전통을 가지고 있다. 그러나 예컨대 시골 향신에게서 미덕을 발견하는 벤 존슨의 〈로스 경〉과, 센스턴[23]의 〈여교사〉(1748)나 그레이의 〈어느 시골 묘지에서 쓴 비가〉(1750) 사이에서 우리는 명백한 사회적 변화를 감지할 수 있다. 어떤 의미에서 보면 이 변화는 단지 사회적 공감대가 넓어졌음을 의미할 뿐이지만, 흥미로운 것은 이와 함께 시의 어조도 근본적으로 변화한다는 사실이다. 이후의 시들에서는 뿌리 깊은 우울의 분위기가 감도는 데 반해, 이전 시대의 시들은 이와는 대조적으로 소박한 상황을 찬미하면서 안주의 감각을, 심지어는 만족감이나 자족감을 보여 주었던 것이다. 예컨대 헤릭의 〈감사의 기도〉(1647)를 보자.

> 주께서는 제게
> 거처를 주셨습니다.
> 소박한 지붕이 비바람을
> 막아 주는 조그만 집을…
> … 현관은 제 운명처럼 나지막하고

23) (역주) William Shenstone(1714~1763): 영국의 시인.

장중함이라고는 찾아 볼 수 없지만,
그러나 저희 집의 문지방은
가난한 사람들의 출입으로 닳았습니다.

우연하게도 나는 이 시를 어린 시절, 아마도 헤릭의 집보다 더 낮았을 지붕과 현관 밑에서 처음 읽었다. 당시 나는 이 시행들을 머릿속에서 떨쳐버릴 수가 없었고 그것에 대해 분노할 수밖에 없었다. 아버지는 이 시가 실린 《영국 작가와의 시간》이란 책을 집에 가져왔는데, 그 책은 아버지가 청강하던 마을 야간학교의 지정도서였다. 이 시를 암기하는 것이 과제여서 (가치는 그런 식으로 전수되는 것이었다), 아버지는 내게 당신이 제대로 암기하는지 봐달라고 부탁하였다. 나는 시에 나오는 가난한 사람들이 누구인지, 그리고 시인의 상황이 실제로 그처럼 좋지 않다면 그 가난한 사람들은 왜 그렇게 문지방이 닳도록 그곳을 드나드는지 궁금해 하며 시를 읽던 기억이 난다. 이제 나는 당시보다 많은 것을 안다. 이 시에서 시인은 금 세공사의 조카의 입장에서, 그리고 공화정 시대에 생계 수단을 빼앗긴 전직 궁정시인이자 왕당파 성직자의 입장에서, 위를 쳐다보며 자기 처지가 어렵다고 이야기하는 것이다. 일반 대중의 빈곤은 그와는 비교도 할 수 없는, 그야말로 차원이 다른 것이었는데도 말이다. 그러나 내가 화가 났던 것은 그 때문이 아니었다. 나의 분노는 자신을 현관보다 더 낮추고 그러한 자신을 즐기는 자기비하의 유희 때문이었다. 이 시를 반복해서 읽는 지금도 시인이

조그만 집, 소박한 지붕

하며 엄살을 부리는 소리가 들리는 듯하다. 그러나 어쨌든 지붕이 비바람을 막아주었으니 그는 운이 좋은 사람이었다. 우리 마을의 몇몇 가족들도 이 시에서처럼 엄살을 부리곤 했는데, 마을 사람들은 대개 그런 가족들을 경멸하였다. 그들은 마을 주변에 자선행사나 종교행사가 열릴

때면 이처럼 의식적으로 자신을 비하하곤 했다. 이 시는 내 머릿속에서 곧장 (대중적 기도문에 나오는 — 역자) 다음의 구절과 연결되었다.

> 향사 나리와 그의 가족에게 축복을 내려 주시고
> 우리가 제 자리를 지키게 해 주소서.

이후 헤릭의 〈추수용 수레〉를 읽으며 시인이 웨스트멀랜드 백작[24]을 위해 감정을 공공연하게 조작하는 장면을 확인했을 때, 나는 당시의 내가 시 읽는 법을 배운 바는 없었지만 옳았음을 느꼈다. (물론 나는 나중에 케임브리지에서 이 시가 기독교적 덕성과 안주를 보여 주는 전형적 예이기 때문에, 현대와 같은 타락한 진보주의의 시대에는 쉽게 이해될 수 없다는 이야기를 들었다.)

지금 내게 센스턴의 다음과 같은 어조가 더 좋게 들린다고는 말할 수는 없지만—

> 적절한 정도의 부(를 가진 사람 — 역자)가 얼마나 무시되고 있는지를 생각하니
> 마음이 너무도 쓰라리고 비참하구나.[25]

— 어조의 변화는 누구나 느낄 수가 있을 정도로 확연하다. 시대의 추세 때문에 적절한 수준의 자율적 생활이 불가능해졌고, 선량함의 미덕은 "사람 눈에 띄지 않는 쓸쓸한 곳"으로 밀려갈 수밖에 없다는 의식이 분명히 존재하고 있는 것이다.

물론 센스턴은 넓은 토지의 소유주로서, 재산 대부분을 스롭셔와 우

---

24) (역주) 제 2대 웨스트멀랜드 백작인 패인(Mildmay Fane, 1602~1666)은 헤릭의 후원자였다.

25) W. Shenstone, "The School Mistress", 1~2행. *Poetical Works of William Shenstone*, ed. G. Gilfillan(Edinburgh, 1854).

스터셔의 접경지역에 풍경식 정원을 조성하는 데 사용하였다. 그의 정원은 초기 풍경식 정원의 아름다움을 보여 주는 예라고 할 수 있다. 소박성에 대한 그의 견해는 〈전원의 우아함〉의 시적 정서에서 잘 드러난다.

> 부모님이 물려주신 토지에는 더 이상 흥미가 없다,
> 소박하고 성실한 즐거움과는 이제 이별이다—
> 늘 보던 언덕과 계곡의 풍경,
> 시골 가축들, 봄의 산들바람,
> 얽히고설킨 살갈퀴의 자줏빛 꽃,
> 완두꽃 향기 등은,
> 토지를 일구다 갈증이 나서 목을 축이고
> 노동의 빵을 먹는 사람들에게나 주면 된다.[26)]

소박성에 이별을 고하는 바로 이와 같은 의식(意識)이야말로 새로운 감정의 구조의 궁극적 구성요소이다. 그리고 바로 여기, 여교사의 정원을 묘사하는 대목에서 우리에게 친숙한 역사적 개관이 잠깐 등장한다.

> 이 말쑥한 로즈메리 나무는 한때
> 고귀한 귀족의 우아한 정원을 장식했었다.
> 그러다 사람들이 부러워하던 그 정원에서 쫓겨나
> 여기서 가지를 드리우기 좋은 성스러운 피난처를 찾았다.
> 나무의 빛나는 치마는 황금으로 테를 두른 것 같다.
> 나무가 고귀한 곳에서 추방되기 전의
> 오, 축제의 날들이여, 적절한 수준을 지켜 만족스럽던 관습들이여!
> 이제 이 조촐한 집에 소박성이 깃들었으니,
> 로즈메리는 어떤 영주나 귀족과도 함께 살지 않으리라.

스펜서를 모방한 고어체는 물론 이 시가 표현하고자 하는 전통적 감정을

---

26) "Rural Elegance", 같은 책.

장식하는 것이지만, 어쨌든 로즈메리 나무가 감당하기에는 꽤나 부담스러운 문체이다. "오, 축제의 날들이여"(*Oh wassel*[27] *days*)라는 고어체는 문학적 방식을 이용한 회고라는 점에서, 전원의 회고와 문학적 회고의 흥미로운 일치[28]를 정확하게 표현한다. 이러한 일치는 스펜서를 모방한 일련의 시[29]에서 매우 흔하게 볼 수 있는 것인 바, 이후의 시들은 상실된 전원 문화와 상실된 문학 문화의 형식적 동일화를 통해서 이러한 일치를 한층 더 명백하게 표현한다. 그러나 이들이 적극적으로 강조하는 것은 고상한 독립생활인데, 그것은 먼 시골을 배경으로 하고, 과거에 대한 그리움을 간직한 시선을 통해 그려진다. 그레이의 〈비가〉는 묘지를 배경으로 하는 데서 충분히 예상할 수 있듯이

영광의 길은 오직 무덤으로 향할 뿐이다

와 같은 전통적이고 공통적인 시적 장치를 구사하지만, 한편으로는 "가난한 자들의 짧고 소박한 생애"를 시종일관 애매하게 찬미하기도 한다. 찬미가 애매한 이유는

소란한 군중의 더러운 싸움에서 멀리 떨어져,
그들의 성실한 소원은 빗나갈 줄 몰랐고,
차갑고 외딴 인생의 골짜기를 따라
자신들만의 조용한 길을 걸어갔다

---

27) (역주) "wassel"은 "wassail"의 고어로, 크리스마스이브나 12야 등의 축제일에 개최되던 술자리를 뜻한다.

28) (역주) 과거에 존재하던 전원을 고어체로 표현한다는 점에서 전원의 회고와 문학적 회고는 일치한다.

29) (역주) 스펜서를 모방한 18세기 시들 중 대표적 예로는 〈여교사〉 외에도 그레이의 〈비가〉, 골드스미스의 《폐촌》, 로버트 번즈의 〈오막살이농의 토요일 밤〉(*Cotter's Saturday Night*) 등이 있다.

는 식으로 먼 시골의 소박성을 인정하면서도, 그와 동시에 시골의 상황을 자의적으로 추상화한 후 결국 그것의 대립항인 사회를 — 날카로운 항의를 곁들여 — 승인하기 때문이다.

> 그러나 지식은 그들의 눈에 시간의
> 전리품이 가득한 풍요로운 책장을 펼쳐 주지 않았고,
> 냉혹한 가난은 그들의 고귀한 열정을 억눌렀으며,
> 영혼의 순조로운 흐름을 얼어붙게 했다.[30]

"차갑고 외딴 골짜기"를 행운으로 여기는 동시에 "냉혹한 가난"의 중압감을 인식하는 것은 현실적으로 불가능하다. 그러나 우리가 지금 검토하고 있는 감정의 구조에서는 일시적으로나마 소박성의 호소에 내재한 여러 애매한 부분들이 서로 모순적이지 않은 것으로 수용되었다.

이렇게 해서 저 당혹스러운 시, 골드스미스의 《폐촌》(1769)을 이해할 수 있는 가능성이 생겨난다. 일견 《폐촌》의 의미는 자명한 것처럼 보인다. 그것이 그리고 있는 마을 목사와 학교 교사는 센스턴의 인물들을 직접적으로 (그리고 아마도 의식적으로) 계승한 것이다. 목사와 교사는 소박한 행복과 야심적인 사치의 예로 서로 대조된다. 이것은 센스턴에 비해 다소 발전되었긴 하지만, 그래도 우리에게 여전히 친숙한 대조이다. 그러나 까다로운 문제는 행복한 마을과 붕괴한 마을의 사회적 대조가 명료하고 정확하게 이루어진다는 점이다. 내가 말하고자 하는 것은 다음과 같은 구절에서 드러나는 "오, 축제의 날들이여" 식의 임시방편적 제스처가 아니다.

> 영국의 비운이 시작되기 전에는
> 일 루드[31]의 땅이 한 사람을 먹여 살리던 시대가 있었다.[32]

---

30) "Elegy written in a country churchyard", Davie, 앞의 책.

내가 말하려는 것은 당대의 사회 과정을 명확하게 묘사하는 부분이다. 이런 부분으로 인해서 《폐촌》은 소박성과 사치를 정태적으로 대조하는 수준을 넘어서게 된다.

> 그러나 시대는 변해서, 상업에 종사하는 무정한 인간들이
> 토지를 강탈하고 민중을 추방한다.[33]

그러나 이 구절도 역시 우리에게 낯설지는 않으며, 16세기나 17세기 초의 불평과 다를 바 없다 해도 무방할 것이다. 《폐촌》의 새로운 점은 관찰을 의식한다는 것, 다시 말해 명확하고 가시적인 사회적 위치 설정을 의식한다는 것이다. 추방이 행해지는 곳은 "그리운 오번," 다른 곳이 아닌 여기, 바로 여기인 것이다.

그럼에도 골드스미스가 구체적으로 어느 마을을 염두에 두고 있었는지를 확인하는 것은 대단히 어렵다. 어린 시절을 보냈던 아일랜드를 회상하고 있다는 설이 간혹 제기되지만, 그에 대한 반박으로 우리는 1770년(그가 영국에 체재한 지 12년 후)에 그 자신이 다음과 같이 언급한 바 있음을 지적해야 할 것이다.

> 지난 4, 5년 동안 나는 영국의 시골을 여행하면서 내 주장이 옳다는 것을 확인하기 위해 각고의 노력을 기울였다.[34]

그런가 하면 《로이드 이브닝 포스트》(1762)에는 — 이제 그가 필자라는 사실에 대체적인 동의가 이루어진 — 편지가 실려 있다.

---

31) (역주) rood: 토지면적의 단위로서 1/4 에이커에 해당한다.

32) "The Deserted Village", 앞의 책, 57~8행.

33) 같은 책, 63~4행.

34) "Dedication to the Deserted Village", *New Essays by Oliver Goldsmith*, ed. R. S. Crane(Chicago, 1927), 120n.

> 어디를 여행하든, 시골 주민 중 일부가 엄청난 부자가 되는 동안 다른 주민은 비참할 정도의 가난뱅이가 되어가는 장면을 본다. 모두가 평등했던 행복한 상황은 이제 완전히 사라져버렸다… 왕국의 거의 모든 곳에서 근면한 농민은 몰락해버렸다.[35]

더 직접적인 예도 있다. 《퍼블릭 애드버타이저》(1780년 9월 29일자)에서 한 통신원은 골드스미스에게서 전해들은 사건을 기록하고 있는데, 그에 따르면 "서인도에서 돌아 온 대부호" 저택 근처에서 "오두막집이 여러 채 파괴되었다"는 것이다. 짐작건대 이 오두막집들은 상업이 지역으로 무정하게 침투해 들어가던 근거지였을 것이다.

이 사회적 과정은 대저택을 건설하고 그 부속 부지를 조성하기 위하여 실제로 이루어졌던 철거, 추방, 퇴거의 과정이었다. 이것을 가능하게 한 것은 독점이었다.

> 주인 한 사람이 토지 전체를 독점하고 있다.[36]

그 결과

> 빈민 여럿의 생활 기반이었던 토지를
> 거만한 부자 한 사람이 독차지한다.
> 거기에 호수를 파고, 정원을 확장하고,
> 말을 방목하고, 마차를 주차하고, 사냥개들을 사육한다.[37]

나는 앞에서 이런 과정의 초기적 예로 《아카디아》가 집필되었던 — 아마도 "축제의 날들"의 시대에 해당할 — 윌트셔의 허버트 가문 소유 영지를

---

35) 이 글은 "The Revolution in Low Life"라는 제목으로 Crane, 같은 책, 120에 재수록되었다.

36) "The Deserted Village", 39행.

37) 275~8행.

언급한 바 있다.[38] 18세기에는 옥스퍼드셔와 도셋 지방에서 주목할 만한 사례들이 많이 목격되며, 별다른 기록이 남지 않은 소소한 예들도 많았다. 골드스미스는 추방당한 마을 주민들을 따라서 그들이 가능한 대안으로 선택한 곳, 즉 시골의 다른 장소로 간다. 그러나—

> 울타리 없는 공유지의 끝까지 헤매며
> 양들을 풀어 앙상한 풀포기라도 뜯어 먹이려 해도
> 부자들이 울타리 없는 들판까지 죄다 나눠 가진 탓으로
> 황량한 공유지조차 입장불가이다.[39]

—인클로저가 계속 진행 중이다. 그래서 도시로 간다. 그러나

> 도시로 서둘러 간다 해도—그를 기다리는 것은 무엇인가?
> 고작해야 그가 나누어 가질 생각도 할 수 없는 부를 보는 것뿐.[40]

즉 도시로 상징되는 집단생활 자체에서 부와 가난의 극단적 대조를 인식하는 것이다. 그리하여 사람들은 결국 조국을 포기하고

> 지구의 절반이나 떨어져 있는[41]

외국으로 이주한다. 《폐촌》은 이렇게 시야를 확대해 나가면서 실제 역사를 묘사한다.

그러나 우리가 제기할 수밖에 없는 또 다른 의문이 존재한다. 《폐촌》에서 가장 기묘한 부분은 항의와 향수를 결합하고, 그러한 감정들을

---

38) (역주) 이 책 3장 57쪽 이후 참조.

39) 305~8행.

40) 309~10행.

41) 342행.

시의 작법과 의식적·무의식적으로 연관시키는 방식이다. 우선 행복했던 과거의 마을을 환기하는 장면을 보자.

> 그리운 오번이여! 평야에서 가장 사랑스럽던 마을이여!
> 건강과 풍요가 일하는 농부를 격려해 주고,
> 미소 짓는 봄이 가장 먼저 찾아오며,
> 여름에는 꽃들이 떠나기 아쉬워 머뭇거리던 곳. 42)

이 구절에서 흥미로운 점은 목가의 상투적 시구에 의존하고 있다는 것이다. 이 상투적 시구는 그것이 묘사하는 대상에서 역사적으로는 물론이고 문학적으로도 멀리 떨어져 있다.

> 철없이 편안했던 시절의, 정든 아름다운 시골집이여
> 모든 놀이가 재미있었던, 젊은 날의 보금자리여. 43)

이러한 구절은 유년의 기억과 마을의 기억을 결합하는 데서 그치지 않는다. 이러한 회상 방식이 진행되는 가운데 실제의 대상들은 자의식적 시작(詩作) 행위 속에서 용해되어 버리는 것처럼 보인다.

> 이 모든 아름다운 광경 앞에 나는 얼마나 자주 멈춰 섰던가,
> 아늑한 오두막, 경작된 밭,
> 그칠 줄 모르는 시냇물, 분주한 방앗간,
> 가까운 언덕 위에 품위 있는 모습으로 서 있던 교회,
> 노인들의 대화와 연인들의 밀어를 위해 만들어둔
> 그늘 밑 자리가 있는, 산사나무 수풀. 44)

---

42) 1~4행.
43) 5~6행.
44) 9~14행.

아마도 이런 작업을 수행하는 것은 산사나무 수풀일 것이다. 그 결과 우리는 어린 아이의 시선의 교정되지 않은 척도를 택하거나, 아니면 기존의 문학 기법을 애매하면서도 기계적으로 반복할 수밖에 없게 된다. 이런 양식 속에서 마을에 거주하는 사람들은 목가에 나오는 인물이 된다.

> 마을 사람 모두는 노동에서 해방되어
> 우거진 나무 아래에서 놀았다.[45]

여전히, 톰슨의 시에서와 마찬가지로, 산사나무 아래에서!

> 그리운 마을이여! 이러한 놀이가 그대의 매력이었고,
> 즐겁게 이어지는 놀이는 노동조차 즐겁게 해 주었다.[46]

그러나 실제로 즐겁게 이어진 것은 일련의 문학적 회상, 즉 타인의 생활과 노동을 과거의 이미지 속으로 용해시키는 작업이었다.

그렇다면 이것이 《폐촌》의 숨은 아이러니이며, '시'의 추방의 진정한 의미이다.[47] 왜냐하면 이 시의 실제적인 정서적 움직임 속에서는 마을 생활뿐 아니라,

> 퉁명스러운 문지기가 험악한 표정으로 문간에 지켜 서서
> 적선을 애걸하는 굶주린 이들을 내쫓는 일은 없는[48]

---

45) 17~18행.

46) 31~2행.

47) (역주) 《폐촌》은 저자가 뒤에 논하는 것처럼 사회적 변동으로 마을에서 '시'가 추방되는 장면을 보여 준다. 그러나 실제로 '시'의 추방은 애매한 이미지로 현실적 모순을 은폐하는 시인 자신에 의해 이루어진다는 것이 이 시의 숨은 아이러니이다.

48) 105~6행.

그곳(여기서 우리는 커루의 기묘한 반향을 듣는다)에서 은퇴 생활을 하기를 희망했던 시인의 독립성 또한 문제가 되기 때문이다. 그러나 좌절되는 것은

여기로 돌아와 고향에서 마지막 숨을 거두리라는
과거 오랫동안 품어 왔던 고뇌[49]

에 찬—그리고 우리가 얼마든지 이해할 수 있는—희망만이 아니다. 마을 사람을 추방하는 것으로 묘사되는 사회적 힘은 그와 동시에 시도 추방하는 것이다. (아이러니하게도, 톰슨이 노래한 재산소유자의 풍요로운 체제에서는 시가 중심적 위치를 차지하고 있었음을 우리는 기억한다.)

그대, 아름다운 시여, 가장 사랑스러운 여인이여,
육체적 쾌락이 침입하는 이곳을 그대가 역시 가장 먼저 떠나는구나.
그대는 이 퇴폐한 수치의 시대에는
사람을 감동시키거나 정직한 명성을 얻을 수 없네.
무시되고 부정되는 그대 매력적인 요정이여,
군중 속에서 내가 느끼는 치욕이여, 내 고독한 자부심이여.
내 모든 행복과 고뇌의 근원인 그대여,
그대를 처음 알게 되었을 때와 마찬가지로 지금도 나는 가난하네.[50]

마을의 사회사가 문제의 전부일 뿐이라면, 시가 이처럼 마을 주민과 함께 추방되는 것은 분명히 이상하다. 그러나 시적 풍경은 절박한 개인적 상황—시인은 독립적으로 생계를 해결하는 데 실패하고, 시인이 대변하고자 하는 인류 전체는 조악하고 무정한 신흥 부자들의 체제에 의해 파괴되고 추방되는—에서 확장되어, 시인과 비슷한 치욕을 당하고 있

49) 95~6행.
50) 407~14행.

는 마을을 보여 준다. 앞에서 이미 인용한 바 있는, 마을 주민들이 토지를 박탈당하고 추방되는 장면이 통렬하게 묘사된다. 그리고 장면 하나하나마다 관련된 개개의 사실들이 각기 분명한 모습으로 그려진다. 그러나 토지 박탈과 추방에는 이와는 별개의 가공 과정이 또한 더해진다. 나는 다른 곳[51]에서 기싱과 오웰을 분석하면서, 이런 과정을 소극적 동일시(*negative identification*)라 부른 바 있다. 소극적 동일시는 작가가 자기 고유의 사회적 상황에서 겪는 경험과 고통을 그와 무관한 사회사적 사실과 동일시하는 것을 지칭한다. 그렇다고 해서 그 때문에 작가가 사회사의 현실을 볼 수 없게 되는 것은 아니다. 소극적 동일시를 하면서도 사회사의 현실을 하나의 현재적 사실로 특별히 민감하게 느끼는 경우는 얼마든지 가능하다. 그러나 자신의 고통을 자신과 무관한 사회 집단의 고통과 동일시하는 것은 결국 소극적인 의미를 지닐 수밖에 없다. 작가는 소극적 동일시 속에서 현재를 정확하고 강력하게 포착할 수 있을지언정, 현재와 과거와 미래의 진정한 관계에는 접근할 수 없다. 왜냐하면 작품의 주요한 발전이 사회적인 발전이 아니라 작가 자신의 발전이기 때문이다. 그리하여 관찰된 현재는, 교차(*intersection*)라 불러 마땅할 방법에 의해서, 과거에 대한 감정과 미래에 대한 관념에 뒤섞인다. 골드스미스가 마을에서 추방된 사람들에게 따뜻한 감정을 느낀다는 것을 의심할 필요는 없다. 골드스미스와 마을 사람의 감정적 유대는 확실하다. 시가 구조상으로 애매해지는 것은 감정적 유대가 기억과 상상력으로 확장되는 경우뿐이다. 왜냐하면 그럴 경우 작가 자신의 사회사라는 별개의 압력이 시의 언어와 관념을 주도하게 되기 때문이다. 그리하여 목사와 학교 교사에 대한 예의 회고적 초상은, 독립성과 공동체성이 실재하는 생활양식 전체를 배경으로 자기 고유의 위치에서 독립적인 생활을 하며 존경을 받던, 그런 사람들에 대한 시인 나름의 초상이다. 부와 유행은 이

---

51) (역주) Raymond Williams, *Culture and Society 1780 ~1950* (London, 1958)를 말한다.

독립적인 힘 — 이는 곧 시인 자신의 힘이기도 하다 — 에 침입하여 치명적 결과를 낳는다. 그러나 아이러니하게도 시인이 된다는 것은 목가 시인이 되는 것이며, 골드스미스가 이해하는 한 시를 가능하게 하는 사회적 조건은 이상화된 목가적 경제이다. 하나가 파괴되면 다른 하나도 파괴된다. 혹은 하나의 파괴는 다른 하나의 파괴를 상징한다. 이렇게 해서 마을 자체가 목가적이고 시적인 양상을 띠게 되고, 마을의 토지가 팔려 나가는 것은 부와 사치의 일반적 악덕 때문이라는 결론이 나온다. 이런 논리에서는 옛날의 마을이 행복한 동시에 생산적이었던 반면, 새로운 상황은 불행한 동시에 비생산적이라는 사실이 매우 중요하다.

> 주인 한 사람이 토지 전체를 독점하고 있다.
> 미소 짓던 그대의 들판은 수확의 절반을 바치느라 울상이다.
> 거울 같던 시냇물은 더 이상 하늘을 비추지 않고
> 잡초로 숨이 막힌 채 흘러간다.
> 숲 속 빈터에는 외로운 방문객인 해오라기 한 마리가
> 힘없이 울며 둥지를 지킨다.
> 황량한 샛길에는 물떼새가 날며
> 단조로운 목소리로 울어 메아리도 지치게 만든다.[52)]

사회 과정이 실제로 이러했다면 이야기는 정말 간단할 것이다. 그러나 실제 역사 — 오랜 사회관계가 파괴되는 것과 함께 토지 이용이 증가하고 토지의 비옥화가 진행되던 — 는 상상적 과정 — 목가적 질서가 파괴될 때 들판은 "울상이고", 시냇물은 "숨이 막"히고, 해오라기의 울음은 "힘없"고, 물떼새의 울음은 "단조로운" — 에 의해 압도된다. 이처럼 "황량한" 풍경의 창조는 사회적 과정이 아니라 상상적 과정이다. 그것은 새로운 질서가 시인에게 영향력을 행사한 결과이지, 토지에게 작용한 현

---

52) 39~46행.

실적 결과가 아니다. “그리운 오번”에 대한 추억은 일종의 특수한 공동체, 특수한 감정, 특수한 시에 대한 추억이다. 그것들은 “상업에 종사하는 무정한 인간들”의 압력 때문에 더 이상 존속할 수 없지만 그렇다고 그 압력을 넘어 새로운 관계와 상상력 속으로 진입할 수도 없다. 오직 역사를 초월하여 방랑하면서

> 예전처럼 그대의 목소리가 시간을 지배하여
> 이 험악한 상황의 혹독함을 이기게 해 주기를[53)]

절박하게 바랄 뿐이다. 그렇기 때문에 《폐촌》의 끝부분에서 다음과 같이 희망적인 교훈을 일러 주는 존재는 추방된 시일 수밖에 없다.

> 사람이 만든 방파제를 대양이 쓸어가 버리듯이,
> 오만한 상업의 제국은 급속히 쇠퇴할 것이다.
> 바위가 파도와 악천후를 너끈히 견디듯이,
> 강력한 독립국은 시간을 이길 것이다.[54)]

이 구절은 이후 낭만적 감정의 구조라고 불리게 되는 것—산업에 맞서 자연을, 상업에 맞서 시를 주장하고, 인간과 공동체 사이를 차단하여 문화 관념을 창출한 다음, 그 문화 관념으로 사회의 현실적 압력에 저항하는—을 이례적일 만큼 명확하게 표현한다. 우리는 블레이크와 워즈워드, 그리고 셸리에게서 골드스미스의 이 구절에 대한 반향을 정확하게 포착할 수 있다.

53) 421~2행.
54) 427~30행.

3

골드스미스와는 달리, 랭혼[55]의 《시골 판사》(1774~1777)는 자신의 시대에 윤리가 필요함을 의식적으로 호소하면서 행복했던 과거를 재구성한다. 《시골 판사》의 궁극적 준거는 색슨 족, 데인 족, 노르만 족이 침입하기 전의 자유롭던 브리튼인데, 이는 '노르만의 멍에'(Norman Yoke) 개념의 변종이다. '노르만의 멍에' 개념은 노르만 족의 정복을 봉건적 소유, 압제, 지주제도의 성립으로 해석하고, 정복 이전 시기 — 특히 알프레드 대왕의 색슨 왕국(849~899) — 를 자유롭고 평등한 농촌 공동체로 해석한다. 랭혼의 경우 자유롭던 선조는 브리튼 족인데, 사실 색슨 족으로 하든 브리튼 족으로 하든 역사적 근거는 어슷비슷하다. 그들 역시 침략자였다는 점에서는 노르만 족과 다를 바 없고, 다만 그 침략이 충분히 먼 과거의 일이라는 점에서만 차이가 있을 뿐이기 때문이다. 그러나 브리튼 족이 대표하는 자유의 관념은 단순히 '역사적'인 것만은 아니다.

> 이런 생각들은 옛 시절의 몽상일 뿐인가?
> 특정한 시대나 풍토에 속했던 것일 뿐인가?
> 자연이 이러한 생각들을 우리에게 부여하고,
> 영혼에 불어 넣고, 심장에 써넣은 것은 아닌가?[56]

여기서 '원시적 자유'의 관념은 '자연은 영원히 자극을 주고 교훈을 준다'는 관념과 결합한다. 이는 루소의 주장과 흡사한데, 이 시는 코르시카의 반란[57]을 통해서 루소를 에둘러 언급한다. 그러나 랭혼은 이러한 이상

---

55) (역주) John Langhorne(1735~1779): 영국의 시인, 성직자.

56) "The Country Justice", Part I, II, 17~20행, Davie, 앞의 책, 71~92.

57) (역주) 15세기부터 제노바의 지배 아래 있던 코르시카는 18세기 들어 독립을 쟁취하기 위해 여러 번 봉기했다. 반란은 1755년에 일시적으로 성공했는데,

을 루소보다 더 구체적으로 구현할 수 있는 예를 찾았으니, 에드워드 3세 시대[58]의 시골 치안판사가 바로 그 사람이다.

> 행운이 함께 한 행복했던 시대,
> 명성이 자자한 에드워드가 상처 입은 국가를 치유하였다 …
> … 사람들이 사회의 법규들을 모욕하지 않게 하고,
> 평화를 사랑하고, 존경심을 기르고,
> 부자가 멋대로 잔학행위를 못하게 하고,
> 가난한 사람과 아픈 사람의 침대를 편하게 해 주는 것 …
> … 이를 위해서 시골 판사는
> 에드워드, 그대의 옛 영광을 자기 집으로 모셔 왔다.[59]

시가 진행됨에 따라 이 전통적인 정의(正義)는 오래된 시골 저택과 동일시된다. 그리하여

> 옛날 저택의 소박한 경내(境內)[60]

는 새로운 풍조를 공격하는 근거가 된다.

> 그대 현대의 원숭이들이여,
> 자연의 얼굴을 조잡하게 장식하는 상인들이여,
> 그대들 앞에 서 있는 이 남성적 건물을 가볍게 보지 말라.
> 그대들이 전혀 알지 못하는 위대한 이유에서 건설된 집이니.[61]

봉기의 지도자는 루소의 조언을 받아들여 민주적 체제를 기반으로 하는 독립국을 수립하였다.

58) (역주) 1327~77년에 해당한다.

59) 같은 책, 31~54행과 그 외 여러 곳.

60) 같은 책, 80행.

61) 같은 책, 61~4행.

상업으로 부를 축적한 부유한 시민과 새로운 악덕의 유행이 소박한 옛 질서를 침탈하고 있는데 (우리는 이러한 이야기를 이미 들은 바 있다), 이러한 현실에 대한 랭혼의 경멸 역시 분명하다.

그대 호화로운 건축가여, 그대의 기묘한 취미는
양식(良識)과 자연의 왕국을 파괴할 것이다.[62]

새로운 인간과 새로운 감정이 옛 시골에 들어오자 전통적 정의에 어두운 그늘이 드리운다.

오 에드워드여, 이제 그대의 아름답기 그지없던 월계수가 시드는구나!
그리고 그대의 오랜 영광이 그늘 속으로 사라지는구나.[63]

방랑하는 제대군인을 가혹하게 다루고 미혼모를 잔인하게 투옥하는 것은 시대가 타락했다는 징후이다. 옛날의 정의와 존경할 만한 인간성은 새로운 시대의 냉혹함이나 엄격함과 대조된다.

이제 랭혼은 더 특수한 사례를 본다. 가난한 노인들을 담당할 책임을 맡은 자들은 노인들을 어떻게 취급하는가.

그러나 그대는 그중에서도 으뜸가는 괴물에 주목할 것이다,
인간의 모습을 한 괴물,
교구의 관리! — 시는 운율을 망가뜨릴 표현을 싫어하지만, 이 말은 해야겠다.
시는 허리를 굽혀 그대에게 명령한다.
교활하고 손버릇 나쁘고 잔인한 교구 민생위원을 비난하라고.
신뢰라고는 모르고, 바위처럼 무정하고, 흙먼지처럼 탐욕스러운

62) 같은 책, 73~4행.
63) 같은 책, 167~8행.

약아빠진 농장주!
가난한 농부가 늙어 쇠약해져
한때 마음대로 부리던 삽에 힘겹게 몸을 기댈 때,
그의 젊은 시절 봉사와 유익한 노동, 정직한 찬사를 다 잊고
저 비천한 인간이 불행한 사람의 옹색한 빵을 강탈하게 해서야 되겠는가?
일찍이 그의 노동은 저 욕구의 노예에게 음식을 조달해 주지 않았던가?
수확기의 뜨거운 태양과 넌더리나는 공기가
쇠약해진 노동의 손에서 낫을 빼앗을 때,
아버지의 빵을 헛되이 기다리는
불쌍한 가족은 누가 먹일 것인가?
어머니가 창백한 얼굴로 슬픔과 걱정이 가득 찬 채 두려움에 떨며
오만한 농장주의 집으로 가고 있는 광경을 보라.
금방 모욕을 당하고 쫓겨날 저 모습을.
교구위원회로 가보거나, 먼 옛날로 돌아가거나,
아니면 — 죽으라는 것이다! 내 시가 가혹한가?
인간을 적대시하는가?
오! 이 슬픈 경험의 탄식을 믿으라.
진실은 가혹하지만, 내 이야기는 공정하다.[64)]

'빈민들'(*paupers*)의 처리에 대한 이와 같은 기술의 정확성을 의심할 이유는 없다. 랭혼은 양치류 밭에서 굶어 죽은 채로 발견된 목동 부부 이야기를 한다. 그는 그것이 현재의 치안판사의 잘못 때문이라고 주장한다.

그대의 훌륭한 부친이 이 넓은 영지를 소유했을 때에는,
슬픈 목소리가 들리면 반드시 조치가 따랐다 …
그는 그들의 문제를 교구의 책임으로 돌리지 않았고,
토지관리인도 자신의 조그만 제국에서 생긴 일을 교구로 떠넘기지 않았다.[65)]

64) 같은 책, Part II, 35~60행.

회고는 일반화되어 우리에게 친숙한 옛날을 회고하는 장면으로 이어진다.

> 모든 계층의 사람들이 잃어버린 지 오래인 시대여!
> 모든 이를 환대했던 황금시대여…
> 재산이 미덕의 하녀였고, 재산의 문이
> 운명의 학대를 피하는 자를 위해 열려 있던 시대.
> 가난한 자에게는 언제나 자연스레 보호자가 나섰고,
> 입법자들은 법률의 보조에 지나지 않던 시대!
> 그런 시대는 가버렸고, '유행'의 무한한 지배가
> 보호자인 치안판사를 데리고 가 버려…
> 이제 '시골의 보호자'는 더 이상 볼 수 없다.[66]

이렇게 해서 우리는 펜즈허스트와 색스엄으로 다시 돌아온다. 그 저택의 후계자들은 죄다 도시나 브라이튼[67]으로 가버렸다. 지주가 사라지면, 남은 사람들 중 누가 공정하고 인간적일 것인가? 흉포한 토지관리인과 위선적으로 찬송가나 흥얼거리는 비루한 교구위원뿐이다.

랭혼의 분노는 그의 관대한 마음을 드러내지만, 그러나 그가 그리는 사회의 모습은 기묘하다. 랭혼은 가정교사를 거쳐 성직자 생활을 하다가 토지를 소유한 가문의 딸과 결혼하여 서머셋 지방의 치안판사가 되었다. 그는 사라진 시골 전통은 인간적이고, 당대의 사회 변화의 수행자들은 비인간적이라고 본다. 그렇기 때문에 그의 시에서 굶어 죽은 목동의 가축을

> 설명할 길 없는 황금의 유혹에 이끌려[68]

---

65) 같은 책, 95~6행, 99~100행.

66) 같은 책, 123~34행과 그 외 여러 곳.

67) (역주) Brighton: 영국의 유명한 해변 휴양지.

68) 같은 책, 115행.

몰수하는 자는 지주가 아니라, 그의 토지관리인이다. 그런 토지관리인이나 사회 변화의 수행자들은 당연히 실제로 존재하였다. 그러나 그들을 그들이 복무하던 사회적 변화 과정과 그 변화를 주도하던 독점적 토지소유자들(랭혼도 독점지주들이 변화를 주도함을 인식했다)에게서 분리하는 것은 안일한 처사이다. 그것은 마치 제아무리 자비로운 성품을 가진 인간이라도 자신과 직접 연결되어 있는 계급이 비참한 현실을 초래한 진정한 원인이라는 사실은 인정하지 못하는 형국과 같다고 하겠다. 그는 독점적 토지소유 계급의 과거를 이상화하거나, 아니면 현재의 마을에는 독점적 토지소유 계급이 떠나고 새로운 인간들이 몰려 온 것으로 설명할 수밖에 없다.

부재지주들은 당연히 존재하였다. 그리고 자신들이 뭐라 말하건, 부재지주들은 그들이 직접 수행하거나 아니면 대리인을 시켜 대신 수행하는 작업의 실제 내용을 언제나 알고 있었다. 그러나 부재지주 계급이나 농촌으로 이주한 상인 계급을 따로 떼어내어 토지 독점과 인클로저를 추동한 세력으로, 그리고 그것이 미친 참혹한 사회적 결과의 원인으로 지목해서는 안 된다. 영국 농촌의 현실적 변화 과정은 농촌에 거주하며 상업적 활동에 활발하게 종사하던 토지소유자들의 확고한 주도 하에 진행되었다. 그리고 농촌 변화의 진정한 원인은 발전하고 있던 농업자본주의체제였다. 농업자본주의는 — 자본주의의 역사가 줄곧 그러했듯이 — 인간과 자연을 지배적 목적에 복무하는 도구로 만듦으로써 환경을 대단히 극적이고 생산적인 방식으로 변화시키는 데 성공하였다.

자본주의는 이런 의미에서 언제나 애매한 과정이었다. 자본주의는 현실적으로 부를 증가시키면서도 그것을 불균등하게 분배하였다. 그리고 인구를 증가시키고 다수의 생존을 가능하게 하면서도, 인간을 생산자와 소비자로만 보기 때문에 인간이 그러한 추상적 역할을 맡지 않으면 사회에 대하여 어떠한 실질적 요구도 할 수 없게 만들었다. 그렇기 때문에 토지의 이례적인 개량과 그것의 사회적 결과 — 토지를 박탈당한 사람, 부랑자, 노인, 병자, 장애인, 자녀를 부양하는 여성, 어린이들 — 는 대조적인 모습으로 계속해서 존재해 왔다. 이들은 이러한 사회적 조건 속에서 일할 능력이 없었기 때문에 그저 부정적 존재이자 원치 않는 부담으로 간주될 뿐이었다. 성공적인 생산이 인간에게 이처럼 부정적인 결과를 초래한다는 역설을 이해하면 자본주의 자체의 내적 성격을 꿰뚫어 볼 수 있게 될 것이다. 그러나 랭혼 같은 사람에게는 체제가 초래한 결과를 체제 자체와 분리하고, 그리하여 실제로는 사회경제적 발전의 결과인 것을 사회가 타락한 탓으로 돌리는 편이 더 쉬웠다.

새로운 사회 체제가 성공을 거듭하여 더 넓은 지역으로 침투하고 더 노골적으로 공격적인 성격을 보이게 됨에 따라, 일종의 회고적 애도를 위한 지역적 거점이 생겨날 가능성 또한 당연히 커져갔다. 실제로 사람들은 이런 저런 장소들 속에서 여러 생활방식들과 여러 시대들을 떠올릴 수 있었다. 그러나 체제의 전반적 모순이 가해오는 압력 하에서 현실에 충실하던 국부적 관찰은 개괄적 역사로 변했고, 이후 하나의 신화가 되었다. 세상을 변화시키는 과정에서 자신들도 변화시켰던 영국의 토지소유 계급은 신화 속에서 이상화되어, 자신들의 실제 활동과 대조를 이루는 역사적 존재로 변모하였다. 이렇게 되자 토지소유 계급에 의존하여 그들과 관련된 일을 하며 살던 사람들은 토지소유 계급의 비인간성에 실제로 둘러싸여 살면서도 그것을 인식하는 데 어려움을 겪을 수밖에 없었다. 그리고 대다수 빈민과 피억압자들은 그들의 일상적 경험인 (토지소유자의 비인간성에 대한 — 역자) 인식을 명확하게 표현해 줄 대변자가 없었다. 이렇게 해서 인간적 충동은 사회와 분리되었다. 인간적 충동은 이제 결정적인 사회적 사건이 있은 후에 표명되는 연민과 동정으로 대체되었다. 지배계급의 실상을 문제 삼는 것이 불가능하였으므로, 지배계급은 과거에는 존재했으되 지금은 일시적으로 부재하는 존재로 간주되었다. 혹은 옛날의 지배계급은 선량했지만 그들의 자리를 새로운 악당(실제로 이들은 옛 지배계급과 같은 부류들일 뿐이지만)이 차지했다는 식으로 이해되었다. 우리는 몇 세기 동안이나 이런 서글픈 노래를 들어 왔다. 늙어 죽을 때까지 항의 대신 회고나 하게 만드는 매혹적인 노래를.

옛 치안판사에 대한 랭혼의 상상, 그리고 새로운 치안판사와의 대조는 과거의 시골을 보는 이 시대의 특징적 관점 전체의 주요 구성요소이다. 앞에서 보았듯이 랭혼은 처음에는 옛 치안판사가 한 세대 전 인물이라 했다가 나중에는 여러 세대 전으로 거슬러 올라간다. 이처럼 애매한 시대 이동은 이후 시골에 관한 논의 전체에서 일상적인 것이 된다.

그러나 당분간은 시대를 거슬러 올라가는 것에 동의하도록 하자. 우리가 튜더 왕조 시대(1485~1603년 — 역자) 구빈법의 온정주의라고 불러온 것은 실제로는 언제나 이른바 '부랑생활'에 대한 공격과 연결되어 있었다. 구빈법의 이러한 이중성은 농촌자본주의가 하나의 사회 체제로 출현하게 된 과정의 특징을 보여 준다. 물자가 귀했던 중세 경제에서 빈곤은 기아, 질병, 역병 같은 자연적인 것으로 보이는 재난의 결과로 간주될 수 있었다. 그래서, 적어도 이론적으로는, 빈곤에 대한 반응은 자연적인 자선이었다. 자연적인 자선은 자연 속에 존재하는 인간이라면 누구나 포괄하는 것이었다. 또한 당시에 지배적이던 종교적 관점에서 보면 인간에 대한 일반적 의무는 신에 대한 의무의 일부였다. 물론 현실은 매우 달랐다. 일정한 수준의 빈곤은 정상적 질서의 일부였고, 이례적 빈곤은 무상으로 구제받는 행운을 기대해야 했다. 그러나 물자가 부족하던 경제가 변화하고 봉건제 후기 사회가 역동적으로 와해되는 과정에서 새로운 이데올로기가 명확하게 모습을 드러내었다. 새로운 이데올로기는 — 강제적 구빈세, 빈곤의 유형별 분류, 빈곤층을 처리하는 새로운 관리기구 등과 같은 관념이 16세기에 새로 출현한 사실에서 확인할 수 있듯이 — 빈곤에 대한 사회의 반응을 순식간에 변화시켰다. 그와 동시에 이러한 관념과 동전의 양면 관계에 있다고 할 수 있는 변화가 일어났다. 즉 새로운 이데올로기는 새로운 방식으로 빈곤을 노동과 연결함으로써 '부랑생활' — 이것 자체도 사회적 혼란과 주민이동의 결과이지만

—에 대한 공격을 하나의 도덕적 의무로 만들었다. 자선금 모금인과 토지관리인은 처음부터 이러한 이중적 기능을 수행하였다. 즉, 빈민구제 사업을 조직하는 한편, 집과 토지를 잃은 사람에게 노동을 강제하기도 하였다. 이러한 체제가 항구적으로 직면했던 가장 큰 문제는 자연적으로 발생하게 마련인 주민이동을 어떻게 처리하는가 하는 것이었다. 부랑생활을 금지하는 각종 법률들 대부분의 실제 목표는 토지가 없는 사람들을 새로운 경제 조직 속에 편입시켜 임금 노동에 종사하도록 강제하는 것이었다. 그러나 소교구 단위로 조직된 구제 기구들은 자신의 가족과 이웃(이라고는 해도 결국은 가족만을 의미하는 것이지만)을 돌보는 것이 인간의 의무라는 주장으로 이를 합리화하였다. 이렇게 해서 처음에는 정착의 관념이, 그리고 나중에는 자식을 돌본다는 관념이, 부랑생활, 떠돌아다니는 '골수 건달,' 자유로운 노동자 등의 관념과 대립하게 되었다.

이러한 대조는 장기간 지속된 가치의 위기 과정 속에서도 살아남았다. 요즘도 우리는 정착해서 사람들과 이웃해 사는 것이 마치 현실적으로 가능한 공동체의 유일한 형태이기라도 한 것처럼 이상화하는 소리를 흔히 들을 수 있다. 그리하여 20세기 중반에 T. S. 엘리엇은 기독교 사회의 이념을 정의하는 자리에서 "전체적으로 볼 때 대다수 인간들이 자신이 태어난 곳에서 계속해 사는 경우가 가장 바람직한 것 같다"[69] 고 말할 수 있었다. (물론 한 장소에서 다른 장소로 이주한 정도가 아니라 아예 한 대륙에서 다른 대륙으로 이주했던 엘리엇 자신은 "대다수 인간들"에 포함되지 않는다.)

그럼에도 불구하고, 정착의 관념을 중심으로 해서 현실적인 의미를 갖는 일정한 가치 구조가 발전하였다. 그 구조는 마음 깊은 곳에 지속적으로 존재하는 많은 감정들에 기초한다. 성장의 시기를 함께 보낸 사람들에 느끼는 유대감, 처음 생활했던 장소, 처음 바라보는 것을 배웠던

---

69) T. S. Eliot, *Notes towards the Definition of Culture* (London, 1948), 52.

풍경에 대한 애착이 그것이다. 나는 나 자신의 경험으로 이런 감정들을 즉시 안다. 내가 꿈에서 보는 유일한 풍경은 내가 태어난 블랙마운틴 마을이다. 그곳에 돌아갈 때면 나는 어떤 특별한 종류의 삶이 회복되는 것을 느낀다. 그것은 때로는 다른 어느 곳에서 느끼는 것보다도 강력한 유대감, 피할 수 없는 동질감과 같은 것으로 다가온다. 나 말고 다른 많은 사람들도 고향에서 이런 감정을 느낀다. 따라서 정착의 관념은 그것이 새로운 종류의 관념이든 오래된 관념이든 명백하고 의문의 여지가 없는 것이다. 그러나 많은 사람들의 문제는 언제나 자신이 지금 있는 곳에서 어떻게 하면 계속 살아갈 수 있는가 하는 것이었다. 나는 역시 개인적 경험으로 이를 안다. 그것은 내가 교육을 받기 위해 이주를 하고 특수한 직업에 종사해야 했기 때문이기도 하지만, 내가 태어난 고장 전체에서 인구가 꾸준히, 그리고 끔찍할 정도로 줄고 있기 때문이기도 하다. 고향에서는 생계유지가 되지 않는 것이다. 정착을 이상화하는 소리를 들을 때면 나는 굳이 내가 느꼈던 최초의 감정을 떠올리지 않아도 된다. 그들이 말하는 이웃의 의미가 무엇인지, 헤어짐과 떠남이 무엇을 의미하는지를 이미 잘 알고 있기 때문이다. 그러나 나는 사람들이 왜 떠나야만 했는지, 나 자신의 가족들 중 왜 그처럼 많은 사람들이 떠나야만 했는지도 잘 안다. 그렇기 때문에 나는 통상적인 문학사에서 볼 수 있는 '정착의 이상화'가 실은 많은 사람들의 욕구를 오만하게 무시하는 것임을 인식한다. 그중에서도 특히 옛날의 구빈법을 이상화하는 것 — 랭혼의 경우이건 20세기 작가들의 경우이건 — 은 대단히 큰 잘못이라고 생각한다. 내가 보기에 그 잘못은 너무도 커서 그것이 관습적으로 표현하는 인간적 감정의 진정성까지 인정할 수 없게 한다. 그러나 나는 독점적 고용, 혹은 독점에 가까운 고용을 경험해 보지 못한 사람이라면 이기적인 온정주의의 이데올로기를 꿰뚫어 보기가 힘들 수밖에 없다는 사실도 알고 있다. 정착은 일정한 자립 능력을 갖춘 사람에게는 매우 쉽고, 적극적으로 환영할 만한 것이다. 그러나 그런 능력이 없는 사람들 — 새로운 생산양식이 변화를 강요하는 상황에서는 대다수가 이런 처지에 놓인다—에게 정착은 감옥이 될 수 있다. 이들에게 정착은 가혹한 상황을 강요받으며 오랫동안 낙담과 절망의 나날을 보내는 생활을 의미할 수 있다. 정착 관련 법률들의 주안점은 바로 인간에 대한 이처럼 가혹하고 무자비한 지배를 유지하는 것이었다. 이러한 인간 관리의 성격은 봉건시대의 농노 지배로부터 구빈법이라는 더욱 복잡한 기제에 이르기까지 명백하게 드러난다. 그렇다면 이제 우리는 흔히 도덕적 경제라고 이상화하는 것의 진정한 의미를 분명하게 읽을 수 있다. 너에게는 지금 있는 곳이 잘 맞으니, 밖으로 나가면 괴로운 일이 생길 것이다. 1662년에 제정된 새로운 정착 관련 법률의 전문(前文)은 말한다.

> 법률이 다소 미비했기 때문에 빈민들의 교구간 이동이 억제되지 않았다. 그 결과 빈민들은 가장 좋은 가축이 있고, 오두막을 짓기 좋은 넓은 공유지나 황무지가 있고, 숲이 우거져 땔감을 쉽게 구할 수 있는, 그런 교구들에 정착하려고 애를 쓰고 있는 실정이다.

이전에도 생계를 위해 이동하는 사람들을 억제하려는 많은 시도들이 있었다. 14세기 이래 어떤 하인이나 노동자라도 자신의 교구를 떠나려면 허가를 받아야 하는 제도가 존속했다. 그들이 진짜 '자유로운 사람'임을 보이기 위해서는 고용주가 발급한 증명서가 필요했는가 하면, '노동자 법령'과 '하인 고용시장'[70] 같은 관리 기구도 있었다. 인간을 노동력으로 관리하는 이와 같은 시도들이 여러 다양한 단계를 거치면서, 당초 자연스러운 인간애의 감정을 어느 정도 포함하고 있던 빈민구제의 성격은 심하게 훼손되었다. 우리가 이렇게 말할 수 있는 이유는 17세기 중반에서 18세기 후반까지 농업은 괄목할 만한 발전을 이룩했지만, 노동자들의

---

70) (역주) hiring-fairs: 중세부터 20세기 초까지 지속되었던 영국의 전통적 고용시장. 정기적으로 다양한 종류의 고용주와 구직 희망자들이 특정 장소에 모여 주로 1년 단위의 고용조건을 협의하고 계약하던 행사.

임금은 그에 상응할 정도로 인상되지 못했기 때문이다. 또한 이와 같은 관리의 우선적 대상이었던 사람들 — 자식을 부양하는 여성, 고아, 사생아, 병자, 노인 — 은 해당 거주지의 구제기구가 처리하였는데, 그 처리 과정은 지역별로 편차는 있었으되 전체적으로 볼 때 잔혹한 것일 수밖에 없었기 때문이다. 거주기간이 3년이 채 안 되는 "노인, 불구자, 혹은 무능력자"는 마을에서 물리적으로 추방하거나, 법적으로 무시해도 무방했다. 고아는 도제가 되라는 지시를 받았는데, 이는 곧 주인의 호의와 경제 상황에 종속되는 것을 의미했다. 미혼모는 투옥되었다. 자식이 너무 많은 가족은 받아 주는 곳이 있으면 어디로든 이주할 수 있었는데, 아이러니하게도 그들이 살기에는 시골 마을보다 도시나 초기의 공업지역이 더 나았다. 도시나 공업지역에서 가족은 때로 하나의 경제적 단위를 이루었던 반면, 시골 마을은 추상적인 의미의 생산자, 건강한 독신남자, 가내(家內) 하인과 농장노동자를 겸할 수 있는 사람을 우선적으로 원했기 때문이다. 물론 인정이 넘치는 교구도 있었다. 그러나 제도는 결국 가장 빈곤한 사람들을 한 교구에서 다른 교구로, 그 다음에는 구빈원 시설로 몰아내는 사악한 것이었다. 구빈원은 이와 같은 인간의 잔해들 — 병자, 노인, 광인, 불행한 사람, 가출한 사람 — 을 강제수용하여 더욱 직접적으로 통제할 수 있었다. 나중에 크랩은 이런 잡다한 사람들이 모인 구빈원을 다음과 같이 묘사하였다.

> 그곳에는 부모의 관심을 받아보지 못한 아이들이 산다.
> 자식의 사랑을 받아보지 못한 부모들이 그곳에는 산다.
> 서글픈 침대에 누운 상심한 부인들,
> 남편에게 버림받은 아내들과 미혼모들,
> 낙심하여 구석에서 눈물을 흘리는 과부들,
> 아이보다 두려움이 더 많은 불구의 노인들,
> 다리 저는 사람들, 눈 먼 사람들. 그리고 가장 행복한 사람들!
> 풀죽은 백치와 명랑한 광인. 71)

자신들의 교구에 머물 수 있었던 사람들조차 가난해지면 압력을 받았다. 교구에 정착한 노인들 — 랭혼이 묘사했던 — 의 구제는 1693년 이후 치안판사의 직권에 맡겨졌고, 그들의 이름은 장부에 기재되어 매년 심사를 받았다. 1697년의 한 법률은 이처럼 생활보호금을 지급받는 빈곤층에게 붉은 색이나 푸른 색 글씨로 된 'P'자를 상의에 부착할 것을 명했다. 이제 그들은 하나의 범주로 구성되어 명찰을 부여받게 된 것이었다.

이 모든 사실을 고려할 때 우리는 랭혼의 관찰은 받아들일 수 있지만, 그가 기술하는 역사는 받아들이고 싶지 않다. 그를 소름끼치게 한 잔혹성은 이미 오래전에 확립된 제도의 산물이었다. 그리고 시골 치안판사를 그가 속한 농촌 사회와 경제의 수준을 넘어서는 인물로 고양시키는 것은 불가능했다. 제도에 갇힌 사람이 선량하다면 — 갇힌 환경은 다르되, 헨리 필딩 역시 이런 선량한 사람들 중 하나였다 — 자비를 발휘하여 제도를 다소 부드럽게 하거나 제도를 개량할 방법을 모색할 수 있을지는 모른다. 그러나 그도 전체 현실의 일부인 이상 한계는 거기까지였다. 치안판사와 교구관리인, 지주와 토지관리인은 모두 지배적 세계의 일원이었다. 랭혼이 들려 준 이야기는 확실히 가혹한 것이었다. 그리고 그것은 '시골의 보호자들'이 사라지고 난 뒤의 이야기가 아니라, 바로 그 '보호자들'을 기반으로 해서 이루어진 현실의 이야기였다.

71) "The Village."

제9장

농투성이로 자라다

비록 시를 통해 노래하더라도 더 이상 진실을 무시해서는 안 될 일,
마을의 생활이 고통스러움을 인정하라.[1]

이제 우리는 크랩의 주장을 더 쉽게 이해할 수 있다. 크랩의 시는 관찰의 내용 면에서는 골드스미스나 랭혼과 같지만, 회고를 필요로 하지 않는 새로운 감정의 구조를 보여 준다. 크랩의 시는 새로운 양식을 통해서 현실적으로 존재하는 사회적 차이를 본다. 새로운 양식은 옛 양식인 '목가시'를 거부하는 데서 힘을 얻는다.

나는 목장주나 농장주의 눈에는
밭과 가축이 멋져 보일 것임을 인정한다.
그러나 나는 본다. 그런 즐거운 장면 속에서도
가난한 토착민들은 일하고,
따가운 한낮의 햇볕은
그들의 노출된 머리와 땀범벅인 관자놀이를 희롱한다.
그런 가운데 그들보다 지능도 낮고 기력도 없는 사람들은
불운을 한탄하면서도 맡은 바 직분을 감내한다.

---

1) "The Village", 2권.

그런데 내 어찌 감히 오만한 시의 금박 장식으로
현실의 이와 같은 해악을 숨길 것인가?[2)]

풍경이 이렇게 달라진 것은 풍경을 보는 관점이 달라졌기 때문이다. 풍경에 노동이 들어오고, 그리하여 노동자가 들어오게 된 것은 시인이 연대의 대상을 의식적으로 바꾼 때문이다. 이 변화의 중요성을 인식하기 위해서는 펜즈허스트 주변의 밭을 떠올려 보기만 하면 된다. 그리고 크랩이 감정을 의식적으로 변화시켰다는 사실을 인식하기 위해서는 〈수확용 수레〉를 떠올려 보기만 하면 된다.

크랩 이전에도 이러한 인식의 일부를 보여 준 사례가 있었다. 반세기 전에 한 시인이 크랩과 동일한 방식으로 '목가시'에 대하여 강력하게 도전한 바 있었다.

이곳에는 샘물이 재잘거리지도 않고, 새끼양도 놀지 않고,
방울새도 지저귀지 않고, 즐거운 표정의 들판도 없다.
미의 신을 언짢게 만들 정도로
온통 음침하고 우울한 풍경뿐.
우리가 시커먼 완두를 탈곡할 때, 당신들은 모르리라,
일을 끝낸 후의 우리의 원래 얼굴색을.
땀과 먼지, 그리고 질식할 듯한 연기는
우리를 에티오피아 사람처럼 보이게 만든다.
저녁에 귀가하면 마누라도 놀라고,
겁에 질린 자식은 귀신이 온 줄 안다.
일주일 또 일주일 우리는 이런 지루한 일을 계속한다,
키질(*winn'wing*) 작업이 새로운 일거리를 만들 때까지.
키질이 끝난 후 해야 할 일은 분명 새롭겠지만, 전보다 힘든 일이기 일쑤!

---

2) 같은 책, 1권.

탈곡기는 오직 주인의 욕지거리에만 복종할 뿐.[3)]

이 시행들은 노동의 내용을 상세하게 기술한다는 점에서, 그리고 무엇보다 주체를 분명히 하는 대명사를 사용한다는 점에서, 과거의 시와 확연히 다르다.

우리가 시커먼 완두를 탈곡할 때.

그것은 이 시의 저자가 스티븐 더크이기 때문이다. 아직도 그는 후원제의 느낌이 가시지 않은 "탈곡부(脫穀夫, *thresher*) 시인"이라는 별칭으로 불린다. 그의 시집은 속표지에서부터 그의 생애에 내포된 그 모든 의미를 우리에게 알려 준다.

> 그는 여러 해 동안 윌츠 주 찰턴 지방의 한 오두막에서 주급 4실링 6펜스를 받고 탈곡부로 가난하게 살았다. 그 후 돌아가신 캐롤라인 왕비의 주목을 받게 되었는데, 왕비께서는 그의 탁월한 재능을 높게 평가하시어 서리 주 리치먼드 근처에 소재한 큐(Kew)에 거처를 마련해 주시고, 30파운드의 연금을 하사하셨다. 이후 그는 고전어를 공부하고 성직에 입문하여 현재는 고위 성직자로 재임 중이다.

그렇기 때문에 우리는 가장 초기 시편 중 하나인 〈탈곡부의 노동〉의 소박한 힘을 부인할 수 없다.

훌륭한 음식을 편안하게 즐기는 사람들이여,
그대들의 식탁을 준비하는 농부들을 불쌍히 여기시라.
왜냐하면 힘든 노동이 우리를 쉴 새 없이 압박하고,
안식일 아니고는 휴식일랑 생각도 못하니까.

---

3) "The Thresher's Labour", 앞의 책.

> 그런데 주인들은 안식일에도 휴식을 줄 생각이 별로 없다.
> 우리의 생활이 매일 얼마나 고통스러울지를 생각해 보시라.
> 매일 아침 일찍 일어나 잠자리에 드는 것은 늦은 시각,
> 잠자는 중에도 우리는 고통에서 풀려나지 못한다.
> 우리의 몽상은 마치 우리의 생활을 모방한 듯 휴식을 모르고
> 우리가 깨어서 하는 일을 꿈속에서도 계속하도록 만드니까 …
> … 그래서 한 해가 다 저물도록
> 노동은 쉴 새 없이 계속되고,
> 시시포스(Sisyphus) 처럼 우리의 일은 멈추지 않고
> 바위는 연거푸 제자리로 굴러온다.
> 새로운 노동이 계속 생겨나 과거의 노동을 이어받고,
> 언제나 새로운 노동이 자라나 끝없이 계속된다. 4)

그가 이렇게 쓴 것은 여전히 탈곡부로서

온종일 주인을 위해 일하고, 하루의 노동을 끝낸 밤에는 집필에 열중하던

시절이었다. 우리는 노동자 더크의 음성이 시적 모범을 접하고 그것에 점차 순응해 가는 과정에서 발생하는 긴장을 쉽게 느낄 수 있다. 그 긴장은 형식적인 설명, 애써 고전을 언급하는 것, 냉정한 문학적 기법에 따라 종속절을 배치하는 것 등에서 감지된다. 그러나 감정은 이러한 긴장을 뚫고 나와 자신의 고유한 모습을 드러낸다. 우리가 그의 시에서 이처럼 단순하고 명백한 진실을 읽을 수 있음에도 20세기에 들어서까지 더크의 이름이 여전히 노동자 시인이라는 '한정적' 이미지와 결부되고 있음은 놀랄 만한 일이다.

그러나 더크가 초기 시를 쓴 이후 사회적으로 순치된 과정은 우리가

---

4) 같은 곳.

농담거리로 — 그리고 분명 경멸의 대상으로 — 삼아도 무방할 것이다. 그것은 아마도 어쩔 수 없는 일이었을 것이다.

고귀한 분들이 이런저런 이유로 그를 초대하기 시작하였다.

당시 그는 이미 전통적인 이데올로기의 영향을 받고 있었다.

스스로 만족한다면 빈곤은 결코 비참한 것이 아니고,
다루기 어려운 재산이 초래하는 근심에서 우리를 해방시켜 주는 것이다.
… 가난한 자의 노동은 고기 맛을 좋게 하고,
부족한 식사도 즐겁게 만들며, 휴식을 달콤하게 해 준다 …
… 그러나 다른 식으로 말해 보자.
사람들이 말하듯 빈곤이 그처럼 무서운 것이라면,
빈곤의 무게에 짓눌려 불평하고 투덜거리느니
차라리 운명을 즐겁게 감당하는 편이 나을 것이다.[5]

그래도 여기서는 방어적 자존심이 — 비록 타협적인 어조를 취하긴 하지만 — 아직은 그를 지탱하고 있었다. 그러나 이제 그의 시는 다른 어조를 띠기 시작하였다. 목사로 전직한 직후 그는 〈감사, 하나의 목가〉를 썼는데, '감사'와 '목가', 이 두 단어의 결합이야말로 본질적 역사를 이루는 것이다.

오 메날카스[6]여, 그대는 내 비천한 출생을 안다.
나는 오두막에서 태어나 농투성이로 자라났다.
잔혹한 속물들에 언제나 시중을 들 운명이었고,

---

5) "On Poverty", 같은 책.

6) (역주) Menalcas: 베르길리우스와 테오크리토스의 《목가》에 나오는 목동의 이름으로 이후 이는 목동이나 시골 사람을 통칭하게 되었다.

그들의 인색한 손에서 빵을 얻을 수밖에 없었다.
그러나 캐롤라인께서 내 곤궁함을 아시고,
목장을 하사하는 축복을 내리셨다.
그리하여 내 가슴에는 새로운 희열이 불타오르니,
이 즐거운 얼굴은 그녀의 너그러움 덕택이다.[7]

솔직하고 이해할 만하다. 그러므로 1, 2년 후에 시인이 다음과 같이 노래하는 것도 그리 놀랍지 않다.

나는 행복이 가득 찬 숲과 꽃 핀 들판을 노래한다.
그대 숲의 요정이여, 내 시골풍 노래를 도와 달라.[8]

특징적인 것은 이 시가 〈리치먼드 파크와 왕립 식물원에 관하여〉라는 것인데, 그곳에서는 '목가'를 일종의 유희로 즐기는 것이 언제나 가능했다. 윌리엄 켄트[9]는 캐롤라인 왕비를 위해서 '멀린의 동굴'이라는 이름의 누각—"초가지붕을 덮은 팔라디오 식 정면(*façade*)"—을 설계했고, 더크는 그곳에 안내인으로 배치되었다. 그렇다면 안내인은 무슨 말을 했을까?

약탈을 일삼는 어떤 군대도 우리의 풍요로운 들판을 침탈하지 못하고,
평화와 풍년이 깃들어 백성들은 행복한 미소를 짓는다.
그러나 다른 나라들 형편은 좋지 않아서,
가난한 농민들은 가혹한 부담으로 신음하고,
자기 것이 아닌 수확을 위해 밭을 일군다.[10]

---

7) "Gratitude", 같은 책.
8) "On Richmond Park", 같은 책.
9) (역주) William Kent(1685~1748): 18세기 초 영국의 건축가, 조경가, 가구 도안가.
10) "On Richmond Park", 같은 곳.

실로 급격하고 극적인 전환이다. 더크는 얼마 전까지만 해도,

아침이 지나도 우리는 태양 아래서 땀을 흘리며,
불안하게 일을 계속한다.
우리들 앞에는 성가신 엉겅퀴가 뻗어 있고,
보리는 짓누르는 듯한 역풍에 날려 얼굴을 때린다.
우리들 뒤에는 주인이 서 있는데, 이삭 하나라도
허투루 떨어진 것을 보면 인색하게 소리 지른다.
"네 놈들 급료의 절반을 땅에 버리고 있구나."
그리고 탐욕스러운 손으로 그루터기를 훑는다.[11]

라고 노래하지 않았던가? 그러나 이러한 급격한 전환은 배경이 윌트셔의 밭에서 리치먼드 파크와 왕립식물원으로 바뀐 것만을 의미하지 않는다. 그것은 또한 "우리"가 "백성들"로 바뀌는, 문학사상 결정적인 전환이기도 하다. 그로부터 몇 년이 지나는 동안 그가 쓴 것은 그의 작품들 중 최악인, 고전시를 모방한 시였다. 그의 모방시들은 당시에 유행하던 문화 형식 — 하나의 문학적 자세('고급' 전통)일 뿐 아니라 언제나 그렇듯이 당대 사회에 대한 승인 행위이기도 한 — 에 맞춘 우아하면서도 공허한 시들이었다. 그 결과 그의 시는 매력을 상실하고 자신도 의식하지 못하는 아이러니를 보여 주게 되는데, 우리는 클로디아누스[12]를 모방한 시에서 이를 가장 명료하게 확인할 수 있다. 이 작품은 시인이 예상할 수 없었던 다른 이유로 해서 조롱의 대상이 되었다.

베스널그린[13]의 백성은 얼마나 행복한가,

---

11) "The Thresher's Labour".

12) (역주) Claudian(370?~404?): 로마 시대의 시인으로 고전 시대 최후의 위대한 시인이라 일컬어진다.

13) (역주) Bethnal-Green: 런던의 동쪽 근교에 위치한 지역. 귀족의 대저택들과 그 인근 주민들로 이루어진 전원 지역이었으나, 18세기에 들어 소규모의 가옥

궁정을 본 적도 없고,
아버지에게서 물려받은 땅의 경계를 넘어서
헤맨 적도 없으니.

크랩은 이러한 슬픈 역사를 뒤로 하고, 어떤 의미에서는 모든 것을 새로 시작해야 했다. 그는 "목장주와 농장주"의 즐거운 시골과 "일하는 가난한 토착민"의 현실을 구분한다. "목장을 경영하고" "농장을 경영하는" 소유자와 그저 노동을 할 뿐인 노동자를 구분하는 것 자체에 이미 사회적 현실을 표현하는 매우 흥미로운 방법이 내재해 있다. 이는 현대어에서 건축업자나 건축가는 '건설한다'고 하면서, 노동자는 단지 '건설현장에서 일한다'거나, 혹은 다른 관용어법으로는 '벽돌을 쌓고,' '목수일을 하고', '콘크리트를 섞는다'고 하는 것과 같다. 이런 어법은 노동자의 역할을 건설과정 전체가 아닌 일부와 관련된 것으로 만들고, 건설과정 전체는 소유주나 고용주의 몫이 되게 한다. 그 결과 노동자는 건설과정 전체의 진전 방향에 신경 쓰지 않게 되고, 그리하여 그것은 실로 노동자와는 무관한 어떤 것이 된다. 그러나 크랩의 시에서 더욱 직접적으로 중요한 의미를 갖는 것은 '농장을 소유한 그'와 시인인 '나'를 구분한다는 사실이다. 이러한 구분은 시적 관습이 변화하면서 발생한 것으로서, 이제 작가는 독립적 관찰자이지 지주가 초대한 시인-손님이 아니다 (혹은 반드시 전적으로 그러한 존재인 것은 아니다—이에 대해서는 조금 후에 예를 들 것이다). 이러한 독립적 입장에서 크랩이 바라보는 대상이 랭혼과 마찬가지로 늙은 노동자라는 점 또한 독특하다.

이제 그가 고통스럽게 묘지로 여행을 시작했기에
부자도 경멸하고, 가난한 자도 경멸한다.

들이 들어 찬 거주지로 변모했으며, 빅토리아 시대에 이르면 런던 최악의 빈민가들 중 하나가 되었다.

이제 주인들이 번갈아가며 이 노예에게 명령을 내려,
쇠약한 손을 억지로라도 움직이라고 강요한다.
늙은 육신 탓으로 작업이 원활하지 않으면
무정하게 조롱하면서 게으른 가난뱅이라고 투덜거린다.[14)]

이것은 과거의 이데올로기로부터의 단절이다. 일차적으로는 크랩의 인도주의적 관찰이 이러한 단절을 가능하게 한다. 그러나 단절은 이데올로기를 넘어 풍경으로 확장된다. 크랩이 목가에 반대하며 일반적인 증거로 맨 처음 드는 것은 황무지가 이어지는 장면이다. 크랩은 당시 서포크 주의 올드버그 내륙에 존재했던 불모의 잡초 지대를 묘사한다. 이 사실을 지적하는 것은 중요한데, 왜냐하면 영국 농촌 문학과 농촌 역사에 대한 그 어떤 연구도 이 지역과 장소를 항상 의식할 필요가 있기 때문이다. 우리가 앞으로 다룰 코벳의 《농촌으로 말을 타고 가다》에서 "미소 짓는 전원"은 아침나절만 말을 달려도 "불타는 넓은 모래밭"으로 바뀐다. 영국 농촌에 대한 개괄적 일반화 — 이 시기는 물론이고 그보다는 정도가 덜하긴 하지만 우리 시대에까지도 계속되는 — 는 이러한 불균등 발전의 현실 앞에서 힘을 잃기 일쑤이다. 아서 영의 서포크 주 역시 크랩의 서포크 주에서 말을 타면 한나절 걸리는 정도밖에 떨어져 있지 않았고, 두 사람이 살았던 시대도 같았다.

그러나 크랩의 상상력은 황무지가 존재한다는 사실에 대한 반응의 수준을 넘어선다. 황무지는 영의 농촌개량운동에서처럼 언제든 개량할 수 있는 것이었다. 크랩은 "불타는 넓은 모래밭"에서 눈을 돌려 다음과 같은 본질적 문제를 지적한다.

그러나 이 광경은 자연의 인색한 손이
굶주린 토지를 외면했던 결과이다.

---

14) "The Village", 같은 책.

사람들이 여기서는 아무리 힘들게 일해도
수확이 없다고 불평한다면, 그 책임은 자연이 져야 한다.
한편 다른 곳에서는 풍요가 미소 짓는
드넓은 토지가 전개된다 — 슬프게도 그 미소는 몇 안 되는 사람을 위한 것이다 —
풍요로운 수확을 눈으로 보면서도 맛볼 수 없는 사람들은
금광을 채굴하는 노예와 같아서 —
주변에 널린 재산이 그들의 빈곤을 두 배로 만든다.[15]

이는 바로

쫄쫄 굶은 채로 자연의 풍요로운 창고 속을 걸어가는[16]

상황으로서, 더크 역시 이런 상황을 인식했지만 안전하게 외국의 사례로 돌리는 쪽을 택했던 것이다. 이것은 산업자본주의와 농업자본주의 특유의 위기 상황이다. 영국에는

풍요가 미소 짓지만 — 슬프게도 그 미소는 몇 안 되는 사람을 위한 것[17]

이던 지역이 허다했다. 그렇긴 해도 짐작건대 이곳은 레스터셔이거나, 크랩이 대지주 러틀랜드 공작의 가문 직속 목사로 근무했던 벨부아 성 주변의 부속 토지일 것이다. 이 토지들 중 일부는 크랩이 이 시를 쓰기 직전에 인클로즈되었다. 예컨대 크록스턴 지역은 공작과 지역 목사층의 공모 하에 1766년에 인클로즈되었다. 노동자가 풍요 속의 빈곤을 경험하는 것은 바로 이들이 지배하던 이 지역의 일이다. 황무지의 경우 책임

15) 같은 곳.
16) 같은 곳.
17) 같은 곳.

은 자연에게 있었다. 그러나 이곳의 빈곤은 누구의 책임인가?

크랩은 질문을 제기하지만, 그러나 결국 그의 상상력의 성격과 역량으로는 그 질문에 대답하는 것이 무리이다. 《마을》은 진정한 반목가시로서, '목가적' 즐거움의 묘사에 고통의 묘사를 대립시킨다. 그리고 동일한 방식을 통해서 도덕적 경제에 대한 아첨조의 설명을 반박한다. 그 설명에는 마땅히 포함되어야 할 중요 문제에 대한 관심이 결여되어 있다는 것이다. 골드스미스를 떠올리면서 크랩은 다음과 같이 말한다.

> 그는 "연봉 40파운드로도 지극히 풍족한"[18]
> 신앙심 깊은 목사로 보이지 않는가?
> 오오, 아니다. 그는 사뭇 다른 종류의 목사로서,
> 그런 목사와는 판이한 방식으로, 이 몇 안 되는 신도를 이끈다.[19]

이 목사 겸 의사 — 크랩과 같은 사람, 아니 크랩 자신 — 는 당연한 도덕적 의무를 소홀히 하고 심지어는 모욕하기까지 한다.

인간적으로 분노하는 관찰자이면서 러틀랜드 공작의 가문 직속 목사이기도 했던 크랩의 애매한 사회적·도덕적 입장은 시의 구조에 — 심지어는 문법상의 격 변화에까지 — 흥미롭게 반영된다. 크랩이 던지는 중심적 질문은 다음과 같다.

> 노동은 무엇을 산출하는가, 그리고 노동의 시간이 지나고
> 나이 들어 쇠약해졌을 때, 결국 무엇이 남는가.[20]

---

18) (역주) 이 구절은 골드스미스의 《폐촌》 142행에서 따온 것이다. 크랩은 여기서 골드스미스가 그린 것 같은 이상적 목사는 현실에 존재하지 않는다는 점을 지적하고 있다.

19) Crabbe, "The Village."

20) 같은 곳.

그러나 그의 답변의 수준은 그가 실제로 어떤 독자층을 의식하고 있는지를, 따라서 그의 질문의 진정한 의미가 무엇인지를 드러낸다.

> 건강은 노동의 아름다운 자식이고 부유해지면 쇠약해진다고 하니,
> 너(*you*)는 노동자들이 노동의 대가로 충분한 건강을 받는다고 생각하는가?
> 그렇다면 그들이 태양과 함께 일어나
> 매일 긴긴 시간을 힘겹게 노동하는 곳으로 가서 보라.
> 천랑성(*dog-star*)의 작열하는 열기로 무릎이 떨리고 관자놀이가 경련을 일으키는 데도,
> 열기를 고스란히 받으며 일하는 장면을 보라.
> 큰 낫에 기대어 이미 한 일을 살피고
> 앞으로 해야 할 일을 요량하는 그들을 보라.
> 태양과 비와 번갈아 싸우면서
> 노년의 고통과 고뇌를 축적하는 그들을 보라.
> 그들의 걸음을 따라 축축한 늪지대로 가서
> 그들의 따뜻한 땀구멍이 저녁 이슬을 빨아들이는 장면을 보라.
> 그리고 그대의 무절제한 생활이 그대(*thee*)에게 치명적이듯,
> 노동이 그대의 노예들에게 치명적임을 인정하라.[21]

이 지점에서 독자는 여기서 말하는 '너'와 '그대'가 누구인지를 물어야 한다. 이 시의 '너'는 일반적으로 말하자면 목가시인이고, 확대하면 목가시인에 동조하는 독자들이다.

> 전원의 안락을 꿈꾸는 너희들, 우아한 영혼들이여.[22]

그러나 인용된 시행들에는 또 다른 인물이 잠깐 등장한다. "그대의 노예

---

21) 같은 곳.
22) 같은 곳.

들", "그대의 무절제한 생활"의 "그대" 말이다. 여기서 잠깐 동안 비난의 대상이 되는 "그대"는 목가시인이 아니라, 자신의 노동자들의 고통을 보는 부유한 토지소유자이다. 그러나 비난은 결국 건강이 노동의 "아름다운 자식"이고, 부유하면 "쇠약해진다"는 목가시적 가정에 의존한다. 이 가정에는 운동하면 건강해진다는 단순한 사실의 관찰 이상의 의미가 존재한다. 이런 시각은 건강과 노동, 질병과 재산을 왜곡되게 연결하는 것으로서, 어떤 현실 세계에서도 소박한 것일 수밖에 없다. 크랩은 이 소박성의 일부를 명쾌하게 뒤집는다. 이런 식으로 노동하고 비바람에 노출되는 사람은 육체적으로 파괴되고 만다는 것이다. 그러나 이 관찰에 응당 따라야 하는 나머지 부분은 결코 찾아 볼 수 없다. 왜냐하면 노동자들에게 노동을 강제하는 토지소유자에게서 시선을 돌려, 그보다 만만한 대상인 무절제한 소비자를 보기 때문이다. 1권의 끝 부분에서 크랩이 다시 독자에게 직접 말을 걸 때, 그가 암묵리에 동일시하는 대상이 누구인지가 분명히 드러난다.

> 여러분, 모종의 황당한 슬픔이나,
> 휴식을 방해하는 신경병으로 시달리는 여러분,
> 노예가 소심한 눈으로 다가오며 멀리서부터 당신 시선의
> 의미를 읽으려 애쓰는 동안, 솜털을 채워 만든 침대에 누운 채 꼼짝 않는 여러분,
> 슬픈 목소리로 기도하며 언제나 생소할 수밖에 없는 이름 없는 병의 이름을 대라고
> 피곤한 의사를 괴롭히는 여러분,
> 거짓 인내심으로 무서운 질병을 참아내는 척하는 여러분,
> 오직 진짜 고통만이 치료할 수 있는 꾀병에 신음하는 여러분,
> 여러분은 어떻게 감당할 것인가, 진짜 고통 속에 누워서
> 멸시받고 무시받으며 홀로 죽어가는 것을?[23]

---

23) 같은 곳.

우리는 이것이 현실에 기초한 묘사임을 확신할 수 있다. 크랩은 의학도 시절 이런 가짜 환자를 직접 겪은 바 있었을 것이다. 그러나 폭식을 일삼는 신경증적 소비자 계급에 대한 경멸과 노동자들의 상황을 이렇게 강렬하게 대조하는 것은, 독자들로 하여금 "그대의 노예들"로부터 "그대의 무절제"로의 중요한 이행에 내포된 의미를 잊게 만든다. 그 결과 독자들의 관심은, 다른 경우들에서도 자주 그랬던 것처럼, 사회과정을 능동적으로 주재하는 자들을 떠나 그들보다 더 쉽게 사회과정에서 떼어낼 수 있는 수동적 수혜자들, 다시 말해 도시의 사치스러운 인간들로 이동한다. 도시의 사치스런 인간들에게도 '노예들', 즉 가내 하인들은 있지만, 그러나 이들이 공격을 받는 것은 착취와의 관계 때문이 아니다. 그리고 무관심 때문만도 아니다. 이들은 그저 이들 자신과 주변 사람들에게 피해를 주고 있다는 이유로 공격을 받는 것이다.

그렇다면 크랩의 가치 구조의 본질은 명확하다. 그것은 배려와 동정을 열정적으로 강조하는 18세기의 인도주의이다. 이 인도주의의 근저에는 미덕과 책임감을 갖춘 소박한 삶이 암묵적 기준으로 존재한다. 이러한 의미에서 크랩의 관점은 여전히 소박성과 독립성을 중시하는 목가적 관점이다. 빈곤층이 방치되고 부자들이 무절제한 행태를 일삼는 현실 속에서 신랄하고 절박해지긴 했지만, 어쨌든 목가적 관점임에는 변함이 없는 것이다. 크랩이 요청하는 것은 자존과 자선이다. 부자들은 자존과 자선을 배우고, 가난한 자들은 부자들이 베푸는 은혜를 받아야 한다는 것이다. 이는 자못 감동적인 호소로서

> 풍요가 미소짓지만 — 슬프게도 그 미소는 몇 안 되는 사람을 위한 것[24]

과 같은 구절에서처럼 얼핏 역동적인 사회적 관점을 보여 주기도 하지만, 결국 정태적인 수준을 면치 못한다. 왜냐하면 그것은 빈곤과 풍요를

24) 같은 곳.

사회적 차이로 보는 것에 반대하는 도덕이기 때문이다.

따라서 크랩이 불편부당한 관찰자의 입장에서 목가시 전통의 거짓을 거부하고 진실을 말하겠다며 내세웠던 독립성은, 결국 엄밀히 말하면 목사나 의사의 독립성이다. 즉 사회 제도가 초래한 결과를 수용한 후, 그 한계 내에서 영혼과 육체를 배려하는 인간의 독립성이다. 그가 보기에 사람들의 영혼과 육체를 배려하는 것은 너무도 긴급하고 중요한 문제이다. 따라서 그는 배려에 무관심하거나 배려를 회피하는 사람들에게 분노를 집중한다. 평생 동안 일한 노동자가 나이가 들어 아플 때, 그에게는

> 환자를 모욕하고 나서 죽여버리는,
> 오랜 경험으로 인간의 질병을 두루 꿰고 있는 돌팔이 의사[25)]

가 아니라 제대로 된 의사가 필요하다. 혹은

> 일요일에 자기 개인 일 챙기는 것을
> 신이나 인간에 대한 의무만큼 중요하게 여기는 생기발랄한 애송이 목사[26)]

가 아니라 제대로 된 목사가 필요하다. 크랩의 이러한 주장과 항의는 물론 존경할 만하다. 그러나 전통 전체가 그러했던 것처럼, 이런 주장과 항의에는 한계가 있으며 《마을》은 그 한계를 보여 준다. 존슨과 커루는 후원자의 저택에 초대받은 손님이자 시인으로서 도덕적 경제에 대한 견해를 제시하는 것으로 저택 주인에게 경의를 표했다. 그들의 견해는 비록 이상화 경향을 띠기는 했지만 궁극적으로는 토지소유자의 사회적 입장을 승인하는 것이었다. 목가적 풍경에 노동의 사실을 복원하는 크랩

25) 같은 곳.
26) 같은 곳.

은 아첨과는 거리가 멀다. 그러나 그 역시 의사이자 목사 — 인클로저를 수행하는 토지소유자 가문의 직속 목사 — 였지, 진정으로 독립적인 인간은 아니었다. 그는 《마을》의 1권에서 독립적 관찰과 도덕적 호소를 할 수 있는 영역을 개척하였다. 그러나 그가 내세우는 도덕성은 결국 빈곤과 무관심을 초래하는 사회관계로부터 분리된다. 크랩의 관심과 감정을 지탱하는 것은 빈곤의 생산 과정이 아니라 빈곤층에 대한 배려이다.

《마을》의 2권에서는 제한적인 독립이 일시적으로 유지된다. 빈곤층의 악덕 — 중상모략, 폭주(暴酒), 매춘 — 은 빈곤층만의 책임이 아니다. 그는 심지어 그것이 부자가 퍼뜨린 악덕임을 명백히 지적하기까지 한다.

> 귀족의 질병이 이제 민중을 덮친다.[27]

이중적인 도덕적 기준의 위선 — 계급사회의 위선 — 은 법정에서 드러난다. 판사의 창녀는 유혹을 당해 타락한 가난한 처녀를 보면서

> 자기 애인을 고위급 인사로 만들어 준 행운의 별자리에 감사한다.[28]

이 도덕적 분노는 다시 한 번, 일시적으로, 사회적으로 독립적인 성격을 띤다. 그러나 이때 갑자기 무엇인가가 일어난다.

> 그러나, 그대는 묻는다, 왜 이처럼 비천한 죄악을 이야기해서,
> 가난한 사람까지 부자 못지않은 죄인으로 만드는가?
> 고귀한 사람들, 자만심에 가득 찬 유력자들에게 악덕에 관해서는
> 가난한 사람들도 그들과 다를 바 없음을 보여 주기 위해서 …
> … 그러면 권력과 쾌락을 누리는 자는
> 자신의 노예에게서 자신처럼 비열한 악당의 모습을 볼 것이며,

---

27) 같은 곳.
28) 같은 곳.

하인은 사치스런 주인에게서 자신처럼
저급한 욕망과 타락한 정신을 볼 것이다.
그리고 각자는 서로의 비슷한 악덕에서
서글프고, 맹목적이고, 당혹해하고, 실수연발인 인류를 확인할 것이다.
인류는 짧은 시간 동안 다양한 운명 속에 살다가
죽음을 맞고 결국 최후에는 흙 속에서 평등해지는 것이다.[29)]

격조는 대단히 높지만, 그러나 이는 성곽 주변의 노동 현장에서 철수하는 것이다. 이제 "다양한 운명"은 죽음의 "평등"과 비교하면 도덕적으로 상대적인 의미를 지닐 뿐이다. 실수를 저지르는 것은 "인류"이며, "인간의 조건"이다. 우리는 고상한 진리임을 자처하는 상투적 이데올로기 속에서 이런 주장을 너무도 많이 들었기 때문에, 크랩의 애처로운 철수가 전혀 놀랍지 않다. 그러나 다른 곳에서와 마찬가지로 여기서도, 도덕성이 단순한 "운명"의 "다양성"을 넘어서고 사회적 상황과는 무관하다고 주장하는 것은, 한 특수한 사회 상황을 승인하는 것으로 이어진다. 따라서 크랩의 결론은 — 그가 시의 앞부분에서 보여 주었던 관찰의 빼어남을 생각하면 가슴 아픈 것이기는 하지만 — 그리 놀라운 것은 아니다.

여전히 운명을 한탄하는 그대 가난한 자여,
그대가 고귀하다고 부르는 자들을 부러워하지 말라.
충만한 행복을 누리는 그들 역시
그대들처럼 고뇌의 희생자임을 알라.

여기서 실제로 인용하고 있는 사례 — 러틀랜드 공작의 친척의 죽음 — 는 물론 사실이다. 그러나 시의 구조 속에서

가난한 자들의 실제 모습

29) 같은 곳.

은 내용 없는 겉치레에 불과하고, 또 겉치레일 수밖에 없다. 독립적 관찰자의 통찰, 분노, 배려는 시가 진행됨에 따라 추상화된 일반적 도덕성으로, 그리고 끝내는 안이한 현실추수적 설교로 변한다.

부러워하지 말라 …그들 역시 그대들처럼 …

따라서 이 시는 새로운 형식을 사용하긴 하지만, “다양한 운명”을 초래하는 현실에 대한 무관심을 보여 주며 그 현실을 호도한다. 그러나 이 시는 애초에 전통적 목가시 양식의 이와 같은 현실 무시를 지적하고, 바로 그것에 항의하며 출발했었던 것이다.

제10장

인클로저, 공유지, 공동체

우리는 몇 건의 사례들을 통해서 농촌 생활을 소재로 한 18세기 시에 우울한 감정이 만연해 있음을 고찰하였고, 크랩의 시에서 우울한 감정이 그 고통스러운 절정에 도달하였음을 보았다. 일반적인 영국 농촌사의 개요 — 그것에 따르면 안정된 전통적 농촌 공동체를 파괴한 주범은 의회입법에 따른 인클로저 운동이다 — 로 넘어가기에 앞서서, 우리는 당시에 지배적이던 이러한 상실과 고통의 감정을 특히 강조할 필요가 있다.

이미 알아보았듯이, 아서 영은 인클로저가 사회경제적으로 초래한 모순적인 결과를 평가하려 했던 최초의 인물이었다. 인클로저의 결과를 상세하게 추적하고자 하는 사람이라면 누구라도 그것의 사회경제적 결과를 과소평가할 수 없을 것이다. 그러나 인클로저를 산업혁명이 시작되고 있던 시기로 한정하는 관점은 실제 역사를 도외시할 우려가 있고, 나아가 그러한 관점 자체가 근대 영국에 관한 대단히 강력한 신화의 한 요소로 기능하는 데 그칠 가능성이 있다. 이 신화에 의하면 농업사회에서 산업사회로의 이행은 일종의 타락이며, 우리의 사회적 고통과 무질서의 진정한 원인이자 기원이다. 우리는 근대 사회사상에서 이 신화가 얼마나 중요한 의미를 차지해 왔는지를 반드시 이해할 필요가 있다. 그것은 우리가 이 책의 시작 부분에서 검토했던 감정의 구조 — '유기적'이거나 '자연적'인 사회를 끊임없이 회고하는 경향 — 를 초래한 주요 원천이다. 그러나 그것은 또한 현대의 위기에 맞서려는 사람들이 빠져들곤 하는 최후의 자기방어적 환상 — 이에 의하면 우리를 해치는 것은 자본주의가 아니라, 도시적 산업주의라는 한결 고립적이고 명백한 체계이다 — 의 주요 원천이기도 하다. 여기서 우리는 실로 대단히 힘겨운 질문에 직면하게 되는데, 바로 그렇기 때문에 이러한 신화의 구성요소가 형성되는 과정을 하나하나 확인할 수 있는 개개의 지점, 개개의 시대를 이해하고 분석할 필요가 있는 것이다.

18세기의 2사분기에서 19세기의 1사분기에 이르는 의회 인클로저 입법 시기의 결정적 중요성을 부인할 이유는 없다. 이 시기에 제정된 거의 4천 개에 달하는 법률에 의해서 6백만 에이커가 넘는 토지가 주로 정치권력을 지닌 토지소유자들의 소유가 되었는데, 이는 전체 경지면적의 약 4분의 1에 해당하였다. 그러나 우리는 토지의 사유화가 이 시기 이전과 이후에도 본질상 이 시기와 동일하게 계속되었다는 사실을 인식할 필요가 있다. 예컨대 토지 사유화 방식이 의회입법을 통하는 것으로 변화한 18세기 이전에도 이미 대단히 많은 경지가 인클로즈되어 있었다는 사실을 강조할 필요가 있다. 인클로저는 최소한 13세기 이래 계속 진행되어 온 것이었으며, 15세기와 16세기에 최초의 정점에 도달한 바 있었다. 역사의 흐름을 조망할 때 인클로저는 사실 장기간 지속되었던 정복과 강탈의 연장, 다시 말해 살육과 억압과 정치적 거래를 통한 토지 획득의 연장이었다.

게다가 경제가 발전함에 따라 인클로저를 토지 개량, 생산 방법의 변화, 가격 변동, 그리고 모두가 동일한 방향 — 경지 확장과 소수의 재산 독점 — 을 향하여 진행되고 있던 소유 관계의 전반적 변화 등과 같은 주요한 흐름들과 분리하는 것이 현실적으로 불가능하게 되었다.

의회의 인클로저 입법은 이런 과정을 과거보다 더 공적인 것으로 만드는 동시에 과거보다 더 확실한 기록을 남기는 결과를 낳았다. 이런 의미에서 인클로저는 18세기 말과 19세기 초에 농업 개량의 속도가 증가한 것과 직접적인 관계가 있다. 이 시기에 인클로저의 영향을 주로 받은 지역은 요크셔에서 도셋에 이르는 벨트 지역, 중부의 여러 주를 거쳐 동부의 노포크에 이르는 지역들이었는데, 얼마 후에는 스코틀랜드의 저지대에서도 동일한 과정이 진행되었다. 그러나 다른 지역의 넓은 토지들도 이미 사실상 인클로즈된 상태였다. 켄트, 서리와 서섹스의 일부, 에섹스와 서포크의 일부. 데번, 콘월, 서머셋과 도셋 서부. 웨일즈와 헤리포드, 스롭셔, 스태포드셔, 체셔 등의 웨일즈 접경 지역 여러 주 대부분. 랭카셔, 컴버랜드, 웨스트멀랜드, 노섬벌랜드, 더럼 등의 주요 경작 지대 등. 그렇다면 인클로저의 사회적 중요성은 사회 구조에 완전히 새로운 요소를 도입했다는 점이 아니라, 일부 부유한 인구밀집지역에 잔존하던 개방지 경작제 마을과 공유지 사용권을 일소함으로써 소규모 토지 소유자와 특히 소규모 차지농에 가해지던 경제적 압박을 전반적으로 가중시켰다는 점, 그리고 거꾸로 그와 같은 경제적 압박의 결과로 인클로저가 발생하기도 했다는 점에 있다. 현재 신뢰할 만한 통계 숫자를 입수하기는 불가능하지만, 터무니없이 높은 소작료와 단기임대 계약이 계속된 탓으로, 그리고 경쟁이 격화되던 시장에서 생존하기 위해 더 많은 자본이 필요하게 된 탓으로, 토지에서 쫓겨나거나 토지와 관련하여 상대적으로 독립적이던 지위에서 밀려난 사람의 수가, 인클로저 때문에 쫓겨난 사람의 수 못지않으리라 주장해도 큰 무리는 없을 것이다.

어쨌건 의회입법 인클로저 시대 이전에도 토지를 소유하지 못한 사람들은 많았다. 1690년의 경우 토지를 소유하지 못한 노동자가 5명이면 차지보유자(借地保有者, *occupier*)는 3명꼴이었던 것에 비해, 1831년에는 5명에 2명꼴이었다. 고전적 의미의 농민, 즉 사회적·정치적 의무를 지고 있는 소규모 자작농 대부분은 거대한 규모의 사유지가 건설되던 시기인 17세기 말과 18세기 초에 강압에 의해서 토지를 팔고 추방당하였다. G. E. 밍게이에 의하면 이런 과정에서 살아남은 사람들은 1820년대의

생산물 가격 하락까지는 가까스로 버텼지만 19세기 내내 전반적인 압력을 받으며 꾸준히 몰락하였다. 밍게이는

> 전체적으로 볼 때 물가 수준과 농장 경영의 번창 여부가 인클로저보다 더 큰 충격을 자작농(*owner-occupier*)에게 준 것 같다[1)]

는 결론을 내렸다. 또 다른 대단히 애매한 의미의 농민, 즉 소규모 임차농장주는 물론 이미 농업자본주의체제의 일부였다. 그런데 이들의 숫자에 영향을 미쳤던 것은 규모의 경제와 영지의 통합이었지 이 시기의 인클로저가 아니었다. 어떤 통상적인 기준을 적용하더라도 1831년 현재 전체 농장의 절반가량은 여전히 소규모였다. 그렇다면 농민계급의 토지가 18세기 후반에 전반적으로 흡수 통합되었다는 단순한 주장은 성립하지 않는다. 물론 경제활동이 왕성한 지역에서는 자본주의의 수혜계급 대표자들이 만든 일종의 합법적 수탈 형식을 통해서 자본주의 사회체제가 강력하게 추진되었고, 그 결과 지배적 위치를 점하게 되었던 것이 사실이다. 이는 대단히 중요한 사실로서, 특히 이러한 움직임에 영향을 받은 전체 경지면적의 4분의 1에 달하는 토지에서는 결정적인 의미를 갖는다고 말할 수 있다. 그러나 그렇다고 해서 이러한 움직임을 장기간에 걸쳐 이루어진 토지소유의 집중, 그것과 관련된 지주와 차지농의 계층화, 토지를 소유하지 못한 사람의 증가 등과 같은 농업자본주의의 전반적 결과와 분리해서는 곤란하다.

산업혁명과 인클로저의 관계도 역시 중요한 부분인 것이 사실이다. 그러나 그것은 산업혁명이 기존 '체제'를 다른 '체제'로 교체했기 때문이 아니다. 토지를 소유하지 않은 사람들 중 다수가 다른 선택을 할 수 없는

---

1) G. E. Mingay, "The Agricultural Revolution in English History: a reconsideration", in *Essays in Agrarian History* ed. Minchinton, Vol. 2 (Newton Abbot, 1968).

경우가 많았기 때문에 새로 생겨난 산업도시의 노동자계급이 되었고, 그리하여 오래전부터 분명한 형태로 진행되어 왔던 임금노동자의 도시 이동 경향을 지속시켰던 것은 맞다. 그러나 산업노동자계급의 증가는 또한 ― 어쩌면 무엇보다 먼저 ― 총인구의 증가와 관련하여 고찰해야 한다. 그 자체가 극적인 사건이라 할 만한 총인구의 증가는 일차적으로 사회가 전반적으로 근대화되는 가운데 일어난 출생률과 사망률의 변화와 관련이 있지만, 18세기에 대단히 두드러졌던 농업 생산의 증가, 특히 곡물과 육류 생산의 증가와도 관련이 있다. 그리고 이런 변화들 자체가 인클로저가 진행되고 생산이 효율화된 것과 관련이 있는 것이다. 18세기 말과 19세기 초에 도시와 농촌 모두에서 두드러졌던 빈곤화의 위기는 이러한 사회적·정치적 과정 전체의 결과였던 것이므로, 그것을 한 체제가 붕괴하고 다른 체제가 성립했다는 식으로 설명해서는 안 된다. 오래전부터 명백하게 존재했던 도시와 농촌의 본질적 관계가 이 시기 들어 새로운 단계, 더 명백하고 최종적으로 결정적인 단계에 도달했을 뿐이다. 산업혁명 이전 시기와 산업혁명기의 영국 농촌의 특징은 자본주의적 사회관계가 점점 더 철저하게 관철되고 시장의 지배가 점증했다는 것인데, 그 이유는 자본주의적 사회관계와 시장이 농촌 자체의 구조 속에서 강력하게 발전했기 때문이다. 18세기 말이 되면 영국은 하나의 조직화된 자본주의사회라 불러도 손색이 없을 정도가 된다. 농산물 시장이나 공산품 시장 그 어디에서 문제가 발생해도 도시와 농촌 모두가 동일한 체제의 일부로서 위기를 맞게 되었던 것이다.

이러한 발전이 진행되는 가운데 수천 명의 차지농과 노동자들, 수백 개의 마을 공동체들의 상황이 급격하게 변화하였다. 그렇다면 18세기 농촌 문학에서 우리가 보았던 새로운 어조는 이러한 상황 변화와 관련되는 것이면서, 또한 역시 이미 알아보았던 것처럼 그 변화를 해석하는 방식과 관련되는 것이기도 하다. 우리는 인클로저가 사회적 현실로 확연하게 진행되던 지역 출신인 골드스미스, 크랩, 쿠퍼, 후기 클레어, 코벳의 작품들 못지않게, 인클로저는 주요 관심사가 아니었으되 경제사회적 과정 전체가 가해오는 압력에 시달리던 지역 출신인 랭혼의 작품에서도 붕괴의 느낌을 감지할 수 있다.

그럼에도 불구하고 일정한 단계에서는 인클로저가 하나의 주요 원인으로 표나게 부각되었다. 영이 정신적으로 변화를 겪고 심각한 사회 현실을 자각했던 것은 19세기 초의 일이다. 당시 인클로저 관련 법률 대부분은 빈민들에게 막대한 피해를—종종 대단히 거친 방식으로—입혔는데, 영은 빈민이 다음과 같이 말하는 장면을 상상한다.

> 내가 아는 것이라곤 내게 암소가 한 마리 있었는데 의회가 그걸 가져가 버렸다는 것뿐이야.

코벳은 1820년대에 "인클로저라는 미친 짓거리"에 대해 말하면서 많은 예를 들어 인클로저가 생산량을 증가시켰다는 설에 반론을 제기하고, 심지어 전체적으로 부정하기까지 한다. 그는 토지에 투자가 늘고 자본이 집중된 것은

> 노동자에게 해로운 것이었다. 자본은 바로 노동자의 육신에서 나온 것이었다. **물가가 올라도 노동자의 임금은 오르지 않았는데, 그 차액이 바로 투자의 원천이 된** 것이다 (강조는 코벳의 것)[2]

라고 지적하였는데, 이는 누구도 부정할 수 없는 사실이었다.

코벳은 딱딱한 농업경제학의 용어를 구사하며 논증하지만, 그의 논의는 개별 사례들의 관찰에서 나온 것일 수밖에 없었다. 예컨대 그는 한 특정한 햄프셔 주의 공유지에서 키웠던 암소와 돼지, 가금류, 사과, 버찌 등의 가치는 말할 것도 없고 오로지 거기서 양봉되었던 벌의 가치만 따

---

2) William Cobbett, *Opinions of William Cobbett*, ed. G. D. H. Cole (London, 1944) 86.

지더라도 인클로저 완료 후의 그 공유지의 가치를 상회한다고 산정하였다. 그러나 이것은 혼합농업경제를 전문화 및 규모의 경제와 국지적으로 대조하는 낯익은 주장으로서, 상업적인 관점에서는 결국 후자가 우위를 점하게 되는 것이 당연하다.

이때 옛 공유지 생활에 대한 사회적 관찰의 기록이 출현하여 논의에 흥미로운 요소를 더한다. 판화가 토머스 베위크는 1820년대에 쓴 《회상록》에서 1780년대의 한 노섬벌랜드 주 공유지를 회상하며 다음과 같이 기록하고 있다.

> 이 공유지는 예로부터 내려온 빈민들의 상속재산이었다. 이곳에서 각자는 양 몇 마리, 혹은 암소 한 마리, 혹은 거위 몇 마리를 키웠고 대체로 양봉을 하였다. 나는 오랫동안 그곳에서 전개되는 아름다운 야생 풍경을 감상하는 것을 대단히 즐겼는데, 모든 것이 사라져버린 지금 그때와는 정반대의 감정을 느낀다. 공유지의 여기저기에는 노동자들이 자기 돈을 들여 거의 혼자 손으로 짓다시피 한 오두막들, 아니 움막들이 있었다. 그들은 움막에 정원과 채마밭을 마련하고 무언가를 키우려고 부심하였다 … 이처럼 다양한 관심으로 해서 이곳의 건장한 거주자들은 언제나 세심하고 근면했는데, 그 결과 풍족한 생활을 하면서 교구에서 자신들을 빈민이라 불러도 무시할 수 있었다. 이 사람들이야말로 진정 '조국의 자랑인 담대한 농민'이었다.[3)]

매력적이고 전적으로 신뢰할 만한 보고이다. 이 사람들 중 다수가 지닌 정신의 독립성과 창의성을 베위크가 묘사할 때, 우리는 많은 것을 배울 수 있다.

> 아직도 눈에 선하다. 추운 날씨도 아랑곳 않고 자신의 정원 울타리 옆 둔덕에 앉아 천체를 관찰하느라 여념이 없던 그의 모습. 그는 커다란 손

3) Thomas Bewick, *Memoir of Thomas Bewick* (London, 1961) 27~8.

> 을 들어 별자리를 가리키면서 자신의 천문학 지식을 열심히 전해 준다.[4]

앤소니 리델에 대한 묘사도 마찬가지다.

> 성경이 그의 모든 성격을 만들었다. 그는 모든 정신을 집중해서 성경을 앞에서부터 끝까지 읽고 또 읽었다. 그는 의회가 제정한 인클로저 법을 경멸했는데, 성경에 하나님의 말씀이라 적혀 있는 계율과 모순된다고 생각했기 때문이다. 그는 누구라도 자유롭게 하늘의 새들과 바다의 물고기들을 잡을 수 있다고 주장했다. 따라서 밀렵금지법이나 어자원 보호법 따위는 그에게 아무 의미도 없는 것이었다.[5]

혹은 "지나치게 캐묻는 자들"을 물리치려고 벌통 대부분을 금작화 속에 숨겨 놓은 토머스 포스터의 묘사도 보라.

이러한 회고들을 통해서, 그리고 인클로저 이전 시기 마을들에 대한 더 의식적이고 상세한 보고들을 통해서, 오늘날까지도 사람들의 감정을 강력하게 자극하는 그림이 그려진다. 인클로저라고 하는 새로운 체제가 농촌민주주의의 현장에서 살아가던 독립적이고 고상한 인격의 소유자들을 냉혹하고 '합법적으로' 파괴하는 그림 말이다.

우리는 바로 이 그림 전체에 대해서, 내키지 않는 마음을 억누르면서까지, 의문을 제기해 보려 한다. 독립적인 성격으로 그려진 인물에 대해서는 별다른 논의가 필요 없을 것이다. 비록 자기 집 정원의 벌통에서 내린 꿀은 이웃에게 팔고, 금작화 속의 벌통에서 내린 꿀은 멀리 가서 파는 양봉업자 토머스 포스터는 이와는 다른 의미에서 독립적 인물 — 자신이 몸담고 사는 공동체와는 기껏해야 애매한 관계만을 유지할 뿐인 개인 사업자 — 이 된 지 오래인 듯하지만 말이다. 포스터와는 다른 종류의 독립

4) 같은 책, 28과 29.

5) 같은 책, 32.

적 성격, 다시 말해 관찰하고 사색하고 독서할 시간과 정신을 가진 성격은 상대적으로 독립적인 오막살이농에게서 뚜렷이 드러난다. 그러나 그것은 또한 영광과 비극이 교차했던 모든 노동자들의 역사의 일부이기도 하다. 내가 아는 독립적 성격의 소유자들은 특정한 사회적 신분이나 직업에 구애받지 않고 사회의 다양한 영역에서 온갖 어려움을 이겨내며 출현하였다. 베위크가 묘사한 공유지 거주자들(*commoners*), 스티븐 더크와 같은 일용 농업노동자들, 혹은 서섹스의 목동 겸 일기작가들, 혹은 랭카셔 공장도시들의 아마추어 지질학자들과 식물학자들, 혹은 현대의 학생 노동자들, 어원학자들, 경제학자들, 지역사가들. 오늘날 사람들이 이런 지각 있는 서민들의 역사를 듣고 놀랍다는 반응을 보이게 된 것은 계급사회가 지성에 가한 모욕의 일부이다. 그러나 이런 반응과는 상관없이, 불리한 사회적 조건 속에서도 오랜 세월에 걸친 노력과 지혜를 통해 자신의 삶을 형성한 위대한 재능의 소유자들은 언제나 존재하였다. 이런 사람들이 실천하고 표현한 가치는 언제 어디서나 한결같이 돈과 권력의 탐욕과 오만에 대립하는 것이었다. 이들이 실천하고 표현한 가치는 또한 체제화된 기존 학문과도 대립하기 일쑤였다. 이런 일반적인 의미로 이야기하자면, 가치를 파괴한 주범은 탐욕과 오만을 합리화하는 제도의 확산이었고, 파괴는 지금도 계속되고 있는 것이다. 그러나 우리는 이와 함께 오막살이농의 자립이 집요한 파괴 공작에 맞서 대단히 수세적인 형태로 이루어졌다는 것, 그리고 그에게는 자유로운 생활공간이 대단히 옹색한 정도로밖에 주어지지 않았다는 것에도 유의해야 한다. 우리가 이런 류의 사회사에 물어야 하는 것은 이러한 처지에서 빠져나와 살아남은 인간들이 있는가 하는 것이 아니라 — 그런 사람은 사회적 압력이 아무리 혹심하다 해도 언제나 존재하는 법이다 — 이런 생활방식이 전체적으로 자립적인 삶을 유지하는 것을 가능하게 했는가 하는 것이다. 결국 이러한 질문이 이따금씩 목격되는 개인적 자립의 사례와 대립되는 의미로서의 공동체를 판단하는 기준이다. 이러한 질문을 제기할 때 우리는 베위크의 사례에서조차 교구가 보호해야 하는 '교구 빈민'이 이미 하나의 독자적 계급으로 존재하고 있었음을 곧바로 볼 수 있게 된다. 우리는 베위크 자신도 다음과 같이 이야기하고 있는 사실, 즉 자립적 오막살이농들은

> 이웃의 향신계급을 대단히 높게 평가하고 존경하였다. 그 답례로 향신계급 역시 이들을 무시하지 않았고, 이들의 행복과 건강에 관심을 가졌다.

는 사실에 주목해야 한다. 즉, 오막살이농들은 사회적 안정이 지속된 막간의 시기 동안 운 좋게도 상대적인 독립을 구가하였다. 이런 시기가 많은 사람들의 경우 그들의 전생애에 해당하는 기간만큼 지속되었다는 것은 반가운 일이 아닐 수 없다. 그러나 그런 일이 가능하던 체제는 그 뒤를 이은 체제, 다시 말해 바로 그 "이웃의 향신계급"이 다른 종류의 관심을 가지게 되어 공유지를 인클로즈했던 체제와 반드시 대립적인 것은 아니다. 이 시기의 농촌에도 계급제도는 엄연히 존재하였다. 그리고 사람들은 계급제도의 경계지역에서, 주변부에서, 계급제도가 아직 장악하지 않은 미개발지역에서, 최선을 다해, 때로는 유복하게, 살고 있었다.

상실의 기록은 대부분 이러한 주변 지역, 즉 공유지와 황야에서 나온다. 그러나 의회의 인클로저 입법은 이들 지역에만 영향을 미친 것이 아니다. 우리가 인클로저의 사회적 결과를 이해하려면 근본적으로 상이한 두 과정, 즉 18·19세기 당시 약 2백만 에이커에 달하던 '미개간지'(*wastes*)에 대한 인클로저와, 이미 경작 중이던 약 4백만 에이커의 개방경지[6]에 대한 인클로저를 구별해야 한다. 이 두 과정이 초래한 사회적 결과가 근본적으로 다를 수밖에 없다는 것은 명백하다. 미개간지에서는

---

6) (역주) open-field: 중세 전기 이후부터 영국 농촌사회의 특징을 이룬 토지 이용 방식으로, 울타리가 없는 긴 장방형의 경지.

주로 미경작지에 살던 오막살이농들, 무단 거주자들(*squatters*), 외따로 떨어져 살던 거주자들의 주변적 독립성이 억압되고 있었다. 반면 개방경지 마을에서 위기를 맞고 있었던 것은 이와는 전혀 다른 종류의 공동체, 즉 옛 농촌경제 특유의 인구밀집 촌락일 수밖에 없었다. W. G. 호스킨스가 관찰한 바처럼, 공유지의 상실에 대하여 불평하는 문헌은 대단히 많지만 개방경지 마을의 상실에 관한 기록은 드물다는 것은 주목할 만한 사실이다. 골드스미스의 《폐촌》을 예로 들 수 있겠지만, 그것은 간접적 기록의 성격을 띠고 있다. 그러나 인클로저 이전 시기의 '농촌 민주주의'를 고찰하려면 무엇보다 개방경지 마을의 사회경제적 성격의 변화를 검토해야 한다. 농업자본주의의 새로운 번영과 공고화 과정에 가장 중요한 기여를 한 것은 분명히 개방경지 마을의 변화였기 때문이다. 그러나 옛 개방경지 마을에는 실제로 도대체 어떤 종류의 사회 제도가 존재했던 것인가? 개방경지 영농이라는 당시의 농업생산기술의 명칭을 들을 때 우리는 그 시대 마을이 '개방적'이고 상대적으로 평등했을 것이라는 느낌을 받기 쉽다. 그러나 우리는 기술의 명칭과 실제 사회를 혼동하지 않도록 주의해야 한다. 여기서 현대의 농촌사 연구자인 퍼셀이 18세기 초의 "한 전형적인 개방영지 마을"을 묘사하는 대목을 보는 것이 도움이 될 것이다. 마을에는 3백 명이 사는데, 그중 2백 명가량이 오막살이농, 농업노동자와 그 가족들, 하인들, 무연고 빈민들(과부, 고아, 노인들) 이다. 등본보유 임차농과 그 가족들이 70여 명, 자유토지보유농과 그 가족들이 20여 명이다. 나머지 10명 혹은 12명은 향사와 목사, 그리고 그들의 가족이다. 흥미로운 분포이지만, 얼른 보기에도 사회 체제상의 근본적 차이를 시사할 정도로 성숙기 농촌자본주의의 일반적 사회구조와 다른 것은 아니다. 사실상 마을에는 향신계급, 소기업가, 무산빈민층이라는 세 계급이 존재한다. 마을에 내재하는 신분의 불평등성은 심각한 것으로서, 우리가 어떤 감상적 태도를 갖고 있더라도 그것을 '농촌 민주주의'라고 부를 수는 없을 것이고, 하물며 코뮌(*commune*) 이라고는 더더욱 부를 수 없을 것이다. 인클로저 이후에 완성되게 될 사회구조는 인클로저 이전에 이미 그 기본적 윤곽이 그려져 있었다.[7)]

그러나 여기에는 몇 가지 유보조건을 달아야 하며, 그 유보조건은 신중하게 검토되어야 한다. 예컨대 오두막농들과 농업노동자들 중에는 직인과 소매상인(대장장이, 목수, 신기료장수, 마부, 선술집 주인)들이 있었는데, 이들과 그 외의 사람들 — 전부는 아니라 하더라도 — 일부는 인근의 공유 목초지와 미개간지에서 방목을 하거나 땔감을 채취할 소소한 권리를 갖고 있었다. 지금 시점에서 회고할 때에는 이런 권리를 사소한 것으로 보기 쉽지만, 최소한 당시의 일부 사람들에게 이 권리는 그들이 전면 고용의 상황으로 전락하는 것을 피하게 해 주는 중요한 방어책이었다. 마을에 사는 사람들은 현대에 이르기까지 바로 이러한 종류의 여유분을 만들기 위해 끊임없이 노력해 왔다. 조그만 밭을 임대하고, 채마밭을 넓히고, 벌통 몇 개나 과실수 몇 그루를 확보하는 등으로 말이다. 내가 어렸을 때 아버지는 오두막에 딸린 채마밭을 소유했을 뿐 아니라 인근 농장에 자기 몫의 감자밭도 확보하고 있었고 — 이를 위해서 아버지는 추수기에 그 농장의 일을 도왔다 — 직장인 철도회사 소유의 채마밭 두 곳도 임대하였다. 이러한 여분의 가능성이 중요한 것은 그것이 제공하는 소출 때문이기도 하지만, 여분의 활동이 주는 직접적이고 즉각적인 만족감, 그리고 자신의 직접 노동을 스스로 지배할 수 있는 영역을 확보하는 데서 오는 현실감 때문이기도 하다. 임금경제의 압도적 지배가 오랫동안 지속되면서 이러한 예외적 영역은 결정적으로 중요해졌다. 오늘날까지도 이 영역은 심지어 도시에까지도 일부 보조적 장사나 직업의 형태로 존속한다. 그리고 인클로저 이전의 마을이 인클로저 직후에 출현한 그 어떤 공동체보다도 더 많은 사람들에게 이러한 여분의 활동에 종사할 기회를 제공했다는 사실은 의문의 여지가 없다. 이런 의미에서

---

7) G. E. Fussell, *Village Life in the 18th Century*(Worcester, 1948) 2장 참조.

인클로저로 인한 상실감은 어느 정도 실제 사실에 근거하고 있다. 그러나 그것은 어디까지나 '어느 정도'에 불과하다. 왜냐하면 여분의 활동이 주변적인 것으로 머물러 있는 한 그것으로 공동체 전체를 경제적으로 부양하는 것은 불가능했으며, 따라서 공동체가 여러 계급으로 성층화되는 것을 막을 수 없었기 때문이다.

그렇다면 인클로저 이전의 마을들에는 경제적·사회적으로 불평등한 현실 속에서 과연 어느 정도의 진정한 공동체가 존재했던 것일까? 이 질문에 대답하기는 매우 어렵다. 그것은 중요한 사실들을 확인하기 힘들기 때문이고 (지금보다 훨씬 더 많은 지역 연구와 사례들이 필요하다), 또한 시간적으로 상당히 멀리 떨어진 지금 시점에서 '공동체'를 판단하는 데에는 반드시 어느 정도의 주관성이 개입되기 때문이기도 하다. 물론 기관(*institution*)을 조사할 수는 있다. 관습법에 따라 마을의 대소사를 처리하던 장원재판소는 종종 '공동체적' 기관이라고 이야기된다. 그러나 장원재판소는 인클로저 이전에 서서히 붕괴하였고, 유명무실해지다가 결국 완비된 사유재산제도에 자리를 내주고 말았다. 지역의 법과 통치도 동일한 진화 과정을 밟았다. 토지소유자에게 권력이 점점 집중되고 토지소유자가 하나의 정치계급으로 구성되어 감에 따라, 지역의 법과 통치는 점점 더 국가 전체의 제도와 이익을 명확하게 대행하게 되었고, 결국 더 가혹해지지는 않았다 하더라도 점점 더 노골적으로 전제적인 성격을 띠게 되었다. 이것은 당연히 공동체의 현실을 엄청나게 변화시켰다. 워릭셔의 타이소 마을에 관한 상세한 기록 — 아버지에 관한 M. K. 애슈비(Ashby)의 주목할 만한 전기에서 찾아볼 수 있는 — 이 적절한 예가 될 것이다.

> 호적에 의하면 타이소는 18세기 말까지는 자유농(*yeomen*), 직인, 상인, 그리고 소수의 노동자들의 마을이었다. 이들은 별개로 존재하는 계급이 아니라 서로 혼인하고 도제로 견습하기도 하는 공동체의 일원들로

> 서, 서로 도와서 밭일을 했고 다른 여러 가지 점에서도 서로 깊게 의존하는 등 모두가 통합되어 있었다… 예전의 타이소에서 계급의 구분은 직능상, 혹은 습관상의 요구에 따른 것이거나 세속적으로 터득한 능력을 지칭하는 데 지나지 않았다… 그러나 불행한 세월이 지난 후 계급 사이에는 너무 깊은 도랑이 패여 어리석은 이들은 죄다 거기에 빠질 정도가 되었다.

그러나 여기서 흥미로운 것은 "불행한 세월" 동안 일어난 이런 변화가 인클로저의 결과가 아니라 인클로저 전에 이미 이루어진 것이라는 점이다. 마을의 빈곤이 증가한 결과 빈민생활보호제도(*pauperism*)가 수립되었고, 이 점에 대해서

> 타이소에서는 인클로저가 비난을 받을 이유가 없었다.[8]

빈민이 주홍색 글자를 부착하는 제도는 1740년대에 시작되었다. 18세기 전체에 걸쳐서 사망자 명부에 '생활보호대상자'라고 적는 경우가 점점 흔해지다가 결국 무정하게 'P'로만 단축해서 적게 되었다. 1780년대부터는 '실업자'라고 적는 경우가 생겨났다. 이동노무자제도[9]는 1760년대부터 성행하였다. 빈민구제는 천연두의 주기적 창궐로 엄청난 수의 사망자가 발생한 1770년대에 정점에 도달하였다. 확실히 이 시기의 공동체는 체제 전체의 위기에 너무나 밀접하게 연루되고 너무나 고스란히 노출되어 있었기 때문에, 이웃 간의 관계는 기껏해야 상대적인 의미만을 지닐 뿐이었다. 이와 같은 압박이 진행되는 가운데 이전 시기에는 우호적이고 비교적 비공식적인 성격을 띠었던 빈민구제는 '빈민'이라는 특수 계급을 냉정하고 가혹하게 다루는 것으로 바뀌었다. 이와 동시에

---

8) 이상 M. K. Ashby, *Joesph Ashby of Tysoe*(Cambridge, 1961) 19장.

9) (역주) Roundsman system: 빈민을 고용한 사람들에게 교구에서 소정의 임금을 지원해 주는 제도.

목사도 한결 명확한 계급의식을 갖게 되었고, 신축 목사관은 주변을 울타리로 둘러 '자신의' 교구민들로부터 분리되었다. 이제는 '호농'(豪農, *gentlemen- farmers*)이라 불리게 된 부유한 농장주도 목사와 마찬가지로 명확한 계급의식을 갖게 되었다. 목사나 호농과 관련된 이러한 사태 역시 인클로저의 시행 이전에 — 물론 인클로저 이후 더 빈번하게 목격되는 것이 사실이지만 — 일어난 것이었다. 요컨대 인클로저는 이처럼 복합적인 변화를 유발한 유일한 원인이 아니라, 그것의 한 구성 인자인 것이다.

여기서 우리가 배울 수 있는 또 하나의 사실은 공동체를 언제나 회고적 관점으로만 보면 곤란하다는 것이다. 19세기에 타이소 마을 사람들이 마을 소유 농장 안에 경작용 임대 토지를 할당받을 권리를 쟁취하기 위해 뭉쳤을 때, 공동체는 부활하였다. 지배적 토지소유자에 대항하는 투쟁의 일환으로, 혹은 탈곡기 파괴와 보리 태우기 운동 시대[10]에 일어난 노동자 반란 속에서, 혹은 톨푸들[11]로부터 조셉 아치[12]에까지 이르는 노동조합들이 농촌자본주의의 계급제도 전체에 대항하는 가운데, 영국의 많은 농촌 지역에 걸쳐 새로운 종류의 공동체가 발전하였다. 공동체는 많은 마을에서 정치적·경제적 권리를 위해 투쟁한 결과 조합이 승인되고, 선거권이 확대되고, 새로운 민주적 대의기구들에 참가할 가능성이 생겨나는 등의 부분적 승리를 획득했을 때에만 현실화되었다. 우리는 수천 건이 넘는 사례들을 통하여, 근대에 들어 이처럼 새로운 법적·민주적 권리를 쟁취하는 과정에서 생겨난 공동체가 기록이나 상상

---

10) (역주) 1830년대 영국 농업노동자들이 탈곡기의 도입으로 폭락한 임금에 항의하여 벌인 운동으로서 도시의 기계파괴운동과 유사한 성격을 지닌다.

11) (역주) Tolpuddle: 1833년에 농업노동자 조직이 결성된 지역의 이름. 이후 조직 결성의 주모자들은 체포되어 호주로 이송되었는데, 이들을 '톨푸들 순교자들'이라 부른다.

12) (역주) Joseph Arch(1826~1919): 노동자 출신의 영국 정치가. 전국농업노동자조합을 조직했다.

을 통해서 회고적으로 재구성된 그 어떤 과거의 공동체보다 많았다는 사실을 확인할 수 있다.

나는 지금 능동적인 공동체를 이야기하고 있는데, 공동체 가운데에는 이와는 다른 종류도 있다. 그러한 공동체는 억압받는 자들의 상호성에 기초한 공동체로 나타나기도 하고, 전반적으로 억압적인 제도의 변경(邊境)이나 주변에서 살아가는 자들의 상호성에 기초한 공동체로 나타나기도 한다. 이런 공동체는 투쟁의 공동체와 중첩되기도 하고 지역적·전통적 관습으로 존속하기도 하는 등 다양한 모습을 보인다. 이러한 전통적 상호성이 살아남았는지를 알아보는 한 가지 방법은 해당 마을이 대지주와 얼마나 떨어져 있는지를 알아보는 것이다. 우리는 그동안 토지소유자 자신의 입이나 그가 고용한 사람의 입을 통해서 토지소유계급의 문명화 효과에 관한 너무도 많은 이야기를 들어왔다. 그렇기 때문에 재건축된 대저택 내부에서, 혹은 주인을 위해 복무했던 고용 사제의 입에서, 극단적인 계급의식 — 노동자와 빈민에 대한 조직적 모욕 — 이 자주 표출되었다는 사실은 기록할 가치가 있다. 많은 빈민 가족들이 영국국교회를 버리고 비국교(*nonconformist*)의 각 종파로 개종한 것은 이런 식의 지주와 사제의 종교를 경험한 것과 직접적인 관계가 있다. 영국의 농촌 변경 지역의 '헛간 예배당'은 급진적 공동체가 지주와 사제의 종교에 적대적이라는 사실을 지금도 강력하게 증언해 준다. 그러나 지주와 지역적으로 얼마나 멀리 떨어져 있는가 하는 사실 자체가 공동체 성립의 한 요인으로 작용하는 경우도 대단히 많다. 바로 이것은 나의 가족이 직접 경험한 바이기도 했는데, 이에 따라 나는 지주의 '대저택'이 멀리 떨어져 있거나 혹은 부재한다는 사실이 전통적인 공동체 — 관용적인 이웃관계 — 의 존속 여부에 결정적인 요소가 될 수 있다는 생각을 줄곧 해왔다. 매슈 아널드가 《교양과 무질서》에서 다음과 같이 썼을 때 그는 바로 이런 사실을 암시하였던 것이다.

> 시골길을 가면서 풍경을 장식하고 있는 이런저런 아름답고 위압적인 저택들을 볼 때, 나는 혼자 중얼거린다. "야만인들의 거대하고 견고한 성채가 저기 서 있구나."[13]

성채들은 직접적인 군사적 점령과 통치의 시대부터 거기 서 있었던 것이 사실이다. 그러나 그것들은 이후 그곳에 뿌리를 내려 더 사회적인 성격을 갖는 체제의 일부가 되었다. 이와 같은 상류계급의 강력한 거점들이 영국 도처로 조밀한 네트워크를 이루며 확산되고, 그 부수적 영향으로 사람들이 풍경과 자연을 대하는 태도가 변화하게 된 것은 18세기에 가장 가시적으로 일어난 일이었다. 이에 대해서는 앞으로 알아볼 것이다.

그러나 우선 대저택의 사회적 영향에 관해 생각해 보자. 대저택들 중 일부는 타인의 노동과 파멸에 대한 승리의 상징물로 이미 수세기 동안 존재했던 것이었다. 그러나 18세기에 들어 대저택의 이례적인 개축, 증축, 부지 확장이 이루어졌다는 사실은 당시에 착취율이 현저하게 증가했음을 의미한다. 물론 착취율 증가 중 많은 부분은 무역과 식민지 수탈에서 비롯된 것이지만, 새롭고 효율적인 생산양식이 더 많은 잉여가치를 창출한 것도 부인할 수 없다. 이 엄청나게 많은 수의 대저택들 — 영국 농촌 지역 인근에 산재한 확장된 장원들, 신고전주의풍의 저택들 — 을 감탄의 눈으로 바라보는 것이 오늘날 유행이다. 사람들은 여행 안내서를 손에 들고 이런 저런 저택과 석조물과 가구를 보기 위해서 지금도 이 마을 저 마을을 전전한다. 그러나 그 어느 곳에서라도 멈춰 서서 토지를 바라보라. 그리고 저 밭들, 저 개울물들, 저 숲들이 오늘날까지도 생산해내고 있는 것들을 바라보라. 그것들을 노동으로 생각하고, 저렇게 많은 수의, 그리고 저렇게 엄청난 규모의 대저택들을 만들기 위해서 얼마나 장구하고 조직적인 착취와 강탈이 자행되었을 것인지를 짐작해보라. 한 고립된 농장에서 대대손손 내려 온 한 가족이 헤아릴 수 없을 정

---

13) *Culture and Anarchy*, 3장.

도로 오랜 세월 동안 실제로 노동한 결과 그 농장이 오늘날 고작 어떤 상태에 도달했는지를 그와 대조해 보라. 그리고 고개를 돌려 그 가족과는 다른 '명문 가족들', 저 조직적인 소유자들이 그동안 축적한 것을 오만하게 과시하는 광경을 보라. 토지와 저택을 보노라면 우리는 저 정도의 격차, 저처럼 야만적인 규모의 불균형을 만들어내기 위해서 얼마나 오랜 세월에 걸쳐 약탈과 사기 행각이 자행되었을 것인지를 실감하게 된다. 그러나 우리가 알게 되는 것은 그것만이 아니다. 대저택에 비하면 노동하는 자들의 농장과 오두막은 너무도 옹색하다. 이 옹색함이야말로 보통의 인간이 물려받은 유산이나 자신의 노력을 통해서 실제로 이루게 되는 재산의 척도이다. '위대한' 저택들은 그 척도를 파괴하는데, 그것은 타인을 현실적이고 조직적으로 착취하기에 충분한 의지가 작용한 결과이다. 이런 사실을 인식하기 위해서는 대저택의 부지와 정면(*façade*)의 위용, 회랑과 벽면들, 거대한 철문과 문지기들의 숙소를 보기만 하면 된다. 그것들은 저택 내부에서 외부를 바라볼 때의 효과만을 고려해서 설계된 것이 아니었다. 많은 찬미자들 — 그들 중 너무도 많은 사람들이 작가였다 — 이 저택의 내부에 서서 집주인과 전망을 공유하며 경관의 쾌적함을 즐긴 바 있었다. 그러나 저택의 설계는 다른 효과, 즉 외부에서 내부를 들여다보는 경우도 역시 염두에 둔 것이었음을 이제 우리는 안다. 말하자면 권력과 과시적 부와 명령권을 요란하게 보여 주려는 것이었으며, 현격한 사회적 차이를 강조하여 사람들이 깊은 인상을 받고 지레 겁을 먹도록 만들려는 것이었다. 근대화된 농업의 현실적 이익 중 많은 부분이 생산적인 투자가 아니라 이처럼 노골적인 사회적 선언에 사용되었다. 그것은 지배계급이 자리를 잡고 나면 언제나 이루어졌던 권력의 과시로서, 서로 경쟁하는 모양새를 가질지라도 결국 내용은 동일한 것이었다.

오늘날까지도 대저택이 드리우는 그늘에 서면 많은 시골 사람들이 오랜 세월을 거치며 쓰라리게 터득하고 의식적으로 주입받았던 사실에 직면하게 된다. 바로 이것이 명문세가이며, 바로 이것이 상류사회라는 사실 말이다. 그런데도 당신은 공동체를 생각하려 하는가? 우리가 현대에 공동체를 보는 것은 오직 대저택들에 대한 부분적 반환요구 — 그것들을 병원이나 농과 대학 같은 일반적 용도로 사용하게 해달라는 — 와 같은 환영할 만한 징후를 접할 때뿐이다. 그러나 그런 징후와 함께 우리는 옛 권력이 여전히 건재함도 확인한다. 현대에까지 살아남은 착취자들과 근대적 착취관계 속에서. 법인조직 소유의 별장, 공업단지, 지배계급 자제들을 위한 학교의 형태로. 우리 눈앞에 그것들은 물리적으로 존재한다. 그것들은 장구하게 지속되고 있는 계급사회의 공공연한 증거물들이다.

그러나 잠시 눈을 돌려 저택에서 떨어진 곳에 위치했던 마을들, 변경 지역들, 오늘날에도 지명(地名)에 흔적을 남기고 있는 옛 공유지들, 저택의 통제권이 미치지 않는 벽촌들을 보기로 하자. 저택의 직접적 지배에서 벗어나 지주의 눈에 띄지 않고 일상적으로 생활하는 것이 가능해지면 사정은 상당히 달라질 수 있다. 나는 위태롭게 현존하는 많은 공동체들, 서부의 분산 정착지들, 혹은 동부와 중부의 일부 밀집 촌락들이 여기에 해당한다고 확신한다. 이런 곳들 근처에는 척도를 확연히 변화시킬 정도로 이웃을 압도하는 대저택이 없다. 이런 곳들에 사는 사람들의 일상 속에 대저택 사람들과 그들의 위압적인 석조건축물들이 부재하거나, 아니면 최소한 이들이 바라는 만큼 멀리 떨어져 있다는 사실은 현실적으로 큰 차이를 유발한다.

지금도 일부 지역에서는 지역적인 성격을 띤 사실상의 공동체가 예전과 같은 식으로 — 다시 말해 소규모 자유토지보유농, 차지농, 직인, 노동자가 이웃으로 지내는 가운데 계급적 관계는 부차적인 의미만을 갖는 식으로 — 존속하고 있다. 그러나 이를 이상화해서는 안 된다. 왜냐하면 예나 지금이나 결정적 시점에는 계급적 현실이 관철되기 마련이기 때문이다. 그러나 결정적 시점들 사이에 존재했던 많은 안정기에는 친절하고 호혜적인 행위가 가능하였고, 그 행위는 우여곡절을 겪으면서도 현대에까지 이어지고 있다. 인클로저 전의 마을과 인클로저 후의 마을의 경우가 그러했듯이, 현대에도 이것은 정도의 문제이다. 체제가 점점 더 강력한 압력을 가해 올 때에는 직접적이고 가시적인 통제에서 벗어날 수 있는 휴식처, 행운의 거리(距離)를 확보하는 것이 중요하다. 인클로저는 수많은 사람들이 향유하던 바로 그 휴식처, 다시 말해 주변에서 영위되던 일상적인 독립성을 철저하게 파괴하였다. 휴식처의 상실을 애도하는 것은 옳지만, 우리는 그와 함께 사실을 직시하는 것도 잊지 말아야 한다. 실제로 어떤 일이 일어났는가를 이야기하면, '인클로저'(그것은 하나의 방법일 뿐이다)가 실시되었다기보다는 이미 오래전부터 발전해 왔던 체제가 더 눈에 띄는 모습으로 확립되었던 것이다. 그 체제는 여러 가지 모습으로 예전부터 존재했고 이후에도 다양한 모습으로 존재하게 될 것이었다. 수 마일에 걸쳐 새로 세워진 울타리들과 벽들, 새로운 권리 관련 서류들은 이제 누가 권력을 소유하고 있는지를 선언하는 것이었다. 16세기 이래 확장일로를 걸었던 지주, 차지농, 노동자의 경제체제가 이제 노골적이고 단호하게 지배하고 있었던 것이다. 그러므로 공동체가 존속하기 위해서는 그 체제를 성립하게 하는 조건을 바꾸어야만 했다.

제11장

파넘[1] 주변의 세 사람

이 변화의 시기에는 어떤 입장에서 보는가가 대단히 중요한 문제였다. 이제 우리는 다양한 관점들, 다양한 해석들, 현실에 대한 다양한 선택들을 직접 대조해 볼 수 있다. 역사에서 이 시기는 농업 사회의 시기이다. 문학에서 이 시기는 같은 지역의 생활까지도 서로 다르게 보았던, 관점들의 복잡한 공존의 시기이다.

예컨대 18세기에서 19세기로 넘어갈 무렵, 전체 거리가 30마일에 달하는 삼각형의 세 꼭짓점을 경유하는 여행을 상상해 보자. 장소는 햄프셔 주(州)와 서리 주의 접경 지역이다. 셀번에서 초튼까지는 6마일, 초튼에서 파넘까지는 10마일, 파넘에서 다시 셀번까지는 14마일이다.[2] 길버트 화이트는 1793년에 셀번에서 사망했다. 화이트가 그의 유명한 일기를 9년째 작성하고 있을 때인 1777년에 14세 소년이던 코벳은 파넘에 있는 아버지의 조그만 농장에서 도망쳤다. 이후 코벳은 말을 타고 이 마을들을 여러 번 다시 돌아보게 될 것이었고, 1820년대에 이르면 《농

1) (역주) Farnham: 영국의 소도시. 런던에서 남서쪽으로 약 67km 지점에 위치.

2) (역주) 본문에서 언급하듯이 세 도시는 서로 인접해 있지만, 셀번(Selborne)과 초튼(Chawton)은 햄프셔 주, 파넘은 서리 주에 각각 속해 있다.

촌으로 말을 타고 가다》를 쓰게 될 것이었다. 길버트 화이트가 사망했을 때, 제인 오스틴은 화이트에게서 얼마 떨어지지 않은 곳에서, 역시 화이트와 마찬가지로 목사관에 거주하며, 시골 사회에 관한 소설을 쓰기 시작하였다. 그녀는 1809년부터는 초튼에 살면서 원숙기의 작품을 출판하고 집필하였다. 거의 같은 시기에 이 좁은 지역에 서로 판이하게 다른 세 저술가가 살았던 것이다. 이들이 기술한 농촌의 모습과 농촌에 대한 관념이 너무도 다르기 때문에, 이들의 저작을 읽는 우리는 아무래도 지금까지와는 다른 종류의 의식을 가지지 않을 수 없게 된다.

코벳은 다수 민중의 관점에 입각한 상세한 사회적 관찰을 우리에게 제공한다. 그는 농업 노동의 세부 실태에 대한 아서 영의 관심에, 영보다 더 강력한 사회적 문제의식과 사회적 관찰을 결합하였다. 1811년에 그는 다음과 같이 쓰고 있다.

> (어퍼스밴드 서부)
> … 일군의 여성 노동자들이 판정관 옆에 서서 그가 자신들이 수확한 보리의 무게를 다는 모습을 보고 있었다. 참으로 초라한 누더기를 걸친 무리였다. 거의 거지꼴이었던 파넘의 호프 따는 사람들도 이들처럼 초라하지는 않았다. 그리고 내가 본 어떤 시골 주민도, 그리고 수확을 위해 고용된 어떤 인부도, 이들처럼 비참한 몰골은 아니었다. 개중에는 대단히 예쁜 소녀들도 더러 있었으나, 그녀들의 머리카락은 망아지처럼 뻗쳤고 안색은 잿빛처럼 창백했다.[3)]
>
> (크리클레이드 근처)
> … 노동자들은 비참할 정도로 가난해 보인다. 거처는 돼지우리보다 나을 게 없고, 안색은 그들이 먹는 음식 또한 돼지가 먹는 것과 다를 바 없음을 알려 준다. 그들의 참혹한 오두막은 도로 옆 조그만 빈터에 서 있는데, 그 빈터는 우연히 도로 폭에 여유가 생긴 부분을 이용한 것이었

---

3) *Rural Rides*, 13.

> 다. 집 한 채의 면적이 2로드도 채 되지 않는 마을이 많았다. 마치 태풍이 들판의 집들을 휩쓸어버리는 바람에 도로변 둑 밑에 피난처를 마련한 듯했다! 어제 아침에는 차가운 서리가 내렸다. 이 때문에 불쌍한 군상은 자신들의 알량한 감자밭을 파야 했다 … 이것이 '번영'이다. 과연 그런가?[4]

코벳의 관찰의 큰 장점은 상세하다는 것이다. 지역에 따라 변화하는 사실을 기록할 때도 예외가 아니다.

> (글로스터 근처)
> … 지나면서 보니 노동자들의 거처는 나쁘지 않았고 복장이나 건강상태도 꽤 좋아 보였다. 밭일하는 여자들(이들이 언제나 나의 판단기준이다)이 입은 것은 누더기가 아니었다. 그녀들은 윌트셔의 소녀들처럼 너덜너덜한 신발 조각을 발에 묶지도 않았고, 넝마 조각을 발목에 졸라매지도 않았다.[5]

이제 우리는 사회적 관점의 근본적 변화를 의미하는 새로운 목소리를 듣는다.

> 지주와 임차 농장주는 자신들의 이야기를 할 수 있다. 그들은 의회에 항의하거나 청원하는 것으로 자신들의 이야기를 한다. 그러나 노동자들의 이야기를 하는 사람은 아무도 없다.[6]

관점에 대한 이와 같은 의식, 계급적 관점에 대한 이와 같은 의식은 종래의 많은 기록들과 전혀 다른 것이다. 물론 그보다 앞서 이러한 의식을 보인 사람들이 없지는 않았지만 — 크랩이 그 부분적인 예라 할 수 있다 —

---

4) 같은 책, 15.
5) 같은 책, 17.
6) 같은 책, 233.

코벳은 세부적 사실의 광범위한 기록을 여기에 추가함으로써 새로운 세계를 창출하는바, 그것은 공감의 시가 사실주의적 소설로 이행하기 위해서 반드시 갖추어야 할 것이 무엇이었는지를 명확하게 보여 준다.

코벳이 빈곤과 토질(土質)의 관계를 고찰하는 다음과 같은 장면에서 우리는 크랩을 떠올린다.

> (켄트)
> 이곳 노동자의 아내는 햄프셔와 서섹스 삼림지역 노동자의 아내와 얼마나 다른가! 내가 언제나 확인했던 사실은, 토양이 비옥하고 삼림지역이 없는 만큼, 다시 말해 순수한 곡창지대일수록, 노동자들의 생활은 그만큼 더 비참했다는 것이다.[7]

자본주의적 영농이 가장 발전했던 곳은 곡창지대였다. 코벳은 사회적 조건이 지역에 따라 이처럼 대조적이라는 사실을 강조한다.

> 노동자들은 꽤 좋아 보인다. 그들은 돼지를 기른다. 삼림지역과 미개간지 노동자들의 생활이 언제나 가장 유복하다. 강력한 강탈자들이 모든 것을 다 볼 수 있는 곳에서 노동자들의 수입은 쥐꼬리만 할 뿐이다.[8]

이것이 그가 인클로저를 반대하는 사회적 근거였다. 생산, 다시 말해 총생산량이라는 추상적 숫자에 문제가 생긴 것이 아니라, 구체적 사실, 즉 사람과 토지에 문제가 생겼기 때문이다. 이런 의미에서 그는 다음과 같이 말했다.

> 이곳은 '토지가 비옥하면 노동자는 가난하다'는 나의 오랜 관찰을 입증해 주는 또 하나의 증거이다.[9]

---

7) 같은 책, 207.
8) 같은 책, 221.

그는 또한 임금 노동의 불이익을 노동자에게 숙식을 제공하던 옛 제도와 대조하면서(농장주가 "농장노동자들에게 임금으로 지불하는 하찮은 금액으로는 농장노동자들이 먹고 살 수 없다") 다음과 같이 주장한다.

> 토지는 예나 지금이나 평균적으로 일정한 양을 생산하지만, 생산물의 분배 방식이 새로워진 것이다.[10]

한편 농촌자본주의가 확대되는 동안 토지소유자와 그들의 사회구조에는 어떤 변화가 일어났을까? 코벳은 대단히 주의 깊게 관찰한 다음, 우리에게 익숙한 구분을 시도한다.

> 우선, 해당 지역에 거주하는 토착 향신이 있다. 그는 어린 시절부터 주변의 모든 임차 농장주와 노동자를 알고, 그들과 교류하며 신분에 상관없이 함께 오락을 즐겨 왔다. 그는 이해타산을 따지지 않고 관습에 따라 격식 없이 이웃을 초대하여 환대한다. 다음으로는 해당 지역에 이따금 체류할 뿐인 향신이 있다. 그는 시골의 도락(道樂)에는 아무런 취미가 없으며, 매너가 낯설고, 행동은 뜨악하고 거만하다. 그가 토지에 관심을 갖는 것은 오직 지대 때문이다. 그에게 토지는 투기의 대상일 뿐이다. 그는 토지를 경작하는 사람들과 사귀지 않으며, 그들과 그들의 취미를 경멸하고, 이웃해 살며 선의를 베푸는 것으로가 아니라 자신의 권력을 과시하여 두려움을 주는 것으로 영향력을 행사하려 한다. 전쟁과 어음제도의 결과 시골에는 잡다한 인간들이 몰려들었다. 인도에서 귀국한 부호, 흑인 학대자, 장군, 해군제독, 식민지 총독, 병참장교, 청부업자, 연금생활자, 이름만 성직에 걸어놓고 있는 사람, 지방행정관, 공채 브로커, 복권 판매업자, 은행가, 주식 브로커. 가운을 입고 세 갈래로 땋은 가발을 쓴 고위급 인사들의 대단한 이름 목록이, 그야말로 이름들의 블랙리스트가, 여기에 더해지는 것은 물론이다. 좋은 집치고 이

9) 같은 책, 34.

10) 같은 책, 311.

> 런 인간들의 소유가 아닌 집을 찾기는 힘들다. 이제 이들이 목사와 함께 치안판사직을 수행한다.[11]

인상적인 목록이다. 코벳은 예로 몇 사람의 실명을 든다. 그러나 코벳의 설명은 최소한 16세기부터 시골에 이와 똑같은 종류의 침탈이 있었다는 사실을 참작하여 수정되어야 한다. 코벳은 이 '침입자들'이 어디서 왔는지 묻지 않는다. 사실은 그들 중 많은 수가 바로 그 "해당 지역에 거주하는 토착 향신"의 차남이거나 삼남이었다. 그들은 위에 열거된 새로운 부를 찾아 지역 밖으로 나갔다가 이제 귀향하고 있는 것이었다. 그러나 '토착 향신'이건 '침입자'이건 극적일 정도로 급격하게 지대를 인상한 것은 매한가지였고, 그 피해는 지대를 지불하는 임차 농장주를 거쳐 농업노동자에까지 미쳤다. 코벳은 변화가 시작된 시기를 최근으로 당겨 잡기는 했지만, 이제 농업자본주의의 확장에 따라 실제로 어떤 사태가 발생하고 있는지를 본다. 그는 변화의 주범으로 화폐 — 처음에는 은화와 금화, 다음에는 지폐 — 를 지목한다. 처음에

> 화폐의 영향은 단계적으로 서서히 드러났다. 화폐는 재산을 이전시켰다. 그러나 재산 이전이 워낙 느린 속도로 진행되었고, 또한 그 결과 재산을 새로 취득한 사람이 그것을 대단히 오랫동안 조용히 보유하였기 때문에, 그 결과는 그리 폭력적이지 않았다. 어쨌든 태풍이 숲을 뿌리째 뽑아버리듯 전 지역의 토지소유자의 뿌리를 한꺼번에 뽑아버리는 식은 아니었다.[12]

이것은 16세기에서 18세기 사이에 발생한 변화를 과소평가하는 것이다. 그러나 우리는 코벳이 여기서 당대의 심각한 혼란상을 기록하는 데 집중하고 있음을 감안해야 할 것이다.

---

11) 같은 책, 313.

12) 같은 책, 313~14.

> (가장 작은 규모의 향신에서 최고 귀족층까지 다섯 계층이 있다고 할 때) 제 3계층에 해당하는 소향신(*small gentry*) 계층 이하는 거의 한 사람도 남지 않고 모두 사라졌다. 그리고 그들과 함께 소규모 임차 농장주들도 사라졌다. 내가 보기에 베어링 가문[13] 하나가 부지불식간에 3, 40호에 달하는 소향신을 삼켜버렸다. 이들이 삼킨 것은 실로 모든 종족 중에 가장 수가 많은 종족이었지만, 이 무수한 피라미들은 마치 상어 목을 통과하는 빙어 떼처럼 아무 느낌도 없이 미끄러져 내려가 버렸다. 상어에게는 대구쯤이나 되어야 느낌이 오는 것이다.

크랩은 그의 기록에 등장하는 그 어떤 인물만큼이나 명확한 목소리로, 농촌경제에서 중간계급이 몰락한 현실을 항의한다. 우리는 이미 이런 항의에 익숙하다. 그러나 그는 이러한 현실을 보는 한편 새로운 판단기준을 도입한다. 노동자의 입장에 서서, 밭일하는 여성을 "언제나 나의 기준으로" 삼으면서, 소규모 토지소유자와 일부 임차 농장주의 몰락을 보는 것인데, 소향신에 대해 말할 때 그의 어조는 전에 없이 신랄하다.

> 그들은 노동계급이 거의 굶어 죽을 지경에 처하게 하는 데 주도적이고 열렬하고 유능하게 기여했지만, 어쨌든 그들 자신 또한 가장 비참하게 몰락하게 되었다. 이에 대해 나는 정말 진심으로 하느님께 감사드린다.

임차 농장주에 대해서도 마찬가지다.

> 임차 농장주의 몰락은 나를 참으로 즐겁게 한다. 그리고 나는 그에 대해 하느님께 온 마음을 다해 감사드린다. 내가 보기에 인구의 대다수를 점

---

13) (역주) Barings: John Baring(1697~1748)은 1717년에 독일에서 영국으로 이주하여 양모 사업으로 크게 성공하였고, 그의 아들들은 1762년에 영국 최초의 상업은행인 베어링 은행을 설립하였다. 1995년에 싱가포르 지사의 한 직원의 투기 행위로 도산하기까지 이 은행은 영국에서 가장 오랜 상업 은행의 지위를 누리게 된다.

> 하는 노동자에 대한 이처럼 잔혹하고 무례한 처사를 끝장내려면, 임차 농장주는 반드시 절대적으로 몰락해야 했다. 그들은, 최소한 서섹스에서라도, 전면적으로 해체되어야 했다.[14)]

이는 코벳이 다수의 당대 노동자들과 공유하던 격렬한 분노 — 가장 가까이 있던 표적에 대한 분노 — 의 표현이다. 이러한 분노는 1816년에 이스트 앵글리아에서 일어난 '빵이 아니면 피를' 폭동[15)]이나, 1830년에 광범위하게 확산되었던 노동자 반란('캡틴 스윙'의 운동)[16)]을 지배했다. 이와 관련하여 코벳은 자신이 혹시 "많은 사람들에게 응분의 경의를 표하지 않고 채찍만 휘둘렀"던 것은 아닌가 생각하며, 다음과 같이 성찰한다.

> 나는 농가에서 태어나 농사용 작업복을 입고 쟁기질하는 것으로 잔뼈가 굵었다. 임차 농장주들이 하는 모든 종류의 오락을 대단히 즐겼고, 그들과 어울리기를 좋아했으며, 내가 가장 존경하는 친구들도 임차 농장주이다. 그래서 내가 그들이 직면한 총체적 몰락의 위기로부터 그들을 구해내는 데 최선을 다해야겠다는 감정을 남들보다 절박하게 느꼈던 것은 당연한 일이고, 그 감정은 지금도 여전하다. 그러나 노동자들은 어떤가. 그들에게 아무런 동정심도 느끼지 않아야 할 것인가? 그들도 같은 고향사람 아니던가? 그렇다면 냉혹한 임차 농장주들에 분노해야 마땅하지 않은가? 그들은 무정하게도 자신들이 편안하게 살 수 있도록 뼈빠지게 일해 준 노동자계급의 목에 종을 달아서 무자비하게 모욕하고 비천한 처지로 내몰지 않았던가?[17)]

---

14) 같은 책, 65~6.

15) (역주) 1816년 워털루 전쟁 이후 물가가 치솟고 실업률이 급증한 데 항의하여 농업노동자들이 일으킨 폭동.

16) (역주) 1830년에 농업노동자들이 주축이 되어 임금의 상승을 요구하며 일으킨 폭동. 폭동 중에 작성된 협박장들 중 일부가 '캡틴 스윙'이라는 이름으로 서명되었던 데서 이런 명칭이 생겼다.

17) 같은 책, 67.

충성심의 갈등으로 고민하다가 최종적으로 결단을 내리는 이 장면은 위기적 단계의 특징을 보여 준다. 강제적 식량 징발, 최저임금을 요구하는 폭동, 쌓아놓은 보리를 불태우는 현장들에서 종종 제기되었던 주장은, 이들의 직접적인 분노의 대상인 임차 농장주들 역시 토지소유자들(그들은 임차 농장주들보다 소요 현장에서 더 안전하게 떨어진 곳에 거주하며 더 많은 보호를 받고 있었다)이 부가하는 지대 때문에 내놓을 것이 변변치 않다는 것이었다. 이런 소요 사태가 발생하면, 토지 몰수, 파산, 재정 압박에 직면한 임차 농장주들이 봉기 노동자들에 가담하는 경우가 빈번하였다는 사실은 참으로 중요하다. 그러나 이는 농촌에서 자본주의가 발전하던 시기의 특징이었다. 사실 폭동의 발생은 직접적이고 개인적인 관계 속에서 벌어지던 지역적 대결이 최종 국면을 맞이했음을 의미했다. 이러한 소요는 필연적으로 계급 대 계급의 조직화, 즉 노동조합운동과 그에 관련된 정치운동으로 이어질 것이었다. 직접적 호소와 내면적인 도덕적 판단의 형태로 드러났던 감정의 구조—골드스미스나 크랩의 시에서 볼 수 있었던 도덕적 주장이나 도덕적 경고—는 이제 필연적으로 다른 종류의 사고와 감정의 구조로 변화할 수밖에 없었다. 자본주의의 제도적 성숙은 자본주의에 반대하는 체계적 조직의 결성을 강요하고 있었다.

영국 농촌의 사회사에 결정적 의미를 갖는 이러한 발전은 새로운 유형의 농촌 관련 저술을 낳았다. 코벳은 새로운 유형의 농촌 관련 저술의 선구자였다. 문학 양식이 이렇게 변화함에 따라, 이제 역사를 결정하는 중요한 요소인 계급 간의 상호작용을, 회고나 반성을 통해서가 아니라 새로운 전형적 행동을 통해서 묘사하는 것이 가능해졌다. 이것이 종래의 허구문학이 새로운 종류의 소설—1830년대 이후 지배적 문학 형식이 되는—로 변화한 사태의 중요한 의의이다. 코벳은 기자로서 그리고 결국에는 민권운동가로서 글을 쓰고 운동을 이끌었다. 그의 관점 변화와 그가 그처럼 생생하게 기록했던 사회 변화는 새로운 문학방법의 출현을 알리는 최초의 중요한 징후이다.

그러나 소설의 이러한 변화는 코벳의 시대에는 아직 일어나지 않았다. 코벳이 중년에 이르고 사회적 변화가 계속되는 와중에도 제인 오스틴은 줄곧 코벳과는 대단히 다른 관점으로, 다시 말해 코벳이 여행 중 지나치던 여러 집들의 내부에서 외부를 바라보면서, 글을 썼다. 코벳이 소향신의 소멸에 관한 글을 쓰고 있었을 때, 그는 (제인 오스틴이 작품을 쓰고 있던—역자) 초튼에서 멀지 않은 햄프셔를 말을 타고 지나던 중이었다. 그가 시골저택과 영지를 새롭게 소유하게 된 사람들의 목록—대부호에서 주식브로커에 이르는—을 작성한 곳 역시 햄프셔였다. 따라서 코벳의 다음과 같은 관찰기록을 읽을 때, 우리는 제인 오스틴의 소설 세계를 떠올리게 된다.

> 대향신층은 "산 채로 잡아먹히는" 사태를 모면하기 위해서 … 그들의 대변인들에게 지위, 연금, 혹은 봉직하지 않아도 되는 성직 등을 미끼로 제공하고, 그들을 이용하여 납부한 세금을 일부라도 돌려받으려 한다. 다른 대향신들은 유가증권업자나 대규모 양조업자 같은 사람들의 딸이나 과부들과 사랑에 빠진다. 그리고 때로는 대향신의 딸들이 유가증권업자의 아들과 사랑에 빠지기도 하고, 아니면 그 아들의 아버지와 사랑에 빠지기도 한다. 모든 것을 이기는 사랑의 열정은 상대가 유태인이라도 상관하지 않는 듯하다. 그러나 소향신층에게는 이러한 자원이 없다.[18)]

우리는 제인 오스틴의 어떤 작품에서도 이런 어조를 읽을 수 없다. 그러나 이 구절은 우리에게, 말하자면 정원 담벼락의 반대쪽에 서서, 다음과 같은 질문을 하지 않을 수 없게 만든다. 어떤 상황이나 압력이 제인 오스틴으로 하여금 코벳 못지않게 예리한 관찰을 하게 만들었는가? 개인적 측면과 도덕적 측면을 강조하는 그녀의 정교하고 탐구적인 묘사는 어떤

18) 같은 책, 313.

사회적 내용을 지니고 있었는가?

제인 오스틴이 당대의 결정적인 역사적 사건들을 의도적으로 무시했다는 것은 보편적으로 인정되는 사실이다. 그런데도 사람들은 여전히 묻는다. 그녀 작품에서 나폴레옹 전쟁은 어디에 있는가? 현실적인 역사의 흐름은 어디에 있는가? 그러나 역사는 여러 갈래로 흐르는 법이다. 당시의 영국에서 지주 가문의 사회사는 역사의 가장 중요한 흐름 중 하나였다. 우리가 지주 가문의 사회사의 현실적 진행 과정을 제대로 인식하면, 그것이 제인 오스틴 소설의 중심적이고 구조적인 요소임을 알게 된다. 우리가 이를 깨닫지 못하는 것은 예의 회고적 경향 때문이다. 회고적 경향은 펜즈허스트, 색스엄, 벅스헤드,[19] 맨스필드 파크, 노어랜드,[20] 그리고 심지어는 포인튼[21]까지도 가리지 않고 하나로 뭉뚱그리는데, 그 결과 우리는 그 저택들과 거기서 기거하는 사람들을 단일한 전통, 다시 말해 교양 있는 시골 향신층에 속하는 것으로 보게 된다. 이런 견해는 저택들과 가문들이 끊임없이 만들어지고 개조되는 것이라는 사실을 은폐하고, 그것들을 이상화하고 추상화한다. 이렇게 해서 제인 오스틴의 세계를 마치 하나의 단순한 '전통적' 배경인 것처럼 당연하게 받아들이거나, 심지어는 일종의 벽지 농촌 같은 것으로 보고 보호하려 드는 경향마저 생겨난다. 사회적 '배경'이 이런 식으로 '고정'되면, 그녀의 소설에는 순전히 개인적 관계만 존재할 뿐이라고 강조하는 것이 가능해진다.

그러나 이러한 강조는 잘못된 것이다. 왜냐하면 제인 오스틴이 집중

---

19) (역주) 골드스미스(Oliver Goldsmith)의 《지는 것이 이기는 것》(*She Stoops to Conquer*)에 나오는 한 등장인물은 하드캐슬(Hardcastle) 저택을 장난삼아 "Buck's Head Inn"이라고 부른다.

20) (역주) Norland: 제인 오스틴의 《이성과 감성》의 주요 무대인 저택.

21) (역주) Poynton: 헨리 제임스의 《포인튼의 전리품》(*Spoils of Poynton*)의 주요 무대인 저택.

하는 문제는 추상적인 의미에서의 개인적 관계 — '관찰된 심리적 과정' — 가 아니기 때문이다. 그녀는 개인적 행위(*conduct*)의 문제에 집중한다. 즉 그녀는 특정한 현실 상황에서 인간 행동을 지배하는 기준을 검증하고 발견하고자 한다. 개인적 행위를 검토하는 그녀의 작업 속에 이미 그녀의 사회적 고찰이 — 사회적 규범의 타당성 여부를 강렬하게 의식하면서 그것을 탐구해 나가는 모습으로 — 내재해 있기도 하지만, 그와 함께 우리는 그녀가 영지, 수입, 사회적 지위에도 직접적인 관심을 가졌다는 사실을 소설 속의 여러 증거를 통해 확인할 수 있다. 영지나 수입, 사회적 지위는 그녀 작품이 투영하고 구성하는 모든 인간관계들의 필수적 구성 요소이다. 그리고 그녀의 이러한 관심은 고정된 '전통적' 세계에 사는 사람의 관심이 아니다. 사실 제인 오스틴의 인물들이 표명하는 관심의 대부분은, 그리고 그들의 행동을 촉발하는 동기의 대부분은, 동시대 지주 가문들의 현실적 운명의 변화 — 전체 인간의 운명이 전반적으로 변화하는 가운데 일부 가문이 부침(浮沈)을 겪는다는 사실 — 이다.

《맨스필드 파크》의 토머스 버트럼 경을 전통적인 토착 향신의 예로 보고, 크로퍼드 가족의 새로운 '런던' 식 생활방식과 대조하기는 쉬운 일이다. 사람들은 《맨스필드 파크》를 대개 그런 식으로 읽는다. 그러나 제인 오스틴은 버트럼을 — 골드스미스라면 "서인도에서 돌아온 대 부호"라고 불렀음 직한 — 설탕 섬 안티구아의 농장소유주로 분명하게 묘사하고 있다. 크로퍼드 남매의 생활은 런던 식일지 모르지만 그것을 가능하게 해 주는 것은 노퍽크의 토지에서 나오는 수입이며, 남매를 양육했던 백부는 해군 제독이다. 《설득》의 월터 엘리엇 경은 예전에 체셔에서 서머싯으로 이주해 와서 왕정복고기에 준남작 신분으로 상승했던 지주 가문의 일원이지만, 이제 그의 수입으로는 신분을 유지하는 것이 힘든 형편이다. 그의 한정 상속인은 "신분은 낮지만 돈 많은 여자와 결혼하여 독립했다".[22] 그는 자신의 집인 켈린치 홀을 해군 제독에게 임대해야 하는 처지이다. 월터 엘리엇 경의 변호사는 다음과 같이 말한다.

> 이제 전쟁이 끝났으니 돈 많은 해군 장교들이 돌아올 것이고, 그들에게는 집이 필요할 것입니다… 전쟁 동안에 엄청난 재산을 거머쥔 사람들이 많습니다.[23]

한편 그 지역에서 두 번째 대지주인 이웃 머스그로우브 가문은,

> 아마도 개량이라고 표현해도 무방할, 변화를 겪고 있었다. 가문의 아버지와 어머니는 구식 영국 풍이었고 자녀들은 신식이었다.[24]

《오만과 편견》의 다아시는 "오랜 세월에 걸쳐" 확고하게 자리 잡은 토지 소유자이지만, 그의 친구 빙글리는 상속받은 10만 파운드를 가지고 적당한 토지를 물색 중이다. 윌리엄 루카스 경은 상인 출신으로 출세하여 기사 작위를 획득한 사람이다. 베네트 씨에게는 2천 파운드의 연수입이 있지만, 그의 재산은 한정상속 부동산[25]이다. 그리고 그의 부인은 변호사의 딸이고, 동생은 상업에 종사한다. 《엠마》의 나이틀리는 돈웰 애비를 소유하고 있고, 그의 임차인인 마틴은 새로운 호농 계급의 일원이다. 우드하우스 가족에게는 토지가 거의 없지만, 엠마는 "다른 수입원에서 나오는" 3만 파운드를 상속받게 되어 있다. 목사인 엘튼은 개인 재산이 다소 있긴 하되 "직업상의 관계 말고는 어떤 연줄도 없으므로" 출세를 위

---

22) Jane Austen, *Persuasion*, 1장; 《설득》 조애리 역(창작과 비평사, 1999), 13.

23) 같은 책, 3장; 《설득》 23~4.

24) 같은 책, 5장; 《설득》 53.

25) (역주) entailed estate: 한정상속 부동산, 혹은 한사상속(限嗣相續) 부동산은 소유자가 마음대로 처분하거나 상속할 수 없는 부동산을 말한다. 한정상속 부동산의 상속인은 대개 몇 대에 걸쳐 미리 정해져 있는데, 베네트 씨의 경우는 가장 가까운 남자 친족이 상속인이다. 즉 베네트 씨에게 아들이 있다면 상속이 가능하지만, 그렇지 않기 때문에(베네트 씨의 딸들이 아니라) 사촌 윌리엄 콜린스가 그의 상속인이 된다.

해 온갖 노력을 다해야 한다. 웨스턴 씨는 "지난 2, 3대 동안 재산을 모아 상류계급으로 진입한 존경할 만한 가문"의 일원이다. 그는 요크셔에서의 민병대 생활을 계기로 해서 "요크셔 명문"의 딸과 결혼하고, 그녀와 사별한 후에는 상업을 시작하여 "조그만 영지"를 매입한다. 결국 "꽤나 부유한 상인"의 딸임이 밝혀지는 헤리엇은 "더 행복하고 편안하고 안정되고 향상되리라는" 합당한 희망을 품고 호농 계급 남자와 결혼한다. 코울 가문은 상업에서 나오는 수입으로 조용하게 살지만, 수입이 늘자 "인근에서 재산 면에서나 생활의 스타일 면에서나 우드하우스 가문 빼고는 으뜸인" 가문이 된다. 《이성과 감성》의 대쉬우드 가는 토착 토지소유 가문인데, 결혼을 통해서 수입을 늘리고 딸들의 계승적 부동산 처분액[26] 도 늘린다. 그들은 또한 노어랜드 공유지에 인클로저를 실행하고 인접한 농장도 사들이는 중이다. 인클로저와 토지 매점을 위해서는 주식의 현금화가 필요해서 가족이 곧바로 실행하려던 토지개량 공사는 지지부진하다. 《노생거 사원》에서 캐서린 몰랜드는 상당한 개인 재산에 좋은 교구도 두 개나 가진 목사의 딸로서, 토착 토지소유가문인 앨런 가의 사람들과 함께 바스로 간다. 사교적 교제에 대한 제인 오스틴 특유의 날카로운 관찰이 진행되는 가운데, 캐서린은 수도원 해체 이래 사원의 영지를 줄곧 소유해 왔던 가문의 아들과 만난다. 그 아들의 여동생이 결혼하는 것은 결혼 상대가 "예상할 수 없었던 부와 직위를 손에 넣었기 때문"이다.

내가 사회사와 관련된 부분만을 이렇게 골라내어 약술하는 것은 물론

26) (역주) settlements: 계승적 부동산 처분은 상속인(대개 장남)에게 세습재산 전부를 처분할 권한을 주되, 남은 식구들(모친, 여형제, 남동생들)의 상속재산을 장남이 위탁받은 것으로 간주하여 그들에게 이자나 연금을 지급하도록 한 제도이다. 이 제도는 재산이 분할 상속되어 가문의 지위가 몰락하는 것을 막기 위한 것이라는 점에서는 '한정상속'과 같지만(역주 25 참조), 장남에게 재산 처분의 자율권을 부여하는 한편 다른 가족의 생활도 일정 부분 보장해 주는 이점이 있었다.

오스틴 소설의 더 구체적인 행동이 시작되고 끝나는 무대인 소설 속 세계를 묘사하기 위해서일 뿐이다. 그러나 오스틴 소설이 획일적으로 안정된 사회가 아니라 활동적이고 복잡하며 격렬한 투기가 벌어지던 과정을 무대로 한다는 사실은 명백하다. 사실 그것은 영국의 사회사에서 가장 기술하기 어려운 세계이다. 다시 말하면 탐욕적인 고도의 부르주아 사회, 즉 전통적 농업자본주의 — 전통적 농업자본주의 자체도 작위 계승이나 가문 명칭의 창안 등을 매개로 하는 것이지만 — 와 가장 두드러지게 결합하던 시기의 부르주아 사회이다. 그것은 장기간에 걸친 토지자본과 상업자본의 복잡한 상호작용 속으로 코벳이 관찰한 바 있던 과정 — "인도에서 귀국한 부호, 흑인 학대자, 장군, 해군제독" 등의 도래 — 이 직접 끼어들던 사회, 그리고 그것이 심지어 당연한 것으로 간주되기까지 하던 사회이다. 이처럼 복잡한 과정이 야기하는 사회적 혼란과 모순이 인간의 행위와 가치판단에서 발생하는 많은 문제들의 진정한 원천이며, 개인의 행위는 바로 그 혼란과 모순을 극화한다. 노골적으로 물욕을 추구하며 재산의 이전(移轉)에도 관여하는 사회는, 과거로부터 내려오는 규범과 새로이 대두하는 개량의 도덕을 척도로 삼아, 자신을 판단하기 위해 노력하는 것이다.

그렇다면 제인 오스틴의 역설은 혼란과 변화의 연대기를 기록하면서도 어조의 통일성을 성취한다는 것, 다시 말해 확고하고 대단히 자신만만한 견해와 판단을 보여 준다는 것이다. 그녀는 정확하고 솔직하지만, 대단히 특별한 그녀만의 방식으로 그러하다. 예컨대 그녀는 토지의 경작면적 — 토지에 대한 노동을 떠올리게 만드는 — 에 대해서는 애매하지만, 토지가 제공하는 가처분 소득액에 대해서는 정확하다. 그러나 그녀는 또한 마치 '토지 이외의 수입원'은 존재하지도 않는 것처럼 토지를 본다. 이를테면 주택, 목재, 토지개량의 세목을 보는 그녀의 눈은 신속하고 정확한 재정전문가의 눈이다. 하지만 그녀는 다른 종류의 돈 — 무역회사나 식민지 농장에서 나오는 돈 — 에는 결코 시각적 등가물을 부여하지 않는다. 우리가 그것을 조금이라도 보게 되는 것은 오직 그것이 (토지나 저택과 같은 — 역자) 질서의 상징물로 변화했을 경우뿐이다. 이러한 시각은 특히 당대의 시각을 대표한다. 토지는 무엇보다 수입과 지위의 지표로 간주된다. 토지의 정연한 관리는 가치 있는 노력의 소산이지만, 토지에서 노동하는 과정은 거의 눈에 들어오는 일이 없다. 그리하여 제인 오스틴은 개량의 두 가지 의미 — 역사적으로는 서로 관련되지만 현실에서는 서로 충돌할 때가 많았던 — 를 다시 한 번 우리에게 상기시킨다. 첫 번째는 농업 노동에서 이루어졌던, 토양과 가축과 수확량의 개량이다. 그리고 두 번째는 실제로 증가하고 있던 부의 대부분을 흡수한, 저택과 정원과 인공적 풍경의 개량이다. 하바쿠크 교수의 말을 빌면,

> 영국의 토지소유자는 전체적으로 볼 때 소비계급이었다. 그들의 차입금 중 대부분은 결혼 지참금을 마련하거나, 사치스런 생활을 하느라 빌려 쓴 급전을 갚거나, 대저택을 짓는 등의 비생산적 지출을 위한 것이었다. 따라서 예컨대 인클로저를 위한 차입금은 대체로 전체 부채 중 작은 부분을 차지했다.[27]

이것은 많은 토지소유자들이 농업개량에서 일정한 역할을 했음을 부정하는 발언이 아니라, 그들의 역할을 실제 사회 상황 속에 정확하게 자리매김하는 발언이다. 또한 이것은 농업혁명이라는 전문용어로 추상화해 버리기 쉬운 사태에 대한 대단히 중요한 논평이기도 하다. 요컨대 이른바 농업혁명이라는 것은 혁명이 아니라 기존 사회계급을 공고화하고 개량하고 확장하는 과정이었다는 것이다.

경작(*cultivation*, 세련화) 도 개량처럼 애매하다. 생산량이 늘면 지대가

---

27) H. J. Habakkuk, "Economic Functions of English Landowners in the 17th and 18th Centuries", in *Essays in Agrarian History*, ed. Minchinton, Vol. 1, New Abbot, 1968.

인상된다. 지대 인상으로 인한 수입 증가는 세련된(*cultivated*) 사회라고 간주되는 어떤 것의 기초가 된다. 그렇다면 '농업혁명'은 바로 이 일견 실현가능해 보이는 생활의 질을 확보하기 위한 것이다. 제인 오스틴이 놀라울 정도로 어조의 통일성 — 그녀의 서술방식의 토대인 냉정하고 통제된 관찰, 사건과 묘사와 인물을 공공연하게 통제하지도 않고 소설 속에 직접 참여하지도 않으면서 약간의 거리를 두고 조정하는 기법 — 을 이룰 수 있었던 것은, 사회 저변에 이처럼 효과적이지만 눈에 띄지는 않는 공식(*formula*)이 존재했던 덕분이다. '(물질적 — 역자) 개량은 (정신적 — 역자) 개량이다, 혹은 개량이어야 한다'는 공식 말이다. 노동을 통한 개량은 사회의 개량을 이루기 위한 수단이다. 그러나 제인 오스틴의 작품은 노동을 통한 개량 작업을 전혀 보여 주지 않는다. 하지만 오히려 그렇기 때문에 그녀의 작품은 사회의 개량을 따로 분리하여 실로 명확하게 고찰할 수 있게 된다.

제인 오스틴은 사회의 개량을 실제 이상으로 미화하지 않는다. 높은 수입이 훌륭한 행동으로 변화하는 것은 자동적인 과정이 아니었다. 제인 오스틴은 의식적으로 개량을 추구하는 사람들 중 일부의 실제 행태를 가감 없이 그린다. 그들은 탐욕스럽고 타산적인 물질주의자들이다. 그러나 중요한 것은 개량을 추구하는 사람들이 내거는 도덕적 주장을 그녀가 너무나도 진지하게 받아들이는 탓에 그것을 비판의 기준으로 삼는다는 사실이다. 그녀는 '개량은 개량이다'라는 공식의 물적 토대를 결코 비판하지 않으며, 공식이 인물과 행동에 초래한 결과만을 냉정하고 단호하게 비판할 따름이다. 그녀는 여주인공들을 올바른 결혼으로 착실하게 이끌어 가며, 초자연적 능력을 가진 변호사처럼 혼자서 모든 난관을 극복하고 판결을 이끈다. 도덕적 가치를 정확히 가늠하는 판결은 일반적 공식의 영속성을 보증한다. 이러한 전통적 가치관은 그녀 자신감의 원천이지만, 그러나 그 가치관을 고집하는 가운데 도덕을 기준으로 판결을 내리는 성향은 너무도 집요하게 관철되어, 결국 그 자체가 하나의 독자적 가치가 되기에 이른다. 문학사가들은 흔히 제인 오스틴이 필딩과 리처드슨의 영향을 받았다고 이야기한다. 그러나 필딩의 온화하고 교묘한 허세나 리처드슨의 고립적 광신주의는 사실상 훨씬 오래된 다른 세계에 속하는 것이다. 《엠마》, 《설득》, 《맨스필드 파크》에서 우리가 보는 것은 비타협적인 도덕이 일상생활에서 관철되는 장면이다. 그 도덕은 궁극적으로 그것을 산출한 사회적 토대와 분리될 수 있는 것으로서, 다른 작가라면 그처럼 사회적 토대에서 분리되어 나온 도덕성을 활용하여 그 사회적 토대에 저항할 수도 있을 것이다. 제인 오스틴은 이런 의미에서 빅토리아 시대의 도덕주의자들과 연결된다. 빅토리아 시대의 도덕주의자들은 콜리지로부터 조지 엘리엇과 매슈 아널드에 이르는 동안 점점 더 불안에 시달리며 다음과 같은 사실을 인정할 수밖에 없게 되었다. 즉 계급과 도덕성은 반드시 상응하는 것은 아니라는 사실, 도덕적 분별력을 계속 유지할 수 있기 위해서는 물질적 독립이 아닌 다른 종류의 독립이 필요하다는 사실, 개량의 두 가지 의미는 단순히 구별되는 것이 아니라 (서로 모순되는 것으로 — 역자) 대조되어야 한다는 사실, 혹은 콜리지가 최초로 주장했던 것처럼 인간적 의미의 경작(즉, 세련화)은 사회의 문명화 과정에 대항하는 기준이 되어야 한다는 사실을 인정하게 되었다. 제인 오스틴의 공식은 이러한 사람들을 거치면서 결정적으로 붕괴되었다. 개량은 개량이 아니었다. '(물질적) 개량이 반드시 (정신적) 개량을 의미하는 것은 아니다'는 정도가 아니라, 때로 그 둘은 명백하게 모순되는 것이었다. 제인 오스틴이 결코 이런 지점까지 나아가지 않았다는 것은 명백하다. 만약 그랬다면 그녀의 소설은 대단히 달라졌을 것이고, 소설의 구조와 언어에 새로운 문제점들이 생겨났을 것이다. 그러나 그녀가 강조했던 바를 그녀가 거주하던 집의 담 바깥으로 옮겨 다른 사회적 경험에 적용하기만 하면, 그것은 즉시 도덕적인 비판이 아니라 사회적인 비판이 될 것이었다. 우리는 앞으로 조지 엘리엇의 소설에서 이와 같은 변화와 그에 따른 어려움을 만나게 될 것이다.

여기서 다시 한 번 코벳의 중요성을 강조할 필요가 있다. 그가 말을 타고 가며 거명했던 것은 계급들이었다. 집 안에 있는 제인 오스틴은 사회를 정교하게 묘사할 능력이 있음에도 불구하고 결코 계급들을 보지 못한다. 따라서 그녀의 모든 판단이 내면적이고 폐쇄적인 것임을 우리는 이해할 수 있다. 그녀가 관심을 갖는 것은 복잡한 개량 과정 속에서 특정 계급에 편입되려는 노력을 반복하는 사람들의 행위이다. 그러나 특정 계급만을 보게 되면 여러 계급들이 존재한다는 사실을 보지 못하게 된다. 그녀의 인물들은 전형적 인물들이긴 하나 그녀와 인접한 사회적 환경 속에서 선택된 인물들—제대로 살거나, 잘 못 살고 있는—이다. 물론 코벳은 사람들을 그녀만큼 세밀하거나 꼼꼼하게 보지 않았다. 그러나 그는 사람들이 공유하고 있던 것, 즉 저변의 경제적 과정을 보았다. 이러한 종류의 도덕적 관점은 외부에서 제기되어야만 했는데, 그것이 제기되었을 때 그것을 표현하는 언어는 더 거칠고 딱딱할 수밖에 없었다. 기존 세계에 대한 한 치도 어김없는 확신은 불온하고 공격적이고 대립적인 목소리들에 자리를 내 주게 되었다.

이것은 새로운 경험이 아니었다. 사람들은 언제나 그런 경험을 했지만, 거의 기록되지 못했을 따름이다.

> 우리는 그리스도의 모습을 본떠서 창조되었는데, 짐승 같은 취급을 받고 있다.[28]

> 왜냐하면 힘든 노동이 우리를 쉴 새 없이 압박하고,
> 안식일 아니고는 휴식일랑 생각도 못하니까.
> 그런데 주인들은 안식일에도 쉬게 내버려두지 않는다.[29]

---

28) The Great Society, Morton, 앞의 책, 119에서 재인용.

29) Stephen Duck, "The Thresher's Labour".

> 여기, 대지와 하늘 사이에 내가 있다. 그러니 신이여 저를 도와주소서. 이런 꼴로 집에 가느니 차라리 죽는 것이 나으리라. 나는 빵이 필요하고, 빵을 손에 넣고야 말 것이다.[30)]

> 우리가 지금 행한 것은 우리의 뜻에 어긋나는 것이지만 당신의 마음은 파라오처럼 무정하오… 그러니 우리의 방화를 무례하다 하지 마시오. 당신이 벌 받을 짓을 하지 않았다면 우리가 어찌 불을 지를 생각을 했겠소.[31)]

처음의 목소리는 14세기의 것이고 두 번째 목소리는 18세기 초의 것이다. 세 번째와 네 번째는 새로운 전반적 위기의 시기인 19세기 초의 것이다. 이 목소리들은 제인 오스틴의 도덕과는 근본적으로 다르지만 매우 강렬한 도덕을 각기 자기 나름의 일반적 언어로 표현하고 있다. 그것은 자식이 굶어 죽는 꼴을 보고 집을 나와서 장대한 저택과, 개량이 이루어진 정원과, 저택 내 차도가 끝나는 곳에 있는 상류계급의 자족적 장식 문양을 보는 사람의 목소리이다.

코벳과 제인 오스틴은 같은 지역에 존재하던 두 개의 시선, 두 개의 대조적 관점을 보여 준다. 그러나 이들의 관찰은 모두 가장 넓은 의미에서 사회적 관찰이라 할 수 있다. 하지만 우리가 이 삼각형 지역에서 상상적 여행을 계속하면, 길버트 화이트가 이들과 전혀 다른 종류의 — 그러나 농촌 관련 저술의 발전 과정에서 이들 못지않게 중요한 의미를 갖는 — 관찰을 하고 있는 장면을 만나게 된다. 시골에 사는 사람이라면 누구

---

30) (역주) 원서에는 이 발언의 출처가 누락되어 있는데, 에릭 홉스봄에 의하면 이는 1816년에 펜즈(Fens) 출신의 어떤 폭동가담자가 한 발언이다. Eric Hobsbawm, *Industry and Empire: The Making of Modern English Society* (London: Pantheon Books, 1968), 74 참조.

31) E. P. Thompson, *The Making of the English Working Class*, (London, 1963), 7장; 《영국 노동계급의 형성》 상권, 나종일 외 역(창작과 비평사, 2000), 327. 번역은 다소 수정하였음.

나 때로 매개되지 않은 자연을 경험할 수 있고, 또 실제로 경험하는 것처럼 생각한다. 나무와 새와 대지의 움직이는 형상들을 직접적이고 육체적으로 인식하는 가운데 말이다. 길버트 화이트의 새로움은 — 혹은 최소한 그의 저작의 지속적이고 강렬한 힘에서 우리가 느끼는 새로움은 — 이러한 경험에서 발전한 것이다. 길버트 화이트는 마치 시골 생활에서 의미 있는 유일한 관계는 자연의 물리적 사실과의 관계밖에 없다고 생각하는 듯, 자연의 물리적 사실만을 집중적으로 관찰한다. 이것은 새로운 유형의 기록으로서, 사실에 대한 기록일 뿐 아니라 사실을 보는 방식에 대한 기록이기도 하다. 이후 사실을 보는 이러한 방식은 '과학적'인 방식이라고 불리게 된다.

> 내가 다음으로 (5월 21일에) 입수한 새는 등이 붉은 수놈 때까치, '라니우스 콜루리오'(*lanius collurio*) 였다. 그놈을 쏘았던 내 이웃사람은 참새들과 잡새들이 크고 작은 소리로 울어대는 바람에 숲 쪽으로 눈을 돌렸기 때문에 그놈을 발견할 수 있었다고 말한다. 때까치의 모이주머니는 딱정벌레의 다리들과 날개들로 가득 차 있었다 …
>
> … 검은지빠귀새는 지빠귀새보다 크고, 산사나무 열매를 먹고 산다. 그러나 (산사나무 열매가 열리지 않았던) 작년 가을에는 주목 열매를 먹었다. 봄에는 덩굴 열매를 먹는데, 덩굴 열매는 3월과 4월에만 열린다. 32)

이러한 묘사들은 《셀번 박물지》로 출판된 편지 형식의 글 모음집에서 인용한 것이다. 평생에 걸쳐 집필된 그의 글들은 어조와 관심의 면에서 새로운 종류의 저작이 출현했음을 보여 준다. 나는 화이트의 글에 이른바 '묘사력'이란 것이 부족하다는 지적을 하는 것이 아니다. 1783년의 무

---

32) Gilbert White, *Writings of Gilbert White of Selborne*, ed. H. J. Massingham (London, 1938), 63~4.

시무시한 여름처럼, 자연에서 어떤 사건이 일어나 감정적 반응을 촉발할 경우 그는 수준급의 묘사력을 발휘할 수 있었다.

> 태양은 정오 무렵에는 구름에 가린 달처럼 무표정해 보였고, 녹이 슨 듯한 적갈색 빛을 지면과 방바닥에 비추었다. 그러나 일출과 일몰 때면 태양은 특히 무시무시한 핏빛을 띠었다. 하루 종일 더위가 너무 심해서 하루 전날 도살한 고기도 먹을 수 없을 정도였다. 파리떼가 오솔길과 울타리로 몰려드는 바람에 말들이 절반쯤 미쳐서, 말을 타는 것도 여간 힘들지 않았다.[33]

화이트가 1768년에서 1793년 사이의 25년 동안 썼던 《일지》를 읽어 보면 그의 습관화된 관심이 철저히 외향적인 성격의 것임을 쉽게 확인할 수 있다. 그는 관찰하고, 연구하고, 주석을 붙이고, 분류하였다. 주변 생물에 대한 그의 감정의 진지함에는 의문의 여지가 없다. 그것은 평생에 걸친 충실하면서도 즐거운 관심의 소산으로서, 시골에 사는 사람 모두는 그것에서 여전히 많은 것을 배울 수 있다. 우리는 화이트의 기록을 선대의 많은 관찰 기록이나 후대의 일부 관찰 기록과 혼동하기 쉽지만, 그러나 이들은 서로 다르다. 선대나 후대의 관찰 기록은 대개 관찰된 복잡한 사실들을 관찰자의 특수한 사회적 경험이나 개인적 경험을 가지고 단순화하기 때문이다. 화이트는 주석이나 관찰이 세밀하고 정교하다는 점에서 때로 아서 영이나 《농업 연감》의 다른 필자들을 떠올리게 한다. 그렇지만 화이트는 우연한 경우를 제외하고는 농업 노동의 현장을 관찰하지 않는다. 그의 관찰대상은 새로운 의미의 자연적 질서, 즉 생물과 환경의 물리적 세계이다. 코벳과 제인 오스틴이 각기 다른 방식을 사용하긴 했지만 어쨌든 모두 인간 세계에 몰두해 있었던 반면, 길버트 화이트는 일 년의 변화와 그 변화 속에 사는 무수한 생물을 주시하고 있었다.

---

33) 같은 책, 300~1.

다시 말해 그는 이제 어떤 의미에서는 인간과 분리될 수 있는 자연을 주시하고 있었다.

이것은 복잡한 변화이다. 우리는 이 변화와 다른 변화들 전체와의 관계를 보려고 노력해야 한다. 그 모든 변화들은 18세기를 통해서, 그리고 또한 — 드러난 양상이 사뭇 다르긴 했지만 — 코벳과 제인 오스틴의 세대를 통해서, 관찰된 자연에 대한 인간의 태도와 감정을 변형시키고 있었다. 그리하여 풍경에 대한 새로운 종류의 관심이 생겨났고, 그림 같은 아름다움[34] (*the picturesque*) 에 대한 새로운 자의식이 생겨났다. 그리고 이러한 변화를 넘어 더 사회적인 유형의 관찰과 영향을 주고받는 가운데, 워즈워드와 클레어의 새로운 언어, 새로운 시가 출현하였다.

34) (역주) the picturesque: 18세기에 윌리엄 길핀(William Gilpin, 1724~1804) 등이 주도하여 새롭게 구성한 미학 개념. 자연에서 찾을 수 있는 거칠음, 불균형성 등을 숭고미(*the sublime*)나 순정미(*the beautiful*)와 구별되는 '그림 같은' 미의 모델로 본다. 우리말로는 정착된 역어가 없는 실정이기 때문에 앞으로 그때그때 문맥에 따라 '픽처레스크(한)', '그림 같은', '그림처럼 아름다운' 등으로 옮기기로 한다.

제12장

멋진 조망

노동이 이루어지는 시골이 풍경(*landscape*)이 된 적은 거의 없다. 풍경이라는 관념 자체에 분리와 관찰의 의미가 들어 있다. 풍경화, 풍경에 관한 저술, 정원 조성, 경관 설계 등의 내부적 역사를 추적하는 작업은 가능하고 유용하다. 그러나 우리의 분석이 최종적인 것이 되기 위해서는 어느 경우에나 이러한 내부적 역사들을 토지와 사회의 일반적 역사와 연결해야 한다. 그리고 우리가 18·19세기 영국에서 일어난 풍경관의 변화를 이해하고자 한다면 특히 이러한 연결 작업이 필요하다. 훌륭한 내부적 역사서들은 많다. 그러나 그 역사서들이 암묵리에 전제하면서 때로 명확하게 표명하기도 하는 관점들을 보면, 대개의 경우 그 역사서들 자체가 토지와 관련하여 이루어진 일정한 사회적 배치 — 토지의 분배, 이용, 관리 — 의 일부라는 사실을 알게 된다. 사람들은 그 사회적 배치를 무비판적으로 수용하고 지지해 왔다. 현대에까지도 사정은 달라지지 않아서, 그 사회적 배치가 성취한 업적을 찬양하는 것이 잃어버린 과거의 생활방식을 애도하는 비가(悲歌)의 주요 특징들 중 하나를 이룰 정도이다.

18세기 영국 풍경사의 표준적인 설명들이 세세한 점을 생략해 왔다는 것 역시 의미심장한 사실이다. 이런 역사서들을 읽는 독자들은 18세기의 지주가 조경기사를 고용하고 시인과 화가의 도움을 받아서 자연미를 발명했다는 이야기를 너무도 자주 듣게 되고, 그 결과 그것을 거의 믿게 된다. 어떤 의미에서는 그러하다, 왜 아니겠는가? 이와 동일한 이데올로기 속에서 지주는 자선과 토지개량과 우아함을 발명하였다. 그것은 지주나 그와 같은 부류의 사람들이 다른 사람들의 나라에 갔을 때 그 나라가 '발견'되었던 것과 꼭 마찬가지였다.

그러나 실제 역사는 이보다 훨씬 더 복잡하다. 그것은 그 자체로는 결코 새로울 것이 없는 관념들을 특수한 사회경제적 환경에 적용한 것이었다. 그러나 언제나 그렇듯, 오래된 관념들이 실제 사회 상황에 적용되자 새롭고 특별한 결과가 산출되었다.

'멋진 조망.' 이 18세기의 독특한 용어는 이중적 의미를 가질 수밖에 없다. 왜냐하면 우리가 토지의 형상과 굴곡을 관찰할 때 느끼는 경이로움과 심오한 의미와 희열이, (18세기 지주들이 — 역자) 조망을 특수한 경험으로 만든 이후 비로소 생겨난 것이라고 생각해서는 안 되기 때문이다. 이러한 감정은 현재 문헌이 남아 있는 가장 오래된 시대에도 기록되어 있다. 그리고 글을 남긴 사람들보다 훨씬 더 많은 사람들이 자연세계 — 언덕, 강, 나무, 하늘, 별 — 의 갖가지 특징이나 변화 과정을 대단한 흥미를 가지고 바라보았던 것은 확실하다. 오랜 세월에 걸쳐 이루어진 이러한 자연 관찰은 다양한 종류의 철학적·현실적 의미를 산출해 왔다. 그러나 이와는 다른 종류의 관찰자가 생겨나 자연 관찰을 '실용적'인 관찰과 '심미적'인 관찰로 구분해야겠다고 느끼는 시기가 도래하였다. 이 새로운 관찰자가 충분한 확신을 가지고 '실용적' 관찰과 '심미적' 관찰을 구분한다면, 그는 선대의 관찰자들에게는 지금 그의 내면에서 작동하고 있는 것 — 그는 그것을 '숭고한 감수성'이라 부른다 — 이 존재하지 않았다고 주장할 수 있을 것이다. 여기서 중요한 것은 그가 그런 구분을 했다는 사실이 아니다. 그가 구분의 필요를 느꼈고, 구분을 할 수 있는 위치에 있었다는 사실, 그리고 그러한 필요와 위치는 생산과 소비가 분리되는 사회사적 과정의 일부라는 사실이 중요한 것이다.

자의식적 관찰자. 토지를 그저 바라볼 뿐 아니라, 바라보고 있음을 의식하는 사람. 바라보고 있음을 독자적 경험으로 의식하는 사람. 그리고 다른 분야에서 빌려 온 사회적 모델과 비유를 구사하여 그 경험의 독자성을 지지하고 정당화하는 사람. 우리는 바로 이런 사람을 탐구해야 한다. 어떤 특별한 종류의 자연이 아니라, 바로 이런 특별한 종류의 사람을 탐구해야 하는 것이다. 자의식적 관찰자는 길고 복잡한 역사를 갖고 있다. 그는 목가시인들과 초기 목가시들 속에 그 본연의 모습으로 존재한다. 우리는 페트라르카 속에서 자의식적 관찰자의 모습을 분명히 확인할 수 있다. 부르크하르트가 전하는 바에 의하면 페트라르카는 산정의 조망을 보기 위해 프로방스 지방의 방투 산을 올랐지만, 정상에 선 후 아우구스티누스의 책의 다음 구절을 읽고 자신과 상반되는 인물 유형을 떠올렸다는 것이다.

> 인간은 길을 떠나 높은 산과 넓은 바다와 힘차게 출렁이는 파도와 대양과 천체의 운행에 감탄하며, 그러는 동안 자신을 잊는다.[1)]

자의식적 관찰자는 알바 언덕에서 눈앞에 펼쳐진 경관을 묘사하고 아미아타 산에 저택을 건설하는 에네아스 실비우스[2)] 속에 존재한다. 성곽과 요새화된 마을은 오랫동안 발밑의 전원을 내려다보는 '조망'을 자랑해 왔다. 평화로운 시기의 사람들이 거기서 적이나 낯선 사람들의 동정을 보는 것이 아니라 경관 자체, 의식적으로 찾은 장면 자체를 보았다는 것은 분명히 드러나는 사실이다. 그러나 혼란한 시기에 경계근무를 섰던 장

---

1) J. Burckhardt, *The Civilization of the Renaissance in Italy*, tr. Middlemore (London, 1929), 296; 야코프 부르크하르트, 《이탈리아 르네상스의 문화》 이기숙 옮김(한길사, 2003), 378. 페트라르카가 산정에서 읽은 이 구절은 아우구스티누스의 《명상록》 10장에 나온다(역자).

2) (역주) Aeneas Sylvius(1405~1464): 교황 피오 2세.

구한 세대의 사람들이 거기서 장시간 동안 무엇을 보았고 무엇을 감상했는지에 대해서 우리는 아는 것이 없음을 기억해야 한다. 경계근무를 섰던 사람들 대부분은 아무런 기록도 남기지 않았다.

우리는 역사상 매우 이른 시기부터 이러한 조망이 우연히 발견되었던 것은 물론이고 의식적으로 만들어지기도 했다는 것을 확신을 갖고 말할 수 있다. 이집트, 메소포타미아, 중국은 풍경을 설계하였다. 특히 바빌로니아는 공원과 거리와 정원과 분수를 만들었는데, 특징적인 것은 이 인공 시설물들이 권력의 중심과 관계가 있었다는 사실이다. 이후 인공 시설물의 양식적 계보는 오랫동안 이어져 베르사유 궁전과 그 현대적 모방작에 이른다. 그러나 이보다 눈에 덜 띄는 계보도 또한 존재하는데, 그 계보는 권력의 중앙 집중과 계서제가 덜했던 문명권에서 계승되어 개인 별장으로, 그리고 시골 저택으로 이어졌다. 별장과 저택은 사회적 의미에서 중요한 차이가 있다. 이탈리아의 별장 — 많은 신목가적 문학이 창조되었던 장소 — 과 그에 부속된 전원적 환경이나 조망은 도시와 직접적인 관련을 갖고 건축되었다. 이탈리아의 별장은 도시인의 시골 거처였다. 반면 예컨대 영국의 시골 저택은 각지에 산재한 영주의 지역적 거점이라는 성격이 더 강했다. 물론 의미심장하게도 건축비의 대부분을 궁정에서 얻은 수익으로 충당하는 경우가 많긴 했지만 말이다. 대정원(*park*)은 원래 사냥감을 유지할 목적으로 숲을 울타리로 둘러싼 데서 시작되었는데, 영국에서는 늦춰 잡아도 10세기에는 이미 존재하고 있었다. 그리고 16세기에 시골에서 대저택들(*palaces*)이 신축된 것과 대정원들이 급증한 것은 직접적 관계가 있었다. 토지의 인클로저와 저택 건축은 대부분 보리밭을 택지로 전용(轉用)하거나 마을 전체를 파괴하는 것에 의해 이루어졌다. 18세기 영국 지주들은 똑같은 과정을 따르고 있었던 것으로, 그들에게는 이처럼 오래전부터 사기와 절도 행각을 일삼던 선배들이 있었던 것이다.

그러나 사냥을 위한 숲이 풍경 감상을 위한 정원으로 이행하는 단계가 아직 남아 있다. 이러한 이행이 일어난 시기를 명확히 지적하기는 어렵다. 16세기와 17세기의 사례(컴프턴 위네이츠[3]와 오들리 엔드[4])가 있긴 하지만, 체계적인 변화는 주로 18세기 이후에 이루어진다. 분석 상으로는 사슴 사냥터, 장대한 배경, 풍경 감상용 정원 등의 유형별 구분이 가능하지만, 실제로 이들은 대부분의 경우 서로 결합되어 있다. 물론 이행의 후기에 접어들면서 사냥감 보호지역은 — 또 다시 다른 사람들의 거처와 생계에 치명적인 손상을 입히면서 — 점점 더 먼 곳으로 옮겨가는 경향을 보이긴 했지만 말이다. 우리는 풍경의 자의식적 발전과 이른바 경관의 '발명'이라고 하는 것을 이처럼 복잡한 토지 편성 과정 속에 다시 한 번 위치시킬 필요가 있다.

논의의 주류는 잘 알려져 있다. 18세기 지주들은 '대륙 여행'(*Grand Tour*) 중 클로드[5]와 푸생[6]의 그림을 수집하면서 풍경을 보는 새로운 방법을 배웠고, 귀국 후 자기 저택에서 조망가능한 곳에 바로 그와 같은 풍경을 창조했다는 것이다. 여기서 '창조했다'는 것은 브라운[7]('농부'라는 별칭으로 불리는)이나 켄트,[8] 혹은 렙턴[9]을 고용했다는 의미이다. 분명 우리는 장식용 토지의 디자인에서 발생한 취향의 변화 — 프랑스, 이탈리아, 네덜란드의 영향을 받은 17세기의 형식적 정원으로부터 18세기

---

3) (역주) Compton Wynyates: 워릭셔에 소재한 대저택. 15세기에 건축되어 여러 번 개축되었지만, 저택의 주요 부분은 튜더 왕조 시대인 16세기에 이루어졌다.

4) (역주) Audley End: 에섹스에 소재한 대저택으로 17세기 초에 건축되었다.

5) (역주) Claude Lorrain (c. 1600~1682): 프랑스의 풍경화가.

6) (역주) Nicolas Poussin (1594~1665): 프랑스의 화가.

7) (역주) Lancelot Brown (1716~1783): 영국의 풍경 건축가. 170개 이상의 정원을 설계하였다.

8) (역주) William Kent (c. 1685~1748): 영국의 건축가, 풍경 건축가, 가구 디자이너.

9) (역주) Humphrey Repton (1752~1818): 영국의 풍경 건축가로 브라운의 계승자로 간주됨.

개량가들의 풍경식 정원에 이르는 — 에 주목해야 한다. 그러나 이를 '풍경'이나 '경관'의 발명이라고 부르면 발전 전체의 의미가 혼란스러워진다. 17세기 이탈리아 화가들을 의식적으로 모방하던 18세기 영국인들이 경관을 '발명'하고 있었다고 주장하는 것은 민망한 섬나라 근성이다. 어떤 경우에도 발전의 전체 과정은 이보다 전반적인 것이었다.

영국의 풍경관은 네덜란드에서 직수입한 것이다. 영국 토지의 물리적 특징에 적합한 방식으로 풍경을 구성한 최초의 위대한 예술적 성과가 17세기 네덜란드 파, 반 뤼스댈[10]과 호베마[11]에게서 나왔다는 사실은 주목할 만하다. 영국의 개량가들이 보기에 이들의 방식은 부르주아적 개량, 자연 연구, 지각(知覺) 양식에 대한 과학적 탐구 등과 밀접한 관련이 있다는 점에서 자신들과 매우 유사한 성격을 지니고 있었다. 물리적 개량 수단(신식 기계로 땅을 다지고, 배수와 관개시설을 갖추고, 높게 조성한 토지에 펌프로 물을 공급하는 등의)을 사용하게 되고, 빛의 물리적 법칙을 이해함에 따라 인공적 시점과 원근법 등도 이해하게 되자, 인간은 자기 자신의 자연을 생산할 수 있게 되었다. 따라서 관습적인 상징과 도상을 이용하여 육안으로 볼 수 있는 곳만을 제한적으로 장식하던 관행은 변화될 수밖에 없었다.

낙원은 담으로 둘러 싼 페르시아의 정원에서 유래했지만, 밀턴에 이르면 이미

> 다채로운 조망이 있는 행복한 전원의 토지[12]

이다. 그리고 "낙원에 어울리는" 꽃은,

---

10) (역주) Jacob Izaaksoon van Ruisdael(c. 1628~1682): 네덜란드의 풍경화가.

11) (역주) Meindert Hobbema(1638~1709): 네덜란드의 풍경화가.

12) *Paradise Lost*, 4권, 246행.

> 화단의 멋진 원예(園藝)나 공교로운 장식이 아니라,
> 자연이 아낌없이 쏟아 낸[13]

꽃이다. 상징적 형식의 정원이 있던 애플턴 저택에서 마벨은 물이 고인 목초지를 다음과 같이 표현한 바 있었다.

> 윤기 나는 풀이 자욱한 목초지는
> 마치 거울에 그린 풍경 같다.[14]

이 이미지가 흥미로운 것은 목초지를 풍경으로 보기 때문이기도 하지만, 기교—거울과 원근법을 이용하여 풍경을 구성하고 장식하는 17세기의 방법—를 의식하고 있기 때문이기도 하다. 포프는 타이먼의 별장[15]이 대표하는 인공적 균형미에 반대하고 새로운 정원 조경 양식을 선구적으로 제안하고 권장한 인물이지만, 미술과 과학에 기초한 조경 양식 역시 감각적으로 의식하고 있었다.

> 완만하게 굴곡을 이룬 나무들의 아치를 통해서 더 먼 곳으로 시선을 주면, 마치 망원경으로 볼 때처럼 배들이 강 위로 갑자기 나타났다 사라지는 장면이 보인다.

포프가 말하는 "토지의 수호신"은 일견 '자연'에 얼마나 충실한지를 가리는 척도인 듯하지만, 자세히 검토하면 관점에 맞춰 자연을 배치하고 재배치하라는 권유임이 드러난다.

> 기술의 절반은 품위 있게 가리는 데 있으므로,

---

13) 같은 책, 4권, 240~242행.
14) "Upon Appleton House."
15) (역주) Timon's Villa: 〈벌링턴 서한시〉에서 포프가 당시의 잘못된 취향을 비판하기 위해 설정한 가공의 별장.

> 어디서나 아름다운 광경을 볼 수 있게 해서는 안 된다.[16]

왜냐하면 이 새로운 계급이 새로운 자본과 새로운 장비를 이용하고 새로운 기술자를 고용하여 수행하고 있던 작업은, 사실 '자연'을 자신들의 관점에 맞추어 처리하는 것이었기 때문이다. 결국 우리는 '토지의 수호신'이 다름 아닌 토지의 소유자, 경영자, 개량가라는 사실을 알게 된다. 찰스 코튼은 1687년에 채츠워스 정원[17]의 아름다움에 대한 시를 쓰면서, 절정부에 달했을 때 다음과 같이 말했다.

> 그러나 이 모두를 마지막으로 장식하고
> 예술의 힘을 훨씬 능가하는 빛을 발하게 하는 것은,
> 정원의 위대한 소유자이다. 신이 이런 행운을 선사할 정도로
> 고결한 정신을 지닌 바로 그 사람.[18]

토지의 수호신은 토지를 조성하는 사람이다. 토지(*place*, 장소, 저택)라는 단어는 18세기 내내 사회적인 반향을 일으킨 단어였는데, 제인 오스틴은 《맨스필드 파크》의 헨리 크로퍼드가 저택과 정원의 개조 계획을 말하는 대목에서 이를 반어적으로 사용한다.

> 내가 말했던 그런 식으로 개량을 하면… 그곳이 더 품위 있게 될 거야. 하나의 '장소'(저택)로까지 격상하는 거지.[19]

---

16) E. Malins, *English Landscape and Literature*(London, 1966)에서 재인용.
17) (역주) Chatsworth: 더비셔에 위치한 데본셔 공작 소유의 대저택과 정원. 현존하는 건물과 정원은 대부분 1687년에서 1706년 사이에 건설되었다.
18) Charles Cotton, *Poems of Charles Cotton*, ed. Buxton(London, 1958).
19) *Mansfield Park*, 25장. 이는 헨리 크로퍼드가 여주인공 페니 프라이스의 환심을 사기 위하여 연적인 헨리 버트럼이 거주하게 될 목사관을 낮춰 말하는 대목이다. 여기서 '저택' 운운은 크로퍼드의 능력이 아니라 술책과 속물근성을 드러내므로 반어적인 표현이 된다(역자).

따라서 클로드와 푸생을 즐기는 취미, 브라운과 켄트와 렙턴의 토목 공사와 물 관련 시설과 식수(植樹) 작업들, 스투어헤드[20]와 리소우즈[21]의 의식적 건설 등은 이와 같은 광범위한 운동의 일부이다. 즉 운동의 수단들이자 운동 속의 삽화들이다. 미술에서 실제 풍경으로 시선을 옮기면 그림 속의 특정 장면을 의식적으로 모방한 예를 많이 찾아 볼 수 있다. 빛과 그림자와 물을 화면 구성처럼 배치하고, 건물과 나무에 수직선과 강조점의 역할을 맡기고, 어두운 색조의 나무를 전경(前景)에 배치하여 조망의 틀 역할을 하게 만드는 것 — 이는 클로드와 푸생의 그림뿐 아니라, 프로시니엄 무대와 이동식 무대배경이 동시에 개발되고 있던 당시의 극장에서도 영향을 받은 것이었다. 우리가 이러한 유사성과 상응성에 주목하는 것은 옳다. 그리고 이처럼 의식적 모방에 열심이었다는 사실은 이 계급이 실제 미술과 문학의 창조 면에서 얼마나 범속한 수준이었는지를 여실히 말해 준다. 그러나 이들 나름의 실제적 관점에서 보면 이들은 종속적이지 않았다. 코튼은 이미 채츠워스에서 다음과 같이 관찰한 바 있었다.

> 곱슬곱슬한 눈썹으로 호수 전체에 그림자를 드리우는 숲은
> 화가의 실패한 기술을 훨씬 능가하는
> 움직이는 풍경을 도처에 만든다.
> 화가가 그린 파도와 잎은 지금껏 한 번도 움직인 적이 없었다.[22]

'자연'을 예정된 계획에 따라 움직이게 만들 수 있다는 이런 확신이야말로 지주 계급의 진정한 발명품이었다. 따라서 우리는 지주 계급의 장식

---

20) (역주) Stourhead: 영국 윌트 주에 소재한 영지. 클로드와 푸생 등을 모방하여 호수를 중심으로 조성한 정원이 유명하다.

21) (역주) Leasowes: 1743년에서 1763년 사이에 윌리엄 센스턴이 개발한 정원. 영국 최초의 풍경 정원들 중 하나로 꼽힌다.

22) (역주) Cotton, *The Wonders of the Peake*(1681).

예술과 생산 기술을 분리할 수 없다. 이 새로운 자의식적 관찰자는 대단히 특수하게 자의식적인 소유자이기도 했다. 대정원을 '아카디아 풍' 조망이 보이도록 개조하려면, 대정원의 경계를 벗어난 농지와 진정한 의미의 전원 토지에까지 이미 착취체제가 완비되어 있어야 했다. 그곳들에 강제적으로 관철되고 있던 체제는 사회경제적 체제일 뿐 아니라 물리적 체제이기도 하였다. 인클로저 재정(裁定) 문서[23]에 따른 직선의 울타리와 직선의 도로, 바둑판처럼 엄격하게 수학적으로 분할된 토지는, 정원의 자연스런 곡선이나 분산배치된 조형물들과 같은 시대의 산물이었다. 그리고 그것들은 일견 취향 면에서 서로 대립적인 것처럼 보이지만, 실은 동일한 과정의 서로 연관된 일부였다. 토지는 생산을 위해서 — 차지농과 노동자들의 작업장으로 — 조직되고 있었고, 정원은 소비를 위해서 — 경관과 유한계급의 여유로운 휴식, 조망을 확보할 목적으로 — 조직되고 있었다는 점에서 서로 대립적인 것처럼 보일 뿐이다. 18세기의 인공적 풍경을 두고 농촌 부르주아 예술의 정점이라고 말하는 것은 타당하다. 그러나 18세기의 인공적 풍경은 존슨이 펜즈허스트에서 관념적으로 상상했던 바를 창문과 테라스 밑에 실제로 창조한 것이라고도 또한 말할 수 있다. 그리하여 전원의 풍경에는 농촌 노동과 노동자들이 모두 사라져버렸다. 숲과 물의 조망은 신목가풍 회화와 시에서 나온 많은 장면들과 흡사한 것으로서, 생산과 관련된 여러 사실들은 벌써 추방되어버렸다. 도로와 현관 진입로는 나무들로 요령 있게 가려져 외부와의 교류라는 사실 자체를 눈에 보이지 않도록 은폐하며, 보기 싫은 창고나 제분소는 아예 볼 수도 없게 제거되었다(콜먼과 개릭이 함께 쓴《비밀결혼》에서 부르주아지 스털링은 "오래된 세탁실을 온실로 개조하고, 양조장을 파인애플 재배장으로" 바꾼다[24]). 도로는 멀리 떨어진 언덕에까지 곧게 뚫

---

23) (역주) enclosure awards: 해당 지역 인클로저 책임자가 인클로저에 관하여 결정한 내용을 기록한 공식 문서.

24) *Clandestine Marriage*, 2막 2장.

려 전체적인 조망을 가로막는 어떤 세부적 사실도 허락하지 않는다. 높게 조성한 새로운 토지 위에서 내려다보는 이 모든 풍경 — 커다란 창문과 테라스, 잔디밭, 거칠 것 없는 시야 — 은 관리와 지배의 표현이다. 피콕[25] 은 《헤드롱 홀》에서 이러한 사회적 구도를 풍자적으로 관찰한 바 있다.

> 하얀 색으로 빛나는 각(角)이 진 건물이 이 파도 한 점 없는 호수면 위로 선명하게 비쳤다. 그리고 그 건물의 창으로 지능부족(*Littlebrain*) 경이 머리를 내밀었다.[26]

그러나 멋진 조망은 또한 '손상되지 않은' 자연의 승리이기도 하다. 그것이 성취한 것은 하나의 효과적인, 그리고 우리를 여전히 압도하는 신비화이다. 우리는 풍경을 바라보는 다양한 방식들이 실제로 존재했으며, 그것들은 저마다 사뭇 다른 동기들에서 비롯된 것이었음을 안다. 그러나 그 다양한 방식들이 이러한 사회적 구도 속에서 파악되고 사용되고 향유되는 과정에 주목할 때조차도 우리는 풍경의 이와 같은 중심적 성격을 잊어서는 안 된다. 다이어는 개량가들과 동일한 이데올로기를 갖고 있었다.

> 농부들아, 울타리를 둘러라, 둘러라!
> 공유지가 무엇이 그리 좋으냐 …?
> 주인이 정해져 있지 않은 밭에는
> 제대로 자라는 작물이 없는 법.[27]

---

25) (역주) Thomas Love Peacock(1785~1866): 영국의 풍자작가. 《헤드롱 홀》(1815)은 그의 첫 소설이다.

26) *Headlong Hall*, 6장.

27) John Dyer, "Fleece", 2권, *Poems of John Dyer*, ed. E. Thomas(London, 1903).

그러나 그롱거 언덕 위에서 내려다보자 전통적인 관념이 떠오른다.

> 그리고 강을 본다. 강은 숲과 초원을 거쳐
> 양지와 음지를 통해 흐른다.
> 때로는 빠르게, 때로는 느리게,
> 연거푸 파도를 일으키며,
> 다양한 모습으로 멀리까지 흘러간다.
> 끝없는 잠을 향해 흘러가는 인생처럼. 28)

여기서 자연은 아직 인간의 자연과 분리되어 있지 않다. 그러나 18세기 풍경시가 발전하면서 분리된 조망은 결국 일반적인 것이 된다. 톰슨은 그 분리의 순간을 다음과 같이 묘사했다.

> 그러는 사이에 정상에 도달하니 산의 아름다운 이마로부터
> 돌연 사방 거칠 것 없는 무한한 조망이 펼쳐진다. 29)

쿠퍼는 이러한 조망을 표현하기 위해서 '경관'(*scenery*)이란 말을 만들었던 것으로 보인다. 그리하여 이런 종류의 풍경시 전통에서 경관을 본다는 의식(意識)은 필수적인 조건이 된다.

> 여기서 우즈 강은 소들이 여기저기 흩어져 있는
> 넓은 목장의 평원을 천천히 굽이쳐 흘러가며,
> 우리의 시선이 그 구불구불한 진행을 즐겁게 따르도록
> 이끈다. 저기, 강둑에는 우리가 가장 좋아하는 느릅나무가
> 깊이 뿌리내린 채 우리가 절대 간과할 수 없게 우뚝 서서,
> 목동의 외로운 오두막에 그늘을 드리운다.
> 그런가 하면 저 멀리, 마치 용해된 유리처럼

---

28) "Grongar Hill", 같은 책.

29) "Spring", 앞의 책, 950~1행.

계곡을 아로새기며 흐르는 강의 저 편에는
경사진 언덕이 구름 속으로 물러나 사라지며
경사면 여기저기에 우아한 장면을 보여 준다.
무수한 수의 아름다운 관목 울타리, 네모난 탑,
높게 솟은 첨탑. 첨탑에서 울리는 즐거운 종소리가
듣는 이의 귀로 금세 굽이쳐 들어온다.
관목 숲, 황야, 그리고 저 멀리 연기가 피어오르는 마을들.[30]

이러한 풍경이 형성되는 것은 관찰하는 행위에 의해서이다. 강은 "시선을 이끌고", 경사진 언덕은 자신의 우아함을 "보여 주며", 강은 계곡을 관찰자의 눈에 "아로새기는" 것이다. 이것은 아름다운 그림이다. '회화'(繪畫, *picture*) 라는 엄밀한 의미에서의 그림 말이다. 이 소유 의식, 대상과 거리를 두고 그것을 잘 볼 수 있는 위치에 섰을 때 생겨나는 이 소유 의식은 진정으로 추상적인 미의식인데, 우리는 이와 유사한 사례를 얼마든지 들 수 있다. 이러한 질서는 투영되고 있는 것인 동시에 구성되고 있는 것이기도 했다. 사회의 중심부에서는 투영과 구성이 직접 결합되었다. 사회의 주변부에서 관찰하는 자의 경우 투영과 구성의 결합은 하나의 시적인, 혹은 회화적인 관습이 되었다.

그런데 이때 느닷없다 싶을 정도로 갑자기, 다른 시인이 이와는 다른 문제를 제기한다. 그도 역시 토지를 조망하면서 그 평온한 구도를 음미하던 중이지만, 평온함이라는 사실 자체에 무엇인가 불안한 구석이 있음을 발견한다.

정말 평온하다! 너무 평온해서
그 이상한 극단의 침묵이
명상을 방해하고 불안하게 만든다. 바다, 언덕, 그리고 숲,
이 사람 많은 마을! 바다와 언덕과 숲,

30) Cowper, *The Task*, 1권.

수없이 많은 인생에 일어나는 일들.
꿈 속에서처럼 소리가 들리지 않는다.[31]

콜리지의 이 불안한 명상은 전통적 질서가 파괴되고 있다는 징후이다. 인간과 자연의 현실적 관계, 관찰자의 현실적 존재, 그리고 콜리지가 오직 풍경 속에 용해된 형태로만 볼 수 있었을 뿐인 그 모든 현실적 존재들이 이렇게 해서 문제로 귀환하였다. 정체성의 문제, 지각의 문제, 그리고 자연 자체의 문제로.

31) Coleridge, "Frost at Midnight", 앞의 책.

제13장

녹색 언어

소유의 분리 — 토지의 관리와 토지의 조망의 분리 — 가 있다. 그러나 정신의 분리도 있다. 우리가 그 일부이지만 언제나 잊어버리곤 하는 힘을 인식하는 것, 그리고 우리가 배워야만 하지 지배하려 들어서는 안 되는 힘을 인식하는 것. '자연'의 관념은 이러한 두 종류의 분리 속에서 유지되고 변화되었다.

> 애디슨은 물었다. "나무를 계속 심어서 영지 전체를 일종의 정원으로 만들면 왜 안 되는 겁니까? 자기가 소유한 토지를 아름다운 풍경으로 만들 수 있는데 말이에요."[1]

이보다 거의 한 세기가 지나서 워즈워드는 소유욕이 충만한 어른이 아니라 경이로움으로 가득한 눈을 가진 어린이를 자신의 세계의 중심으로 삼았다.

> 그는 비록 약하고 무기력하지만,
> 이 활동하는 우주의 친구이다.

1) C. Hussey, *The Picturesque* (London, 1927) 129에서 재인용.

왜냐하면 감정이 그에게
힘을 부여했기 때문이다.
그 힘은 성장하는 감각능력을 통하여
하나의 위대한 정신의 대행자처럼 창조하는
창조자인 동시에 수용자로서,
그것이 조망하는 작품과 협력해서 움직인다.[2)]

그리하여 우리는 '자연'과 관련한 두 원리를 동시에 볼 수 있게 된다. 우선 질서의 원리인 자연이 있다. 질서를 부여하는 정신은 자연의 일부이기 때문에, 인간 활동이 자연의 원리를 활용한다면 자연을 재정리하고 관리하는 것도 가능하다. 한편 창조의 원리인 자연도 있다. 창조적 정신은 자연의 일부이므로, 우리는 자연으로부터 우리 자신의 공감적 본성의 진실을 배울 수 있다.

이 능동적 공감은 실로 정신의 변화라 할 만하다. 자연의 의식적 변혁 — 토지와 하천뿐 아니라 자연원료와 그 본질적 요소까지를 포함한 — 이 현대인들이 산업화라고 부르는 과정을 거치며 새로운 국면으로 진입하게 될 바로 그 시기에, 비록 소수에 불과할지라도 이처럼 새로운 의식을 갖게 되었던 것이다. 18세기 내내 농업개량의 자신감은 상실, 우울, 회한과 같은 대조적 감정과 공존했다. 톰슨의 양가적 감정으로부터 골드스미스의 절망에 이르기까지 우리는 그와 같은 공존을 확인할 수 있었다. 그러나 이제 워즈워드는 대안적 원칙을 강력하게 천명할 것이었다. 그것은 자연에 대한, 자연의 고유한 움직임에 대한 신뢰의 원칙이었다. 그리고 최소한 초기에는 인간에 대한 더 폭넓고 더 인간적인 신뢰의 원칙이기도 했다.

일견 이러한 변화는 18세기 후반에 일어난 취향의 확연한 변화와 비슷해 보인다. 한 세기 동안 토지 개발, 배수공사, 개간 등이 진행되는 과

2) *Prelude*, 2권(1850).

정에서 변화를 겪지 않은 자연이나 황무지에 대한 각별한 감정 — 당시에 '픽처레스크한'[3] 감정이라고 알려졌던 — 이 일종의 부산물로 발전했던 것은 그 자체로 의미심장하고 이해할 만한 일이다. 잘 알려진 대로 알프스의 경관은 1640년대 중엽에는 "기묘하고 끔찍하고 무시무시한 바위산과 들판"(에블린)[4]으로 표현되었고, 1688년에는 "괴물같이 덩어리져 쌓인 잔해들, 하늘과 땅이 혼란스럽게 맞붙은 모습"[5] (데니스)[6]으로 표현되었지만, 18세기 중후반과 19세기, 20세기의 여행자들에 이르면 경외감에 넘치는 찬사가 주를 이룰 정도로 극적으로 변화하였다.

> 종교와 시가 깃들어 있지 않은 절벽, 폭포, 벼랑은 단 하나도 없다. (그레이, 1739)[7]

> 부동의 폭포여! 침묵의 격류여!
> 예리한 보름달이 비추는 '천국의 문'의 영광을
> 그대에게 선사한 자는 누구였던가? (콜리지, 1802)[8]

이러한 변화가 일어나면서 알프스와 비교될 만한 영국 내 지역들이 인기 있는 관광지가 되거나 심지어는 순례의 장소가 되었다. 호수지방은 달턴[9]과 브라운[10]의 덕분으로 1760년대부터, 와이 계곡과 남 웨일즈, 스

---

3) (역주) '픽처레스크'에 관해서는 이 책의 241쪽의 각주 34) 참조.
4) (역주) John Evelyn(1620~1706): 영국의 정원 조경가, 일기작가.
5) Hussey, 앞의 책, 86, 87에서 재인용.
6) (역주) John Dennis(1657~1734): 영국의 극작가.
7) Thomas Gray, *Correspondence of Thomas Gray*, ed. Paget Toynbee and L. Whibble(Oxford, 1935, rev. 1971), 1권, 128.
8) "Hymn before Sunrise, in the Vale of Chamouni", 1802, Coleridge, 앞의 책.
9) (역주) John Dalton(1766~1844): 영국의 화학자, 물리학자. 매년 호수지방으로 도보여행을 하였다.
10) (역주) John Brown(1715~1766): 영국의 성직자, 저술가. 호수지방을 심미

코틀랜드 하이랜드, 북 웨일즈, 뉴 포리스트 등은 윌리엄 길핀[11]의 직접적인 영향력 덕분에 1780년대부터 각각 그러한 장소로 부각되기 시작했다. 그리하여 스코틀랜드 하이랜드에 대한 사무엘 존슨의 다음과 같은 태도—

> (하이랜드는) 자연이 홀대하여 원초적 상태 그대로 방치해버린, 형태나 유용성이라고는 찾아 볼 수 없는 물질처럼 보인다[12]

—는 시대적 추세에 한참 뒤처진 것으로 보였다. 사무엘 존슨의 '자연'은 개량가였지만, 새로운 '자연'은 창시자이다. 그러나 우리가 기억해야 할 것은, 야생의 지역으로 가는 이런 여행들의—전부는 아니라 하더라도—대부분은 "자연"이 그들의 소유지를 "원초적 상태 그대로 방치"하지 않았기 때문에 물질적 여유가 생긴 사람들에 의해 이루어졌다는 사실이다. 그림 같은(*picturesque*) 여행—그리고 이를 조장하고 찬미했던 지지학적(*topographical*) 시, 일지, 회화, 조각들—은 농업 개량과 상업에서 나온 이익으로 가능하였다. 이런 층위에서 보면, 감수성이 변화한 것이 아니라 엄밀히 말해서 취향이 추가된 것이다. 갖은 수단을 동원해서 자연스런 효과를 연출했던 풍경식 정원과 마찬가지로, 자연 상태의 산악지역과 삼림지역도 대부분 과시적인 심미적 소비의 대상이었다. 유명한 장소에 가 보는 것, 그리하여 자신의 여행 경험과 조망 경험을 서로 교환하고 비교하는 것은 당시 유행하던 사교 형식 중 하나였다. 우리는 워즈워드나 다른 사람들을 통해서 여행 도중 이와는 다른 경험을 하는 경우도 있었다는 사실을 잘 알고 있다. 그러나 자신에게 대단히 중요한 의미

적으로 묘사한 최초의 인물로 알려져 있다.

11) (역주) William Gilpin(1724~1804): 영국의 성직자, 저술가. 영국의 광범위한 지역을 여행하고 그것을 일기 형식으로 기록하여 동시대의 독자들에게 많은 영향을 미쳤다.

12) Hussey, 앞의 책, 112에서 재인용.

를 갖는 구분을 시도한 사람은 다름 아닌 워즈워드 자신이다.

> 즐길 때조차 시시하게 즐기고,
> 모든 기술을 초월해서 존재하는 사물에까지
> 모방예술의 규칙을 적용해서
> 이것은 좋다느니 저것은 싫다느니 요란하게 떠들어댄다.
> 그러나 나 또한—내가 시대의 강력한 질병에 감염된 적은
> 결코 많지 않았지만—나도 모르게 눈앞의 장면들을
> 비교하는 데 빠져들고, 피상적인 것에 지나치게 골몰하며,
> 색채와 형태의 보잘것없는 새로움에 심취한다.
> 시대의 분위기, 도덕적 힘, 장소에 깃든 감정과 정신에는
> 무감각한 채.[13]

사무엘 존슨이 하이랜드에서

> 위험하지 않은 공포 … 즐거움을 주되 일정한 한도 이상은 허락하지 않는 환상의 유희, 정신의 자발적인 흥분[14]

이라 묘사했던, 자연 상태의 장소들이 주는 전통적 '경외감'은 워즈워드가

> 밀턴이 노래한 바 있는, 공포를 내재한 바로 그런 자연을 추구[15]

했을 때, 이미 숙지하고 있던 것이었다. 그러나 워즈워드는 이보다 더 일반적인 지각(*perception*)을 터득하게 되었다.

> 평범한 사물을 아름답게 보는 감각이

13) *Prelude*, 12권(1850).
14) Hussey, 앞의 책, 113에서 재인용.
15) *Prelude*, 14권(1850).

매일 새롭게 생겨나고,
이처럼 고귀해진 인간들이 선물처럼 피어나
지상을 가득 채울 때 …
… 내 정신은 신성해져 고상하고 비천한 것을
꿰뚫어 보게 된다.[16)]

이 대목은 우리가 익히 보았던 감정을 많이 포함하고 있지만, 그러나 이제 그 감정을 인간에 대한 경의와 인간적 공동체의 원칙에 결합하는, 심지어 강제하기까지 하는, 복잡한 움직임을 보여 준다.

워즈워드의 시에 톰슨과 18세기 전통과의 일정한 연속성이 존재한다는 사실을 강조하는 것은 옳다. 다음의 시에서 시골과 '자연'은 인간 사회와 인간의 범속한 의식을 벗어나게 해 주는 은둔과 위안의 장소로 사용된다.

나는 생생히 기억한다, 예전에 길을 지나던 중에
안개와 조용한 빗방울을 머금고
은빛으로 빛나던 바로 그 관모(冠毛)들, 잡초들,
그리고 벽 위로 치솟은 키 큰 잔디들을.
내 가슴에는 너무도 잔잔한
영상이 떠올랐고, 마음이 불안한 상념으로 가득한 중에도
그것들은 너무도 아름답게 보여서
파멸과 변화로 인한 슬픔과 절망도,
인생의 덧없는 흐름이 남기는 온갖 비애도,
모두가 한가한 꿈처럼 보였다.[17)]

이 시의 특징은 "지나던" 사람은 고독한 관찰자이고, 그가 보는 것은 "정물," 즉 압력이나 변화와 대조되는 이미지라는 사실이다.

---

16) 같은 곳.

17) (역주) Wordsworth, "The Ruined Cottage."

워즈워드의 시에는 이와는 다른 차원의 연속성도 존재하는데, 그는 공감과 자비와 공동체적 유대감 속에서 '비천한' 사람들을 인식하고 심지어는 이상화한다. 〈마이클〉에는 '목가적 시'라는 부제가 붙어 있는데, 우리가 '목가적 시'를 농촌생활의 독립성을 묘사하는 시라는 발전된 의미로 이해한다면 이 시는 분명 '목가적 시'이다. 이 시는

> 끝없는 근면한 노동의 귀감으로
> 계곡 인근에 널리 알려진18)

목동 가족의 전원적 독립성과, 불운, 자본의 부족, 최종적 재산 처분 등을 통해 그 독립성이 와해되는 과정을 묘사한다.

> '금성'(*the Evening Star*)이라 부르던 오두막은
> 없어졌고, 그것이 서 있던 부지에는
> 보습이 박혀 있다. 오두막 근처가 죄다
> 결정적으로 변해버렸다 …19)

중요한 것은 워즈워드가 '자연'의 "부드러운 힘"을 그가 마이클과 같은 사람들에 느끼는 유대감과 연결시킨다는 사실이다. 우리는 톰슨에게서 이러한 연결의 사례를 본 바 있다. 워즈워드는 톰슨에 비하면 현실의 인간들에 좀더 가깝게 다가서는 경우가 많지만, 그러나 톰슨과 마찬가지로 점점 과거로 후퇴하는 가운데 그들을 조명한다. 그 과거는 오직 잔존하는 몇 안 되는 흔적과 시의 정신을 통해서만 기억될 수 있을 뿐이다. 이런 의미에서 18세기 후반의 농촌 관련 저작의 두드러진 특징이었던 상실과 와해의 비애감은 워즈워드의 더욱 친밀해진 시어 속에서도 여전히 계속되고 있다.

---

18) "Michael", Wordsworth, 앞의 책, 2권.
19) 같은 곳.

그러나 워즈워드의 시에는 중요한 발전도 존재한다. 즉 그는 바로 이러한 역사관에 어울리게, 토지를 박탈당한 사람, 고독한 방랑자, 노숙자들을 새로이 강조하는 것이다. 여기서 사회적 관찰의 결과는 고독한 관찰자 — 그는 또한 시인이기도 하다 — 의 인식과 연결된다. 〈컴버랜드 거지 노인〉에 나오는 거지 노인은 크랩이 관찰한 바 있었던 노인의 후대의 모습이라 할 수 있지만, 관점의 변화는 현저하다. 이제 늙은 거지는 공동체가 사라져서 마을 생활은 고통의 연속일 뿐임을 나타내는 증거가 아니다. 반대로 거지는 마을 생활에서 문자 그대로 완전히 분리된 채 그의 내면을 통해서, 그의 현실적인 방랑 생활을 통해서, 자연이 촉발하는 공동체 의식과 자선심을 집중적으로 보여 준다. 공동체 의식은 거지에게 무엇인가를 베푸는 행위 속에서 지속된다. 그것은 "자연의 법칙"이며, 누구도 그것과 떨어져서는 살 수 없는

선(善)의 정신이자 맥박,
모든 존재형태와 뗄 수 없이 연결된
생명과 영혼이다.

거지는 이 기본적인, 이제는 거의 상실된 공동체의 매개자이다.

그가 시대적 상황이 초래한 엄청난 고독 속에서
비난도 받지 않고, 상처도 받지 않은 채
오직 자신만을 위해 숨 쉬고 사는 것처럼 보이면서
하늘의 은혜로운 법칙이 그에게 내린 모든 좋은 것을 지니고
주변을 돌아다니게 하라.
그리고 그의 인생이 다하는 날까지,
배운 것 하나 없는 마을 사람들이
다정하게 행동하고 묵상에 잠기도록 재촉하게 하라.

말하자면 공동체의 정신은 추방되고 고립되어, 결국 방랑하는 거지에게서 소극적이긴 하되 도전적인 모습으로 구현되는 것이다. 본능적인 공동체적 연대감은 더 이상 공동체의 실천이나 공동체의 부적절한 상태를 항의하는 정신에서 나오지 않는다. 그것은

> 이 고독한 존재,
> 이 무기력한 방랑자[20)]

로부터 나온다. 이렇게 해서 본질적 고립과 침묵과 고독이 사회 일반의 가혹함, 냉정한 무자비, 이기적 안일에 대항하는 자연과 공동체의 유일한 담지자가 되었다.

이것은 복잡한 감정의 구조이다. 그러나 농촌 관련 저술(우리는 이를 여전히 이렇게 불러야 할 것이다)의 결정적 국면이 시작되었던 것은 바로 이 감정의 구조가 이룬 성취 속에서였다. 물론 자연을 관찰 대상으로 보는 의식은 여전히 강렬하다. 예컨대 다음과 같은 대목을 보라.

> 이곳과 흡사한 목장(을 나는 본 적이 있다).
> 그곳에서는 비록 이탈리아처럼 맑게 갠 하늘은 아니었지만
> 그래도 공상이 마음대로 뛰어노는 듯했고,
> '자연'은 그곳에 마치 자신이 놀기라도 할 것처럼
> 유원지를 만들었다.[21)]

그러나 다음의 풍경은 결정적 변화를 보여 준다.

> 4대 원소(*elements*)와 변화하는 사계절은
> 그곳에서 그들이 가장 사랑하는 동료 노동자를 본다.

---

20) "The Old Cumberland Beggar", Wordsworth, 앞의 책, 4권.

21) *Prelude*, 8권(1805).

사방으로 인간성의 향기를 발산하는 장소,
인간의 마음을 본다.
시간과 장소와 대상을 자유롭게 선택하며
자신을 위해 일하는 자유로운 인간을.[22]

이것은 실제의 농촌생활의 독립성을 노래하는 구절이다. 워즈워드는 컴버랜드에서 그러한 종류의 독립성을 직접 목격한 바 있었고, 그것이 변화의 위협에 직면해 있음을 인식하였다. 그러나 그는 새로운 압력을 받는 가운데 '인간'과 '인간성'을 긍정하는 동시에 추상화하게 된다.

어떤 산봉우리보다 높고 숭고한
고독한 존재 …
… 인간은 이렇게 내가 보는 앞에서
육체를 가진 고귀한 존재가 되어 …
… 내게서 멀어져, 적당한 거리를 사이에 두고 있었다.[23]

워즈워드가 이렇게 보는 인물은 처음에는 산을 오가며 일하는 목동이지만, 나중에는 인간성의 추상화된 이념 —

인격화된 사상,
'인류'라는 이념, 혹은 추상[24]

— 이 된다. 이 이념은 시인을 지탱하여 "혼잡한 생활의 추접함"과 사회의 억압으로 왜곡된 인간의 이미지에 맞서게 해 준다. 이제 시인은 풍경과 혼연일체가 된 노동자, 자연의 일반적 형상의 일부가 된 노동자를 멀리서 바라본다. 여기서 자연을 긍정하는 것은 인간을 본질적으로 긍정

22) 같은 곳.
23) 같은 곳.
24) 같은 곳.

하는 의미를 갖는다. 시인 자신은 분리되어 있음을 의식하는 동시에 세상의 모든 것은 눈에 보이지 않게 연결되어 있음을 확인하는 이런 정신—

바다, 언덕, 그리고 숲.
이 사람 많은 마을! 바다와 언덕과 숲,
수없이 많은 인생에 일어나는 일들,
꿈 속에서처럼 소리가 들리지 않는다.[25]

—바로 이런 정신 속에서 시작(詩作) 행위 자체, 즉 창조의 행위가 새롭게 강조된다. 워즈워드가 자주 묘사했듯이, 혹은 콜리지가 평온해 보이는 일상 속에서 불안감을 느끼며 표현했듯이 말이다.

사랑을 모른 채 언제나 불안한 가엾은 군중,
우리는 그들에게 허락된 생기 없고 냉정한 세계보다
더 고상한 가치를 보고 싶다.
오오! 영혼 자체에서 빛이, 영광이,
대지를 감싸는 아름답게 빛나는 구름이,
분출되어야 하는 것이다.[26]

이제 자연을 변화시키고자 하는 것은 의지가 아니라 고독한 창조적 상상력이다. 냉정한 세상에서 쫓겨나 자기 고유의 자연적 지각과 언어 속에서 인간을 찾아 다시 창조하고자 하는 인간이다.

이것이 새로운 시의 '녹색 언어'이다. '녹색 언어'는 존 클레어가 의미심장하게도 〈목가적 시〉라고 제목을 붙인 시에서 실제로 사용한 용어이다.

---

25) Coleridge, "Frost at Midnight."

26) Coleridge, "Dejection."

산사나무 꽃이 피어나는 즉시
모든 이의 마음에 5월을 선사하듯이,
모든 이에게 감정을 부여하는
언제나 녹색인 언어.[27]

'녹색'과 '언어'의 결합은 워즈워드의 유명한 〈틴턴 사원 몇 마일 위에서 쓴 시〉에도 보인다.

그러므로 나는 여전히 풀밭과 숲과 산을,
그리고 우리가 이 녹색 대지에서 바라보는
모든 것을 사랑하고, 눈과 귀가 보고 듣는
모든 위대한 세계를, 눈과 귀가 절반은 창조하고
절반은 지각하는 것을 사랑한다.
그리고 자연과 감각의 언어 속에서
나의 가장 순수한 사상의 거처를,
내 마음의 유모, 안내자, 보호자를,
나의 모든 도덕적 존재의
핵심을 발견하는 것을 즐긴다.[28]

이것은 새로운 의미의 '녹색 전원 풍경'이다.

여기서는 필요하면 폭풍우와 싸우고, 그리고 저기서는
인생의 가장 보잘것없는 대지에까지도 사계절 내내 녹색이며
언제나 감미로운 향을 뿜는 약초를 평화롭게 흩뿌려주는.[29]

---

27) John Clare, "Pastoral Poesy", *Poems of John Clare*, ed. J. W. Tibble, 2 vols., (London, 1935), 2권.

28) Wordsworth, "Lines Written a Few Miles above Tintern Abbey", 앞의 책, 2권.

29) *Prelude*, 14권.

이것이 《서곡》의 철학적 결론이며, "시인의 정신"의 형성이 도달한 정점이다. 그러나 여기서 형성되고 있던 것은 새로운 종류의 자연이었고, 그런 의미에서 새로운 종류의 시인이었다.

존 클레어는 노동자였던 젊은 시절에 톰슨의 〈봄〉의 몇 행을 읽고 설명할 길 없는 흥분을 느꼈다.

> 오라, 부드러운 봄이여, 오라, 천상의 온화함이여,
> 저 물기 머금은 구름의 품속을 빠져나와,
> 음악이 사방의 정적을 깨트리는 동안, 장미꽃을 예고하는
> 빗줄기 속에 모습을 감추고, 우리의 들판으로 내려오라.[30]

이제 우리는 이 구절을 하나의 연극적인 기원(祈願, *invocation*)으로 읽을 수 있다. 계절이 무르익는 변화를 상징적으로 추상화한 것으로 말이다. 그러나 이 시와 클레어의 원숙기 시들 중 일부를 같이 읽으면, 연속성과 함께 변화도 확인할 수 있다.

> 물기 머금은 보리 낱알 사이의 암녹색 둥지에서
> 종달새는 갑작스런 기세로 날아오르며 노래한다.
> 그리고 안개 자욱한 빛속에서
> 황갈색 날개를 떤다.[31]

의인화된 계절이 직접적으로 관찰된 종달새로 바뀌었다. 그러나 시의 전개는 동일하다. 자연에 창조성을 부여하고 있는 것이다. 그 창조성은 이제 새로운 형식 속에서 내면성을 띠게 된다. 그리하여 대상이 상세히 묘사될수록 독자는 새롭게 작동하는 언어와 리듬 속에서 관찰자의 삶과 관련된 감정을 그만큼 더 직접적으로 보게 되고 인식하게 된다. 이렇게

30) Thomson, "Spring."
31) *Selected Poems of John Clare*, introd. G. Grigson, 1950, 11에서 재인용.

창조된 시에서 새는 관찰자의 감정이다.

이 새로운 글에서 특히 두드러지는 것은 자연 — 새, 숲, 날씨와 빛의 효과 — 에 대한 더욱 상세해진 묘사이다. 자연 묘사를 모은 어떤 선집에서도 1780년 이후에 쓰여진 시와 산문은 대단히 중요한 비중을 차지할 것이다. 1780년 이후의 자연 묘사는 예외적 대상에 집중하여 길게 이어지는 묘사인 경우가 많다. 이전 시기의 글들이 대부분 자연에서 단일한 속성들을 특징적으로 추출해내는 데 반해 이들은 개별성을 정교하게 기술한다. 이는 분명 부분적으로는 관찰이 더욱 집중적으로 이루어졌기 때문일 것이지만, 그러나 단순히 성실한 관찰자에 그치는 (물론 그 성실성은 높게 평가해야 할 것이지만) 사람들의 글과 이들의 글을 비교해 보면, 이들의 자연 묘사에는 집중적인 관찰 이상의 어떤 중요한 요소가 존재한다는 사실을 알게 된다. 따라서 예컨대 워즈워드와 클레어를 한 편으로 하고 셀번의 길버트 화이트를 다른 편으로 해서, 두 그룹 사이에 일정한 상관관계를 설정하는 것은 쉬운 일이다. 세 사람 모두 대단한 열의를 가지고 자연을 관찰하고 묘사하고 있음이 분명하기 때문이다. 그러나 길버트 화이트를 조금만 읽어도 두 그룹 사이의 본질적 차이를 알게 된다.

> 검은지빠귀새는 지빠귀새보다 크고, 산사나무 열매를 먹고 산다 …[32)]

이 상세한 관찰과 묘사는 분리된 대상인 다른 생물에 대한 것이다. 이는 워즈워드와 클레어의 인간적 분리 — 주관적으로 개별화되고 객관적으로 일반화된 자연 속에 개인적 감정을 투영하는 방법에 의해 이루어지는 분리 — 와 대극점에 위치한다.

이러한 변화는 잘 알려진 문학사적 상식이다. 그러나 클레어는 모든 점에서 대단히 중요한 인물이다. 왜냐하면 그는 단순히 문학적 변화만을 보여 줄 뿐 아니라, 그의 개성과 경력을 통하여 사회적 변화의 본질을

32) Gilbert White, 앞의 책, 63.

직접적으로 보여 주기도 하는 인물이기 때문이다.

클레어는 결코 최초의 노동자 시인이 아니었다. 앞에서 보았듯이, 스티븐 더크는 궁정과 교회와 신고전주의가 그를 후원하여 그의 문학을 거세시키기 전에 훌륭한 작품을 한 편 쓴 바 있었다. 그와 비슷한 후원을 받았던 노동자들이 그의 뒤를 이었다. 센스턴의 리소우즈 정원 설계를 도왔던 구두 수선공 제임스 우드하우스,[33] 직조공 로버트 도즐리,[34] 벽돌공 로버트 테이터슬,[35] 세탁부 메리 콜리어,[36] 선원 윌리엄 팔코너,[37] 랙틸러(Lactilla)라는 필명으로 출판할 것을 권유받았던 우유 장수 앤 이어슬리[38]가 그들이다.

> 계곡에는 바람도 불지 않고, 물결치는 이삭이 부드러운 줄기를 곧추세우는 일도 없다.
> 다가오는 노동시간을 위해 나를 북돋아 주는 것은 어디에도 없다.[39]

로버트 블룸필드는 14살 때 농장노동자 생활을 그만두고 도망쳐 런던에서 구두 수선공이 되었고, 1800년에 《농장의 소년》을 출판하여 "더욱 순수해진 우리 시대의 테오크리토스"라고 불리는 등 상당한 성과를 얻었다. 《농장의 소년》은 톰슨의 《사계》의 솔직한 모방작이다. 블룸필드에 의하면 그는 "실제 체험에 충실하게 농장 일을 기록할 것을 결심"했다고 한다. 그러나 그의 묘사의 세부는 체험에서 나온 정확성을 보여 주긴 하

33) (역주) James Woodhouse(1735~1820): 영국의 시인.
34) (역주) Robert Dodsley(1703~1764): 영국의 직조공, 서적상, 작가.
35) (역주) Robert Tatersal(1700?~1750?): 영국의 작가, 벽돌공.
36) (역주) Mary Collier(1690~1762): 영국의 시인. 〈여성의 노동〉(1739) 등의 작품이 있다.
37) (역주) William Falconer(1732~1769): 스코틀랜드의 선원, 시인.
38) (역주) Ann Yearsley(1752~1806): 영국의 시인. 〈브리스털의 시 쓰는 우유 장수〉로 알려졌다.
39) R. Unwin, *The Rural Muse*(London, 1954), 64에서 재인용.

되 일종의 외부적 준거와 설명의 틀 속에 갇혀 있다. 예컨대 블룸필드 자신의 직접적 기억의 소산인 자일즈란 인물은 포괄적으로 그려지고 있을 뿐이다.

> 누가 (고향의 봄이 — 역자) 부르는 소리를 물리칠 수 있었을까? 자일즈가 그러했다.
> 그는 새소리도 듣지 못하고, 떠오르는 태양도 보지 못했을 것이다.
> '자비로움'이 격려의 빛을 비추고,
> '위대함'이 몸을 낮추어 자일즈를 칭찬하지 않았다면,
> 그가 아니라 그의 노래에 영감을 주었던 대상들에
> 돌아가야 마땅할 칭찬을 해 주지 않았다면.[40]

이 오싹할 정도의 비굴함은 블룸필드가 나중에 습득한 취향이다. 우리가 지금 이 비굴함에 분노나 경멸을 느낀다면 그 대상은 블룸필드를 비롯한 수많은 사람들을 이처럼 소심하게 굴종하도록 만든 사람들이나 계급이어야지, 블룸필드여서는 안 된다. 블룸필드는 시 이외의 분야에서는 이와는 사뭇 다른 자기 고유의 감정을 표명하였다. 예컨대 윈덤[41]의 비평을 공격하는 다음과 같은 대목을 보라.

> 그의 고향의 '일반 민중'은 분명 거친 사람들이다. 그러나 나는 그들을 흙구덩이 속에 계속 처박아 두어야 한다는 주장이 마음에 들지 않는다. 그것은 감자를 보관하는 데는 좋은 방법일 것이다. 그러나 일반 민중이 글을 읽거나 쓸 수 없는 탓으로 그들이 가진 천부적 능력을 압살당해 왔

---

40) *The Poetical Works of Robert Bloomfield and Henry Kirke White*(London, 1871), 27~8. 이 시는 블룸필드가 《농장의 소년》으로 문단에서 호평을 받은 후 한 귀족 후원자의 도움으로 12년 만에 처음 고향을 다시 방문하여 쓴 "고향을 다시 방문하다"(*On Revisiting the Place of My Nativity*)이다(역자).

41) (역주) William Windham(1750~1810): 영국의 정치가. 에드먼드 버크의 친구였으며, 피트(Pitt) 내각에서 전쟁성 장관을 역임했다.

> 다는 사실을 알게 되면, 제 정신을 가진 사람치고 유쾌한 기분일 수 있는 사람은 없을 것이다. 문학의 무한한 축복을 찬양하면서 어떻게 문학을 확장하는 것은 원하지 않을 수 있는가?42)

실제로 천부적 능력의 압살은 너무도 전반적이고 의식적으로 수행되었다. 맨드빌43) 은 19세기에까지 간단없이 이어진 지배적 태도를 대변한다.

> 최악의 상황에서도 사회가 행복하고 국민이 편안하기 위한 필수적 조건은 국민들 대다수가 가난할 뿐 아니라 무식해야 한다는 것이다. 44)

시인을 후원하는 것은 이러한 압살 작업과 모순되는 것으로 보일지 모르나 사실은 그것의 또 다른 형태에 불과하였다. 후원제는 노동자 시인에게 일정하게 정의된 학문과 교양, 그리고 더욱 중요하게는 일정하게 정의된 시를 강요했는데, 이는 사실 매우 오만한 처사인 만큼이나 내용상 범속한 수준의 것이었다. 블룸필드는 외부에서 요구하는 이러한 태도를 의식했기 때문에 자기 체험의 진정한 의미에 좀체 도달할 수 없었다.

> 가장 비천한 하인들의 사소한 사건들이여,
> 생생하게 살아나 내 노래를 아름답게 장식해 달라. 45)

그리고 그는 최고의 순간에도 시의 전통적 관습에 갇혀 있었다. 그는 그 관습에 따라 참여자가 아니라 관찰자의 입장에서 노동하는 타자를 삼인칭으로 추상화 · 의인화하고, 고전을 인용하여 그것을 추인하고, 그것에 합당한 완곡한 몸짓을 취한다.

---

42) Unwin, 앞의 책, 48에서 재인용.

43) (역주) Bernard Mandeville (1670~1733) : 네덜란드 출신의 영국 철학자, 정치경제학자, 풍자작가.

44) Unwin, 앞의 책, 105에서 재인용.

45) "The Farmer's Boy : Spring", Bloomfield, 앞의 책, 28.

그의 가장 중요한 재산은 햇볕에 말려 저장한 땔감,
동그랗게 피어오른 연기가 그의 조그만 문을 자욱하게 에워싼다.
그는 그 문에서 기어나와 의무의 목소리가 명하는 대로
인적 드문 밭의 크루소가 되어 순회한다.
키 큰 흰 산사나무와 잎 떨어진 장미는
서리로 얼어붙어 흐드러진 연홍색으로 빛난다.
반짝이는 자두가 무리지어 질서정연하게 열린 곳에서
그는 열매를 수확한다 — 품이 많이 드는 상금이다.[46]

후원제는 또한 발전의 가능성도 제약하였다. 문학으로 일정한 경제적 독립성을 유지하는 것이 토지에서 독립적 생활을 하는 것 못지않게 어렵던 시절에, 후원제는 시인을 지나치게 추켜세우고 나서는 무관심하게 방치해 버리는 것이 통례였다. 그래서 블룸필드는 더욱 소박한 민요풍으로《시골 이야기》(*Rural Tales*)를 썼고, 클레어는《리처드와 케이트》(*Richard and Kate*)로 그가 "영국의 농촌 시인 중 일인자"가 되었다고 보았다. 역시 돈 때문에 블룸필드는 지지학적 여행시에도 손을 대었는데, 우연찮게도 나의 고향으로 여행하여 내가 평생 동안 기억하는 산을 조망하는 시를 썼다. 그의 풍경 묘사는 형식적인 것으로서 그리 흥미롭지 않다. 그저 그림 같은 형용사들의 나열일 뿐이다. 그러나 다음과 같은 구절을 썼을 때, 그에게는 단순한 형용사의 나열 이상의 감정이 있었다.

이처럼 장엄하고 웅장한 경치가
이렇게 넓게 펼쳐져 있는데,
수백만의 사람들은 짧은 일생 동안
불운하게도 이를 단 한 번만 흘낏 보고
지나쳐야 한단 말인가? 시의 신에게 맹세한

46) "The Farmer's Boy: Autumn", 같은 책, 66.

많은 격렬한 열정의 시인들이 장소의 제약 때문에
자존심을 접고 날개를 묶인 채
노래를 불러야만 한단 말인가?[47)]

이것은 현실적 체험에 대한 시인 자신의 관찰이다. 따라서 시의 화제가 곧장 다른 문화권에 속하는 번즈와의 비교로 옮겨가는 것은 놀라운 일이 아니다. 그동안 순치되었던 힘이 제약을 뚫고 제 모습을 드러내는 것은, 시인이 자신의 한계와 접촉하고 사회적 체험 전체를 조감하게 되는 때이기 때문이다.

존 클레어의 생애도 같은 맥락에서 보아야 한다. 그의 생애는 블룸필드보다 더 비극적이었을 뿐 아니라 더 절박하기도 했다. 아니 더 절박했기 때문에 그만큼 더 비극적이었다고 해야 할 것이다. 클레어의 생애의 일정 시점까지는 시골의 변화라는 맥락에서 고찰하는 것이 적절하다. 보통 클레어를 인클로저로 인한 상실과 연결하는 것은 바로 이 때문이다. 그러나 그의 생애를 온전히 이해하기 위해서는 인클로저를 넘어 보다 넓은 사회적 변화의 맥락에서 그가 워즈워드와 공유했던 경험과 시적 발전 과정을 보아야 할 것이다.

우리는 물론 클레어가 당시의 시골에서 가시화된 변화들에 대하여 강렬한 정서적 반응을 보이는 장면을 어렵지 않게 찾아볼 수 있다. 예컨대 《목동의 달력》의 〈5월〉을 보자.

그리운 오월제여, 그대의 영광은 어디로 갔는가
모두가 그대를 버리고 도망쳐버렸다
그대는 마치 이방인처럼 아무도 알아보는 이 없는 채로
예전의 거처로 돌아온다 …
… 그대의 자리를 빼앗은 신참자가
퇴색한 미소를 짓는 동안

47) (역주) Bloomfield, *The Banks of Wye*, 3권.

인클로저가 시작된 바로 그 곳에는
오월제의 즐거움 대신 곰팡이가 슬어간다.

〈10월〉은

농장주들의 퇴거 명령 간판이 보이지 않고
폭군 같은 치안판사들이 말을 타고 와서 참견하지도 않는 공유지[48]

에 잔존하는 집시들을 묘사한다. 그런가 하면 〈마을의 음유시인〉에서는 같은 감정을 더 의식적인 주장의 형태로 다시 한 번 제기한다.

예전에 오솔길은 자연처럼 자유롭게 뻗어 내려갔고,
예전에 산길은 모든 계곡으로 구부러졌다 —
인클로저가 왔다, 그러자 모든 통로가 막혀버렸다.
폭군들은 통로가 보이기만 하면 간판을 세우고,
토지를 횡단하는 것은 무단침입죄라고 일렀다.
판사는 폭군이 명하는 대로 판결하게 되어,
큰길은 이제 제한구역이 되었다.
— 인클로저, 너는 토지에 내린 저주이고,
너를 계획한 가련한 인간은 취향이라곤 없는 자이다 …

오 영국이여, 자유를 자랑하던 나라여!
외국인에게 그대는 여전히 자유로운 왕국일지 모르나,
그대의 가난한 노예들은 변화를 본다.
많은 것을 잃은 그들은 진실을 안다.
그대의 자유는 이주하는 철새처럼 날아가 버렸고,
뿌리를 파는 쟁기처럼 비천한 잡색의 군상은

---

48) John Clare, *The Shepherd's Calendar*, ed. E. Robinson and G. Summerfield (London, 1964).

그대의 법을 멸시하고 자기들 멋대로의 법을 실행한다.
그리하여 이제 모든 마을에 폭군이 있고,
교구 노예들은 교구의 왕이 허락하는 삶을 살아야 한다

… 그대 들판이여, 루빈[49]의 눈에 그처럼 사랑스럽게 보였던 경치여,
그대 들꽃이여, 목장의 꽃이여, 잘 있으라!
그대 추방된 나무여, 나를 한숨짓게 하는 그대여,
인클로저가 와서 너희들의 모든 영광이 퇴색해 버렸다.[50]

인클로저를 실행하는 향신을 "잡색의 군상"으로 묘사하는 데서 드러나는 격렬한 분노는 흥미롭다. 그러나 이 시에는 우리에게 친숙한 왜곡도 존재한다. 영국의 전통적 자유를 억압하는 존재는 실제 활동하던 토지소유자들이 아니라 "비천한", 그리고 이방인으로 보이는, "폭군"들이다. 이것은 골드스미스가 변화의 초기 국면을 관찰했던 방식과 흡사하다. 골드스미스에 의하면 당시 영국의 시골은

동(東) 고트족의 테오도릭 대왕[51]이 정복하기 직전의 이탈리아를 꼭 빼닮았다.[52]

법률로 규정된 거대한 규모의 토지정복이 실제로 진행되던 과정 — 인클로저가 다른 어떤 것보다도 전형적 예가 되는 — 에서 이처럼 법률의 집행자를 외부에서 온 야만적 침입자로 보는 시각이 오래 지속되었던 것은 이해할 만한 일이다. 그러나 특이하게도 이 야만인이 좋은 가문 출신의 영국인이라는 냉혹한 사실은 달리 왜곡되는 것이다. 그렇다면 인클로저

49) (역주) Lubin: 이 시의 주인공.
50) "The Village Minstrel."
51) (역주) Theodoric the Ostrogoth(재위 454~526): 동고트 족은 게르만족의 일파로서 테오도릭 대왕은 서기 493년 로마를 정복하였다.
52) Oliver Goldsmith, "The Revolution in Low life", Goldsmith, 앞의 책, 123.

라는 "저주"를 부추기는 사람을 묘사하기 위해 선택된 첫 번째 단어가 "취향이라곤 없는"이라는 막연한 형용사인 것은 대단히 적절하다 하겠다. 이는 골드스미스에서 낭만주의 운동의 시인들에 이르는 과정에서 형성되기 시작했고 특히 클레어에게서 현저히 나타났던 감정의 구조와 관련이 있다. 이 감정의 구조에 의하면 '옛 시골'의 상실은 시의 상실이고, 자연적 감정을 기르는 것은 토지 개량으로 인해 불가능한 일이 되었으며, 재산이란 냉혹하고 잔인할 뿐 아니라 취향이 없는 것이다.

클레어는 매우 젊었을 때 전통적인 전원 비가(*rural elegy*)이자 회고의 시인 〈헬프스턴〉을 썼다. 〈헬프스턴〉에서 특히 흥미로운 것은 시어들인데, 왜냐하면 이 시는 옛 세계에 속하는 것을 '근면'('일'이라는 옛날의 뜻에서[53]) 으로, 새 세계에 속하는 것은 '부'로 표현하기 때문이다.

> 달콤한 휴식과 평화여! 이제는 떠나버린 사랑스런 매력이여!
> 근면은 옛날에 그대를 팔로 감싸 안고 소중히 여겼었지.
> 지금은 아는 이 거의 없는 안락과 풍요를,
> 그 시절엔 모두가 알았고, 노동에는 적절한 보수가 따랐다.[54]

그 시절이 언제인지는 물을 필요가 없다. 추억의 핵심은 대조에 있기 때문에.

> 저주받은 부여! 인간의 법을 무시하는
> 그대는 모든 악행의 근원이다.
> 나처럼 비참한 빈곤의 희생자들이
> 그대를 비참함의 원인으로 지목하는 것은 지극히 당연한 일.
> 그대는 우리의 식사를 금지하는 차단봉이고,
> 우리의 노동과 빵을 빼앗는 것도 그대이므로.[55]

---

53) (역주) '근면'(*industry*)에는 '일'(*work*)이라는 뜻도 있다.
54) "Helpstone", Clare, 앞의 책.

자본이 노동을 박탈한다고 보는 이 견해는 정확하다. 그러나 이러한 견해를 둘러싸고 있는 감정의 구조는, 부가 가장 두드러지게 파괴하고 있는 것이 '자연'이라고 본다. 여기서 '자연'은 과거의 토지와 시인의 어린 시절의 토지가 복합된 것인데, 따라서 '자연'이 파괴되는 것은 시인이 나이가 들어가기 때문이기도 하고 사회가 변화하기 때문이기도 하다. 그리하여 다음과 같이 실제로 예전의 농업과 관련된 장면들이 묘사되는 한편,

> 그대 멀리 도망간 목장, 오래전에 사라진 풍경이여!
> 그곳에서는 자연이 만발한 꽃의 녹색으로 자유롭게 사방을 채색하고…
> … 소는 음매 울고 돌아다니며 풀을 포식하며,
> 목동이 지키던 양도 편히 울었다 …[56]

이러한 장면들과 함께 그보다 더 원시적인 상태로 존재하던 토지에서 지금 일어나고 있는 변화들(배수 공사로 하천의 물길이 바뀌고, 개간 작업으로 버드나무가 벌목되는 등의) 이 나란히 병치된다.

나는 클레어가 묘사하고 있는 일이 150년 이상의 시간이 흐른 지금에도 발생하고 있음을 확인할 수 있다. 내가 어릴 때 놀던 바로 그 숲과 그 개울물이 지난 몇 년 동안 진행된 주변부 토지의 개선된 활용 과정 속에서 바로 이런 식으로 사라졌던 것이다. 그렇다면 이제 우리가 따져 보아야 할 것은 이러한 관찰—어떤 종류의 상실과 다른 종류의 이득을 서로 대조하는—을 '자연'의 상실로 확대하는 문제이다. '자연'의 상실은 '손상되지 않은' 시골—이 표현은 정당한 경우도 있고, 가식적인 경우도 있다—이라고 부를 수 있는 어떤 것의 상실만이 아니다. 그것은 또한 특별한 개인에게 특수하게 인간적이고 역사적이던 풍경의 상실이기도

55) 같은 곳.
56) 같은 곳.

하다. 개인에게 그 풍경은 단지 '자연'일 뿐 아니라 '태어난 고향'으로서 특별한 감정을 불러일으킨다.

> 오랫동안 사모해 왔던 사랑스런 고향!…
> 세월의 이끼가 낀, 그래서 시대의 인장(印章)이 찍힌
> 기둥 하나, 깃발 한 점, 혹은 돌멩이 하나도
> 내 마음 속에 그것들이 그곳에 계속 남아 있었으면 하는
> 강렬한 애착을, 어리석은 욕망을 불러일으킨다.
> 내가 예전에 좋아했고, 지금도 내 어리석은 취향이 승인하는, 그 모든 것들이
> 사라지는 모습을 보노라면 가슴 속에 슬픔이 가득 찬다.[57]

그렇다면 시인이 절절하게 애도하고 있는 것—"어리석은 취향"이 승인하는, "예전에 좋아했"던 모든 것들—은 어린 시절 가까이 접했던 풍경의 상실을 통해서 함께 상실되는 자신의 어린 시절이다.

> 아아, 그러나 슬프게도 이제 그 풍경들은 더 이상 없다.
> 그대 삶의 전성기는 내 경우와 마찬가지로 끝나버렸다.[58]

이 시가 16세 때의 작품이었다는 것은 전적으로 이해할 만하다. 어떤 관점이 지나간 인생의 한 시기와 결합한다. 유년시절에서 행복을 연상하고 그 둘을 결합하는 경향은 발전하여 고정된 양식이 된다. 그 양식 속에서 처음에는 한 특별한 풍경이, 순수하고 안전하다는 특징뿐 아니라 평화롭고 풍요롭다는 특징까지, 지울 수 없을 정도로 뚜렷하게 부여받는다. 다음에 그 풍경은 강력하게 확대해석되어 과거의 농촌이 존재했던 특정한 시대가 된다. 과거의 농촌은 이제 상실된 정체성, 상실된 인간관

---

57) "Village Minstrel."
58) "Joys of Childhood."

계, 상실된 확실성과 결합하는데, 이러한 결합 속에서 이른바 '자연'이라는 것을 현재의 의식(意識)과 대립적인 것으로 회상하게 된다. 최초의 감정은 너무도 절실하기 때문에 그것이 다른 많은 경험들과 결합하는 것은 불가피하다.

고향의 경치! 오, 얼마나 감미롭고 사랑스러운 소리인가!
이런 소리를 들으면 아무리 쓸쓸해도 심장이 뛰고
따뜻해진 가슴으로 부드러운 감정이 퍼지면서
그가 태어난 사랑스러운 장소를 소중히 떠올리게 된다.
아침 일찍 이슬 머금은 나뭇가지를 잘라
울타리를 만드는 가난한 일꾼조차
가지 무성한 산사나무에 장갑을 얹으면,
고통스런 기억의 추방되었던 상념들이 돌아와
너무도 행복했던 젊은 시절을 떠올리게 된다.59)

그리고 특정한 풍경에서 특정한 시대로의 이행은 부지불식간에 이루어진다. 〈어린 시절의 추억〉의 다음 구절을 보라.

과거의 감미로운 광경이 떠오르지 않는
그런 추억은 따분하고 그런 마음은 공허하다.60)

이러한 결합적 감각 속에서 살던 클레어는 개개의 기억들을 일반적인 "과거의 감미로운 광경"으로 변형하고 있었지만, 그러는 가운데서도 자신이 그러한 작업을 하고 있음을 인식하였다. 같은 시의 다른 구절에서 클레어는 이러한 인식 중 가장 결정적인 대목을 보여 주는데, 그것은 우리가 지금 검토하고 있는 전통과 실로 중요한 관계가 있다.

---

59) "Village Minstrel."
60) "Joys of Childhood."

> 공상은 어떤 곳이라도 에덴동산으로 만든다.
> 공상 속의 세계는 피어나는 꽃처럼 불시에 모습을 드러내고,
> 보이는 것은 온통 녹색의 즐거움과 구름 한 점 없는 하늘,
> 유년의 시간은 장미의 시간이다 …61)

이 유년 시절의 에덴과 관계되는 자연의 이미지들은 그것들이 이처럼 극단적으로 일반화되는 바로 그 순간, 어떤 특정한 결합을 강제하는 듯 보인다. 자연, 과거, 유년이 일시적이긴 하지만 강력하게 결합하는 것이다.

> 자연 속에서 마치 어머니의 가슴 속에서처럼 조용히 잠들고.

이러한 자연을 교란하는 쟁기는 성인이 되는 것과 관련된 가장 가혹한 감정 — 재산 박탈, 노동의 고통, 세상의 냉혹함 — 과 결합한다. 그리하여 경험 속에 감정과 이미지의 복합체가 생겨난다. 그것은 특정한 개인에게 국한되지 않는다. 그와 같은 세대 사람이면 누구에게나, 그리고 역사상 이 세대에 속하는 사람이면 누구에게나, 그러한 복합체가 생겨난다. 그러나 이제 시인은 이러한 고통의 경험에 대항하여 어떤 감정의 방법(*a way of feeling*)을 터득하게 되는데, 그것은 또한

> 언제나 녹색인 언어62)

의 창작방법이기도 하다. 클레어는 그리하여 그 '녹색인 언어'를 구사하여 '목가시'를 재창조하고, 위에 인용한 구절이 담긴 시의 제목을 〈목가시〉라고 붙인다. 이 '녹색 언어'는 언어와 문학적 이념의 근본적 발전이다. 그것의 강점은 재산 박탈, 추방, 사회적 분열이 실제로 일어나던 시

---

61) "Joys of Childhood."
62) "Pastoral Poesy."

기에 인간적 동정심과 공동체를 결합한 것이다. 그리고 그것의 역설적인 약점은 그 결합이 '자연'으로 후퇴함에 의해서, 마음의 '에덴동산'으로 후퇴함에 의해서, 그리고 고독하고 체념적이며 성찰적인 인간애로 후퇴함에 의해서 이루어진다는 것이다.

> 잔잔한 정적이 모든 곳을
> 평화롭게 했고,
> 그래서 숲은 사람들에게서 떨어져
> 그늘 속에 쉬고 있다.[63)]

우리는 혼란스런 역사와 변화하는 풍경에 대한 클레어의 반응이 이런 식으로 전개되어 나간 것을 전적으로 이해할 수 있다. 역사와 풍경의 현실적 모습은 이미지들 속에서 와해되는 것과 동시에 재창조된다. 그 이미지들은 현실의 의미를 전달하지만, 이미지들이 만들어내는 관점은 그 의미를 억압한다. 많은 낭만주의 시들의 경우와 마찬가지로, 그것은 실제적인 수탈 속에서 잔존하는 인간적 감정이다.

> 내가 노고를 위로해 줄 조금의 즐거움도
> 허용치 않는 하찮은 돈을 벌기 위해
> 이마로는 끊임없이 땀방울을 흘리면서
> 먼지투성이 헛간에서 탈곡을 하거나
> 도랑에서 삽질을 하는 동안에도
> 그대는 건재하여 모든 것에 승리하였다.[64)]

여기서 건재하는 그대는 시이다. 시는 울타리 고치는 인부의, 탈곡부의, 남에게 고용되어 그 남의 이익을 위해 풍경을 실제로 변화시키는 사람

---

63) 같은 곳.

64) "The Progress of Rhyme."

의, 인간성을 향해서, 그리고 그 인간성을 대변해서 발언한다. 그러나 시는 바로 그 고립 때문에 세속의 소음, 현실적 착취의 소음, 그리고 아이러니하게도 착취에 대한 직접적 항의의 소음과도 대립하는 것으로 왜곡된다.

> 케케묵은 무의미한 수다, 불량한 아이들,
> 농부와 탈곡부들이 싸우는 소리로 시끄러운
> 마을에서 그는 자랐다. 그들의 이야기는 기껏해야
> 노동일이 가혹하다거나, 작업이 늦어진다거나
> 빵 값이 오르고 내렸다거나
> 누가 죽을 것 같고, 누가 결혼할 것 같다는 내용뿐이었다.[65]

시인은 공동체가 압력에 시달리며 명맥을 이어가는 이러한 현실의 마을에서 나와 자연의 정적 속으로 철수한다. 거기서 시인은 민요를 기억해내고 풍경에 관해 성찰하면서, 자신의 인간성과 타인의 인간성을 옹호하는 시를 쓸 수 있게 된다. 그러다가 이러한 웅변적 침묵의 상태로부터 씁쓸하고 절망적인 심정으로 이탈하여, 자신이 쓴 시를 시장의 소음 속에 다시 내놓고, 이익, 악의, 질시, 그리고 그의 소박성에 대한 상류층의 경멸 등의 제물이 된다. 이후 그는 다시 한 번, 그러나 이제는 거의 정신이 파괴된 상태에서,[66] 홀대받는 시인의 웅변적 침묵 속으로 귀환한다. 자연과 가난을 벗 삼아 녹색 언어로 세계를 재창조하는 고독한 인간으로 말이다.

> 나는 존재한다. 그러나 내가 누군지
> 누가 관심이 있으며, 누가 아는가?[67]

---

65) "Village Minstrel."

66) (역주) 클레어는 만성적인 알코올 중독과 정신 질환으로 고통을 받다가 정신병원에서 사망했다.

그것은 이러한 구조 속에서 정신이 도달할 수 있었던 극한이었다. 여기서 조금이라도 새로운 방향으로 나아가기 위해서는 구조와 본질적 양식을 바꾸어야 했다. 클레어는 목가시의 종말을 고한다. 목가시는 시골의 현실적 경험과 충돌하여 충격 속에서 숨을 거둔다. 클레어는 많은 시인들을 순치시킨 바 있었던 램 특유의 조언을 받아들일 수 없었다. "아카디아를 헬프스턴에 옮겨 심으세요. 생각건대 센스턴에게서 진정한 의미의 전원적 문체인 아카디아적 영어를 찾을 수 있을 겁니다."[68] 그렇다기보다는 오히려, 한 세기 전에 시작된 것으로 우리가 확인할 수 있는 시적 운동이 클레어라는 파괴된 천재의 모습에서 정점에 도달했던 것이다. 그 시적 운동은 자연을 창조하는 노동의 사실들과 자연을 분리한 다음, 그처럼 분리해 낸 자연을 이제는 변화하여 참을 수 없게 된 인간관계 속에서 파괴하였다. 클레어의 시는 벤 존슨처럼 풍경이 작물을 저절로 생산한다고 이상화하지도 않고, 톰슨처럼 생산체제가 모두가 풍요롭도록 보호해 준다고 이상화하지도 않는다. 골드스미스, 랭혼, 크랩의 시는 이러한 이상화에 대한 의식적 반발을 보여 주었다. 그러나 받아들일 만한 모든 사회질서가 시골에서 결정적으로 소멸되어버린 현실에 무의식적으로 반발하는 경우도 있었다. 클레어의 시는 항의의 시와 우울한 회고의 시가 보여 주는 외면적 관찰의 수준을 넘어선다. 그가 경험하는 상실은 내면적이다. 그에게 새로운 '자연'의 녹색 언어가 필요한 것은 생각하고 느끼는 인간으로서 어쨌든 생존하기 위해서이다.

---

67) "I Am."

68) (역주) 찰스 램(Charles Lamb)이 1822년 8월 1일에 클레어에게 보낸 편지 중 한 구절. 이 편지의 요지는 농촌 현실을 시에서 그대로 드러내는 것을 피하고, 센스턴처럼 고전적 목가시를 적절하게 활용하라는 것이다. 헬프스턴은 클레어의 고향이다.

제14장

도시의 변화

그러나 우리가 변화를 강조하는 데에는 더 큰 이유가 있다. 기존의 지적·문학적 형식들을 통해서 주변 환경을 보는 데 익숙했던 사람들은 18세기가 되자 풍경의 또 다른 극적인 변화에 주목하지 않을 수 없었다. 도시가 급속도로 팽창하고 변화했던 것이다. 찰스 제너(1736~1774)라는 군소 시인이 '도시'《목가》, 혹은 '런던'《목가》 연작을 시도한 것이 그 전형적 예인데, 그러나 이제 목가적 이미지의 부재는 전과는 다른 의미를 지니게 되었다.

> 신록이 우거진 숲 속의 공터, 용솟음치는 개천,
> 바위 언덕에서 뿜어 나오는 샘물은 보이지 않는다.

그는 팽창하던 런던의 교외를 걷고 있었다.

> 어디로 눈을 돌려도
> 악취를 풍기며 벽돌을 굽는 모습이 길게 이어진다.
> 구역질나는 오물 더미는 산처럼 쌓여 부풀어 오르고,
> 오물 밑에는 비대한 돼지가 숨어서 잠을 잔다.

그의 결론은 단순한 부정이다.

> 그때 이후로는 들판에 나가도 그레이즈 인(Gray's Inn) 거리에서
> 얼마든지 볼 수 있는 형상 말고는 아무것도 없고
> 먼지와 소음으로 조용한 사색이 불가능한데다
> 삼두마차가 지나간들 풍경이 달라질 리는 없으므로,
> 나는 떠도는 시의 신(神)을 찾느라 방황하지 않고
> 집에서 글을 쓰며 신발을 아낄 것이다.[1]

다행스럽게도 이런 반응은 예외적인 것이었다. 18세기에 극적으로 성장한 런던은 새로운 종류의 풍경, 새로운 종류의 사회로서 집중적인 관찰의 대상이 되고 있었다.

그러나 처음에는 도시의 새로운 부분과 전통적 이미지를 분리하기가 어려웠다. 예컨대 톰슨의 시에는 새로운 태도와 전통적 태도가 흥미롭게 조합되어 있다. 〈가을〉에서 볼 수 있는 것처럼 톰슨은 전통적인 방식을 따라 도시를 시골의 순수성과 대조한다.

> 이것은 죄의식으로 고민하는 사람들과
> 죄악으로 가득 찬 도시들이 결코 알지 못하는 삶이다—
> 타락하지 않은 원시적 시대의 삶.[2]

이와 결합된, 그러나 더 구체적인 불만이 전개된다.

> 도시에는 사람들이 너무 많다. 사람들이 모이는 곳은,
> 저마다의 화제로 가득차고 서로 섞여 지껄여대는 소리들로 달아올라
> 알아듣기 힘든 잡음을 만든다. 소란한 무리는

---

1) C. Jenner, "Town Eclogues: Eclogue IV", (London, 1772), *The Poet*, 27~8.
2) Thomson, 앞의 책, 180.

방만하게 흐르는 거짓된 쾌락의 유혹에 몸을 실어
순식간에 파멸의 길로 떠내려간다.[3)]

(〈겨울〉)

그러나 낭비와 방탕을 보는 이러한 도덕적 시각에는 도시를 순수한 자연과 대조할 뿐 아니라 문명의 근면과도 대조하게 될 여지가 존재한다. 토지를 대상으로 했던 생산의 찬미는 이제 도시로 확대 적용된다.

그대의 도시들은 기술의 아들들로 가득 찼고,
분주한 거리들마다 장사하는 소리와
즐거운 환호성이 서로 섞여 들려온다. 짐마차에서
땀을 흘리거나 저택을 위해 돌멩이를 자르느라
먼지를 뒤집어 쓴 일꾼조차 즐겁게 보인다.[4)]

(〈여름〉)

그리고 톰슨은 이러한 근면의 찬미를 도시에 대한 전면적 긍정으로 확장시킬 수 있었다.

이렇게 해서 문명생활의 모든 형식은
질서정연하게 자리를 잡고, 보호와 영감을 받으며
완성의 경지에 도달했다. 사회는 모두를 통합하며
인구가 증가하고, 고상해지고, 우아해지고, 행복해졌다.
기술의 유모(乳母) 인 도시는 아름다움을 자랑스레 과시하며
탑으로 둘러싸인 머리를 높게 세웠다.
그리고 거리에서 거리로 뻗어가며 수천 명의 야심만만한 아들들을
헝클어진 숲의 거처로부터, 혹은 단단한 주목(朱木) 으로부터
끌어내어 강궁(强弓) 으로 만들었다.

---

3) 같은 책, 209.

4) 같은 책, 106.

그리하여 무역은 분주해진 상인들이 공용도로로 몰려들게 했고,
대형 창고를 건립했고, 강력한 크레인을 치솟게 했고,
외국에서 온 많은 물건들로 거리가 혼잡하게 했다. 그리고
오, 템스 강이여, 크고, 점잖고, 깊고, 장엄한, 하천의 왕이여!
무역은 그대의 조류(潮流)를 자신의 거대한 번화가로 선택하였다.[5]
(〈가을〉)

도시에 대한 이러한 찬미는 생산과 무역의 성공에 대한 부르주아적 감각을 문명화된 질서에 대한 신고전주의적 감각과 결합한다. 그렇기 때문에 이러한 찬미는 도시의 공포 중 새로이 강조된 것들 중 하나, 즉 도시의 탐욕에 대한 전통적 공포에 추가된, 군중에 대한 공포로 대단히 신속하게 전환될 수 있다.

합법적 폭력과 제도화된 사기를 이용해서
도시들을 활보하거나, 시민의식을 파괴해도
내버려 두라. 그리고 폭도를 선동해
미친 듯한 폭동을 일으키더라도, 아니면
폭동을 진압해서 폭도를 노예로 삼더라도 내버려 두라.[6]

이렇게 해서 찬미의 대상이던 상공업의 법적·재정적 상부구조는 활동이 지극히 활성화되는 경우 폭동과 선동과 다를 바 없는 것으로 간주된다.

이처럼 복잡하고 난해한 현실 속에서 18세기의 관찰자들은 도시에 대한, 그중에서도 특히 런던에 대한 — 왜냐하면 런던은 세계를 주도하는 도시였기 때문에 — 견해를 전개하였다. 볼테르는 산업과 도시적 쾌락의 추구를 도시의 특징으로, 따라서 문명 자체의 특징으로 보았다. 산업과 쾌락이 결여되었던 황금시대와 에덴동산은 순수한 것이 아니라 무지한

5) 같은 책, 137~8.
6) 같은 책, 178~9.

것이었다. 도시는, 그리고 그중에서도 특히 런던은, 진보와 계몽의 상징이었으며, 도시의 사회적 유동성은 문명과 자유를 가르쳐 주는 학교였다.

> 아테네에 버금가는 런던,
> 시민들의 분쟁이 만들어내는 편견들도 추방하고
> 폭군들 또한 추방하는 분별력을 갖춘, 참으로 축복받은 도시.
> 인간은 자기 생각을 말하고, 가치 있는 자는 합당한 자리를 얻을 수 있다…
> 런던에서는 재능 있는 사람이 위대한 사람이다.[7)]

아담 스미스는 견해가 다소 달랐다. 그는 도시가 지방의 산업을 보호하고 확대한다고 보았다. 그에 의하면 도시는 자유와 질서의 중심이지만, 시장이자 제조업의 중심지로서 지방에 종속되어 있기 때문에 변덕스럽고 불안한 사람들이 생겨나기 쉬운 곳이었다. 아담 스미스의 견해는 런던의 현실적 모순에 좀더 가깝게 접근한 것이었다. 한편 문학에서는 포프와 사무엘 존슨과 스위프트 등의 작품에서 전통적 양식에 따른 전원적 제스처까지도 포함하는 새로운 도시성을 볼 수 있었다. 그러나 이들의 도시는 다른 곳과는 분리된 런던이었다. 그럼에도 불구하고 사무엘 존슨은 그의 유베날리스 모작[8)]에서 타자들의 시선으로 런던을 볼 수 있었기는 하지만 말이다. 반면 호가스[9)]와 필딩, 게이와 디포의 작품에는 이들보다 어두운 현실이 존재하였다. 호가스의 《진 거리》(*Gin Lane*)는 18

---

7) Voltaire, "Verses on the Death of Adrienne Lecouvreur(La Mort de Mlle Lecouvreur, célèbre actrice)", *Voltaire*, trans. H. N. Brailsford(Oxford, 1935), 54.

8) (역주) 사무엘 존슨이 1738년에 쓴 〈런던〉(*London*: *A Poem*)을 지칭함. 이 시에서 존슨은 런던의 악덕을 피해 웨일즈로 떠나는 화자의 시선을 통해 런던의 현실을 비판한다.

9) (역주) William Hogarth(1697~1764): 영국의 화가, 풍자가, 사회비평가.

세기 중엽의 런던의 참모습을 도시에 관한 어떤 도식적 설명보다도 정확하게 보여 준다. 호가스의 《근면과 나태》(*Industry and Idleness*)나 릴로의 《런던의 상인》이 보여 주는 도덕적 대조이든, 아니면 게이의 《거지 오페라》나 디포의 《몰 플랜더스》가 보여 주는 하층 생활의 양가적 활력이든, 런던의 현실에 대한 감각은 '문명화된 질서'의 이상과 정면으로 대립한다. "무례한 폭도", "군중의 무례함", "나태하고 방탕하고 타락한" 노동자라는 문구는 중간계급 관찰자들의 상투어이다. 이 "아테네에 버금가는" 도시를 방문하는 사람들이나 중간계급 관찰자들의 도시관(都市觀)을 결정적으로 형성한 것은 장물거래소, 매음굴과 빈민굴, 악취가 진동하는 지하실과 붕괴 직전의 가옥들이었다.

이러한 관점 속에서 구성되는 현실은 악덕과 항의, 범죄와 피해, 절망과 자립 등의 모순으로 가득 찬 현실이다. 도시에 존재하는 부와 빈곤의 대조는 시골에서의 그것과 성격이 다르지는 않았지만, 열병에 걸린 듯 팽창을 계속하는 도시에서 집중적으로 나타났기 때문에 더 격렬하고, 더 전반적이고, 더 분명하게 문제적이었다. '군중'은 종종 폭력적이고, 예측불가능하고, 반동적인 목적에 이용될 수 있는 존재였다. 그러나 또한 조지 루데가 보여 주었듯이, '군중'이란 호칭을 사용하는 것은 "근본적인 빈부 대립"이 분명하게 드러났던 "사회적 항의운동"의 성격을 은폐하는 것이기도 했다.[10] 예컨대 윌크스[11]의 시대에 이러한 대중적 항의는 자유의 편에 섰던 반면, 런던의 문명사회는 그것에 반대했던 것이다.

이와 동시에, 이러한 착잡한 관계는 도시에서 물리적으로 구현되었다. 1751년에 필딩은 다음과 같이 말했다.

> 런던의 시티[12] 지역과 웨스트민스터 지역이 최근 들어 주변으로 광범

---

10) G. Rudé, *The Crowd in History*(New York, 1964) 참조.

11) (역주) John Wilkes(1725~1797): 영국의 급진파 언론인, 정치가.

12) (역주) 'City': 영국 런던의 동부에 위치한 약 1평방마일에 달하는 지역. 근대

> 위하게 확장되고, 마구잡이로 건물이 들어서고, 엄청난 수의 샛길과 좁은 길, 뒷골목과 옆길이 생겨나는 것을 보노라면, 누구나 그 지역들이 애초부터 은신(*concealment*, 은폐, 잠복)을 목적으로 만들어졌다 해도 지금보다 더 잘 만들어졌을 수는 없었으리라는 생각을 하게 될 것이다.[13]

18세기의 런던이 물리적으로 지저분하고 복잡했던 것은 많은 부분 도시의 빠른 팽창 때문이기도 하지만 그 팽창을 통제하려는 시도 때문이기도 했음을 생각하면, 우리는 아이러니를 느낀다. 역병에 대한 공포로부터 사회적 무질서에 대한 공포—사실 도시의 무질서 자체는 농촌 경제의 혼란이 도시로 이동해 집중적으로 출현했던 결과이지만—에 이르는 복잡한 이유에서, 도시의 성장을 제한하려는 시도가 거듭되었다. 16세기 후반 런던이 처음으로 팽창하기 시작했을 때 반포된 1580년 포고령은 건물 신축을 금지하였고, 17세기에는 상업을 통제하는 조치들과 함께 건물 신축을 금지하는 또 다른 포고령들이 나왔는가 하면, 1709년에까지도 건물 신축을 금지하는 입법이 시도되었다. 지배계급의 이익을 위해 런던의 성장을 제한하고 특히 빈곤층의 런던 거주를 방해하려는 노력은 이처럼 장구한 시기에 걸쳐 반복적으로 진행되었다. 이들 법령이나 포고령은 대부분이 "상류 계층 사람들이 거주하기에 적당한" 주택들을 위한 예외조항을 명시적으로 갖추고 있었다. 반면 빈곤층과 부랑자들, 농촌경제 변화 과정의 희생자들, 혹은 곤경에 빠진 도주자들, 혹은 도시에서 열악한 운명의 활로를 찾으려는 야심가들은 발전하는 도시에서 명시적으로 배제되어야 할 대상이었다. 그러나 변화가 워낙 총체적이었기 때문에 배제는 불가능했다. 주인을 따라 상경하는 하인들뿐 아니라 수

이후 세계적인 금융·상업·해운업의 중심지로 발전하였다.

13) H. Fielding, *Inquiry into the Cause of the Late Increase of Robbers*(London, 1751), 76.

천 명의 사람들이 런던으로 몰려들었다. 따라서 주택 신축을 제한한 조치들의 주된 결과는 사람들이 과밀하게 거주하는 부실한 투기성 건물이나, 법의 허용 범위 내에서 개조한 주택들을 오랜 세월에 걸쳐 끊임없이 양산한 것이었다. 이 때문에 빈민굴의 골목들은 어쩔 수 없이 미로와 같은 형태가 되었다. 이런 사태는 도시에 대저택들을 건설하고 광장과 멋진 테라스를 구획하는 과정의 일부로서 발생한 것이었는데, 우리는 오늘날 이를 '조지 왕조 시대[14]의' 런던이라는 말로 추상화하는 장면을 너무도 자주 본다. 지배계급은 그들이 실로 너무나도 자주 그러했던 것처럼, 자신들이 추진한 변화의 이익은 취하면서 그 변화가 필연적으로 초래하게 마련인 부정적 결과는 통제하거나 억압하려 했다. 런던에 대한 많은 불평(과 찬양)은 이러한 이중적 의미에서 읽어야 한다.

'거대한 혹'의 이미지가 비근한 예이다. 이 이미지는 코벳이 그것의 출처보다 더 잘 알려진 글[15]을 쓰기 훨씬 전부터 존재하였다.

> 사람들은 대영제국의 수도인 런던이 신체와는 전혀 균형이 맞지 않을 정도로 거대하게 큰 머리를 가진 일종의 괴물이라고 오랜 세월 동안 불평해 왔다. 그러나 이런 불평이 처음 나왔을 때(200여 년 전) 만 해도 런던의 건물은 지금의 도심 바깥으로는 거의 없었다… 이처럼 오래전부터 시작된 건물의 증가를 과거 사람들도 국가의 몸에 난 혹이나 사마귀로 보았는데, 그렇다면 그 이후 계속 추가된 저 수많은 거리들과 광장들을 지금의 우리는 어떻게 생각해야 할까![16]

위 글은 터커[17]가 1783년에 쓴 것이다. '괴물'이나 병적인 '혹'의 이미지

14) (역주) Georgian: 조지 1세, 2세, 3세, 4세가 재위하던 1714년부터 1830년까지의 시기.

15) (역주) 코벳은 《시골로 말을 타고 가다》(1830)에서 런던을 "거대한 혹"이라 불러서 이후 이는 런던에 대한 냉소적인 별칭이 되었다.

16) Tucker, *Four Letters to the Earl of Shelburne*(London, 2nd ed., 1783), 44.

17) (역주) Josiah Tucker(1713~1799): 영국의 경제학자, 정치 저술가.

는 런던이 팽창을 계속함에 따라 거듭 반복해서 사용될 것이었다. 그러나 사람들이 그 이미지의 진정한 의미를 언제나 코벳처럼 명확하게 이해한 것은 아니었다. 런던의 팽창이 실제로 보여 주었던 것은 국가 전체가 처한 진정한 상황과 발전의 실태였다. 런던을 괴물이나 병적인 혹으로 본다면, 응당 그것은 사회 체제 전체가 그러하다는 주장으로 논리적으로 연결되어야 했다. 그러나 물론 이러한 결론을 부인하고 전반적 상황을 무시하거나 계속 이상화하는 것이 더 편했다.

1660년에 제 2의 대도시인 브리스털의 인구가 3만여 명이었던 데 반해, 런던의 인구는 이미 50만 명이었다. 1700년에서 1820년 사이에 런던의 인구는 125만 명으로 증가하였다. 정치권력이 집중되고, 봉건제도가 농업 귀족으로 대체되고, 농업 귀족이 다시 농업 부르주아지로 대체되면서 토지 근대화 과정의 온갖 결과가 산출되었고, 중상주의 무역이 엄청나게 발전하였다. 이러한 괄목할 만한 발전이 여러 세대에 걸쳐 진행됨에 따라 그것은 멈출 수 없을 정도로 강한 힘을 지니게 되었다. 집중과 수요가 이를테면 자기증식을 시작하였다. 19세기에는 산업자본주의가 영국을 비롯한 여러 나라들에서 도시를 창출하게 될 것이지만, 18세기의 런던은 귀족주의 정치체제 하에서 농업적·상업적 자본주의가 창출한 놀라운 결과물이었다. 발전의 매 단계마다 런던은 전국 각지에서 많은 것을 빨아들였다. 웨일즈와 스코틀랜드의 가축 상인들은 런던 시민이 먹을 고기를 공급하기 위해 육우들을 런던으로 가져 왔다. 북 웨일즈의 소녀들은 런던 시민이 먹을 딸기를 따기 위해 무리지어 런던으로 걸어 왔다. 이러한 이례적인 조직적 이동보다 더욱 근본적이었던 것은 일자리나 은신처를 찾아 수천 명씩 몰려 왔던 사람들, 지방의 혼란이나 가혹한 처우로부터 피신해 온 사람들이다. 아서 영은 그들이 무엇 때문에 "건강에 좋은 쾌적한 들판을 버리고 먼지와 악취와 소음이 가득한 곳으로 몰려오는가?"하고 물었다. 그는 시골 마을의 실제 상황에서, 그리고 '개량'에 열심인 사회체제가 강제한 추방에서, 질문에 대한 부분적 답변을 얻을 수 있었을 것이다. 하지만 질문 도중 그는 답변의 다른 일부를 얻었다.

> 시골의 젊은 남녀들은 런던을 마지막 남은 희망의 장소로 본다… 시골에서 도주하는 젊은 여성들은 믿을 수 없을 정도로 많다.[18]

시골과 도시 사이의 불균등한 상호관계는 이제 상당히 진전되어 어디서나 볼 수 있었다. 지주들은 법률, 자본시장, 결혼시장 등을 이용하여 세력을 강화하고 확장하였다. 1713년에는 디포가 곡물 과잉생산의 '재앙'이라고 불렀던 사태에 대한 처방으로 증류주 생산이 권장되었다. 런던의 진 거리는 이런 식으로 시골 저택과 연결되었다 ("곡물 증류는 지주들의 이익을 보장하는 가장 필수적인 수단들 중 하나이다," 《리뷰》 1713년 5월 9일). 런던 주변의 농촌은 런던을 위한 공급지로 변모하여 런던 시민에게는 곡물을, 런던의 말에게는 건초를 제공하였다. (제너가 《목가》에서 관찰했던 것처럼) 런던 주변 농촌의 황무지에서는 돼지를 사육하였다. 런던 주변의 농촌은 과일과 채소와 우유도 또한 공급하였다. 이는 이후 시대에서 볼 수 있는, 시골 후배지(後背地)가 공업중심지에 식량을 공급하는 사례와는 다른 것으로서, 수도라는 이례적인 중심이 영국 전체의 경제와 사회의 성격을 수도 자신을 위한 것으로 재편하는 사례였다. 그것은 질서를 수립하는 동시에 혼란을 조장하였다.

우리가 이렇게 말할 수 있는 것은 런던은 이후에 공업도시라고 불리게 되는 그런 의미의 도시가 아니었기 때문이다. 런던은 직업과 유통의 최대 중심지였다. 그리고 숙련된 금속기술자와 인쇄기술자가 모이는 중심지, 의복·가구·패션의 중심지, 물품 배송 및 시장과 관련된 모든 작업의 중심지였다. 물론 런던 외의 여러 지역들에서도 유사한 변화가 일어

---

18) A. Young, *The Farmer's Letters to the People of England*, 2nd ed., 1771, 353~4.

나긴 했지만, 이 모든 직업들은 런던의 팽창과 함께 발전했다. 18세기의 발전의 중요 특징은 1749년 당시 "국내 각 지역을 대리한 대리업, 채권업, 중개업, 어음처리업, 보험업의 수입이 짭짤한 지점들"이라고 기록되었던 것들의 확장이다. 이제 "대리인, 채권처리인, 중개인, 보험업자, 금융인, 어음처리인, 어음할인업자, 투자자, 매매계약인, 화물발송인, 급료지급전표 매수인, 증권업자 … 기타 돈을 취급하는 대단히 다양한 영업자들"이 있었는데, "우리 조상들은 이런 직업들의 이름조차 전혀 들어본 적이 없었다." 1719년에 나온 〈런던의 확대에 관한 계산〉은 공채(公債)의 발전의 중요성에 주목하여, 공채가 "새로운 사무실들과 협회들"을 만들어내고 "많은 사람들을 끌어들여 런던 시내와 외곽에 살게" 한다고 보았다.[19] 기존의 상공업과 비교하면 — 기존 상공업 자체도 부와 상업과 장식(*display*)에 민감하게 반응하였지만 — 이 금융 관련 사업에 종사하는 사람들은 아직 소수였다. 그러나 새로운 사업들은 런던이 정치권력의 중심지라는 성격과 함께 새롭고 특수한 기능까지도 확보해 가고 있었음을 부각시켜 준다. 이후 북부에 출현하게 되는 새로운 공업 도시는 한두 가지 종류의 작업의 산물일 것이었고, 도시의 물리적 구조는 이러한 단일 직종 중심 도시의 성격을 그대로 반영하게 될 것이었다. 그러나 런던은 — 그 역사적인 다양성과는 거의 무관하다고 할 수 있는 의미에서 — 다원적이고 다양한 도시였다. 즉 런던은 수백 개의 직업이 존재하는 도시였을 뿐 아니라, 런던 이외의 지역에 거주하는 사람들의 수많은 사업을 관리하고 지휘하는 도시이기도 했다. 런던은 영국 전체의 생활 대부분을 반영했고, 또 창조했다. 인구가 증가하면서 런던은 식량 생산뿐 아니라 물자 생산 면에서도 적자를 면치 못하는 도시가 되었지만, 런던에서 이루어지는 사회적 생산은 그 적자를 충분히 벌충하고도 남았다. 런던은 국가 전체의 사회적 현실을 압도적일 정도로 생산·

19) M. D. George, *London Life in the XVIIIth Century*(London, 1925), 323에서 재인용.

재생산하고 있었다.

그 자신 직인이자 런던 시민이었던 블레이크는 여전히 이러한 18세기적 의미에서 수도를 보았다.

> 특별히 인가받은(*charter'd*) 템스 강이 흘러가는 근처
> 특별히 인가받은 거리를 나는 정처없이 걷는다 …

그는 원래 "더러운" 거리와 "더러운" 템스 강이라고 썼었고, 그것으로도 의미는 충분히 명료하게 표현되었을 것이다. 그러나 그는 "특별한 인가"에 대한 의식, 다시 말해 런던이 상업적 관점에서 조직되었다는 의식을 추가한다. 돌연, 이런 의식 속에서 수도를 보는 새로운 시각이 출현한다. 선대의 사람들이나 동시대 사람들처럼 수도를 폭동이나 소음, 혹은 괴물 같은 혹으로 보는 것이 아니라, 하나의 조직, 정신의 체계적 상태로 보는 것이다.

> … 그리고 모든 행인의 얼굴에서
> 쇠약함의 징후, 슬픔의 징후를 본다.
>
> 모든 사람의 모든 절규에서,
> 모든 아기의 겁에 질린 절규에서,
> 모든 목소리에서, 모든 저주에서,
> 인간의 정신이 만든 수갑소리를 듣는다.[20]

절규와 공포와 저주는 이미 익히 알려진 것이었지만, 블레이크는 이제 그것들을 인간에게 강요된, 그리고 인간 스스로 강요한, 조직적 억압으로 일반화한다("인간의 정신이 만든 수갑소리"). 그리하여 그는 이 자본의 체제의 은폐된 관계들을 극적으로 보게 된다.

---

20) W. Blake, "London", *Poems of Blake*, ed. Binyon(London, 1931) 59.

굴뚝청소부의 울음소리는
까맣게 변해가는 모든 교회를 떨게 만들고,
불운한 병사의 한숨은
궁정의 담벼락을 따라 피가 되어 흐른다.

그중에서도 특히 한밤중의 거리에서 나는 듣는다.
어린 창녀의 저주가
갓 태어난 아이의 눈물을 마르게 하고
결혼마차-영구차를 역병으로 시들게 하는 것을.[21)]

블레이크의 관점은 시골에서 순수성을 보고 도시에서 악덕을 보는 전통적 관점과는 거리가 대단히 멀다. 이 시에서 순수성과 악덕은 모두 도시 안에 존재하고, 도시에 속해 있다. 그것들의 실제적 관계도 그렇고, 정신적 관계도 그렇다. 권력을 인상적으로 상징하는 궁전은 피가 흐르는 곳으로 묘사되어야 하고, 그에 따라 은폐되었던 현실적 관계가 드러난다. 교회와 결혼의 관습이 고통받고 멸시받고 추방되는 사람들의 현실과 대조되는 장면도 마찬가지 역할을 한다. 이것은 예컨대 굴뚝청소부에 대한 관찰에 그치는 것이 아니다. 블레이크가 이 시를 쓰기 전에도 굴뚝 청소하는 아이들의 끔찍한 상황을 시정하려는 강력한 움직임이 있었고, 부분적인 성과도 있었다. 블레이크의 시는 도시의 체제 전체 속에, 그리고 그 체제가 집중적으로 구현하는 인간의 시스템 전체 속에, 새로운 관계를 수립하고 있다. 은폐된 관계를 이처럼 강제적으로 의식하게 만드는 것은 인간 조직과 사회 체제 전체를 보는 새로운 방법이다. 결과적으로 볼 때 이것은 디킨스의 본질적인 문학적 방법과 목적을 정확하게 선취한 것이다.

블레이크의 경우 이 점은 특히 강조할 가치가 있다. 왜냐하면 그는 18

21) 같은 곳.

세기의 목가적 이미지들을 많이 물려받지만, 그의 작품 전체를 통해서 그 이미지들을 전반적 상황의 구성 요소들로 변형시키기 때문이다. 그리하여 블레이크는 시골과 도시를 단순화시켜 대조하는 수준을 결정적으로 넘어선다. 블레이크의 시구 중 가장 많이 기억되는 것 중 하나가 "영국의 푸르고 즐거운 토지"라는 사실은 중요하다. 그러나 그것은 시골을 회고하거나 시골에 은거하고자 하는 데서 나오는 언어가 아니다. 블레이크 자신의 표현을 빌리면, 그의 투쟁의 목적은 오직 "영국의 푸르고 즐거운 토지에 / 예루살렘을" 건설하는 것, 다시 말해서 타락한 도시에 맞서는 신성한 도시를 건설하는 것이기 때문이다.

이런 의미에서 블레이크와 워즈워드 사이에는 흥미로운 유사점과 대조점이 존재한다. 워즈워드의 《서곡》 제 7권 〈런던 체류〉는 도시를 보는 새로운 방법을 선구적으로 기록한 주요 작품들 중 하나이다. 워즈워드가 들려주는 이야기에는 상상(*vision*)의 기록인 블레이크의 시보다 다양한 경험이 들어 있다. 그러나 두 사람 사이에는 이보다 직접적인 두 가지 차이가 존재한다. 워즈워드는 자신의 농촌 체험을 기초로 해서 도시를 보며, 농촌 체험은 그의 상상을 형성한다. 그리고 그는 블레이크와 관련된 방식으로 도시를 보지만, 도시의 특수성에 대한 인식 — 도시가 하나의 예외적 사회조직이라는 — 이 그의 관점을 지배한다.

워즈워드는 런던에서 멀리 떨어진 곳에서 살았던 사람의 일반적 태도, 즉 런던의 역사와 진기한 풍물이 주는 "경이로움과 애매한 즐거움"으로 시작한다. 그럴 때조차 그는 어떻게

> 이웃해 살면서도 말하자면 낯선 타인들처럼,
> 서로의 이름도 모르면서
> 살아가는지[22)]

---

22) *The Prelude, a parallel text*, ed. J. C. Maxwell (London, 1971), 256.

를 의아해했다고 말한다. 그러나 그를 지배했던 것은 경이로움과 매혹의 감정이었다. 그는 런던에 도착했을 때를 떠올린다. "런던 교외 마을의 긴 미로를 통과하여" "런던의 거대한 영토"로 진입한 그는 "살아있는 정신과 무관한" 어떤 것이 "그처럼 압도적인 지배력을 행사하는" 데 놀랐고, "시대의 무게"와 "무게를 받으면서 증가하는 힘"을 느꼈다. 그것은

광대한 도시,
조국의 운명과 지구 전체의 운명의 근원,
거대한 상업 중심지, 정열의 연대기이자
무덤, 그리고 정열의 장대한 고향이자
주요 거주지[23)]

였다. 단순한 도시가 아니라 국가 전체를 상징하고 지도하는 수도를 보는 방식으로 이것은 충분히 신뢰할 만하다. 그러나 워즈워드는 이보다 오래된 방식을 통해 도시를 보기도 한다. 사랑은

인간의 마음이 병드는
도시의 협소하고 과밀한 거처들 속에서는[24)]

쉽게 생겨나지 않는다. 그리고 거리에서 "소음이 계속되는" 동안에

우리는 적에게서 도망치듯
한적한 구석으로 급히 몸을 옮긴다.[25)]

톰슨이 권유했던 것처럼, 그는 도시를 등지고 시골로 가서

23) 같은 책, 339.
24) 같은 책, 499.
25) 같은 책, 260~61.

안전하게 거리를 두고, 인간의 폭풍이 울부짖는 소리를[26)]

듣는다. 그러나 이런 감정들이 워즈워드의 런던 체험의 핵심은 아니다. 그는 대단히 새로운 방식을 통해 도시를 하나의 사회 형식으로 묘사하고자 노력한다.

인간들과 움직이는 물건들의 끝없는 흐름!…
… 색채와 빛과 형태의
격렬한 춤, 귀가 멀 것 같은 소음,
오고 가는 사람들의 교차하는 얼굴들.
얼굴 또 얼굴.[27)]

이것은 일단의 새로운 물리적・감각적 관계들의 직접적 관찰이며, 새로운 종류의 사회를 경험하면서 인간을 보는 새로운 방식이다. 워즈워드의 견해가 블레이크와 비교될 만한 면이 있긴 하지만 다르다는 것은 바로 이런 의미, 즉 그는 새로운 종류의 소외를 인식한다는 의미이다.

오 친구여! 오직 이 거대한 도시에서만 느낄 수 있는
하나의 감정이 있었다.
사람들이 넘쳐흐르는 거리를 군중과 함께 걸으며
나는 너무도 자주 혼자 중얼거리곤 했다.
"내 곁을 지나는
모든 얼굴들이 신비롭구나!"
그래서 나는 그 얼굴들을 보고 또 보며
무엇이, 어디서, 어떻게, 왜를 골똘하게 생각했다.
결국 눈앞의 형체들은
조용한 산 위를 미끄러지는 듯한, 혹은 꿈속에서 출몰하는 듯한,

26) Thomson, 앞의 책, "Autumn", 1301행.

27) *The Prelude, a parallel text*, 259, 261.

환영(幻影)의 행렬로 변했다.
그리고 일상생활에 안정을 주는 모든 것들,
현재, 과거, 희망, 공포,
행동하고 생각하고 말하는 인간의 모든 버팀목들, 모든 법칙들이
내게서 사라졌다. 나를 의식하지도 않고, 내가 의식하지도 않는 채로.[28)]

이 중요한 시행들은 이후 도시 체험의 지배적 부분이 된 것을 표현한 최초의 사례라고 나는 믿는다. 블레이크는 모든 인간이 공유하는 "쇠약과 슬픔"의 상황을 보지만, 워즈워드는 낯섦, 즉 인간관계의 상실을 본다. 처음에 워즈워드는 사회적인 관점이 아니라 감각적인 관점에서 인간관계의 상실을 본다. 즉 시인은 타자들의 집단인 군중 속에서 그들의 정체성의 상실을 보는데, 이는 다시 시인 자신의 정체성 상실을 야기하고, 같은 식으로 시인의 정체성 상실은 사회 자체의 상실로 이어져서, 이미지의 행렬이 사회를 압도하고 대체한다. 결국 "색채와 빛과 형태의 격렬한 춤", "얼굴 또 얼굴" 말고는 다른 어떤 법칙도 존재하지 않게 된다. 이후의 도시 문학에서 이보다 더 핵심적인 의미를 지니는 체험은 없었다.

그러나 이러한 감각적 혼란, 이러한 신비로움의 고백은 어느 쪽으로도 발전할 수 있다. 워즈워드는 곧바로 그것을 확장시켜 인간의 삶은 모두가 신비하다는 기존의 관념으로 나아갔다. 예컨대 눈 먼 거지가 신분증명용 표찰을 목에 두른 것을 보고 그것을 인간 지식의 한계를 보여 주는 하나의 '전형'으로 해석하는 식이다. 이 대목은 그것을 초래했던 와해의 장면만큼 흥미롭지는 않지만, 어쨌든 와해의 체험의 특징은 이처럼 오래 지속하기가 어렵다는 것이다. 왜냐하면 그 체험은 일종의 진공 상태를 창조하는데, 그 진공 상태 속에서는 모든 종류의 철학적·사회적 태도를 취하는 것이 가능하기 때문이다. 워즈워드는 군중의 신비함에

28) 같은 책, 286.

대한 자신의 감각을 나름대로 추구한 결과 (이후 우리에게 너무도 친숙하게 되어버린 방식으로) '군중'과 '대중'을 비난하기에 이른다. 부자연스러운 혼란은

> 여기저기 있는 낙오자를 제외한
> 도시의 모든 거주자들에게,
> 이 거대 도시 자체(가 주는 느낌 — 역자)이다.
> 잠시의 휴식도 없이 저급한 일에 매달리는 노예들,
> 사소한 사물들의 영원히 변치 않는 흐름 속에 살며,
> 법칙도 없고 의미도 없고 목적도 없는 차이에 의해
> 녹아서 하나같이 똑같은 모습으로 환원되어 버리는 사람들,
> 그들에게 이 도시는 앞뒤를 분간할 수 없는 세계이다.[29]

1850년 판에서 그는 경멸적인 어조를 다소 완화하긴 했지만, 본질적인 변화는 없었다. 사회적 · 감각적 혼란은 이러한 방향으로 진행되었으며, 이후 그것은 상투화되어 현대의 지배적 경향이 되었다. 그러나 여전히 중요성을 잃지 않고 있는 다른 발전 방향도 존재한다. 워즈워드는 도시의 체험을 회고하면서 도시를 보는 또 하나의 관점을 제시하는데, 이는 역사적으로 대단히 중요한 의미를 갖는 것이었다.

> … 저 거대한 도시의 군중 속에서
> 어디서도 볼 수 없는 인간의 통일성이
> 감동적으로 나타나는 모습이 때때로 보였다.
> 착한 사람 악한 사람 가리지 않고 나타나
> 무지와 악덕을 이기는 단일한 정신,
> 태양 광선을 보는 단일한 눈처럼
> 도덕적 판단을 내리는 단일한 감각이.[30]

---

29) 같은 책, 292.
30) 같은 책, 343.

이러한 인간해방적 통찰—인간을 변화시키는 도시의 경험 속에 새로운 종류의 질서를 수립할 수 있고 새로운 종류의 인간적 통일성을 확보할 수 있다는—이 출현했던 것은, 의미심장하게도, 주관적 은둔의 반응을 거듭해서 유발해 왔던 바로 그 도시의 새로운 차원에 대한 인식의 충격 속에서였다. 워즈워드는 인간을 위협하고 혼란시키고 정체성을 상실하게 만드는 바로 그 힘 속에, 인간을 객관적으로 통합하고 해방하는 힘 역시 존재한다는 사실을 인식했다. 그리고 이후 1세기 반에 걸쳐서 이러한 현실이 더욱더 도시를 지배하게 되어, 여러 역설적이고 양자택일적인 도시 해석들이 등장하게 되었던 것이다.

왜냐하면 변화는 런던을 넘어 전반적으로 확대되는 참이었기 때문이다. 런던이라는 특수한 도시가 갖는 중요성은 여전히 압도적일 것이었지만, 다른 많은 도시들이 속속 등장하게 될 것이었다. 그리고 런던과 이들 도시와의 관계는 긴밀하면서도 혼란스러울 것이었다. 워즈워드가 다음과 같이 표현했던 것처럼, 런던은 수도, 즉 가장 오래된 의미에서의 문명의 중심이었다.

> 이 도시는 이제 아침의 아름다움을
> 의상처럼 입는다. 배들, 탑들, 높은 건물들, 극장들, 사원들은
> 말없이 벌거벗은 채, 누워서
> 들판과 하늘을 향해 몸을 연다—
> 연기 한 점 없는 공기 속에 모두가 찬란하게 반짝인다.[31]

앞에서 언급했듯이 이것은 노동 시간의 소음이 시작되기 전의, 그리고 이후의 발전 때문에 매연이 생겨나기 전의 런던이다. 그러나 사람들은 역사적인 도시들 모두를 언제나 이런 식으로 보아 왔다. 도시의 공공 건축물을 강조하고, 도시가 문화와 학문의 중심지임을 부각시키는 것이

---

31) "Composed upon Westminster Bridge", 앞의 책, 3권.

다. 당시 여전히 런던의 절반 규모였던 파리는 막 결정적인 성장을 시작하던 참이었고, 나폴리, 비엔나, 베를린, 로마, 상트페테르부르크, 부다페스트, 모스크바가 파리의 뒤를 이을 것이었다. 이 주요한 의미에서의 문명의 도시들은 새롭게 팽창 발전하면서 자신들의 문화적 중요성을 증대시키는 쪽으로 움직이고 있었다. 그러나 다른 종류의 도시들은 더 빠른 속도로 성장하였다. 영국에서는 산업혁명이 진행되면서 급성장을 계속하던 런던조차도, 폭발적으로 성장하던 북부 신흥 공업도시들과 비교하면 무색해질 정도였다. 1821년에서 1841년 사이에 런던은 20퍼센트 성장했지만, 맨체스터, 버밍엄, 리즈, 셰필드는 40퍼센트 이상, 그리고 브래드퍼드는 65퍼센트 성장했다. 이미 분석했듯이 도시의 주요한 역사적 의미를 파악하는 관점은 다양했다. 런던이 당대 유일의 대도시였을 때에는 런던의 규모 자체가 새로운 인간적 차원과 새로운 종류의 사회에 대한 감각을 불러일으켰다. 그러나 공업도시들의 새로움은 런던의 새로움과도 또 다른 것이었다. 공업도시들의 성장은 아직 초기 단계에 불과했지만, 수도들의 성장보다 더 결정적으로 도시의 새로운 성격과 도시와 시골 간의 새로운 관계를 선언하였다.

제15장

도시의 사람들

디킨스의 도시는 런던이었다. 그리고 우리가 앞에서 보았듯이 런던은 국가의 발전과 도시화를 주도했음에도 불구하고 많은 점에서, 그것도 디킨스가 성취한 특별한 창조적 업적과 밀접하게 관련된 많은 점에서, 특수한 도시였다. 디킨스는 런던보다 한층 새로운 종류의 도시 — 《어려운 시절》에 나오는 코우크타운(프레스턴)과 같은 산업 집중도시 — 를 볼 경우, 그 도시의 특징을 런던보다 더 단순화하고 수사적으로 강조하였다. 예컨대 코우크타운은 "사실의 승리"였고, 그 도시에는 "일과 심각하게 관련되지 않은 것"은 전혀 눈에 띄지 않았다는 식이다. 코우크타운은

> 붉은 벽돌의 도시, 만약 공장 연기와 재가 허락했다면 붉은 색이었을 벽돌로 이루어진 도시였다. 그러나 사실은 물감 칠한 야만인의 얼굴처럼 부자연스런 붉은 색과 검은 색의 도시였다.[1]

이런 눈으로 보면 도시의 물리적 풍경이 획일적인 것처럼, 도시의 인간들도 획일적으로 보인다.

---

1) *Hard Times*, 1권 5장; 《어려운 시절》, 장남수 옮김(창비, 2009), 41.

> 그곳에는 서로 꼭 닮은 큰 길 몇 개와 한층 더 닮은 작은 거리가 많이 있었으며 그 거리에는 마찬가지로 꼭 닮은 사람들이 같은 시각에 같은 포장도로에서 같은 소리를 내며 같은 일을 하기 위해 출퇴근하면서 살고 있었다. 그들에게 매일은 어제나 내일과 똑같았고, 매해는 작년이나 내년과 똑같았다.[2)]

그러나 부자연스러운 신흥 산업 체제를 이처럼 획일적인 것으로 보는 견해가 아무리 적절하더라도, 그것은 인간과 인간들의 행위를 보는 디킨스 자신의 특징적 관점과 내재적으로 모순된다. 사실 이러한 견해는 《어려운 시절》의 경우에도 이 대목에서만 유효할 뿐이다. 《어려운 시절》의 다른 대목에서 인물들이 결코 "똑같이 생긴 사람들"이 아님은 분명하며, 사실 인물들의 차이와 대조를 강조하는 것은 궁극적으로 《어려운 시절》을 구성하는 결정적 요소이다.

이러한 모순은 디킨스의 시대에, 아니 그 외의 다른 시대에도 역시, 일반적으로 도시의 관념과 산업의 관념을 혼동했었다는 사실을 떠올리게 한다. 도시와 산업의 동일시는 신흥 공업도시들에 그 사회적 토대를 두고 있는 것으로서 여러 가지 중요한 점에서 전반적으로 — 세부적으로는 디킨스를 이해하는 데에도 역시 — 오해를 초래하였다. 디킨스는 코우크타운과 같은 도시를 비난하는 식으로 자신의 궤도를 이탈할 수는 있었지만, 그의 도시 체험은 그 모든 의미에서 런던이라는 대단히 다른 종류의 도시의 체험이었고, 그의 진정한 중요성과 특징은 바로 이 사실과 긴밀하게 조응하는 것이었다.

왜냐하면 우리가 앞에서 보았듯이, 획일성을 억지로 부여하는 과장된 표현으로는 런던 같은 도시를 쉽사리 묘사할 수 없었기 때문이다. 오히려 런던은 — 특히 내부에서 보는 런던은 — 잡다함, 군중의 다양함, 임의적인 움직임이 가장 두드러진 특징을 이루는 도시였다.

---

2) *Hard Times*, 1권 5장; 같은 책, 42.

이러한 잡다함과 임의성도 결국 체제 — 무관심이라는 소극적 체제, 법률과 권력과 재정 관리의 분화라는 적극적 체제 — 를 구성하게 되었다는 것은 사실이다. 그러나 복잡한 국내외 경제와 사회의 중심 도시였던 런던의 특징은 이러한 체제가 어떤 형태로든 물리적으로 확연하게 드러나지 않았다는 것이다. 우리가 디킨스의 묘사가 과장되었음을 감안한다 하더라도 어쨌든 코우크타운의 질서와 체제는 대단히 확연한 것으로서, 사실 금방 확인할 수 있는 것이었다. 최근까지만 해도 마을이나 조그만 시장 도시에 불과했던 곳 주위로 순식간에 빠르게 확장되었던 거리들과 주택들은, 디킨스 시대의 런던 거리들 대부분과는 판이하게 다른 획일성과 체계성을 갖추고 있었다. 새로운 공업도시들은 대개 단일 업종으로 구성된 주요 공장들을 중심으로 조직되었는데, 런던은 과거에도 그랬지만 앞으로도 결코 그런 모습을 보이지 않을 것이었다. 따라서 디킨스는 도시를 새로운 종류의 사회체제로 보는 관점에 영향을 받았고, 또 코우크타운이나 기타 소소한 사례들을 통해서 그러한 관점을 직접 구현하기도 했지만, 새로운 도시 체험에 대한 그의 중심적 반응은 그보다 더 다양했고, 또 내가 보기에는 통찰력이 더 풍부한 것이었다. 이런 점에서 디킨스의 도시관은 그 이후의 도시관 — 다시 말해 도시들을 개괄적으로 뭉뚱그려 보는 1870년대 이후의 도시관 — 이 아니라, 블레이크와 워즈워드의 도시관에 훨씬 더 가깝다. 그러나 그의 관찰은, 그리고 그가 작가적 기량을 연마하여 새로운 종류의 소설을 통해서 구현해내었던 것은, 문제의 핵심에 접근한 것이었다. 그것은 런던이 산업혁명 초기의 여러 획일적 도시들보다 더 근본적으로 모순과 역설을 보여줄 수밖에 없는 도시였기 때문이다. 심지어 현대인들도 런던에서 그러한 모순과 역설을 체험한다. 런던은 다양성과 명백한 임의성의 도시이면서, 또한 결국 결정적인 체제라고 볼 수밖에 없는 어떤 것이 그것들과 공존하는 도시였다. 그리고 개별적 사실들이 두드러지는 도시이자, 그것들의 배후에 공통적 상황과 운명이 — 종종 은폐된 형태로 — 존재하는 도시였다.

디킨스가 창조한 새로운 종류의 소설 — 숱한 잘못된 출발과 착오 끝에 결국 이루어낸 결정적인 창조적 성과 — 은 우리가 이중적이라고 보아야 할 이러한 상황, 즉 임의성과 체계성의 공존, 가시성과 불가시성의 공존과 직접적으로 연결될 수 있다. 이러한 이중성이야말로 하나의 지배적 사회 형태로서의 도시가 갖는, 그리고 특히 이 시기의 수도가 갖는 진정한 의미이다.

따라서 런던에 대한 디킨스의 최종적 견해는 런던에 대한 지지학적 묘사나 국지적인 사례에서 드러나지 않을 것이다. 그것은 그의 소설의 형식 자체에, 즉 이야기의 서술 방식, 인물 형상화의 방법, 전형화의 특징 속에 내재해 있다. 도시 체험이 그의 소설의 방법이다. 혹은 소설의 방법이 그의 도시 체험이다. 어떤 식으로 표현해도 상관없다. 중요한 것은 눈(*vision*) — 물론 단일한 눈이 아니라 계속 이어지는 극화(劇化)를 통해서 보는 눈이지만 — 이 소설의 형식이라는 것이다.

이 점을 확실히 이해하기 위해서는 우선 다음과 같이 해 보기만 하면 된다. 우리가 멈춰서 디킨스의 소설을 돌아보면, 그의 소설의 전반적인 움직임이 남녀들이 일견 임의적인 모습으로 서둘러 걸으며 지나가는 것이라는 사실을 기억하게 된다. 디킨스는 그 남녀들 각자의 말을 고정적인 어구를 통해 우리에게 전달하며, 또 고정적인 표현을 통해 그들을 묘사한다. 이것은 거리의 남녀들을 보는 방식이다. 처음에 그들에게는 그 어떤 일반적 관계나 발전의 양상도 찾아 볼 수 없다. 남녀들은 관계를 맺기보다는 서로 스쳐 지나다 이따금씩 충돌할 뿐이다. 그들은 서로 일반적인 방식으로 대화하는 경우도 드물다. 각자는 무엇보다 자신의 정체성과 자신이 처한 현실을 규정하는 데 골몰하면서 서로를 향해, 혹은 서로를 지나쳐, 말을 건넨다. 자신에 대한 그들의 묘사는 고정적 표현을 통해 이루어지며, 그들의 음성은 어슷비슷한 다른 목소리들 틈에서 잘 들리게끔 과장된다. 그러나 행위가 전개됨에 따라서 그들은 알지도 못했고 이해하지도 못했던 관계들, 심각하고 결정적인 연관들, 행동을 촉발하는 명확한 인식들과 언명들을 말하자면 어쩔 수 없이 의식하게 된다. 그것들은 실제의 불가피한 관계들과 연관들이며, 모든 인간 사회에 필연적인 인식들과 언명들이다. 그러나 그것들은 이 새롭고 복잡한 사회 체제의 극단적인 분주함과 소음과 잡다함에 의해서 은폐되고, 복잡해지고, 신비화된다.

그렇다면 우리는 이러한 인식들과 관계들을 의식하게 만드는 것이 디킨스의 성숙기 소설의 목표라고 볼 수 있다. 사회와 개인을 보는 그의 눈의 중심에는 이러한 의식이 필요하다는 자각이 존재한다.

> 아아, 옛날이야기에 나오는 무능한 악마의 손보다 더 강력하고 자비로운 손을 선량한 정령에게서 빌려 와 그 손으로 집들의 지붕을 뜯어내고, 그 집들에서 시커먼 형상들이 쏟아져 나와 거리를 횡행하는 죽음의 천사 뒤를 따르는 장면을, 기독교 신자들에게 보여 주면 좋겠다. 우리가 너무도 오랫동안 방치했던 그곳들에서 창백한 유령들이 솟아나고, 탁하고 음울한 공기에서 악덕과 열병이 함께 증식하여 무시무시한 사회적 보복의 폭우가 쉬지 않고 점점 더 엄청난 양으로 퍼붓는 장면을 단 하룻밤만이라도 보여 주면 좋겠다. 그러한 밤을 보내고 맞는 아침은 참으로 밝고 축복받은 아침이리라. 왜냐하면 그때가 되면 인간들은 자기 스스로 만든 장애물에 더 이상 방해받지 않을 것이고, 그 장애물은 그들이 영원으로 향하는 길에 떨어진 먼지 얼룩에 지나지 않을 것이어서, 그들은 한 가족의 구성원들이 가장에게 가족 공동의 의무를 지고 가족 공동의 목적을 이루려 애쓰는 것처럼, 이 세상을 좀더 나은 곳으로 만들기 위해 노력하게 될 것이기 때문이다. 그러한 날의 낮도 역시 밝고 축복받은 낮일 터인데, 왜냐하면 자기 주변 사람들의 생활을 전혀 아랑곳하지 않던 사람도 그들과 자신의 관계를 알게 되고, 자신의 편협했던 동정심과 가치관이 얼마나 자연의 순리에 어긋나는 것이었는지를 실감하게 될 것이기 때문이다. 이러한 발전이 일단 시작되면, 그것은 우리가 아는 최악의 타락 과정만큼이나 거대한, 그러면서도 자연스러운, 과정이 될

> 것이었다. 그러나 돔비 씨나 그의 부인에게 그러한 날이 도래한 적은 결코 없었다. 그리고 두 사람이 갈 길은 이미 정해져 있었다.[3)]

지붕을 뜯어내어 무시와 무관심으로부터 형상들과 유령들이 솟아나는 장면을 보여 주는 저 강력하고 자비로운 손. 공기를 정화하여 사람들이 서로를 보고 이해할 수 있게 해 주고 자연의 순리에 어긋나는 편협한 동정심을 극복할 수 있게 해 주는 저 손. 그것은 소설가의 손이며, 스스로를 보는 디킨스 자신이다. 이 장면이 《돔비 부자》 제 47장의 도시를 묘사하는 대목에 위치해 있다는 것은 의미심장하다. 디킨스는 도시 상공에 두텁게 드리운 시커먼 구름의 이미지를 통해서 무관심하고 '부자연스러운' 사회가 인간과 도덕에 끼친 결과를 묘사하고 있다. 그는 이후에도 이 이미지를 종종 사용한다. 우리가 서로를 명확하게 보는 것을 방해하는, 그리고 우리 자신과 우리의 행위 사이의 관계를 보는 것을 방해하는, 우리 자신과 타자의 관계를 보는 것을 방해하는, 불명료성, 어두움, 안개.

디킨스의 독창성의 또 다른 측면은 보통의 물리적 관찰로는 접근할 수 없는 사회제도와 그것이 초래한 결과를 자유자재로 극화한다는 것이다. 그는 사회제도나 그것의 결과가 마치 사람이나 자연 현상인 것처럼 포착하고 제시한다. 때로는 사람들이 더듬거리며 서로를 찾게 만드는 검은 구름이나 안개로 제시하고, 때로는 '에돌림청'[4)]이나 '블리딩 하트 야드'[5)]의 경우처럼 삶의 방식을 물리적 형태로 표현하기도 하며, 또 때로

3) *Dombey and Son*, 47장.

4) (역주) Circumlocution Office: 《리틀 도릿》에서 디킨스가 정부 관료조직의 비효율성을 풍자하기 위해 사용한 이름.

5) (역주) Bleeding Heart Yard: 런던의 지명. 전해오는 이야기에 의하면 17세기에 한 여성이 이곳에서 살해되었는데, 발견된 시체의 심장에서 여전히 피가 뿜어져 나오고 있었던 데서 이름이 유래했다고 한다. 《리틀 도릿》의 플로니쉬 가족이 이곳에 거주한다.

는 '막대한 유산'의 경우는 물론이고 《우리 서로의 친구》에서의 주식의 경우에서도 볼 수 있듯이, 인물의 형태로 제시하기도 하는 것이다. 이러한 방식들을 통해 법률, 공공 서비스, 증권거래소, 금융회사, 무역회사는 '비인격적' 힘 — 소외된 인간 노동 — 으로서 정체를 드러낸다.

사물을 보는 이러한 방식은 소설의 인물에 도덕적 의미가 있는 이름을 붙이는 것과 연결된다. 그래드그라인드,[6] 맥쵸컴차일드,[7] 머들[8]이 그 대표적 예가 될 것이다. 사물을 보는 디킨스의 방식은 또한 특정한 종류의 관찰과도 — 이처럼 확연한 식으로는 아니지만 — 연결이 되는데, 그 관찰 역시 도시와 관련이 있다. 이를테면 건물들이야말로 도시의 가장 주요한 거주자라는 관찰, 그리고 건물들의 형태나 외양과 그곳에 사는 사람들의 실제 형태나 외양은 결합되어 있는 동시에 서로 혼동되기도 한다는 관찰이 그것이다.

《리틀 도릿》에 나오는 다음과 같은 구절을 보라.

> 저 위풍당당한 집, 카빈디쉬 스퀘어의 할리 가(街)에 위치한 머들의 집에는, 그 거리의 반대편에 서 있는 다른 위풍당당한 집들의 정면 담벼락이 드리우는 그림자보다 더 비천한 그림자는 드리우지 않았다. 흠잡을 데 없이 훌륭한 상류사회가 그러하듯, 할리 가에서 양쪽으로 마주보고 늘어선 집들은 서로에게 매우 냉혹했다. 사실 그 집들과 그곳에 사는 사람들은 그 점에서 서로 너무도 닮았기 때문에, 각자가 만찬 식탁의 반대편에 앉아 제각기 자신들의 고상함이 드리우는 그늘 속에서 각자의 집만큼이나 멍청한 시선으로 맞은편을 응시하는 장면이 종종 눈에 띌

---

6) (역주) Gradgrind: 《어려운 시절》에 나오는 공리주의 기업가. 그의 이름은 '지루한 사실을 반복해서 주입시킨다(*grind the facts*)'는 뜻을 함축한다.

7) (역주) McChoakcumchild: 그래드그라인드가 운영하는 학교의 교사. 그의 이름에는 '아이(*child*)를 질식시킨다(*choke*)'는 뜻이 들어 있다.

8) (역주) Merdle: 《리틀 도릿》에 나오는 사기꾼 은행가. 'merdle'은 발음상 살인('*murder*')을 연상시키기도 하고, '배설물', '쓰레기'라는 뜻의 프랑스어 'merde'와 연결되기도 한다.

정도였다.

거리의 양쪽에 자리를 잡고 살면서 이처럼 각자의 만찬 식탁을 마주 보며 두 줄을 이루어 앉아 있는 사람들이 그 거리와 얼마나 닮았는지는 누구나 알고 있다. 이 표정 없고 획일적인 스무 채의 집들, 모두 똑같은 식으로 노크하고, 똑같은 식으로 초인종을 울리고, 똑같이 단조로운 계단을 통해 출입하는, 울타리는 모두 똑같은 모양이고, 비상계단은 모두 똑같이 사용하기 힘들고, 지붕 꼭대기에는 똑같이 불편한 기구가 달려 있고, 모든 것이 하나같이 대단한 가치가 있다고 여겨지는 — 이 집들에서 식사해보지 않은 사람이 어디 있는가? 너무도 관리가 안 된 음울한 집, 군데군데 내닫이창이 붙어 있는 집, 장식용 벽토를 바른 집, 정면을 개조한 집, 모가 난 방 밖에 없는 길모퉁이 집, 언제나 차양을 내리고 있는 집, 언제나 상중(喪中)이라는 표시를 내걸고 있는 집, 부채 상환일이 얼마 남지 않았음을 알리러 채권자가 기말마다 방문해도 언제나 아무도 없는 집 — 이 집들에서 식사해보지 않은 사람이 어디 있는가?

아무도 구입을 원치 않아 싼 값에 살 수 있는 집 — 누가 그 집을 모르겠는가? 실망한 신사가 구입하여 일생을 보냈지만, 그와는 도무지 어울려 보이지 않는 요란스러운 집 — 누가 그 귀신이 나올 것 같은 집을 모르겠는가?[9]

이 대목은 집과 그곳에 사는 사람의 유사성을 철저히 사무적인 어조로 묘사하다가 익살스럽게 끝난다. 그러나 이러한 묘사 경향은 이보다 국지적인 사례들에서도 거듭 반복되는데, 그럴 경우 집과 그곳에 사는 사람의 생활을 분리하는 것은 불가능하다. 다시 한 번 《리틀 도릿》을 보자.

도시의 낡은 집은 검댕을 망토처럼 걸치고, 자신과 함께 쇠락해 온 낡은 기둥에 무겁게 기대어 서 있었는데, 그 집에는 어떤 시기에도 건강하거나 즐거운 시간이라고는 없었다. 그 음산한 담벼락 안에는 다른 곳에서는 그친 비나 우박, 서리, 얼음 따위가 언제나 꾸물거리고 있었다. 그

9) *Little Dorrit*, 1권, 21장.

리고 눈에 대해서 말하자면, 그것은 누런색에서 시커먼 색으로 변하고 나서도 몇 주 동안이나 그곳에 머물러 지저분한 일생을 서서히 마감하곤 했다. 그곳에는 그런 것들 말고는 다른 어떤 것도 머물러 있지 않았다. 거리의 소음에 대해서 말하자면, 정문으로 마구 시끌벅적하게 몰려들었다 스쳐 지나가고 나서는 다시 연거푸 밀려드는 소리 때문에, 애퍼리 부인은 자신이 귀가 멀었고 그저 잠깐 잠깐 청력이 회복될 뿐이 아닌가 생각할 지경이었다. 소음과 함께 호루라기 소리, 노랫소리, 이야기 소리, 웃음소리, 인간들이 만드는 각종 즐거운 소리들도 몰려왔다가는 잠시 공백을 메우고 이내 사라져버렸다.[10)]

혹은 《리틀 도릿》의 또 다른 대목.

이제 여름, 잿빛의 먼지 가득한 무더운 저녁이었다. 그들은 마차를 타고 옥스퍼드 거리의 끝까지 갔고, 거기서 마차에서 내려 우울하고 장중한 거리들과, 그 거리들 못지않게 장중해지려고 노력했지만 결국은 더 우울해지는 데 그친 조그만 거리들로 뛰어들었는데, 그 조그만 거리들 중에는 파크 가(街) 인근의 미로 같은 거리가 있었다. 야만적인 낡은 주랑(柱廊)과 그 부속시설을 거느린 채 너무도 살풍경한 모습의 모퉁이 집들, 어떤 비뚤어진 머리를 가진 작자가 어떤 비뚤어진 정신이 지배하던 시대에 만든 그 끔찍한 집들은, 여전히 후손들 모두에게 맹목적인 숭배를 요구하면서 낡아 허물어질 때까지 그와 같은 모습을 유지하겠다는 결의로 충만한 채 석양에 눈살을 찌푸리고 있었다. 그 사이에 있는 조그만 공동주택들은, 광장에 있는 귀족의 대저택을 본떠 만든 조그만 현관문에서부터 마구간의 거름 무더기를 내려다보는 부인용 방의 뒤틀린 창문에 이르기까지, 온통 집 전체가 경련에 시달리는 듯한 모습으로 저녁 풍경을 우울하게 만들었다.[11)] 유행의 첨단을 달리는 것에는 의심

---

10) 같은 책, 15장.

11) (역주) 저자는 "그 사이에 있는 조그만 공동주택들은…"에서부터 "…우울하게 만들었다"까지의 구절 중 일부를 누락하여 잘못 인용하고 있는데, 여기서는 원래대로 바로 잡아 번역하였다.

> 의 여지가 없지만 음울한 악취 말고는 어떤 편안함도 제공하지 못하는 취약한 건물들은, 위대한 대저택들이 동종교배로 낳은 마지막 후손들인 것처럼 보였다. 그리고 얄팍한 쇠기둥이 지탱하고 있는 그것들의 조그만 보조 창과 발코니는 마치 목발을 짚은 연주창(連珠瘡) 환자처럼 보였다. 여기저기에 상중(喪中)임을 알리는 표시가 온갖 문장(紋章)을 해달고 마치 인간의 허영에 관해 설교하는 대주교처럼 거리 아래를 굽어보고 있었다. 몇 안 되는 가게들은 물건을 진열해 놓지 않았는데, 왜냐하면 그 가게들은 대중의 평판 따위는 안중에도 없었기 때문이다. 12)

이 방법은 대단히 놀라운 것이다. 물론 그것은 언어의 일정한 속성 — 인간과 사물 간의 관계에 대한 인식 — 에 기초하고 있다. 그러나 디킨스는 그 속성을 비판적으로 사용한다. 그것은 의식적으로 보고 의식적으로 보여 주는 방법으로서, 도시를 하나의 사회적 사실이자 인간적 풍경으로 보여 준다. 이 방법이 극화하는 것은 대단히 복잡한 감정의 구조이다. 그렇기 때문에 디킨스는 노점 생활의 잡다한 소란과 활기에 따뜻한 반응을 보일 수 있다.

> 돔비 씨의 사무소가 있는 안뜰 모서리에는 고급 과일을 파는 오래된 가게가 있었다. 그곳에서는 잡상인들 — 그들 중에는 남자도 있었고 여자도 있었다 — 이 매일 오전 10시부터 오후 5시까지 실내화, 지갑, 해면, 개 목걸이, 윈저 비누13) 따위를 팔았고, 때로는 사냥개나 유화(油畫)를 팔기도 했다.
>
> 사냥개는 증권거래소 사람들을 염두에 둔 것이었는데, 왜냐하면 당시 증권거래소에서는 사냥 취미(그것은 대체로 새로운 모자를 건 내기로 시작되었다)가 꽤나 유행이었기 때문이다. 14)

---

12) 같은 책, 27장.

13) (역주) 향료가 든 갈색 또는 백색의 화장비누.

14) *Dombey and Son*, 13장.

돔비 씨가 사무소에 도착할 때 상인들 중 누구도 이런 잡다한 물건들을 사라고 권유하지 않는 것은 상징적이다. 돔비 씨의 집 — 그의 "내무부" — 이 보여 주듯, 그의 사업은 이 노점상들보다 냉정하고 고정적이며 소원한 방식을 통해 자리를 잡은 것이었다. 그리하여 도시의 또 다른 측면이 확연하게 드러난다.

> 돔비 씨의 널찍한 집은 포틀랜드 플레이스와 브라이언스턴 스퀘어 사이, 높은 건물이 밀집한 어둡고 지독하게 품격 높은 거리의 그늘진 모퉁이에 자리 잡고 있었다. 그 집에는 지하실을 포함한 넓은 공간이 있었고, 빗장을 지른 창문은 찌푸린 표정으로 그 지하실을 내려다보고 있었으며, 옆문은 비딱한 눈으로 곁눈질하고 있었는데, 그 옆문을 열면 쓰레기통이 나왔다. 그것은 음울하고 당당한 집이었는데, 원형으로 된 집 뒤편으로는 몇 개의 손님용 방이 있었고, 그 방들은 모두 자갈이 깔린 안마당을 바라보고 있었으며, 안마당에는 줄기와 가지가 온통 시커먼 두 그루의 바싹 마른 나무들이 서 있었는데, 나무들의 이파리는 연기 때문에 말라붙어 바스락거린다기보다는 덜컹댄다고 해야 할 지경이었다. 거리에는 여름의 태양이 머무는 법이 없었지만, 물장수와 헌옷장수, 제라늄 장수, 우산 고치는 사람, 그리고 지나가면서 네덜란드 시계의 조그만 종을 울리는 사람들이 방문하는 아침 식사 시간 무렵, 잠깐 들르기는 하였다. 그러나 태양은 이내 사라졌고, 그날 동안은 다시 돌아오지 않았다. 태양 광선의 뒤를 따라 악대들과 무질서한 인형극단이 왔다 간 뒤로는, 우울하기 짝이 없는 오르간 소리와 쥐 떼들이 그곳을 차지하였고, 여흥을 다양하게 해주기라도 하듯 돼지 따위가 활보하는 일도 드물지 않았다. 그러다 마침내 저녁이 되면 집사들이 외식하러 나가는 주인 가족들을 배웅하러 현관 문 옆으로 늘어서기 시작하였고, 가로등 켜는 사람은 이 음울한 거리를 가스등으로 밝히려는 — 매일 밤 실패로 끝나고 마는 — 부질없는 노력을 시작하는 것이었다. 돔비 씨의 집은 안과 밖 할 것 없이 죄다 삭막한 집이었다.[15]

---

15) 같은 책, 3장.

디킨스는 여기서 제자리를 지키는 집들의 음울함과 움직이는 거리의 다채로움을 대단히 명확하게 대조한다. 다시 한 번 집들의 특징은 그곳에 거주하는 사람들의 특징과 의식적으로 치환된다.

> 빗장을 지른 창문은 찌푸린 표정으로 지하실을 내려다보고 있었으며, 옆문은 비딱한 눈으로 곁눈질하고 있었는데

이런 식의 세부적 사실의 치환에 전통적 도시관을 다시 일부 가미하게 되면, 도시를 하나의 파괴적 동물로, 개인의 인간적 차원을 완전히 초월한 괴물로 보는 관점으로 확장될 수 있다.

> 그러한 때에 그녀는 간선도로를 따라 어렵사리 런던으로 몰려드는 부랑자들을 측은하게 바라보곤 했는데, 그들은 피곤한 다리와 육신을 끌고, 겁에 질린 채 그들이 도시에서 겪게 될 불행이 대양의 물 한 방울이나 해변의 모래알 하나에 불과하다는 것을 예감이라도 한 듯, 눈앞에 펼쳐지는 거대한 도시를 응시하는 것이었다. 그들은 불순한 날씨 앞에서 점점 움츠러들었고, 마치 자연마저도 그들을 거부하는 듯하였다. 매일매일 이런 여행객들이 기어가다시피 지나갔는데, 그러나 그녀가 보기에 그들이 가는 방향은 언제나 일정하였다. 오로지 도시를 향해 가는 것이었다. 치명적인 매력에 어쩔 수 없이 사로잡힌 듯 도시로 진입한 그들은 거대한 거리의 이 곳 저 곳에 잡아먹혀 결코 되돌아오는 일이 없었다. 그들은 병원의, 묘지의, 감옥의, 강의, 열병의, 악덕의, 죽음의 제물이 되었다 — 그들은 저 멀리서 울부짖는 괴물에게로 가서 사라져버렸다.[16)]

이것은 도시를 보는 하나의 방식, 즉 도시 바깥에서 과장되게 총체화하며 보는 것이다. 그러나 디킨스는 여기서 그치지 않고 거리들의 내부로 들어가는데, 그것은 그에게는 득의의 영역이다. 우리들 대다수에게는

---

16) 같은 책, 33장.

이제 익숙한 것이 되었지만 블레이크와 워즈워드에게는 낯설고 위협적인 것으로 보였던, 거리 — 낯선 사람들의 무리 — 의 체험 말이다. 플로렌스 돔비가 그녀 아버지의 어두운 집에서 도망치는 장면에서 디킨스는 지금껏 없던 새로운 감정의 영역을 통하여 그 체험을 재창조하고 확장한다.

> 길게 뻗은 거리가 아침 햇빛을 받아 반짝이는 유쾌한 광경도, 푸른 하늘과 경쾌한 구름의 경관도, 밤을 정복하느라 얼굴에 홍조를 띤 아침의 활기찬 신선함도, 너무나 상심한 그녀에게는 별다른 느낌을 불러일으키지 못했다. 어딘가, 아무 곳이라도 가서 머리를 숨기자! 어딘가, 아무 곳에라도 피신하여 도망 나온 집일랑 두 번 다시 돌아보지 말자!
>
> 그러나 행인들이 이리저리 오가고 있었다. 가게들은 문을 열고 있었고, 집들의 문 앞에는 하인들이 있었다. 하루의 싸움이 만들어내는 소음과 고성이 점점 커지고 있었다. 플로렌스는 그녀를 스쳐가는 사람들의 얼굴에서 놀라움과 호기심의 표정을 보았다. 긴 그림자가 보도 위로 다시 돌아오는 것을 보았고, 그녀가 어디로 가는지, 그리고 무슨 문제가 있는지를 묻는 낯선 목소리를 들었다. 이러한 것들이 처음에는 그녀를 더욱 겁에 질리게 했고 그래서 걸음을 더욱 재촉하게 만들었지만, 그러나 이들 덕분에 그녀는 어느 정도 정신을 차렸고, 더욱 침착할 필요가 있음을 자각하게 되었다.
>
> 어디로 갈까? 그녀의 답은 여전히 '어딘가, 아무 곳이라도!'였고, 그녀는 계속 걸었다. 그러나 어디로 간단 말인가! 그녀는 예전에 단 한 번 런던이라는 넓은 황무지에서 길을 잃었던 — 물론 지금처럼 심각한 상태는 아니었지만 — 때를 떠올리고 그 쪽을 향해 갔다.[17]

디킨스는 여기서 도시의 거리를 대단히 특별한 방식으로 본다. 거리는 일상적인 업무의 장소로서, 그 자체가 두려운 것은 아니지만 전체적으로 결합하여 "넓은 황무지"라는 효과를 만들어 낸다. 거리는 그녀의 "닫

---

17) 같은 책, 48장.

힌 집" 만큼이나 관계를 맺기가 어려운 장소이다. 그러나 거리에는 그와는 다른 특징도 있다.

> 하루의 싸움이 만들어내는 소음과 고성이 점점 커지고 있었다.

디킨스는 이처럼 거리의 물리적 효과가 또한 하나의 사회적 사실이기도 하다는 점을 예리하게 포착한다. 디킨스는 바로 그 사회적 사실에 대항하여 인간을 인식하고 인간에 대한 동정심을 발휘할 것을 끊임없이 역설하는 것이다. 플로렌스의 유일한 동반자는 그녀의 개다. 그녀는 개와 함께 계속 길을 간다.

> 아침이 점점 밝아오는 가운데, 그리고 햇볕이 점점 강해지는 가운데, 플로렌스는 이 마지막 지지자와 함께 시티[18] 쪽으로 걸음을 재촉했다. 소음은 더욱 커졌고, 행인들은 더욱 늘었으며, 가게들은 더욱 분주해졌다. 이윽고 그녀는 삶의 흐름 속으로 휩쓸려 들어갔다. 골풀과 버드나무와 푸른 이끼의 꿈에서 깨어나, 도시의 곁을 나란히 흐르며 인간들의 업무와 걱정들 사이를 혼탁하고 혼란스럽게 지난 후 깊은 바다로 나아가는 넓은 강처럼, 상점가와 저택과 감옥과 교회와 시장과 부와 가난과 선과 악을 무관심하게 지나쳐 가는 삶의 흐름 속으로.[19]

디킨스는 소음과 일상적 업무만을 강조하거나, 혹은 "감옥, 교회…"의 구절에서처럼 잡다함만을 강조하는 것으로 그치지 않는다. 그는 이 모든 것을 관통해서 존재하는 무관심(*indifference*) — 여기서의 무관심은 '개개 인간의 의지와 무관함'이라는 일반적 의미를 갖는다 — 또한 강조하고 있는 것이다.

---

18) (역주) 런던의 '시티' 지역에 대해서는 292쪽의 각주 12)를 참조할 것.
19) 같은 곳.

무관심하게 지나쳐 가는 삶의 흐름

다시 한 번 이는 특수한 행위나 인물과 관련된 문제가 아니다. 이것은 하나의 일반적 현상, 흐름, 삶의 방식이다. 《리틀 도릿》에서 아서 클레넘과 그의 부인은 고통스러운 과정을 거치면서 불안정하긴 하지만 누구도 침범할 수 없는 인간적 결합을 이룩한 후, 그 흐름에 합류한다.

> 그들은 서로 떨어질 수 없게 결합된 축복받은 상태로 시끄러운 거리 속으로 조용히 들어갔다. 그들이 양지와 음지를 지나쳐 가는 동안 시끄러운 사람들, 열심인 사람들, 거만한 사람들, 고집 센 사람들, 허영심 많은 사람들은 성급하게 화를 내면서 평상시처럼 시끌벅적한 소리를 내고 있었다. 20)

"시끄러운 거리"에서 개인의 도덕적 성질은 여전히 날카롭게 포착되지만, 이제 그것은 말하자면 집단의 소리처럼 들린다. 이것은 의식의 진전이다. 그리고 소설 기법의 변화가 그 진전을 가능하게 한 직접적 요인이다.

왜냐하면 이런 관점은 단순히 묘사 기법 — 의인화를 통한 묘사 — 과 관련되는 것만이 아니라, 사회적 세계와 도덕적 세계를 물리적 용어로 묘사하는 능력과도 관련되는 것으로 보아야 하기 때문이다. 디킨스의 소설에서 물리적 세계는 결코 인간과 무관하지 않다. 인간은 물리적 세계를 만들고, 꾸미고, 그것에 의미를 부여한다. 인간이 물리적 세계에 어떤 형태를 부여해 왔느냐가 대단히 중요한 의미를 갖는 것은 바로 이 때문이다.

이 점에서 디킨스의 기법은 그가 살았던 역사적 시기와 대단히 정확하게 조응한다. 이 시기에 인간은 바로 이러한 세계 재창조의 능력을 발휘

20) *Little Dorrit*, 2권 34장.

하는 과정 속에서, 다시 말해 우리가 '산업혁명'이라고 요약하는 과정 속에서, 결정적 선택 — 자신이 창조하는 물리적 세계의 근저에 어떤 인간적 형태를 부여할 것인가의 선택 — 을 해야 하는 중대 국면을 맞았다. 한 극단적인 경우 디킨스는 이런 상황을 희극적인 것으로 볼 수 있다.

> 돔비 부자에게 지구는 그들의 사업을 위해 만들어진 것이었고, 해와 달은 그들에게 빛을 주기 위해 만들어진 것이었다. 강과 바다는 그들의 배를 띄우기 위해 만들어진 것이었고, 무지개는 그들에게 날씨가 맑을 것이라는 약속을 제공하는 것이었으며, 순풍과 역풍은 그들의 사업을 번창하게 하거나 위축시키는 것이었고, 항성과 행성은 그들을 중심으로 한 전체를 온전히 보존하기 위해 궤도를 선회하는 것이었다.[21)]

여기서 디킨스는 우리가 잘 알고 있는 상인의 자신감을 야유하고 있다. 그러나 그는 자연이 인간의 삶과 무관하다는 근거에서 야유를 하는 것은 결코 아니다. 이것은 오히려 강제된 체제, 중심적인 것이 되도록 만들어진 체제를 보는 하나의 방법이다. 이러한 방법이 가능한 것은 분명 다른 종류의 물리적 삶과 자신감 — 소음과 혼잡함 속을 살면서 그것을 통해 자신의 세계를 스스로 만들어나가는, 다양한 인간들의 삶과 자신감 — 이 존재하기 때문이다. 힘 — 새로운 세계를 만드는 힘 — 은 이러한 이중적 의미를 갖는 데서 그치지 않는다. 그것에는 새로운 사회적·물리적 환경에 어떤 인간적 형태를 부여할 것인가를 선택할 수 있다는 의미도 들어 있다. 혹은 이렇게도 말할 수 있다. 우리가 이 유례없는 변화의 시기에 사람들에게 물리적·도덕적으로 무슨 일이 일어나고 있는지를 안다면 선택이 가능하다, 즉 우리는 선택하는 입장에 설 수 있다.

바로 그 시기에 대지진의 최초 충격은 인근 지역 전체를 중심으로 끌

---

21) *Dombey and Son*, 1장.

어당겨 두 동강이로 내다시피 했다. 모든 곳에서 지진의 진행 흔적을 볼 수 있었다. 집들은 붕괴했고, 거리들은 철저히 부서져 차단되었으며, 땅바닥에는 구멍과 도랑이 깊게 패여 있었고, 흙과 점토가 거대한 산을 이루고 있었고, 토대가 내려앉은 건물들은 불안하게 흔들리며 거대한 나무 기둥에 의지하여 겨우 버티고 있었다. 뒤집혀져 뒤죽박죽으로 엉킨 마차들이 인공적으로 생겨난 가파른 흙더미 언덕의 언저리에 아무렇게나 방치되어 있었는가 하면, 지진으로 생겨난 물웅덩이 속에는 귀중한 철재들이 물을 빨아들이며 녹슬어 가고 있었다. 도처에 널려 있는 끊어진 다리들, 통행이 전혀 불가능한 도로들, 높이가 반으로 줄어든 바벨 탑 같은 굴뚝들, 전혀 어울리지 않는 장소에 임시로 만들어진 목재 가옥과 울타리들, 너덜너덜한 가옥의 잔해들, 완성되지 않은 벽과 문의 파편들, 건물 골조들의 산, 벽돌들의 황야, 무의미하게 공중에 매달려 있는 거대한 크레인과 삼각대들. 수십만의 불완전한 형식들과 내용들이 원래 자리에서 거칠게 쫓겨나 뒤죽박죽으로 뒤섞이고 뒤집혀진 채 땅속으로 들어가거나 허공으로 치솟거나 물속에서 썩어가는 등, 어떤 꿈보다도 기괴한 모습이었다. 지진에 따라다니게 마련인 뜨거운 샘물과 불타는 용암이 장면을 더욱 혼란스럽게 하는 데 일조하고 있었다. 허물어진 벽에서 끓는 물이 쉿 소리를 내며 분출하고 있었고, 불꽃이 시끄러운 소리를 내며 널름대고 있었다. 잿더미의 산들이 사람들의 당연한 도로 통행까지도 완전히 차단하는 바람에 주변의 법률과 관습은 송두리째 바뀌었다.

간단히 요약하면 철도는 아직 미완성으로 개통이 되지 않은 상태였고, 철도 공사는 여전히 진행 중이었다. 그리고 철도는 이 모든 지저분한 무질서의 핵심으로부터 문명과 개량의 강력한 흐름을 주변으로 서서히 확장하고 있었다.[22]

이것은 철도 공사로 인한 직접적인 혼란의 기록이다. 그러나 디킨스는 여기서 나아가 결국 직접적인 혼란보다 더 중요한 사실을 인식하기에

22) 같은 책, 6장.

이른다. 변화로 인한 무질서를 인식하는 것이 아니라, 그 무질서에서 출현하게끔 되어 있는 새로운 종류의 질서를 인식하는 것이다.

예전에 쓰레기들이 쌓여 있던 초라한 장소는 사라져버렸다. 그 지저분하던 곳에는 값비싼 상품들과 물건들이 빼꼭하게 들어찬 여러 창고들이 도열해 있었다. 옛날에 뒷골목들이던 곳에는 이제 온갖 종류의 행인들과 차량들이 북새통을 이루고 있었다. 진흙탕과 마차바퀴 자국 때문에 행인의 발을 낙심천만으로 묶어 놓기 일쑤였던 길들은 이제 새로 깔리고, 그 주변으로 마을들을 형성하여 건강에 좋은 쾌적함과 편리함을 제공하고 있었는데, 그것들이 생겨나기 전까지는 그와 같은 것이 가능하리라고 생각한 사람도 없었고, 시도한 사람도 없었다. 어떤 곳으로도 통하지 않던 다리들은 별장들, 정원들, 교회들, 쾌적한 산책로들로 연결되었다. 집의 골조들과 새로이 만들어지는 도로들은 증기와 같은 속도로 철도를 출발하여 괴물 열차를 타고 시골로 쏜살같이 퍼져나가고 있었다.

철도 건설이 부진하던 시절에는 그것을 인정하려 들지 않던 인근 지역은 이제, 이런 상황을 맞은 기독교도라면 누구라도 그러하듯이, 과거의 태도를 반성하고 현명해져서 철도와 강력하고 나날이 발전하는 관계를 맺고 있음을 자랑하고 있었다. 포목상은 철도무늬의 천을 팔았고, 신문판매소의 진열창에는 철도 잡지가 비치되어 있었다. 철도를 위한 호텔, 사옥, 숙소, 철도 안내판, 철도 지도, 철도 풍경화, 포장지, 철도여행용 술, 샌드위치 상자, 철도 시간표. 철도역용 대여마차와 승차장. 철도승합마차, 철도 거리와 건물들, 무수한 수의 철도 식객들과 기생충들, 호객꾼들. 심지어 태양까지도 철도에 굴복한 듯 기차 시간에 맞춘 시계도 나왔다. 굴복한 사람들 중에는 굴뚝청소부 감독도 있었는데, 그는 예전에 스태그즈 가든즈에서는 철도를 수상쩍게 여겼었지만, 이제는 벽토로 치장한 3층짜리 집에서 살면서 번쩍거리는 간판에 멋을 부린 글씨체로 철도연기를 기계로 청소해 준다는 광고를 하고 있었다.

이 거대한 변화로부터, 그리고 이 거대한 변화를 향해서, 밤낮 할 것 없이 기차의 약동하는 흐름이 마치 생명의 혈액처럼 끊임없이 몰려나가

> 고 돌아왔다. 수많은 사람들과 엄청난 물건들이 하루에도 수십 차례나 출발하고 도착했으므로 그곳은 언제나 흥분 상태였다. 집들까지도 언제고 짐을 싸서 떠날 참인 것처럼 보일 지경이었다. 불과 20년 전만 해도 기술자들의 철도 이론을 조롱하고 능숙하게 일축했던 위대한 국회의원 나리들은 이제 시계를 손에 쥐고 북부로 떠나면서, 전보를 쳐서 그들이 출발한다는 전갈을 미리 알렸다. 밤낮을 가리지 않고 정복의 기관차는 먼 목적지를 향해 으르렁거리거나, 여행의 종착지로 천천히 접근하여 기관차를 수용하기 위해 1인치도 어김없이 만들어놓은 열차 계류장으로 길이 잘 든 용처럼 미끄러져 들어왔다. 계류장에 멈춘 기차는 부르르 몸을 떨고 거품을 뿜으며 벽을 뒤흔들었다. 그 모습은 마치 자신에게는 아직 사람들이 알지 못하는 위대한 힘이 있고, 아직 완수하지 못한 강력한 목표가 있음을 은밀하게 일러주는 듯했다. 23)

이 감정의 복잡성은 진정한 통찰의 복잡성이다. 이 언어 속에서 우리는 힘 — '산업혁명'의 새로운 힘 — 에 대한 도저한 자부심을 느끼게 된다. 철도의 순환이 "생명의 혈액"이라는 표현이 그 예이다. 그러나 이 새로운 힘이 인간의 다른 모든 습관과 목적을 압도한다는 인식 또한 존재한다. 다음에 인용하는 구절에서 우리는 이러한 인식을 확인할 수 있다.

> 철로 — 기차만을 위한 길 — 위를 거침없이 달리는 이 무시무시한 힘은 모든 샛길과 도로를 무시하고, 모든 장애물의 중심을 꿰뚫어 가며, 모든 종류와 연령과 계층의 생물을 끌고 간다. 24)

철도는 "생명의 혈액"인 동시에 "승리를 구가하는 괴물, 죽음의 신"이다. 이러한 극적인 규정 속에서 디킨스는 당대의 새로운 사회경제적 힘들의 현실적 모순 — 삶의 힘 혹은 죽음의 힘, 해체의 힘 혹은 질서나 가짜 질서의 힘 — 에 대응하고 있다. 디킨스의 관심은 언제나 이 전대미문의 변

---

23) 같은 책, 15장.

24) 같은 책, 20장.

화 속에서, 그리고 원형을 알아볼 수 없을 정도로 변화한 풍경 속에서, 인간적 인식과 인간적 동정심을 유지하는 것이었다.

> 집들까지도 언제고 짐을 싸서 떠날 참인 것처럼 보일 지경이었다.[25)]

이 문장이 표현하는 유동성, 이 결정적인 유동성이야말로 소설을 변화시키고 있었다. 그것은 또한 인간과 사물의 결정적으로 변화된 관계이기도 했는데, 그 변화된 관계를 시각적으로 가장 명백하게 구현하는 사회적 실체가 바로 도시였다. 디킨스는 이 구절이 묘사하는 철도와 마찬가지로 도시도 새로운 유동성의 흥미진진하면서도 무시무시한 결과로 보면서, 그리고 도시가 단순히 낯설고 무관심한 체계일 뿐 아니라 밀고 충돌하고 파괴하고 조정하고 인식하고 정착하고 그리고 다시 새로운 공간을 향해 움직이는, 수많은 생명들의 알려지지 않은—그리고 어쩌면 앞으로도 결코 알 수 없을—총체인 것으로 보면서, 이 변혁적 사회 체험의 핵심, 역동적 핵심으로 진입하였다.

---

25) 같은 책, 15장.

제16장

알 수 있는 공동체들

어떤 의미에서 대부분의 소설들은 알 수 있는 공동체들[1]이다. 소설가가 인간과 인간관계를 본질적으로 알 수 있고 전달할 수 있다는 식으로 제시하는 것은 소설의 전통적 기법 — 소설의 기본적 자세와 접근법 — 의 일부이다. 그렇기 때문에 디킨스의 천재성의 전모는, 디킨스의 도시 체험에서 중요하고 결정적인 부분들이 간단히 알 수 있거나 전달될 수 있는 성질의 것이 아니라, 앞에서 알아보았던 것처럼, 규명하거나 인위적으로 의식해야 하는 성질의 것이었다는 사실을 인식해야 이해할 수 있다. 이러한 인식을 하게 되면 도시 소설과 농촌 소설을 비교하는 것이 가

---

1) (역주) knowable communities: 공동체의 규모가 점점 커지고 복잡성이 심화됨에 따라 그 전모를 아는 것은 점점 힘들어지게 마련이다. 그러나 윌리엄스는 여기서 한 걸음 더 나아가 알 수 있고 없고가(단순한 시골이냐 복잡한 도시냐 하는) 대상의 문제인 만큼이나 인식하는 주체의 문제이기도 함을 지적한다. "우리는 우리가 욕망하는 것, 우리가 알 필요가 있다고 느끼는 것을 알게 되는" 것이니, 보는 이(여기서는 작가)의 입장에 따라 제아무리 단순한 시골이라 해도 어떤 측면은 영 '알 수 없는' 것이 되는 반면, 대도시의 문제가 제아무리 규모나 범위 면에서 엄청나다 해도 쉽사리 '알 수 있는' 혹은 '알려진' 것이 되기도 한다는 것이다. 그렇다면 '알 수 있는 공동체'란 궁극적으로 작가가 독자들에게 보여 주기 위해서 인위적으로 선택한 공동체를 의미하게 된다.

능해진다. 도시형 소설의 경우 체험과 공동체는 본질적으로 불투명할 것이고, 농촌형 소설에서는 본질적으로 투명할 것이다. 분석을 처음 시작하는 방법으로 이러한 비교는 상당히 유용하다. 예컨대 특정 사회조직의 규모가 커지고 복잡성이 증가할수록 정체성과 공동체를 지각하고 평가하는 문제가 점점 더 까다로운 성격을 띠게 되었다는 것은 의심의 여지가 없다. 이런 점에서 시골에서 도시로의 이행 — 농촌적 성격이 지배적인 사회에서 도시적 성격이 지배적인 사회로의 이행 — 은 다양한 변화의 요인으로서 중요한 의미를 갖는다. 소도시들(*towns*)의 성장, 그중에서도 특히 도시들(*cities*)과 대도시(*metropolis*)의 성장, 그리고 노동 분야에서의 분업과 복잡성의 증가, 사회 계급들 간의 관계와 계급 구성원들 간의 관계의 결정적인 변화. 이런 변화들 속에서 '알 수 있는 공동체' — 공동체 전체를 완전히 알 수 있다 — 라는 가정은 점점 더 유지하기 어려워졌다. 그러나 이것이 이야기의 전부는 아니다. 여기서 우리는 도시라는 새로운 사실을 인식할 때, 시골이라는 오래되었으면서도 새로운 사실을 섣불리 이상화하려 들어서는 안 된다는 점을 다시 한 번 명심해야 한다. 왜냐하면 우리가 어떤 대상을 알 수 있는 것은 단순히 그 대상의 기능 때문만은 아니기 때문이다. 다시 말해 우리가 어떤 대상을 알게 되는 것은 단순히 그 대상이 우리의 인식을 위해서 거기에 존재하고 있기 때문만은 아닌 것이다. 우리가 대상을 알 수 있는 것은 주체, 관찰자의 기능 때문이기도 하다. 우리는 우리가 욕망하는 것, 우리가 알 필요가 있다고 느끼는 것을 알게 된다. 그렇기 때문에 우리는 농촌 관련 저술 전체를 통해서 농촌 공동체의 현실만을 보아서는 안 되며, 농촌 공동체 속에서의, 혹은 농촌 공동체를 향한, 관찰자의 위치도 보아야 한다. 그 위치 역시 저술을 통해서 우리가 알게 되는 공동체의 일부이기 때문이다.

도시와 대도시 체험의 강력한 영향 때문에 그 체험과 대조되는 것으로 어떤 시골 공동체를 직접 — 심지어는 관례에 따라 상투적으로 — 거명하면서, 가장 전형적으로는 어떤 시골 마을을 거명하면서, 그것이 직접적인 인간관계의 한 축도(縮圖)라고 말하는 소리를 지금도 자주 듣는다. 시골 공동체에서는 사람들의 직접적인 접촉이 이루어지는 바, 그 접촉 과정 속에서 개인적인 인간관계의 진정한 내용을 발견할 수 있고, 그것의 가치를 판단할 수 있다는 것이다. 분명히 시골 공동체와 도시나 교외 지역의 차이는 바로 이 점에 있고, 그것은 중요하다. 시골 공동체는 규모가 작기 때문에 그 속에 사는 사람들은 서로를 더 쉽게 확인하고, 서로와 더 쉽게 연결된다. 그리고 시골 공동체의 구조는 많은 점에서 더 쉽게 식별할 수 있다. 그럼에도 다른 모든 경우에서와 마찬가지로 시골 생활에서도 '알 수 있는 공동체'는 여전히 의식의 문제이고, 일상적이고 지속적인 체험의 문제이다. 시골 공동체에도 도시에서와 같은 노동 분업이 존재하고, 사회적 지위의 차이가 존재한다. 따라서 시골 마을에도 서로 대립하는 관점들은 필연적으로 존재하게 마련이다. 우리가 시골을 다루는 19세기 소설을 통해서 지금부터 알아보아야 할 것은 바로 이 대립적 관점들이다. 왜냐하면 시골과 도시의 대조가 대단히 극적이고 중요한 의미를 갖는 것이기는 하지만, 시골 생활과 시골 관련 저술이 내부적으로 복잡한 전개 양상을 보이는 것 역시 불가피한 현상으로서 중요한 의미를 갖기 때문이다.

잠시 제인 오스틴 소설의 '알 수 있는 공동체'를 돌아보자. 그녀가 묘사하는 공동체에서는 인간관계가 무엇보다 대면(對面)을 통해 이루어지고, 결정적 위기 — 물리적인 위기와 정신적인 위기 모두 — 는 표정, 몸짓, 시선, 대결 등을 통해 전개된다. 그리고 소설가는 그 모든 것의 배후에서 언제나 주시하고, 관찰하고, 기록하고, 성찰하고 있다. 이것이 제인 오스틴의 기본 자세이며, 그녀의 도덕성의 기본 원리이다. 그녀 소설 속의 공동체는 소설이 설정한 본질적 한계 속에서는 모든 것이 다 알려진 공동체이지만, 실제의 공동체로서는 대단히 엄밀하게 선택된 공동체이다. 제인 오스틴 소설의 이웃들은 실제로 인접해 사는 사람들이 아니다. 그들은 어느 정도 떨어져 살지만 사교적으로 친분이 있기에 서로를 방문할 수 있는 그런 사람들이다. 제인 오스틴이 토지에서 보는 것은 유복한 가문들과 가족들의 그물인데, 이 촘촘하게 짜인 그물의 눈을 통해서는 실제 민중의 대부분이 전혀 눈에 띄지 않는다. 이러한 세계에서 서로 대면하며 산다는 것은 이미 특정한 계급에 속한다는 것을 의미한다. 이 계급을 제외한 어떤 다른 공동체의 물리적 존재나 사회적 현실도 알 수 없다. 벤 존슨의 시처럼 정교하게 양식화된 제인 오스틴의 소설 속에서, 사라지는 것은 대부분의 민중만이 아니다. 대부분의 시골도 사라진다. 시골이 모습을 드러내는 것은 오직 실제로는 교차점에 지나지 않는 저택들과 관련될 때 뿐이다. 그 외의 장면에서 시골은 날씨이거나 산책을 위한 장소이다.

제인 오스틴에서 조지 엘리엇에 이르는 도덕적 분석의 전통을 추적하는 것은 온당하지만, 그 작업이 의미 있는 것이 되려면 전통의 발전 과정에서 다른 어떤 일이 일어나고 있는지를 인식해야만 한다. 즉 도덕적으로 강조해 마땅한 다른 종류의 사람들, 다른 종류의 시골들, 다른 종류의 행위들이 존재한다는 사실을 인식해야만 한다. 벤 존슨과 크랩의 차이는 "노동하는 불쌍한 시골 원주민들"이 역사에 등장했기 때문에 생겨난 것이 아니라, 문학적 태도가 변화하여 그 "원주민들"이 돌연 포착가능하게 되었기 때문에 생겨난 것이었다. 이와 꼭 마찬가지로 제인 오스틴과 조지 엘리엇의 차이는, 그리고 이 두 사람과 토머스 하디의 차이는, 전통적인 농촌 체제가 갑자기 붕괴되었기 때문이 아니라, 문학적 태도가 변화하여 그동안 배제되거나 막연하게 처리되었던 농촌의 뿌리 깊은 혼란상에 초점을 맞추게 되기 때문에 생겨난다.

이렇게 해서 조지 엘리엇은 《아담 비드》의 배경을 제인 오스틴의 시대 — 18세기에서 19세기로 넘어가던 시기 — 로 설정한다. 조지 엘리엇이 보는 것은 물론 제인 오스틴이 보는 것과는 대단히 다르다. 하지만 그렇게 된 근본적 이유는 시골이 변화했기 때문이 아니라, 조지 엘리엇이 다른 사회적 전통을 활용할 수 있기 때문이다.

> 《아담 비드》는 감리교도였던 사무엘 숙모가 들려주신 일화에서 착상을 얻었다 … 그 일화는 숙모 자신의 체험에서 나온 것이었다 … 나중에 나는 그 일화에 숙모의 다른 회고담을 섞고, 아버지의 젊은 시절 생활과 성격 중 일부를 가미하면 어떨까 하는 생각을 하기 시작했다.[2]

그리하여 부유한 저택은 여전히 존재하지만 — 《아담 비드》에서 그 저택은 도니슨 가문 소유이다 — 이제 엘리엇은 그 가문이 수입을 늘리려고 노력하면서 차지농들을 직접 상대하는 모습을 본다.

> "낡았지만 참 훌륭한 부엌이군요!"하고 도니슨 씨는 감탄하듯 말했다. 달콤한 말이든 껄끄러운 말이든, 그는 언제나 이처럼 신중하고 잘 다듬어진 정중한 어조로 말하는 것이었다. "그리고 참 깨끗하고 멋지게 관리하셨군요, 포이저 부인. 그래서 영지의 어떤 곳보다도 여기가 마음에 들어요. 부인도 그건 아시지요?"[3]

우리는 전에도 이런 식의 "신중하고 잘 다듬어진 정중한 어조"로 말하는 장면과 마주친 적이 있었다. 그러나 이제 이런 어조로 말을 건네는 대상은 상대적으로 대등한 사람이 아니다. 이와 마찬가지로 이제 늙은 향사의 시선은 단순히 그의 성격의 한 측면을 드러내는 데서 그치지 않고, 엄밀한 지배적 사회관계 속에서의 성격을 드러낸다. 포이저 부인의 말을 빌리면, 그의 시선은 "마치 너는 벌레니까 손톱으로 문질러 죽여 버리겠다"[4]는 것처럼 보이는 것이다.

향사가 이처럼 정중한 어조로 건넨 말의 요지는 사실 영지를 원활하게

---

2) *George Eliot's Life*, ed. J. W. Cross (Edinburgh and London, 1885), 254.

3) *Adam Bede*, 32장; 조지 엘리엇, 《아담 비드》 전2권, 유종인 옮김 (현대문화, 2007), 2권, 124. 번역은 다소 수정하였음.

4) 같은 책, 32장; 2권, 123.

관리하기 위해서 토지 사용권을 재편성하겠다는 것인데, 그렇게 되면 포이저 가족은 그동안 경작하던 옥수수 밭을 포기해야 한다. 정중한 제안 뒤에는 새로 오는 이웃 차지인이 "상당한 자본가라서 기꺼이 자네 농장까지 맡으려 할 거야. 두 농장을 함께 운영하면 더 많은 이익이 날 테니까 말이야. 그래도 나는 자네같이 오래된 차지인과 헤어지고 싶지 않네"라는 협박이 따라 온다.[5)]

이것은 특별히 극적인 사건은 아니지만, 일상 경험이 소설에 등장하는 실로 중요한 장면이라 할 수 있다. 이 일상 경험은 언제나 거기에 존재해 왔던 것이지만, 이제 관점의 변화와 함께 소설 속에 모습을 보이게 되는 것이다. 이렇게 해서 개량의 정중함은 경제력이라는 무례한 사실과 필연적으로 균형을 이루게 되고, 도덕은 여전히 강조되지만 그 강조의 성격은 과거와 달라지게 된다. 이러한 변화는 다른 측면으로 확장된다. 향사의 아들은 영지를 개량하느라 부심하면서, 차지인들의 관점에서 보는 바로는 "새 대문을 달고, 석회를 지급하고, 10%의 수익금을 돌려주는 천년왕국 시대의 풍요를 약속"[6)]하면서, 아담 비드를 자신의 삼림 관리인으로 임명한다. 그러나 그는 이와 본질적으로 동일한 정신에서 헤티 소렐을 유혹하여 타락시키는 데 성공한다. 자신의 편의를 위해서 사람을 이용하는 것은 개인적 성격의 일면이지만—엘리엇은 이 점을 시종일관 강조한다—그것은 또한 특별한 사회경제적 관계의 일면이기도 하다. 그렇다면 조지 엘리엇이 다음과 같이 짓궂게 논평하는 것처럼

---

5) 같은 책, 32장; 2권, 130. (역주) 향사는 포이저 부부에게 그들이 경작하고 있는 농장의 밭을 포기하고 인근의 낙농장을 대신 맡을 것을 권유한다. 그리고 만약 자신의 제안을 받아들이지 않으면 아예 차지인 자격을 박탈하고 새로 오는 사람에게 포이저 가족의 농장을 모두 맡기겠다고 협박한다.

6) 같은 책, 7장; 1권, 161.

> 이러한 사람의 성품에 대해 이것저것 들추어내고 분석하는 것은 믿음직한 직원의 품성을 조사하는 것처럼 우스꽝스러운 일일 것이다. 우리는 출생신분이 좋고 재산이 많은 젊은 남성에게 원만하고 관대하며 신사답다는 수식어를 사용한다.[7]

제인 오스틴은 바로 여기서 말하는 것처럼 이것저것 들추어내고 분석했지만, 그녀의 분석 대상은 자기들끼리 관계를 맺고 있는 제한된 범위의 사람들이었다. 이제 엘리엇의 소설에서 분석은 계급의 제한을 벗어나고, 그 당연한 결과로서 사회경제적 관계가 사람들의 행위의 기본적인 (그리고 때로는 결정적인) 요소임이 드러난다.

조지 엘리엇과 소설의 발전 양상을 고찰할 때, 그녀가 일종의 사실 기록 차원에서 새로운 사회 경험을 소설에 도입했다는 사실보다, 이런 측면을 강조하는 것이 더 중요하다. 농부들, 직인들, 거기에 노동자들까지 각기 고유의 권리를 갖고 행동하는 인물로 묘사되는 장면을 보는 것은 분명 좋은 일이다. 그러나 여기에는 중요한 난점들이 존재한다. 사람들은 흔히 《아담 비드》의 포이저 가족이 《플로스 강의 물방앗간》의 그레그 가족이나 도드슨 가족과 마찬가지로 놀라울 정도로 (혹은 따뜻하게, 풍부하게, 매력적으로) 형상화되었다고 말한다. 그러나 그렇게 말하는 것은 작가의 사회적 의식에서 반복적으로 출현하는 문제점을 지적하는 것이다. 우리는 농부들과 직인들이 하는 말을 통해서 그들과 조지 엘리엇의 관계 — 메리 앤 에반스[8] 로서의 관계 — 를 거듭해서 확인할 수 있다. 조지 엘리엇의 특징은 주로 대화를 통해서 그들을 제시하는 것이다. 그런데 그들은 하나의 공동체로서 목소리를 내긴 하되, 정작 중요한 행위를 할 때에는 질적으로 다른 모습을 보인다. 아담이나 다이나, 혹은 헤티가 한 개인으로 행동하면서 하는 말은 그다지 설득력이 없다. 개인 행

7) (역주) 같은 책, 12장; 1권, 223.

8) (역주) Mary Ann Evans: 조지 엘리엇의 본명.

위의 분석에 여전히 의존하고 있는 이 소설에서 농부나 직인은 '시골 사람들'로 등장할 수 있을 뿐, 개인적 경험을 능동적으로 수행하는 인물로서의 중요성은 그리 크지 않다. 아담과 다이나와 헤티가 그들 각자의 개인적 위기로 보이는 상황 속에서 이야기할 때 — 혹은 더 명백한 예로는 후기 소설에서 펠릭스 홀트[9]가 이야기할 때 — 우리는 일반화된 태도나 연설의 수준으로 이동한다. 다시 말해서 조지 엘리엇은 과거에는 특정 사회 계급들만 존재하던 풍경 속에 영국 농촌의 실제 거주자들을 복원시키지만, 하나의 풍경으로 복원하는 수준 이상으로 나아가지는 못한다. 농촌의 실제 거주자들은 중간계급 비평가들이 아직까지 어리석게도 일종의 합창이나 "민요적 요소"라고 부르는 것 속에서, 말하자면 집단적으로 말하기 시작한다. 그러나 실제 거주자의 입장에서 보면 이들은 단지 사회적으로만 존재할 뿐이다. 다시 말해 외부에서 도식화한 상투적 태도와 관념을 통해서만 개인적 의식을 표현할 수 있을 뿐이다.

나는 비판의 의도를 갖고 이런 지적을 하는 것이 아니다. 왜냐하면 어려움은 실로 대단하기 때문이다. 그 어려움은 조지 엘리엇이 이어받아 발전시켰던 소설 형식의 모순에서 기인한다. 그것은 작가가 행위의 도덕성에 역점을 두면 — 그리하여 이야기와 분석적 어조들의 통일이라는 소설기법상의 전략을 실천하면 — 실질적으로 서로 충돌하는 사회관계들에까지 도덕적인 태도가 확대적용되었던 모든 사회 — 소설의 '알 수 있는 공동체' — 와 어긋날 수밖에 없게 되는 모순이다. 누구라도 포이저 가족, 글레그 가족, 도드슨 가족이 차라리 없는 편이 낫다고 생각하지는 않을 것이다. 그러나 우리가 지적해야 하는 것은, 소설의 정서적 방향이 개별적으로 분리된 인물들을 향하고 있음에도 불구하고 우리가 그들을 이런 식으로 복수형으로 논할 수 있다는 사실이다. 제인 오스틴의 경우처럼, '알 수 있는 공동체'는 사회적으로 제한된 것일 수 있다. 그럴 경우

9) (역주) Felix Holt: 《펠릭스 홀트》(*Felix Holt the Radical*)의 주인공.

사회를 총체적으로 묘사하는 면에서는 부족함이 있지만, 그 대신 소설 속에서 구사되는 주요 어법들 간에 통일성을 확보할 수 있다. 그러나 조지 엘리엇의 소설을 조금만 읽어보면, 상당한 정도의 분석적 어법을 구사하는 분석적 의식을 가진 관찰자와, 주로 관습적으로 생활하고 말하는 것으로 묘사되는 민중이, 하나의 형식 속에 공존하는 것이 얼마나 어려운 일인지를 쉽게 알 수 있다. 왜냐하면 조지 엘리엇의 소설을 지배하는 것은 정확한 세부적 관찰이 아니라, 사회적 통념에 부합되는 포괄적이고 느슨하고 반복적인 이야기 방식이기 때문이다. 그리하여 그녀의 소설의 결(*texture*)에는 과거에 볼 수 없던 단절이 생겨난다. 소설가로서 구사하지 않으면 안 되는 언어와 소설에 기록되는 많은 등장인물들의 언어가 연속성을 유지하는 데 실패한 것이 분명하게 드러나는 것이다.

우리는 이것이 사실과 관련된 문제가 아니라는 것을 강조할 필요가 있다. 실제의 농부들과 직인들의 의식은 제인 오스틴의 세계에서 활발하게 움직이는 토착 지주들의 의식만큼이나 견실하고 성숙한 것이었다. 그리고 제인 오스틴의 지주들 역시 포괄적인, 사교적인, 야무지지 못한, 중언부언하는 사람들이고, 또 그렇게 그려진다. 사람들은 시대를 막론하고 대개 그런 식으로 말한다. 그러나 제인 오스틴의 경우에는 소설가의 어법이 등장인물의 어법과 연결되어 있는 데 반해, 조지 엘리엇 소설에서 가장 두드러진 점은 소설가의 어법과 인물의 어법이 연결되어 있지 않고, 소설가 자신도 그것을 대단히 예민하게 의식한다는 것이다. 제인 오스틴의 소설에서 대화와 이야기와 분석은 문학적 관습에 의해 서로 연결된다. "신중하고 잘 다듬어진 정중한" 어법은 특별한 교육과 그 교육이 복무하는 여유 있는 지배 관계의 산물이지만, 다른 한편으로는 이상화된 것, 소설적 관습에 따른 것이기도 하다. 소설가는 자신의 효과적이고 정확한 묘사 능력을 주저하지 않고 등장인물에게 부여할 수 있다. 왜냐하면 그들이 비록 도덕적인 면에서는 차이가 있을지라도 결국 모두가 소설가 자신과 같은 세계에 속하는 사람들이라고 느끼기 때문이다. 이런 경향은 감정적 위기와 대결의 장면에서 특히 두드러지는데, 이때 자신이 속한 집단의 대변자 역할을 하면서 일정한 어법으로 등장인물의 개인적 경험을 표현하는 것은 바로 소설가 자신이다. 그러나 조지 엘리엇이 누구와도 그런 식으로 함께 하지 않는다는 것은 분명하다. 갈등의 인식, 여러 계급이 존재한다는 인식, 계급들 간에 감정과 언어 면에서 분열과 대조가 존재한다는 인식 때문에 어법의 통일은 불가능하다. 조지 엘리엇은 그녀가 진정으로 공감하는 인물을 통해서 자신의 의식을 — 종종 그 인물의 개인적 언어인 것처럼 위장하여 — 표현한다. 그러나 아담, 다니엘,[10] 매기,[11] 혹은 펠릭스 홀트의 예에서 확인할 수 있듯이, 이러한 역할 부여는 인물과 그들이 사용하는 언어 간에 긴장을 빚기 일쑤이다. 이러한 장면을 제외한 소설의 나머지 부분에서 그녀는 인물들에 일종의 일반화된 애정을 보여 준다. 일반화된 애정은 인물들을 일반화시켜 신랄하게 비판하는 쪽으로 나아갈 수는 있지만 (포이저 가족을 글레그 가족이나 도드슨 가족과 비교해 보라), 일반적인 집단에서도 개별화된 인물이 출현할 수 있다는 인식으로 나아가는 경우는 없다. 아니 조지 엘리엇이 일부러 그렇게 하는 것이 아니라, 그녀의 소설을 멍청하게 찬양하는 사람들이 말하는 것처럼 그녀의 인물들은 애초에 그렇게 '되어버린'(*done*) 것이다. 왜냐하면 조지 엘리엇의 소설은 그녀 소설을 읽게 될 독자들과 그녀가 묘사하고 있는 인물들이 질적으로 '다르다'는 사실을 소설가가 인식하는 순간을 종종 보여 주기 때문이다. 그리하여 그녀는 인물들의 실상과는 전혀 맞지 않지만 사회 통념에는 부합되는 방식으로 인물들을 보려고 하고, 또 그들을 그렇게 '알 수 있는' 존재로 만들려고 노력한다. 그녀는 이러한 어려움을 겪는 가운데 영국의 소설 창작에서 당연시되었던 영향력 있는 공식 — 언제나 옛스런 말투를 쓰며 정직하게 사

---

10) (역주) Daniel: 《다니엘 데론다》(*Daniel Deronda*)의 주인공.

11) (역주) Maggie: 《플로스 강의 물방앗간》(*The Mill on the Floss*)의 주인공.

는, '멋진 옛날' '사랑스러운 옛날' 시골 사람들 — 을 가동한다. 조지 엘리엇은 경제력을 가진 사람들이 베푸는 은혜의 실상 — "신중하고 잘 다듬어진 정중한" 말을 앞세워 민중을 폭력적으로 관리하는 것 — 을 대단히 기민하게 관찰하였지만, 그럼에도 불구하고 본의 아니게 그녀 자신이 또 다른 후원자 역할을 하는 쪽으로 나아가게 된다. 왜냐하면 그녀가 일반적으로 (그리고 물론 타당한 근거를 갖고) 존경하는 민중의 면면을 구체적으로 보면, 그녀가 그들의 대리인이 되어 자신의 의식의 일부를 그들에게 부여하지 않는다면, 결코 존경해 마땅한 사람들이 아니기 때문이다. 이렇게 해서 세 가지 종류의 어법이 불안하게 결합한다. 종종 아이러니를 구사하는 완전하게 분석적인 어법, 그 분석적 어법을 혼란스러운 강렬한 감정이나 강력한 도덕적 입장과 절충하는 어법, 그리고 소설의 배경인 시골의 정직한 민중을 자의식적으로 일반화하는 어법이 그것이다.

나는 조지 엘리엇이 직면하고 있던 문제들이 나 자신과도 밀접한 관계가 있다고 느낀다. 그러므로 조지 엘리엇의 면전에서도 지금까지 지적한 것들을 얼마든지 이야기할 수 있을 것이라 믿는다. 아니 어떤 의미에서 나는 바로 지금 그녀의 면전에서 이야기하고 있는 중이다. 왜냐하면 그녀 특유의 지성은 그 특유의 감정의 구조 속에서 여전히 건재하여 그녀와 나를 연결해 주고 있기 때문이다. 몇 년 전에 한 영국문화원의 비평가는 조지 엘리엇, 하디, 로렌스를 "영국의 위대한 세 독학자(獨學者)들"로 묘사했다. 그것은 영국 문화사에서 가장 의미심장한 발언 중 하나였다. 왜냐하면 세 작가 모두 학문에 왕성한 관심을 갖고 있었고 혼자서 많은 독서를 했지만, 그렇다고 공식적인 교육을 받지 않은 것은 아니기 때문이다. 그들의 아버지는 토지 관리인, 건축업자, 광부였다. 조지 엘리엇은 16세까지 학교 교육을 받다가 다른 이유가 아니라 어머니의 사망 때문에 중퇴하였다. 하디도 같은 나이까지 도체스터 고등학교에 다녔고, 이후 건축가가 되기 위한 직업 교육을 이수하였다. 로렌스는 노팅엄

고등학교를 졸업한 뒤 일시적으로 학업을 중단했다가 노팅엄 대학에 진학하였다. 요컨대 그들이 받은 공식 교육은 단순히 당시의 기준으로 볼 때 높다는 정도가 아니라, 현대의 영국인 5명 중 4명보다 높은, 다시 말해 절대적으로 높은 수준의 것이었다.

그러므로 "독학자"라는 말에 내포된 상대에 대한 노골적인 우월감은 오직 다음의 사실과 관련될 수 있을 뿐이다. 즉 세 사람 중 누구도 사립기숙학교와 옥스브리지라는 당시의 교육 패턴에 부합되지 않는다는 사실 말이다. 19세기 말에 그 패턴은 여러 교육 형태 중 하나가 아니라 교육 자체라고 간주되고 있었고, 그 패턴에 속하지 않는 것은 아예 '교육'을 받지 않았음을 의미하였다. 다시 말해서 당시의 '표준' 교육이란 총인구 중 1 내지 2퍼센트만이 받는 것이었고, 나머지 사람들은 '무학자'나 '독학자'로 간주되었다. 물론 '무학자'나 '독학자'는 우스꽝스러울 정도로 무식한 사람들로 취급되거나, 혹은 그들이 학식 있는 사람들로 행세할 경우에는, 어색하거나, 지나치게 진지하거나, 광신적인 사람들로 취급되었다. 이런 식의 통념은 영국인의 상상력에 깊은 영향을 끼쳤다.

그러나 많은 현대인들에게 조지 엘리엇, 하디, 로렌스가 중요한 것은 그들이 우리 자신의 성장과 교육에 직접적으로 연결되기 때문이다. 그들은 사립학교라 불리는 비교적 새롭고 의도적인 폐쇄성을 띠는 회로보다 더 오래되고 더 중심적인 영국의 문화 전통에 속한다. 내가 말하고자 하는 것은 그 전통이 우리들 중 일부가 옥스퍼드나 케임브리지에 진학하게 된 현대에도 이어지고 있다는 것이다. 이를테면 케임브리지에 진학했고 이제는 거기서 가르치고 있는 나 자신에게도 이어지고 있다는 것이다. 왜냐하면 진정한 문제는 교육(발전된 지성)의 유무가 아니기 때문이다. 영국문화원의 위원이건 혹은 그 누구건 조지 엘리엇과 엄정하게 지성을 겨룬다면 배겨낼 사람이 얼마나 되겠는가? 문제는 교육 — 성적이나 학위가 아니라, 발전된 지성의 내용 — 과, 예나 지금이나 국민의 다수를 점하고 있는 민중의 실제 생활과의 관계, 즉 어떠한 형태의 기록이나 연구나 관심의 대상도 아니지만 문자 그대로 우리의 가족인 사람들의 실제 생활과의 관계이다. 조지 엘리엇은 이 문제를 적극적으로 다룬 최초의 주요 소설가이다. 그렇기 때문에 우리는 그녀를 같은 계보의 선배로 존경하는 것이며, 그와 동시에 우리와 그녀가 공통적 경험을 통해 배운 엄격한 태도 — 가족끼리의 허심탄회한 태도 — 를 가지고 비판하는 것이다.

그렇다면 '알 수 있는 공동체'는 지금까지와는 다른 의미에서 언어의 문제이다.

> 멋없는 가족 이야기를 쓰다 보면, 건전한 사회에서 쓰는 어조와는 매우 다른 강조체의 어조를 구사하기 쉽다. 건전한 사회의 사람들은 지극히 온건한 원칙과 신념을 갖고 있을 뿐 아니라, 가볍고 우아한 아이러니와 함께 다룰 수 없는 것은 적당한 주제라고 생각하지 않으므로, 원칙과 신념을 드러내어 이야기하기보다는 언제나 암묵리에 전제한다. 그러나 한편으로 건전한 사회에는 레드 와인과 벨벳 카펫, 6주 전에 잡은 저녁 식사 약속, 오페라와 환상적인 무도회장이 있다. 이들은 순종의 말을 타면서 지루함을 날려 보내고, 클럽에서 어슬렁거리고, 크리놀린 스커트[12]를 밟지 않도록 조심하고, 과학은 패러데이에게 맡기고, 종교는 최고의 저택에서 만나게 될 고위 성직자에게 맡기는 것이다. 어째서 그 사회가 신념이나 강조 따위를 시간을 내어 생각할 필요가 있겠는가? 그러나 가벼운 아이러니라는 얇은 날개 위에 떠 있는 건전한 사회는 아주 값비싼 대가를 치르고 얻어진 것이다. 그것을 위해서는 악취가 진동하고 고막이 터질 듯 시끄러운 공장으로 상징되는, 전국의 광범위한 영역에서 진행되는 열성적인 삶이 필요하다. 사람들은 그것을 위해서 광산에 감금되고, 용광로에서 땀 흘리며 일하고, 분쇄하고, 망치질하고, 탄산에 어느 정도 오염되는 것을 감수하며 직물을 짠다. 혹은 흩어져 목장

12) (역주) crinoline: 1840~60년대에 유행했던 여성의 스커트. 스커트가 넓게 펴져 보이도록 속에 고래뼈나 철사를 사용한 광주리 모양의 페티코트를 착용하였다.

> 에서 일을 하고, 음산하게 비 오는 날 점토질이나 백악질의 옥수수 밭 위에 위치한 외딴 집이나 오두막에서 뿔뿔이 살아간다. 전국의 광범위한 영역에서 진행되는 이와 같은 삶은 전적으로 강조에, 궁핍의 강조에 토대를 두고 있다. 건전한 사회와 가벼운 아이러니를 유지하기 위해 필요한 모든 활동에는 이런 궁핍한 삶이 없어서는 안 된다 …13)

《플로스 강의 물방앗간》에 나오는 이 인상적인 구절은 문제의 제시인 동시에 문제에 대한 반응이기도 하다. 궁핍의 강조는 분명 조지 엘리엇의 중심 주제인데, 그녀는 위에 인용한 구절에서 도시노동자와 농촌노동자의 감상적 대조 따위는 전혀 없이 노동의 실상을 보여 준다. 계급적 감정의 강조를 그녀는 이해하고 수용한다. 그렇다 해도 그녀가 계급적 감정을 그녀 특유의 아이러니를 가미해 기록한다는 점 또한 주목해야 한다. 계급적 감정을 강조하며 제시하는 바로 그 장면에서 그녀는 방어적이며 자의식적인데, 그 때문에 소설적 소통의 구조 속에서 극빈층은 "멋없는 사람들"이 되어버린다. 진지함은 그녀 소설의 중심 요소이다. 그러나 그녀는 그녀의 취미에 부합되는 경우가 많은 다른 어조들도 예민하게 의식한다. 이는 언어의 역설인 동시에 공동체의 역설이다. 우리는 《아담 비드》의 두 특징적인 구절에서 이 역설을 다시 한 번 발견한다.

> 가능하다면 당신에게 그림 하나를 그려 달라고 부탁하고 싶다. 보랏빛 옷을 바람에 흩날리며 천국의 빛을 받아 얼굴이 어슴푸레 빛나고 있는 천사의 그림을. 혹은 온화한 얼굴을 들고 하늘을 향해 두 팔을 벌려 신의 영광을 환영하는 마돈나 같은 그림을 더 많이 그려 달라고 부탁하고 싶다. 그렇지만 우리에게 어떤 미학적 규칙도 강요해서는 안 된다. 미학적 규칙은 일에 찌든 거친 손으로 당근을 긁고 있는 늙은 여인이나 초

---

13) George Eliot, *The Mill on the Floss*, 4권, 3장; 조지 엘리엇, 《플로스 강의 물방앗간》 전2권, 한애경 · 이봉지 역(민음사, 2007), 2권, 45~6. 번역은 다소 고쳤음.

라한 선술집에서 휴일을 즐기고 있는 뚱뚱한 시골뜨기를, 허리 굽혀 삽질하고 거친 일로 등골이 휘어지고 세월에 찌들어 버린 멍청한 얼굴들을, 양철 냄비와 갈색의 물주전자와 털북숭이 개와 양파 다발들이 걸려 있는 시골집들의 풍경들을, 예술의 영역에서 추방해 버리기 때문이다. 이 세상에는 이처럼 평범하고 상스러운 이들이 많이 살고 있는데, 그들은 무슨 픽처레스크한 감상적 비천함 따위와는 전혀 무관하다. 우리는 이들의 존재를 반드시 기억해야 한다 …[14)]

나는 늙은 케스터에게 찬사를 보내는 것이 부끄럽지 않다. 당신과 나는 케스터와 같은 사람들의 거친 손에 빚을 지고 있기 때문이다. 그것은 성실하게 일군 땅과 하나가 된 지 오래인 손, 땅에서 가능한 한 최대한의 수확을 얻기 위해 노력하면서도 최소한의 임금만을 받아 온 그런 손이다.[15)]

여기서도 조지 엘리엇의 선언은 진지하다. 그러나 그녀가 "우리에게 미학적 규칙을 강요해서는 안 된다"고 초조하게 당부하는 대상은 누구인가? 협약을 체결한 "당신과 나"의 "당신," 그리고 빚을 지고 있다고 단언하는 "당신과 나"의 "당신"은 누구인가? "나는 부끄럽지 않다"는 고백을 하게 만든 자는 결국 누구이고, 그와 연관된 "시골뜨기"라든가 "세월에 찌들어 버린 멍청한 얼굴들"과 같은 표현을 하도록 만드는 자는 또 누구인가? 그리고 이러한 표현이 부엌에 대한 정겨운 추억과, 임금에 대한 진실된 언급과, "픽처레스크한 감상적 비천함"에 대한 단호한 거부 등과 어색하게 공존하도록 만드는 자는 누구인가?

이런 구절들에서, 그리고 이런 구절들을 담고 있는 소설들에서, 조지 엘리엇은 《마을》의 크랩보다 더 멀리 나갔다. 하지만 그녀는 크랩보다 더 자의식적이다. 그녀는 크랩보다 더 불안한 어조로, 모종의 지배적 독

14) *Adam Bede*, 17장; 《아담 비드》 1권, 310~11.
15) 같은 책, 53장; 2권, 410.

자상(讀者像)을 상정하고 그것에 대하여 회유와 호소를 하고 있다. '알 수 있는 공동체'는 이러한 공통의 삶이며, 그녀는 기꺼이 — 그것에 없어서는 안 되는 강조의 어조를 사용하여 — 그것을 기록하고자 한다. 그러나 (그녀의 소설을 통해 결과적으로 — 역자) '알려진 공동체'는 다시 한 번 이와는 다른 어떤 것이다. 그것은 또 다른 관심, 또 다른 감수성과 언어적으로 불안하게 타협한 결과이다.

소설의 행위에도 언어에서와 같은 사태가 일어난다. 조지 엘리엇은 소설의 플롯을 확장하여 농부들과 직인들, 그리고 상속권을 박탈당한 사람들을 등장시킨다. 그러나 그녀는 일하는 사람들을 개별화하는 데 어려움을 겪는 것과 마찬가지로 — 그녀는 일하는 사람들을 합창대와 같은 식으로 일반화하거나, 아니면 그들의 의식(意識)을 그녀 나름대로 어색하게 '번역'한다 — 그들의 행위를 온전하게 구현하는 데도 어려움을 겪는다. 일하는 사람들의 행위는 그들의 생활의 실체에서 나오는 것으로서, 그들의 관심과 연결된 상태에서 일관성 있는 구현이 가능하기 때문이다. 《아담 비드》는 그 행위의 전모에 가장 가까이 다가간 작품이지만, 결국 그들의 관심과는 다른 외부적 관심에 압도되어 버린다. 헤티는 여행의 끝에서 아이를 유기할 때까지는 주체이지만, 그 후에는 고백과 회개의 대상일 뿐이다. 다시 말해 고통에 대한 태도를 수동적으로 표현하는 대상일 뿐이다. 이것이 《아담 비드》와 하디의 《더버빌 가의 테스》의 본질적 차이이다. 《더버빌 가의 테스》는 주체를 끝까지 지탱하는 힘이 있다. 《아담 비드》에서는 결국 아담 비드와 다이나 모리스가 — 우리는 이들이 각각 노동에 대한 자부심과 종교적 열정의 존엄성을 상징하는 존재라고 말할 수 있을 것이다 — 헤티보다 더 중요한 인물이다. 심지어 참회하여 변화한 아서까지도 헤티보다 더 중요한 인물이다. 엘리엇은 헤티를 중도에서 포기해버리는데, 이는 혼란스럽고 절박한 상태에서 어린애를 유기하는 헤티보다 도덕적으로 더 심각한 행위이다.

이런 문제점들에도 불구하고 조지 엘리엇이 쓰고 있는 역사는 능동적이다. 그녀는 학문으로 터득한 감정의 압력 속에서 연속성을 발견한다. 《플로스 강의 물방앗간》은 바로 이러한 발전과 긴장의 전환점이다. 그것은 심각한 궁핍의 내부에서 행위를 기록한 결과물인데, 그러나 이제 궁핍은 일상적 노동과 연결되는 것이 아니라 인간성의 박탈과 연결된다. 소농인 도드슨 가족이 생존을 위해 신중하면서도 지루하게 분투노력하는 장면에서, 그리고 털리버[16]의 성급한 자립 생활이 그로서는 이해할 수 없을 정도로 복잡한 법과 경제적 압력 때문에 파괴되는 장면에서, 궁핍은 인간성의 박탈과 연결된다. 엘리엇이 보는 바로는 도드슨 가족이나 털리버 중 어느 쪽도 충만한 삶을 성취할 수 없다. 그러나 다른 길은 없다. 오직 도피를 상상하고, 책을 읽고, 역사로 빠져들고, 강을 따라 내려가는 일시적인 여행을 하는 등의 헛된 위안만이 존재할 뿐이다. 결국 마지막으로 가능한 것은 유년시절의 강으로 돌아가는 것인데, 이로써 감정은 해방되지만 그것은 삶이 아니라 죽음을 통한 해방일 뿐이다. 이렇게 해서 한때 사회의 역사 — 엘리엇은 그것이 개인의 삶을 엄밀히 결정하는 힘을 갖고 있다고 보았지만 — 를 포괄했던 소설적 공감의 폭은 사회에서 추방되고 고립된 개인으로 축소되며, 그러한 개인만이 가치 있는 행위를 할 수 있고 충만한 인간적 감정을 느낄 수 있는 것으로 제시된다. 따라서 《플로스 강의 물방앗간》의 능동적이고 필사적인 고립은, 새로운 관점에서 보면 슬픈 체념이다.

우리가 이렇게 말할 수 있는 것은, 그녀가 이후 작품에서 더욱 성숙하고 확실한 작품 장악력을 보여 줌에도 불구하고 — 엄밀히 이야기하면 장악력의 증가는 슬픈 체념에 기초하고 있고, 성숙성은 슬픈 체념의 감정을 달리 표현한 것일 뿐이지만 — 작품 속 인물의 행위는 예전 작품이 심각한 궁핍이 지배적인 것으로 묘사했던 통상적 세계와 점점 더 무관한 것이 되기 때문이다. 통상의 세계와 분리된 유산 계급의 관심에 압도되

16) (역주) Tulliver: 매기의 아버지.

기라도 한 것처럼, 후기 작품의 형식적 플롯은 이전 작품과 사뭇 다른 사회를 배경으로 한다. 《펠릭스 홀트》는 재산 상속을 중심 문제로 설정하는데, 이는 조지 엘리엇이 19세기 중간계급의 상상력을 사로잡았던 전형적 관심사에 결정적으로 굴복하였음을 의미한다. 물론 에스더는 결국 상속을 거부한다. 왜냐하면 조지 엘리엇은 개량과 자립의 생활을 진정으로 추구하는 도덕의 소유자로서, 에스더가 재산을 상속받고 상류사회로 진출하는 것을 허용할 수 없기 때문이다. 엘리엇은 트랜섬 부인과 저민을 통해서 경제적 안정을 위해 음모를 일삼는 재산 상속 세계의 부패상을 설득력 있게 보여 준다. 그러나 이제 심각한 궁핍은 펠릭스 홀트 개인에게 집중된다. 그는 추방되고 소외된 인물, 따라서 사회적 이동의 가능성을 지닌 인물이다. 이것은 소설의 발전에서 결정적 의미를 갖는 대목들 중 하나이다. 여기서 '알 수 있는 공동체'—처음에는 실제의 농촌사회, 이후에는 산업화로 인해 확대된 빈곤층—는 기본적으로 개인과 사회 간의 양가적 관계의 문제로 인식된다. 다시 말해 사회로부터 분리된 개인이, 소속감과 소외감 사이에서 분열된 의식을 가지고, 자기 고유의 도덕적 역사를 만들어가는 문제로 인식된다.

이것이 조지 엘리엇 후기 소설들(《미들마치》는 예외이다. 이 작품에서 조지 엘리엇은 단일한 공동체—결정적인 역사적 변화가 일어나기 직전의 소도시—를 다시 한 번 다룬다)의 혼란, 불안, 분열된 구성을 야기한 원인이다. 그러나 우리가 조지 엘리엇 후기 소설이 노정하는 혼란의 의미를 이해하기 위해서는 그녀와 같은 시대에 활동했던 앤소니 트롤로프[17]와 비교해 보는 것으로 충분하다. 트롤로프는 바세트셔[18]를 다룬 소설들에서 상속과 관련된 책략, 여러 계급들과 관심들의 상호작용, 행운의 발견, 재산을 성공적으로 확보하게 해 주는 결혼 등을 편안하게 다룬다. 그의 관심은 오로지 사건이 어떻게 일어나서 어떻게 처리되는가 하는 데 있

17) (역주) Anthony Trollope(1815~1882): 영국의 소설가.

18) (역주) Barsetshire: 트롤로프의 소설에 나오는 가공의 시골 마을.

다. 탐구적인 분석을 거의 찾아 볼 수 없는 트롤로프의 시종일관 느긋한 어조는 애초의 임무를 모두 달성한다. 즉 사회의 작동 방식에 대한 나름의 관찰을 기록하고, 그 기록의 수준을 넘지 않는 설명을 제공한다. 《쏜 박사》와 《펠릭스 홀트》를 함께 읽으면 트롤로프는 편안하고 조지 엘리엇은 혼란스럽다는 것, 트롤로프는 플롯에 적절하게 대응하는 관심을 표명하는 수준에서 멈추지만 조지 엘리엇은 외부적 분란을 수동적으로 보여 주는 차원을 탈피하려고 노력한다는 것, 트롤로프는 전통적인 해피엔딩을 통해서 재산과 행복이 얼마든지 공존할 수 있을 뿐 아니라 찬미해 마땅한 것임을 역설하지만, 조지 엘리엇은 어색하고 완고하고 만족할 줄 모르는 체념을 보여 준다는 것을 알게 된다. 그리고 그와 같은 차이들이 현실 사회의 역사에서 기인한다는 사실 또한 명백하게 인식하게 된다.

트롤로프는 《쏜 박사》의 도입부에서 특유의 자신 있는 어조로 그가 보는 영국 농촌의 상태를 전한다.

> 영국의 녹색 목장들, 물결치는 밀밭들, 인적이 드물고 나무 그늘이 드리운, 그리고 — 이 말도 덧붙이기로 하자 — 지저분한 오솔길들, 도로들과 층계들, 잘 지어진 황갈색 교회들, 너도밤나무가 늘어선 가로수길들, 여기저기 산재해 있는 튜더 풍 저택들, 변치 않고 자리를 지키는 주(*county*) 소유의 사냥터, 사교적 우아함, 곳곳에 스며들어 있는 동족 정신 — 이 모두가 영국 국민들로 하여금 영국의 농촌을 풍요로운 낙원으로 인정하도록 만들었다. 그것은 완전한 농촌이었다. 생산물에서도, 가난한 사람의 면면에서도, 즐길 것들에서도 완전한 농촌이었다.[19]

여기서 리얼리즘은 문학적 관습에 따라 오솔길이 지저분하다는 사실을 인정하는 정도에서 그친다. 나머지 부분이 보여 주는 것은 목가적으로 다듬은 사회 구조이다. 농촌 빈민은 생산물과 즐길 것들 사이에 편안하

19) Anthony Trollope, *Doctor Thorne*, 1장.

게 배치된다. 이처럼 편안한 관계가 지배하는 공간에는 평온하고 매력적인 사회 구조를 흐트러뜨리는 어떤 까다로운 도덕적 문제도 존재하지 않는다.

> 영국이 상업적인 국가라고들 하지만, 영국은 아직 그런 의미에서 상업적인 국가가 아니며, 바라건대 조만간 상업적인 국가가 되는 일도 없었으면 한다. 현재의 영국은 차라리 봉건제 국가거나 아니면 기사도 국가라고 부르는 편이 더 낫다. 문명화된 서구에서 고귀한 귀족이 건재하고, 진정한 귀족이 국토를 소유하고 있으며, 그 귀족이 통치자로 모자람이 없는 최고의 사람들로 신뢰를 받는 국가가 있다면, 그것은 바로 영국이기 때문이다.[20]

이것은 19세기 중엽의 영국에 대한 묘사로서는 말도 안 되지만, 영국을 심각한 문제의식 없이 바라보는 방법으로서는 완벽하다. 이 방법은 통용되는 가치를 그대로 받아들이기 때문에, 계급의 내부적 어려움, 그중에서도 특히 세습지주 가문들과 세습지주 가문 출신이되 (재산 상속을 받지 못하여 — 역자) 세속적 출세를 노리는 차남 이하의 아들들, 그리고 전문직업인들 간에 일어나는 문제들을 오히려 시종일관 정확하게 분석할 수 있다. 트롤로프 자신도 이들처럼 지주가 되고 싶은 욕망을 갖고 있고 재산 상속 플롯은 언제나 그 계급의 일원이 되는 문제와 주로 관련되어 왔던 만큼, 그로서는 일단 토지소유자를 귀족으로 보는 기본적 환상을 받아들이기만 하면 그 외의 다른 환상을 갖지 않고 상속 과정을 묘사할 수 있는 것이다. 조지 엘리엇 역시 상속을 소설의 중심 행위로 설정하지만, 트롤로프와는 대조적으로 재산과 인간적 품성의 현실적·통념적 관계에 대하여 심각한 도덕적 의문을 제기한다. 따라서 그녀의 관심은 슬프게 체념하거나 토지를 떠나야 하는 소외된 개인 쪽으로 이동하게 되

---

20) 같은 곳.

고, 결국 상속을 우연하고, 모순적이고, 궁극적으로는 부적절한 것으로 형상화할 수밖에 없게 된다. 그렇다면 《펠릭스 홀트》의 트랜섬 가문의 토지나 《다니엘 데론다》의 그랜드코트의 토지가 어떻게 되었는가는 더 이상 결정적으로 중요한 문제가 아니다. 두 작품의 상당 부분이 토지 상속과 관련된 복잡한 이해관계의 전개과정을 중심으로 하고 있지만 말이다. 이런 의미에서 조지 엘리엇의 소설은 과도기적이다. 즉 주인공이 사회에 정착하는 것으로 끝나는 소설 형식 — 이 형식에서 사회경제적인 해결과 개인적 성취는 동일한 차원의 문제이다 — 과, 이 동일한 차원을 확장하고, 복잡하게 발전시키고, 궁극적으로는 그 차원 자체를 붕괴시켜, 한 개인이 사회로부터의 소외나 해방을 통해 도덕적 성장을 성취하게 만들고, 그리하여 자기 나름의 독자적인 길을 떠나는 것으로 끝나는, 그런 소설 형식 사이에 그녀의 소설은 존재하는 것이다. 그녀의 소설은 사회에 대하여 소속감을 느끼는 동시에 소외감을 느끼는 분열된 의식의 소설이다. 왜냐하면 개인적 위기의 마지막 순간까지 사회적 해결책을 여전히 진지하게 모색하면서도, 정작 개인의 도덕적 발전은 일종의 육체적이거나 정신적인 재생 — 애초에는 인간의 운명을 결정하는 것으로 그려졌던 사회로부터의 체념적인 동시에 희망적인 이주 — 을 통해 이루어지는 것으로 표현하고 있기 때문이다.

그런데 사실은 조지 엘리엇 이전에도 재산과 인간적 품성 간에 명확한 관계가 있음을 전제하면서 복잡하게 전개되는 상속 플롯을 다룬 주목할 만한 사례가 하나 있었다. 의미심장하게도 그 소설은 개인의 분석이 아니라, 전체의 행위에 기초하였다. 에밀리 브론테의 《폭풍의 언덕》이 주목할 만한 사례가 되는 것은, 상속의 위기를 한갓된 태도 — 실체가 없는 계급을 일면적으로 대표할 뿐인 — 의 문제로 왜곡하지 않고 인간적 가치 전체와 관련된 문제로 다루기 때문이다. 이 소설은 비바람에 시달리는 노동의 현장인 '언덕'(*Heights*)과 안온하게 자리 잡은 유복한 그레인지 저택을 통해서 대조적인 가치를 구체화한 다음, '언덕'의 힘과 강고함이 가문들의 복잡한 관계를 처음부터 끝까지 결정함을 보여 준다. 그러나 작가의 창조는 너무도 총체적인 성격의 것이어서 상속이라는 사회적 기제를 초월한다. 히스클리프와 캐시가 갈라지는 것은 계급과 재산 때문이고, 다음 세대에서 갈등이 해결되는 것은 계급과 재산의 관계들에 긍정적 변화가 일어나기 때문이다. 그러나 이 작품 어디에서도 이러한 사회적 변화가 인간적 해결책을 제공할 것이라는 생각은 읽을 수 없다. 이 작품이 창조하고 지지하는 것은 이후에도 지속될 삶의 근거인 일종의 인간적 열정과 연대이다. 인간적 열정과 연대는 상속 문제의 해결 결과에 영향을 받지 않고 그보다 오래 지속한다. 인간적 열정과 연대는 예의 비극적인 극한 상황 속에서 살아남아, 죽음을 통해 다시 학습되고 전승된다. 《폭풍의 언덕》의 전체 구도와 어법은 인간적 열정과 가능한 모든 사회적 해결책 사이에 이처럼 비극적인 간격이 존재한다는 사실을 처음부터 전제한다. 따라서 복잡하게 전개되는 플롯을 지탱하는 것은 단일한 감정이며, 그것은 초월의 행위이다. 조지 엘리엇의 소설은 이와는 대조적이다. 에밀리 브론테보다 더 비판적 리얼리즘의 성격이 짙은 세계 속에서 작업하던 조지 엘리엇은, 받아들일 수 있을 만한 사회적 해결책을 생각하지만 그 생각을 일관성 있게 유지할 수가 없다. 그렇기 때문에 그녀는 결국 초월이 아니라 슬픈 체념에 안착하게 된다. 이 두 작가가 제시한 해결책은 각기 하나의 창조적 역사로서 결정적인 중요성을 갖는다. 왜냐하면 그들을 계승한 중요 작가들 — 토머스 하디와 D. H. 로렌스 — 이 그들의 해결책들을 이어받아 재생산해내기 때문이다.

조지 엘리엇의 《다니엘 데론다》의 농촌 관련 부분은 웨섹스를 무대로 한다. 그러나 《펠릭스 홀트》의 롬셔(Loamshire)와 스토니셔(Stonyshire)가 조지 엘리엇 당대의 영국이었던 반면, 《다니엘 데론다》의 웨섹스는 제인 오스틴 시대의 햄프셔나 더비셔로 볼 수 있을 것이다. 다시 말해 《다니엘 데론다》의 웨섹스는 — 이후 헨리 제임스와 20세기 '시골 저택 소설들'이 다시 보여 주게 되는 — 대저택들과 그보다 규모가 작은 저택들, 그리고 인위적으로 선택된 '알 수 있는 공동체'의 지역으로 볼 수 있을 것이다. 《다니엘 데론다》는 1876년에 완성되었는데, 그러나 그때 영국 소설계에는 이미 새로운 웨섹스가 존재하였으니, 하디의 시골이 바로 그것이다. 조지 엘리엇의 웨섹스에서 하디의 웨섹스로 이동하는 것은 아이러니하게도 초튼 주변의 세계에서 《아담 비드》의 세계로의 이동을 되풀이하는 것이다. 왜냐하면 하디의 소설은 궁핍을 엄정하게 강조하면서 '알려진 공동체'를 다시 한 번 보여 주고, 사람들의 생활 전체를 다시 한 번 창조하고자 하기 때문이다.

우리가 이렇게 이야기 할 수 있는 것은, 조지 엘리엇이 그녀로서는 유일하게 당대를 배경으로 하는 소설을 쓰면서 이전 작품들이 보여 준 '완전하게 알려진 세계'에서 상당히 멀리 이동해버렸기 때문이다. 여기에는 그녀 나름의 명확한 이유들이 있었다. 결정적인 의미를 갖는 역사가 성격의 역사라면, 그리고 받아들일 수 없지만 그렇다고 피할 수도 없는 세계가 인간적 충동을 좌절시키는 과정의 역사라면, 그녀로서는 그러한 도덕적·지적·관념적 역사가 전개될 수 있는 상황들을 창조하는 것으로 충분했다. 그보다 더 전반적인 가치판단을 내리는 역사를 쓸 수 있는 사회적 상황들은 모든 실제적 의미에서 그녀에게는 이미 과거지사였다.

그리고 나는 이것이 조지 엘리엇의 과거에 대한 태도, 특히 농촌의 과거에 대한 태도라는 중요한 문제를 다루는 적절한 방법이라고 생각한다. 예컨대 《아담 비드》에서 그녀는 19세기의 처음 몇 년 — "유유자적하던 옛날" — 을 대체로 애정어린 시선으로 회고한 후, 다음과 같은 결론을 내렸다.

> 한가로운 여가 선생은 사라졌다. 여가 선생과 함께 물레도, 짐을 싣고 나르던 말도, 느린 마차도, 날씨 좋은 오후면 문간까지 찾아와서 할인된 가격으로 물건을 팔던 봇짐장수도 다 사라져 버렸다. 아마도 현명한 철학자들은 증기기관의 발명이라는 위대한 업적으로 인류가 여가를 즐기게 되었다고 말할 것이다. 하지만 그들의 말을 믿지 말라. 여가는 결

국 그 여가를 열심히 메우려는 풍조를 만들어낼 뿐이다. 이제 사람들은 게으름조차 열심히 추구하고 오락도 열중해서 한다. 그리하여 사람들은 기차 여행, 미술관, 정기간행물들, 흥미진진한 소설들을 즐긴다. 심지어 과학 이론이나 현미경을 통한 관찰도 여가를 때우는 오락거리가 되었다. 구닥다리 여가 선생은 이와는 판이한 인물이었다. 신문을 단 하나만 읽었고, 사설은 읽지도 않았으며, 우리가 우편물 도착 시간이라고 부르는 정기적인 감각적 자극으로부터도 자유로웠다. 그는 사색적이고, 풍채가 좋은 신사였고, 소화력이 뛰어났고, 이해심이 깊었고, 이런 저런 가설에 오염되지 않는 평온한 지각의 소유자였다. 여가 선생은 사물의 원인을 알지 못해도 행복했는데, 그에게는 원인보다 사물 자체가 더 중요했기 때문이다. 그는 주로 쾌적한 저택과 농가들이 있는 시골에 살면서 과일나무가 줄지어 서 있는 담 옆에서 빈둥거리거나, 아침 햇살에 여물어가는 살구 향내를 맡는 것을 즐겼다. 그리고 여름철이면 정오의 햇볕을 피해 다 익은 배가 떨어지는 과수원의 나무 그늘 아래에서 지내는 것도 좋아했다. 그는 평일 예배는 신경도 쓰지 않았고, 일요 예배는 설교부터 축도시간까지 내처 잠을 잘 수 있기만 하면 큰 불만이 없었다. 그는 기도가 가장 짧은 오후 예배를 제일 좋아했고, 그렇다고 밝히는 것을 부끄러워하지 않았다. 왜냐하면 그는 아무 거리낌이 없는 유쾌한 양심의 소유자였고, 그의 양심은 그의 등짝만큼이나 넉넉해서 맥주나 포도주를 얼마든지 운반할 수 있었기 때문이다. 그에게는 결벽증을 유발하는 의심이나 불안, 고상한 열망 따위가 없었다. 인생은 그에게 과업이 아니라 한직(閑職)이었다. 여가 선생은 주머니 속의 금화를 대충 손으로 헤아리고, 저녁을 먹고, 책임감을 덜어버린 사람 특유의 편한 잠을 잤다. 왜냐하면 일요일 오후에 교회에 출석함으로써 허가증(*charter*)을 계속 유지하게 되었기 때문이다!

아아, 구닥다리 여가 선생은 얼마나 멋진가! 선생을 가혹하게 대하지 말라. 우리의 현대식 기준으로 평가하지도 말라. 그는 엑시터 홀[21]

---

21) (역주) Exeter Hall: 1829년에서 1831년 사이에 건립된 런던의 홀로 약 3천 명가량의 인원을 수용할 수 있었다. 다양한 정치집회와 자선집회가 열렸는데, 특히 노예제반대협회의 집회가 열린 곳으로 유명했다.

에는 가본 적도 없었고, 인기 있는 설교사의 말도 들어본 적이 없었고, 《트랙츠 포 더 타임즈》[22] 나 《의상철학》[23] 을 읽은 적도 없었으니까.[24]

대단히 경쾌한 필치로 쓰여진 이 대목에서, 과거에 대한 아이러니한 상념은 일종의 역사로 확장된다. 조지 엘리엇의 의인화는 가장 소박한 소설적 기교를 구사하는 것이라는 점에서 디킨스의 능동적 의인화 — 디킨스는 당대 사회를 만들어내는 힘을 의인화한다 — 와는 판이하다. 구닥다리 여가 선생은 역사이고, 시간이고, 시대이다. 그러나 살구와 과수원, 유일한 구독 신문, 포도주, 주머니 속의 금화 등을 소유한 그는, 게으름을 피울 수 있고 다른 사람이 땀 흘리며 노동하는 바로 그 시간 동안 여유를 부릴 수 있는 계급에 속한다. 이러한 단축, 이러한 선택, 이러한 특혜는 농촌에 대한 근대의 회고의 주요 형식이 되었다.

하지만 이 구절은 경쾌한 필치로 쓰여졌다는 점에서, 그리고 명확한 그림을 제공하되 언제나 절제하고 미소를 지으며 이야기를 이어나갈 자세를 보여 준다는 점에서, 궁핍의 강조를 포함한 일단의 감정들이 개입할 여지를 주지 않는 것으로 보인다. 이 구절은 그러한 감정들을 조정하고 억압한다. 왜냐하면 금화를 만지작거리던 구닥다리 여가 선생을 심란하게 한 것은 《트랙츠 포 더 타임즈》나 《의상 철학》이나 신문이나 과학이 아니었기 때문이다. 그를 심란하게 한 것은 — 그러나 이처럼 사람을 미소 짓게 하는 회상이 계속되는데, 어찌 우리가 그것을 입 밖으로 발설할 수 있을까? — 바로 그 시절에 끝없는 노동과 식량 부족으로 파괴되고 있던 사람들, 다시 말해 이동노무자[25] 여가 선생, 등에 부랑자라는

---

22) (역주) *Tracts for the Times*: 조지 엘리엇 활동 당시의 유력한 종교 운동이었던 '옥스퍼드 운동'의 기관지.

23) (역주) *Sartor Resartus*: 토머스 칼라일(1795~1881)의 평론집(1832).

24) *Adam Bede*, 52장; 《아담 비드》 2권, 404.

25) (역주) 이동노무자(*roundsman*)에 대해서는 이 책 212쪽의 각주 9)를 참조

딱지가 붙은 여가 선생, 밭에서 50년을 일한 보상으로 구빈원에 수용된 여가 선생이었던 것이다. 하지만 이와는 다른 여가, 안식이라는 것이 있다. 어린 시절의, 그리고 어느 일요일 오후 잠이 든 아버지의, 그것 말이다. 그런데 방심하면 그것이 돌연 과거 전체가 되고 역사적 체계가 되는 것이다.

조지 엘리엇의 가장 광범위한 농촌 회고는 《펠릭스 홀트》의 서문에 나오는데, 이 글은 위의 인용구처럼 난롯가에서 꾸는 꿈이 아니라 의식적인 역사적 해석으로 제시되기 때문에 중요하다. 이 글은 위의 인용구보다 더 설득력이 있고 현실적이지만, 전체적인 조직 면에서 시골을 자의적으로 덧칠하는 감정의 구조를 한층 더 명확하게 보여 준다. 목장과 울타리의 묘사는 따스한 관찰과 회상으로 이루어져 있는데, 여기서 조지 엘리엇이 구사하는 언어는 클레어의 녹색 언어이다. 그러나 승합마차 좌석에 앉은 승객 — 독자는 그의 눈이 인도하는 대로 바깥 풍경을 본다 — 은 자연 시인 이상의 존재이다. 왜냐하면 그는 말하자면 자연스럽게 이러한 자연 관찰과 대단히 견고한 일련의 사회적 전제를 결합하기 때문이다. 그가 목동의 "느릿느릿 게으르게 걷는" 모습을 볼 때, 그는 그 목동에게는 "생활보호대상자(*pauper*)로 전락한 노동자들의 문제와, 불운하게 악천후가 닥치거나 양떼에게 전염병이 번지는 문제를 제외하고는 어떤 괴로움도 없다"는 사실을 마치 무슨 연금술이라도 부린 것처럼 금방 인식하는 것이다.

목동은 "생활보호대상자가 된 노동자들"에게 어떤 괴로움을 느끼는가? 그와 같은 꼴이 될지 모르는 — 실제로 언제나 가능했을 뿐 아니라 그렇게 되기 일쑤였던 — 자기 처지에 대한 괴로움? 혹은 그들이 자신과 같은 납세자들에게 부담을 준다는 사실에 대한 괴로움? 조용한 풍경이 "마치 시간 자체가 멈춘 듯 끝없는 정적" 속에 존재하고, "도시와 시골에

할 것.

는 공통점이 전혀 없다는 사실을 여행자가 쉽게 깨닫게 되는" 이 관찰의 순간, "영국의 시골 사람들"에 대한 갑작스러운 뭉뚱그림 혹은 상투화 과정이 시작된다. "(시골사람들의) 선거법 개정에 대한 견해는 짚단을 불태우던 패거리[26]와 노동조합, 노팅엄 폭동,[27] 그리고 일반적으로는 농민의용기마대[28]의 출동에 필요한 모든 것들 따위가 뒤죽박죽 섞인 것이었다."

시간이 정지한 동안 여행자는 어쩌면 다음과 같은 질문을 할 수 있을지도 모른다. 그렇다면 그 농민의용기마대는 누구와 대적하려고 출동했던 것인가? 짚단을 불태우거나 유형(流刑)의 위협을 받으며 단결했던 — 언제나 우리와는 무관하다고 가정되는 — 그 패거리는 누구였던 것인가? 이러한 타자들은 "영국의 시골 사람들"로 뭉뚱그려져 효과적으로 분쇄된다.

> 승합마차의 승객은 옛 영국이 모든 나라들 중에 가장 훌륭한 나라였고, 지금 그의 눈에 들어오지 않는 것은 아예 볼 가치가 없는 것이라고 확신하면서, 이곳이 대단한 낙천주의자들이 살고, 공장은 찾아 볼 수 없고, 생활은 풍요롭고, 성직자들은 귀족적이고, 구빈세는 대단히 낮은, 깨끗하고 조그만 시장도시라는 사실을 알 수 있었다.[29]

그렇다면 이 도시는 '알려진 공동체'가 아니라 '알 수 있는 공동체', 다시 말해 선택된 관점에서 보는 선택된 사회이다. 구빈세 — 궁핍함을 나타내는 지표 — 가 낮다는 것은 아이러니인가, 아니면 위로인가? 내가 이

---

26) (역주) 1830년대 영국 농촌에서 일어난 '스윙 폭동'(Swing Riots)에서 농민들은 저임금과 실업에 대한 항의의 표시로 탈곡기를 파괴하고 짚단을 불태웠다.

27) (역주) Nottingham Riot: 개정 선거법이 의회에서 부결되자 1831년에 노팅엄에서 일어난 폭동.

28) (역주) yeomanry: 농민의용기마대는 부유한 자영농의 자제들로 구성된 치안조직으로서 19세기 초에는 주로 시골에서 빈발하는 빈농들의 폭동을 진압하고 치안을 유지하는 역할을 했다.

29) Geroge Eliot, *Felix Holt the Radical*, 서문.

런 질문을 하는 것은 빈민층이 사람이 아니라 "근육질의, 그리고 새끼가 많이 딸린 생활보호대상자(*many-breeding pauperism*)"로 소설에 갑작스레 등장하기 때문이다. 조지 엘리엇은 빈민층을 문제 삼을 때 마치 그들이 짐승이기라도 한 것처럼 "새끼가 많이 딸린"이란 단어를 대단히 자주 사용한다. 말하자면 그들은 사람이 아니라 하나의 조건, 어떤 체계의 대상(*-ism*)일 뿐인 것이다. 거기다 "근육질"이라고? 분명 구빈세를 받아서 건강하게 살이 찌고 근육질이 되었으리라.

이처럼 자의적인 환상을 펼치는 이유가 돌연 뚜렷하게 제시된다. 이러한 옛 영국을 파괴하는 것은 공업화와 철도라는 것이다. 이로써 근대적 신화의 전모가 대단히 명료하게 드러난다.

> 공업도시의 매연 때문에 대낮에도 구름이 잔뜩 낀 듯 우중충했고, 밤에는 지평선이 우울한 붉은 빛을 발했다. 매연은 인근의 모든 전원 지역으로 퍼져서 공기를 대단히 불안하게 만들었다. 이곳에 사는 사람들은 영국이 옛날에는 정말 살기 좋은 나라였다는 사실을 알지 못했다.[30)]

말하자면 불안은 공업화의 산물이라는 것이다. 이렇게 전원을 찬양하는 부분 다음에 공업화와 관련된 부분을 배치함으로써, 애초부터 공업화를 전체적으로 부정하는 주장이 가능해진다. 그렇다면 승합마차에 앉아서 보는 이런 식의 관점은 (사태의 진상을 포기하는 대신 — 역자) 정치적인 위안을 얻는 것인데, 급진주의를 야기한 일단의 원인들을 인정하되, 그것들을 옛 농촌 체제의 고정된 내용과 기분 좋은 대조를 이루는 것들로서 인정하는 입장이 그것이다. 그렇다면 관찰자의 사회적 입장은 대단히 명확하다. 그는 공업지역들의 현실은 모두 인정하지만, 농촌의 현실은 선택된 일부만을 인정할 뿐이다.

---

30) 같은 곳.

> 승합마차는 폭동과 노동조합 집회의 장소인 공업도시의 도로 위를 덜커덕거리며 달려서 10분이 지나면 당신을 농촌으로 데려가 줄 것이다. 그곳에서는 곡물과 치즈와 건초를 파는 시장이 가까이 있다는 사실 말고는 인근에 위치한 공업도시의 흔적을 전혀 느낄 수 없을 것이다. 그리고 그곳에서는 은행 구좌에 상당한 액수를 넣어두고 있는 사람들도 한결같이 "나는 정치 따위에는 전혀 관여한 적이 없어"라고 말할 것이다.[31)]

당연히 그럴 것이다. 왜냐하면 글의 전체적 구도가 도시에 실재하는 불안을 농촌 지역의 '알 수 있는 공동체' 전체와 비교하지 않고, "은행 구좌에 상당한 액수를 넣어두고 있는 사람들"의 상황이나 관점과 비교하고 있기 때문이다. 이렇게 해서 옛 시골에 대한 자의적이고 임시변통적인 환상은 정치적인 배당금을 지불한다. 자연스런 시골의 편안함과 부자연스런 도시의 불안을 비교하게 되는 것이다. 고통을 겪고 있는 '현대 세계'와 함께, 의미심장하게도 그 고통에 대하여 항의하는 '현대 세계'까지도, 그 두 세계보다 훌륭하고 그것들을 평가할 자격이 있는, 잃어버린 세계라는 참조사항을 통해서 매개된다. 그 잃어버린 세계는 풍경과 선택적 관찰과 선택적 회상을 통한 상상의 결과이다.

그렇기 때문에 우리는 이 구조에 주목해야 한다. 그것은 조지 엘리엇의 발전과 중요한 관계가 있기 때문이다. 가치평가하는 사회 ―'알 수 있는 공동체'의 공통적 조건 ― 는 이상적으로는 과거에 속하는 사회로서, 광범위한 도덕적 행위의 장으로 얼마든지 재창조될 수 있다. 그러나 실제로 이루어져 온 것은 현존하는 사회에 대한 그 어떤 완전한 반응으로부터도 후퇴하는 것이다. 가치는 하나의 일반적인 회고의 상황으로 과거에 존재하고, 오직 특수하고 사적인 감수성, 개인적인 도덕적 행위로서만 현재에 존재한다.

이 두 결론의 결합은 대단히 강력한 것이어서, 하나의 문학 전통 전체

31) 같은 곳.

를 형성하고 양성하였다. 그리고 이것이 당대를 다룬 조지 엘리엇의 유일한 소설에서 웨섹스 지방이 차지하는 의미이다. 거기서 그녀는 인간과 상황을 축소하여, 전통적인 관점에서 개인적인 도덕적 행위로만 한정할 수 있는 사람들만을 다룬다. 그 외의 사람들은, 승합마차에 앉은 사람의 시선에서 대다수 시골 민중이 사라지는 것처럼, 모두 사라진다. 그녀는 이전 소설들에서처럼 궁핍을 강조하고 있음에도 불구하고, 시골 저택의 영국, 계급적 영국을 재창조한다. 그녀가 재창조한 계급적 영국에서는 일부의 특수한 역사들만이 의미를 가지며, 고립된 도덕적 관찰자의 감수성 — 신랄하고 솔직한 감수성 — 이 적절한 것일 수 있게 된다. 그녀는 광범위한 공동체와 일상적인 궁핍이 옛 영국과 함께 과거지사가 되어 사라졌다고 생각하기 때문에, 양심에 거리낌이 없이 소설의 범위를 축소할 수 있다. 그리하여 남은 것이라고는 가치 평가의 기준을 제공한다는 의미에서는 이미 참혹할 정도로 끝장나 버린 역사를 배경으로 하여 진행되는 일련의 개인적 관계들과 지적이고 도덕적인 통찰들뿐이다.

이제 우리는 바로 이런 감정의 구조에 대한 현대 해설자들 중 가장 저명한 인물인 리비스 씨가, 영국 소설의 위대한 전통을 개괄하면서 조지 엘리엇에서 헨리 제임스로 이어지는 계보를 설정해야 했던 이유를 알 수 있다. 《다니엘 데론다》(물론 유럽 대륙으로 무대가 확장되기도 하고, 데론다의 시온주의처럼 폭넓은 사상을 다루기도 하는 작품이지만)가 보여 주는 시골 저택의 영국이 제임스가 보여 주는 시골 저택의 영국으로 이행함은 누가 봐도 확실하기 때문이다. 그렇지만 영국 소설에서 중요한 의미를 갖는 것은 헨리 제임스로의 발전이 아니다. 똑같은 웨섹스 속에서, 하디의 소설들에, 피할 수 없는 전체 역사가 귀환하는 것이 중요한 것이다.

제17장

그늘진 시골

19세기 초의 실제 영국 농촌을 돌아보면, 새로운 산업 제도가 급격하게 발전하여 예전의 생활방식에 그늘을 드리우는 장면을 참으로 쉽게 볼 수 있다. 그 당시 국가경제의 향방을 결정한 것은 산업과 금융의 전반적 발전과 무역의 위기였다. 영국의 농촌은 어떤 의미에서는 변화의 충격을 최종적으로 받았고, 변화의 대가도 최종적으로 지불했다. 그러나 그것은 농업 자체가, 다시 말해 다른 경제 부문과 분리할 수 있는 활동으로서의 농업이, 몰락하고 있었기 때문은 아니었다. 인구 급증이 계속되던 1830년대까지도 국내산 곡물은 전체 곡물 수요의 90퍼센트 이상을 충족시키고 있었고, 식량의 총생산량은 18세기의 토지개량 이래 지속적으로 증가하고 있었다. 그러나 1815년 이후 농촌 마을의 노동자와 빈곤층은 수세기 동안 진행된 착취와 빈곤화의 역사 중 그 어느 시기 못지않게 비참한 처지에 놓였다. 당대의 많은 관찰자들에게 이들의 처지는 비슷한 예를 찾기 힘들 정도로 열악한 것으로 보였다.

이러한 일견 역설적으로 보이는 현상의 근본 원인을 확실하게 말하기는 사실 대단히 어렵다. 기본적으로, 1815년 이후 빈곤과 고통이 중대 국면에 도달한 것은 농업 자본주의 체제 확립의 결과였다. 농업 자본주의 체제로의 변화는 오랜 세월에 걸쳐 진행되어 18세기 중엽에 이미 결정적으로 완료된 바 있었다. 그 이후 우리는 자본주의 경제를 충분히 경험했기 때문에, 자본주의 경제의 조건과 체제 속에서는 생산량의 증가가 광범위한 실업이나 실질적인 빈곤과 공존하는 것이 전혀 역설이 아니라는 사실을 알게 되었다. 왜냐하면 자본주의는 경제를 임금노동과 시장의 원칙에 종속시킴으로써 신용과 가격의 위기가 고조되는 과정에서 사람들을 새로운 종류의 위험에 처하게 만들기 때문이다. 그렇긴 하지만 영국 농촌 자본주의의 내부에는 언제나 모순이 존재하였다. 영국 농촌 자본주의의 경제학은 시장을 지향했지만, 그것의 정치학은 귀족을 자칭하는 사람들과 향사들의 정치학으로서 시장 경제와는 사뭇 다른 '전통적' 규율과 통제를 행사하였다. 홉스봄과 루데는 이러한 모순이 악명 높은 스피넘랜드 제도[1]와 그것이 미친 결과를 가장 확실하게 설명해 준다고 보았다.[2] 1795년에 시작된 스피넘랜드 제도는 빵의 가격과 자녀의 수에 따라 산정한 기준에 맞춰 저임금 노동자에게 지방세로 보조금을 지급함으로써 마을의 전통적 체제를 유지하고자 한, 최후의, 그리고 결국 참혹한 결과를 낳은, 시도였다. 그것은 전통 사회의 입장에서 나온 일종의 정치적 반사작용이었다. 말하자면 지역 공동체의 일원이기만 하면 아무리 보잘것없는 신분의 소유자라 하더라도 나름의 '살 권리'가 있음을 인정하는 것이었다. 그것을 시행한 심정적인 면을 볼 때 그 제도는, 예컨대 자본주의적 성격이 두드러지는 1830년대의 구빈법에 비하면, 신뢰할 만한 부분이 적지 않았다. 그러나 그것은 결정적으로 부도덕한 사건이 일어난 이후에 나온 도덕적 반사작용이었다. 오랜 세월에 걸쳐 노동

---

1) (역주) The Speenhamland system: 곡물 가격의 상승으로 인한 빈민의 불만을 해소하기 위해 시행된 제도. 이 제도는 엘리자베스 조에서부터 시행된 구빈법을 수정한 것으로서 기초생계비 수준에 미달하는 임금을 받는 농촌 빈민에게 주 정부가 일정한 보조금을 지급하는 것을 골자로 하고 있지만, 고용주가 이를 악용하여 처음부터 인하된 임금을 지급하는 바람에 빈민들의 처지는 전혀 나아지지 않았다.

2) E. J. Hobsbawm and G. Rudé, *Captain Swing* (London, 1969), 2장 참조.

자와 빈민을 거듭 압박하여 생산을 증가시키고 토지를 확장하고 지대를 인상한 후, 결국 그들의 권리를 박탈하고 추방했던 바로 그 계급이, 뒤늦게 그들의 '살 권리'를 보장해 주려는 시도를 했던 것이다. 주인의 이처럼 혼란스러운 행동 때문에 노동자가 이 시점에 얼마나 큰 대가를 지불해야 했는지를 알기 위해서는 노동자의 과거 상황을 굳이 이상화하지 않아도 된다. 노동자는 과거에 농지에 정착해 살던 그 어떤 시절에도 농지 확장과 개량의 실질적 비용을 줄곧 감당해 왔다. 그러나 이제 노동자는 점점 더 혹심해져가는 상황 속에 자선의 대상인 빈민으로서 그 비용을 감당하였다. 그의 참혹한 운명은 이미 여러 세대에 걸쳐 이런 저런 장소에서 그 맹아적 형태를 보인 바 있었지만, 이제 위기가 광범위하게 진행되는 가운데 그것은 하나의 제도에 가까운 것이 되었다. 그리고 매점매석, 소유권 집중, 지대 인상의 장기적 과정 속에서 임차권을 박탈당한 소규모 임차 농장주가 토지를 보유하지 못한 노동자와 추방된 오막살이농의 진영으로 속속 합류하였다. 소규모 임차농장들 중 많은 수는 나폴레옹 전쟁기의 고물가 시대를 견디고 살아남은 바 있었다. 그러나 전후의 불황 때문에 많은 농장들이 몰락하였고, 토지를 잃거나 절망하여 조국을 떠나는 사람들의 수가 급증하였다.

많은 사람들을 가난하게 만들고 자립 기반을 빼앗은 뒤 자비롭게 그들을 구휼하고자 하는 것은 어쩌면 인간적인 행위로 보일 수도 있다. 그러나 토지소유 계급은 직접적인 경제 관계에서는 물론이고 사회적·정치적 관계에서도 사람들을 종속적인 존재로 만들어야 했다. 이 시기 동안 많은 마을에서 직접적인 정치투쟁이 서서히 시작되었다. 빈민구제책의 제안과 시행은 밀렵금지법의 중요성이 증가하고 그것을 위반한 사람에 대한 처벌이 늘어나는 것과 나란히 이루어졌다. 지금까지도 '밀렵꾼'이라 불리는 인물은 저간의 사정을 여실히 보여 준다. 자신들의 장소, 자신들의 고장에서 생계를 해결하며 살던 사람들이 자연의 마지막 재산인, 그러나 이제는 '사냥감'으로 '보호'되는, 예전의 야생 생물들에 거듭 노골적으로 도전하였고, 그리하여 멋대로 제정된 법률에 의해서 범죄자, 악당, 주변인이 되었던 것이다.

밀렵금지법들과 그 법들에 공공연하게 반항한 사람들의 역사는 19세기 농촌 사회에서 벌어진 계급투쟁의 중심적인 특징을 이룬다. 바로 이 시기 동안 사격이나 사냥 같은 유한계급적 오락을 발전시켰던 이른바 소유자들의 도덕과 미학은 정통적인 설명을 통해서 널리 알려져 왔다. 그리고 이후 한참의 세월이 지나 밀렵금지법이 더 이상 문제가 되지 않게 된 시기에는 '밀렵꾼'을 '인물'로, 이를테면 매력적인 방랑자로 평가하는 숭배열이 소수의 사람들 사이에 일어나기도 했다. 그러나 이런 것들과 성격을 달리하는 도덕은 언제나 존재하였는데, 나는 소규모 임차농장주들과 노동자들이 나누는 대화에서 이를 들은 기억이 있다. 소유자들은 토끼와 물고기와 새와 같은

온갖 짐승들이 자신을
제물로 바치러 몰려들었다[3)]

고 노래하며, 그것들에 대한 자신의 소유권을 당연한 것으로 간주했고 잔혹하게 주장했지만, 사람들은 그것에 능숙하게 도전했던 것이다. 나는 할아버지가 '노동자의 저녁 식사'에 대해서 하는 이야기를 들은 적이 있다. 할아버지는 내심 자기 이야기가 자랑스러운 듯했는데, 나는 이야기를 듣던 당시에도 지금과 마찬가지로 할아버지의 자부심을 이해할 수 있었다. 할아버지가 울타리 뒤에서 잡은 토끼와 지나는 길 가장자리에서 뽑아 온 순무는 여덟 명의 자식에게 식사를 제공해 주었던 것이다. 이제 농촌적 생활방식이 사라진 것을 애도하려 하는 사람이 있다면, '밀렵꾼들'을 애도하게 하자. 농촌적 생활방식과는 사뭇 다른 새로운 도시적 양심이 개입하여 일정한 통제를 하기 전까지는 체포와 야만적인 처벌을

3) Thomas Carew, "To Saxham", 앞의 책.

면할 수 없었던 사람들 말이다. 혹은 농촌의 관습을 파괴한 사람들을 공격하고 싶어 하는 사람이 있다면, 식량 구하는 일을 도둑질로 규정했던 도둑들을 공격하게 하자.

이 시기 농업노동자들의 타락상에 관한 이야기가 워낙 많기 때문에(그리고 당시 그들에게 강요되던 객관적 상황이 현대식 표현으로 사람을 "비인간화하는" 것이었음에는 의문의 여지가 없기 때문에), 대체적으로 볼 때 이 끔찍한 시기부터 그들의 정신과 기술이 발전하기 시작했다고 말하기는 쉽지 않다. 산업화와 도시화가 전체적으로 진행됨에 따라 유능한 사람들은 모두 공장이나 도시로 가버리거나 이민을 결심했고, 농촌에는 둔하고 무기력하고 무지한 사람들만 남게 되었다는 말을 종종 듣는다. 급진적인 역사가들조차 18세기의 '대담한 농민'과 19세기의 '무기력한 농업노동자'를 이야기한다. 과연 19세기 농촌에는 낙담하여 기력을 상실한 사람들이 많았다. 그들 이전에도 그런 사람들은 여러 세대에 걸쳐 줄곧 존재해 왔다. 그러나 짚단을 불태우는 스윙 운동이나, '빵 아니면 피를' 폭동, 탈곡기 파괴 운동, 톨푸들 조합 등을 조직했던, 그런 힘과 기개를 가진 사람들을 18세기 어디에서 찾아 볼 수 있는가?

보호자인 척하는 자유주의적 시각으로 19세기 농촌사를 고찰해 온 사례들은 너무도 많다. 그러한 시각은 일견 반동적 시각 — 농촌을 도시와 대조적인 장소로 이상화하는 — 의 유일한 대안으로 보인다. 그러나 농촌의 고통과 궁핍이 깊고 오랜 것이었음에도 불구하고, 이 시기 농민들에게는 평판 좋은 선배들 대부분보다 더한 기백이 있었고, 더 많은 자율적 조직화가 이루어졌으며, 결국 그들보다 더 많은 성과를 달성하였다. 내가 보기에 19세기 농민에 대한 평가가 인색한 것은 짚단 태우기 운동 때문인 듯하다. 자포자기한 무식한 사람들의 자포자기한 행동! 나는 그렇지 않다고 본다. 그들은 기아임금에 시달렸다. 그들은 주변에 풍부한 부가 널려 있는 것을 보았고, 법이 그처럼 엄청난 불평등을 수호하는 것을 보았다. 그들은 먹고 살기에 충분할 정도의 임금을 원했으며, "수단과 방법을 불문하고 그것을 쟁취할 것"이었다. 내게 특히 인상적인 것은 행동에 뛰어드는 그들의 용기와 의욕, 그리고 일정한 효과를 얻을 수 있는 방법을 찾아내는 그들의 능력이다. 왜냐하면 그것은 결국 창조적 정신의 발로이기 때문이다. 그들은 극단적인 궁핍과 기아를 면하고자 하는 목적에서 행동하였다. 이제 현대인이라면 누구나 이런 목적을 지지할 것이다. 그러나 '이제'는 중요하지 않다. 그들의 자식들은 '그때' 굶주리고 있었기 때문에.

> 예전처럼 그대들 마음대로 다뤄도 되는 얼간이들(순종적인 사람들)은 요즘엔 없소.[4]

라고 바퀴제조공은 1830년에 치안판사에게 말한다. 그는 많은 사람들을 대변하고 있으며, 존경받아 마땅하다. 폭력으로는 아무것도 해결되지 않는다고? 복종을 해도 아무것도 해결되지 않는 것은 마찬가지다. 지능부족(Littlebrain) 경은 민중이 복종하면 머리를 끄덕이고는 저택을 증축할 뿐이었으니까.

> 우리가 불을 지르지 않았다면 주급은 기껏해야 10실링 정도였겠지만, 이제 11실링을 받고 있다.[5]

이것이 노퍼크 노동자들의 결론이다. 켄트의 부목사는 그의 마을에 다음과 같은 말이 돌고 있다고 보고했다.

> 그 폭동과 방화 때문에 빈민들의 형편이 굉장히 좋아졌다.[6]

4) Hobsbawm and Rudé, 앞의 책, 138에서 재인용.
5) 같은 책, 298.
6) 같은 곳.

그러나 역사 전체를 보면 빈민들의 형편은 조금은 좋아졌지만 결코 충분히 좋아진 것은 아니었다. 스윙 폭동과 '빵 아니면 피를' 폭동은 정기적으로 반복되는 위기 상황 속에서 지주들의 탐욕과 일견 객관적인 것처럼 보이는 농업제도의 조건에 대항하여 장구하게 이어질 수밖에 없는 투쟁의 시작일 뿐이었다. 스윙 폭동의 시기에 농업 종사자들 중 다수는 이미 토지가 없는 노동자였다. 차지보유자가 두 명이면 토지 없는 노동자는 다섯 명이었다. 1750년에서 1830년 사이에 농촌 지역 인구는 두 배로 증가했는데, 특히 1830년까지 이어진 위기의 시기[7]에 급속한 증가세를 보였다. 농촌 사회의 좌절과 혼란은 실업자를 양산하였고, 이 시기의 이민율은 인구의 자연 증가율을 한참 밑돌았다. 1830년대에는 농업노동자 68만 6천 가구들 중 30만 명가량이 구빈법의 대상자였다. 고용이 된 사람들의 경우에도 임금 격차는 대단히 컸는데, 아이러니한 사실은 새로운 종류의 도시적 직업이나 공업과 관련된 직업을 얻을 수 있는 곳에서 얼마나 떨어져 있느냐에 따라 임금이 차이 나는 경우가 많았다는 것이다. 예컨대 산업지역인 웨스트 라이딩의 농업노동자는 임금이 가장 높아서 주당 14실링을 받았지만, 농업이 유일한 산업이거나 공업이 부분적으로 발전했을 뿐이던 남부와 서부 지역에서는 최저 7실링, 많아도 9실링을 넘는 경우가 드물었다.

이것이 '옛 영국'의 대다수 가구의 실제 상황이었다. 이러한 상황을 토대로 해서 농업자본주의의 사회구조는 발전을 계속하였다. 총인구가 극적으로 늘었기 때문에 총인구에서 농업노동이 차지하는 비율은 줄어들었지만, 농업노동은 여전히 확대되고 있었다. 토지보유 면에서는 농장의 규모가 완만하지만 전반적으로 확대되는 추세를 보였다. 농장주의 절반은 여전히 가족들만으로 토지를 경작하였다. 1851년에 300에이커

7) (역주) 1799년에서 1815년까지의 "나폴레옹 전쟁 시기", 그리고 이후 경제 위기와 사회적 혼란, 선거법 개정 운동 등이 이어진 1830년까지의 시기를 일괄하여 '위기의 시기'라고 한다.

이상의 농장은 전체 경지면적의 3분의 1 이상을 차지했던 반면, 100에이커 미만의 농장은 단지 5분의 1 정도였다. 이와 함께 우리가 이미 알아보았던 농촌 중간계급의 분화가 진행되었는데, 소농(100에이커 미만)이 13만4천 가구, 중농(100에이커에서 300에이커까지)이 6만4천 가구, 대농(300에이커 이상)이 1만7천 가구였다. 19세기가 시작될 무렵에는 자작농이 약 20퍼센트의 토지를 보유했는데, 19세기가 끝날 무렵에는 약 12퍼센트였다.

이 구조의 정점에 대규모 토지소유자들이 있었다. 18세기에는 경지면적의 절반가량을 5천 가구가 소유하는 가운데 그중 단 5백 가구가 거의 4분의 1을 소유하고 있었다. 1873년에도 지배적 경향은 동일해서, 약 1,000만 명에 달하는 농촌인구 중 7천 명가량이 토지의 절반을 소유하고 있었다. 19세기 동안 이어진 선거법 개정으로 토지소유자들의 정치권력은 서서히 줄어들었다. 비록 결정적으로 줄어든 것은 1870년대 이후에 들어서였지만 말이다. 그러나 이와 함께 영국 농촌의 사회구조는 더 이상 국가 전체의 사회구조와 분리될 수 없게 되었다. 간단히 말해서 산업혁명의 결과 농업의 규모 자체는 줄지 않았지만 경제 전체에서 농업이 차지하는 비중은 훨씬 줄어들었던 것이다. 19세기가 시작될 무렵에는 농업 생산이 국민 생산의 40퍼센트를 점했지만, 19세기 중엽에는 20퍼센트, 세기 말에는 10퍼센트 이하로 줄어들었다. 19세기가 시작될 무렵 농업은 전체 노동자의 3분의 1을 고용했지만, 19세기 중엽에는 5분의 1, 19세기 말에는 10분의 1 이하로 줄었다. 그럼에도 불구하고 실제로 고용된 사람의 수에는 역시 큰 변화가 없었지만 말이다(1801년과 1881년에 농업 부문에 고용된 사람의 수는 각각 170만 명으로 같았다). 그러나 이러한 추이를 감안하더라도 발전하는 자본주의 체제에서 산업자본가 계급과 토지소유 계급을 완전히 분리할 수는 없다. 18세기의 토지소유자들은 광공업과 제조업에 일찌감치 관여하고 있었다. 19세기가 진행되는 동안 토지소유자들이 농업 외의 수입원에서 거둬들인 수입 —

> 국채, 은행채, 운하와 철도의 주식, 도시의 지대, 항만 시설이나 각종 광산, 채석장, 제철소, 벽돌공장, 기타 사업의 수입이나 사용료[8)]

— 은 점점 더 중요해졌다. 그리고 이런 토지소유자들은 배타적 계급이 아니었다. 16세기 이래 줄곧 그러했던 것처럼, 토지 재산과 그 외의 다른 종류의 재산이나 수입 간에는 지속적인 교환이 이루어졌다. 19세기 영국 토지소유계급 사회의 역사가 F. M. L. 톰슨은 토지소유 계급이 다른 계급에 속하는 인간과 재산을 흡수한 것이

> 자본가와 토지소유자 사이에 건널 수 없을 정도로 깊은 골이 생기지 않은 가장 주요한 이유라고 보아야 한다[9)]

고 말했다. 예컨대 곡물법 논쟁에서 드러나는 것처럼 이들의 상호 관계는 워낙 복잡해서, 단순한 '농업의 영국'이 단순한 '산업의 영국'에 대립했다는 도식을 상정하는 것을 불가능하게 만든다. 그렇기는커녕 영국의 농업은 자체적으로 농업자본주의로 발전했다는 바로 그 특성 때문에 — 다른 종류의 생산 분야와 대립되는 농업 고유의 특수한 이해관계가 적지 않았고, 또한 농업 내부에도 예컨대 곡물 재배와 목축에서처럼 서로 상충하는 특수한 이해관계들이 있었지만 — 다른 생활양식 전체와 대조되는 특수한 농업적 생활양식이 온전히 존재했다고 이야기하기는 어렵다. 농촌에서는 19세기 영국의 사회적 위기가 특수한 모습으로 개별적 문제들을 둘러싸고 구체화되었긴 하되, 그래도 그것은 어디까지나 전반적 위기였다. 왜냐하면 공업 생산과 농업 생산, 공업 노동과 농업 노동, 공업도시의 생활과 농촌의 생활이 서로 긴밀하게 연결되어 있었기 때문이

---

8) G. E. Mingay and J. D. Chambers, *The Agricultural Revolution* (London, 1966), 166~7.

9) F. M. L. Thompson, "The Land Market in the 19th Century", *Essays in Agrarian History*, ed. Minchinton, Vol. 2 (Newton Abbot, 1968).

다. 19세기 영국 농촌의 위기는 여러 형태로 진행되었다. 지대와 임대계약을 둘러싸고 토지소유자와 차지농이 오랫동안 벌인 투쟁, 자유무역경제가 발전하면서 국산 농산물과 수출품의 관계와 상품가격을 두고 오랫동안 벌어진 투쟁, 임금과 노동조합을 결성할 권리를 놓고 고용주와 노동자가 오랫동안 벌인 투쟁, 값싼 노동력에 대한 수요와 남자, 여자, 어린이의 권리, 특히 교육의 권리를 둘러싸고 오랫동안 벌어진 투쟁 등이 그것이다. 이러한 투쟁들은 각기 영국 농촌의 사회 구조 속에서 진행되었다. 그러나 각각의 투쟁은 전체 사회와 경제의 상황과 그것이 가하는 압력 속에서 진행되었을 뿐 아니라, 그 투쟁 자체가 자본주의 사회와 경제를 구성하는 특유의 형식이기도 했다. 그리고 이런 관점으로 투쟁을 보는 사람들이 점점 늘어났다.

그렇기 때문에 전체 상황은 우리가 이미 앞에서 주목했던 농업의 경제적 비중이 점점 줄어들어드는 현실에 심대한 영향을 받았다. 그러나 그 결과 형성된 도시와 농촌의 상호작용, 공업과 농업의 상호작용에 핵심적인 관계는 뭐니뭐니해도 시장이었다. 19세기 후반, 공업생산이 증가한 결과 국가의 경제정책이 바뀌어 저렴한 외국산 식료품을 수입하고 공산품을 수출하는 패턴이 형성되기에 이르렀다. 물론 이 패턴은 결코 절대적인 것은 아니었다. 1868년까지만 해도 식량의 80퍼센트가량은 여전히 국내에서 조달되었다. 수입은 1870년대부터 가파르게 증가했지만, 시장도 여전히 팽창하고 있었다. 수입의 증가와 시장의 팽창은 총인구가 증가한데다 생활수준이 전반적으로 상승하여 빵에 비해 육류와 낙농품에 대한 수요가 한층 더 증가하는 가운데 이루어졌다. 이는 농업 전반에 중요한 영향을 미쳤고, 농업의 상대적 쇠퇴를 가속화했다. 그러나 그것은 단순한 과정이 아니었다. 해당 제품에 대한 수요가 늘어서 국내제품의 가격 하락 폭이 비교적 적었던 육류와 낙농품보다, 초원지대의 개척과 증기선과 철도의 영향을 받았던 곡물 분야가 더 큰 타격을 받았다. 따라서 시장의 변화 추이는 지역별로 상당한 편차를 보였다. 남부와 동부의 곡물 재배 지역의 상황은 북부와 서부의 목축 지역과는 판이했다. 또한 시장의 압력 때문에 전반적으로 곡물 재배를 포기하고 목축업으로 전향하는 경향이 생겨났다. 기존 역사서들이 대단히 중시하는 1870년대에서 1890년대까지의 대불황은 매우 복잡한 현상이었다. 개략적으로 말하면 이 시기 동안 곡물 생산자들은 손실을 보았고, 목축업자들은 — 부분적으로는 시장의 팽창 때문에, 부분적으로는 곡물 생산자들의 손실에 따른 사료 가격의 하락 때문에 — 이익을 보았다. 시장의 이러한 변화는 농업 생산의 방향을 전환시켰던 바, 그 전환은 또한 자본주의 국가 영국 내부의 농촌 사회에 이미 존재하던 사회경제적 위기 속에서 이루어진 전환이기도 했다.

말하자면 자본주의적 생산양식으로서의 농업에 차별적으로 영향을 미쳤던 시장가격의 등락은, 전체적인 사회 경제 구조를 통해서 그 최종적 영향력을 행사했다. 전체적인 사회 경제 구조의 측면에서 볼 때 영국 농촌의 고전적인 문제들 — 토지의 소유, 생산수단, 투자 자본의 소유와 기능, 뿌리 깊은 임금·주거·교육 문제들 — 은 사회 전체의 중요 문제이기도 했다. 농촌에 자리 잡고 있던 일정한 사회구조들이 농촌 노동자와 도시 노동자들로 하여금 자신들이 직면한 문제의 공통성을 깨닫는 것을 방해했다는 사실에는 중요한 의미가 있다. 그러나 결국 농촌 노동자들과 도시 노동자들 간에 일종의 연결이 이루어졌다. 1850년대에서 1890년대 사이 시골 마을에서 도시로의 이주가 매우 활발해졌고, 그런 경향은 특히 일부 지방에서 두드러졌다. 이주의 결과 몇몇 지방이 회복하기 힘든 절대적 타격을 받았지만, 엄밀한 의미에서 그것은 농촌 인구의 감소가 아니었다. 더 전반적인 시각으로 보자면, 인구의 전반적인 증가 추세 속에서 도시 인구가 극적인 증가를 계속했고 다른 나라들로의 이주도 현저하게 증가했던 데 반해 농촌 인구는 증가하지 않았음을 의미할 뿐이었다.

의미심장한 것은 이 시기에 마을을 떠난 사람들이 첫째는 토지 없는 노동자의 가족들이고, 다음은 여러 형태의 공업 생산으로 밀려난 나이 많은 직인의 가족들이었다는 사실이다. 당시 토지소유 구조의 주요 측면 중 하나가 이주의 성격을 통해서 이를테면 그 실체를 드러내었던 것인데, 토지를 떠나는 과정에서 지금껏 토지 자체가 어떻게 분배되어 왔었는지가 극적으로 부각되었던 것이다.

그러나 19세기 말의 농촌 지역에는 불과 1세기 전의 영국 총인구보다 많은 사람들이 살고 있었다. 또한 많은 변화에도 불구하고 농촌 사람들은 여전히 농업자본주의 체제 속에서, 다시 말해 소수의 지주, 다수의 차지농과 토지 없는 노동자로 이루어진 체제 속에서 살고 있었다. 농업자본주의 체제는 1850년대부터 1870년대 초까지의 '황금시대'에도 건재하였고, 1870년대와 1880년대의 '대불황기'에도 역시 건재하였다. 흥하는 사업이건 망하는 사업이건 모두 이 지배적 체제의 영향에서 자유롭지 못했다. 하지만 마침내 — 우리로서는 크게 기뻐할 일은 아니라 할지라도 어쨌든 기뻐할 일임은 분명한데 — 많은 지주들이 농촌을 떠났다. 그러나 그것은 20세기에 들어서였다. 토지 소유권이 농민에게 최대 규모로 이전된 것은 1914년 이후의 일이었으니, 13년 동안 잉글랜드와 웨일즈 토지의 4분의 1이 지주에게서 자작농의 손으로 넘어갔던 것이다. 그러나 여기에는 당연히 상당한 대가가 따랐다. 지주는 어디까지나 다른 곳에 더 유리한 투자를 하기 위해서 이른바 자본의 실현(토지의 현금화 — 역자)을 했던 것이다.

이러한 역사적 변화의 와중에도 노동자들은 언제나 농촌에 존재하였다. 19세기 말의 농촌 노동자들은 공업 부문과 도시 부문에서 고용이 증가함에 따라 총노동인구상 비율은 줄었지만, 수적인 면에서는 19세기 초와 비슷했다. 문학에서 '머슴'(*Hodge*)으로 등장하는 남자와 여자들이 바로 이 농촌 노동자들이었다.

우리는 알렉산더 서머빌[10]의 《휘파람 부는 농부》(1862)에서 머슴들 중 일부가 나누는 이야기를 들을 수 있다. 서머빌은 스코틀랜드 노동자의 아들로서, 소농, 노동자, 직인들의 가문(형편상 여성도 함께 일해야 했던) 출신이고, 그 자신이 마구간지기와 행상 등을 전전한 바 있었다. 그의 《한 노동자의 자서전》(1848)에 나오는 어린 시절 이야기는 세부적 사실의 기록 — 예컨대 조그만 유리판을 갖고 있던 그의 부모는 그것을 창문이라 부르면서 '집'에서 '집'으로, 즉 헛간에서 가축우리로 가지고 다닌다 — 뿐 아니라, 주변적 노동의 가혹하고 변화무쌍한 세계의 묘사에서도 하나의 고전이다. 서머빌 자신의 운명도 유별났다. 그는 여러 해 동안 노동자와 밀렵꾼으로 생활하다가 실업 상태를 벗어나기 위해 군에 입대하였다. 군인이 된 그는 군대가 개정선거법 지지 시위를 진압하기 위해 출동하는 일은 없을 것이라는 서한을 신문에 투고하였다. 그는 색출되어 심하게 구타당했고, 이후 급진주의자 동아리의 영웅이 되었지만, 방랑생활을 계속하다 결국 밀고자가 되었다. 《휘파람 부는 농부》는 '곡물법 반대 동맹'의 주선으로 집필된 것이었다. 이후 그는 캐나다로 이주하였다.

그의 생애는 그 자체가 하나의 중요한 역사이다. 그리고 그의 생애는 우리로 하여금 농촌 노동자들의 생활을 관찰하여 명료한 기록을 남겼던 사람들 중 일부가 보여 주는 애매성을 떠올리게 한다. 그들은 '농민 시인들'과 마찬가지로 후원제를 통해서 작품을 출판하고 직장을 얻었다. 서머빌이 일생 동안 유일하게 시도했던 전적으로 독립적인 의사 표현은 야만적인 처벌을 받았다. 그러나 그러한 어려움에도 불구하고 그와 같은 사람들이 남긴 기록은 '구닥다리 여가 씨'나 '옛 영국'의 환상을 파괴하고 가혹한 현실의 세부적 실상을 알게 해 주는 필수적 기록의 일부이다. 이러한 기록을 접할 때 우리는 수치스러운 종속의 상태에 놓인 사람들이 느꼈던 두려움을 잊을 수 없다. 서머빌이 윌트셔의 한 노동자의 발언을 기록하는 대목에서 우리는 그러한 두려움을 본다.

---

10) (역주) Alexander Somerville(1811~1885) : 영국의 저술가, 언론인.

> 페리는 35세쯤 되어 보였다. 중키에 밀짚모자를 쓰고 빨간 색 넥타이를 매고 무명으로 된 상의를 입고 있었다… 처음에 그가 다소 심란해하며 말하기를 망설였기 때문에 이웃들 중 누군가가 "윌리엄, 겁내지 말고 말해 보게나"하고 부추겼다. 그에 대한 답으로 그는 겁낼 이유가 무엇이 있겠냐며 이야기를 시작했다…
>
> … 그에게는 자식이 다섯 있었는데, 큰 애는 열 살, 다음은 각각 여덟 살, 여섯 살, 네 살, 세 살이었다. 주급 7실링으로 가족을 먹여 살렸다. 오늘 그는 3마일 반을 걸어 일터로 갔다. 약간의 빵을 갖고 가서 일터에서 먹었고, 물을 마셨다. 집에 돌아와서도 물을 조금 마셨다. (어떤 사람이 말했다. "다 아는 이야기 아닌가. 왜 그렇게 떠는 거야?") 페리가 말했다. 귀가했을 때 멋진 저녁 식사와 맛있는 맥주 한 병이 기다리고 있다면, 이렇게 떨지는 않겠지. 11)

이웃에 사는 다른 노동자는 그가 사는 지역에 밀렵금지법이 아직 시행되지 않는 것을 유감스러워 했다. 밀렵금지법이 시행되면 "이렇게 먹을 것이 없어 쩔쩔매지는 않을 텐데 말이야."

> "그러다 체포되어 감옥에 가면 어떡하오?" 내가 말했다.
>
> 그들은 대답했다. "흠, 감옥은 구빈원만큼 흉악하지 않아요. 어쨌든 굶어 죽는 것보다는 뭐라도 하는 게 낫지요."12)

그 후 서머빌이 페리의 집을 찾았을 때, 그는 고용주가 페리의 부인에게 아이들이 그렇게 많아도 밭에 일하러 나와야 한다고 통고했다는 사실을 들었다. "건초를 장만하는 데 손이 필요하다더구먼요." 그리고 고용주는 다음과 같이 덧붙였다는 것이다.

---

11) Alexander Somerville, *The Whistler at the Plough* (Manchester, 1852), 383~4.

12) 같은 책, 387.

"모임에서 제일 먼저 지껄인 놈이 누군지 알기만 하면 자기 소행을 후회하도록 본때를 보여 주겠어."

그러나 페리는 서머빌이 그의 이야기를 발표하는 것에 반대하지 않았다.

그들은 자신들의 처지가 이미 최악이라고 생각했기 때문이다.[13]

이 대목은 단순히 이들의 처지 — 물론 우리는 그것을 잊어서는 안 된다 — 를 말해 주는 데서 그치지 않는다. 이 대목은 또한 많은 평범한 사람들이 강인한 기백을 갖고 있었음을 말해 준다. 나는 이런 이야기를 나의 아버지 세대에 이르기까지 너무도 많이 직접 전해 들었기 때문에, 그것이 대체로 사실일 것이라 믿는다. 우리는 마땅히 노동자들과 그들 가족의 고통을 강조해야 한다. 그러나 우리가 통설에서처럼 그들을 낙담한 무식한 인간들로 본다면, 대단히 부당한 짓을 하는 것이다. 나는 할아버지를 잘 알고 있었다. 1914년이 되기 전의 일인데, 할아버지가 오두막에서 쫓겨났을 때 그는 마을 집회에서 그 사실을 보고했다. 아버지는 강인했던 할아버지가 집회에서 어떻게 연설했는지, 그리고 할아버지가 감정을 억제하지 못하고 울음을 터뜨렸을 때 아버지가 얼마나 놀랐는지를 내게 이야기해 주었다. 윌리엄 페리를 통해 이어지는 계보는 대단히 길다.

1826년생인 조셉 아치를 생각해 보라. 그의 아버지는 일자리에서 쫓겨나기 일쑤였기 때문에, 그때마다 — 많은 경우가 그러하듯 — 과거에 하녀였던 어머니가 세탁부로 일해서 가족을 부양하였다. 보리빵으로 연명했을 뿐이고, 신선한 고기는 밀렵을 하지 않으면 전혀 먹을 수 없었다. "당신이 만나는 두 명 중 한 명이 밀렵꾼이었다 해도 과언이 아닐 것이다." 그리고 아치는 그들을 옹호한다. 1872년에 아치는 다른 사람들과 함께 조합을 결성하였다.

---

13) 같은 책, 388.

> 나는 의자 위에 올라서서 솔직하게 조합의 필요성을 역설했다.[14]

결국 그는 남성선거권이 마지막으로 확대된 후, 노퍼크 노동자들의 표를 얻어 의회에 진출하였다. 많은 도시 노동자들의 대표들처럼 그 역시 체제에 회유되고 동화되어 젊은 시절의 초심을 끝까지 유지하지 못했다. 그러나 《자서전》에서 그가 연설하고 조직하고 압력에 맞서는 장면을 읽을 때, 우리는 그의 범상치 않은 힘을 실감한다.

혹은 타이소의 조셉 애슈비를 생각해 보라. 딸인 M. K. 애슈비가 너무도 훌륭한 기록을 남긴 바로 그 애슈비 말이다. 1859년에 하인의 사생아로 태어난 조셉 애슈비는 평생 동안 자기 마을과 인근 지역에서 일했다. 그는 힘과 용기뿐 아니라, 남다른 지성과 스스로 연마한 인상적인 학문의 소유자였다. 그가 수집한 지역사의 자료는 이 그늘진 교양이 산출한 성과의 일부였고, 민주적인 일 처리 솜씨 또한 그 못지않게 훌륭했다. 공업 도시에는 물론이고 농촌 마을에도 애슈비처럼 지적이고, 독학으로 교양을 쌓았고, 강인하고, 고결한 사람들이 많았다. 그들은 평생 동안 보잘것없는 보수를 받으며 힘든 일을 하면서도 자신과 같은 사람들을 위하여 또 다른 삶을 살았다.

우리는 이들을 기억하며 리처드 제퍼리즈를 읽을 필요가 있다. 리처드 제퍼리즈는 이들과는 사뭇 다른 방식으로 문학 전통에 등장하였다. 조셉 아치가 조합을 발족시켜 국가적인 논란거리가 되고 있었을 때, 스윈던의 코트 농장에 사는 리처드 제퍼리즈의 편지 세 통이 《타임스》에 실렸고, 《타임스》는 사설에서 그 편지들을 찬양했다. 편지에서 그는 무슨 말을 했던가?

> 나는 노동자가 남녀를 불문하고 감사하다는 말을 하는 것을 단 한 번도 보거나 들은 적이 없다. 그러나 나는 분명히 말할 수 있다. 영국의 모든

---

14) *Autobiography of Joseph Arch* (London, 1966), 43.

> 계급의 사람들 중에 농업 노동자들만큼 상급자들로부터 많은 배려와 은혜를 받은 경우는 없다고.[15]

이것은 아치를 반박하는 주장이었다. 그러나 이 글의 필자는 누구였던가?

제퍼리즈는 스윈던 인근의 코트에서 1848년에 태어났다. 그의 증조할아버지는 스윈던의 제분업자이자 제빵업자로서, 1800년에 마을에서 2, 3마일 떨어진 곳에 있는 40에이커가량의 토지를 구입하였다. 리처드의 할아버지는 1816년에 런던에서 귀향하여 스윈던의 가업을 계승하였다. 1822년에 코트에 집을 지었지만 그 집은 몇 년간 비어 있었다. 리처드의 아버지는 다음과 같이 쓰고 있다.

> 나는 14살 때 학교를 그만두고 가족 중 처음으로 그 집에 입주했소 — 그렇다고는 해도 아버지를 위해서 집을 돌보고 가축을 관리한 사람은 큰 누나였지요.[16]

나중에 리처드의 아버지는 리처드가 묘사한 코트에 대해서 다음과 같이 논평하였다.

> 그 아이가 어떻게 코트를 그처럼 즐거운 곳으로 묘사해서 사람들을 속일 생각을 할 수 있었는지 나로서는 상상도 못하겠소. 사실 코트에는 실제로 그 아이가 말한 것은 거의 아무것도 없어요. 코트에 대해서 확실히 말할 수 있는 유일한 사실은 전혀 즐거운 곳이 아니었다는 것이오. 스노즈힐은 내가 물건을 팔 때 쓰는 짐마차 이름이었소. 그 아이는 그곳을 코트 농장(*farm*)이라 불렀지만, 도대체 농장이라 할 만한 곳이 아니었고 토지도 40에이커가 아니었소.[17]

---

15) *The Times*, 1872년 11월 14일.

16) S. J. Looker and C. Porteous ed., *Richard Jefferies, Man of the Fields* (London, 1965), 4에서 재인용.

40에이커의 토지 중 14에이커는 1860년대 말에 팔아야 했다는 것이다. 그리고 1878년, 제퍼리즈가 《머슴과 주인》의 집필을 시작하기 몇 달 전에 그의 아버지는 나머지 토지를 팔고 바스로 이주하여 임시직 정원사가 되었다.

리처드는 4살이 되었을 때 시드넘의 숙모 집으로 보내져 거기서 살았다. 그는 9살 때까지 숙모 집에서 살면서 1년에 한 번, 한 달의 휴가 기간 동안 코트로 돌아왔다. 다시 부모와 함께 살게 된 그는 스윈던의 조그만 사립학교에 다녔다. 그리고 16살 때 사촌과 함께 가출하여 일주일 동안 프랑스에 체류했고, 결국 리버풀에서 경찰에 체포되어 스윈던으로 이송되었다. 그의 첫 직장은 스윈던 지역의 새로운 보수파 신문 《노스 윌트셔 헤럴드》였는데, 그는 거기서 비정규직 기자로 1866년에서 1868년까지 근무하였다. 이후 1873년까지 《윌트셔 앤드 글로스터셔 스탠더드》에서 비정규직 기자로 일하였다. 1874년에 이웃 농가의 딸과 결혼하였고, 스윈던으로 이주하였다. 《타임스》에 실린 편지는 그에게 농업과 시골 생활에 대하여 기고할 수 있는 더 많은 기회를 제공하였다. 1875년의 대부분을 그는 어린 시절을 함께 보냈던 숙모와 함께 서비튼[18]에서 살았으며, 1877년에는 가족 모두를 그곳으로 불러 정착하였다. 그가 《머슴과 주인》을 집필한 곳이 바로 서비튼이었다. 70년대에 그는 많은 기사를 썼을 뿐 아니라, 세 권의 소설(《진홍빛 숄(*shawl*)》, 《인간의 불안한 마음》, 《세상의 끝》)과 세 권의 농촌 생활 기록(《고향의 사냥터를 지키는 사람》, 《남부의 야생생물》, 《아마추어 밀렵꾼》)을 출판했다. 《머슴》은 그가 여러 해 동안의 가난과 불안정한 생활을 청산하고 작가로서 일정한 위치를 확보할 무렵에 집필되었다. 80년대에 그는 신문 기고를 계속하는 한편 《숲의 마술》, 《베비스》(*Bevis*), 《런던 주변의 자연》, 《들판의 생활》, 《야

17) 같은 책, 6에서 재인용.

18) (역주) 런던 인근의 지역.

외》, 《푸른 양치식물 농장》, 《이슬 내린 아침》, 《런던 이후》, 《시장의 아마릴리스》, 《내 마음의 이야기》 등의 많은 저작을 발표했다. 그는 어린 시절부터 병마에 시달려 왔는데, 1880년대 초가 되자 병세가 점점 심각해졌다. 그는 서섹스로 이주하여 1887년 8월 14일에 고링에서 사망하였다. 사망 원인은 "만성 유섬유종(類纖維腫) 폐결핵 — 과도한 피로"라고 기록되었다. 그때 그의 나이 38살이었다.

우리가 제퍼리즈의 작품의 성격과 발전 과정을 이해하고자 할 때, 이러한 사회사와 개인사를 염두에 둘 필요가 있다. 제퍼리즈는 영국 농촌의 사회사에 중요한 기여를 한 인물이다. 그러나 그의 사회사는 — 그 자신이 인정한 의미에서건 인정하지 않은 의미에서건 — 하나의 예술 작품이다. 즉 지금까지 의미심장하게도 자주 그래 왔던 것처럼, 자신의 소재(素材)에 대해서 어떤 의미에서는 주변적이고 역설적인 관계에 있는 사람의 저작인 것이다. 제퍼리즈에 관해서는 일종의 신화 — 그의 책들 자체가 그것의 형성에 일조하는 — 가 존재하는데, 그는 오랫동안 내려 온 자영농 가문의 자손으로서, 평생을 시골 사람으로 살며 이른바 '근원적이고 영원한 농촌적 양식의 도덕적 중요성'을 천착했다는 것이다. 실제는 이와 다르며, 더 흥미롭다. 도시 근교에 거주하는 작가 겸 언론인인 그는 소규모 자작농으로 힘들게 살던 청년 시절의 농촌을 재창조한다. 병자이고, 아마도 나무와 동물과 꽃과 기후에 대한 19세기의 가장 재기발랄하고 상상력 풍부한 관찰자인 그는, 평생 동안 관찰과 기록을 계속한 끝에 다음과 같은 말을 마지막으로 남긴다. "피안(彼岸)이 없다면… 자연은 인간에게 무의미하다." 혹은 마지막 에세이에서 다음과 같이 적는다. "아마도 시간이 지나서 나의 육신이 죽게 될 때, 나는 또한 실제로 이 세상 같은 것은 존재하지도 않았다는 사실을 깨닫게 될 것이다." 야심만만하고 열심히 일하는 젊은이인 그는 지주와 고용주의 이익을 대변하는 글을 쓴다. 《타임스》에 기고한 편지에서 그는 "'윌트셔 노동자의 아들'이라는 투서자의 반론을 읽고… 윌트셔 주의 농장주를 대신하여 분개하지 않을 수 없다"고 쓴다. 스윈던의 "코트 농장"에서.

사회 현실도 마찬가지로 의미심장하다. 그곳은 윌트셔 북부와 글로스터셔 남부의 농촌 지대로서, 이동식 탈곡기가 발명되었던 곳이다. 제퍼리즈의 아버지가 코트로 이주하고 얼마 지나지 않았을 때 그곳의 노동자들은 봉기하여 지역의 농민의용기마대와 일대 격전을 벌였다. 스윈던에서는 도로를 따라 조금 내려간 곳에 철도 작업장이 건설되고 있었고, 마을은 철도 접속역과 철도 수리 센터로 급속하게 발전하던 참이었다. 제퍼리즈가 젊은 기자로 활동할 당시 그곳에는 농업의 장기 불황이 시작되고 있었다. 제퍼리즈 자신도 다음과 같이 적고 있다.

> 지난 반세기 동안 숨 가쁘게 일어난 변화가 너무도 다양하고 중대한 것이었기 때문에, 현재로서는 변화가 한계에 도달했고, 그것이 초래한 새로운 생존 상황에 적응하는 데에만 몇 세대가 족히 걸릴 것이라고 생각해도 거의 무리가 없을 지경이 되었다. 그러나 현실은 판이하게 전개되고 있다. 작금에 벌어지는 모든 사태를 보면 발전의 시기가 이제 막 시작되었을 뿐이라는 결론을 내리지 않을 수 없다.[19]

《머슴과 주인》의 소재 대부분은 제퍼리즈가 《윌트셔 앤드 글로스터셔 스탠더드》의 젊은 기자였던 1870년대 초에 수집한 것이었다. "플리스버러"가 시렌스터이고 "주크의 토지"가 배드민턴 주변의 토지인 것처럼, 2권 3장에 나오는 "오래된 신문"은 바로 《윌트셔 앤드 글로스터셔 스탠더드》를 가리킨다. 그는 특별히 유능한 기자라는 평가를 받지는 않았지만, 자신의 관심에 따라 독자적인 관찰을 계속하였다. 그의 관심은 광범위했다. 〈머슴의 밭〉 시작 부분의 재기발랄한 묘사에서처럼 빛이 풍경에 미치는 영향을 정밀하게 관찰하는 것에서부터, 〈건초 만들기〉에서처럼 기차에 우유를 적재하는 등의 사건을 보여 주거나 〈숙녀 가정교사〉

19) *Hodge and his Masters*, 서문.

처럼 시골 역을 묘사하기도 하고, 〈변호사〉나 〈은행〉에서처럼 다양한 관찰 결과들을 모아 특정 기관의 행태를 규명하기도 하며, 〈농장을 떠나며〉, 〈언덕을 내려가며〉, 〈야심적인 향사〉, 혹은 〈머슴의 마지막 주인〉에서처럼 다양한 인물이나 생활방식들을 넘나들며 일종의 종합적 관찰을 시도하는 것 등을 망라했다. 이 다양한 종류의 글에서 그는 한결같은 재능을 보여 주는데, 특히 마지막 종류의 글에서는 본질상 소설가로 작업하고 있다. 그가 《시장의 아마릴리스》를 '소설'이나 '농촌 생활의 장면들' 어느 쪽으로도 출판할 준비가 되어 있었다는 사실은 그의 특징을 잘 드러낸다. 소설을 표방하고 쓴 작품들에서 그는 에세이와 스케치를 통해 보여 준 바 있는 강력한 상상력 — 인물과 사회와 물리적 환경 간의 관계를 심층적으로 감지하는 능력 — 에 일련의 요소들을 추가하는데, 추가된 요소들은 당대 소설 형식의 약점을 보여 주는 동시에, 나약한 후기 라파엘 전파[20] 풍의 이상화와 낭만화 경향을 일정하게 노출한다는 점에서 제퍼리즈의 개인적 약점 또한 보여 준다. 반면 《머슴과 주인》의 첫 문장, "우드베리의 제이슨 여관" 입구 장면을 읽으면, 우리는 사실주의 소설 전통의 위력과 처음으로 대면하고 있다는 느낌을 받게 된다.

제퍼리즈를 계속 읽으면 한계들이 드러나는데, 그것들 중 특히 한 가지는 명확하게 짚고 넘어갈 필요가 있다. 그는 "공평무사한 정신"의 소유자임을 자처하였지만, 결코 중립적 관찰자가 아니었다. 그가 이러한 농촌 문명의 위기의 전모를 깊이 통찰하고 그것에 대하여 순수하고 확실한 애착심을 보이는, 헌신적 작가의 면모를 더러 보였던 것은 사실이다. 그러나 그는 또한 〈플리스버러〉 마지막 부분의 불쾌하고 변덕스러운 아침이나 〈어떤 겨울 아침〉 끝 부분의 심술궂은 폭언, 〈오두막의 소녀들〉의

20) (역주) Pre-Raphaelite: 1848년에 일단의 젊은 영국 화가들이 왕립 아카데미의 역사화가 상상력도 없고 너무 인위적이라고 여기고 이에 반발하여 결성한 단체의 이름에서 유래한 명칭. 라파엘로 이전처럼 자연에서 겸허하게 배우는 예술을 표방하였다.

신문 투서란 특유의 상투적 문구들이 보여 주듯, 계급적 편견을 가진 기자이거나 혹은 심지어 특정 이익을 대변하는 싸구려 문사일 때도 더러 있었다. 그가 때로 사회적 위기에 직면한 독자들이 듣고 싶어 하는 내용의 글을 썼다는 것은 분명하다. 아치와 '농업 노동조합'에 반대하기 위해서 《타임스》에 편지를 기고하여 개입했었던 것처럼 말이다. 제퍼리즈의 독자들이 보았던 것은, 그리고 제퍼리즈 자신도 때로 보았던 것은, '개성적 성격'(그는 농장주들에 대해서는 이를 강조했다)을 지닌 남녀들이 아니라, '노동자'나 '머슴'의 산술적 합계이며 추상이었다.

이러한 과정, 분명하고 때로는 서글프기도 한 오해들, 모순적이지만 종종 강한 호소력을 발휘하는 공감들을 이해하기 위해서, 우리는 그의 애매한 사회적 위치를 십분 고려할 필요가 있다. 소농으로 힘들게 살다 결국 땅을 모두 팔고 일용노동자가 된 사람의 아들. 윗사람에게는 아첨을 하고 아랫사람에게는 고압적으로 군림하는 — 도시에서라면 소시민적이라고 불릴 — 태도를 낳기 일쑤인 위치의 불안정성 말이다. 그러나 우리는 또한 그가 로렌스의 경우처럼 그 모든 상황에서 벗어나기 위하여 글을 쓰고 있던 재능 있는 젊은이였고, 그의 독자들은 그보다 사회적으로 우월한 위치에 있는 사람들일 수밖에 없었으며, 그가 느낀 복잡한 중압감은 가혹하고 영속적인 것이었다는 사실도 고려해야 한다.

이런 이야기를 하는 이유는 제퍼리즈의 태도가 세월이 지나면서 변했기 때문이다. 만년에 쓴 에세이에는 (로렌스에게서도 동일한 추이를 뚜렷하게 확인할 수 있다) 다른 입장이 존재한다.

> 돈이 그처럼 뼈 빠지게 노력해서 벌 만큼 가치 있는 것일까? 수확기에 밭에서 일하는 여자의 팔을 보라. 그야말로 새까맣게 그을린 가는 근육질의 팔은 그녀가 쉬지 않고 노동해 왔음을 말해 준다. 오랜 세월 동안 힘든 노동을 하고 나면 몸은 뒤틀리고 살이 빠진 목에는 힘줄만 남고 가슴은 납작해진다 … 곡식에는 너무도 많은 것이 들어 있다. 명상을 위한 책이 들어 있는 곡식은 우리에게 더없이 소중하다. 그러나 그처럼 아름

> 다운 모습 뒤에는 인간 노동의 현실이 있다 — 더위와 싸우며 일하는 끝없는 시간들 말이다. 이것이 거친 생활의 현실이다. 그리고 노동을 끝내도 대가는 보잘것없다. 곡식은 아름답다. 그러나 인간의 삶은 노동이다.[21)]

이 인정미 넘치는 인식에 점점 더 엄밀해지는 경제적・정치적 시각 — 제퍼리즈의 이러한 측면을 강조한 사람이 거의 없었다는 것은 놀라운 일이 아니다 — 이 추가되었다. 《노동 문제에 관한 고찰》에서, 그중에서도 특히 제 2절인 "자본의 성스러운 권리"에서, 그는 노동의 가혹함에 대한 관찰에만 머물지 않았다.

> "그러나 그들은 일의 대가를 받지요," 하고 고결한 인품의 소유자는 편안하게 말한다 … 당신이 직접 광산의 갱도에 들어가 보라 … 그들이 왜 그처럼 끔찍한 일을 하겠는가? 기아와 갈증이 그렇게 몰고 가기 때문이다. 기아와 갈증은 무시무시한 채찍이고, 형벌보다 무서운 회초리이다. 기아와 갈증은 '자본'의 등 뒤에 도사리고 앉아 그것에 힘을 부여한다.[22)]

선거권의 확대라는 정치적 변화를 보면서, 그는 전통적 제도와 그 제도에 대한 노동자들의 견해를 다시 생각하였다.

> 솔직히 말해서 요즘 노동자들은 목사와 향사, 차지인과 관리인의 지배를 혐오한다. 그럴 바에야 차라리 토지를 떠나고 싶어 하는 것이다.

그리고 농촌의 민주화를 주장하였다.

> 어떤 권위도, 어떤 공통적 중심도 존재하지 않는다면 철저한 무관심이

---

21) "One of the New Voters", *The Open Air* (London, 1885)에 재수록.
22) "Thoughts on the Labour Question", *Pall Mall Gazette*, 1891년 11월 10일.

조장될지 모른다.

그러나

> 자립의 의식은 마을이 목사, 향사, 차지인, 관리인 등과는 무관하게, 자체의 평의회로 스스로를 다스릴 때에만 생겨날 수 있다.[23]

교구 평의회, 도서실, 체육관, 회의장(*council cottages*), 여성 강좌는 새로운 농촌 자립을 이루게 하는 수단들 중 일부이다.

이것은 중요한 인식이다. 그 인식은 나 자신의 감정과 연결된다. 이러한 경험을 통해 생활해 왔던 내 가족에게서 나는 우리가 기억하는 어떤 과거보다도 현대의 마을에 진정한 공동체가 더 많이 존재한다는 사실을 배웠다. 민주적 발전과 경제적 투쟁을 통해서 이룩한 변화는 구체제의 가혹함을 완화시키고 정화하였다. 그러나 이러한 현실을 믿는 것은 그것의 연장인 다른 관계를 인식하는 것이다. 왜냐하면 그것은 엄밀한 의미에서 농촌의 시각이 아니기 때문이다. 아니 최소한, 초기 제퍼리즈에게서 일정 부분 비롯된 감정의 구조에 비쳐 볼 때, 농촌의 시각이 아닌 것으로 여겨지기 때문이다.

나는 내 정신 속에서, 일종의 자기분석을 통하여, 이러한 사실을 추적해야 했는데, 제퍼리즈는 그 누구보다도 그것의 실체와 접촉하게 해 주는 하나의 방법이다. 자연의 세계에 대해서 제퍼리즈가 느끼는 감정에는 강렬함, 일종의 고독한 강렬함이 있다. 그를 클레어와 로렌스에 연결시켜 주는 녹색 언어가 있다. 그러나 자연의 경험과 가장 일반적으로 접할 수 있는 농촌의 노동 세계는 이제 결정적으로 변화하고 있다. 노동자들은 단호하게 변화를 선택한다. 이런 상황에서는 정신의 체계 전체에 어떤 착오가 생길 수 있다. 그리하여 "사라지는 전원"("바깥 공기", "들판

---

23) *The Hills and the Vale*(London, 1909).

에서의 생활")의 옹호를, 지주와 금리생활자와 그들 편에 선 작가들이 언제나 표명해 오는 옛 질서에 대한 옹호와 근본적으로 혼동하는 것이 가능해진다. 그리고 도시의 소음과 번잡함에 대한 생리적 혐오가, 《런던 이후》에서 보듯이, 런던이 늪지로 변하고 숲 속에 다시 봉건사회(윌리엄 모리스의 '중세주의'의 '농촌적' 등가물)가 출현한다고 하는 식의 강력하지만 심술궂은 환상으로 변질될 수 있게 된다. 이렇게 해서 부당하고 전제적인 사회의 가치를 거의 무의식적으로 확장하는 경향이, 나무와 꽃과 새를 적극적으로 즐기는 경향과 기묘한 관계 속에서 공존하게 된다. "울타리는 사라졌고 향사들도 사라졌다." 나는 실제로 이렇게 말하는 소리를 들은 적이 있다. 마치 그 둘이 단일한 과정이기나 한 것처럼 말이다. 이러한 혼동의 뿌리는 오늘날에도 여전히 해결하기 힘든 상태로 완강하게 살아 있다.

제퍼리즈는 이런 어려움을 완전히 해결할 때까지 살지 못했다. 당시의 '전원 옹호'의 통상적 사회 구조를 상기하면서 만년의 에세이인 〈우리 마을의 황금빛 앵초〉[24]를 읽어 보면, 우리는 그가 당시에 직면했던 어려움을 온전히 실감할 수 있다. 〈우리 마을의 황금빛 앵초〉에서 제퍼리즈는 영국 농촌에 보수적인 정치 구조가 새롭게 들어서는 것을 씁쓸하게 묘사한다. 노동자들의 투표권을 반대했던 사람들의 후예들이 이제 농촌에 들어와 너무도 능숙하게 그 노동자들의 표를 조직하고 있는 것이다. "황금빛 앵초." 실로 적확한 구절이다. 소박한 앵초는 정치적 책략의 대상이고, 꽃과 돈의 황금빛은 권력의 진정한 원천이다. 자연의 순수함과 정치적 지배가 이 한 구절에 모두 들어 있다.

꽃과 특권, 공장 연기와 민주주의. 이 이미지는 공업과 도시들이 성장하면서 그늘이 진 시골에서 형성되고 있었다. 이 이미지는 이후에도 끈질기게 존속하였다. 그러나 이와는 다른 전통도 언제나 존재하였으니,

---

24) "Primrose Gold in Our Villages", *Pall Mall Gazette*, 1887년 6월 8일, *Field and Farm* ed. S. J. Looker(London, 1957)에 재수록.

코벳, 아치, 애슈비, 만년의 제퍼리즈, 그리고 토머스 하디의 전통이 그것이다.

제18장

웨섹스와 접경 지역

토머스 하디는 노동조합을 결성하기 위해 톨푸들에 모였던 농장노동자들이 국외로 강제추방된 지 몇 년이 지났을 때, 그곳에서 몇 마일 떨어진 곳에서 태어났다. 이 사실만으로도 그가 태어난 곳이 우리가 흔히 그를 너무도 자주 강제추방하곤 하는 영원한 정체 상태의 지역이 아니라, 변화하고 고투하는 농촌 사회였음을 상기하는 데 충분하다. 이 사실은 또한 그가 작품 활동을 했던 시기가, 지역 공동체들이 여전히 존속하고 있었으되 그와 함께 사회 전체에 강력한 네트워크 — 법률과 경제, 철도와 신문과 우편제도, 새로운 종류의 교육과 새로운 종류의 정치 — 가 명백한 형태로 형성되던 시기였음도 상기하게 해 준다.

하디의 시골은 물론 웨섹스이다. 즉 대체로 도셋과 그 인근 주들에 해당하는 지역이다. 그러나 우리는 하디의 진정한 시골이 우리 중 너무도 많은 사람들이 살아 온 접경 지역임을 조만간 보게 될 것이다. 관습과 교육 사이의 접경 지역, 노동과 관념 사이의 접경 지역, 장소에 대한 사랑과 변화의 경험 사이의 접경 지역 말이다. 하디가 자신의 고장에 애착을 느꼈고, 따라서 당연히 그 고장의 과거에 대해서도 애착을 느꼈다는 것은 — 그곳에 웨섹스라는 이름을 붙인 데서 볼 수 있듯[1] — 의심의 여지가 없다. 그러나 그는 작품 활동을 계속할수록 변화에 대한 관심을 점점 더 강하게 표현한다. 하디 소설들의 시대적 배경은 그가 태어나기 직전부터 그가 글을 쓰던 현재까지를 포괄하지만, 최후의 가장 심각한 작품들인 《테스》와 《이름 없는 주드》는 의미심장하게도 가장 동시대적이다. 그의 소설들은 언제나 옛 농촌 세계를 다분히 포함하고 있지만, 그러나 그것은 기억 속에 존재하는 고루한 관습의 세계만이 아니다. 그것은 또한 의식적 교육이 이루어지는 새로운 시대에 속한다는 의미에서의 옛 세계, 다시 말하자면 역사적인 옛 세계, 실로 선사학(先史學)의 옛 세계이기도 하다. 즉 변화에 관한 사실들을 교육을 통해 의식하게 된 사람의 옛 세계인 것이다. 그의 주요 소설들에서 변화의 경험과 어려운 선택의 경험은 사뭇 다양한 형태를 취하긴 하지만 중심적인 위치를 차지하며, 심지어 결정적인 의미를 갖기까지 한다.

우리가 하디를 지방색을 추구한(*regional*) 작가로 보면, 다시 말해 자기 고유의 웨섹스를 비할 바 없이 탁월하게 기록한 연대기 작가나 옛 농촌 문명의 마지막 대변자로 보면, 그의 소설에서 변화가 갖는 이러한 중요성과 복잡한 의미를 놓치게 된다. 하디를 이런 식으로 인정하는 행태에는 — 심지어 호의적인 찬사를 보내는 경우도 마찬가지인데 — 그의 작품의 실질적 내용이 우리에게서 점점 멀어져 가고 있다는 의식, 그리고 그가 20세기나 19세기의 인간이 아니라 단지 옛 영국 농촌이나 농민의 마지막 대표자일 뿐이라는 의식이 들어 있다.

하디의 소설들이 보여 주는 대단히 복잡한 감정들과 관념들 — 농촌 생활에 대한 복잡한 감정들과 관념들은 그중 일부일 뿐이다 — 은 대개 오늘날까지 연면히 지속되고 있는 세계에 속하는 것들이다. 하디는 우리가 어디에 살건 언제나 바로 우리 곁에 존재하는 어떤 것에 대해서 영국 소설가들 중 누구보다 더 일관성 있고 철저하게 쓴다. 그 어떤 것이

---

1) (역주) 하디의 주요 소설들 모두는 잉글랜드의 남부와 남서부에 위치한 일련의 지역을 배경으로 한다. 하디는 중세에 그 지역에 존재했던 왕국의 이름을 따서 그 지역을 '웨섹스'라고 불렀다.

란, 추상적으로 표현하자면 관습적인 생활과 교육받은 생활의 관계라는 문제, 관습적인 감정과 관념과 교육받은 감정과 관념의 관계라는 문제이다. 이것은 우리가 조지 엘리엇에게서 보았던 문제이자 앞으로 로렌스에게서 또 다시 보게 될 문제로서, 세 작가를 의미심장하게 연결하는 토대이다.

우리들 대부분은 그 어떤 문학적 교육을 받기 전부터도 이미 관습적 생활을 알고, 그것을 평가하고, 또 그것에 내재한 긴장을 느끼게 된다. 우리는 우리의 가족들이 생활하면서 생계를 해결하는 방식들을 보고 배운다. 그것은 노동의 세계, 지역에 기초한 세계, 일련의 신념들의 세계이다. 그 신념들은 일상적 행위에 너무도 깊게 스며들어 있어서 처음 보면 그것들이 신념이라는 사실, 즉 그것들이 얼마든지 변할 수도 있고 도전을 받을 수도 있다는 사실 자체를 알 수 없을 정도이다. 주드가 토지를 넘어 크라이스트민스터의 첨탑들을 보았던 것처럼, 교육은 대단히 많은 경우에 관습적 세계를 보는 가운데 그것을 넘어선 다른 가치들을 볼 수 있는 방법을 우리에게 제공한다. 관습이 침체할 때, 혹은 낡은 환상들이 영원한 진리로 여전히 반복될 때, 종종 우리는 교육을 통해 얻은 가치들이나 지적인 작업들이 얼마나 절박하게 필요한지를 스스로 통렬하게 인식한다. 우리는 특히 변화를 이해하고자 할 때, 우리가 살아왔고 일해 왔고 성장해 왔던 지역의 핵심에서 일어난 변화를 이해하고자 할 때, 교육을 통해 얻은 가치들이나 지적인 작업들이 얼마나 긴요한지를 인식한다.

관념들, 가치들, 교육을 통해 획득되는 방법들은 물론 크라이스트민스터와 같은 곳에 도달해야 — 주드는 그러지 못했지만 — 이용할 수 있다. 그러나 그런 것들과 함께 거듭 반복해서 우리에게 다가오는 다른 관념이 있다. 일상적 노동의 세계와 평범한 가족의 세계는 열등하고 우리와 무관하다는 관념, 이제 우리는 이 정신의 세계에 진입하였으니 우리에게 여전히 친숙하게 남아 있는 다른 세계를 존중하지 않아도 된다는

— 그리고 물론 애정을 가지지 않아도 된다는 — 관념이 그것이다. 우리가 애정을 버리지 않는다면, 크라이스트민스터는 그것에 향수라는 이름을 붙일 것이다. 우리가 존중심을 잃지 않는다면, 크라이스트민스터는 그것을 부를 다른 이름을 가지고 있다. 정치라는 이름, 혹은 더 무시무시한 '사회학'이라는 이름이 그것이다.

그러나 이는 용어나 어조를 선택하는 문제 이상의 것이다. 우리가 대조적인 두 세계를 중재해 보고자 할 때, 주드 — 여기서는 대학에 진입하는 데 성공한 주드이지만 — 와 함께 서 있을 때, 혹은 우리 자신의 고향과 우리 자신의 가족에게 돌아가서 토박이의 귀향이라는 말의 관념적·정서적 의미를 깨닫게 될 때, 우리는 그 문제를 경험한다. 실제로 경험하는 것이다. 평범한 가정에서 태어나 대학에 진학을 하고 이후 자신의 삶을 통하여 이러한 경험의 의미를 몸소 깨달아야만 하는 한 특별한 세대에게 그것은 특히 중요한 문제이다. 그러나 그 문제는 또한 훨씬 더 일반적인 중요성을 갖는 것이기도 하다. 왜냐하면 영국 전체에서 예전의 생활방식과 장소와 관념과 정서로부터의 이탈이 일어나고, 새로이 받아들인 것 속에서 의외의 문제들, 예상하지 못했던 대단히 심각한 위기들, 욕망과 가능성의 충돌들이 발견되고 있었기 때문이다.

정착과 이동이 공존하는 세계, 예전부터 친숙하던 것과 새로이 생겨난 의식·자의식이 공존하는 이 독특한 세계에서 하디라는 인물은 하나의 이정표처럼 서 있다. 이제 하디는 옛 농촌 세계나 우리로부터 멀리 떨어진 지역에서 말을 건네지 않는다. 그는 우리에게 여전히 절박한 경험의 중심, 친숙함과 변화의 중심에서 말을 건넨다. 우리는 그것을 하나의 관념으로 이해할 수 있다. 그러나 그것이 중요한 의미를 갖는 것은 결국 관계들의 성립과 좌절, 육체와 정신의 위기들 같은, 개개인의 인간들에게 압력을 가해 오는 구체적인 고난들 속에서이다. 하디는 소설가로서 그러한 고난들을 묘사하는 동시에 극화한다.

그러나 물론 우리가 여기저기에서 하디를 폄하하는 어조에 귀를 기울여 왔다면, 이 모든 사실을 보지 못하거나, 혹은 보기는 하되 그것에 대해서 어떻게 말하고 평가할지 모르게 된다. 하디에 대한 폄하는 이제 매우 일반적인 것이 되었다.

> 부인들이 응접실로 물러갔을 때, 나는 토머스 하디 옆에 앉게 되었다. 내 기억으로 그는 체구가 작고 흙내 나는 (혹은 촌티 나는 — 역자) 얼굴의 소유자였다. 야회복을 입고 깃이 높은 예식용 셔츠를 걸치고 있었지만, 그래도 묘한 흙냄새를 풍기는 인물이었다.[2]

서머싯 몸은 그 특유의 만찬 후 이야기들 중 하나에서 이렇게 말하고 있다. 우리는 하디가 이런 세계에 가까이 가는 것이 아니었고, 이런 세계의 눈에 띄어서도 안 되었을 것이라고 생각할 수 있다. 그러나 의미심장한 것은 저 만찬 식탁과 응접실에서 시작하여 먼 농촌의 "흙냄새를 풍기는" 얼굴에 이르는 어조와 반응이다. 우리 중 일부에게는 은(銀) 식기에 담긴 야채의 형태로 등장하는 토지와 농경 작업, 혹은 흙내 나는 얼굴과 함께 저 모임 — 교양인들의 일상적 모임 — 에 입장하는 농업 노동에 대한 어조와 반응 말이다. 헨리 제임스가 "조그만 체구의 착한 토머스 하디"를 이야기할 때, 혹은 F. R. 리비스가 《이름 없는 주드》는 "어색한 대로" 인상적이라고 이야기할 때, 우리는 이러한 어조와 반응을 다시 한번 확인한다.

사회적 후원의 어조는 출신 성분에 대한 조잡하고 직접적인 가설들의 지원 속에서 문학적 후원의 어조와 흥미롭게 결합한다. 그리고 하디 소설의 실체에 대하여 일정한 해석을 유발하는 강력한 가설과 해로운 방식으로 결합한다. 그가 시골 사람, 농부, 흙냄새를 풍기는 사람이었다면, 그가 쓴 소설들의 관점, 그의 문학적 입장의 본질은 당연히 이러할 것이다. 즉 그의 소설은 웨섹스 농민에 관한 소설일 뿐 아니라, 웨섹스 농민

---

2) *Cakes and Ale*, 1970, 서문.

들 중 한 사람—물론 그는 그럭저럭 교육을 어느 정도(그러나 충분하지는 않게) 받은 농민이다—이 직접 쓴 소설이기도 하다는 것이다. 따라서 우리는 하디에 관한 주장의 어조와 실제의 사실을 어느 정도 구분할 필요가 있다.

첫째, '농민'(*peasant*)이라는 말은 일체 쓰지 않는 편이 낫다. 작가들은 시골 사람을 통칭하는 데 '농민층'(*peasantry*)이라는 단어를 여전히 사용했지만, 영국의 다른 대부분의 지역들과 마찬가지로 하디가 생활하고 일했던 곳에서도 우리가 이미 보았듯이 농민들은 거의 존재하지 않았다. 실제의 시골 사람들은 토지소유자, 임차농, 상인, 직인, 그리고 노동자들이었고, 실제의 사회 구조—사회적인 의미에서 소설들의 현실적 소재가 되는—는 그 다양성과 분화 양상, 그리고 인간의 기본적 태도들 중 많은 부분에서 농민층의 구조와는 근본적으로 다르다. 둘째, 하디는 그런 사람들 중 어디에도 속하지 않는다. 자기 작품 바깥에서의 하디는, 위와 같은 사회구조 속에서 일하면서도 정작 자신이 진정 어느 집단에 속하는지 확신을 갖지 못하는 경우가 적지 않았던, 많은 전문 직업인들 중 하나였다. 모든 자본주의 사회는 계급이 서서히 분화되는 특징을 갖는데, 이런 현상은 농업자본주의에서 특히 두드러졌다. 하디의 아버지는 예닐곱 명의 직인을 고용한 건축업자였다. 이러한 고용 상황을 자각했던 하디는 자기 가족의 집이 (직인들의 전형적 거주 형태였던—역자) 오두막이라 불리는 것을 좋아하지 않았다. 하디 가족의 집은 사실 꽤나 작지만, 뒤 쪽에는 직인들에게 보수를 지급했던 조그만 창문이 있고, 길을 따라 서 있는 다른 오두막들보다는 분명히 크다. 이와 함께 하디는 학교 가는 길에 킹스턴 모워드 저택[3]—다행스럽게도 현재는 농업전문학교가 된—을 보곤 했는데, 그의 아버지는 그 저택의 유지 보수 작업 중 일

3) (역주) Kingston Maurward Mansion: 조지 피트(George Pitt)가 1717년에서 1720년 사이에 세운 저택. 하디의 첫 소설 《최후의 수단》(*Desperate Remedies*, 1871)에 나오는 내프워터 저택(Knapwater House)의 원형이다.

부를 맡은 바 있었다. 그 저택은 너무도 급격한 신분의 차이를 보여 주는 것이어서, 그 차이에 비하면 다른 신분상 구분은 중요하지 않은 것은 아니라 해도 비교적 사소한 것으로 보일 정도였다. 하디는 건축가가 되고 부목사 가족의 친구가 되면서 (하디의 부인 역시 부목사 가문 출신이었다) 사회 구조상 다른 지점으로 이동하였고, 유산 계급은 아니되 교육을 받은 사람들과 교분을 쌓았다. 그렇지만 그는 가족을 통해서 소규모 고용주, 상인, 직인, 오막살이농 같은 불안정한 집단과도 일정한 관계를 유지하였는데, 가족 구성원의 면에서 그들은 결코 노동자들과 완전히 구분되는 집단이 아니었다.

하디의 작가적 입장도 비슷하다. 그는 유산 계급도 차지인도 상인도 노동자도 아니다. 그는 여기서도 다시 한 번 그들과 자신의 현실적 관계에 대해서 확신하지 못하는 경우가 많은 관찰자이자 연대기 작가이다. 게다가 그는 그들을 위해서가 아니라 그들에 관해서 글을 쓰고 있던, 그리고 농촌과 무관한 대도시의 문학 대중을 주된 독자로 했던 작가였다. 이 두 사실을 인식할 때 우리는 하디의 소설에서 마땅히 주목해야 하는 측면에 눈을 돌리게 된다. 그것은 하디가 자신과 긴밀하게 연결되어 있긴 하되 그로서는 좀체 확신을 가질 수 없었던 생활방식을 묘사하고 평가하기 위해서 노력했다는 것, 그리고 그의 문학적 방법들은 그러한 노력의 특성에서 비롯된 결과물이라는 것이다. 흔히 그렇듯이, 현재 일반적으로 통용되는 사회적 고정 관념들을 제거하면 비평적 문제를 새로운 방식으로 명확하게 볼 수 있게 된다.

이것은 19세기에 사회적 계급 이동이 현실적이지만 불완전하고 애매한 형태로 이루어진 이후 출현한 너무도 많은 영국 소설의 비평과 관련된 문제이다. 그리고 소설의 방법의 문제인 만큼이나 소설의 내용의 문제이기도 하다. 비평적 관행은 하디의 소설을 낯선 도시가 영국 농촌 생활의 '영원한 패턴'에 가한 충격의 결과라고 단순화한다. 하디의 소설에 일부 그런 측면이 존재하는 것은 사실이다. 그러나 하디의 소설의 더 일반적인 패턴은 시골 생활의 변화하는 성격 — '외부'의 압력 못지않게 시골 생활 자체의 압력도 변화의 결정적 요인으로 작용한다 — 과, 시골 생활에서 부분적으로 분리되어 나왔지만 가족과의 이런저런 인연 때문에 여전히 그것에 불가피하게 연루될 수밖에 없는 한 명 혹은 그 이상의 인물들 사이의 관계이다. 바로 이 관계 속에서 사회적 가치가 대단히 복잡한 방식으로 극화되고, 하디의 실제 소설 창작상의 문제들 대부분이 발생하는 것으로 보인다.

이러한 주장을 입증하기 위해서 우선 예비적으로 세세한 예 하나와 그보다 큰 예 하나를 들 필요가 있을 듯하다. 거의 모든 사람들이 테스를 그저 외부적 힘에 유혹당하는 정열적인 농촌 여성으로만 보는 것 같다. 그렇기 때문에 이후 사회적 이동의 고전적 경험이 된 사태에 대한 가장 명료한 진술들 중 하나를 소설의 서두 부분에서부터 읽게 되는 것은 놀라운 일이다.

> 더비필드 부인은 습관적으로 사투리를 썼지만, 런던에서 교육받은 여선생 밑에서 초등학교 6학년 과정을 마친 딸은 두 가지 말을 썼다. 집에서는 대체로 사투리를 썼지만 밖에 나가서 점잖은 사람들한테 말을 할 때는 표준말을 썼다.[4)]

《숲속의 사람들》의 그레이스와 《귀향》의 클림은 이런 경험을 더욱 완전하게 재현하지만, 그러나 어쨌든 사회적 이동의 경험은 말투 같은 사소한 문제보다 훨씬 더 중요한 수준에서 중심적인 주제로 계속 존재한다. 그리고 우리가 이러한 사실을 알면 — 최근 비평이 너무도 자주, 그리고 너무도 의미심장하게 그러하듯 — 《이름 없는 주드》를 다른 소설과 판이한 종류의 작품으로 따로 떼어 논하지 않아도 된다.

---

4) Thomas Hardy, *Tess of the D'Urberville*, 3장; 토머스 하디, 《더버빌 가의 테스》 김보원 옮김(서울대학교 출판부, 2000), 18.

이런 종류의 분리의 의미와 그것이 내포하는 바를 보여 주는 더욱 주목할 만한 예는 《귀향》에서 클림을 묘사하는 다음 대목인데, 이는 내가 《문화와 사회》에서 유래를 더듬었던 주장과 대단히 핵심적인 관련이 있다.

> 요브라이트는 자신이 속한 계급을 사랑했다. 그는 많은 사람들에게 부족한 것은 재물이 아니라 지혜를 가져다주는 지식이라는 확신을 가지고 있었다. 그는 계급을 희생하여 개인을 높이는 것보다는 개인을 희생하여 계급을 높이기를 원했다. 아니 그 정도가 아니라 당장이라도 최초의 희생자가 될 각오가 되어 있었다.[5]

소설의 전체 행위를 통해서 희생의 관념은 '결혼을 잘못하는 바람에 필생의 과업이 위축되거나 손상된다'고 하는 친숙한 주제와 연결된다. 우리는 앞으로 이 하디 특유의 교착 상태에 대해서 다시 한 번 알아보아야 할 것이다. 그러나 희생의 관념은 또한 끊임없이 사회적 주제가 되고 있는 전반적 변화의 문제와도 연결된다. 다른 모든 주요 사실주의 소설과 마찬가지로 하디의 소설은 개인의 품성과 운명을, 생활양식 전체의 성질과 운명으로부터 분리할 수 있는 문제가 아니라 동일한 차원의 문제로 본다. 개인적 좌절에 이러한 사회적 맥락을 부여하는 것은 관찰자 하디이다.

> 목가적 생활에서 지적인 생활로 이동하려면 대개 최소한 두 개의 중간 과정을, 그리고 많은 경우에는 그보다 훨씬 많은 중간 과정을 거쳐야 한다. 그 과정들 중 하나는 세속적인 출세임이 분명하다. 목가적인 평온함에서 사회적 목표라는 중간 과정을 거치지 않고 갑자기 지적인 목표로 이동하는 것은 거의 불가능하다. 클림 요브라이트가 처한 상황의 남다른 특징은, 고상한 생각을 추구하면서도 범속한 생활 — 차라리 많은 점에서 거칠고 빈약한 생활이라고 해야 할 — 을 여전히 고수하고 시골

---

5) *The Return of the Native*, 3권, 2장.

> 뜨기들과 친근한 관계를 유지한다는 것이다. 이 점에서 그는 회개보다는 정신의 고양을 이야기했던 세례자 요한이었다. 정신적으로 그는 시골의 미래에 살고 있었다. 즉 여러 가지 점에서 당시의 중심 도시의 사상가들과 어깨를 나란히 하고 있었다 … 클림이 이처럼 남보다 비교적 앞선 위치에 있었던 결과는 어찌 보면 그 개인에게는 오히려 불행한 것이었다고 할 수 있을지 모른다. 시골은 그에 어울릴 만큼 성숙한 곳이 아니었다. 어떤 사람이든 시대보다 조금 앞서는 것은 무방하지만, 완전히 시대의 최첨단에 해당되는 열망을 갖게 되면 명예가 치명적으로 손상되게 마련이다 … 사회적인 노력을 진부한 것이라고 여기는 계급만이 심미적인 노력을 옹호하고 사회적인 노력을 비난하는 사람을 이해할 수 있다. 목가적인 시골 사람들에게 물질적인 호사보다 교양이 우선이라고 주장하는 것은 주장으로서는 옳을지 모르지만, 인간이 오랫동안 길들여져 온 순서를 뒤죽박죽으로 만들기 쉽다.[6)]

1870년대 후반에 나온 이 예민하고 지혜로운 주장은 상대적 사고와 역사적 사고에 익숙한 정신의 산물이다. 이런 주장이 가능한 것은 그가 밀이나 다윈에게서 추상적인 이론을 배웠을 뿐 아니라, 개인적인 사회 이동의 경험을 관찰하는 과정 또한 거쳤기 때문이다. 그는 도시와 시골을 대립시키지 않으며, 혹은 심지어 관습과 지적인 의식까지도 결코 단순한 방식으로는 대립시키지 않는다. 그가 보여 주는 것은 더 복잡하고 절박한 역사적 과정인데, 그 과정 속에서 교육은 계급 사회에서의 사회적 출세와 긴밀하게 결부되어 있기 때문에, 교육과 사회적 연대를 함께 도모하는 것(“그는 자기가 속한 계급을 고양시키기를 원했다”)은 기껏해야 개인의 기묘한 시위에 불과한 것이 되고 만다. 그것은 또한 교양과 부(富)를 — 둘 다에게 아무리 혹심한 피해가 갈지라도 — 서로 양립불가능한 목표로 생각하게 되고, 현실 역사에서는 언제나 부가 우선일 것이라는 왜곡된 인식이 생겨나던 과정이기도 했다.

---

6) 같은 책, 같은 곳.

사정이 이러하므로 새로운 집단으로 이주한 사람과 그가 전에 속했던 집단의 관계는 비슷한 예를 찾기 힘들 정도로 복잡하다. 그는 전에 속했던 집단에 대한 충성심에서 행동을 하지만, 그 집단의 구성원들은 거기서 아무런 의미도 볼 수 없다. 그럴 수밖에 없는 것이 그들은 교육이 개인적 출세와 결부되어 있다는 것을 공공연한 가치로 삼고 있는 사람들이고, 그가 새로 이주한 집단의 구성원들은 교육을 수단으로 해서 이미 개인적 출세를 이룬 사람들이기 때문이다. 하지만 바로 그렇기 때문에 그는 교육을 수단으로 개인적인 출세를 할 생각이 없다.

> "뜻밖이다, 클림. 지금 하는 일보다 더 나은 일이 어디 있단 말이냐?"
> "지금 하는 일이 너무 싫어요… 죽기 전에 무언가 가치 있는 일을 하고 싶어요."
> "그렇게 어렵게 일을 시작했는데, 그리고 이제 일을 계속하기만 하면 부자가 될 텐데… 그런 생각을 하다니 참 모를 일이구나 … 네가 스스로 세상에서 퇴보하는 길을 택할 줄은 정말 몰랐다…"
> "어쩔 수 없어요," 하고 클림은 불안한 목소리로 말했다.
> "왜 다른 사람들처럼… 살지 못하니?"
> "저도 모르겠어요. 다른 사람들이 열심인 모든 일이 제게는 별로 내키지 않는다는 것 말고는…"
> "그래도 지금 하는 일을 꾸준히만 하면 부자가 될 텐데… 아마 네 아버지를 닮아서 출세하는 데 싫증이 난 모양이다."
> "어머니, 출세란 게 도대체 뭐죠?"[7]

클림의 질문은 우리에게 친숙한 것이지만, 그러나 오랜 세월이 지난 지금도 이보다 적절하고 근본적인 질문은 없다. 이처럼 복잡한 압력들 속에서 토박이의 귀향은 아무래도 하찮은 가치밖에 없는 것이 되어 버리고, 어떤 행동을 해도 사람들은 그것을 그저 유별난 행동으로 보게 될 뿐

---

7) 같은 책, 같은 곳.

이다. 따라서 노동자들과 사회적으로 하나가 되고자 하는 클림의 소망은 그 특유의 소극적인 방식으로 실현될 수밖에 없다. 즉 그는 스스로 노동자가 되는 것으로 노동자들과 하나됨을 실현하는데, 이는 그의 애초의 계획을 훨씬 더 실현하기 어렵게 만든다. "일의 단조로움이 그의 슬픔을 위로하였다. 그리고 단조로움은 그 자체로 즐거운 것이었다."

하디는 이 모든 장면을 이해하고 주도적으로 관장한다. 그러나 압력은 또 다른, 별로 의식되지 않는 효과도 산출한다. 《안나 카레니나》의 레빈이 육체적 노동을 선택하는 데에는 클림과 비슷한 동기들이 일부 작용하지만, 그러나 결국 그것은 추상적 '자연'을 선택하는 것이 아니라 민중을 선택하는 것이다. 다시 말해서 자아를 잃게 만드는 자연의 힘을 선택하는 것이 아니라 함께 노동할 사람을 선택하는 것이다. 그러나 시골생활에 대한 하디의 애정을 논하는 일반적인 비평은 이 결정적 차이를 애매하게 처리한다. 그 애정의 대상이 '영원한' 황야나 숲인지 아니면 거기서 노동하는 사람들인지를 구분하지 않고 뭉뚱그려 하나로 취급하곤 하는 것이다. 인간을 위하겠다는 원래의 충동("그는 자신이 속한 계급을 사랑했다")은 사실 반인간적인 것이 될 수도 있다. 황야의 이미지와 클림이 황야에서 일하는 장면이 너무도 강력하게 시사하는 것처럼, 이 광활한 영원의 공간을 기어가는 동물로 인간을 볼 수도 있는 것이다. 당시 문학의 일반적 추이가 그러했지만, 하디는 결코 그것에 안주하지 않는다. 원래의 충동이 《이름 없는 주드》에서처럼 거듭 귀환하여 민중과의 더욱 엄밀한 일체화를 시도하는 것이다.

또한 귀향한 토박이는 단지 '외부의' 부유한 식자층 세계의 기준으로부터 분리되는 것만이 아니다. 그는 자신과 같은 길을 가보지 못한 민중으로부터도 어느 정도는 필연적으로 분리된다. 혹은 그보다 더 자주 일어나는 경우로서, 시골의 생활방식에 대한 낭만적 애착이라는 가면으로 자신의 분리를 은폐할 수도 있다. 이럴 경우 민중은 그저 도구적 존재로 존재할 뿐이다. 즉 풍경 속 인물로 존재하거나, 문학적 격조를 유지하는

데 실패한 때에는 민요 속 인물로 존재할 뿐이다. 이렇게 되면 일견 온정적으로 보이는 시선으로, 다른 사람들을 위해 사심 없이, '목가적 인간들'의 조야함과 편협함만이 아니라 그들의 픽처레스크한 아름다움과 거친 유머, 험한 옷 속의 순수성까지도 함께 관찰하는 것은 그리 어려운 일이 아니다. 하디 소설의 복잡성은 단지 이런 사태를 보여 주는 것일 뿐이다. 그는 특유의 후원자임을 자처하는 애정을 가미해서 시골의 관습과 예스러움을 외부에서 관찰하는 것으로부터 시작하여(《푸른 나무 그늘 아래》), 인간적인 깊이와 충성심을 보이며 자연의 직관들과 공동노동의 가치들에 대단히 적극적으로 공감하는 단계를 거쳐(《숲 속의 사람들》), 여러 가지 한계들 — 자연에 매혹되거나 그것에 향수를 느끼거나 그것을 단순한 신비주의의 대상으로 삼는 것 등으로는 해결할 수 없는 한계들, 인간들 모두가 속한 현실 생활 속에서, 그리고 부유한 식자층과 무지하고 빈곤한 사람들이 유기적으로 연결된 현실 생활 속에서, 저마다 감내하며 살아가는 그러한 한계들 — 을 인간적으로 인식하는 훨씬 인상적이고 어려운 지점에 도달(《귀향》의 일부와 《테스》, 《주드》)하는 것으로, 분리된 토박이의 전 과정을 완료한다. 그러나 우리가 이러한 구분을 하고, 반응의 다양성을 마땅히 필요한 만큼 명료하게 판별하려면, 독학자나 시골사람이라는 상투적 이미지를 넘어 그의 진정한 정체성 — 사회 전반에 걸쳐 근본적인 변화가 일어나고 있던 시대를 살았던, 교육받은 관찰자이자 열정적인 참여자 — 을 보아야 한다.

하디의 글은, 혹은 추상적으로 그의 문체라 부를 수 있는 것은, 내가 지금까지 묘사해 오고 있는 위기 — 토박이의 귀향 — 에 영향을 받은 것이 확실하다. 우리는 하디가 자신의 문체에 대해서 고민했고, 그래서 당시의 교양인들의 통념에 따라 디포, 필딩, 애디슨, 스코트와 《타임스》를 — 마치 그들이 문제 해결에 도움을 줄 수 있기나 한 것처럼 — 연구할 수밖에 없었다는 사실을 안다. 문체 문제에서 어느 경우에나 결정적이었던 것은 그의 복잡한 작가적 위치였다. 즉 시골을 공허한 자연이 아니면 자기보다 저급한 사람들의 노동 장소라고 거의 불가피하게 생각할 수밖에 없던 사람들을 대상으로 하여, 시골에 관한 글을 쓰는 작가였다는 사실이다. 일반적으로 그의 강점들로 간주되어 온 것 — 민요적 이야기 형식, 전통적 담화(*speech*) 형식들을 문학적으로 길게 모방하는 따위 — 은 내가 보기에는 주로 그의 약점들에 해당한다. 이런 종류의 것들은 바로 그의 독자들이 기대하는 바였다. 말하자면 그의 독자들은 다양한 인간들이 아니라 하나의 '전통'을 기대하고 있었다. 하디의 주요 소설은 연속성이 아니라 문자 그대로의 혼란과 단절을 전달해야 했으므로 이런 장치들은 어떤 경우에든 도움이 될 수 없었다. 하디의 문체 문제를 테스가 사용하는 두 가지 언어들 — 의식적인 식자층 언어와 무의식적인 전통 언어 — 과 연관하여 논하는 것은 쉬운 일일 것이다. 그러나 그러한 대조는 시사적이긴 하되 적절하지는 않다. 왜냐하면 두 언어 모두 하디의 경험을 전달하는 데는 도움이 되지 않을 것이기 때문이다. 궁극적으로 볼 때 두 언어 모두 표현력이 충분하지 않다. 식자층의 언어는 격렬한 감정에 둔감하고 인간미가 부족하며, 전통적 언어는 무지 때문에 위축되어 습관에 안주하고 있다. 하디의 소설에는 그가 이 두 언어에 굴복한 흔적이 뚜렷이 남아 있지만, 그러나 그의 원숙기 저작의 주요 부분은 그보다 어렵고 복잡한 실험이다. 예컨대 다음과 같은 대목을 보라.

> 계절은 점점 무르익어 갔다. 새로운 한 해의 분량에 해당하는 꽃과 잎, 밤꾀꼬리와 개똥지빠귀, 콩새와 또 다른 덧없는 피조물들이 새로 자리를 잡았다. 1년 전만 해도 그 자리는 다른 것들이 차지하고 있었고, 이들은 아직 배종세포(胚種細胞)와 무기물의 입자에 불과했었다. 그러나 이제 아침 햇살은 새싹을 틔워 기다란 줄기로 뻗어나게 하고, 소리 없는 관으로 수액을 밀어 올려 꽃잎을 열고, 보이지 않는 숨결로 향기를 뿜어내게 했다.
>
> 낙농장 주인 크릭의 집에서 일하는 일꾼들은 편안하고 조용하고 심지어 즐겁기까지 한 나날을 보내고 있었다. 그들의 처지는 어쩌면 사회 계

> 층 전체에서도 가장 행복한 편에 들었을 것이다. 그들은 궁핍한 수준은 면하고 있었고, '예절'이 자연스런 감정을 구속하기 시작하거나 진부한 유행을 좇느라 풍족함을 하찮게 여기는 수준에는 도달하지 않았기 때문이다.
>
> 이렇게 해서 마치 나무처럼 자라나는 것이 자연계의 유일한 목적인 듯한 신록의 계절도 지나갔다. 테스와 클레어는 무의식중에 서로를 탐색하고 있었으나, 항상 열정의 가장자리에서 망설일 뿐 그 속으로 빠져들지는 않는 것 같았다. 그래도 그들은 한 골짜기를 흐르는 두 물줄기처럼 필연적 법칙에 의해 분명히 가까워지고 있었다.[8]

이것은 하디의 최고의 구절도 아니고 최악의 구절도 아니다. 단지 이 구절은 단일한 목적으로 작성된 것으로 볼 수밖에 없는 글에서도 대단히 복잡한 압력들이 작용함을 보여 준다. "나무처럼 자라나는 것이 자연계의 유일한 목적인 듯한 신록의 계절"이라는 표현은 '식자층'의 과장된 문체의 예지만, 일견 유행에 따른 것일 뿐으로 보이는 "예절"(*convenance*) 이란 단어는 감정을 정확하게 전달한다. "한 해의 분량"(*year's instalment*) 이라든가 "덧없는"(*ephemeral*) 은 아무래도 식자층의 관점이라 불러야 할 어떤 것의 표현력을 보여 주는 문장 속에 나오긴 하되, 역시 정확한 표현들이다. "배종세포(*germ*) 와 무기물의 입자"라는 표현에 들어 있는 자연 과정에 대한 의식(물론 하디는 다윈에게서 이런 지식을 배웠다. 다윈은 밀과 함께 하디의 중요한 지적 원천이었다) 이, 더 직접적이고 감각적으로 더 큰 즐거움을 주는 봄의 풍경과 냄새에 따라오는 것은, 하디의 의도를 달성하는 데 필수적이었다. "낙농장 주인 크릭의 집에서 일하는 일꾼들"의 더욱 단순하고 투박한 추상화로 돌아가는 것은 이득이 아니라 손실이었다. 그 대목은 피상적으로 보면 시골 사람의 말로 들릴지 모르나, 실은 객관적 관찰자의 관심이 저급한 수준으로 떨어졌을 때의 음성이기 때문이다. 하디가

---

8) *Tess of the D'Urbervilles*, 20장; 《테스》, 154~5.

모든 언어 자원을 풍부하게 구사할수록 엄밀한 관찰자로서 그의 글은 그만큼 더 적절해진다. 식자층의 언어이면서 현실참여자의 언어이기도 한 "무의식중에 서로를 탐색하고 있었다"는, "한 골짜기를 흐르는 두 물줄기"보다 더 힘이 있다. 왜냐하면 "한 골짜기를 흐르는 두 물줄기"는 "물리칠 수 없는 법칙"의 제스처와 마찬가지로 모조품 같은 느낌을 주는 표현으로서, 이 경우에는 농촌소설가를 연기하는 남자의 말이기 때문이다.

하디의 원숙기 문체는 두 방향에서 위협을 받는다. 하나는 '라틴풍' 용어나 구문을 의식적으로 구사하는 것인데, 우리는 이를 보여 주는 개별 사례들을 얼마든지 들 수 있다 (그리고 교육을 열심히 받은 우리 모두는 진작에 이러한 일을 해 오고 있다). 그러나 또 다른 방향에서 하디의 원숙기 문체를 위협하는 요소인 작위성은 예의 후원자를 자처하는 태도 속에서 시골 사람의 말로 쉽게 받아들여질 뿐, 별로 주목을 받지 않았다 (때로는 정말 문자 그대로 시골 사람이 말을 하기도 한다. 작위적으로 꾸민 픽처레스크한 배경 속에서 말이다. 이 경우에는 작가가 후원자를 자처하는 태도로 소설 속 시골 인물들을 대하는 것이다). 원숙기 문체 자체는 분명 식자층의 문체이다. 식자층 문체의 확장된 어휘와 복잡한 구문은 하디의 기본적 자세이자 특징인 강력하고 정확한 관찰에 필수적이다.

> 동틀 무렵의 희미한 중간색은 해질녘의 희미한 중간색과 밝기의 정도는 같을지 몰라도 근본적으로 성격이 다르다. 아침의 박명(薄明)에는 빛이 살아 움직이고 어둠이 무기력하다면, 저녁의 박명에는 살아 움직이며 커져가는 것은 어둠이요, 졸린 듯 물러서는 것이 빛이다.[9)]

이것은 자신이 관찰하고 있는 세계에 여전히 깊이 연루되어 있는, 교육받은 관찰자이다. 그리고 우리는 이러한 구절의 지방적 성질(*local quality*)에서 의심의 여지가 없는 중요 소설 작품의 어조를 듣는다.

---

9) 같은 곳.

문제를 복잡하게 하는 것은 이것이 하디가 유지하기에는 너무도 힘들고 불안한 입장이라는 사실이다. 의식적으로 역사를 배우고 자연과 인간 행동을 학습하여 통찰력을 확보하지 않는다면, 확장된 인간의 관점에 입각하여 관찰하는 것은 전혀 불가능하다. 요즘 사람들이 '영원성'이라 부르는 것을 느끼는 감각 — 사실 이것은 역사, 고분, 로마인의 유적, 가문의 흥망, 교회의 명판과 기념비 등을 느끼는 감각이다 — 조차 앞에서 말한 것처럼 교육의 작용이다. 전통을 진정하게 감지하는 사람은 오직 전통에 관한 책을 읽은 사람뿐이다. 설혹 그러한 감각을 통하여 보는 것이, 그 자신의 역사라 할 수 있는 또 다른 종류의 기억과 경험(가족과 유년 시절, 사람들과 지역들의 긴밀한 연관 관계)에 의해서 이미 그와 깊게 연결되어 있는 고향이라 할지라도 사정은 마찬가지이다. 사실 전통을 이 두 방식 — 고향과 경험에 입각한 방식과, 교육받은 사람의 의식적인 탐구에 입각한 방식 — 모두를 통해서 보는 것이 하디의 특별한 재능이다. 그러나 과거와 현재에 대한 이처럼 복합적인 감각 속에서 살아 있는 인간을 보는 것은 또 별개의 문제이다. 하디는 관찰자이기도 한 참여자로서 본다. 긴장이 발생하는 것은 바로 이 때문이다. 왜냐하면 하디의 관찰을 가능하게 한 과정은, 하디의 시대에는 계급적 감정과 계급적 분열과 결부되어 있다는 점에서, 결정적인 소외를 포함하는 과정임이 너무도 분명하기 때문이다.

> 에인절이 점점 사회적으로 적응하기 힘들어진 것을 이 두 사람이 감지했다면, 에인절은 이 두 사람의 정신적 한계가 점점 커지는 것을 감지했다. 에인절이 보기에 필릭스는 오로지 교회뿐이었고 커스버트는 오로지 대학뿐이었다. 필릭스에게는 교구의 종교회의와 주교의 교구시찰이 세계의 원동력이었고, 커스버트에게는 케임브리지가 그러했다. 문명사회에는 대학인도 아니고 성직자도 아닌 수천만의 하찮은 외부인이 있으나, 두 사람이 보기에 그들은 평가하고 존중해 주어야 할 사람들이 아니라 너그럽게 관용해야 할 사람들일 뿐이었다.[10]

이러한 구절은 때로 하디의 신랄함이라고 불리지만, 실은 냉정하고 정당한 관찰일 따름이다. 심각한 사회적 편견과 그것이 초래한 인간적 소외에 갇혀 있는 당시의 식자층 세계에 대하여 하디가 보고 느끼는 것이 진실임은 너무도 명백하다. 그렇기 때문에 우리로서는 현대 비평가들이 여전히 그 세계 — 수백만에 달하는 주드와 같은 사람들을 거칠고 냉정하게 무시했던 세계 — 에 꽤나 일체감을 느끼며, 그 세계가 구사하던 낡아빠진 정치적 전략의 문학적 등가물을 기꺼이 수행하고 있다는 사실이 그저 놀라울 뿐이다. 당시 식자층의 낡아빠진 정치적 전략이란, 신랄함이나 단순한 계급적 사고가 실제로는 민중을 배제하는 자신들의 특징임에도 불구하고, 그것에 항의하는 민중의 특징으로 전가하는 것이었다. 그러나 관찰자가 교육의 세계를 고수하면서도 기존의 식자층과는 공감할 수 없는 바에야 그가 느끼는 고립감은 심각하다. 그것은 도시풍의 옷을 입고 어색해 하는 시골 사람이 아니라, 교육과 계급의 관계 — 지성과 동지적 유대감의 관계로 현실화되는 — 의 전반적 위기 속에서 자신의 개인사에 사로잡힌 사람이 느끼는 의미심장한 긴장이다. 긴장에는 물론 어색함, 신랄함의 분출, 향수 등이 동반된다. 그가 클레어 형제에 대하여 다음과 같이 말할 때처럼 말이다.

> 아마도 다른 많은 사람들과 마찬가지로 그들에게도 관찰의 기회보다는 말로 표현할 기회가 더 많았던 것 같다.[11]

교육의 목적이 계급 구성원들을 조련하여 그들을 자기 자신의 정열로부터 확실히 분리하는 동시에 다른 사람들로부터도 분리하는(왜냐하면 이 두 과정은 서로 긴밀하게 연결되어 있기 때문에) 것인 시대에, 이런 지적은 결국 무의미하다. 하디는 이런 과정이 다른 사람들의 내부에서, 그리고

---

10) *Tess* 25장; 《테스》, 193.

11) 같은 곳.

한 계급의 내부에서 진행되고 있음을 볼 수 있다. 그러나 하디 소설의 진실은 그 자신이 이러한 분리 과정을 경험했고, 그것을 자각했다는 것이다. 그 분리 과정은 역설적인 것이었는데, 왜냐하면 더 공통적인 경험이 여전히 가까운 곳에 실제로 존재하고 있었기 때문이다.

우리는 이러한 복잡한 압력을 염두에 두면서, 하디가 묘사하고 있던 시골을 보아야 한다. 그가 그처럼 정확한 대응을 할 수 있었던 것은 그 자신의 유동성이 유동하고 변화하는 사회의 일부였기 때문이다. 도셋셔 노동자에 관한 훌륭한 에세이 — 윌트셔 노동자에 관한 제퍼리즈의 에세이와 비교할 수 있을 만한 — 에서 그는 다른 사람들을 그런 식으로 보았다.

> 그들은 개성을 잃어가고 있다. 그러나 그들은 사고의 범위가 확장되고 자유가 신장되고 있다. 낭만적인 구경꾼들의 즐거움을 위해서 그들이 계속 정체된 구닥다리로 남아 있기를 바란다면 그것은 너무 심한 처사이다.[12]

이 이중적 운동 — 개성을 상실하는 동시에 속박에서 자유로워지고, 불안정이 증가하는 동시에 이득이 늘어나는 — 은 실제 농촌 세계의 특징이자 하디 자신의 특징이다.

> 철도가 개통되고, 우편제도가 보급되고, 제초기와 수확기계가 사용되고, 구빈원 제도가 완비되고, 유황성냥이 사용되고, 글을 읽고 쓸 수 있는 노동자들이 생겨나고, 국민학교(National School)에서 학생들이 공부하는, 근대적 웨섹스.[13]

우리는 하디가 이런 근대성을 인식했다는 사실뿐 아니라, 그가 열거하

---

12) H. Orel ed., *Hady's Personal Writings*(London, 1967), 181에 재수록.

13) *Far from the Madding Crowd*, 서문.

는 근대화의 거의 모든 특징이 그가 태어나기 전에 생겨났다는 사실(철도는 하디가 일곱 살이었을 때 도셋에 부설되었다)에도 유의해야 한다. 변화의 영향은 물론 이후에도 지속되었다. 경제의 전반적 변화의 복잡한 영향은, 농촌 사회의 다양한 지역들과 부문들에 서로 대조적인 영향을 미치는 가운데 — 그래도 인구의 도시 유출은 여전히 농촌 사회의 일반적인 경향이었지만 — 서서히 확산되었다. 시골은 영원하지 않았지만 그렇다고 정체된 곳도 아니었다. 사실 위기가 독특한 형태를 취하게 된 것은 변화가 장기간에 걸친 것이었기 때문이다. 하디도 변화가 장기적인 성격을 갖는다는 것을 알고 있었다. 그는 변화가 사회 전체에 초래한 전반적 결과들을 보면서, 그러나 또한 내적인 과정들과 그것들이 농촌의 사회구조에 미친 복잡한 결과들도 보면서, 이 장기적 과정을 대단히 세밀하게 기록하고 설명하였다. 《테스》의 다음과 같은 구절에서처럼.

> 하지만 농촌 생활에서 눈에 띄게 늘어나는 변화는 오로지 농촌 내부의 불안정 때문만은 아니었다. 이농 현상이 함께 벌어지고 있었던 것이다. 마을마다 전에는 농사를 짓는 노동자들과 함께 이들보다 분명히 상위 계급이라고 할 수 있는 흥미롭고 좀더 유식한 계급 — 테스의 부모도 이 계급에 속했다 — 이 있었는데, 여기에는 목수와 대장장이, 제화공, 도붓장수를 비롯해 공장 노동자를 제외하고 성격 규정이 힘든 일꾼들이 속했다. 이 일련의 사람들이 인생의 목적과 행동에서 어느 정도 안정을 유지할 수 있었던 것은 그들이 테스의 아버지처럼 종신차지농이거나 등본보유농, 아니면 이따금 찾아볼 수 있는 소규모 자유보유농들이었기 때문이다. 하지만 장기간에 걸친 임대가 끝나면 다시 비슷한 처지의 다른 소작인들에게 임대가 이루어지지 않았다. 주인은 자기 일꾼들에게 꼭 필요한 경우가 아니면 대개 그 집을 헐어버리고 말았다. 토지에 직접 고용되지 않았던 오막살이농은 가혹한 대접을 받았다. 이렇게 해서 일부가 쫓겨나면 그들과 관련된 다른 생업에 종사하던 사람들도 생계가 힘들어져서 역시 떠날 수밖에 없게 되었다. 과거에 마을 생활의 근간을 이루었고 마을 전통을 전승시켜 주었던 이 가구들은 큰 도시로 나가 피

> 난처를 찾는 수밖에 없었다. 통계학자들은 이를 '농촌 인구의 도시 집중 경향'이라고 재미있게 말하지만, 실상 그것은 기계를 써서 물을 강제로 끌어올리는 경향인 셈이다.[14]

여기에는 도시가 시골을 강탈한다는 조잡하고 감상적인 시각을 훨씬 넘어서는 무엇인가가 있다. 농촌 사회 자체에서 시작된 압력들을 정확하게 포착하고 있으며, 그것들에 기계적인 차원이 아니라 인간적이고 사회적인 차원을 부여하고 있는 것이다.

사실 하디가 묘사하는 현실적 관계들에 시골사람을 오래전부터 변하지 않은 인물로 보는 신목가적인 관습을 억지로 덧씌우거나, 혹은 번창하던 시골이 곡물법 철폐나 철도 개통이나 농기구의 도입으로 붕괴되고 있다고 보는 시각을 덧씌운다면, 우리는 하디가 보여 주려고 하는 거의 모든 것을 놓치게 된다. 예컨대 곡물법의 철폐나 값싼 외국 곡물의 수입은 도셋에 별다른 영향을 주지 않았다. 뿐만 아니라 주로 낙농과 혼합영농에 종사하던 지역인 도셋은 철도 개통으로 런던에 우유를 쉽게 공급할 수 있게 된 덕분으로 직접적인 상업적 이익을 얻었다. 이러한 경제적 추이를 하디는 《테스》에서 그 특유의 방식으로 정확하게 묘사한다.

> 그들은 희미한 불빛이 있는 곳에 이르렀다. 불빛은 조그마한 철도역의 연기투성이 등잔에서 새어나오고 있었다. 지극히 초라한 지상의 별이었지만, 어떤 의미에서 탈보테이즈의 낙농장과 사람들에게는 그것과 현격한 대조를 이루는 천상의 별보다 더 중요한 존재였다. 새 우유를 담은 우유통이 빗속에서 내려지는 동안 테스는 근처 호랑가시나무 밑에서 겨우 비를 피했다 …
>
> … "런던 사람들은 내일 아침에 저걸 마시겠네요, 그렇죠?" 그녀가 물었다. "우리는 한 번도 본 적이 없는 낯선 사람들이 말이에요 … 그 사람들은 우리가 누군지, 우유가 어디서 왔는지도 모를 테고, 또 우유가 제

---

14) *Tess*, 51장; 《테스》 435.

> 시간에 배달되도록 우리 두 사람이 오늘밤 몇 마일이나 비를 맞으며 벌판을 달려왔다는 것도 알 리가 없겠죠?"15)

지금껏 없던 현실적인 관계가 생겨나지만, 그 안에서는 지식과 상황의 단절이 발생한다. 이것이 이 근대 농촌 세계의 특징이다. 이제 전체 경제는 도시 시장과 공업 시장이 점점 더 조직화되어 가는 가운데 국내의 농촌경제(그것은 본질적으로 시장에 종속되어 있었고, 이제는 시장의 수요를 단지 부분적으로만 충족시킬 뿐이었다)에 조금은 우연적인 영향 — 즉 어떤 곳에서는 새로운 수요를 창출하지만, 다른 곳에서는 경제 붕괴와 가격 하락을 야기하는 식의 영향 — 을 미치고 있었다. 그러나 멀리서 움직이고 작동하는 시장의 힘은 농촌 경제 자체에도 뿌리를 깊게 내리고 있었다. 시장의 힘은 지대와 거래 제도에, 소유권과 차지권에 내재한 위험들에, 좋은 토지와 나쁜 토지에서 일하는 노동자들의 서로 다른 노동 조건들에, 혹은 (탈보테이즈와 플린트콤애쉬의 대조에서 확인할 수 있는) 마을들의 서로 다른 사회적 조건들에, 전반적인 변화와 개인사가 상호 작용하면서 개인들과 가족들이 차별적으로 경험하는 사건들 — 파멸하거나 살아남고, 토지를 포기하거나 계속 경작하는 장면들이 교차하는 복잡한 무대들 — 에, 이미 뿌리를 깊게 내리고 있었던 것이다. 이것이 하디의 실제 사회였다. 우리는 '시골의 생활방식'이라는 말끔한 추상화를 선택하는 것으로 이를 은폐할 수 없다.

개별 공동체의 생활 속에는 이러한 지배적 사회 구조를 초월하는 일정한 연속성이 존재했던 것이 사실이다(그렇긴 해도 구전문화〔口傳文化〕가 여전히 잔존하던 곳에서는 불과 2, 3세대 동안 지속되었을 뿐인 현상을 영원한 것으로 오인하는 사례가 적지 않았다). 그리고 많은 농촌의 풍경에는 대단히 오래된, 그리고 변하지 않는 경우가 많은, 물리적 특징들이 존재하는 것 또한 명백한 사실이다. 이 물리적 특징들의 시간적 척도는 사회 변

---

15) *Tess*, 30장; 《테스》, 227~8.

화의 시간적 척도와 다르다. 하디는 이러한 것들에 대단한 중요성을 부여했는데, 그의 감정의 구조 전체를 감안하면 이는 사실 놀라운 일이 아니다. 그러나 하디와 같은 소설가라면 응당 그렇게 될 수밖에 없었지만, 당면한 압력들 속에서 발생하는 인간들 간의 직접적이고 현실적인 관계들이 그 모든 요소들을 압도하였다. 그리고 예로부터 변하지 않고 남아 있는 것들은 기껏해야 그 현실적 관계들을 조정하고 해석하는 역할을 할 뿐이었다.

그렇다면 하디의 인물들이 받는 압력들은 그들이 생활하는 체제 내부에서 비롯된 것이며, 그 체제 자체는 이제 더 광범위한 체제의 일부이다. 내부적 농촌성과 외부적 도시성이라는 단순한 주장은 존재하지 않는다. (《광란의 무리를 멀리하고》의 — 역자) 가브리엘 오크가 독립적 농장주에서 고용된 노동자로, 그리고 토지관리인으로 변화하는 것은 도시성이 도래하기 때문이 아니라 소자본 영농에 내재한 위험 때문이다. (《캐스터브리지의 시장》의 — 역자) 헨차드가 파멸하는 것은 낯선 상거래 관행이 새로 도입되기 때문이 아니라 그가 자초한 사업상의 문제 때문이다. 즉 과거에 사람을 투기의 대상으로 삼았던 것처럼 이제 곡물을 투기의 대상으로 삼기 때문이다. 겉으로 드러나는 생활방식의 모든 측면에서 헨차드는 상인, 그것도 파괴적인 상인인데, 그 때문에 그가 가진 모처럼의 장점도 무색해져 버린다. (《숲 속의 사람들》의 — 역자) 그레이스 멜버리는 세련된 세계의 '유혹에 넘어가는' 시골 소녀가 아니라 성공한 목재상의 딸이다. 그녀의 아버지는 사업에서 성공한 후 나름의 사회적인 기대를 가지고 딸에게 세련된 교육을 시킨다. 테스는 향사의 유혹에 넘어가는 농촌 소녀가 아니다. 그녀는 은퇴한 공장주의 아들의 유혹에 넘어가는, 종신차지농 겸 행상인의 딸이다. 그런데 이 공장주 일가는 돈으로 저택과 유서 깊은 가문의 이름을 사들인다. 테스의 아버지와 압력에 굴복한 테스 자신이 몰락하는 것도 비슷한 과정에 의해서이다. 즉 유서 깊은 이름과 자부심은 그것에 종속된 사람들의 몰락과 동전의 양면과 같은 관계인 것이다. 한 가문이 흥하고 다른 가문이 망하는 것은 소유권에, 그리고 그것에 종속된 사람들의 생활에, 공통적으로 해로운 결과를 낳으며 몇 세기에 걸쳐 계속되어 온 역사이다. 고지절(告知節)의 이동들,[16] 고용시장들, 오만한 지성을 지닌 사제, 허물없는 호농, 재산을 엉뚱한 곳에 소비하는 여지주. 이 모두는 헌신적인 직인, 노동자 집단, 초원에서의 춤과 마찬가지로 '전원적 생활방식'의 일부이다. 하디는 (《숲속의 사람들》의 — 역자) 마티 사우스가 서까래를 만들거나 테스가 순무 밭에서 일하는 장면들에서 노동의 현실을 본다. 그러나 그는 또한 영속적인 자연 과정 속에서 그것과 끊임없이 교차하는 가혹한 사회적 과정들이 상속, 자본 축적, 지대 징수, 상거래를 통하여 진행됨을 보기도 한다. 이러한 상호작용 속에서 자본주의적 영농과 상거래가 발전함에 따라 만성적인 불안이 조성될 뿐 아니라 계급과 소외의 사회적 과정 또한 발생한다. 그렇기 때문에 하디가 기록하는 심각한 혼란들을 시골과 도시를 대비하는 신목가의 감상적 관점에서 볼 수는 없다. 하디는 불안정하고 소외된 개인들을 그의 소설의 중심에 놓지만, 그들은 사회 전체의 불안정과 소외가 가장 현저하게 드러나는 사례들일 뿐이다. 그렇다고 해서 그들이 생활방식의 이러한 변화를 단순히 예시하는 데 그치는 것은 결코 아니다. 각 개인은 두드러진 개인사를 지니며, 그 개인사는 심리학적인 측면에서 변화의 사회적 성격과 직접적인 관계가 있다.

구조 자체가 변화하는 가운데 사회적 이동이 이루어지는 결과 발생하는 가장 직접적인 결과들 중 하나는 결혼 상대의 선택이 어려워지는 것이다. (《광란의 무리를 멀리하고》에서 — 역자) 볼드우드와 오크를 두고 바스세바가 하는 선택, (《숲속의 사람들》에서 — 역자) 자일스와 피즈파이어즈를 두고 그레이스가 하는 선택, 아라벨라와 수를 두고 주드가 하

---

16) (역주) The Lady Day: 천사 가브리엘이 마리아에게 예수의 잉태를 알린 것을 기념하는 날. 3월 25일. 테스 가족은 고지절에 다른 곳으로 이주하는 신세가 된다.

는 선택에서 볼 수 있듯이, 이런 상황은 개인적인 동시에 사회적인 성격을 갖는 관계들 속에서 반복해서 나타난다. 특수한 계급적 요소와 그 계급적 요소에 대해서 불안한 경제가 미치는 영향이 개인적 선택의 일부를 구성한다. 개인적 선택이란 결국 근본적으로는 어떤 생활방식을 선택하는 문제, 다시 말해 이런저런 사람과 하나가 됨을 통해서 특정한 정체성을 선택하는 문제이다. 여기서 중요한 점은 잘못된 결혼(하디는 이 문제에 대하여 줄곧 깊은 관심을 보인다)의 내용이 피츠파이어즈처럼 냉담한 식자층을 선택하는 것일 수도 있고, 아라벨라처럼 저속한 대상을 선택하는 것일 수도 있다는 사실이다. 어느 쪽에도 정신적으로 안주할 수 없는 사람의 심층적 상황이 여기서 실로 극적으로 드러난다. 사회적 소외가 사람의 내면에 침투하여 사랑을 이루는 능력까지 깡그리 파괴하는 것이다. 오크와 바스세다의 결혼은 엄청난 고난을 겪은 후 결국 안정을 찾는 사례이지만, 이 사례에까지도 시기를 놓쳤다는 느낌과 어쩔 수 없다는 체념의 분위기가 존재한다. 하디가 중압감 속에서 때로 이러한 특수한 좌절을 일반화하여 당시의 퇴폐적 사상과 너무도 잘 어울리는 일종의 숙명론으로 만든 것은 사실이다. 마찬가지로 그가 자본주의적인 토지 활용 때문에 토지와 인간의 긴밀한 관계가 파괴되고 있는 현실을 목격하면서 그 긴밀한 관계가 여전히 건재함을 강조한 나머지, 공허한 자연, 스톤헨지가 대표하는 종족적 과거, 고분 등과 같은 궁극적으로 부정적인 의미를 갖는 이미지들—이러한 이미지들 속에서 최소한 단독의 관찰자는 과거로부터 직접 전승되는 지식의 흐름을 느낄 수 있을 것이라고 하는—을 만들어내는 경우가 더러 있었던 것도 사실이다. 그러나 이런 경우까지도 하디는 경작이 불가능한 황무지와 살풍경한 바위 유적들을 엄밀하게 묘사하는데, 목가와 반대되는 것으로 의도된 듯 보이는 이러한 묘사 속에서 그것들이 인간에게 부정적인 의미를 갖는다는 사실이 확인된다. 그것들은 이런 과정을 통해서 시공간적으로 하디 당대를 지배하던 혼란상과 매우 멀리 떨어져 있음에도 인간의 전반적 소외를 보여 주는 특별한 기념물들이 되는 것이다.

그러나 시종일관 이러한 어려움에 직면하고 있었던 하디와 관련하여 우리가 주목해야 할 가장 중요한 사실은, 이처럼 힘겨운 사회적 이동이 시작된 이래 주요 소설가들 중 그 누구도 하디처럼 모든 압력을 이겨내며 일상적 생활과 노동의 과정들을 소설의 중심 주제로 형상화하는 데 성공한 사람은 없었다는 것이다. 우리가 현실과 동떨어진 개괄적인 견해 — 시골의 힘과 농촌의 힘이 서로 대립한다고 보는 추상적 사고 — 에 동조하여 하디가 신중하게 결합했던 것을 분리한다면, 바로 이 사실을 놓치게 된다. 가장 널리 알려진 예는 《테스》에 나오는 유명한 탈곡기 묘사 장면이다. 비평가들은 이 장면을 추상화하여 《테스》가 본질적으로 인간적인 시골과 이질적인 산업주의의 대립을 중심으로 진행되는 소설이라는 주장을 종종 전개했다.

> 낟가리 처마 바로 밑에는, 아직 눈에 잘 들어오지는 않지만 여자들이 모셔야 될 빨건 폭군 — 피댓줄과 바퀴가 달린, 목재로 뼈대를 만든 구조물 — 즉 탈곡기가 놓여 있었고, 그것은 작업을 하는 동안 계속 그들의 근육과 신경에 폭군처럼 인내를 요구하였다.
>
> 조금 떨어진 곳에 모습이 흐릿하게 보이는 기계가 또 하나 있었다. 그것은 검은 색이었고 엄청난 힘을 뒤에 감추고 있는 듯 무엇에 짓눌린 것처럼 쉭쉭거리는 소리를 내고 있었다. 물푸레나무 옆으로 높이 솟아오른 기다란 굴뚝과 그쪽에서부터 뿜어져 나오는 뜨거운 기운은, 날이 더 밝지 않아도 거기 있는 바로 그것이 이 작은 세계의 원동력으로 사용될 발동기라는 것을 말해 주고 있었다. 발동기 옆에는 키가 껑충하고 시커먼 그을음투성이의 사내가 무엇에 홀리기라도 한 듯 꼼짝도 하지 않고 석탄 무더기에 붙어 서 있었다. 발동기 기사였다. 모습과 얼굴색이 얼마나 유별난지 그는 도벳(항상 뜨거운 불이 타오르는 불지옥 같은 곳 — 역자)에서 온 사람 같았다. 그는 이곳 토박이들을 깜짝 놀라게 할 생각으로 누런 곡식과 허연 흙만이 존재할 뿐인, 자신과는 도대체 닮은 점이라고는 없는 이 투명한 고장에까지 흘러든 것처럼 보였다.[17]

그러나 낯선 기계에 대한 이처럼 강렬한 묘사 때문에 그것이 또한 행위—탈곡기의 현실적 작동—를 보여 준다는 사실을 놓쳐서는 안 된다. 탈곡기가 들판에 설치되어 여러 시간 작동되는 것은 산업주의가 아니라 한 농장주가 그것을 임대했기 때문이다. 그리고 탈곡기 주변의 사람들 모두는 탈곡기의 작동과 농장주의 요구에 뒤처지지 않기 위해 애를 쓰고 있다.

> 오후는 이렇게 하여 지루하게 흘러갔다. 밀 낟가리는 점점 낮아지고 짚가리는 더 높이 올라갔으며 밀을 담은 부대들은 짐마차로 실려 나갔다.
> 여섯 시쯤 되자 낟가리가 어깨 높이 정도가 되었다. 남자와 테스가 먹여 준 엄청나게 많은 밀단—그 대부분은 테스의 젊은 손을 거쳐갔다—이 그 탐욕스러운 대식가의 목구멍으로 넘어갔지만, 여전히 탈곡이 안 된 채 손도 못 대고 남아 있는 밀단은 셀 수도 없을 정도였다…
> … 숨을 헐떡이는 고통이 낟가리를 관통했다. 밀단을 먹이던 남자는 지쳐 있었고, 테스는 그의 시뻘건 목덜미가 먼지와 검불로 뒤범벅이 되어 있는 것을 볼 수 있었다. 그녀는 꼼짝도 하지 않고 자리를 지켰지만, 땀을 뻘뻘 흘리는 그녀의 달아오른 얼굴에는 진한 얼룩이 져 있었고, 하얀 모자는 밀짚이 쌓여 갈색으로 변해 있었다. 테스의 자리는 기계 위였기 때문에 기계가 도는 대로 몸을 떠는 여자는 테스밖에 없었고, 낟가리가 줄어들면서 마리안과 이즈도 멀어져서 그녀는 이전처럼 그들과 자리를 바꿀 수도 없었다. 세포 조직 하나하나까지 떨릴 만큼 진동이 끝없이 계속되면서 그녀는 감각조차 마비되는 것 같이 멍한 상태가 되어 무의식중에 팔만 계속해서 움직였다.[18]

노동자들의 얼굴들과 신체들에 주목한다는 점에서 우리는 이 구절을 크랩과 연결할 수 있지만, 그러나 또한 크랩의 경우보다 발전한 부분도 확인할 수 있다. 그것은 인물들을 개별화하면서도 그들이 처한 공통적 상

17) *Tess*, 47장; 《테스》, 400.
18) *Tess*, 48장; 《테스》, 410~11.

황을 배제하지 않는, 결정적인 발전이다. 왜냐하면 여기서 우리는 소녀인 동시에 노동자인 테스를 보기 때문이다. 그녀의 의식과 행동이 단절되는 것은 농장 생활의 일부인 만큼이나 그녀의 개인적 정서의 일부이기도 하다. 이 구절이나 작중 다른 구절에서 테스가 중대한 정서적 결단들을 내릴 때, 그녀는 노동을 하고 있다. 그녀가 알렉과 재회하는 것은 탈곡작업의 고통과 먼지 속에서이다. 하디는 이렇게 하여 그 깊이의 면에서 모든 농촌 관련 저술을 넘어서는 새로운 완성의 경지에 도달한다. 즉 애정과 노동, 노동의 고통과 선택의 고통이 모두 하나의 차원에 존재하게 되는 것이다.

그렇다고 하디가 노동의 압력이나 고통만을 강조하는 것은 아니다. 그는 노동을 학습과 인간관계의 중심적인 장으로 보는 빼어난 통찰력을 종종 발휘하기도 한다.

> 두 사람은 함께 나무를 심고 함께 나무를 벌목하였다. 세월이 흐르는 동안 두 사람은 희미한 부호와 상징들을 함께 마음속에 수집하였다. 그 상징들은 몇 개만 보면 도무지 무슨 뜻인지 알 수 없지만, 모두를 모아서 맞춰 보면 알파벳으로 의미를 갖는 것이었다. 어둠 속에서 작은 나뭇가지들을 헤치고 나아갈 때 얼굴을 스치는 가지의 소리만 듣고도 그들은 그것이 어느 나무에서 뻗어 나온 가지인지를 알아맞힐 수 있었다. 또한 나뭇가지를 빠져나가는 바람의 속살거리는 소리만 들어도 두 사람은 멀리서도 나무의 이름을 말할 수 있었다.[19]

《숲속의 사람들》에 나오는 이 구절은 '자연'을 직접적으로 이해하는 언어를 보여 준다. 그러나 그것은 또한 더 명확하게 이야기하자면 "세월이 흐르는 동안" 진행되는 공동 노동의 언어이기도 하다. 하디는 장기간에 걸친 분리의 위기를 고통스럽게 느꼈고 결국 그 전통에 속하는 누구보다

19) *The Woodlanders*, 44장; 《숲속의 사람들》, 김회진 옮김, 영풍문고, 1997, 2권, 226.

비극적으로 소외되는 처지가 되었지만, 노동과 사랑 속에서, 그리고 지역의 물리적 현실 속에서 함께 생활하는 사람들의 힘과 열정을 끊임없이 창조했다.

> 밭에서 느릿느릿 일을 하면서 빗물이 처음에는 다리와 어깨로, 다음에는 엉덩이와 머리로, 그 다음에는 등과 가슴, 옆구리로 스며드는 것을 느끼며, 납빛 햇살이 줄어들어 하루해가 졌다는 것을 알려 줄 때까지 일을 하려면 분명히 약간의 극기심이 — 심지어 용맹심까지도 — 필요하다. 하지만 사람들의 생각과는 달리 그들은 자신들이 비에 흠뻑 젖었다고 느끼지는 않았다. 그들은 둘 다 젊었고, 여름이 풍성하게 선물을 베풀어 주던 그 탈보테이즈 목장에서 함께 살며 사랑하던 때를 이야기하고 있었기 때문이다. 여름은 실제로는 모든 사람에게 선물을 베풀었던 것이지만, 당시의 그들은 자신들에게만 베풀어 준다고 느꼈었다.[20]

하디의 소설이 소외, 좌절, 분리, 고립, 최후의 파국들만을 보여 준다면, 하디의 전반적인 감정의 구조는 설득력이 훨씬 덜할 것이다. 《숲속의 사람들》이나 《테스》, 혹은 《주드》의 결말 부분에서 사랑과 노동의 따스함과 진지함과 인내력은 패배하기는 하되 소멸되지는 않는다. 사랑과 노동의 따스함과 진지함과 인내력이야말로 하디가 잘 알고 있고, 또 그 상실을 한탄하는 것들의 진정한 내용이다. 중요한 점은 하디가 소외와 분리를 찬양하지 않는다는 것이다 (나중에 우리는 하디와 로렌스가 바로 이 점에서 차이를 보인다는 사실을 지적하게 될 것이다. 그들은 세대가 다르고 역사도 다르지만, 성격 역시 달랐다). 하디는 소외와 분리를 한탄하지만, 언제나 그것들을 정면으로 꾸준히 응시하는 용기를 보여 준다. 욕망과 공동 노동과 충족되지 못한 충동이 현실이었기 때문에, 그것들의 상실은 생생하고 고통스럽다. 하디의 상상력 전체에서 노동과 욕망은 매우 심층적으로 연결되어 있다. 마티나 테스나 주드의 열정은 노동하는

---

20) *Tess*, 43장; 《테스》, 351.

세계와 그것과 연관된 세계에서 비롯되는 적극적 힘으로서, 각기 다른 방식들을 통해서이긴 하지만 모두가 삶의 성취를 추구한다. 모두가 좌절하는 것, 매우 복잡한 분열과 분리와 거부의 과정들에 의해 모두가 좌절하는 것, 이것이 본질적 행위이다. 사람들은 잘못된 선택을 한다. 그러나 그것은 그들에게 끔찍한 압력 — 계급의 혼란, 오해, 사람들을 소외시키는 분리된 세계의 의도적 거부 — 이 가해지기 때문이다.

하디가 그의 주요 소설의 토대로 일상 세계를 고수한다는 것은 대단히 중요한 사실이다. 일상세계에서 도피하여 고통과 분열이 덜하고 대처하기에 편한 세계로 들어가기를 강요하는 압력은 물론 대단히 강력했다. 그리고 그보다 중요한 사실은 그가 중심인물들을 진심으로 긍정한다는 점을 나타내기 위해서 언제나 그들과 함께 머물며, 실제로 작가로서 발전할수록 그들에 더욱 가까이 다가간다는 것, 따라서 그의 모든 인물들 중에 그가 가장 강력하게 긍정하는 인물은 테스와 주드 — 그는 그들이 패배하는 과정을 처음부터 끝까지 추적하면서 애도하며, 시종일관 그들을 긍정한다 — 라는 것이다.

"멸시를 받으며 견디는" 사람들. 멀리 떨어져 존재하는, 한정된 의미만을 지닌 '그림 같은' 과거 사람들의 이야기가 아니라, 성장의 투쟁 — 사랑하기 위한, 의미 있는 노동을 하기 위한, 배우고 가르치기 위한, 투쟁 — 속에서 멸시를 받는 사람들의 이야기, 그리고 저마다의 소외와 패배 속에서 그것을 넘어서게 해 주는 충동을 함께 느끼며 견디는 사람들의 이야기. 그것은 한 지방의 연속성일 뿐 아니라 역사와 민중의 연속성이기도 하다.

제19장

어둠의 도시와 빛의 도시

1887년에 하디는 다음과 같이 썼다.

> 런던은 자신을 보지 않는 것 같다. 개인은 자신을 의식하지만, 아마도 멍청하게 입을 벌리고 바보처럼 주변을 두리번거리는 사람이라면 모를까 그 외에는 자신을 하나의 집단으로 의식하는 사람은 아무도 없다.[1)]

런던을 보는 이러한 방식은 분명 《서곡》의 워즈워드와 연결되는 것이다. 그래도 어조는 더 강해졌다. 게다가 '집단적 의식'이라는 대조적 관념이 보여 주듯이, 그것은 19세기의 민주주의와 산업의 경험과 언어에 의해 변화되고 확장되었다. 하지만 역설의 느낌은 여전하다. 즉 대도시는 집단적 의식의 장이자 추동력이지만 (혹은 그런 것처럼 보이지만), 그것의 주요 특징은 공통적 감정의 부재, 즉 과도한 주관성인 것으로 여겨지는 것이다.

하디만 이런 느낌을 가졌던 것이 아니다. 칼라일은 이미 하디와 성격을 달리하는 더욱 첨예한 사회비판—이 역시 워즈워드와 연결된다—을 시작한 바 있었다. 콜리지와 사우디는 도시 혁명과 산업 혁명이 사회

1) F. E. Hardy, *The Early Life of Thomas Hardy* (London, 1928), 271.

를 원자화시켰다고 보았다. 1831년에 칼라일은 런던에 대해서 다음과 같이 썼다.

> 런던의 사람들은 얼마나 서두르는가. 그들은 사냥감처럼 몰리고 무시무시하게 쫓기기 때문에 재빨리 움직여야 한다. 자신을 지키려면 한 자리에 머물며 서로를 쳐다보는 일 따위는 절대로 해서는 안 되는 것이다![2]

이어서 그는 도시인들의 분리 — 이제 '집합'(*aggregation*)이라는 그야말로 적절한 이름으로 불리는 것 속에서 이루어지는 분리 — 를 분석하였다.

> 벽돌이나 나무판자 칸막이로 분리된 조그만 방들 속에서 그들은 서로에게 타인인 채 앉아 있다 … 그것은 조그만 조직들의 거대한 집합인데, 그 조그만 조직들 역시 저마다가 하나의 작은 무질서로서, 그것의 구성원들은 협동하지 않고 서로 싸운다.[3]

혹은, 전통적 해석이 이를 낭만적 반도시주의라고 너무도 쉽사리 진단해버린다면, 엥겔스의 《1844년 영국의 노동계급의 상황》에서 그것이 직접적으로 이어지고 있음을 주목할 필요가 있다.

> 거리의 혼란 자체가 혐오감을 주고 인간성의 반발을 부른다. 무리를 지어 서로를 지나치는 수십만 명은 계급과 신분이 다양할지라도 결국 똑같은 성질과 능력, 그리고 행복에 대한 똑같은 관심을 지닌 인간들이 아닌가? 그렇다면 그들은 궁극적으로 똑같은 방법과 수단을 가지고 행복을 추구해야 하지 않겠는가? 그러나 사람들 무리는 자신들에게는 공통점이 하나도 없고 서로 아무 관계도 없는 것처럼 그냥 스쳐 지나간다. 그들은

---

2) "Journal of 1831", J. A. Froude, *Thomas Caryle*(London, 1882), 2권, 9장에서 재인용.

3) Froude, 같은 곳에서 재인용.

> 오직 한 가지 점에서만 의견이 일치할 뿐인데, 그것은 다른 쪽에서 오는 사람들의 통행을 방해하지 않기 위해 도로의 한쪽 편으로만 걷는 것이다. 그러는 동안에도 상대편에게 눈인사라도 건넬 생각을 하는 사람은 아무도 없다. 개인이 잔혹한 무관심과 각자의 사적 이해 속에 냉혹하게 고립되는 현실은, 인간들이 좁은 지역에 몰려들수록 그만큼 더 혐오스럽고 공격적인 성격을 띠게 된다. 그리고 개인의 이와 같은 고립과 협소한 이기주의가 우리 시대 모든 사회의 기본 원칙이라는 사실이 아무리 명백하다 할지라도, 그것이 대도시의 인구 밀집 지역에서만큼 부끄러울 정도로 노골적이고 자기중심적으로 드러나는 곳은 어디에도 없다. 원자의 세계 — 인류가 각기 개별적인 원칙과 목적을 지닌 단자(單子)들로 해체되어버린 세계 — 는 여기서 그 극단적 모습을 보인다.[4)]

이것은 새로운 종류의 주장이다. 워즈워드가 명료하게 표현했던 지각의 혼란과 상반된 감정의 혼재는 단순화되어, 도시자본주의와 산업자본주의 하의 인간 상황이라는 이미지로 발전하였다. 그 상황을 목격했던 디킨스는 인간애와 공감 속에서 현실의 근본적인 관계를 보여 주는 작업을 한 바 있었다. 그러나 관찰을 계속해 나간 엥겔스와 맑스는 현실의 근본적인 관계가 변화했다는 사실을 보여 주기에 이르렀다. 근본적인 관계의 변화란 프롤레타리아트의 새로운 집단적 의식과 자의식을 말하는 것으로서, 그것은 앞으로 그 기반인 산업과 도시에서 시작하여 사회 전체를 변화시키게 될 것이었다. 하지만 엥겔스와 맑스 역시 직접적인 경험을 통해서 집합의 과정 자체가 사회적 해체의 과정이기도 하다는 사실을 인식하였다.

물론 도시를 보는 예전의 관점은 여전히 존속하였다. 하디는 런던을 "4백만 개의 머리와 8백만 개의 눈을 가진 괴물"로 보았고, 1879년의 시장 취임 기념 행진에 모인 군중에 대해서 다음과 같은 잊지 못할 묘사를

4) F. Engels, *The Condition of the Working Class in England in 1844*, trans. F. K. Wischenwetzky(London, 1934), 24.

남겼다.

> 혼잡이 심해짐에 따라 군중은 무수한 개인의 집합이라는 성격을 잃고 하나의 유기적 총체, 인간과는 전혀 닮은 구석이 없는 시커먼 연체동물이 된다. 길을 따라 몸을 누이는 가운데 길과 같은 형체가 된 그것은 끔찍한 오물을 토해내고 주위의 골목길들로 팔다리를 뻗는다. 그것의 목소리는 비늘껍질 속에서 스며 나오고, 몸뚱이에 숭숭 뚫린 구멍 하나하나가 그것의 눈이다. 발코니들과 관람석들과 철교는 괴물에게서 떨어져 나온 조그만 파편들이 차지했는데, 그러나 그것들은 막 부화한 새끼들인 듯 괴물의 본체보다 느리게 움직인다.[5)]

관찰자의 거리(距離) — 그는 더 이상 길 속에 있지 않고 물리적·정신적으로 길 위에 있다 — 는 새로운 요소이지만, 그러나 군중을 여전히 비인간적인 괴물의 이미지를 통해 보면서 명백한 공포의 대상으로 여기는 것은 군중에 대한 전통적 반응의 연장이다. 이런 반응은 이미 수백 년간 명백한 형태로 이어져 온 것으로서, 도시가 도처에서 발전함에 따라 이렇듯 첨예화되었던 것이다. 20세기 초까지도 도시에 대한 주요 반응은 — 가장 반동적인 정치가나 치안판사뿐 아니라, 다양한 어조를 취하긴 했지만 디킨스나 하디까지도 분명 그런 반응을 보였는데 — 도시 인구의 증가를 사회적 위험의 원인으로 지목하는 것이었다. 즉 전통적인 인간적 감정이 사라지는 것에서부터 엄청난 규모의 비합리적 힘이 폭발적으로 결집하는 것에 이르는 일련의 사태를 유발한다고 보는 것이었다.

19세기 중엽에 이르러 영국의 도시 인구는 농촌 인구를 넘어섰는데, 이는 인류 역사상 어디에서도 전례가 없는 일이었다. 19세기 중엽이란 연대(年代)는 인류가 새로운 종류의 문명으로 진입한 분기점으로서 잊을 수 없는 중요성을 지닌다. 19세기 말에는 도시 인구가 총인구의 4분

---

5) *Early Life*, 179.

의 3을 점하게 되었다. 게다가 그것은 단지 농촌 인구가 도시로 이동한 때문만이 아니었다. 총인구가 극적으로 증가하고 있었던 것이다. 1801년에 900만이던 총인구는 1851년에 두 배로 늘었고, 1911년에는 다시 두 배가 되었다. 그러나 이런 전체적 추이를 더 세밀하게 이해하려면 '도시화'라는 일반적 분류법에 집착해서는 안 되며, 도시의 의미를 이해하기 위해서는 특히 더 그러하다. 왜냐하면 1871년까지도 아직 총인구의 절반 이상은 농촌 마을이나 인구 2만 이하의 소도시에 살고 있었고, 당시에 도시라 불리던 인구 10만 이상의 지역에는 단지 총인구의 4분의 1이 겨우 넘는 정도의 사람들이 살았을 뿐이기 때문이다. 이후의 도시 발전 추이를 고려하면 인구 10만 이상이라는 기준 역시 비교적 낮은 것이라 하겠다. 일찍이 1840년대부터 작가들이 당대를 '대도시의 시대'(이는 1843년에 나온 로버트 본의 저서의 제목[6] 이다) 라고 부르기 시작했을 때, 그것은 어떤 절대적 의미를 갖는다기보다는 도시가 새로운 현상으로서 중요한 의미를 지니고 경제적으로 지배적인 역할을 하게 되었음에 주목한 것이었을 따름이다. 이후 우리 시대에 이르기까지 도시 생활은 고도로 산업화된 사회에서조차 여전히 소수의 사람들만이 경험하는 것이었지만, 그래도 많은 사람들은 그것을 결정적으로 중요한 경험으로, 다시 말해서 규모를 훨씬 넘어서는 영향력을 사회 전체의 성격에 미치는 경험으로 받아들였는데, 이는 사태의 의미를 폭넓고 정확하게 파악한 것이었다.

이와 동시에, 우리가 19세기 문학의 발전을 고찰할 때 도시화 과정의 현실적 단계들에 유념할 필요가 있다. 대부분의 19세기 문학은 여전히 시골과 소도시의 문학이었다. (하디는 조지 엘리엇에 대해서 다음과 같이 말했다. "그녀는 밭에서의 생활을 조금도 경험해 본 적이 없었다. 그녀 소설에 나오는 시골 사람 역시 진짜배기 시골뜨기라기보다는 소도시 사람과 비슷해

6) Robert Vaughan, *The Age of Great Cities* (London, 1843).

보인다.") 도시화의 현실적 과정을 상기한다면 19세기 소설이 이처럼 농촌과 소도시를 계속해서 배경으로 삼은 것은 충분히 이해할 수 있는 일이다. 물론 도시화의 현실적 과정뿐 아니라 문학 형식과 전통 역시 지속적으로 간섭했다는 점 또한 어느 정도 감안해야 하지만 말이다. 그러나 이와 함께 대도시가 성장하는 현실에 일정 부분 부합되는 새로운 종류의 문학도 빠른 속도로 발전하고 있었다.

19세기 초의 런던 관련 저작들은 런던의 다양성을 강조하였다. 퍼스 에건[7]의 《런던의 생활》(1821)이 보여 주는 런던 생활의 그야말로 잡다한 이모저모와, 느긋하게 거리를 걸으며 그것을 즐기는 장면들이 좋은 예이다. 런던 관련 저작들은 기묘한 직업들과 괴상한 인물들에 대한 강렬한 관심을 보여 주는데, 그것은 가두판매용 싸구려 책(*chapbook*)의 전통을 계승한 것으로서, 당시에 새로이 등장한 일요판 신문은 바로 이런 관심을 도시에 적용하여 조직화한 것이었다. 이런 관심과 동일한 차원에서 범죄에 대한 관심도 존재하였는데, 제롤드[8]의 《세인트 자일즈 거리와 세인트 제임스 거리》 같은 '뉴게이트 소설'[9] 전통을 예로 들 수 있다. 이런 대중적 요소들 중 많은 부분이 디킨스 소설의 소재가 되었음은 쉽게 알 수 있다. 디킨스의 창조성의 발전은 본질적으로 이런 대중적 요소들을 변형하는 과정이다. 그러나 대중적 요소들이 끼친 영향은 더 광범위하다. 에건 류의 명랑한 관찰은, 예컨대 헨리 메이휴[10]의 수천 명에 달하는 런던 노동자들의 관찰 기록 ― 《런던의 노동과 런던의 빈민》(1861)과, 《모닝 크로니클》지에 기고한 다른 기사들에 수록된 ― 과 직

7) (역주) Pierce Egan(1772~1849): 영국의 언론인. 대중문화와 스포츠에 관한 다수의 저작을 집필하였다.

8) (역주) Douglas William Jerrold(1803~1857): 영국의 극작가, 소설가.

9) (역주) Newgate Novel: 1820년대부터 1840년대까지 영국에서 유행했던 소설 유형. 범죄자들을 다루되 그들을 멜로드라마적으로 미화하는 경향을 보였다.

10) (역주) Henry Mayhew(1812~1887): 영국의 사회연구자, 언론인, 극작가.

접적인 관계가 있다. 그러나 메이휴도 디킨스처럼 양식을 계승하는 동시에 변형한다. 그리하여 노동자들과 빈민들은 단순히 '생기발랄한 녀석들'에 머물지 않는다. 메이휴의 비슷한 예를 찾기 힘든 대담 기록들에서 노동자들은 각기 자신의 말을 할 뿐이지만, 놀라운 생명력을 보이며 책의 바깥으로 뛰어나온다.

> 3펜스 주고 겨자나무들을 사서 최대한 작은 크기로 묶어 꾸러미를 많이 만들어요. 꾸러미들은 작지만 그래도 보기엔 커야 해요. 그렇지 않으면 사람들이 사지 않으니까요. 그래서 어떤 애들은 꾸러미에 숨을 잔뜩 불어넣어 한껏 부풀리기도 하죠. 번 돈은 죄다 공제조합에 넣어두었다가 찾아서 옷을 사요. 단 것을 사느니 옷을 사는 게 낫죠. 먹고 살아야 하니까 말이에요. 어쨌든 사탕 따위나 좋아하면 먹고 살 돈을 버는 사람이 아니라 어린애로 보이잖아요. 나는 어린애가 아니에요. 스무 살 때까지는 어엿한 여자라고 할 수 없겠지만, 그래도 이제 여덟 살이 되었으니까요.[11]

> 저희는 청소업을 합니다. 모두가 저희 방식이 최고라고들 합지요. "이제 오물수거인은 더 이상 필요 없어"라고들 말합니다. 선생님, 저희 방식은 거주자에게 훨씬 편리할 뿐 아니라 악취도 나지 않습니다. 최소한 제게는 그렇습죠. 게다가 더 저렴하기도 하고요. 조만간에 오물수거인들은 없어질 겁니다. 없어지고 말고요. 새로운 기술이 엄청나게 쏟아져 나오거든요. 그래서 노동자들 중 누군가의 밥줄을 끊어놓지요. 증기 청소가 아니면 다른 무슨 기술이 나와서 노동자들 입에 들어갈 빵을 순식간에 가로채는 것이지요.[12]

이것은 단순히 실감나는 이야기로만 그치지 않는다. 여기서 우리는 메이휴가 대단히 많은 종류의 직업의 세부적 사실들과, 돈과, 지출과, 생

---

11) P. Quennell, *Mayhew's Characters*(London, 1971), 96에 재수록.
12) 같은 책, 176.

활방식에 대해서 실로 광범위한 관심을 갖고 있음을 본다. 그는 또한

> 벨그레이브 스퀘어[13]에서 1년에 5천 파운드를 버는 사람의 도덕은 베스널 그린[14]에서 쥐꼬리만 한 임금을 받는 사람의 도덕과는 아무 상관이 없다[15]

는 사실을 명확하게 이해한다. 그러나 이런 경험을 소설로 옮길 수 있었던 사람은 사실상 디킨스가 유일했다. 메이휴의 동생인 오거스터스[16]는 런던 생활에 관한 소설을 다수 썼고 — 《키티 라미어》(1855), 《황금으로 포장한 도로》(1858), 《블룸즈버리에서 가장 멋진 소녀》(1861) — 헨리와 함께 《인생 최대의 재앙: 하인을 찾는 어떤 부인》(1847)과 《겉모습을 위한 삶》(1855)을 썼다. 이런 작품들이 보고하는 내용은 대체로 정확하지만, 전통적 양식과 구조의 제약 때문에 내용을 소설의 주제로 옮기는 데 (구체적으로는 플롯과 인물 형상화의 일관성 면에서) 문제가 생긴다. 킹슬리[17]의 《올스턴 로크》(1850)는 이와는 다른 경우로서, 재봉 공장의 가혹한 노동 현실을 분노에 찬 목소리로 강력하게 폭로한다. 디킨스가 묘사하는 코우크타운과 마찬가지로, 킹슬리가 묘사하는 런던 뒷골목도 전체적으로 혐오스럽고 묵시록적이다. 이 소설은 디즈레일리[18]가 북부 산업도시들을 무대로 한 《코닝스비》나 《시빌》 같은 소설들에서 보여 준 바 있는, 외부를 과장되게 묘사하는 양식을 사용한다. 이 양식은

---

13) (역주) Belgrave Square: 1820년대에 건립되어 20세기 중반까지 영국의 가장 부유한 귀족들이 주로 거주하던 지역.

14) (역주) Bethnal Green: 역사가 오래되었지만, 19세기에 들어 런던에서 가장 가난한 빈민가들 중 하나가 된 지역.

15) Thompson and Yeo, ed., *The Unknown Mayhew* (London, 1971)에서 재인용.

16) (역주) Augustus Septimus Mayhew (1826~75): 영국의 언론인, 작가.

17) (역주) Charles Kingsley (1819~1875): 영국의 소설가.

18) (역주) Benjamin Disraeli (1804~1881): 영국의 보수파 정치가, 소설가.

일반화된 사회를 배경으로 하여 추상적인 정치 이념이 전형적인 인물의 운명을 결정하는 과정을 그린다. 의미심장하게도 디킨스는 《어려운 시절》에서 이런 양식에 가장 가까이 접근한다. 앞에서 알아보았듯이 런던을 무대로 한 소설들에서 디킨스의 관점은 이보다 더 세밀하고 복잡하다. 즉 그는 어떤 대상의 거부는 근본적으로 그것의 수용을 전제함을 보여 주는 데, 거부의 대상이 거리와 도시의 일반적인 풍경이건 사람이건 사정은 마찬가지이다.

디킨스와 가장 근접한 수준에서 도시 체험의 복잡하고 역설적인 성격에 접근하는 19세기 중엽의 유일한 소설가는 엘리자베스 가스켈이다. 하지만 그녀의 성취는 디킨스와 다르다. 왜냐하면 그녀의 도시인 맨체스터는 노골적인 노사갈등의 중심 도시라는 점에서 런던과 다르기 때문이다. 물론 그렇다고 해서 런던에 노사갈등이 없었다는 말은 아니다. 다만 런던에서는 사람들의 직업이 다양한데다 도시 자체가 정치와 법률과 재정의 수도 기능을 수행했기 때문에, 맨체스터 같은 단일 업종 중심도시에서와는 달리 더 포괄적인 전망이 가능했다는 말이다. 노동에 대한 디킨스의 서술 — 때로 안일했다는 지적을 받기도 하는 — 은 이러한 복잡성의 일부이다. 엘리자베스 가스켈은 공업 생산과 지배적 시장을 결정적인 특징으로 하는 도시에서, 그리고 계급 대립을 엄밀하게 표현하는 언어가 런던과는 판이한 방식으로 새롭게 출현한 도시에서, 작품을 쓴다. 《메리 바턴》(1848) 은 계급투쟁이 인간에 미친 총체적 결과를 다소 혼란스럽긴 하되 심오한 수준에서 극화한다. 이 소설은 빈민과 추방자의 이야기라기보다는 자신들 모두가 직면한 상황을 깨닫고 그 상황을 개선하기 위해 단결하기 시작하는 굶주린 노동자들과 그 가족들의 이야기라 할 수 있다. 존 바턴을 "내가 전적으로 공감했던 바로 그 인물"이라 말했던 가스켈이, 출판사의 압력과 그녀 자신의 이해할 만한 불안감 때문에, 억압자에 대한 의식적 폭력 행위 — 다시 말해 새로운 노동계급조직의 힘의 솔직하고 이례적인 표현 — 와 상상력을 통하여 완전히 하나가 되는 입장에서 후퇴했다는 사실은 중요하다. 그러나 그녀가 필연적인 계급의식의 세계 속으로 그렇게까지 깊이 들어갈 수 있다는 사실, 그와 함께 착취 체제의 강압 때문에 새로운 계급의식을 터득할 수밖에 없는 개별 인물의 사례 또한 결코 소홀히 다루지 않는다는 사실은 실로 인상적이며, 진정으로 근본적인 변화를 보여 주는 것이다.

사태가 그럴 수밖에 없었던 것은 이 시기에 런던과 신흥 공업도시들의 상황이 매우 달랐기 때문이다. 런던에는 정치적 급진주의의 오랜 역사가 있었는데, 그 주요 토대는 전통적 노동계급인 숙련된 직인들과 기술자들(*artisans*)이었다. 계급의식에 기초한 산업적 급진주의는 런던보다 획일적이고 가시적인 패턴에 따라 건설되고 있던 신흥 도시들에서 훨씬 두드러졌다. 그리고 이런 도시들의 건설은 19세기 초반의 지배적 경향이었다. 맨체스터, 리즈, 브래드퍼드, 버밍엄, 리버풀, 셰필드의 인구 증가율은 특히 1820년에서 1850년 사이에 실로 경이적인 것이었다(어떤 도시들은 10년 동안 40퍼센트 이상 증가하였다). 그러나 이것은 단지 숫자의 문제만이 아니었다. 이 도시들은 노동의 장소로 건설되었던 바, 물리적 측면에서는 공장들과 엔진들이 도시를 지배하며 매연으로 건물을 더럽혔고 폐수로 강을 오염시켰다. 사회적 측면에서는 가정이 노동 장소 주변에 들어선 결과—사람들은 이를 주택의 공급(*housing*)이라 불렀다—지배관계가 노동의 장소와 거주의 장소를 가리지 않고 항시 관철되었다. 따라서 많은 조사원들과 방문자들이 이 도시들에는 "상층 계급과 하층 계급 사이에… 상호 신뢰나 애착심 따위를 전혀 찾아볼 수 없다"고 보고했던 것은 전혀 놀라운 일이 아니며, 고용주들이 아마도 '직공들'(*operative*)보다도 먼저 자신들을 서로 경쟁하는 관계이자 공통된 이익을 추구하는 하나의 계급으로 자각했던 것 또한 전혀 놀라운 일이 아니다. 런던에도 맨체스터 못지않게 비참한 빈민가들이 있었다. 그러나 런던의 사회적 관계는 더 복잡하고 난해해서 전체를 개괄적으로 관찰하기가 그만큼 더 어려웠거니와, 계급 관계를 '고용자'와 '피고용자'의 관계가 아니라 '부자'와 '빈민' 같은 전통적 관계를 통해서 해석하려는 경향 또한 지속적으로 존재하였다.

이런 차이는 19세기 문학의 전개 과정에서 대단히 중요한 의미를 갖는다. 작가들은 산업혁명과 그것의 결과 — 런던은 사실 이로 인한 변화를 이미 겪고 있었지만 — 를 이해하기 위해서 북부 공업 도시들로 갔는데, 이는 이해할 수 있는 일이었다. 공업 생산과 그것이 초래한 직접적인 사회적·물리적 결과와 같은 현상적 차원을 넘어 그 이상의 것을 보는 것은 시간이 다소 흐른 뒤에나(디킨스의 경우에는 《우리 서로의 친구》 같은 만년의 작품에서, 그리고 다른 많은 작가들의 경우에는 세기말에 가까운 시기가 되어서야) 가능했다. 산업혁명이 런던에 미친 진정한 영향 — 거대한 항만 시설, 그것과 관련된 대규모 산업의 발전, 은행업의 확장, 증권거래소의 새로운 재정적 중요성 — 은 공업도시들의 경우처럼 산업혁명과의 관계가 극적으로 두드러져 보이는 것이 아니었다. 코벳은 런던이라는 '혹'을 처음으로 비난하는 글에서 산업혁명이 정치제도에 영향을 미쳤다고 보았다. 디킨스는 화폐와 주식의 비인간적인 위력을 점점 더 이해하게 되면서 산업혁명이 재정제도에 영향을 미쳤다고 보았다. 그러나 이미 오랜 세월에 걸쳐 진전되어 왔던 (빈부의 격차라는 — 역자) 물리적으로 대조되는 현실을 사회 전체의 해석에 적용하는 것은 19세기 후반이 되어서야 가능했다. 1880년대가 되면 누구라도 — 라고 말해도 무방할 것이다 — 이스트 엔드와 웨스트 엔드[19]를 볼 수 있었고, 두 지역의 대조를 통해서 전국적인 규모로 광범위하게 형성된 새로운 사회의 극적인 모습을 확인할 수 있었다.

그러나 이처럼 중요한 의미를 갖는 런던의 내부적 분열은 일찍이 17세기부터 언급된 바 있었다. 1662년에 페티[20]는 런던이 서부로 확장되는

---

19) (역주) "이스트 엔드"와 "웨스트 엔드"는 각각 19세기 당시의 런던 빈민가와 번화가를 대표하던 지역이다.

20) (역주) Sir William Petty (1623~1687): 영국의 경제학자, 과학자, 철학자.

것은 항상 부는 서풍 덕분에 "동부 전체를 뒤덮은 연기와 안개와 악취"[21]를 피할 수 있기 때문이라고 설명하였다. 1780년에 아헤놀츠[22]라는 관찰자는 다음과 같은 기록을 남겼다.

> 20년 동안 런던의 동쪽 끝에서 서쪽으로 그야말로 대이동이 일어났다… 서쪽에서는 비옥한 밭들과 매우 쾌적한 정원들이 날마다 주택들과 도로들로 변하고 있다.[23]

이 서부 지역들은 토지 소유의 형태가 동부와 달랐다. 서부에서는 대규모의 귀족 영지가 중심인 데 반해 동부는 소규모의 잡다한 토지 소유가 주를 이루었다. 따라서 쌍방의 외견상의 차이는 언제나 확연한 것이었다. 그러나 19세기에는 여기에 더해서 산업이 동부로 대량으로 이동하는 사태가 발생하였다. 그 결과 런던 동부는 1800년에서 1850년 사이에 ― 부두가 발전하여 지역의 모습이 크게 변화했고, 부두 관련 시설인 운하와 철도가 개발되기도 했다는 사실을 모두 논외로 하더라도 ― 실질적으로 하나의 공업도시라 할 수 있는 곳이 되었다. 19세기 초에 일부 관찰자들이 주목한 바 있었던 이스트 엔드와 웨스트 엔드의 사회적 분열은 이제 누가 보아도 확연할 정도로 심화되었다. 이스트 엔드의 상태는 19세기 중엽에는 '알려진 바 없음' '조사된 바 없음'(물론 인쇄물을 접할 수 있는 사람들에게 그러했다는 말이지만)으로 묘사되고 있었고, 1880년대와 90년대가 되면 '런던에서 가장 어두운 지역'이라 불리는 것이 관행이 되었다. 존 홀링스헤드[24]의 《1861년의 비참한 런던》, 제임스 그린우드[25]의 《구빈

---

21) Petty, *A Treatise of Taxes and Contributions*(1662), George, 앞의 책에서 재인용.

22) (역주) Johann Wilhelm Von D'Archenholz(1742~1812): 독일(프러시아)의 역사가. 1769년에서 1779년 사이에 영국에 거주하였다.

23) W. Archenholz, *A Picture of England*(Dublin, 1791).

24) (역주) John Hollingshead(1827~1904): 영국의 연극 흥행업자, 언론인,

원에서의 하룻밤》(1866)과 《런던의 황야》(1874) 등에 이어서, 조지 심즈[26]의 《빈민들은 어떻게 사는가》(1883), 월터 베산트[27]의 《기번의 아이들》(1886), 아서 모리슨[28]의 《빈민가 이야기》(1894)가 나왔다. 사회민주주의연합[29]의 조사 결과가 발표되었는가 하면(1885년에 《폴 몰 매거진》에 게재), 찰스 부스[30]가 1889년에 《런던 민중의 생활과 노동》 제 1권을 발간한 것을 시작으로 방대한 연구 결과(이전에 이루어진 급진적 성향의 조사들을 신뢰하지 않았던 그는 통계에 기반한 조사를 수행하였다)를 연이어 발표하였고, 윌리엄 부스[31]가 《런던에서 가장 어두운 지역》(1890)에서 다룬 바 있는 구세군의 조사가 이루어졌다. 이렇게 해서 런던 동부를 그 상징적인 본보기로 하는, 도시의 어둠과 빈곤이라는 강렬한 이미지가 문학과 사회 사상에서 실로 중심적인 위치를 차지하게 되었다.

그것은 대단히 강렬하고 중차대한 인식이었다. 그러나 바로 그렇기 때문에 문학에서 그것이 대단히 다양한 방식으로 드러났음에 주목하는 것이 중요하다. 예컨대 19세기 중반에 나온 메이휴의 《런던의 노동과 런던의 빈민》과 찰스 부스의 《런던 민중의 생활과 노동》 사이에는 이미 두드러진 변화가 있다. 요즘은 대개 메이휴를 부스보다 선호하는데, 메이휴의 책은 사실 더 잘 읽히고 접근하기 편하다. 메이휴의 연구는 민중과의 직접적 접촉에 기반을 두고 있었으며, 민중 자신의 이야기들을 민중 자신의 언어로 전달하였다. 그는 수집할 수 있는 자료라면 모두 수집

작가.

25) (역주) James Greenwood(1832~1929): 영국의 사회연구자, 언론인, 작가.

26) (역주) George Robert Sims(1847~1922): 영국의 언론인, 극작가.

27) (역주) Sir Walter Besant(1836~1901): 영국의 소설가, 역사가.

28) (역주) Arthur George Morrison(1863~1945): 영국의 소설가, 언론인.

29) (역주) The Social Democratic Federation(SDF): H. M. Hyndman이 1881년에 결성한 영국 최초의 사회주의 정당.

30) (역주) Charles Booth(1840~1916): 영국의 자선사업가, 사회연구자.

31) (역주) William Booth(1829~1912): 구세군의 창립자.

하여 체계적으로 분류하려고 노력하였고, 수집한 자료를 자신이 쓰고 있는 내용과 대조하는 작업도 게을리하지 않았다. 그럼에도 그의 시각은 이전의 세계, 즉 문제가 대규모로 확대되고 그에 대한 조직적 개선책들이 꾸준히 강구되기 전의 세계에 속하는 것이었다. 부스의 책은 그의 의도적인 비인격성 — 방문하기 전에 미리 해당 지역의 지도를 그리고, 지역 간 등급을 매기고, 체계적인 도표를 만드는 따위 — 때문에 메이휴의 책보다 읽기 힘들고 매력도 덜하지만, 그러나 새로운 사회가 자체적으로 만들어내고 있던 시각을 보여 준다. 그의 시각은 이후 로운트리,[32] 웹 부부,[33] 그리고 현대의 사회연구자들이 발전시키게 될 사회학적 상상력의 경험주의적 유형에 속한다. 부스의 책은 많은 점에서 아쉬움이 있다. 예컨대 그는 빈민을 처음부터 연구 대상으로 격하시키고, 분류와 등급 부여를 통해 탈인격화한다. 또한 그는 사회의 성격에 대한 종합적 개념도 갖고 있지 않다. 그러나 그에게는 이런 결함을 상쇄하는 두 가지 강점이 있다. 첫째, 그의 조사 방법은 자의적인 자선 대신 사회복지사업을 실시하던 당시의 추이와 동일한 종류에 속하는 방법이다. 사회복지사업 자체가 (지금과 마찬가지로 당시의 사회복지사업도 사회를 조사한다는 정신에서 이루어졌지만, 그래도 어쨌든 사업은 수행되었고 또 확대되었다) 도시 문제에 대한 하나의 새로운 대처 방법인 것이다. 둘째, 통계 방법 자체가 — 디킨스와 초기 빅토리아 시대 인도주의자들은 그것을 파괴적이고 혐오스러운 것으로 보았지만 — 이처럼 거대하고 복잡한 도시 문제에 대처하는 데 필수적인 것이었다. 근대적 사회조사에서 통계 방법이 사실상 1830년대에 맨체스터에서 시작되었다는 것은 그리 놀라운 사실이 아니다. 통계 방법은 바로 맨체스터 같은 세계를 만들어 낸 방법의 일부

32) (역주) Benjamin Seebohm Rowntree (1871~1954) : 영국의 사회학자, 사회개혁가.

33) (역주) Sidney Webb (1859~1947) : 부인인 Beatrice Webb (1858~1943) 과 함께 활동한 영국의 사회주의자, 경제학자, 사회개혁가.

이기 때문이다. 하지만 어쨌든 우리가 통계 방법을 사용하지 않는다면, 복잡하고 때로는 불투명하며 전체적으로 분열된 사회에서 공통적인 경험과 반응의 기초를 확인하는 데 필요한 많은 것들을 전혀 볼 수 없게 될 것이다.

우리가 이렇게 말할 수 있는 것은 이제 많은 사람들에게 대도시가 주는 느낌이 너무도 압도적이었던 나머지, 그곳에 사는 사람들을 군중이나 '대중', 혹은 '노동력'으로 획일적으로 뭉뚱그리는 경우가 흔했기 때문이다. 사람들은 그 획일적 이미지에 공감할 수도 있었고 경멸할 수도 있었지만, 어느 경우에나 이미지의 무차별적인 성격은 강력하고 끈질기게 관철되었다. 조지 기싱은 《민중》(1886)과 《지옥》(1889)에서 대다수 인간들이 이처럼 획일적인 성격을 지니거나 획일적인 상황에 처한 모습을 보았는데, 이러한 경험의 압력을 받게 되면서 개인과 사회의 문제는 — 우리가 앞으로 알아볼 것처럼 — 전에 없이 가혹한 모습으로 형상화되기에 이르렀다. 개인은 이 혐오스럽고 저속한 대중에게서 도피하지 않으면 안 되는, 혹은 도피하려고 노력하지 않으면 안 되는 존재였다. 기싱은 디킨스를 회고하면서 "그는 영국인들에게 대도시를 보는 확실한 방법을 가르쳐 주었다"고 인정하였다. 그러나 분노할 뿐 아니라 인정하기도 했던 디킨스의 역설적 운동은, 정작 기싱 자신의 작품 속에서는 — 그리고 아마도 1880년대의 런던에서는 — 디킨스보다 단순화된 구조로 분리되었다. 즉 인간 전체를 관찰할 때에는 분노하거나 혐오하면서 소수의 개인들은 예외적이고 자의식적으로 인정하는 구조가 그것이다. 이러한 구조의 범위 내에서 기싱은 대단히 예리한 관찰력을 보여 주었다. 예컨대 과거보다 명백해진 노동의 조직화에 대한 다음의 관찰을 보라.

> 인간이 굴레에서 해방되는 시간이었다. 클라크닐의 도로와 샛길에는 고역에서 해방된 남녀노소의 임금노동자들이 몰려나왔다. 그들은 공장과 작업장에서 물밀 듯이 쏟아져 나와 자신들에게 주어진 몇 시간을 만

> 끽하느라 바빴다. 적지 않은 사람들은 아직도 일을 하고 있었고 다가오는 몇 시간 동안도 계속해서 일을 하게 될 것이었지만, 다수의 사람들은 마구간 같은 집으로 가도 된다는 허가를 얻은 것이었다. 간선도로를 따라 나 있는 마차 길은 위험하였다. 덜컥거리며 지나는 승합마차마다 승객들이 빼곡히 들어차 있었고, 마차 바깥에 앉은 사람들이 무릎 위에 덮은 방수포가 반짝거렸다. 빛은 여기저기로 퍼져나가며 희미해졌다. 머리 위로는 어둠뿐이었는데, 어둠 속에서 채찍같은 비가 내렸다. 진흙이 쉴 새 없이 튀었다. 교통 체증이 일어나면 야비한 농담이나 분노한 욕지거리가 튀어나왔다. 인도는 혼잡하여 사람들이 서로 밀고 밀리는 일이 다반사였다. 술집들은 저녁 장사를 위해서 부산하게 불을 밝히고 있었다. 이른 아침부터 온갖 일들이 벌어졌던 거리들에는 이제 침묵과 어둠과 바람만 남아 있었다.[34)]

그러나 이것은 과거의 관찰 기록들에서 보았던 군중이 아니다. 군중은 서로 혼란스럽게 밀칠망정 과거처럼 제멋대로 구는 다양한 존재들이 아니며, 그들의 움직임은 예측가능하다. 그리고 그들은 그들이 처한 일반적 상황을 통해서 관찰된다. "다수의 사람들은 마구간 같은 집으로 가도 된다는 허가를 얻은 것이었다"는 반어적인 고발이지만, 절망적이고 위압적인 움직임에 대한 개괄적 관찰이기도 하다.

도시의 물리적 특징을 보는 방식도 과거와 다르다. 기싱은 옛 런던의 다양성을 보는 것이 아니라, 억압적이고 공리주의적인 획일성을 본다.

> 저 패링턴 로(路)의 건물들은 참으로 끔찍한 군대 막사 같다! 거대한 담벼락에는 장식물 비슷한 것도 보이지 않는다. 흙빛 담벼락에는 층층이 창문들이 줄지어 있는데, 한 층 한 층 위로 올라가며 나 있는 그 생기 없는 눈들, 음산한 구멍들은 내부가 얼마나 헐벗고 무질서하고 불편한지를 말해 준다 … 검댕이 건물들을 더럽힌 정도의 차이로 몇 에이커에 달하는 건물들 각각의 건립 연대의 차이를 알 수 있다. 수백만 톤의 야

---

34) *The Nether World* (London, 1889), 23~4.

> 만적 벽돌과 회반죽이 그것을 보는 사람의 정신을 짓누른다. 문자 그대로 막사이다. 산업주의의 군대, 자신을 위해 싸우는 군대, 대열과 대열이 싸우고 병사와 병사가 싸워 승자들이 식량을 차지하는, 그런 군대의 막사 말이다.[35]

런던의 비교적 새로운 공업지역에 대한 기싱의 이러한 체계적 관찰과 해석은 이전의 혼란과 다양성과 너무도 거리가 있기 때문에, 그는 묘사 도중에 예전 스타일의 건물을 보지만

> 우리는 슈터즈 가든이 거처로서는 더 낫다고 말하고 싶다. 깨끗하게 청소가 되고 아스팔트가 깔린 안뜰이…

그 건물마저 이미 새로운 체계에 흡수된 상태이다.

> … 마치 감옥에서처럼 하늘을 향해 나 있다.[36]

기싱은 디킨스의 도시 관찰 방법의 위력을 인정할 때조차 그것의 전반적 효과를 실제와는 다르게 설명한다.

> … 지저분한 신비와 공포의 장소로서의 런던. 냉혹하고 괴기한 장소로서의 런던. 미로처럼 불확실하고 무시무시하게 매력적인 장소로서의 런던.[37]

이것은 디킨스가 아니라 이를테면 레이놀즈[38]나 오거스터스 메이휴의

35) 같은 책, 58~9.

36) G. Gissing, "Introduction", *Oliver Twist* (Rochester Edition, 1900), xvii.

37) "Introduction", *Bleak House* (Rochester Edition, 1900), xiv.

38) (역주) George William MacArthur Reynolds (1814~1879) : 영국의 작가, 언론인.

런던에 가깝다. 그러나 어쨌든 이것은 — "신비"와 "불확실성"도 역시 — 옛 런던이다. 기싱 자신은 디킨스를 묘사할 때조차도 런던을 디킨스의 경우보다 더 획일적이고 일사불란한 곳으로 본다.

> 거대하고 우울한 도시. 마치 엄청나게 큰 독거미가 엮은 듯한 거미줄의 도시.[39]

혹은 이와는 다른 분위기의 표현으로는, "음산하고, 사람들로 들끓는, 썩어가는 런던"이다. 이런 시각에서 보면 사람들이 처한 상황의 다양성까지도 실제적인 차이가 아니라 일반적인 절망 상태를 예시하는 것이다.

> 남쪽에는 혹스턴이 있다. 악취를 풍기는 시장, 공장, 목재 야적장, 더러운 창고, 소상인과 직인들의 가게가 혼잡하게 들어찬 샛길, 위험해 보이는 어두컴컴한 구석으로 연결되는 통로와 지저분한 뒷골목이 있는 지역이다. 도처에서 사람들은 가장 비참한 형태의 노동을 하고 있다. 도로는 짐을 가득 실은 마차소리로 시끄럽고, 인도에는 가장 상스러운 노동자들이 걸어가고, 사람의 눈이 미치지 않는 구석에는 가장 추악한 빈곤이 도사리고 있다. 걸음을 북쪽으로 옮기면 공기가 좋아지고 길이 좀 넓어지면서 주택들만 있는 지역이 나온다. 이곳의 도로는 우유장수와 고양이 먹이를 파는 사람과 생선장수가 점령한 것 같다. 거리의 모든 창에는 방을 세놓는다는 광고가 붙어 있다. 또 다른 거리는 한층 높은 품격을 자랑하는데, 집 앞에는 저마다 화단이 딸려 있고, 회반죽을 입힌 기둥과 발코니가 있는 집도 더러 보인다. 남쪽 지역과 이곳의 차이는, 생계유지를 위한 비루한 투쟁과 초라하고 무기력한 여가의 차이이다. 무수한 노예군의 병사들 중 그나마 나은 급료를 받는 자들이 먹고 자기 위해 이곳으로 퇴각하는 것이다.[40]

---

39) 같은 글, xx.

40) *Demos* (London, 1886), 178.

사람들의 처지는 서로 다르지만 어느 쪽이 더 낫다고는 할 수 없다. 유일한 출구는 예외적 개인에게 주어지지만, 그의 운명은 결과가 불확실한 사회적 계층 상승을 위해서 어렵사리 분투하다가 여러 해 동안의 노력 끝에 결국 패배하거나(《꿈꾸는 문인들의 거리》의 리어던이나 비펜), 혹은 성공은 하되 도덕적으로는 타락하는(《민중》의 모티머, 《꿈꾸는 문인들의 거리》의 밀리밴) 것이다. 왜냐하면 사회 전체의 파괴적 상황으로 인해서 성공을 하려면 타인의 노동이나 정신을 착취할 수밖에 없고, 또 그 착취 자체는 오로지 착취당하는 자들의 어리석음과 무관심이나 무지에 의해 가능해지기 때문이다.

기싱의 시각은 신랄하고 우울하다. 그 시각이 그나마 완화되는 것은 작품의 결말 부분에서 과거의 지적 생활과 전원 — 이것들이 은둔과 구원을 의미함은 분명하다 — 의 모습이 잠깐 보일 때뿐이다. 기싱은 내면적 이주자(移住者)의 역사를 하디만큼 강력하게, 그러나 하디보다 훨씬 더 신랄하게 썼다. 《민중》의 모티머는 《귀향》의 클림 요브라이트와 비교될 수 있지만, 두 사람은 시대와 정신의 면에서 거리가 있다. 그들의 차이는 부분적으로는 이처럼 급변하는 사회 속에서 도시와 시골이 보여주는 현실적 차이이기도 한데, 주드가 메리그린에서 크라이스트민스터로 이동할 때 시골과 도시의 현격한 차이가 다시 한 번 드러난다. 도시는 시골보다 문제가 많고 불안하고, 매사가 더 위태롭고 위험하며, 잠시 쉴 만한 곳도 좀체 눈에 띄지 않는다. 그리고 도시에서 이루어지는 성공과 실패의 모습들은 지금까지 없었던 새로운 문제를 포함하고 있다. 《추방된 삶》과 《계급이 없는 사람들》에서 기싱은 이후 너무도 광범위하고 중요한 의미를 갖게 되는 내면적 이주자의 고전적 모습을 내부적 시각을 통해 묘사하였다. 디킨스와 조지 엘리엇이 제기한 바 있었던 내면적 이주의 문제 — 디킨스는 일반적 상황의 일부로, 조지 엘리엇은 불가피한 도덕적 도전으로 제기했던 문제 — 는 한 세대가 지난 이제 더욱 가혹하고 혼란스러운 것이 되었다. 우리는 그 문제가 기싱의 신랄함과 마크 러더포드[41]의 우울에서 하디의 비극과 웰즈의 도전적이고 쾌활한 확신에까지 이르는 광범위한 영역에서 다양하게 제기되었음을 확인할 수 있다. 정착의 시대이자 제한적인 계급 이동과 변화의 시대에 형성된 이 모든 분위기는 20세기로 곧장 이어지게 될 것이었다.

기싱은 계급 이동의 문제를 인식하였고, 그에 따라 관찰자의 문제를 인식하였다는 점에서 — 설혹 그 인식이 간접적인 경우가 많았다 해도 — 1880년대와 90년대에 런던에 관한 글을 썼던 다른 작가들("런던 토박이 작가들"(*Cockney School*) 이라는 특징적인 이름으로 불려왔던)과 구별된다.

> 그들이 맞닥뜨렸을 때 빌리 초프는 반대 방향으로 몸을 늘어뜨리고 보도를 가로지르며 비틀거렸다. 그리고 그녀에게 가까운 쪽 손을 주머니에서 끄집어내어 그녀의 팔을 잡아 비틀면서 벽에 부딪힐 정도로 밀어 대었다.
>
> "뭐야, 냅둬(*Garn, le' go*)" 하고 리저런트는 대단히 기뻐하며 말했다. 왜냐하면 그녀는 그것이 사랑의 표현임을 알았기 때문이다.
>
> "너 어딜 가남(*Where yer auf to*), 리저?"[42]

이것은 도시의 새로운 소리이다. 소리는 생동감이 있고, 그것이 들려주는 이야기는 직접적이다. 이것은 1890년대의 소설, 그중에서도 특히 단편소설의 특징이 되었다. 제인 오스틴에서 조지 엘리엇에 이르기까지, 그리고 디킨스에서 기싱에 이르기까지, 다양한 모습들로 출현했던 의식적이거나 자의식적인 화자는 사라지고, 대단히 표준적인 전문 이야기꾼이 그 자리를 대신하게 되었다. 독자에게 선명한 인상을 남기는 이 이야기 양식 속에서 엘리자베스 헌트는 리자 헌트가 될 뿐 아니라 리저런트가 되기도 한다. 그녀는 팔을 비틀고 벽으로 몰아세우는 것이 "사랑의 표

41) (역주) Mark Rutherford(1831~1913): 영국의 소설가. 본명은 William Hale White이다.

42) P. J. Keating, ed. *Working Class Stories of the 1890s*(London, 1971), 29.

현"임을 "알았"는데, 이만큼 생생하게 그려지고 이처럼 적절한 이름을 부여받은 인물이라면 그 정도는 당연히 알 만한 것이다. 작가가 인물들의 대화에 딴지를 걸거나 중간에 개입하여 야유하는 일(기싱의 경우에 우리는 그런 장면을 종종 본다)은 이러한 이야기 양식에서는 일어나지 않는다. 이러한 양식은 말하자면 나름의 당연한 권리라고 부를 수 있을 만한 것을 갖고 출현했는데, 그러나 그 권리는 작가가 일정한 거리를 두고 이야기를 전개하는 새로운 관습이 일반화된 데서 나온 것이다.

표기와 발음이 일치하는 것처럼 보이게 신경을 쓰는 것이 변화의 중요한 특징이다. 영어의 철자법과 지역에 따라 허다하게 달라지는 발음 사이의 관계는 언제나 문제였으며, 악명 높은 문제이기까지 했다. 철자법을 의도적으로 변화시킨 사례는 일찍이 엘리자베스 여왕 시대까지 거슬러 올라갈 수 있다. 다른 사람도 아닌 셰익스피어가 웨일즈 인과 프랑스인의 대사를 기록하기 위해서 철자법을 바꾸었던 것이다. 다양한 지역의 어투를 합성하여 이른바 연극용 '시골' 사투리들을 만드는 것 또한 당시의 관행이었다. 디킨스는 런던에서 사용되던 다양한 어투들 중 일부를 작품에 반영하였다. 그러나 계급마다 다른 어투들을 체계적으로 양식화한 것은 사실상 계급의식이 확연히 고조되어 행위의 이런 영역들까지 계급적 관점으로 보게 된 19세기 말의 일이었다. 윌리엄 반즈[43]의 도셋 시편이 보여 주듯이, 철자법을 재구성하려는 시도들 중 일부는 애정에 기초한 것이었다. 그러나 하디가 철자법을 체계적인 근거에 따라 바꾸려는 어떤 시도에도 반대하였고, 그러한 시도가 현실을 어색할 정도로 낯설게 보이게 만들고 개인을 고정된 유형으로 단순화한다는 것을 반대의 이유로 들었다는 것은 의미심장하다. 1893년에 《리저런트》를 썼던 아서 모리슨의, 혹은 《바달리어 헤로즈푸트의 경력》(1890)과 병사를

43) (역주) William Barnes(1801~1886): 영국의 시인, 성직자, 문헌학자. 그는 시골 민중에 대한 각별한 애정에 입각하여 시골 사투리(특히 도셋 지방 사투리)를 적극적으로 활용하는 시를 쓴 것으로 유명하다.

주인공으로 한 다수의 민요풍 시에서 키플링이 보여 주는, '런던 사투리'의 세심한 표기는 정확히 하디가 지적한 바로 그런 의미의 관행이 되었다. 단순화는 기싱의 작품에도 존재하는데, 그것은 그가 하디가 반대했던 바로 그런 식의 관찰과 관계 설정을 하고 있기 때문이다. 독자들은 그러한 작품들을 읽을 때 애정어린 경의(라고 그들이 믿는 것)를 가지고 거리(라고 그들이 믿는 것)를 두면서 세부를 따라가게 되었다.

"너 어딜 가남, 리저?"(*Where yer auf to, Lizer?*) 여기서 "where"는 실제의 거의 모든 발음과 맞지 않는 표준적인 철자법을 따른 표기이고, "yer"과 "Lizer"는 일반적인 발음 습관을 반영한 표기이며, "auf"는 그것의 변형태인 'orf'와 함께 둘 중 어느 쪽이 타당한지가 지금까지도 확실하지 않은 표기이다. 왜냐하면 장음 'o'는, 'r' 음을 동반하기도 하고 동반하지 않기도 하면서 '런던 사투리'로부터 중상류계급의 어투에 이르는 실로 광범위한 영역에서 사용되었기 때문이다. 영어에서 철자법과 다양한 발음 방식의 관계는 너무도 복잡하기 때문에 세부적인 사항들 중 확실한 결론을 내릴 수 있는 것은 하나도 없다. 그러나 표기와 발음을 통일하려는 이러한 시도는 사태를 보는 새로운 방식의 중요한 특징으로서, 사람들은 그것의 자연주의, 일견 작가의 자의식적 해설을 배제한 듯이 보이는 측면을 찬양해 왔다. 정작 중요한 점은 이제 '해설'이 묘사 속에 완전히 통합되어, '사회학적' 거리를 두고 사태를 보는 방식 전체의 일부가 되었다는 것이다. 이 빅토리아 조 후기와 에드워드 조 소설가들의 자신감 넘치고 매력적인 방식들은—실제로 성공적인 결과를 얻는 경우도 왕왕 있었지만, 바로 그런 경우에도—묘사적이고 재현적이고(*representative*) 세심한 관찰에 기초한 자연주의에 의존했던 바, 거기서 의식과 관련된 문제들이나 명백하게 논란이 되는 문제들은 아예 배제되었다. 가련한 인간, 혹은 인내심이 강한 인간. 난폭한 인간과 그 희생자. 자연주의는 인간을 이렇게 묘사한다. 그러나 그것은 자연주의가 볼 수 있는 인생의 조각들일 뿐이고, 그것이 그 유명한 자연주의적 인생의 '단면'인 것이다.

이러한 어조(*tone*)는 새로운 도시의 경험에 속한다. 그러나 비판적으로 볼 때 그것은 노골적인 해석의 한 형태이기도 하다. 헨리 네빈슨[44]의 《로체스터의 세인트 조지》(1894)나 에드윈 퍼[45]의 《잡담거래소》(1895)에는 메이휴의 인터뷰 기록이나 관찰 기록을 계승하는 점이 많이 있다. 그러나 키플링과 모리슨의 경우에 이러한 어조는 인물을 소개(*presentation*)하는 경향으로 발전하였는데, 이는 사뭇 다른 효과를 낳았다. 그리고 애드콕[46]과 루크[47] 같은 작가들은 이 두 방식을 혼합하여 도시의 민중을 기록하기도 하고, 소개하기도 한다. 처음에는 전반적 관찰의 면에서 기싱과 그처럼 많은 것을 공유했던 모리슨이, 《파고의 자식》과 《벽의 구멍》에 이르러서 범죄와 폭력에 대단히 많은 관심을 보이게 되었다는 것은 주목할 만하다. 범죄와 폭력에 대한 관심은 옛 런던과 새로운 런던 모두에서 광범위하게 존재했다. 그러나 그것은 특성상 도시의 다양한 성격에 비해 더 쉽게 소개할 수 있고 더 편하게 이야기로 풀어낼 수 있었다. 도시 소설이 이처럼 폭력을 선택한 것은 어떤 층위에서는 장구한 '악당소설'의 전통을 계승한 것으로 볼 수 있다. 그러나 그것이 점점 더 크게 유행했다는 점을 고려하면, 도시 생활을 경험하는 하나의 방법으로 보는 편이 더 낫다. 이런 소설이 고립된 지역들과 사건들을 다루는 것은 품위 있는 사람들도 당연히 가지고 있는 흥미 — 상황과 인물에 거리를 둔 상태에서 매력과 공포를 동시에 느끼고자 하는 — 에 부합되기 때문이기도 하고, 사회 전체가 아닌 특정 지역의 주민이 관찰과 기록의 대상이 되면 가장 명백한 종류의 행동을 고립시켜 보기가 그만큼 용이해지기 때문이기도 하다.

그러나 모리슨의 소설은 그 관심이 지속적이었다는 점에서, 신화 작

---

44) (역주) Henry Nevinson(1856~1941): 영국의 언론인.
45) (역주) Edwin William Pugh(1874~1930): 영국의 소설가, 비평가.
46) (역주) Arthur St. John Adcock(1864~1930): 영국의 소설가, 시인.
47) (역주) Clarence Rook(1862~1915): 영국의 소설가.

가인 키플링의 소설과는 궁극적으로 대단히 다른 내용을 갖는다. 혹은 동시대의 런던에서 중요한 비교대상을 들자면, 코난 도일의 소설과는 대단히 다른 내용을 갖는다. 셜록 홈스 소설들에서 런던은 다시 한 번 "미궁과 같은 어둠과 무시무시한 매력"의 도시가 된다. 디킨스와 윌키 콜린스[48]의 소설에서 전조를 희미하게 드러내었던 도시 탐정은 이제 진상을 확인하고 승인하는 중요 인물로 부각되기 시작한다. 그는 안개를 뚫고 길을 찾아낼 수 있는 인물, 얽히고설킨 거리들을 꿰뚫어 볼 수 있는 인물이다. 근대 도시 생활의 불투명한 복잡성은 범죄로 표현된다. 사회의 탐구자는 단일한 원인의 발견자, 고립적 행위자로 환원되고, 무엇보다 그가 범죄 규명을 위해 사용하는 수단이나 기술로 환원된다. 코난 도일의 런던은 시간이 지나면서 일종의 낭만적 분위기를 띠게 되었다. 일부 사람들은 그 어떤 전원 회고 못지않은 노골적이고 체계적인 향수의 감정을 가지고 코난 도일의 런던을, 즉 안개, 이륜승합마차, 거리의 불량소년을, 그리고 그 모두의 중심에 한결같이 존재하는 예리한 정신의 괴짜 탐정을 돌아본다. 그는 육체가 거의 문제되지 않는, 편파적 지성의 소유자로서 복잡하게 얽힌 문제를 해명하고 범인이 어디의 누구인지를 밝힌 다음, (그의 탐구는 그곳에서 종결되기 때문에) 사건을 경찰과 법정에, 다시 말해서 모든 혼잡과 안개 너머로 존재하는 명석하고 추상적인 체제에 넘긴다.

도시를 보는 이러한 방식은 경우에 따라서는 예리한 위력을 발휘하였다. 기싱과 모리슨, 그리고 그 외의 작가들에게서 볼 수 있듯이, 런던이라는 특수한 도시와 관련하여 인상적인 이미지들을 적잖이 남겼던 것이다. 그러나 역사가 여럿 존재하듯이, 그들이 남긴 것들과는 다른 이미지들도 많다. 당연한 이야기이지만, 어둠의 도시, 억압의 도시, 범죄와 불결함의 도시, 타락한 인간성의 도시라 하더라도 다른 종류의 경험 역시

---

48) (역주) William Wilkie Collins (1824~1889) : 영국의 소설가, 극작가. 현대의 탐정 소설과 스릴러물의 선구자로 꼽힌다.

존재했던 것이다. 이는 루크의 《사기꾼 빌리》(1899) 같은 생기발랄한 이야기들에서도 확인할 수 있지만, 그러나 뭐니뭐니해도 웰즈의 경우가 두드러진다. 웰즈는 이런 점에서나 혹은 다른 점에서나 어떤 역사 — 그것보다 더 인상적인, 그러나 단지 인상적인 것으로 그칠 뿐인 이미지들이 축소하거나 배제하는 그런 역사 — 에 속하는 인물이다.

이렇게 이야기할 수 있는 것은 런던을 빛의 도시로 보는 것이 여전히 가능했기 때문이다. 런던은 가장 단순한 물리적 의미에서 빛의 도시였다. 일찍이 1780년에 아헨홀츠는 다음과 같이 썼다.

> 투명한 구체(球體) 속에 든, 가지가 둘 혹은 넷 달린 램프들이 서로 일정한 거리를 두고 기둥에 고정되어 있다. 겨울이건 여름이건, 달이 뜨건 뜨지 않건, 해질 무렵이면 램프들은 켜진다. 옥스퍼드 가에만 파리시 전체보다 많은 램프들이 있다. 큰 길들에까지도 7, 8마일에 걸쳐 램프가 운집해 있어서 엄청난 장관을 이룬다.[49]

가스등은 19세기가 시작될 무렵부터 실용적인 목적뿐 아니라 전시 효과를 위해서도 사용되었다. 많은 런던 주민들과 방문자들은 한스 크리스티안 안데르센이 19세기 중반에 기록했던 것과 똑같은 인상을 받았다.

> 세계 최대의 도시가 불타는 지도가 되어 내 눈 아래 펼쳐져 있다.[50]

19세기 말에 르 갈리엔느[51]는 다음과 같이 쓰고 있었다.

> 런던이여, 런던이여, 우리의 환희여,
> 밤에만 피어나는 거대한 꽃이여.

---

49) Archenholz, 앞의 책.

50) C. Trent, *Great London* (London, 1965), 200에서 재인용.

51) (역주) Richard Le Galienne (1866~1947): 영국의 문필가. 1897년 이후 미국에서 생활하였다.

해가 지면 비로소 낮이 시작되는,
한밤중에 태양이 뜨는 도시여.
램프들은 저녁 하늘을 배경으로
빛나는 눈을 갑작스레 뜨고,
양쪽으로 빛을 뿌린다.
스트랜드 가[52]에 피어난 강철 백합들.[53]

이 빛은 수도의 인상적인 문명을 분명하게 표현해 주는 이미지였는데, 당시 수도는 부의 측면과 대중의 의식에 미치는 효과의 측면 모두에서 가시적인 성장을 계속하고 있었다. 웨스트 엔드는 이스트 엔드의 현실과는 무관하게 — 그리고 때로는 그것과의 관계를 의식하면서 — 새롭게 계획되고 개선되고 있었다. 그리하여 트래펄가 광장, 왕궁, 의회, 공원과 도로가 새로 건설되었다. 런던을 방문한 미국인 콜먼[54]은 웨스트 엔드와 이스트 엔드의 대조적 모습을 다음과 같이 강조하였다.

> 정말 보기 드문 풍요의 한가운데에 굶어 죽어가는 남자들, 여자들, 어린이들이 있다. 그리고 번쩍거리는 마구(馬具)를 달고, 비단 장식을 하고, 제복 차림의 마부를 태운 호화로운 마차와 나란히, 가난하고, 버림받고, 친구도 없고, 거의 벌거벗다시피 한 비참한 인간들이 있다. 그들은 인간의 잔해에 지나지 않는 것으로 보인다.[55]

18세기의 이중적 구조 — 시골 대저택들의 과시적 위용이 종속된 다수의 명백한 궁핍 상태와 공존했던 — 가 이 부유하고 계급적으로 분열된 도시에서 훨씬 거대한 규모로 재현되고 있었다. 수도는 상업과 정치적 영

---

52) (역주) Strand: 런던의 번화가.
53) (역주) Richard Le Galienne, "A Ballad of London", *Richard Le Gallienne: A Centenary Memoir~anthology*(London, 1966), 38.
54) (역주) Henry Colman(1785~1849): 미국의 문필가, 성직자.
55) Colman, *European Life and Manners*(Boston, 1849), 1권, 155.

향력의 중심으로서 역시 과거와 마찬가지로 세계의 여러 지역들에서 온갖 종류의 재능을 끌어들이고 있었다. 이스트 엔드를 크게 떼어내어 '런던에서 가장 어두운 지역'으로 보게 된 것은, 국가의 수도이자 국제적 수도였던 런던의 다른 일부 지역이 그만큼 밝은 빛을 뿜은 결과였다. 코난 도일 — 평범한 사람들을 당혹하게 하는 어둠을 순수 지성으로 꿰뚫어 보는 인물인 셜록 홈스를 창조했던 그 코난 도일 — 이, 런던이 지적으로 우월한 도시임을 증명하기 위해서, 즉 본디부터 우월했지만 "모든 분야에서 가장 빼어난 지성인들"[56] 이 집중된 결과 더욱 우월해진 도시임을 증명하기 위해서, 통계 자료를 수집했다는 사실은 이 시대 런던의 특징을 잘 보여 준다. 런던을 이처럼 다른 지역을 압도할 정도로 빛나는 문화적 대도시로 보는 견해에는, 빛과 학문의 중심지라는 전통적 도시관이 옳았음을 확증해 줄 정도의 실제적 근거가 있었다. 그러나 이제 런던의 문화중심지적 성격은 전례를 찾을 수 없는 규모로 확대되고 있었다. 이 시기에 이미 영국의 문화 집중 현상은 비교가 될 만한 어떤 사회보다 모든 측면에서 두드러진 것이었다. 사람들은 심지어 런던에 반대하고 런던을 거부하기 위해서도 런던에 왔는데, 그 외에는 다른 방법이 없었다.

그러나 이것은 중요하긴 해도 도시의 효과로서는 비교적 표면적인 것이었다. 대도시의 문화가 인간의 다양한 재능을 중개하거나 소비하는 데 탁월했던 것은 사실이지만, 대도시 사람들은 그것을 대도시가 인간 재능의 진정한 근원임을 의미하는 것으로 혼동하곤 했다. 정작 인간 재능의 진정한 근원은 대도시와는 다른, 그리고 대도시보다 다양한 특색을 갖는, 지역들인 경우가 많았다. 새로운 도시 문명을 평가할 때 우리가 이보다 진지하게 인정할 수 있는 사실은, 도시 문명 속에서 새로운 종류의 사회 사상들과 사회 조직들이 — 도시의 혼란에 대한 반응으로서, 아니면 그것보다 더 확연한 자극 때문에 인간 능력이 고양된 결과로서

---

56) A. Conan Doyle, "The Geographical Distribution of British Intellect", *The Nineteenth Century*, 1888년 8월.

— 창출되고 있었다는 것이다. 하디는 런던에 어떤 "집단의식"도 존재하지 않는다고 개탄하였지만, 새로운 민주적 형식들과 관념들을 결정적으로 확장시키고 있던 것은 바로 영국의 도시들(여기에는 수도는 물론이고 공업도시들도 포함되었다)이었다. 웰즈는 이런 현실의 한 측면을 보여 준다. 그는 도시들의 사회적 상황에, 그리고 특히 주거 환경에, 저 "생명을 학살하고 타락시키고 무력하게 만드는… 지속적 재앙"에, 더할 수 없이 경악하였다. 기싱과 같은 분위기 속에서 웰즈는

> 보도에는 언제나 기름투성이의 미끄러운 진흙이 얇게 덥혀 있고, 잿빛 하늘은 (헤아릴 수도 없이 많은 수의 불결한 군중에게) 목숨이 다 하는 날까지 불결함 말고는 어떤 희망도 보여 주지 않는[57]

광경을 보았다. 그가 보는 이스트 엔드는 "지저분해 보이는 황야"였다. 그곳의 사람들은 "웨스트 엔드 거주자들의 눈에는 퇴화되고 불길해 보이는 창백하고 생기 없는 피부를" 하고 있었다. 그들은 비극적인 사람들이 아니라, 약하고 소심하고 혜택받지 못한 사람들이었다. 웰즈가 이스트 엔드와 그 인근 지역들 — 이스트 엔드보다 형편은 낫지만 그만큼 더 불안한 — 의 누추하고 제한된 생활로부터 도피하는 길을 전원의 은신처나 이상화된 즐거운 피난처에서 찾곤 했던 것은 사실이다. 그러나 《토노-벙기》가 대단히 명료하게 보여 주듯이 그는 또한 영국 농촌의 현실적 체제를, 다시 말해서 시골 저택이 대표하는 영국의 실상을, 제대로 인식하였다. 블래이즈오버에 대한 다음과 같은 묘사를 보라.

> 대저택, 교회, 마을, 다양한 신분과 계급의 노동자들과 하인들 … 하나의 완전한 폐쇄적 사회체제. 주변에는 이와 비슷한 다른 마을과 대저택이 여럿 있는데, 향신들, 즉 고상한 올림포스의 신들은 각자의 저택들

57) Asa Briggs, *Victorian Cities*(London, 1963), 17, 358에서 재인용.

> 을 오가며 서로 얽혀 관계를 맺는다.[58]

산업 혁명과 도시 혁명이 어떤 변화를 일으켰던 간에 이 지배적 사회체제는 건재하였다. 실제로 일어난 변화들은 지배적 사회체제의 방해꾼이 아니면 장식품일 뿐이었다. 런던의 중심에서도 시골 마을들에서와 마찬가지로 이 지배적 사회체제의 본질적 특징들을 분명하게 확인할 수 있었다. 이 체제는 모든 진정한 발전을 가로막았다. 따라서 도시의 그동안의 사태는 사실상 시골의 보다 단순한 체제에서 파생된 것, 그 체제가 투영된 것이었다. 그렇기 때문에 그것은 암이었다.

> 감염된 신체의 윤곽을 실로 모조리 실로 무참하게 망가뜨리는, 통제할 수 없는 엄청난 종양덩어리의 성장 과정.[59]

이것이 병든 도시와 문명의 모습이다. 그러나 괴물은 전보다 악마적 성격이 덜 하고, 인간에 좀더 가까운 모습이다. 그것은

> 뚱뚱한 체격의 우쭐한 하인처럼, 자만심처럼, 나태함처럼, 인생의 그 모든 어둠과 슬픔과 힘겨움처럼 보인다. 그것은 물질이자 어둠이고, 영혼과 반대되는 것이며, 이 나라를 지배하는 힘, 즉 '어리석음'이다.[60]

도시를 이렇게 보는 것은 지금까지와는 강조점이 대단히 다른 것이다. 웰즈는 도시의 지배 권력과 시골 저택들의 지배 권력의 관계를 이전의 누구보다 명확하게 보았다. 그리고 그 두 권력의 공통 요소가 자만심과 나태함과 어리석음이라면, 지금까지와는 다른 방식으로 그것들에 대항할 수 있을 것이었다. 다시 말해 소박했던 시대를 회고하는 것이 아니

---

58) *Tono-Bungay*, 1권 1장.
59) 같은 책, 2권 1장.
60) (역주) *Kipps*, 3권 2장.

라, 교육과 과학과 사회주의를 통하여 의식적으로 미래를 향해 나아감으로써 그것들에 맞설 수 있을 것이었다.

이렇게 해서 웰즈는 한 세기 동안 사뭇 다른 전통들로, 심지어는 양자택일적인 전통들로 존재해 왔던 것들을 모아서 하나로 통합한다. 산업주의와 도시생활의 추악함과 저속함이, 지나치게 성장했으되 여전히 강고한 우매한 체제의 암과 같은 결과라면, 새로운 방법으로 도시에 대항하는 것이 가능하였다. 그것은 농촌 체제의 이상화를 탈피하는 데서 그치지 않고, 그 체제 자체를 병의 일부로 보는 것이었다. 만약 그렇다면 체제와 싸울 수 있는 힘 또한 현실적으로 동원 가능했다. 새로운 문명 생성의 에너지에 의해 해방되었지만, 잘못된 사회 체제에 의해 억압받고 있는 힘이 바로 그것이었다.

웰즈의 이러한 견해를 무제한적이고 무분별한 기술만능주의를 단순하게 주창하는 것으로 넘겨버릴 수는 없다. 기술만능주의적 측면은 언제나 웰즈에게 잠재해 있었고, 사회적 어려움에 직면했을 때 추상적인 형태로 간간이 모습을 드러내기도 했지만, 그의 이와 같은 견해는 발전을 계속하고 있던 사회주의적 견해와 연결된다. 왜냐하면 새로운 문명의 도래를 약속한 것은 과학의 성취와 물질적 생산만이 아니었기 때문이다. 도시들 내부에서 새로운 종류의 사회 조직들이 성장하였다. 바로 이 사실이야말로 좀더 일반적인 관점에 입각하여 당시 현실을 비난하던 많은 사람들이 대체로 간과한 것이었다. 칼라일이나 다른 사람들이 지적했던 것처럼, 집합화의 경향과 원자화의 경향이 다분히 존재했던 것은 확실하다. 그러나 그것이 결코 사실의 전부는 아니다. 새로운 형태의 지방자치를 창조하기 위한 투쟁도 존재하였다. 그 투쟁은 인구 과밀과 혼란에 대응하여 일어난 것이었지만, 토지소유자가 지역에서 전횡을 일삼던 — 그것이 과거에 실재하던 유일한 체제였다 — 과거보다는 훨씬 바람직한 모습을 보이고 있었다. 선거권과 의회개혁을 위한 투쟁도 있었는데 그 투쟁의 중심 역시 도시들이었다. 그런가 하면 교육의 기회를 확대하기 위한 투쟁도 있었다. 도시들이 주도한 이 투쟁은 토지소유자들과 그 일족이 여전히 지배하던 시골에 파급되는 과정에서 어려움을 겪었고, 결국 강제될 수밖에 없었다. 지주와 그 일족에게는 민중을 계속 무지하게 두는 편이 유리하였기 때문이다. 대도시 문화 못지않게 시골 소도시의 문화도 활발하게 성장하였다. 소도시의 새로운 욕구에 부응하여 새로운 문화 시설들 — 도서관과 각종 회관들 — 을 확보하기 위한 투쟁이 일어났다. 그리고 이러한 인상적인 자유주의적 개혁과는 차원이 다른 움직임도 있었다. 노동계급 자신의 조직화가 증가하였다. 그것은 산업의 횡포와 무질서를 타파하려는 거대한 문명화의 운동이었다. 도시에서 회원의 친목과 이익을 도모하던 단체들이 조합들을 결성하였고, 동료의식이 이처럼 전례 없이 적극적으로 표현됨에 따라 새로운 사회의 기초로서 상호부조의 전망이 창출되었다. 그리고 역시 새로운 도시들에서 협동조합들과 사회주의가 출현하였다. 운동은 19세기 내내 온갖 어려움을 극복하며 성장을 계속하여, 1880년대에는 심지어 런던의 이스트 엔드에까지 진출하였다. 기싱과 같은 작가들이 묘사한 바 있었던 바로 그 상징적 황무지에까지 말이다. 엥겔스는 이스트 엔드에서 일어나고 있던 변화에 대해서 다음과 같이 쓰고 있다.

> 저 거대한 빈곤의 소굴은 더 이상 6년 전과 같은 정체된 물웅덩이가 아니다. 그곳은 무기력한 절망을 떨치고 되살아나서, '신노동조합주의'(*New Unionism*)라고 불리는, 거대한 규모의 '비숙련' 노동자조직의 거점이 되었다.[61]

바야흐로 가스 노동자들이 조직을 결성하고, 성냥팔이 소녀들이 파업을 하고, 1889년의 항만노동자 대파업이 일어나던 시대였다. 그리고 엥겔스의 주장처럼 이 새로운 조합들과 투쟁들은 이전의 직업별 조합주의[62]

---

61) Engels, 앞의 책, xviii,

와는 차원이 다른 것이었다.

> 임금제도가 영원할 것이라는 믿음은 심각하게 동요했다. 새로운 노동조합을 창설하고 추진한 사람들은 의식적인 사회주의자들 아니면 정서적인 사회주의자들이었다.[63]

사회를 보는 새로운 전망이 갖는 문명화의 힘은 새로운 대도시의 혼란과 비참 속에서 생겨나 널리 확산되면서 국민감정에 활력을 불어 넣었다. 그 힘은 투쟁 속에서 창조되었고, 억압받고 착취받던 사람들의 여러 세대에 걸친 고통과 희망을 집약한 것이었다. 그리고 이 예기치 않았던 도전적 움직임 속에 도시와 시골 모두에서 장기간 지속되었던 비인간적 상황에 대한 도시의 인간적 답변이 들어 있었다.

워즈워드는 도시의 분해와 변형의 상황들 속에서 '인간 통합'의 새로운 가능성을 감지한 바 있었다. 과거보다 더 높은 수준의 사회 조직과 협동이 가능할 것이라는 이러한 직감은 여러 가지 방식으로 살아남아, 착취와 비인간적 행위가 대단히 노골적이고 집중적으로 진행되던 바로 그 도시에서 새로운 모습으로 구체화되었다. 구체화되는 과정에서 실패를 거듭했고 절망에 빠질 때도 많았지만, 어쨌든 직감은 존속했고 성장했다. 교육, 협동, 민주주의, 사회주의. 관념들과 제도들이 서서히 힘을 얻어 갔다. 이런 과정을 인식했고 처음에는 지지했던 기싱은 그러나 도시에는 무지와 결함 또한 대규모로 증식하고 있기 때문에, 그 무지와 결함이 결국 이런 과정을 압도하고 타락시켜버릴 것이라고 믿게 되었는데, 누구라도 그런 생각을 할 만했다. 그는 "지하 세계의 심연을 잔해로 가득

62) (역주) craft unionism: '직업별 노동조합주의'는 중세 동업조합의 계승자들인 장인의 이익을 독점적으로 보호하는 것을 목적으로 하였다. 이후 노동조합운동은 엥겔스가 말하는 미숙련 노동자들 중심의 '신노동조합주의'를 거쳐, 직장과 직업을 넘어서는 '산업별 노동조합주의'로 발전하였다.

63) 같은 곳.

채우는, 사회의 야만적인 힘"을 보았다. 변화의 꿈들 역시 그 심연 속으로 사라질 것이었다. '영국 사회주의의 이야기'인 《민중》은 고전적이라 할 만한 환멸감을 보이며 사회주의적 이상의 실현 가능성을 논박한다. 그가 "오두막 지붕 밑에서 호머를 읽는" 꿈으로 돌아가는 것은, 바로 이와 같은 불행의 두 번째 단계 — 현실적으로 고통스러울 뿐 아니라 사회주의의 실현과 같은 희망마저 붕괴하는 단계 — 에 도달했기 때문이다. 기싱보다 더 원기왕성하고 자신만만했던 웰즈는 이런 위험들과 함께 또 다른 위험들도 인식하였다. 기싱이 《새로운 그럽 가》에서 상업주의 언론과 문학의 승리를 보았던 것처럼, 웰즈는 《토노-벙기》에서 상업주의적 선동의 승리를 보았다. 새로이 주어진 자유와 새로이 제공된 교육은 타락하거나 체제에 흡수될 수 있었다. 그리고 도시는 자유와 교육의 저급한 대체품을 상상할 수조차 없을 정도의 규모로 얼마든지 공급할 것이었다. 문명의 담지자인 새로운 사회운동들과 정치운동들조차 방향을 상실하고 타락하여 체제에 흡수될 수 있었다. 암의 성장이 새로운 사회운동들과 정치운동들을 압도할 수 있었다.

그러나 적어도 웰즈는 여전히 역사가 둘 중 어느 쪽으로도 진행될 수 있다고 보았고, 다시 말하면 새로운 사회체제의 유일한 대안은 혼란의 증가, 도시들의 자체적 붕괴일 뿐이라고 보았고, 새로운 사회주의 진영도 그 점에서는 마찬가지였다. 거의 한 세기가 지난 지금, 이 싸움은 아직 끝나지 않았다. 우리는 이 싸움에 대해서 다시 한 번 생각해 보지 않으면 안 된다. 그렇지만 새로운 세기로 들어섰으므로 우리는 하디의 말을 상기하되, 그와는 다른 의미에서 상기할 수 있다. 새로운 노동운동 조직들, 새로운 교육제도들, 새로운 민주주의 제도들은 런던과 그 외의 도시들이, 그리고 이제 그 도시들이 지배하게 된 국가 전체가, 스스로를 보기 시작하는 방식들이었다고. 즉 스스로를 의식하고, 바로 그 의식 속에서, 그 집단적 의식 속에서, 현재와는 다른 사회의 모습들을 보게 해 주는 방식들이었다고 말이다.

제20장

도시의 인간

그러나 근대 도시의 새로운 속성에 대한 인식은 처음부터 도시의 거리들을 마치 혼자인 것처럼 걸어가는 인간과 결합되어 있었다. 그러한 인간은 도시 인식의 맹아적 형태를 보여 주는 블레이크의 시에 이미 존재한다.

> 특별히 인가받은 템스 강이 흘러가는 근처
> 특별히 인가받은 거리를 나는 정처 없이 걷는다.[1]

그리고 워즈워드의 시에 존재한다.

> 사람들로 붐비는 거리를 군중에 섞여 걸으며
> 나는 너무도 자주 혼자 중얼거리곤 했다.
> "내 곁을 지나는
> 모든 얼굴들이 신비롭구나!"…
> … 그러면 눈앞의 형체들은
> 조용한 산 위를 미끄러지는 듯한, 혹은 꿈속에서 출몰하는 듯한,
> 환영(幻影)의 행렬로 변했다.[2]

---

1) "London", 앞의 책, 59.

도시 소설가들은 작품 속 인물을 통해서 이런 경험을 재창조하곤 했다. 디킨스의 플로렌스 돔비가 한 예이다.

> … 하루의 싸움을 시작하는 소음과 고성… 그녀를 스쳐가는 사람들의 얼굴에 떠오르는 놀라움과 호기심의 표정… 보도 위로 다시 돌아오는 긴 그림자… 그녀가 어디로 가는지…를 묻는 낯선 목소리… 어디로 갈까? 그녀의 답은 여전히 '어딘가, 아무 곳이라도!'였고, 그녀는 계속 걸었다. 그러나 어디로 간단 말인가! 그녀는 예전에 한 번 런던이라는 넓은 황무지에서 길을 잃었던 적이 있었다.[3]

엘리자베스 가스켈의 소설에서 고립은 사회적인 대조와 관련된다.

> 불을 환히 밝힌 상점들의 거리를 걷는 것은 멋진 일이다. 가스등은 너무나도 밝고, 가게들에 진열된 상품들은 낮보다 훨씬 더 생생해 보인다. 그중에서도 특히 약국은 동화 속에 나오는 이야기들, 이를테면 마법의 과일이 열리는 알라딘의 정원이나 자줏빛 항아리를 가진 매력적인 로자문드를 떠올리게 한다.
>
> 바튼에게 그러한 연상은 떠오르지 않았다. 단지 물건들이 멋지게 진열되고 밝은 조명이 켜진 상점들과 어둡고 음침한 지하실이 대조적으로 느껴졌을 뿐이다. 그처럼 대조적인 차이가 존재한다는 사실이 그를 우울하게 했다. 그것은 인생의 불가사의로서 그로서는 어쩔 수 없는 문제이다. 그는 서둘러 걸어가는 사람들 중에 자신처럼 비참한 집에 사는 사람이 있는지 궁금했다. 그는 사람들이 모두 즐거워 보인다고 생각했고, 그래서 그들에게 화가 났다. 그러나 그는, 누구나 그렇듯이, 거리에서 매일 스치는 사람들의 운명을 읽을 수는 없었다.[4]

---

2) *Prelude*, 앞의 책, 286. 또한 클레어는 "도시 속의 고독. 군중은 모두 살아 있는 시체들처럼 움직인다"고 노래했다. Clare, *Child Harold*, Canto Third, xxvi 참조.

3) *Dombey and Son*, 48장.

4) *Mary Barton*, 6장.

이것은 복잡성과 극적인 면이 덜하긴 하지만, 디킨스적인 분위기이다. 장애와 모순과 불가사의가 너무도 분명해 보이기 때문에 인간적 공감이 필요함을 역설하는 것이다. 이것은 또 디킨스에서 웰즈에 이르는 일련의 소설들에 흔히 나오는 장면들 — 어떤 인물이 잠든 도시에 들어와, 자기 바로 곁에 엄청나게 많은 사람들의 생활이 숨어 있음을 생각하고 압도되는 — 에도 해당된다. 그러나 이 체험에는 분명 양면성이 존재한다. 그것은 군중의 낯섦이라는 장벽을 넘어 공통적 인간성을 긍정하는 방향으로 나아갈 수도 있지만, 고립과 불가사의를 강조하는 방향 — 보통 공포로 발전하게 되는 감정 — 으로 나아갈 수도 있는 것이다. 워즈워드는 이 두 종류의 반응을 모두 탐구했고, 19세기 문학은 이 탐구를 두 방향 모두로 확장시켰다.

세계문학에서는 발자크, 보들레르, 그리고 그들과는 다른 형태로 도스토예프스키의 작품에서, 도시의 이러한 이미지가 일종의 지배적 지위를 차지하게 되었다. 발자크는 도시의 사회적 복잡성과 끊임없는 유동성을 보여 주었다. 그는 도시의 이러한 성격을 묘사하는 것을 목표로 하였으므로, 그가 보여 주는 도시 이미지는 복잡하지만 명확하다. 반면 도스토예프스키는 불가사의하고 낯선 요소들, 그리고 관계의 상실을 강조하였다. 그는 디킨스와 비슷하게 — 그러나 디킨스와는 궁극적으로 다른 반응들에 기초하여 — 인간적 인식을 창조하는 작업으로 나아갔다. 도스토예프스키가 디킨스와 다른 점은 질식할 듯한 사회적 감각에서가 아니라 정신적인 인정(認定)에서 인간적 인식이 나온다는 것인데, 이것은 고립된 자의 절망과는 거리가 멀다. 한편 보들레르는 두 가치 모두를 뒤집었다. 그에게 고립과 관계 상실은 새롭고 생기발랄한 지각을 탄생시키는 조건들이었다.

> 군중과 고독. 능동적이고 상상력 풍부한 시인이라면 동등한 의미를 지니고 서로 교환가능하게 만들 수 있는 어휘들.[5)]

도시는 "생명력의 향연"이었고, "열광적인 환희"의, 즉각적이고 일시적인 세계였다. 도시는

> 예기치 않게 출현하는 사람들에게, 지나가는 미지의 보행자들에게, 자신의 모든 것을, 시심(詩心)이나 자비심까지도 모두, 다 바치는[6]

법을 우리의 영혼에 가르쳐 준다. 그가 '군중 속에서 목욕하기'라고 불렀던 과정 속에는 새로운 종류의 쾌락, 자아의 새로운 확장이 존재한다.

20세기로 접어들면 이것은 도시에 대한 주요한 반응이 될 것이었다. 도시의 이러한 사회적 성격 — 임시성, 예측불가능성, 도시의 본질인 지극적 고독, 사람들과 사건들의 연속 — 은 모든 인간 생활의 현실로 간주되었다. 모두가 보들레르처럼 기뻐하며 받아들이지는 않았지만 도시를 보는 이런 시각은 이후 종교적 숙명론으로, 심미적 초연함으로, 혹은 그보다 일상적인 경우로는 다양성과 순간성에 대한 감각들로 퍼져나갔고, 대부분의 서양 문학에서 지배적인 위치까지 차지하게 되었다. 시골의 안정감과 순수성이라는 전통적 감각에 기초하여 도시와 시골을 대조하는 작업은 여전히 가능하였다. 그러나 대조는 대개 그와는 다른 방향으로 진행되곤 했다. 즉 도시의 의식(意識)과 시골의 무지를, 도시의 활력과 시골의 단조로움을, 도시의 현재와 시골의 과거나 상실을 대조하게 되었다. 이제 도시 체험은 너무도 일반적인 것이 되었고 작가들은 도시 체험에 지나칠 정도로 깊게 연루되어 있었기 때문에, 도시적이지 않은 어떤 생활양식도 거의 비현실적인 것으로 보였다. 모든 인식의 원천은 도시에서 시작되어 도시에서 끝나는 것으로 보이기 시작하였는데, 따라

---

5) P. Quennell, ed., "Short Poems in Prose", *The Essence of Laughter*(New York, 1956), 139; 샤를 피에르 보들레르, 〈군중〉, 《파리의 우울》 윤영애 옮김, 민음사, 2008, 75.

6) "Short Poems in Prose", 140; 〈군중〉, 76.

서 설혹 도시를 벗어난 무엇인가가 존재한다 해도 그것은 생활 또한 벗어난 것이었다.

이러한 반응을 구성하는 대단히 다양한 요소들을 추적하는 작업은 중요하다. 앞에서 말했듯이, 기싱의 경우 거리를 걷는 고독한 인간은 군중과 추악함에 압도된다. 다음의 인용 구절(여기서 기싱은 디킨스에 대해서 이야기하지만, 사실은 디킨스가 아니라 기싱 자신을 더 정확하게 그리고 있다)이 보여 주는 바처럼 말이다.

> 음산하고, 군중이 득시글거리는, 썩어가는 런던. 상상력이 있는 사람이라면 누구라도 런던 거리를 우울한 마음으로 헤매노라면 받게 마련인 인상의 놀라운 묘사.[7]

나는 앞에서 기싱이 런던을 묘사하는 대목을 인용할 때 고독을 강조하는 이 구절을 생략하였다. 여기서 인용하는 편이 사태를 더 명확하게 보여 줄 것이기 때문이다. 혹스턴을 통과하여 북쪽으로 걸어간 다음 기싱은 다음과 같이 말한다.

> 이런 지역을 걷는 것은 인간이 할 수 있는 일 중에서 가장 처량한 것이다. 하나 같이 어지간히 지저분한 거리의 모습에서 우리의 마음은 짓뭉개진다. 생기 없는 얼굴을 한, 그리고 때로는 블라인드 창문을 하나씩 달고 있기도 한, 이 집들이 저마다 하나의 '가정'을 의미한다는 사실을 우리는 상기한다. 그러면 '가정'이란 말과 연관된 많은 것들이 떠오르면서 그야말로 완전한 절망을 느끼게 된다.[8]

혹은 패링던 로드의 가건물에 대한 다음과 같은 구절을 보라.

---

7) "Introduction to *Bleak House*", xx.

8) *Demos*, 178.

> 밤중에 그곳을 통과해 보라, 그리고 상상력을 짜내 마음속으로 그려 보라. 저 혐오스러운 담벼락들 속에서 인간 군상의 피곤함이, 야수성이, 억울한 슬픔이, 희망 없는 희망이, 완전한 굴복이, 혼란스럽게 범벅이 되어 있는 모습을.[9)]

그래도 기싱은 여전히 — 그보다 더 자신만만했던 웰즈와 마찬가지로 — 실제의 도시를 사회적으로 관찰하는 데 열중하였다. 그러나 기싱 이전에 그와 유사한 절망이 이미 다른 문학적 양식을 통해 표현된 바 있었으니, 도시를 상징으로 활용하는 양식이 그것이다.

도시는 오랫동안 상징적 의미를 지닌 것으로 존재해 왔다. 도시의 상징성은 '성스러운 도시', '신의 도시'라는 종교적 이미지에서 가장 강력하게 드러났다. 윌리엄 블레이크는 이를 런던과 영국에 적용하여 예루살렘의 건설을 희구하였다. 그러나 이제 급격한 변화가 일어났다. 변화는 제임스 톰슨[10)]의 시들(1857년 작인 《도시의 운명》과, 1870년에서 1873년 사이에 집필된 《무서운 밤의 도시》)에서 가장 명백하게 드러난다. 이 주목할 만한 시들을 읽으면, 앞에서 분석했던 다른 문학 작품들 중 일부와 본질적으로 연결되어 있음을 알 수 있다. 톰슨의 시들을 읽을 때 우리는 자주 디킨스를 떠올리게 되며, 또 톰슨에 이어 도시의 파멸을 그린, 그리고 톰슨의 시보다 더 많이 알려진, 리처드 제퍼리즈의 《런던 이후》(1885)를 떠올릴 수도 있다. 공통적인 감정의 구조는 이처럼 실로 다양한 작가들 각각의 독특한 방식들을 통하여 형성되고 있었다. 톰슨과 다른 작가들과의 관련성은 이렇게 뚜렷하지만, 그러나 톰슨이 남다른 점은 그의 도시가 상상력의 투영으로서 매우 포괄적인 성격을 갖는다는 점, 다시 말해서 도시를 인간생활의 조건을 상징하는 것으로 본다는

---

9) *The Nether World*, 59.

10) (역주) James Thomson(1834~1882): 스코틀랜드 출신의 시인. 앞에 나온 《사계》의 시인, 제임스 톰슨(1700~1748)과는 동명이인이다.

점이다.

《무서운 밤의 도시》가 더 유명하긴 하지만, 톰슨이 약관 23세에 쓴 《도시의 운명》에는 대단히 강렬한 힘이 있다. 톰슨은 이 시에서 더욱 의식적으로 현실의 도시를 떠나 상상의 도시('죽은 자들의 도시')로 이동한다. 그는 그동안 그의 감옥이었던 집을 나선다. 그곳에서

> 강력한 도시는 소란과 노동과 분쟁의 꿈을 꾸며
> 거대한 침묵 속에 잠들어 있었다.
> 그러나 잠은, 그리고 잠의 풍요로운 꿈은, 나와는 관계없는 것이었다.
> 저주받은 나는 마치 홀린 사람처럼,
> 공포와, 좌절된 열망의 고통과, 절망적인 빈곤에 휘둘려…
> … 이리저리 쫓겨 다녔으니.[11]

여기서 우리는 도시의 거리들을 고독하게 걷는 새로운 유형의 인간을 본다.

> 내 혼란스런 삶을 유일하게 밝혀주는 가로등의 불빛들을 받으며
> 나는 적막한 거리들을 지나갔다 …
> … 매장된 도시의 돌로 된 미로 속에
> 빼곡하게 들어찬 시체들은 탄생과 죽음의 꿈을 꾸며 —
> 끝없는 자신과의 싸움과 운명과의 싸움에서
> 이기기도 하고 지기도 하는 가운데
> 웃음과 신음과 눈물이
> 숱한 세월을 어지럽게 채우는,
> 그런 복잡한 삶의 꿈을 꾸며 —
> 정말로, 무덤 속에 꼼짝 않고 누워 있다.[12]

---

11) *Poems and Some Letters of James Thomson*, ed. A. Riedler(London, 1963), 12.

12) 같은 책, 13.

그는 “해도(海圖)와 별자리를 알지도 못한 채로” “적막한 바다”를 건너 어떤 도시에 도착한다. 그 도시는 그의 상상력이 현실화된 곳으로서, 돌로 변해버린 불안하고 사악한 도시이다.

> 거리들과 광장들에는 온통 석상들이 널렸는데,
> 그것들은 사교적인 대화를 나누는 듯 모여 있거나 아니면 홀로 떨어져 있다.
> 어두운 빛깔의 돌로 변한 상인들은 호화로운 물건들을 손에 들고
> 돌이 된 손님들의 시선을 끌고 있다.[13)]

이것은 침묵의 도시인데, 그가 이곳을 찾게 된 것은 자의가 아니었다.

> 나와 비슷한 삶을 살던 무수한 인간들이 모두 함께
> 울타리처럼 나를 둘러싸 주었던 이전 세계에서,
> 공포와 끔찍한 고뇌가 나를 찾아내고는
> 무시무시한 ‘미지의 세계’를 찾아 나서게 내몰았던 것이다.[14)]

그가 찾은 것은 ‘죽음’의 왕국의 “사람들로 가득한 엄청난 고독”인데, 그러나 그 ‘죽음’은 소란했던 생활의 정지를 의미한다.

> 열정적이고, 고단하고, 불안하고, 시끄러운 생활의
> 광대한 바다 전체가… 그 격렬한 투쟁의 절정에서 정지된 채…
> 나를 둘러싸고 있었다.[15)]

결국 이 도시는 ‘우주도시’(COSMOPOLIS)이다. 인간은 고독해짐으로써 그곳에 도달한다.

---

13) 같은 책, 25.
14) 같은 책, 21.
15) 같은 책, 23.

지구의 사람들과 달콤한 형제애를 나누도록
나와 그들을 묶어주었어야 했던 공감의 끈들을
나는 점점 더 드세게 내 쪽으로 잡아당겼다.
그리고 내게서 떠난 나의 존재를 충동적으로 교살했다.[16)]

이것은 "대도시 한가운데에서 느끼는 고독"이다. 대도시에서 개인의 모든 "행위와 말과 시선과 몸짓"은 무수한 거주자들에게 확산되어 모든 사람에게 영향을 미쳤었다. 그러나 그 신비한 결합은 깨어졌고, 그 결과 도시는 죽음의 도시가 된다. 이후 그는 불과 폭풍과 야수들이 도시를 파괴하는 것을 본다. 도시의 유일한 거주자들인 돌 인간들은 그들과 일체가 된 건물들과 함께 파괴된다.

도시의 거대하고 호화로운 자랑거리
인간이 도처에 만든 그 모든 작품들이…
… 흔적도 없이 사라졌다.[17)]

자신의 도시로 다시 돌아오자

도시 생활의 끔찍함이 내 영혼을 압박하였다.
이제는 공기조차 자유롭게 흐르는 것 같지 않았고,
불쾌하게 후덥지근한 기운으로 저 엄청난 인간이 내뱉는
호흡의 구름을 단단히 억누르고 있었다.
볼품없는 집들과 괴물 같은 배들 주위로
천둥을 머금은 구름이 자욱하게 깔려서,
한낮의 이글거리는 태양을 가릴 정도였다.[18)]

16) 같은 책, 25.
17) 같은 책, 31.
18) 같은 책, 39.

폭풍은 이 도시에도 닥칠 것이다. 도시는 자신이 “풍요롭고 강력하고… 현명하고 선하고 자유롭다”고 노래한다. 그러나 도시의 악은 그것의 힘과 같이 명백하며, 도시의 죄는 그것의 부와 같이 명백하다. 도시가 물려받은 유산은 방대하고 풍부하지만, 도시의

> 주요한 사회적 법칙들은 어떤 사람은 타락한 부자가 되고
> 다른 사람은 혹독한 가난으로 굶어 죽게끔
> 빈틈없이 만들어진 것 같다. 도시가 자랑하는 신전들과 저택들은
> 가난하고 비참한 사람들이 빼곡히 들어찬
> 더러운 판잣집들로 포위되어 있다…

도시의

> 화려한 거리들은 밤마다 슬픔과 죄악과 탐욕과
> 신성모독의 번제(燔祭)로 인내심 강한 하늘을 모욕한다.[19]

그러므로 이 도시, 이 런던은 회개하지 않으면 파멸을 면할 수 없다.

《무서운 밤의 도시》에서 시인의 상상력은 더욱 완전한 형태를 갖춘다.

> 도시는 밤의 도시이되, 잠의 도시는 아니다.
> 그곳의 지친 두뇌에는 달콤한 잠이 찾아오지 않는다.
> 잔혹한 한 시간은 일 년이나 일생처럼 길고,
> 하루 밤은 기약 없는 지옥과 같다.
> 생각과 의식의 이 끔찍한 긴장 상태는 결코 멈추지 않으며,
> 때로 무감각한 상태에 빠져도 오히려 증가할 뿐이다.
> 이런 생각과 의식은 슬픔보다 더 지독하여
> 도시의 비참한 사람들을 미치게 만든다.[20]

---

19) 같은 책, 52.

상상력이 투영된 결과인 이 도시에서는 하나의 특별한 존재 양식 — 구체적으로는 "생각과 의식의 끔찍한 긴장 상태" — 이 실제가 되어버린 것이다.

> 그가 그곳에 어떻게 도달하는지는 아무도 모른다…
> … 그러나 일단 도달하면 시민이 되었음을 느낀다…
> 비참하고 가엾은 사람, 그는 전에도 그 슬픔의 도시를 걸었던 적이 있지만,
> 앞으로는 종종 걷게 되리라. 어떤 연민으로도 위로할 수 없는 저주 속에서.[21]

이제 이 '밤의 도시'의 거주자들은 모두가 다음과 같은 상태이다.

> 그들은 대단히 이성적이지만 미친 사람들로서,
> 광기가 겉으로 드러나는 것을 통제할 수 없다.
> 뇌의 중심에는 완벽한 이성이 있으나
> 그 이성은 무기력한 채 냉담하고 창백한 얼굴로 앉아서,
> 광기가 초래할 파멸을 또렷하게 예견하면서도
> 그것을 보지 않으려는 헛된 자기기만을 일삼는다.[22]

그들은 부유하건 가난하건

> 지상에서 가장 슬프고 피곤한 사람들이다.[23]

하지만 "우리 고독한 개개인들"이 모여 "어떤 공통의 목적을 위하여 함께

20) 같은 책, 180.
21) 같은 책, 184~5.
22) 같은 책, 191.
23) 같은 책, 192.

행동"할 수 있을까? 인간들의 긴 행렬이 모든 종류의 인간적 행동을 배우기 위하여 성당으로 온다. 거기서 그들은 삶을 보는 새로운 관념을 얻는데, 그것은 환상에 대한 각성이다.

> 오, 우울한 형제들이여, 어둡고, 어둡고, 어둡구나!
> … 그것은 꿈속에서 본 음울한 환상이었다 …
> … 우리는 오직 이 사소한 삶을 견디면 되는 것이다 …
> … 우리는 인간을 위한 특별 조항을 하나도 가진 적이 없는
> 보편적 법칙들에 경배한다.[24]

이제 신이나 불멸성에 대한, 혹은 그 어떤 그럴듯한 현실적 목적에 대한, 잘못된 꿈들을 믿지 않게 된 것이 도시의 상황이고 인간의 상황이다. 그러나 목적의 상실은 인간이 전례가 없을 정도로 밀집한 환경에서 일어난다.

> 인간이 모인 곳이면 어디에나
> 공기는 온통 인간의 감정과 사고로 충만하다.
> 각자의 고함과 울음과 웃음이, 각자의 저주와 기도가
> 어김없이 공기의 진동으로 바뀐다.
> 우리가 호흡하면 우리의 말 없는 정열과
> 침묵의 명상이 공기 속에 스며들어
> 공기는 우리의 생명으로 가득 찬다.
>
> 그리하여 거기서는 누구라도 산 위나 넓은 바다에 혼자 있는 듯이
> 대지의 순수한 공기를 호흡하는 일은 없고,
> 많은 이웃들의 끝없는 기쁨과 슬픔, 건강과 질병,
> 지혜와 어리석음, 좋은 노동과 나쁜 노동으로
> 따뜻한 생명을 얻거나 아니면 죽음을 재촉하게 되며,

---

24) 같은 책, 195.

그러는 자신 또한 타인에게 이 모든 영향을 주게 되는 것이다.

배회하는 사람들은 많지 않지만,
그 도시의 대기는 어둡고 진하며,
좋지 않은 성분을 많이 갖고 있어,
독성을 띤 공기에 독을 더한다.
말할 수 없는 슬픔의 독,
계산할 수 없는 광기의 독,
치유할 수 없는 절망의 독을.[25)]

이 강력한 상상력은, 인식되는 경우는 그리 많지 않았지만 영향력은 실로 대단했던 구조 속에서, 도시의 현실을 고뇌에 찬 새로운 의식과 결합한다. 투쟁, 무관심, 목적의 상실, 의미의 상실 — 이것들은 19세기 사회 경험의 특징이자, 새로운 과학적 세계관에 대한 통속적 해석의 특징이다 — 은 도시에서 거처와 이름을 확보하였다. 왜냐하면 이러한 상상력 속에서 도시는 단지 근대적 삶의 한 형태일 뿐 아니라, 명확한 근대적 의식의 물리적 구현이기도 하기 때문이다.

이러한 상상력은 20세기 문학에서 다양한 방식으로 출현하는데, T. S. 엘리엇의 시는 그것과 직접적으로 연결되어 있다.

비실재(非實在)의 도시,
겨울 새벽 갈색 안개 속에서
군중이 런던교 위를 흘러간다, 저렇게 많은,
나는 저렇게 많은 사람이 죽었다고는 생각하지 못했다.
사람들은 때로 짤막한 한숨을 내쉬면서,
각자 자기 발 앞에 시선을 고정하고 길을 간다.
그들은 언덕을 오르고, 킹 윌리엄 가 쪽으로 내려가

25) 같은 책, 196~7.

> 아홉시를 알리는 세인트 메리 울노스 교회의
> 마지막 종소리가 잦아드는 곳으로 흘러갔다.[26]

이것은 톰슨이 보았던 것과 같은 생중사(生中死)의 도시이다. 이것은 근대의 황무지로서, 이 황무지라는 이미지 덕분에 본디 도시 이미지의 한 강력한 유형이던 것이 이제 거의 진부하게 받아들여질 정도가 되었다. 엘리엇의 초기 작품에서 이미지들은 더 특수하고 고립적이지만, 그래도 톰슨과의 연속성은 명백하다.

> 연기 낀 나날의 타버린 토막들.
> 이제 바람 세찬 소나기가
> 발치의 낙엽이나
> 빈 터의 신문지 같은
> 너절한 쓰레기들을 휘감는다 …
> … 김빠진 맥주의 희미한 냄새를
> 의식하는 것과 함께 아침이 오면
> 진흙 묻은 발들은 톱밥이 눌어붙은 거리를 지나서
> 이른 아침에 문을 연 커피 가게로 몰려간다.
> 시간이 되어 다시
> 또 다른 가면극이 시작되면
> 우리는 가구가 딸린 수많은 임대주택에서
> 초라한 덧문을 밀어 올리는
> 모든 손들을 생각한다.[27]

결국 이 시는 목가시 만큼이나 엄격하게 관습을 따른다. 요컨대 이것은 신도시풍(*neo-urban*) 이미지로서, 고립적 맥락에서 형성되었던 신목가

---

26) "The Waste Land", *Collected Poems, 1909~35* (London, 1944), 63; 엘리엇, 〈황무지〉, 《T. S. 엘리엇 전집》 이창배 역, (민음사, 1988), 59.

27) "Preludes", 같은 책, 21; 〈서시〉, 같은 책, 22~3.

풍 이미지와 문학적으로 동일한 유형에 속한다. 선택된 하나의 도시 풍경이 고립된 관찰자의 총체적인 절망을 매개[28] 하는 것이다. 의미심장하게도 그 도시 풍경은 기싱의 경우보다 훨씬 더 신랄한 사회적 경멸 또한 매개한다.

> 그녀들은 지하실 부엌에서 아침 먹은 접시를 달그락거리고 있다.
> 그리고 나는 짓밟힌 거리 가장자리를 따라 나 있는
> 지하실 통로들을 통해 하녀들의 축축한 영혼이
> 맥없이 싹을 틔우기 시작하는 것을 의식한다.[29]

후기 시에서 엘리엇은 도시에서의 의미 상실을 신의 상실과 결부시켰다. 간접적인 암시나 직접적인 진술을 통해서, 과거의 인간적 정착 생활들에 다른 의미가 부여되고 시골의 정착 생활들 — 도시로부터 멀리 고립되어 있어, 방문의 대상일 뿐인 — 이 전통적 의미를 획득한다(아무리 자연스러워 보일지라도 그것은 분명히 '획득한' 것이다). 이처럼 시골 생활을 어김없이 과거나 전통과 연결하고, 그리하여 역사적이라기보다는 상징적인 연관관계를 통하여 종교적 신앙과 연결하는 것은 당연한 일이 되었다. 그와 함께 도시는 인간이 신(神)의 도움 없이 만든 곳으로 간주되었다.

> 주(主)께서 함께 하지 않는 도시를 당신들이 지킬 수 있을까?
> 교통정리하는 수많은 경찰들도
> 당신들이 왜 태어났고 어디로 가는지를 말해 줄 수 없으리라 …
> … 성당이 없는 곳에는 가정도 없으리라.
> 물론 그래도 당신들에게는 피신처나 공공건물,
> 집세를 내야 묵을 수 있는 불안한 숙소,
> 쥐가 새끼를 치는 푹 꺼진 지하실,

---

28) (역주) '매개'에 대해서는 이 책의 119쪽 각주 1) 참조.

29) "Morning at the Window", 같은 책, 27; 〈창가의 아침〉, 같은 책, 28.

혹은 방문마다 번호가 붙은 위생적 거처,
혹은 이웃집보다 조금쯤은 나은 집이 있기는 할 테지만.
이방인이 "이 도시의 의미는 무엇입니까? 당신들이
그처럼 딱 붙어 몰려다니는 것은 서로 사랑하기 때문입니까?"라고 물을 때,
당신들은 어떻게 대답할 것인가? "서로에게 돈을 뜯으려고
같이 삽니다"라고? 아니면 "이것이 사회란 것이요"라고?
그러면 이방인은 도시를 떠나 사막으로 돌아갈 것이리라.[30)]

이방인은 톰슨에게서 따온 것이지만, 그러나 이제 이데올로기는 더 진행된 상태이다. 이방인은 예컨대 크랩의 마을 사람에게 결코 이와 같은 질문을 하지 않는다. "시간에 구속된 도시"는 혈액의 흐름, 밤과 낮, 사계절 등의 자연적 리듬과 암묵적으로 대조되고, 시골의 과거는 신앙이나 순수성과 결합되는데, 이렇게 도시의 부정적 측면이 강조됨으로써 새로운 형태의 목가시가 창출되는 것이다. 그리하여 거리의 체험과 미지의 이방인과의 만남은 애초에는 사회적 혼란과 지각(知覺)의 혼란을 야기하는 것이었지만, 이제 연옥의 체험과 흡사한 것으로 발전한다.

끝없는 밤이 끝나고
  아침이 되기 전의 불분명한 시간
  끝없음이 반복되는 끝에서[31)]
혀를 나불대던 검은 비둘기가
  지평선 밑의 집으로 사라진 후
  정적만이 감도는 아스팔트 위로
마른 잎이 깡통처럼 덜거덕거리며 굴러갈 때
  연기가 이는 세 구역 사이에서

---

30) "Choruses from *The Rock*", 같은 책, 166~7.

31) (역주) 이 시행들의 독특한 들여쓰기/내어쓰기 패턴은 단테의 《신곡》의 시형식인 3연구법(*terza rima*)을 암시한다.

나는 어정거리며 서둘러 걸어오는 한 사람을 만났다
그 모습은 마치 금속으로 된 나뭇잎이 도시의 새벽바람에 날려
하릴없이 내 쪽으로 밀려오는 것 같았다
희미한 여명 속에서 낯선 이를 처음 만날 때
우리가 교환하곤 하는 날카로운 눈초리를
그의 수그린 얼굴에서 읽게 되자
불현듯 어떤 죽은 스승의 모습이 떠올랐다
내가 알았고, 잊었고, 어슴푸레 떠올렸던 그는
한 사람인 동시에 여러 사람이었다. 갈색으로 그을린 얼굴의
두 눈은 친근한 동시에 누군지 알아볼 수 없기도 한
낯익은 유령들이 합쳐서 이루어진 어떤 복합물의 눈이었다.
그래서 나는 일인이역의 배우가 되어 다음과 같이 소리치는 동시에
그렇게 소리치는 다른 사람의 목소리를 들었다. "아, 당신이 여기에?"[32)]
사실 우리는 거기에 있지 않았다. 나는 여전히 나였으나
또한 다른 어떤 사람이기도 한 것을 알았다—
그리고 그의 얼굴은 아직도 완성되지 않았지만
이 말들은 그를 알아보는 데 충분했다.
그리하여 피차 너무 낯설어서 오해가 있을 리 없는 우리는
두 사람에게 같이 불어오는 바람에 몸을 맡긴 채
전도 후도 없는 무의 지점,
이 시간의 교차점에서 화합하여
보도 위에서 죽음의 순회를 하였다.[33)]

톰슨의 회의적 염세주의, 기싱의 사회적 염세주의, 엘리엇의 종교적 염세주의. 각자는 도시에서 각자의 풍경을 보았다. 그러나 도시적 의식

---

32) (역주) 이는 단테가 《신곡》의 지옥편에서 브루네토 라티니를 알아보고 경악하여 외치는 소리이다.

33) *Four Quartets* (London, 1944), 38; 〈리틀 기딩〉, 《네 사중주》, 앞의 책, 162~3.

의 특징을 이루는 이미지는 다른 방향들로도 발전하였다. 버지니아 울프의 경우 도시의 불연속성과 원자화 경향은 인간의 정체성에 여러 문제를 야기하는 지각의 문제로 심미적으로 체험되는데, 특징적인 점은 시골에 도착하자마자 문제가 해소된다는 것이다.

1928년 10월 11일, 목요일, 켄트의 구도로는 몹시 붐볐다. 사람들이 보도에 넘쳐났다. 쇼핑백을 든 여인네들. 애들은 마구 뛰어다녔고, 포목점에서는 세일을 하고 있었다. 길은 넓어졌다 좁아졌다 했다. 멀리 보이는 길들이 점점 좁아져 하나로 오그라들었다. 거기는 시장이었다. 장례식이 있었다. 현수막을 든 행렬이 지나가는데, 거기에는 "궐기 — 실업[34]"이라고 쓰여 있었고, 나머지는 읽을 수 없었다. 고기 빛깔은 대단히 붉었다. 정육점 주인들이 문간에 서 있었다. 여자들은 하마터면 구두 뒤축이 잘려 나갈 뻔했다. "사랑은 승리 —"라고 현관 위에 써 놓은 것이 보였다.[35] 한 여자가 깊은 사색에 잠겨, 아주 조용하게 침실 창문으로 밖을 내다보고 있었다. '애플존과 애플베드, 장의 —[36].' 처음부터 끝까지 온전히 읽거나 볼 수 있는 것은 아무것도 없었다. 마치 서로 만나려고 길을 건너는 두 친구처럼 — 처음만이 보일 뿐 끝이 보이지 않았다. 20분 뒤에는 심신 모두 자루에서 흘러나오는 종잇조각처럼 되어, 런던에서 자동차로 재빨리 빠져나온다는 일은, 무의식과, 어쩌면 죽음보다도 앞서, 자기라는 존재를 토막 내는 것과 같은 것이어서, 지금 이 순간 올랜도가 어떤 의미에서 존재하고 있는지는 알 수 없는 문제였다. 실상 우리는 그녀를 완전히 해체된 인간으로 포기했어야 했지만, 마침내 여기 하나의 초록 장막이 오른쪽에 쳐지고, 그것에 작은 종잇조각들이 더 천천히 떨어져 내리고, 또 하나의 장막이 왼쪽에 쳐져, 종잇조각들이 공중에서 저희들끼리 빙빙 돌고 있는 것처럼 보였고, 이처럼 좌우편에 계속해서 초록 장막들이 쳐지면서, 올랜

---

34) (역주) 원문의 'Ra — Un'은 각각 Rally와 Unemployed의 첫부분일 듯. (국역판 역주)

35) (역주) 원문의 Amor Vin — 은 'Amor Vincit Omnia', 즉 사랑은 승리한다는 뜻.

36) (역주) 원문의 Undert — 은 장의사(*Undertaker*)를 의미하는 것으로 보인다.

> 도는 자기 마음속에 사물을 꽉 쥐고 있다는 환상을 되찾고, 오두막과 농가의 뜰과 네 마리의 암소들이 모두 실제 크기로 보였다.[37]

이 파편적 경험 — 이제 "자동차로 재빨리" 달리는 것에 의해 한층 더 강화되는 — 은 인간 지각의 조건이 되었다. 이 경험은 근대적 이미지의 몇 가지 특징적 형식들과 깊은 관련이 있는 것으로서, 회화에서, 그리고 특히 파편적 경험의 본질적인 움직임을 다분히 포함하고 있는 매체인 영화에서, 가장 명백하게 드러난다. 영화 — 특히 편집과 몽타주 기법에서 발전을 이룬 영화 — 와, 사람들로 빽빽한 거리의 잡다한 상황 속에서 관찰자가 보이는 특징적인 움직임 사이에는 분명 직접적인 관계가 존재한다. 그러나 이와 함께 우리는 지각적 경험 자체가 어떤 특정한 이데올로기는 물론이고, 어떤 특정한 분위기 또한 반드시 내포하고 있는 것은 아니라는 사실을 상기해야 한다. 도시적 움직임에 대한 이러한 경험은 진지함과 유희의 모든 층위에서, 절망에서 환희에 이르는 온갖 감정을 표현하는 데 동원되어 왔다. 연기, 쓰레기, 오물, 지저분함과 같은 엘리엇의 특징적 이미지가 보여 주는 단일한 시각은 대단히 강력한 것이었지만, 그렇다고 다른 시각들을 압도할 정도는 아니었다. 우리는 조이스의 《율리시즈》에서 이를 가장 명백하게 확인할 수 있다. 《율리시즈》는 이렇듯 근본적으로 변화한 지각과 정체성의 유형들을 영문학에서 가장 집중적이고 인상적으로 구현한 작품이다.

이런 경험이 시작될 무렵, 워즈워드는 그동안 자신을 받쳐 주던 버팀목들을 상실하였다.

> 행동하고 생각하고 말하는 인간의 모든 법칙들이
> 내게서 사라졌다. 나를 의식하지도 않고, 내가 의식하지도 않는 채로.

---

37) *Orlando* (London, 1942), 176~7; 《올랜도》, 박희진 역(솔, 2010), 366~367.

그러나 이런 경험이 지속되자 "법칙들"이 "관습들"을 의미할 뿐임이 명백해졌다. 많은 사람들이 새로운 방식들을 통해 보는 법을 배운 후 여러 세대가 지났지만, 그럼에도 이런 새로운 방식들이 문학적 방법 자체의 심층적 내용이 되는 데에는 조이스의 천재성이 필요하였다. 조이스의 작품에서 관찰과 내용 전달을 위한 전통적인 규칙들과 관습들은 명백히 사라졌다. 그 결과 강렬하면서도 단편적인 의식이 생성된다. 그 의식은 무엇보다 주관적인 성격이 두드러지지만, 바로 그 주관성의 형식 속에 타자들을 포함하고 있다. 타자들은 이제 도시의 건물들, 소음들, 모습들, 냄새들과 함께, 이 빠른 속도로 움직이는 단일한 의식의 일부를 이룬다. 블룸이 더블린을 걸어갈 때 우리는 바로 이런 경험을 그와 함께 나눌 수 있다.

> 그는 75번지의 헐거운 지하실 문 뚜껑을 피하여, 밝은 햇빛 쪽으로 건너갔다. 해는 조지 성당의 뾰족탑에 접근하고 있었다. 날씨가 더울 모양이야. 특히 이렇게 검은 옷을 입고 있으면 한층 더 덥단 말이야. 검은 것은 열을 전도, 반사하지 (굴절이든가?). 그러나 가벼운 차림으로 갈 수는 없잖아. 그건 피크닉에 적합한 거야.[38] 행복한 온기 속을 걸어가자 눈꺼풀이 저도 모르게 내려앉곤 했다. 볼란드 제과점의 빵 운반차가 매일 빵을 쟁반에 담아 배달해 주지만, 아내는 껍질이 바삭바삭하고 꼭지 부분을 뜨겁게 데운 어제의 빵을 더 좋아하지. 젊은 기분이 난다는 거야. 동방의 어느 곳. 이른 아침 희뿌연 여명과 함께 출발하여 태양보다 앞서 걸으면 하루의 일정을 번다. 그렇게 영원히 계속 걸으면 이론상으로는 절대 늙지 않는다. 해변을 따라 걸어간다. 미지의 나라, 어떤 도시 대문에 당도한다. 거기 보초가, 그도 역시 늙은 병사인데, 늙은 트위디[39]의 커다란 콧수염을 하고, 길쭉한 창(槍)에 몸을 기대고 있

---

38) (역주) 지금 블룸은 친구인 더그넘의 장례식에 참석하기 위해 상복을 입고 있다.

39) (역주) Tweedy: 블룸의 아내 마리언의 아버지인 Brian Cooper Tweedy. 그는 영국군 소령을 역임하였다.

> 다. 덧문 내린 거리를 배회한다. 지나가는 터번 두른 얼굴들. 검은 동굴 같은 카펫 상점들, 덩치 큰 사나이. 꼬부라진 파이프를 피우면서 다리를 포개고 앉아 있는 쾌걸 터코.[40] 거리의 장사꾼들의 외치는 소리. 회향(茴香)을 탄 물인 셔벗을 마신다. 종일 정처 없이 걷는다. 한두 명의 강도를 만날 수도. 글쎄, 만나도 좋아. 일몰이 다가온다. 주랑 사이로 드리운 회교 사원의 그림자들. 둘둘 말은 족자를 든 승려들. 나무들의 흔들림, 신호, 저녁 바람. 나는 계속 걷는다. 퇴색해 가는 금빛 하늘. 어떤 어머니가 문간에서 나를 살펴본다. 그녀는 알아들을 수 없는 그들의 말로 아이들을 집으로 부른다. 높은 담벼락. 그 너머로 울리는 현악기. 밤하늘, 달, 보라색, 몰리의 새 양말대님의 빛깔. 현악기. 자세히 들어보라. 어떤 소녀가 덜시머(*dulcimers*)라는 이름의 악기를 연주하고 있다. 나는 걷는다.[41]

여기서 동방의 도시에 대한 환상은 볼란드 제과점 운반차의 빵 냄새에서 시작되지만, 다른 광경이나 소리나 냄새도 제각기 블룸의 내밀한 관심사를 떠올리게 하는 자극제이다. 자신의 욕구들을 따라가는 블룸에게는 지금 걷는 도시가 다른 어떤 도시라 해도 다를 바 없다.

이것은 심원한 변화이다. 행동의 다양한 힘은 내면화되어, 도시는 더 이상 존재하지 않고 그것을 통과하여 걸어가는 한 인간이 존재할 뿐이다. 우리는 엘리자베스 가스켈이 약국의 쇼 윈도에서 "마법의 과일이 열리는 알라딘의 정원"으로 들어갔던 것을 기억하지만, 그것은 엄격하게 통제되는 객관적 틀 속에서의 이동이었다. 이를테면 "동화 속에 나오는 이야기들"이란 구절은 작가와 독자가 그런 기억을 공유할 수 있음을 전제한다. 또한 "바튼에게 그러한 연상은 떠오르지 않았다"는 구절은 객관적으로 관찰된 인물 — 처지와 교양의 면에서 다른 사람들과 분리된 —

---

40) (역주) Turko the Terribe: 더블린에서 인기가 있던 크리스마스 무언극의 주인공.

41) *Ulysses*, (London, 1947), 50; 제임스 조이스, 《율리시즈》 김종건 옮김(생각의 나무, 2007), 152.

을 예리하게 부각시킨다. 《율리시즈》에서는 행동과 의식의 관계뿐 아니라 화자와 등장인물의 관계 역시 바뀌었고, 결국 언어의 형태 전체가 변화하였다.

> 그는 래리 오러크 주점에 접근했다. 지하실 뚜껑에서 흑맥주의 몽롱한 냄새가 뿜어져 나왔다. 열린 출입문으로 주점의 생강, 차 가루, 비스킷 냄새가 진하게 풍겼다. 그래도, 좋은 집이야. 번화가의 끝에 붙어 있으니. 그런데 저 아래 모올리 주점은 위치가 좋지 않지. 물론 가축시장에서부터 북부 순환로를 따라 부두까지 전차선로가 개설되면 값이 총알처럼 오를 테지.
>
> 덧문 너머로 보이는 대머리. 재치 있는 괴짜 영감. 신문 광고를 내 보라고 아무리 권유해도 끄덕도 하지 않지. 그래도 그는 자기 장사에 대해서는 빠삭하단 말이야. 그래 저 양반은 분명 번죽 좋은 래리야. 셔츠 소매를 걷어붙이고 설탕 상자에 기댄 채, 앞치마 두른 술집 종업원이 빗자루와 양동이를 들고 청소하는 걸 감시하고 있군. 사이먼 디덜러스[42] 가 눈을 치켜뜨고 그를 정확히 흉내 낸다. 내가 무슨 말을 하려는지 알겠소? 그게 뭐지요, 오러크 씨? 당신 알아요? 일본에게 러시아는 식은 죽 먹기란 말이요.[43]
>
> 걸음을 멈추고 말을 건네도록 하자. 아마도 장례에 관한 어떤 말을. 가엾은 디그넘, 참 슬픈 일입니다. 오러크 씨.
>
> 그는 돌세트 가로 꼬부라져 현관문을 통해서 상쾌하게 인사를 건넸다.
>
> — 안녕하십니까, 오러크 씨.
>
> — 안녕하십니까.
>
> — 날씨가 좋네요.
>
> — 정말 그렇소.[44]

---

42) (역주) 《율리시즈》의 주요 인물인 스티븐 디덜러스의 부친.

43) (역주) 당시에 진행되고 있던 러일전쟁을 지칭한다. 일본군의 압도적 우세를 거론하고 있다.

44) 50~1; 《율리시즈》, 152~4.

여기에는 두 차원의 대조가 분명히 드러난다. 블룸의 머릿속 상상의 대화에서 그의 관찰들, 사색들, 기억들 — 이야기의 진행(*narrative action*)과 함께 전개되는 — 은 서로 간에 활발하게 교환되고, 심지어 하나의 현실적 공동체를 이루기까지 한다. 반면 그가 오러크를 만나서 실제로 하는 말은 단조롭고 의례적이다. 다시 말해 일반적으로 받아들이는 관습들이 현실화된 결과일 뿐이다. 실질적인 현실, 도시의 생생한 다양성은 걷는 사람의 마음속에 존재한다.

> 그는 보도의 연석(緣石)을 따라 걸어갔다. 생활의 흐름 …
>
> … 도시 가득 사람들이 죽어 가는가 하면, 또 다른 사람들이 도시 가득 태어나고, 또한 죽어간다. 다른 사람이 왔다가 사라진다. 집들, 집들의 행렬들, 거리들, 몇 마일이나 뻗어나간 포장도로들, 벽돌더미들, 돌들. 바뀌는 주인들. 지금의 주인, 다음의 주인. 지주는 결코 죽지 않는다고들 한다. 한 사람이 퇴거명령을 받으면 다른 사람이 이내 그 자리를 꿰찬다. 그들은 황금으로 땅을 몽땅 사버리지만, 그래도 그들의 황금은 줄지 않는다. 어딘가에 숨어 있는 속임수. 도시들 속에 쌓여 있다가 세월에 따라 마멸되는. 모래 속의 피라미드. 양파와 빵[45] 위에 건설된. 노예들. 중국의 만리장성. 바빌론. 큰 돌들의 잔해. 둥근 탑들. 남아 있는 잡석들, 이리저리 뻗어가는 교외 주택들, 날림으로 지은, 커원[46]의 버섯집들, 바람으로 지은. 하룻밤을 지내기 위한 숙소.
>
> 모든 게 무가치하다.[47]

그의 작품의 이런 부분들에서 조이스의 독창성은 주목할 만하다. 그것은 이러한 관점 — 단편적이고, 잡다하고, 고립적인 — 을 새로운 언어 구조 속에 감각적으로 구현하기 위해서 반드시 필요한 혁신이었다.

---

45) (역주) 양파와 빵은 노예들의 전통적 식사이다.

46) (역주) 더블린의 건축업자인 커원(Michael Kerwan)은 싸구려 날림 건물을 지어 사회적으로 물의를 일으킨 바 있었다.

47) 144와 153; 《율리시즈》, 313과 327.

《율리시즈》의 진수는 블룸, 스티븐, 몰리라는 세 유형의 의식들을(그리고 그런 의미에서 세 유형의 인물들을) 극화한다는 것이다. 세 사람의 상호작용뿐 아니라 그들 간의 관계의 결여 역시 도시 자체의 성격에 내재한 긴장을 보여 준다. 왜냐하면 그들은 각자가 서로에게 상징적인 역할을 연기하며, 그들이 궁극적으로 관계하게 될 현실은—작품이 더블린의 특정 날짜를 꼼꼼하게 명시하고 있긴 해도—더 이상 특정한 장소와 시간 속의 현실이 아니기 때문이다. 그것은 남자와 여자, 아버지와 아들의 추상화된 패턴이다. 혹은 더 엄밀히 말하면, 특정한 장소나 시간이 아니라 언제 어디서나 존재하는 패턴이다. 가족이되 가족이 아닌 사람들이 관계의 결여 속에서 신화와 역사를 통해 서로를 찾아나서는 패턴 말이다. 역사는 이 도시 속에 존재하는 것이 아니라 도시의 상실 속에, 관계들의 상실 속에 존재한다. '알 수 있는 공동체'는 오직 고독하게 질주하는 다양한 형태의 의식의 욕구 속에, 욕망 속에 존재할 뿐이다.

그러나 이 새로운 구조를 보면서 우리가 또한 언급하지 않을 수 없는 것은, 우리가 가장 깊게 이해하는 인간적 공동체는 언어 자체라는 사실이다. 상실과 좌절의 패턴이 시종일관 반복되는 《율리시즈》가 탐색뿐 아니라 발견까지 포함하고 있는 것은 역설적이다. 일상 언어의 발견이 그것으로서, 《율리시즈》에서 일상 언어는 이전의 어떤 리얼리즘 소설에서보다도 또렷하게 들린다. 지배적인 사회적 관습들—현실 역사에서 진행되었던 분리와 환원의 관습들—에 의해 은폐되고 왜곡되었던 광대한 인간적 언어가 자신만만하게 흘러가는 것이다. 《율리시즈》의 위대성은 이러한 언어 공동체를 창조한 데 있다. 그리고 그것이 《율리시즈》와 《피네간의 경야》의 차이점이다. 《피네간의 경야》에서는 모든 사람과 사물을 대변하고자 하는 단일한 목소리("여기에 모든 사람들이 온다")가 분리를 야기하여 질적인 변화가 일어난다. 즉, 《율리시즈》의 후반부(마지막 독백이 있기 전)에서 이미 명백하게 드러났던 긴장들이 너무 고조된 나머지, 여러 목소리들—공적인 목소리와 사적인 목소리, 직간접적으로 듣게 되는 도시의 목소리들 — 의 주고받음이 사라지고 그것의 대용품인 고립된 보편 언어가 등장하는 것이다. 《율리시즈》가 우리가 그동안 추적해 온 발전 — 소설과 도시의 발전, 그리고 "행동하고, 생각하고, 말하는" 인간을 묘사하는 소설의 발전 — 의 절정이었던 반면, 《피네간의 경야》는 그것의 위기이다.

그러나 이러한 발전에는 다른 의미도 있다. 그것은 우리로 하여금 런던에 대한 하디의 관찰을 되돌아보게 한다.

> 개인은 자신을 의식하지만, 자신을 하나의 집단으로 의식하는 사람은 아무도 없다.[48)]

앞에서 본 것처럼, 강렬한 자의식, 지각의 주관성은 대단히 강력한 하나의 문학적 양식으로 발전하였다. 그것은 이른바 '의식의 흐름'이나 '내적 독백'과 직접적인 관련이 있을 뿐 아니라 모더니즘적 '상징주의' — 여기서 의미 있는 대상의 추출과 표현은 관찰자의 고독한 주관성이 발휘된 결과이다 — 와도 관련이 있다. 이러한 과정들이 모여서 사람들이 도시 체험으로 알고 있는 — 상투적으로 알고 있다 해도 무방한 — 어떤 것에 대한 반응을 만들어낸다. 그러나 그 과정들은 미학에 해당되는 것이 분명해 보이는 층위들에 머물러 있을 때조차, 그것들이 본질적인 고립, 소외, 공동체 상실을 말하는 다양한 이데올로기들과 명확하게 일치할 때와 마찬가지로, 결국 생활과 사회의 근본적 모델들과 깊은 관련이 있음이 확실하다. 그렇다면 전원적 과거에 대한 근대적 해석들 대부분이 바로 이런 방법들과 이데올로기들의 관습적이고 보조적인 요소들이었다는 것, 다시 말해서 관계를, 혹은 공동체를, 혹은 신념을, 수사적(修辭的)으로 (과거를 향해 — 역자) 투영한 결과물들이었다는 것은 아이러니이다.[49)]

---

48) *Early Life*, 271.

그러나 이와는 다른 양상으로 발전하는 경우도 있는데, 그것은 조이스와 더 밀접한 관련을 갖는다. 고독을, 도저히 극복할 수 없는 주관성을, 사실로 받아들인 상태에서 '집단의식'이 다시 — 그러나 예전과는 달라진 모습으로 — 등장한다. 이것이 신화의 '집단의식', 원형(*the archetype*), 융의 '집단 무의식'이다. 즉 강렬한 주관성들을 인정한 다음, 그것들을 관통해서 존재하는 형이상학적이거나 심리학적인 '공동체'를 상정하는 것인데, 여기서 특징적인 것은 그 '공동체'가 비록 추상적 구조들 속에서만 존재할지언정 어쨌든 보편적 성격을 지닌다는 것이다. 그리고 현실의 다양한 사회들이라는 (주관성과 집단무의식 사이에 존재하는 — 역자) 중간항은 일시적인 것, 피상적인 것, 혹은 기껏해야 우연적이고 이차적인 것으로 배제된다. 이렇게 해서 사회적 인식과 의식의 상실은 이해(理解)와 통찰을 가능하게 하는 필요조건으로서, 일종의 미덕이 된다. 그리하여 강렬한 주관성과, 시간을 초월한 실재 사이에 직접적 관계가 설정된다. 전자는 후자에 도달하기 위한 수단이고, 양자를 제외한 다른 항들은 우리의 주의를 산만하게 할 뿐이다. 역사 속에서 다양하게 변화해 온 '개인과 사회'라는 문제는 대단히 명확하고 특수하게 정의되는데, 그 정의에 의하면 '사회'는 하나의 추상이고, 집단성은 오직 가장 내면적인 수로(水路)들을 통해서만 흐를 뿐이다. '공동체를 초월하여 존재하는 궁극적 집단성'이라는 이 역설적 경험을 지탱하기 위해서, 인간의 명백한 고독이라는 사람들의 일반적 경험뿐 아니라 자기소외의 온갖 기법들까지 남김없이 동원된다. 사회적인 성격을 갖는 공동체들은 '신화' — 기호화된 의미(*encoded meaning*) — 의 변형들로 간주된다. 여기서 신화는 어떤 형태

---

49) (역주) 과거를 인간관계와 공동체와 신념이 존재하던 시대로 보는 관점은 일견 당대를 본질적인 고립, 소외, 공동체 상실의 시대로 보는 이데올로기들과 대립하는 듯 보이지만, 실은 그것을 적절하게 보조하는 구실을 한다. 그 관점은 관계나 공동체, 신념의 추이를 역사적으로 규명하는 대신, '과거'라는 자의적 공간으로 투영할 뿐이라는 점에서 동질적인 이데올로기이다.

로건 우리가 접근할 수 있는 유일한 집단의식이다. 한쪽에는 정신의 언어 — 더 엄밀히 말하자면, 육체의 언어인 경우도 적지 않은 — 가 있고, 다른 쪽에는 이 보편 언어가 있다. 그 둘 사이에 사물들로서, 기호들로서, 소재로서, 매개체들로서, 현실의 다양한 인간 사회들 — 도시들, 소도시들, 마을들 — 이 존재한다.

20세기에는 이처럼 형이상학적이고 심리학적인 모습으로 다시 등장한 집단성과, 역시 도시들 속에서 발생했던 다른 반응들 사이에 심각하고 혼란스러운, 그리고 아직 끝나지 않은 갈등이 일어났다. 그 다른 반응들은 하디를 비롯한 많은 사람들이 타인들에 결여되어 있다고 보았던 것 — 개인들을 보는 데서 그치지 않고, 개인들 사이의 변화했거나 변화하는 중인 관계들까지 볼 수 있는, 그리고 관계들과 그것들의 사회적 원인들을 봄으로써 변화를 위한 사회적 수단들을 발견해낼 수 있는, 그러한 집단의식 — 을 새로운 제도들과 새로운 사회사상들과 운동들을 통해서 창출하고자 하였다.

사실상 도시들에서 이 두 거대하고 변혁적인 근대적 관념들이 생겨났다. 신화와 혁명(물론 그것들이 실제로 전개된 형태는 다양했지만)이라는 관념들 말이다. 두 관념들은 서로 경쟁하면서 상대를 자기 식으로 변화시키려 한다. 그러나 우리는 두 관념들을 양자택일적인 반응들로 보는 편이 더 낫다. 왜냐하면 비록 혼란스런 모습들을 보이긴 해도 그것들은 수많은 도시들에서 분명한, 진정한, 그리고 필연적인 투쟁을 벌이고 있기 때문이다.

제21장

살아남은 시골사람

19세기 후반 이래 영국의 시골은 종속적이었고, 자신이 종속적이라는 사실을 자각하였다. 그러나 영국의 과거는, 다시 말해 영국의 정서와 문학은, 너무도 많은 부분이 전원 체험과 관계가 있었고, '훌륭한 삶'에 대한 전원적 관념들 중 다수—시골 저택의 품격에서 오두막의 소박성까지를 모두 포괄하는—가 여전히 존속했을 뿐 아니라 심지어 강화되기까지 했기 때문에, 20세기가 되자 실제의 농촌 경제의 상대적 중요성과 전원적 관념들의 문화적 중요성 간에는 거의 반비례에 가까운 관계가 성립하게 되었다. 이는 전원적 관념들이 표현되고 발전되는 방식들에 영향을 미쳤는데, 그러나 그것은 복합적인 영향으로서 긍정적인 결과들과 부정적인 결과들을 모두 초래하였다.

세 주요한 발전의 갈래를 더듬어 볼 수 있는데, 그 갈래들은 각기 복합적이다. '지방'(*regional*) 소설이라고 불리게 된 소설의 존속과 발전이라는 중요한 갈래가 있다. 지방소설은 조지 엘리엇과 하디를 부분적으로 계승한 것이지만, 그들에 비해 시야가 꽤나 협소하다. 앞으로 알아보겠지만 지방소설의 발전은 '시골 저택 소설'이 존속하면서 퇴보해 감에 따라 복잡한 양상을 띠게 된다. 그리고 또 다른 갈래는 아마도 메러디스로부터 시작한 것으로서, 대지와 자연의 생장에 관한 정서가 발전한 것이다. 이 갈래에 속하는 작품들은 한편으로는 클레어 풍의 녹색 언어를 구사하며 풍경 묘사와 자연시의 형식들을 이어가지만, 다른 한편으로는 인간관계의 이미지, 특히 사랑과 욕망의 이미지를 보여 주기도 한다. 세 번째는 자연 묘사와 성격이 일부 중첩되는 갈래로서, 전원생활에 대한 회상, 관찰, 보고의 의미심장한 발전이다. 여기에 속하는 많은 작품들은 소멸하고 있는 과거를 뚜렷이 의식하며, 그러한 의미에서 민간전승의 모음집이나 심지어는 민속학에까지 접근하지만, 토지의 활용과 남용, 위기에 처한 자연세계와의 관계, 인간 환경의 상황 등의 문제에 천착하는 작품들도 있었다. 세 갈래들 중 어느 쪽을 따라가더라도 그것들에 대하여 간단하게 판단을 내리는 것은 불가능하다. 문제들 중 다수는 실로 진실한 정서와 거짓된 정서, 진실한 관념과 거짓된 관념, 진실한 역사와 거짓된 역사가 너무도 근접해 있고, 드물지 않게는 동일한 작품 속에 공존하는 경우도 있다는 사실에서 생겨난다.

한 명백하게 퇴폐적인 형식에 대해서는 즉각적인 설명이 가능하다. 어떤 새롭고도 미약한 형식이 출현하고 있음은 《다니엘 데론다》의 시골 저택 세계에서 이미 확연한데, 그것은 토지의 시골 저택이 아니라 자본의 시골 저택이다. 이렇게 말하는 것은 자본의 출현 이전에 존재하던 시골 저택들을 이상화하는 것이 아니다. 그러기에는 그것들의 실체를 이미 너무도 많이 보았다. 그러나 예컨대 헨리 제임스의 시골 저택들에는 변화가 너무도 뚜렷하다. 그것들은 대도시적이고 국제적인 사교계 인물들이 묵으며 파티를 벌이는 장소들, 과거보다 더 일반적인 성격의 사회극이 펼쳐지는 무대들이 되었던 것이다. 그리고 이런 차이는 제임스가 억지로 도입한 것이 아니다. 그것은 그가 (종종 비판적으로) 보았던 시골 저택 생활의 현실이었다. 이제 토지가 아니라 돈이 그 생활을 결정하고, 저택과 정원과 가구는 공공연한 소비와 교환의 대상이다. 저택이 야심과 음모를 감싸는 외피(外皮) 역할을 하는 가운데, 사람들은 서로 흥정하고 착취하고 이용한다. '다른 곳에서 온 돈'은 노골적이고 지배적인 주제이다. 사교적 개량(세련된 매너)은 제인 오스틴의 소설에서는 아직 전반적 개량의 과정과 연결되어 있었지만, 이제는 더 넓은 사회로부터 흘러들어 오는 복잡한 과정이다. 농촌과 무관한 자본과 농촌과 무관한 수입과 농촌과 무관한 소비와 농촌과 무관한 사교가, 이 우연하게 살아남아 개축된 시골 저택들에 거주하고 퇴거하고 방문하고 떠나는 것이다. (과거의 시골 저택이 보여 주던 — 역자) 농촌 내부의 자본화, 소비, 그리고 실제의 이웃사람에 대한 무관심 등이 이처럼 외부적이고 유동적인 성격을 띠게 되자, 저택에 애초부터 내재하던 온갖 악덕들이 한층 두드러지게 되었다. 저택들은 다른 곳에서 준비되고 다른 곳에서 계속되는 사건들이 일시적으로 복잡하게 일어나는 장소들인 것이다.

제임스가 '시골 저택의 영국'의 최상의 부분을 알지 못했거나 이해하지 못했다는 지적이 있어 왔지만, 내가 보기에는 너무도 잘 알고 있었다. 왜냐하면 저택이 판이하게 달라진 생활방식의 외피, 겉모습이 되었음은 이제 엄연한 현실이었기 때문이다. 물론 아이비 콤튼-버넷[1]이나 그녀의 몇몇 계승자들처럼 그 외피를 봉쇄하고 내부의 혼란상을 세심하게 묘사하는 데 집중하는 것은 가능했다. 그러나 더 일반적인 경우는 겉모습을 점점 더 조잡하게 묘사하는 것, 그리하여 제임스의 도덕적 고민을 삶의 무상성과 복잡성에 대한 기계적 처리로 단순화하는 것이었다. 그리하여 인간관계를 고립시켜 다루고자 하는 사람이라면 이제 누구라도 인간관계를 이처럼 상투적으로 고립시키는 연극적 무대를 활용하면 되었다. 진지함을 표방하는 소설들에서도 이런 우스꽝스러운 사례들을 심심찮게 목격할 수 있었거니와, 우리 자신의 세대에도 사정은 별다르지 않다. 또한 이렇게 허구적으로 설정된 계급과 그들의 생활방식을 의식적으로 반동적으로 이상화하는 경우도 더러 있었는데, 에벌린 워[2]가 그

1) (역주) Dame Ivy Compton-Burnett(1884~1969): 영국의 소설가. 시골 저택의 대가족 내부에서 일어나는 사건들을 주로 다루었다.

2) (역주) Arthur Evelyn St. John Waugh(1903~1966): 영국의 소설가.

예이다.

그러나 시골 저택 소설의 진정한 운명은 중간계급 탐정소설로의 진화였다. 일단의 분리된 사람들이 모여 직접적이고 일시적인 관계를 맺는 장소, 그리고 사회를 전반적으로 이해하는 데서 나오는 총체적이고 유기적인 분석이 아니라 추상적인 추리를 통하여 그 관계를 해명하게 되는 장소, 이러한 장소로 시골 저택이 활용될 수 있었던 것은 바로 시골 저택의 속성이 그러했기 때문이다. 다시 말해 시골 저택은 현실을 추상화하면서도 겉으로 보기에는 깊은 인상을 줄 정도로 건재하고 있었던 것이다. 애거서 크리스티를 위시한 일부 작가들처럼 이러한 공식이 순전히 방편에 불과할 때도 있다. 그런가 하면 도로시 세이어즈[3]의 경우에서처럼 전통적인 저택 거주자들의 인간성에 관한 중간계급적 환상들과 결합할 때도 있다. 그러나 다른 작가들의 경우에 전통은 오래된 건축물, 오래된 숲, 이따금씩 출몰하는 유령으로 단순화된다. 베이커 가[4]에서, 덧없는 도시의 안개에서 비롯된 이러한 유형의 인간관계 분석이 최종적으로 그 진정한 장소인 도시로 다시 돌아가기 전에, 시골 저택의 이처럼 피상적인 생활방식에서 임시적인 거처를 구했던 것은 대단히 적절해 보인다. 왜냐하면 시골 저택은 정서적인 호소력을 잃지 않으면서 오직 단일한 차원에서만 해결할 수 있는 불투명성을 조성하는 데, 다시 말해 사회적 관계와 개인적 관계에 따르는 모든 현실적 문제들을 배제하고 오직 도구적인 문제 해결만을 부추기는 불투명성을 조성하는 데, 참으로 적당한 배경이었기 때문이다. 최근에 시골 저택은 범죄 계획이나 첩보 활동이나 비밀경찰의 본거지로 재차 사용된 바 있다. 그러나 요점은 20세기의 시골 저택이 바로 이와 같은 추상적 활용가능성과 기능적 무차별성

3) (역주) Dorothy Leigh Sayers(1893~1957) : 영국의 소설가, 번역가. 귀족 탐정 피터 윔지가 나오는 탐정 소설로 유명하다.

4) (역주) 셜록 홈스의 사무실은 당시에는 실재하지 않는 주소였던 런던의 베이커가 221번지에 있는 것으로 설정되어 있었다.

을 지니고 있다는 사실이다. 실제의 시골 저택은 학교와 대학과 병원에서부터 회사용 별장, 부동산 회사의 사무소, 후원제 박물관에 이르는 것들 중 그 어떤 것도 될 수 있다. 마찬가지로 정서적 측면에서 시골 저택은 다른 세계로부터 고립된 권력, 뇌물수수, 혹은 음모의 본거지가 될 수도 있고, 성공, 권력, 재산 — 이것들은 다른 곳에서 획득된 것이지만 그것을 획득하는 과정은 편리하게 생략된다 — 을 나타내는 (즉 추상화하는) 이른바 '신분의 상징물'(*status symbols*)이 될 수도 있다. 이것은 슬픈 종말이 아니라 적절한 종말이다. 이러한 본질적 특성들은 언제나 저택들에 존재했고, 저택들을 변화시킨 역사의 대부분은 저택들에 처음부터 줄곧 내재해 있던 지배와 소외의 요소들로부터 발생한 것이었다.

메러디스의 시골 저택은 이미 위태롭다. 전통적 이미지가 혼돈과 죄악을 점점 더 강하게 인정하는 경향과 상호작용하고 있는 것이다. 메러디스의 진정한 급진주의는 이러한 차원에서 시작되었고 또 거기서 멈추었다. 그러나 그 차원의 끝자락에서 더 흥미로운 현상이 발전하였다. '일반 민중'의 미덕이라는 관념에 대한 나름의 변형이 그것이다. 일부 조지 엘리엇의 작품들에서 볼 수 있듯 '일반 민중'의 미덕이라는 관념은 애초부터 애매하였다. 메러디스는 조지 엘리엇의 최악의 저작들 중 하나 — 〈독일 생활의 자연사〉라는 제목의 1856년 에세이 — 에 많은 영향을 받았는데, 이 에세이는 의미심장하게도 최근 일부 비평에 의해서 다시금 관심의 대상이 된 바 있다. 에세이에서 엘리엇은 릴[5]에 관해 논하고 있지만, 그것은 이후 흥미로운 결과를 초래하게 된 '농민'(*the peasant*)의 묘사로 발전하였다.

> 습관은 농민에게 정서의, 이론의, 그리고 많은 경우에는 애정의 자리를 대신한다 … 농민은 가족 관계의 의무에 결코 의문을 품는 일이 없다.

---

5) (역주) Wilhelm Heinrich Riehl(1823~1897): 독일의 언론인, 소설가, 민속학자.

> 습관은 의문의 대상이 아닌 것이다. 그러나 부드러운 애정, 세련된 사람들의 세계에 존재하는 부드러운 애정은 농민에게는 창백한 손과 개암나무 열매 모양으로 다듬은 손톱만큼이나 낯설다. 6)

조지 엘리엇의 논의가 독일에서 영국 — (릴이 이야기하는 바와 같은 — 역자) '농민'이 전혀 존재하지 않는 — 으로 무비판적으로 진행된다는 점은 주목할 만한 가치가 있다. 그러나 더 중요한 점은 이 성마른 문장 속에서 농민에 대한 하나의 상투형이 출현하는 모습을 볼 수 있고, 이후 우리는 그 상투적 인간이 불평하는 소리를 줄곧 듣게 되었다는 사실이다. 그래도 그 불평은 정직한 것이다. 대개의 경우 요점은 그것이다. 그는 워즈워드의 소박한 자연인이 아니며, 조만간 원초적(*elemental*)이라 불리게 될 모종의 속성의 소유자이다. 거친 토지, 자연과의 거친 투쟁, 거친 감정, 거친 정직성. 몸이 하디를 "묘한 흙냄새를 풍기는 듯한 … 촌티 나는 얼굴의 소유자"로 보았던 식으로 우리는 여전히 이 상투적 인간을 멸시할 수 있다. 그러나 자신이 의식하건 하지 않건 그는 낭만적인 삶을 살게 될 운명이다. 태양에 그을린 이 강인한 팔뚝, 비바람을 견디느라 깡마른 이 얼굴, 황소와 곡물의 내부를 흐르는 강렬한 생장과의 직접적인 접촉에 비하면, 창백한 손이나 개암나무 열매 모양으로 다듬은 손톱 따위는 다 무엇이란 말인가?

메러디스는 그의 소설들에서 대체로 통념에 충실하다. 시골 사람은 억세고, 완고하고, 참을성이 강하고, 편협하다. 그러나 '대지'의 미덕이 새롭고 풍부한 의미를 지니고 막 분출하는 참이었다. 우리는 이미 《로다 플레밍》에서 이후에 나온 많은 소설들의 윤곽을 볼 수 있지만, 그의 시를 읽으면 새로운 리듬 자체를 들을 수 있다.

---

6) George Eliot, "The Natural History of German Life", *Westminster Review*, 1856.

나 스스로 낙엽이 아니라 나무를
느낄 수 있도록 가르쳐 주오.
나는 꼼짝도 않고 다가오는 어둠을 기다리네.
그리고 오, 푸르고 풍요로운 대지여!
바커스 신을 경배하는 어머니여! 그대처럼 환희로
가득 찬 가슴으로 살지 않는 사람에게는 준엄한 그대여.
그대를 사랑하는 내가 죽음을 두려워할까?…
… 대지는 황량함을 모르고
부패의 축축한 숨을 내쉬어도
그녀에겐 재생의 냄새가 풍기네.[7]

〈가을 대지의 정령(*spirit*) 에게〉라는 시이다. 다른 많은 작품들처럼 이 시도 워즈워드와 초기 낭만주의 운동에 연결될 수 있는 것이지만, 그러나 이제 그것은 새롭고 더 풍부한 의미를 함축하는 행동이 되고 있다. 〈근대의 사랑〉이 의미심장하게 보여 주는 것처럼.

그러나 우리의 정신은 저녁 무렵의 드넓은 대지를
나란히 걸어가며 성장했네.
그 시간은 그녀의 남편이 되고 나의 신부가 되었네.[8]

혹은 그의 시 모음집인 《대지를 읽기》에서처럼.

그녀는 키질하네. 거칠게 키질하네.
그리고 골라낸 것들을 그녀 생명의 원천에 담그네.[9]

---

7) Geroge Meredith, "Ode to the Spirit of Earth in Autumn", *Poetical Works of George Meredith*, ed. G. M. Trevelyan(London, 1912), 176~7.
8) "Modern Love", 같은 책, 154.
9) "A Reading of Earth", 같은 책, 320.

우리는 1912년에 찰스 솔리[10]가 시의 흐름을 회고하면서 한 다음과 같은 발언의 의미를 알 수 있다.

> 자연과 대지를 노래할 때 테니슨은 대단히 하찮고 피상적이다. 그가 두 운법을 준수하는 그럴싸한 코르셋으로 자연과 대지에 울타리를 친 시간은 그리 길지 않았다. 메러디스는 그 울타리를 돌파하여 진정한 자연과 대지를 발견한 최초의 인물이었다.[11]

이제 의식적인 것이 된 대지와의 이러한 교섭은, 농업과 성(性)의 이미지와 융합되면서 (로렌스가 《무지개》 1장에서 쟁기질과 우유 짜기를 묘사하는 대목을 보라) 지배적인 양식이 되었다. 그것은 또한 그 이미지가 여성으로서의 대지와 교섭하는 남성의 성격을 갖는다는 특수한 의미에서도 지배적이었다. 우리는 여기서 거친 농부 애인의 정서적 기초 ― 이렇듯 토지에 기초한 삶의 심오한 열정 ― 를 확인할 수 있지만, 그러나 그는 그것이 만들어 낸 여러 인물상 중 하나일 뿐이다.

왜냐하면 이러한 시각은 그가 관찰한 시골의 여러 인물들에도 투영되었고, 또 시골을 도시의 광적인 물질주의와 통념적으로 대조함에 의해서 첨예화되었기 때문이다. 워즈워드가 관찰했던 시골 사람들의 소박성은 메러디스의 그것과 현격한 거리가 있다.

> 젊은 농부의 과부
> 제인에게 계시가 내렸네.
> 그리하여 먼저 그녀의 육체가 심하게 떨렸고,
> 다음에는 그녀 전체가 하프가 되었으며
> 바람이 현(弦)을 따라 흘렀네. 그녀는 들었네.
> 조성도 없고 가사도 없었지만.[12]

---

10) (역주) Charles Hamilton Sorley(1895~1915): 스코틀랜드 출신의 영국 시인.
11) J. Lindsay, *George Meredith*(London, 1956), 373에서 재인용.

그러나 이 무언의 육체성, 기계적인 문명의 좌절감에 대항하는 '원초적' 에너지의 분출은, 방향을 잃은 상상력의 깊숙한 현을 건드렸다. 그리하여 이처럼 소박한 육체적 행동과 대지의 약동하는 생명력이 존재했는가 하면, 다음의 시에서 보듯 적나라한 타락과 고통을 달래 주는 몰입도 그와 꼭 같은 정도로 가능했던 것이다.

> 탐욕의 나라, 돈의 신이 지진처럼
> 무시무시하게 대지 전체를 뒤흔드는 나라,
> 그런 나라에 묶인 나의 관심은 오직 욕구를 달래고,
> 무가치한 것들 사이에서 평온하게 사는 것뿐.[13)]

말하자면 노동의 장소로서의 시골은 다시 한 번, 그러나 새로운 방식을 통해서, 육체적·정신적 재생의 장소가 되고 있었다. 시골은 이제 고립된 자연의 풍요로운 생명이거나 근본적 삶의 과정의 계절적 리듬이었다. 두 감정 모두 자체로는 새로울 것이 없었다. 새로운 것은 그러한 감정들이 일정한 감정의 구조 — 대지와 그 피조물들(여기서는 동물과 농민이 거의 다를 바 없다)을 생명력의 긍정이자 안식의 가능성으로 보면서, 도시의 기계적 질서와 인공적 일상생활과 의식적으로 대조하는 — 와 결합했다는 점이었다. 가장 강력한 경우 그것은 사회적으로 각색된 범신론이었다. 가장 기묘한 경우 그것은 빅토리아 시대의 어색한 해방 과정에서 나온, 성적 감정의 왜곡이었다. 이를테면 쟁기질은 성행위이고 초롱꽃 화단은 유방이라는 식의 과도기적 이미지들. 어떤 행위도 명시하지 않고 어떤 특징도 뚜렷이 드러내지 않는, 그리고 격렬함이 그 혼란스런 비밀의 일부를 이루는 경우들. 하지만 당신이 이런 것들에 의구심을 품는다면, 도시와 돈의 병적인 냉혹함, 재산과 억압과 추악함, 세속적

---

12) "Jump-to-Glory-Jane", G. M. Trevelyan, ed., 앞의 책, 372.

13) "The Flourish in February", 같은 책, 328.

인 관습과 일상의 좌절감이 있었다.

지방소설이라 불리게 된 소설들은 이런 것만이 아니다. 비록 시골과 성을 결합한 비유는 명백하게는 로렌스의 소설에서, 그리고 T. F. 포이스[14] (그의 우화는 사태를 더 아이러니하게 관찰하는 범주에 속하지만), 풍경 속에 숨은 정열을 묘사하는 일련의 소설들 전체, 시골의 외설적 삽화들을 기록하는 활발한 전통들 속에서 중요한 흐름으로 지속되긴 했지만 말이다. 로렌스와 포이스는 더 넓은 관심을 갖고 있었으나 그들의 것보다 뻔한 형식들 속에서 19세기의 성취는 사실상 와해되었고 나아가서는 멋대로 이용되었다. 그 뻔한 형식들 중 취약한 일부는 《콜드 캄포트 팜》[15]의 노골적인 패러디의 대상이 되었는데, 그러나 이 기묘한 작품을 제대로 평가하기란 쉽지 않다. 일부 지방소설들의 지나친 제스처가 곧장 이런 종류의 풍자를 유발했던 것이지만, 그 속에는 교외 생활의 불안, 애정과 거부의 긴장, 희화화를 통한 일종의 회피인 날카로운 위트 또한 들어 있다. 사람들은 《콜드 캄포트 팜》을 여성 소설가들 — 그들 중 메리 웹[16]과 실라 케이-스미스[17]가 가장 두드러진다 — 이 쓴 막연한 일군의 작품들과 연관시키지만, 사실은 이를테면 《폭풍의 언덕》, 《아담 비드》, 《더버빌 가의 테스》 같은 작품들과 함께 읽어야 한다. 왜냐하면 이들의 작품에서 현실이 한결같이 상실되게 만든 원인을 고찰하지 않고 증상과 증상을 — 로망스와 패러디를 — 비교하면 실제의 사태를 간과하기 쉽기 때문이다.

부분적으로 그것은 간단히 말해 신뢰할 만한 공통의 세계의 상실 때문

---

14) (역주) Theodore Francis Powys(1875～1953): 영국의 작가.

15) (역주) *Cold Comfort Farm*: 스텔러 기번즈(Stella Gibbons)가 1932년에 발표한 희극적 소설. 당시에 유행하던 시골 생활의 낭만적 묘사를 패러디하였다.

16) (역주) Mary Webb(1881～1927): 전원생활을 낭만적으로 묘사한 영국 소설가.

17) (역주) Sheila Kaye-Smith(1887～1956): 영국의 지방소설 계열에 속하는 작가.

이다. 19세기 소설에서는 절실한 고립이 그것을 계승한 것으로 보이는 작품들에서는 작위적인 것이 되기 십상이다. 《폭풍의 언덕》에 '언덕'(하이츠)만 있고 그레인지 저택이 없다면, 그것은 우리가 보는 것처럼 현실적인 긴장 속에 존재하는 작품이 아닐 것이다. 조지 엘리엇과 하디는 우리가 살펴본 어려움들을 겪으면서 점점 더 복잡하게 얽혀가는 사회의 긴장을 수용하고 탐구하였다. 그들은 도시화와 공업화라는 변화뿐 아니라 새로운 사회적 이동성의 문제, 그리고 교양의 확장에 따른 관념들과 교육의 문제를 수용하고 탐구하였다. '지방' 소설은 최악의 경우—우리는 이를 일종의 방어적 반사작용으로 보아야 할 것인데—자기 지방을 제외한 다른 모든 문제를 배제하면서, 거기서 그치지 않고 자기 지방의 심층에서 활발하게 작동하고 있는 것이 명백한 이와 같은 사회적·인간적 힘들까지 배제하였다. 무대가 영국이라는 섬나라의 끝자락들인 콘월이나 컴벌랜드로 이동하는 경향이 지속되었던 것은, 그런 곳에서는 이러한 배제가 더 그럴듯해 보일 수 있기 때문이었다. 그러나 포이스가 하디보다 거의 두 세대 후에 도셋 지방을 다루면서 의도적으로 상상력을 발휘하여 하디가 묘사한 어떤 시대보다 더 과거로 거슬러 올라가 결국 시간을 초월한 장소로 추상화한 것과 꼭 마찬가지로, 이 소설들은 지방의 사실들을 한층 꼼꼼하고 종종 열정적으로 관찰하는 가운데 자연의 비유와 도시와의 대조를 유지하는 데 어울리지 않는 부분을 배제한다. 프란시스 브렛-영[18]의 소설처럼 그런 부분을 명백하게 포함시키는 경우에도 그것은 단지 출발점, 오염되지 않은 지방을 탐사하기 위해 떠나는 기지일 뿐이다. 그의 《럭턴 씨의 자유》를 보라. 우리는 '오염되지 않은' 곳들을 사랑해야 한다는 것인데, '오염된' 곳에 살던 사람들이야말로 어떤 집단보다 기꺼이 이런 주장에 동의하는 것이다.

이러한 태도는—최소한 의도 면에서는—결백한 경우도 더러 있다.

18) (역주) Francis Brett Young(1884~1954): 영국의 소설가, 시인, 작곡가. 《럭턴 씨의 자유》는 그의 1940년도 작품이다.

어떤 점에서는 상상적인 배제가 완벽할수록 단순한 집중이 그만큼 설득력을 얻게 되기 때문이다. 그러나 일부의 경우에는 이와는 전혀 다른 저의가 있다. 사회적으로 볼 때 그것은 제 2차 세계대전 중 폭격을 피해 온 도시 어린이들을 받아들이는 과정에서 볼 수 있었던 일부 요소들과 대단히 유사하다. 이러한 전원의 마력에 홀리면 도시인들을 누구에게나 분명히 눈에 띄는 난잡하고 타인을 침해하고 시끄러운 모습을 통해서 뿐 아니라, 군중과 노동조합과 '옛 영국'의 전복자들에 대한 증오와 같은 한결 심층적인 사회적 형식들을 통해서도, 천박하고 버릇없는 사람들로 보게 되는 것이다. 바로 그 전원의 내부와 주변에서 진행되고 있던 현실적 변화가 전원적 양식 속에서 그처럼 철저하게 배제되지 않았다면 사태는 어떻게든 달라질 수 있었을 것이다. 그러나 전원생활은 자연적 열정을 보여 주는 이미지 이상의 역할을 해야 했다. 그것은 무의식적 반동이 창궐하기에 알맞은 무대의 역할 또한 맡게 되었고, 나아가서는 더욱 첨예화되어 전투적인 토착 보수주의와 결합하는, 혹은 한두 가지 중요 사례에서는 파시즘에 접근하여 그것과 결합하는, 의식적 반동의 무대가 되었다.

남아 있던 영국의 시골은 그보다 훨씬 나은 대접을 받아 마땅했다. 전체적으로 볼 때 소설은 시골에 그런 대접을 해 주지 않았지만, 그럼에도 우리는 최상의 지방소설인 콘스탄스 홈[19]을 읽을 수 있고, 《외로운 쟁기》에서 그녀가 "환상의 녹색 문"이라 부른 양식 — 클레어의 녹색 언어를 진정하게, 그러나 특수하게 계승한 잔여물 — 과, 인간과 사건에 대한 꽤나 신랄하고 평가적이고 세련된 관찰 — 시골을 대상으로 하지만 관점과 어조는 다른 세계에 속하는, 즉 중간계급 관찰자의 언어 — 사이의 의미심장한 긴장을 발견할 수 있다.

그러나 시골 지역과 시골 사람들을 가장 성공적으로 묘사한 양식은 일

19) (역주) Edith Constance Holme (1880~1955) : 영국의 소설가, 극작가. 주로 웨스트멀랜드 지방에 거주하면서, 그곳에 관한 소설을 썼다.

기와 회상록이었다. W. H. 허드슨[20]의 《목동의 생활》이나 《옛날 옛적 머나먼 곳에서》를 읽을 때, 우리는 언제나 사색을 통해서 조율되는 시선의 강력하고 진정한 소박성과 강렬함을 확인한다. 메러디스와 포스터와 로렌스의 대지 이미지를 읽을 때, 혹은 일부 조지 시대 작가들[21]의 소박한 물활론(*animism*)을 읽을 때, 그것들과 함께 허드슨의 《옛날 옛적 머나먼 곳에서》의 〈어떤 소년의 물활론〉이라는 장을 다시 읽는 것만큼 좋은 일은 없다. 그 장에서 허드슨은 충동 — 예민한 도시적 재치의 소유자에게는 언제나 의심쩍게 여겨지는 — 의 위력을 너무도 설득력 있게 기록하고, 재고(再考)하고, 겸허하게 평가하기 때문에, 우리는 그 충동에 무비판적으로 굴복하거나 거부하거나 혹은 패러디하는 대신, 우리들 대부분이 경험한 적이 있고 떠올릴 수도 있는 경험과 관계를 맺고 있는 자신을 발견하게 된다. 그것은 허드슨과 같은 종류의 감각을 통해서 바라보고 묘사하지 않으면 안 되는 경험이다.

이것은 또한 조지 시대 작가들을 다시 읽는 올바른 방법이기도 하다. 그들의 작품에는 약점이 대단히 많지만, 비평적 판단은 대단히 신중할 필요가 있다. 우리가 메러디스의 작품에서 그 형성 과정을 목격한 바 있는 양식의 명백하고 현저한 약점들을 보자. 예컨대 애버크롬비[22]의 다음과 같은 시에서 —

> 그녀가 아무도 돌보지 않는 들장미 숲을 가로지를 때
> 가시투성이 들장미 가지가 날카로운 가시로
> 그녀 가슴에 말을 걸었네. 가시는 그녀의 옷을 찢고
> 은밀한 백색의 순결을 차지하여 더럽혔네.[23]

---

20) (역주) William Henry Hudson(1841∼1922): 작가, 자연 연구자, 조류학자. 아르헨티나에서 태어났으나 1869년 이후 영국에 정착하였다.

21) (역주) Georgians: 여기서는 영국의 조지 5세의 재위 기간(1910∼36)의 초기(주로 1910년대)에 활동하던 작가들을 일컬음.

22) (역주) Lascelles Abercrombie(1881∼1938): 영국의 시인, 문학평론가.

들장미를 죄악으로 보거나 하늘을 "거대한 푸른 잔치"로 보는 거창한 제스처는 단순한 약점 이상의 훨씬 더 중요한 의미를 갖는다. 존 드링크워터[24]가 〈달빛에 비친 사과들〉에서 지붕에 줄지어 놓인 사과들이 거의 필연적으로 "달빛에 비친 꿈속의 사과들"이 될 수밖에 없고

> 과수원의 가지들 위에서
> 사과들은 달과 밀회한다[25]

고 노래할 때, 바로 그러한 사태가 발생한다. 이것은 수수한 구어(口語)의 세계와 일종의 의지박약한 환상의 특이한 결합이다. 인간과 사물에 대한 진지한 관찰이 아무런 이행 과정도 없이 다양한 형태의 공상 — 결국 역사적으로 더 중요한 의미를 갖게 되는 — 으로 용해되어 버리는 것이다. 그러나 이 문제에 대해서는 조지 시대의 시 운동의 가장 강력한 부분을 보는 것이 상책이다. 예컨대 에드워드 토머스[26]의 작품 말이다.

토머스는 생계 해결을 위해 일을 하면서 제퍼리즈의 관찰 양식을 — 얼마간 변화를 주면서 — 계승하였다 (그러나 토머스의 농촌은 제퍼리즈의 농촌처럼 노동이 특별히 활발한 곳은 아니었다). 그는 스티븐슨[27]과 보로[28]의 세계 — 그 가장 단순한 형태의 예로는 길핀[29]까지 거슬러 올라가는 — 와 더 직접적으로 연결되어 있었지만, 코벳의 양식 또한 이해하

---

23) W. B. Yeats, ed., *Oxford Book of Modern Verse* (Oxford, 1936), 208.

24) (역주) John Drinkwater(1882~1937): 영국의 시인, 극작가.

25) Yeats, ed., 같은 책, 215~16.

26) (역주) Philip Edward Thomas(1878~1917): 영국의 시인, 언론인.

27) (역주) Robert Louis Stevenson(1850~1894): 스코틀랜드 출신의 소설가, 시인, 여행작가.

28) (역주) George Henry Borrow(1803~1881): 영국의 소설가, 여행작가.

29) (역주) William Gilpin(1724~1804): 영국의 화가, 성직자, 작가. 도덕적이거나 실용적인 목적을 초월한 심미적 아름다움이 존재함을 주장하고, 거칠고 원시적인 자연이 그와 같은 심미적 미의식을 자극한다는 사실에 주목하였다.

였다. 그의 산문에는 단명했지만 진정한 조지 시대의 양식을 구성했던 이렇듯 모순적인 충동들의 혼합물이 대단히 분명한 모습으로 존재한다.

> 이른 살이 다 되었지만 그의 육신은 강건하고 곧다. 그는 사암색(砂岩色)의 큼지막한 얼굴을 하고 태평한 표정으로 거의 종일 말을 탄다…

훌륭한 관찰이다. 단지 "강건하고"(*staunch*)라는 표현이 생뚱맞기는 하지만 말이다. 그러나 문장이 끝나기 전, 이 농부는

> … 켄타우로스(Centaur)를 떠올리게 한다… 3천 년 전에 이 농부처럼 대지와 놀라울 정도로 조화를 이루는 사람이 있었다면, 후세인들의 기억 속에 반인반신(*demi-god*)이 아니면 목신이 가장 총애하는 사람으로 전승되었을 것이다… 그가 익살맞은 행동을 하면 집이나 오솔길이 황금시대의 빛으로 환히 빛난다.

다만 (그런데 여기서 '다만'이 적절한가?) 그는

> 탄식도 없이 발길을 돌려 서늘한 곡물 창고에서 사과주를 듬뿍 따라서는 한껏 들이킨다. 그는 아침 일찍 일어나 제일 먼저 밭에 나가면서도 잠자리에 들 때나 마찬가지로 쾌활하다.[30]

그리고 이것, 《영국의 중심》에서 인용한 이 대목이 조지 시대 문제의 중심이다. 즉 관찰은 명확하고 강렬할 때가 많지만, 양식의 형성 과정에서 이질적인 이미지들이 유입되는 것이다. 이질적인 이미지들은 고전 전통을 나름대로 변형시킨 후 그것을 통해 걸러낸 일단의 '시골'과 '전원' 관념들이다. 이 고전 전통의 변형은 실제의 고전 전원문학과는 닮은 구석이 전혀 없지만 그럼에도 20세기 초의 몇십 년 동안 (그리고 그중 일부는 우

---

30) Edward Thomas, *The Heart of England*(London, 1906), 73~4.

리 시대에까지도) 진부하긴 하되 대단히 깊은 확신을 주는 지식이었다. 그것은 정직하게 관찰하는 눈에 용의주도하게, 그리고 자랑스럽게 제공된 외알 안경이었다. 목신, 목양신, 켄타우로스, 황금시대, 목동, 리시다스, 시골 젊은이, 밀회, 강건한 농부, 교회, 태고의 역사, 반인반신, 정령, 시간을 초월한 계절의 리듬. 이런 것들이 우리가 눈으로 확인할 수 있는 역사적 전개 과정 속에서 명맥을 유지해 오지 않았다면 이 이례적인 배열이 어떻게 해서 이루어지게 되었는지를 추적하기는 불가능할 것이다. 당시 산업주의를 비판하는 일부 사람들은 "전원으로 돌아가자"는 주장을 하고 있었다. 그러나 조지 시대 시인들이 레드베리 근처에 정착하여 《뉴 넘버즈》[31]를 간행했던 것은 이런 주장과는 무관했다. 그들이 도시를 떠난 것은 사실이지만, 그들은 시골의 아름다움과 안락함을 진솔하게 이해하였고 노동에 경의를 품고 있었다. 그들 이전에 에드워드 카펜터[32]라는 중요한 인물이 있었다. 특권과 판에 박힌 주지주의를 포기하고, 소박성을 추구하며 범속한 삶과 결합하고자 했던 예민한 감수성의 소유자. 순수함과 영성을 감지하였고, 민주주의와 사회주의와 대중교육을 추구하였으며, 또 그것들이 빈민에게 주어져야 한다는 것을 믿었던, 그리고 성적 자유를 믿었고 그것의 연장선상에서 자연적 성의 치환(동성애 — 역자) 또한 믿었던, 그런 사람이.

그런 사람들은 실제로 시골로 왔다. 이것이 결정적인 점이다. 그들은 이미 긴장한 상태로 결의를 확고히 하고 있었다. 벤 존슨은 켄트 숲에서 숲의 요정을 보았지만, 긴장되지 않은 관례적 형식을 통하여 보았다. 이 새로운 인간들은 긴장하였고, 그렇기 때문에 시골로 갔다. 그리고 그들의 충동은 많은 사람들의 삶과 결합되었고, 지금도 결합되고 있다. 그것

---

31) (역주) *New Numbers*: 애버크롬비, 드링크워터, 브루크(Rupert Brooke) 등의 조지 시대 시인들이 1914년에 발간한 동인지.

32) (역주) Edward Carpenter(1844~1929): 영국의 사회주의 시인, 철학자, 게이 활동가.

은 회피의 대상이 되고 있던 것을 현실적으로 체험하고자 하는 충동이었다. 그들이 시골에 가서 그곳의 사건들을 그저 관찰할 수만 있었다면 — 때로 그런 경우들이 있긴 했지만 — 그들의 문학 양식은 달라졌을 것이다. 그러나 그들은 도시에서, 그리고 학교와 대학에서, 이제 원본과는 거리가 먼 문학적 해석과 놀랍게 합성되어버린, 농촌 역사의 변형태를 지참하고 시골로 왔다. 정직한 과거, 이교적 정령. 이 둘의 결합에는 조지 시대 작가들뿐 아니라 2, 3세대에 걸친 문학적 지식인들과 관찰자들 역시 기여하였다. 그리고 많은 사람들이 쉽게 접근할 수 있는 것으로는 유일한 이 문학이 농촌을 그처럼 특이하게 보았음에도 불구하고 그 변형태 속에서, 그 변형태를 통하여, 그리고 그 변형태를 넘어서, 여전히 건재한 노동 현장으로서의 영국 농촌의 모습을 포착하지 않았다면, 우리가 그 결합을 그렇게 중요하게 여길 이유도 없었을 것이고 또 그것이 그토록 다양한 사람들과 문학 양식들을 통해 끈질기게 지속되지도 않았을 것이다.

> 시골 사람은 소멸하는 중이다. 조지 본[33]의 《베테스워스 북》과 같은 책에서 시골 사람이 말하는 소리를 들으면 프랑스어보다 더 외국어처럼 들린다.[34]

저 거듭 반복되는 서글픈 어조가 중요한 것은 본과 같은 작가의 저작 — 타자들을 위한 상세한 기록 — 을 언급하고 있기 때문이다. 실제의 시골 인구는 사실 소수였고, 농촌지역은 이미 주변부가 되었다. 그렇지만 이 또 하나의 비가 양식, 신목가적 양식은 정착되었다. 그리고 작가들은 그들끼리 이렇게 말했던 것이다. 혹은 비평가들은 그들끼리 이렇게 말했던 것이다. 본의 책과 같은 저작들을 인용하면서 말이다.

---

33) (역주) 이 책의 30쪽 각주 4)를 참조할 것.

34) Edward Thomas, *The Country* (London, 1913), 21.

레드베리 인근의 오두막에서 《뉴 넘버즈》가 시작되고 있을 무렵, 나의 외가 사람들은 그곳 농장에서 일하고 있었다. 그리고 나는 그들 중 많은 이들의 이야기를 들었다. 내게 그들의 소리는 "프랑스어보다 더 외국어처럼" 들리지 않았다. 또한 그들의 소리는 실제의 농촌 노동 공동체 사람들 사이에서도 전혀 이질적이지 않았다. 외국어처럼 들리는 것으로 치자면 그들의 소리는 켄타우로스니 황금시대니 하는 소리 근처에도 가지 못했다. 그러나 일부 사람들이 그들의 소리를 시골뜨기나 촌놈들의 소리로 여기며 흘려듣는 가운데서도, 이 시인들은 거의 외경에 가까운 존경심을 가지고 흘려들었고 때로는 진지하게 경청하기까지 했다. 그리고 존경심과 함께 멋진 옛날이 소멸하고 말았다는 우울한 역사적 애도를 즉시 덧붙였다. 세상이 점점 좋아지고 있어, 라고 내 가족들은 언제나 말했다. 옛날은 좋지 않았지만, 이제 마을마다 억압도 덜하고 가난도 줄었다. 투표도 할 수 있고, 기차도 들어 왔고, 학교도 생겼다는 것이다. 어쩌면 그들이 틀렸을 수도 있었다. 어떤 중요한 사실들은 그들의 경험의 한계를 벗어나 있었으니까 말이다. 그러나 그들은 당시에도 소멸하는 사람들이 아니었고, 지금도 아니다. 그들은 실제로 영국 농촌의 위기 속에서 그것이 초래한 현실적 결과를 고스란히 감당하며 살았지만, 그 위기는 도시와 대학에서 비롯된 상상의 결과인 그런 위기가 아니었다. 그것은 임금과 노동조건과 가격의 위기였고, 토지 사용과 영농 작업의 위기였다. 물론 사람들은 이런 이야기를 불평이나 푸념으로 흘려들었고, 때로 동정하기도 했다. 그러나 그것은 숲의 요정의 상실이나, 상실한 요정을 찾는 일과는 차원이 다른 문제였다. 사실은 — 그리고 농촌 사람과 도시 사람 모두에게 진정한 상실은 — 농촌 사람들이 대체로 자기들끼리만 이야기를 했다는 것, 그리고 조지 시대의 관찰자들은 여행을 하고 농촌 사람들의 말을 흘려듣기도 하면서 대체로 자기들끼리만 이야기를 했다는 것이다. 바로 이것이 당시 사회였다.

이 역사적 상투형은 문학에 많은 자취를 남겼다. 예컨대 에드워드 토

머스의 〈롭〉을 보자. 여기서 시인은 그야말로 특징적으로,

> 인생과 비바람이 깎아낸, 그을은 노인의 얼굴
> — 어떤 견과(堅果) 보다 거칠고 감미로운, 다갈색의 얼굴[35]

을 만나지만, 그와 연락이 끊긴다. 그를 다시 찾기 위해 “나의 노인”을 알고 지냈을 만한 사람들에게 수소문하던 시인은 결국 한 향사의 아들이

> … 이 문(門) 처럼, 이 꽃들처럼, 이 늪처럼 영국적인[36]

어떤 노인에 대해서 말하는 것을 듣는다. 그 노인은 시골사람들이 사용하는 꽃 이름들을 지었고, 시골의 속담을 여럿 만들었고, 워털루와 헤이스팅즈[37] 와 아쟁쿠르[38] 와 세지무어[39] 에서 죽었고, 로빈 후드와 잭 케이드[40] 에서부터 ‘화로 옆에서 자는 롭’[41] 에 이르는 모든 지방 전설의 이름으로 불려 왔던 사람이다. 그는 아널드의 ‘집시 학자’ — 방랑하는 지식인 — 와는 확실히 다르지만, 그 못지않게 지적인 상상의 산물로서 역사를 부정하는 데 성공한 역사의 일종이다. 모든 시골사람들은 그들이 처한 상황과 시대를 불문하고 단일한 전설적 인물로 통합된다. 개개의 시

---

35) *Collected Poems of Edward Thomas* (London, 1961), 54.

36) 같은 책, 55.

37) (역주) Hastings: 1066년 10월 14일 잉글랜드에 상륙한 노르망디 공(公)의 군대와 잉글랜드 왕 해럴드의 군대가 헤이스팅스에서 벌인 전투.

38) (역주) Agincourt: 백년 전쟁 당시인 1415년에 영국과 프랑스가 프랑스 북부의 아쟁쿠르에서 벌인 전투.

39) (역주) Sedgemoor: 1685년에 먼머스 공작과 제임스 2세가 영국 왕권을 두고 벌인 전투.

40) (역주) Jack Cade: 1450년에 일어난 켄트 민중 반란의 지도자.

41) (역주) Lob Lie-By-The-Fire: 영국 민요에 나오는 전설적 인물. 대개 거대한 체구의 털보로 묘사되며, 우유 한 잔과 화로에서 곁불을 쬐는 권리를 대가로 받고 노동을 한다.

골 공동체들의 다양한 어휘들 — 예컨대 꽃들은 지방에 따라 다양한 이름으로 불렸다 — 은 단일한 '시골'의 언어로 축소될 뿐 아니라, 한 명의 전설적이고 초시간적인 발명자에게로 소급되기도 한다. 현실의 민중보다는 전설적인 발명자 쪽이 더 쉽게 눈에 들어오는 것이다. 그리고 바로 이것이 조지 시대의 상상력이 붕괴한 지점이었다. 진정한 관찰을 존중하던 풍조가 사이비 지성적 환상에 자리를 내어 주고, 한 노동자는 "나의 노인"이 되었다가 결국 영국의 꿈을 체현하는 우연한 인물이 되며, 그 꿈 속에서 농촌 노동과 농촌 반란, 외국과의 전쟁과 국내 왕조간의 전쟁, 역사와 전설과 문학은 무차별적으로 포괄되어 단일한 정서적 제스처가 된다. 롭이나 러드,[42] 태곳적 농민, 혹은 자영농, 혹은 농업노동자. 이제 형상은 결정되었으니, 그것의 이름은 '옛 영국'이었다. 영국 제국주의 전성기의 이기적 애국주의는 농촌의 과거에 대한 한 변형태 속에서 그 가장 감미롭고 가장 음험한 형식을 발견했던 것이다.

이것은 예컨대 하디와는 결정적으로 다르다.

> 잔디 더미에서
> 불꽃도 없이 피어나는 가녀린 연기.
> 왕조들은 성쇠를 거듭했어도
> 연기는 언제나 한결같이 피어오르리라.[43]

여기에는 멀리 보이는 정치사적 사건들의 와중에도 농사일은 끊임없이 지속된다는 감정이 존재한다. 그러나 조지 시대의 시인들은 자신들의 내면적 감정과 관념을 위한 이미지로 영국의 농촌을 사용하였다.

이 시기에는 서로 달라 보이는 많은 것들을 재료로 해서 이처럼 편향

---

42) (역주) Lud: 전설상의 영국 왕.

43) Thomas Hardy, "In Time of the 'Breaking of the Nation'", in *Selected Poems of Thomas Hardy*, ed. G. M. Young(1940), 67.

된 이론을 만들어내는 사례가 많았다. 예컨대 저 분별없이 현실을 추상화하는 문학적 인류학은 민간설화들과 전설들을 장소와 시대를 상실한 과거의 일부로 만들었다. 또한 신화에 대한 분별없는 관심은 토지와 인간을 어떠한 내용이라도 투영할 수 있는 무대와 인물로 만들었는데, 그 내용에는 고전교육의 단편이 포함될 때도 있었고 포함되지 않을 때도 있었다. 배리[44] 와 케네스 그레이엄[45] 을 필두로 해서 J. C. 포이스[46] 와 T. H. 화이트[47] 를 거쳐 현재의 톨킨[48] 으로 이어지는, 농촌에 기반한 판타지 문학이 이례적으로 발전하였다. '민요'(*folksong*) 에 대한 추상적이고 제한적인 정의가 내려졌는데, 세실 샤프[49] 에 의하면 민요란 '농민층'의 '유물' — 실상 이는 농촌에 관한 완전히 허구적인 신화였다 — 에 기초한 것이었다. 따라서 끈질기게 전승되어 온 산업노동자들과 도시노동자들의 노래는 〔그들은 '민중'(*folk*) 이 아니므로〕 민요에서 엄밀히 배제되었다.[50] 산업노동자들과 도시노동자들은 세실 샤프 식의 '민중' 이미지와는 맞지 않았지만, 이 시대와 이 계급으로서는 소멸해버린 척하는 편이 좋았던 바로 그 세계를 진정한 민중 문화 속에서 끊임없이 창조해내고 있었다. 그렇다면 사태는 단순히 현실의 토지와 그곳에 사는 민중

44) (역주) Sir James Matthew Barrie (1860~1937) : 스코틀랜드 출신의 소설가, 극작가. 피터 팬을 창조한 인물로 유명하다.

45) (역주) Kenneth Grahame (1859~1932) : 영국의 작가. 성인과 어린이를 위한 많은 소설을 썼고, 작품들 다수가 이후 디즈니사에서 영화화되었다.

46) (역주) John Cowper Powys (1872~1963) : 영국의 작가, 철학자. 웨일즈 지역의 전설을 소재로 한 장대한 규모의 소설이 잘 알려져 있다.

47) (역주) Terence Hanbury White (1906~1964) : 영국의 작가. 아서 왕을 주인공으로 한 연작 소설로 유명하다.

48) (역주) John Ronald Reuel Tolkien (1892~1973) : 영국의 소설가, 시인, 문헌학자. 《반지의 제왕》의 작가.

49) (역주) Cecil James Sharp (1859~1924) : 영국의 민속학자.

50) David Harker, "Introduction to the Reprint of Rhymes of Northern Bards", (Newcastle, 1971), xlix~l 참조.

이 왜곡되게 묘사된 것만이 아니었다. 당시에 여전히 건재하던 전통적 영국 농촌이 도시 근교 얼치기 식자층의 낙서로 인해 거의 눈에 보이지 않게 되었던 것이다.

이것은 결코 잊을 수 없는 손실이다. 그러나 아이러니는 그 손실의 일부가 영국 농촌을 실제로 보고 배웠던 사람들, 그리고 에드워드 토머스처럼 농촌에 대하여 실로 진정한 감정을 느꼈던 사람들 때문에 발생했다는 것이다. 토머스 자신은 최초의 《조지 시대 시선집》에 대해서 다음과 같이 말했다.

> 이 책은 많은 아름다움과 힘과 신비를, 그리고 약간의 마법 — 열망은 많고, 도전은 적고, 반항은 없는 — 을 보여 준다. 그리고 대단히 능란한 솜씨로 어린이, 농부, 야만인, 고대인, 동물, 자연 일반에서 볼 수 있는 단순성과 원시성에 대하여 현대인들이 품고 있는 애정의 여러 측면을 그린다.[51]

이보다 더 애매하게 말하기도 어려울 것이다. 그러나 〈롭〉의 분위기는 비단 그 작품에만 한정된 것이 아니었다. 우리는 심지어 그 분위기가 형성되는 과정까지도 확인할 수 있다. 소도시의 소년이 시골에 가서 화물용 마차에 탄 여인을 본다.

> 쾌활하고 기민하면서도 느긋한 그녀는 내가 나중에 읽게 될 그 어떤 시인이나 이야기꾼의 여인 못지않게 불가사의하고 매력적이며, 내가 속한 세계에서 멀리 떨어져 있는 존재였다.[52]

그의 부인의 표현을 빌리면, 노동을 관찰하면서 한몫 거들기도 하던 토머스는 다음과 같이 생각한다.

---

51) *Daily Chronicle*, 1913년 1월 14일.

52) Edward Thomas, *The Childhood of Edward Thomas* (London, 1938), 53.

> 여유 있게 움직이는 숙련 노동자들. 그들의 지식은 참나무에 열매가 영글듯 영근 것이었고, 그들의 기술은 제비의 기술처럼 자연스레 터득한 것이었다. 참나무와 제비가 자기 생활에 만족하듯 그들 역시 자신들의 힘든 생활에 만족한다.[53]

진정한 존경심은 이렇게 해서 인간의 학습을 배제하는, 그리고 노동자들을 인간에서 '자연'의 차원으로 격하시키는, 일종의 찬양으로 진화하였다. 다시 한 번, 세월이 지나 여행을 하던 그는 다음과 같이 관찰한다.

> 풀 베는 사람, 양파 밭에 괭이질을 하는 사람 … 여정의 외로움 때문에 우리는 그들을 꿈속의 왕국에 사는 사람들로 변화시킬 준비가 되어 있었다 … 그들은 목가시의 남녀들만큼이나 비현실적이다 … 머틸라, 플로리멜,[54] 코린,[55] 아마릴리스,[56] 도릴루스, 도론,[57] 다프니스,[58] 실비아와 아민타,[59] 그리고 양떼에게 노래를 불러 주는 목동들은 누구보다 확실한 그곳의 거주자들이다 …[60]

이것뿐이라면 우리로서는 그냥 무시해도 될 것이다. 그러나 그의 관찰에는 더 현실적인 반응이 들어 있다.

---

53) Helen Thomas, *World Without End*(London, 1956), 107.

54) (역주) Mertilla, Florimel: 드레이튼(Michael Drayton, 1563~1631)의 〈엘리제의 뮤즈들〉("The Muses Elizium", 1630)에 나오는 요정들.

55) (역주) Corineus, 혹은 Corin: 중세 영국 전설에 나오는 탁월한 전사.

56) (역주) Amaryllis: 베르길리우스의 《목가시》에 나오는 여자 목동.

57) (역주) Dorilus, Doron: 드레이튼의 〈엘리제의 뮤즈들〉에 나오는 요정들.

58) (역주) Daphnis: 그리스 신화에 나오는 목동으로 목가시의 창시자로 알려져 있다.

59) (역주) Sylvia and Aminta: 타소의 목가풍 시극인 《아민타》의 등장인물들. 목동 아민타는 요정인 실비아를 사랑한다.

60) *The Heart of England*, 62~3.

기와가 어스레히 빛나는
농장의 가파른 지붕…

이 평화와 안식의 느낌은 다시 한 번, 마치 당연한 것처럼, 상투형의 그물에 포획된다.

이 영국이, 이미 '옛 영국'이던 이 나라가,
'즐거운 영국'이라 불리던 때부터 지금까지 줄곧.[61]

이 시들에서 거듭 우리의 흥미를 끄는 것은 관찰된 사물이 이러한 외적 선입견들에 의해 포착되는 방식이다.

그들은 길게 쌓여 있는 순무 더미 위의
점토 지붕에서 박공을 떼어냈다.
응달에서 오그라든 흰색, 황금색, 자주색 이파리들에
햇볕이 들어오게 만들었다.[62]

그러나 이러한 장면을 관찰하고 기억해낼 때조차 그것은 "… 아멘호텝 왕이 꿈도 꾸지 않고 오랜 세월 동안 죽어서 누워 있는" 이집트의 무덤 속으로 내려가는 장면과 비교된다. 어떤 현대 비평가는, 분명 칭찬의 뜻으로, "적절한 시적 기호들이 축적된 끝에 마침내 우리는 외부의 무대가 내면의 극장을 위한 보조 장치임을 알게 된다"고 말했다.[63] 그렇다, 확실히 보조 장치이다. 왜냐하면 우리가 실제로 지적해야 하는 것은 관찰된 세부적 사실들은 언제나 설득력이 있지만, "내면의 극장"의 여러 관습들이 그 설득력 있는 관찰을 거의 파괴하는 지경에까지 이른다는 점이기

61) *Collected Poems*, 25.
62) 같은 책, 27.
63) F. R. Leavis, *New Bearings in English Poetry*(London, 1936), 69.

때문이다. 토머스는 그의 노트에 다음과 같이 기록했다.

> 두벌초 혹은 '나중 난 풀'[64]의 성장 / 생기를 주는 비가 내린 후의 아름다운 초록 …[65]

막상 시를 쓸 때가 되자 이 내용은 수상쩍은 괄호 속으로 들어간다.

> 비 맞은 목초는 다시 온전한 푸른 색. "나중 나오는 풀은
> 좋은 목초가 될 거요."하고 낯선 사람이 말했다.
> 방랑하는 남자였다. 편하게 서 있었지만,
> 내 몸은 열망으로 달아올랐다.[66]

동일한 발전 과정이 더 성공적인 결과를 낳은 사례도 있다. 일기장에 "노인의 수염"에 관해 적은 메모는 〈노인〉이라는 시로 발전하는데, 그 시에서 식물은 기억과 상실이 된다. "내면의 극장"은 옛날이야기들과 의상들로 가득 차 있었지만 관찰과 감정은 굴하지 않고 싸움을 계속했던 것이다. 〈원천〉(*The Source*)도 그렇고 〈건초 만들기〉 또한 빼어난 관찰과 묘사를 보여 주는데, 이 시에는

> 클레어와 코벳, 몰랜드[67]와 크롬[68]보다 오래된[69]

시간을 초월한 세계의 모습이 그려진다. 이런 표현은 우리가 익히 보아

---

64) (역주) aftermath, "lattermath": 처음 자란 목초를 베고 난 후 자라난 목초.
65) W. Cooke, *Edward Thomas* (London, 1970), 106에서 재인용.
66) *Collected Poems*, 69.
67) (역주) George Morland (1763~1804): 동물과 시골 풍경을 즐겨 그렸던 영국의 화가.
68) (역주) John Crome (1768~1821): 영국 낭만주의 시대의 풍경화가.
69) *Collected Poems*, 71~2.

온 대로 시인으로서는 피할 수 없는 것이지만, 그러나 이제 그것이 지칭하는 세계는 하나의 열망, 그것도 진정한 열망의 대상으로 관찰되고 인식된다 ("우리 모두는 시간의 변화가 미칠 수 없는 그곳으로 가버렸다"). 이런 감정은 〈말들의 놋쇠 장식처럼〉에도 또한 존재한다. 이 시는 빼어난 전원 관찰과 설득력 있는 대화의 단편들을 담고 있다.

> 그리고 마지막으로 나는
> 쟁기와 비틀거리는 말들이 지나간 뒤로
> 흙덩이가 부서져 무너지는 것을 보았다.[70]

왜 "마지막으로"인가 하면 토머스는 전쟁터로 복귀해야 하기 때문이다. 전쟁의 체험은 이 평범한 노동과 평화의 기억에 뚜렷한 흔적을 남겼다. 〈2월의 오후〉에서 찌르레기 소리에 귀를 기울이던 그의 내면에는

> 인간은 천 년 전에도
> 바로 지금과 같이 이 소리를 들었다

는 영원성의 감각과, 그것과는 다른 의미에서 "시간은 내 앞을 흘러간다"고 하는 전쟁의 감각이 긴장을 이룬다.[71] 관습적인 소도구들과 비유법을 넘어서는 더 깊은 상실감도 있는데, 〈전에는 그곳을 결코 본 적이 없었다〉가 그 예이다. 이 시에는 상상의 시골과 실제의 시골이 등장하지만—

> 소떼, 초원, 헐벗은 물푸레나무 …
> … 어제 노동자가 낫으로
> 깨끗이 베어낸 흔적이

---

70) 같은 책, 30.
71) 같은 책, 108.

크로커스처럼 누런 상처로 남아 있는
산사나무들이 개울을 따라 서 있다.

— 그래도 그 속에는 시종일관 진지한 애매함이 존재한다.

나는 어떤 것도 기대하지 않았고
어떤 것도 기억하지 않았다. 하지만 그때
나는 어떤 목표와 접촉하였다…

여기에는 자신이 어떤 숨겨진 언어, "드러나지 않을 언어," 표현할 수 없는 고립 속으로 쫓겨 간다는 감각이 존재한다.72) 이 더욱 깊고 복잡한 감정은 〈이러한 것들을〉에 최종적으로 등장한다. 이 시는 조지 시대풍의 관습적 은둔 이미지들 — "해변과 언덕 사이에 있는 일 에이커의 토지," 집, 정원 — 을 열거하지만, 결국 그것들을 거부한다.

나는 이러한 것들을 요구하지 않는다. 다만 너무 늦지도
너무 이르지도 않은 때에, 사람들이 만족이라고 부르는 것을,
그리고 만족하게 받을 수 있는 어떤 것을 보내달라고
운명에게 요구할 뿐.73)

이것은 극한에 처한, 더 엄혹하고 더 절박한 동경이다.

그렇다면 근간을 이루는 패턴은 명확하다. 현대 생활의 모든 영역이 비판되는 것과 함께 제기해 마땅한 전반적 질문들이 다수 제기되었지만, 그 모두가 하나의 관습으로 단순화되기도 했던 것이다. 그 관습은 절반은 상상이고 절반은 관찰인, 영국 시골에 대한 세밀하면서도 왜곡된 해석이었다. 이후 관습은 다양한 모습을 취하게 되었다. 20세기 내내 시골

72) 같은 책, 100.

73) Cooke, 앞의 책, 224~5에서 재인용.

관련 저작들은 기록과 관습 사이를 때로는 조잡하게 때로는 미묘하게 왕복하다가 결국 구분이 불가능할 정도로 둘을 뒤섞어 버리는 모습을 보여왔다. 가장 평이해 보이는 장르인 회상록과 일기조차 사정은 마찬가지이다. 조지 본을 읽는 것은 상세한 기록(직공의 기술에 대한 기록이 들어있는 《바퀴 제조공의 가게》의 경우)과 관습에 따라 축약한 역사(《마을의 변화》의 경우)의 이와 같은 혼합물을 읽는 것이다. 플로라 톰슨[74]의 《종다리가 캔들포드로 날아오르다》와 로널드 블라이드[75]의 최근작인 《에이큰필드》와 같은, 다른 무엇으로도 대체할 수 없는 기록들도 일부 있다. 이런 작품들은 애드리언 벨[76]의 《코도로이》, 《은색의 초원》과 《벗나무》와 마찬가지로, 비교적 좁은 범위를 다루는 개인적인 이야기들이다. 그러나 또한 매싱엄[77]의 《영국의 시골 사람》을 가장 비근한 예로 들 수 있는, 기록이 하나면 이데올로기가 둘인 상투적인 책들도 있다. 20세기의 영국 농촌 관련 저술가들 중에서 관찰과 신화와 기록과 사이비 역사가 너무도 심층적으로 뒤엉킨 이 기묘한 형식을 완전히 피할 수 있었던 사람은 대단히 드물었다. 나는 베르길리우스로부터 이어지는 연속성에 대한 언급을 최고의 기록자 중 한 사람인 조지 이워트 에반스의 책에서 인용한 바 있는데, 이러한 아이러니는 결국 내게는 참으로 슬픈 것이다. 나와 경험과 기억의 면에서 그처럼 많은 것을 공유하는 작가들이 인유(引喩)를 하는 순간, 다른 방식으로 역사를 보는 순간, 그럴 수 없이 낯선 사람들이 되고 마는 것이다. 게다가 아이러니의 극치는 우리가

---

74) (역주) Flora Jane Thompson(1876~1947): 영국의 소설가, 시인. 대표작인 《종다리가 캔들포드로 날아오르다》는 영국의 전원생활에 대한 자전적 소설이다.

75) (역주) Ronald Blythe(1922~): 영국의 작가, 편집자. 《에이큰필드》는 그의 고향인 서섹스 지방의 농경 생활을 묘사하고 있다.

76) (역주) Adrian Bell(1901~1980): 영국의 언론인, 농부.

77) (역주) Harold John Massingham(1888~1952): 영국의 농촌생활과 농업 관련 저술가.

아는 한 현실의 역사는 이런 작가들에 의해 지속되고 있는 진실된 관찰과 진정한 감정이 더 많이 생겨나는 것을 지지하리라는 사실이다.

이 문제는 간단하게 테스트해 볼 수 있다. 《시골 사람》이라는 주목할 만한 잡지 — 이 잡지의 발행부수 자체가 중요한 역사적 지표이다 — 의 어떤 호라도 읽어보면, 하나의 관습 속에 이런 상이한 요소들이 함께 공존해 왔음을 발견하게 된다. 이 잡지의 어떤 호를 읽어도 우리는 숲과 새와 동물에 관해 무엇인가를 — 다시 말해 박물학(博物學) 만이 아니라 현실적 노동 과정의 많은 부분까지를 — 배우게 된다. 그러나 여기에는 사뭇 다른 게임이 결합되어 있는데, 관습으로 질식시킨 상투적 어투를 통해서 기묘한 옛 시골 사람들의 말을 전달하는 중간계급식 표기법이 그것이다. 흘려들은 시골 토박이들의 말. 그렇다면 이런 관습 속의 시골 사람들은 누구인가? 노동자의 고용주들, 하인의 상전들, 오소리 관찰자들, 과일 재배자들이다. 이것은 당연히 하나의 계급을 만드는 작업이며, 그 계급이 시골에 관한 관념을 거의 좌지우지했던 것이다. 《시골 사람의 책》이라는 선집은 이 관습 속에서 시골 관련 저작이 어떤 모양이 되었는지를 내가 아는 한 가장 완벽하게 보여 주는 기록이다. 상세한 관찰과 기록, 역대 영국 수상들의 시골 생활 회고담들, 마을의 역사들, 전통 조리법들, 마녀들과 미신들에 관한 이야기들, 저자들의 시골 오두막 소개들, 익살스런 시골 속담들, 멋진 사진과 그림들. 이 놀라운 잡탕과 마주하게 되면 우리는 두 손을 들고 싶어질지도 모른다. 마침내 시골이 하나의 계급으로 흡수되었고 현실의 모든 사물들도 그것에 조응하게 되었을 것이라고 말이다.

그러나 이것이 이야기의 전부는 아니다. 다른 목소리들도 존재하였다. 스윈던의 알프레드 윌리엄스[78] 는 철도역에 근무하면서 시골에 관한 글을 썼다. 그가 연결한 것은 더 현실적이고 일반적인 것들이었는데,

---

78) (역주) Alfred Williams (1877~1930) : 영국의 시인. 거의 독학으로 시인이 된 것으로 유명하다.

'사투리'에 대해서 그는 다음과 같이 말했다.

> 도시 사람들은 사투리를 직접 말하지는 않지만, 그것에 대해 읽는 것은 좋아한다 … 마을 사람들은 사투리를 말하지만, 읽는 것은 좋아하지 않는다.[79]

더 중요한 저작으로는 — 우리가 이 책을 갖게 된 것은 커다란 행운인데 — 한 근대 농장 노동자의 자서전인 프레드 키친[80]의 《황소의 형제》(1939)가 있다. 그런데 이 책에까지 출판사의 요구에 의해 농민 시인에 대한 전통적 후원의 격식에 따른 포틀랜드 공작의 멍청한 추천서한이 앞머리에 실려 있다. 그러나 프레드 키친은 다른 사람의 도움이 없이도 글을 쓸 수 있다. 시골 생활을 보는 중간계급의 관습 속에서 글을 읽어 온 사람들이라면 누구라도 주목할 만한 사실은, 그가 과거나 목가시에 관한 어떤 관습적 제스처도 취하지 않으면서 온갖 종류의 농촌 노동과 농촌 상황을, 그리고 밭과 생물에 대한 진정한 사랑을, 진솔하게 기록하고 있다는 것이다. 프레드 키친은 시골 오두막에 살면서 대다수 시골 사람들이 하는 식으로 오두막에 대해서 — 습기와 생쥐들을 포함해서 — 이야기한다. 그는 광산 마을에 살면서 근대의 도시형 공동체를 예리하고 명확하게 기록한다. 그는 철도 노동과 코크스 공장 노동을 묘사한다. 그는 다시 농장 노동을 선택하지만 그럼에도 다양한 종류의 노동들 사이에 연속성이 존재함을 느끼는데, 관습은 그러한 연속성을 은폐해 왔다. 그리고 그는 거꾸로 관찰자들을 관찰한다. 예컨대 키친이 독서를 즐긴다는 말을 들은 어떤 목사는 그에게 질문을 던지고는 그리 친절하지 않은 말투로 고전을 읽으라고 조언하였다. 키친은 도서관에서 《고전》이란 책을 뒤지지만 결국 그가 찾을 수

---

79) L. Clark, *Alfred Williams, his life and world* (Newton Abbot, 1969) 참조.
80) (역주) Fred Kitchen (1891~1969) : 영국의 노동자, 언론인. 《황소의 형제》는 그의 일기에 기초한 자서전이다.

있는 책들 — 디킨스와 조지 엘리엇이 포함된 — 을 읽을 수밖에 없다. 교양인들의 세계와 다시 접촉할 때 그는 그들을 관찰하는 입장에 서 있다.

> 화가들은 양치기가 목초 우거진 언덕으로 가축을 몰고 가거나, 아니면 사색에 잠겨 석양을 바라보는 즐거운 그림들을 더러 그려 왔다. 그러나 진흙탕의 순무 밭에 있는 양치기, 얇게 썬 순무가 가득 든 바구니를 든 채 진흙투성이의 가축우리에서 미끄러지는 양치기와 그의 아들, 혹은 여물통을 청소하려고 허리를 구부리다 기세 좋게 돌진한 숫양에게 엉덩이를 들이받혀 나뒹그러지는 양치기 아들을 그린 그림은 한 점도 없다 … 하지만 바로 그것이 내가 본 그대로의 양치기의 그림이다. 그리고 그림 속의 양치기에게는 오두막이 있지만, 그것은 식사 중에 비바람을 피하는 용도로나 사용될 만한 것일 뿐이다.[81]

힘든 날과 즐거운 날, 좌절감과 만족감을 함께 충실하게 기록한다는 점에서, 《황소의 형제》는 살아남은 시골 사람의 진정한 목소리이다. 다시 말해 전체적으로 도시화되고 산업화된 세계에 살아남은, 그리고 그 세계를 출입하면서도 노동과 공동체와의 현실적인 관계를 유지하는, 그런 시골 사람의 목소리이다. 여기서 인상적인 것은 신화와 인유와 거짓된 역사가 존재하지 않는다는 사실만이 아니다. 《황소의 형제》는 상황에 대한 현실적 감각을 보여 준다. 토지나 돈을 소유하지 못한 인간들이 경제적 변화 속에서 이런 저런 직업을 전전하며 진정한 역사조차 추상화하기 일쑤인 내용을 직접 체험하는 방식들을 보여 주는 것이다. 이것은 지적인 관찰력을 지닌 20세기 노동자가 인식할 수 있는 세계로서, 프레드 키친의 경우는 노동 경력의 전부는 아니라도 대부분을 농장 노동자로 채운 바 있었다. 광부와, 코크스 공장 노동자와, 공사장 인부가 그의 곁에서 있고, 그는 계급적 선입견 없이 그들을 예리하게 관찰한다. 그래서 프레드 키친이 여러 해 동안 독학을 한 후 노동자교육협회의 교실에서

---

81) F. Kitchen, *Brother to Ox* (London, 1940), 125.

공부할 때 글을 써 보라는 권유를 받았다는 것은 의미심장한 사실이다. 노동자교육협회는 광산이나 공장이나 농장에서 일하는 키친과 같은 사람들 모두를 도울 목적으로, 공교롭게도 여러 도시들에서, 발족되었기 때문이다.

농촌 노동자의 생활을 선입견 없이 직접적으로 다룬 대단히 희귀한 기록들 중 하나인 《황소의 형제》는 이런 의미에서 20세기가 되어서야, 그리고 이전과는 다른 역사적 과정이 도래해서야 비로소 출현할 수 있었다. 그러나 그것은 결국 대다수의 노동하는 시골 사람들이 언제나 자신의 역사를 보는 방식이다. 그것은 어린 키친이 울지도 않고 찾아 갔던 고용시장들로부터, 농업임금법과, 땅도 없고 돈도 없는 대다수 인간들이 농업노동으로 인간답게 살기 위해 끊임없이 벌였던 투쟁에 이르는 역사이다. 이렇게 해서 세심하게 관찰된 특수한 역사는 — 마땅히 그래야 하는 것이지만 — 공통의 역사와 결합한다.

제22장

다시 접경 지역으로

시골과 도시를 분리하고, 그 각각에 속하는 문학 양식들(전원문학 혹은 지방문학, 도시문학 혹은 대도시문학)을 분리하는 것은 쉬운 일이다. 20세기에 바로 이렇게 분리된 문학양식들이 존재한다는 사실 자체가 서로의 관련성을 토대로 하여 진행된 역사에 대한 하나의 반응으로 중요한 의미를 갖는다. 그러나 어느 시대에나 시골과 도시의 관련성을 역설하는 일부 작가들이 있으며, 그들 중에는 소수나마 시골과 도시의 관련성의 변화 자체가 가치들의 복잡한 상호작용과 갈등의 과정에서 결정적인 의미를 갖는 것으로 보는 사람들도 있다.

이러한 의미에서 D. H. 로렌스와 루이스 그라식 기번[1]을 비교해 보는 것은 유익하다. 로렌스의 작품은 기번의 작품보다 훨씬 범위가 넓은데다 훨씬 잘 알려져 있기 때문에 어떤 측면에서는 비교하기가 까다롭다. 그러나 두 작가는 각기 농촌에서 도시로의 이동에 각별한 관심을 갖고 전념하였으며, 또 각기 위기를 절박하게 의식하였다. 그것은 해결하기 힘든 접경 지역의 위기, 그리고 넘지 않으면 안 되었던 경계선의 위기였다.

1) (역주) Lewis Grassic Gibbon(1901~1935): 스코틀랜드의 작가.

로렌스는 그가 "옛 영국과 새로운 영국의 괴상한 뒤범벅"이라 불렀던, 농촌 지역 속의 탄광촌에서 성장하였다.

> 그곳의 생활은 산업주의와 셰익스피어, 밀턴, 필딩, 조지 엘리엇의 옛 영국 농촌이 기묘하게 혼합된 것이었다.[2]

작가들을 통해 "옛 영국"을 본다는 점은 흥미롭고 특징적이다. 그러나 로렌스가 살았던 접경 지역은 농장과 탄광 사이의 경계지 이상의 의미를 갖고 있었다. 성장기의 자신에 대해서 그가 반복해서 적고 있는 대로, 그것은 문화적인 접경 지역이었다. 그의 선택은 단순히 탄광이냐 농장이냐의 문제만이 아니라, 그 두 곳들 모두의 문화와, 교육과 예술이 열어가는 세계의 문화 중에 무엇을 선택하느냐의 문제이기도 했다. 이런 점에서 그는 조지 엘리엇과 하디의 직접적 계승자이지만, 그러나 결국 유동성의 위기와 그 위기를 구성하는 역사 전체를 그들과는 매우 다르게 보게 된다.

《아들과 연인》은 두 풍경, 두 종류의 노동, 두 생활방식을 직접적으로 묘사하지만, 그것들의 내부에서 발생하는 갈등은 내면적이고 주관적이다. 《아들과 연인》은 성장과 떠남의 역사이고, 정체성과 인간관계의 능력을 좌절시키는 부모와 세계와의 갈등 속에서 그것들을 획득하려는 투쟁의 역사이다. 어머니와의 착잡하고 흥미진진한 관계가 너무도 상세하게 그려지기 때문에 결국 더 일반적인 상황은—그려지고 있긴 하지만—그 관계에 압도되어 버린다. 로렌스는 다음 소설인 《무지개》를 일반적인 상황의 묘사로 시작하지만, 자신의 가족 관계에서 배웠던 것으로부터 결코 완전히 분리될 수 없는 특별한 시각을 통해 그 상황을 서술한다. 그는 브랑윈 일가의 여러 세대에 걸친 역사를 따라가다가 마지막으로 어슐라를 통해 우리에게 친숙한 위기, 즉 교육과 인간관계와 정체성

2) D. H. Lawrence, *Phoenix* (London, 1936), 135.

의 위기를 다룬다. 그러나 그 위기의 형식들이 그가 역사를 보는 방식에 거꾸로 압력을 가한다.

《무지개》의 첫 장은 대단히 감동적으로 읽힌다. 그러나 역사의 실상을 조금이라도 의식하면서 읽으면, 그리고 일찍이 사람들이 그 역사의 실상에 어떤 반응들을 보여 왔는지를 조금이라도 의식하면서 읽으면, 그것은 독창적이고 경이롭다. 대대손손 농사일을 해 온 사람들의 자연적 생활을 불러내는 유명한 대목을 보자.

> 천지의 기운이 그들 주위에 넘쳐흐르니, 어찌 이런 일이 그칠 수 있으랴?… 그들은 하늘과 땅이 서로 교접하고, 햇빛은 대지의 가슴팍과 창자 속으로 빨려 들어가고, 비는 낮 동안에 공중으로 흡수되고, 가을바람이 불면 새 둥우리는 더 이상 사람의 눈을 피할 도리가 없이 앙상하게 드러난다는 것을 알았다 … 그들의 생활은 대지와 밀접하게 교접했다. 그들은 씨앗을 뿌리려고 밭을 갈면서 흙의 맥박과 몸뚱이를 느꼈다. 밭을 갈고 나면 토양은 부드럽고 나긋나긋해져서 그들의 발에 욕정처럼 무겁게 엉겨 붙었다 … 그들이 말을 탈 때면, 양쪽 무릎 사이로 생명 그 자체를 꼭 잡고 있는 형국이었다.[3]

독자들은 이러한 표현 양식을 알아 볼 것이다. 그것은 메러디스에서 시작하여 지방 소설가들을 통해 이어지는, 대지와 경작에 대한 성적 이미지이다. 그러나 더 정확히 말하면 그것은 남성적인 성적 이미지인 것이며, 바로 이것이 로렌스적인 역사 해석에서 결정적인 의미를 갖는다.

> 대지가 숨을 몰아쉬며 고랑을 터주면 남자들은 그것으로 족했다 … 그러나 여자는 이와 다른 형태의 삶을 원했다. 그것은 피의 교접과는 다른 것이었다 … 여자는 일어서서, 도시와 관청이 들어서 있고 남자들의 온

3) Lawrence, *The Rainbow*(London, 1949), 7~8; D. H. 로렌스, 《무지개》 김정매 옮김(민음사, 2006), 1권, 11.

> 갖 활동이 전개되는 먼 세계를 바라보았다 … 여자는 외부를 보았다. 그곳의 남자들은 고동치는 생식의 열기를 외면하고 있었다.[4]

이렇듯 농경 생활은 이미 하나의 은유이되, 역사적인 위치를 부여받은, 특수한 종류의 존재를 나타내는 은유이다. 즉 능동적이고 육체적이고 무의식적인 존재를 의미하며, 자연 과정과 불가분의 관계에 있는, 정신의 대립물로서의 육체를 의미하는 것이다. 다른 사람들은 이러한 종류의 생활을 "도시와 관청의 세계"로 변화시켰고, "자신들의 영역과 자유를 확대시켰다." 그녀는 그녀가 보기에 제한적인 자연적 환경인 이곳에서 외부를 바라보면서, 자식들에게 교육을 받기를 권한다.

> 그녀는 바로 이것을, 이 교육을, 이 고차원적인 존재의 형태를 자식들에게 부여해서 자식들도 지상에서 지고의 생을 누리게 하고 싶었다.[5]

그러나 이러한 감정은 이미 계급과 얽혀 있다. 즉 그녀가 자신보다 우월하다고 보는 목사와 목사보와 향사 부인의 생활과 얽혀 있다.

> 그녀의 자식들은, 적어도 그녀가 애지중지하는 자식들은, 그 고장에서 내로라하는 활력 있는 사람들과 동등한 위치를 차지할 만한 완벽한 자질을 갖추고 있었다. 그런 자식들이 뒤에 처져 무명의 막일꾼으로 남을 수는 없었다.[6]

이 대목은 아무래도 로렌스가 《아들과 연인》에서 이미 직접적으로 묘사한 바 있는 어머니의 태도의 투영으로 볼 수밖에 없지만, 그럼에도 표면적으로는 역사적인 서술의 형식을 취하고 있다. 그러나 이보다 흥미로

---

4) 같은 책, 8~9; 《무지개》 1권, 12.
5) 같은 책, 10; 《무지개》 1권, 15.
6) 같은 책, 10; 《무지개》 1권, 15.

운 점은 너무도 많은 역사의 현실적 긴장관계들이 이 특수한 형식으로 창조적으로 재구성된다는 사실이다. 로렌스는 생명력을 두 방향에서 동시에 바라본다. 즉 생명력은 활동적인 육체노동의 비반성적 삶이지만, 탐구적인 정신이기도 하다. 탐구에의 부름은 거부할 수 없지만, 그 부름을 따르면 추악함과 공허함의 황무지 — 산업체제와 그것이 만드는 정신의 기계적 습관들 — 를 통과해야 한다. 궁극적으로 그 황무지를 대체하게 될 것은 이 가혹하고 해체되고 소외된 세계의 내부에서 분출하는 새로운 종류의 삶이다.

> 새롭고 깨끗한 알몸뚱이가 새로운 싹을 틔우고 새롭게 성장할 것이다.[7]

그렇지만 로렌스가 말하고자 하는 바를 하나의 주장으로 환원하는 것은 결코 가능하지 않다. 로렌스는 역사적 도식을 중시하고 그 도식을 다양한 형태로 거듭 도입하지만 그가 주로 말하고자 하는 것은 인간관계들 속의 삶과 죽음과 관련된 것으로서, 거기에 사회적·역사적 힘은 존재하되 삶과 죽음의 여러 형태들로 재가공된다. 그렇지만 그는 산업주의와 그것이 만들어낸 재산형식과 소유형식을 시종일관 죽음의 징후로 본다. 하지만 그의 작업의 방향을 볼 때 산업주의와 대립하는 것은 농업 공동체가 아니라 차라리 원시주의라 부름 직한 것이다. 이 원시주의에는 때로 (미국 뉴멕시코 주의 인디언들과 같은) 일정한 사회적 근거나 역사적 근거가 주어지기도 하지만, 그러나 더 많은 경우 그것은 자연 과정 — 여기에는 동물과 새와 꽃과 나무들뿐 아니라, 인간의 육체, 적나라한 탐구와 적나라한 인간관계들 역시 포함된다 — 과 접촉하는 직접적 삶의 형식이라는, 더욱 심각한 의미를 갖는 것임이 드러난다.

따라서 그에게 '옛 영국 농촌'에 대한 일견 전통적인 반사작용이 존재

---

7) 같은 책, 496; 《무지개》 2권, 447.

하기는 해도 우리는 그것을 어디까지나 부차적인 주제로 보아야 한다. 그는 관습적으로 역사를 보여 주었지만, 그것은 그가 본질적으로 강조점이 다른 자기주장을 개진하는 — 때로 오해를 유발하기도 하는 — 형식에 불과하다. 도시에 대한 로렌스의 진솔한 견해를 보면 이를 가장 잘 확인할 수 있다.

> 대도시가 의미하는 것은 아름다움과 위엄과 어떤 장대함이다. 영국인들은 지금껏 그것을 이루고자 했으나 좌절과 지독한 배신을 경험했을 뿐이다.[8]

혹은 다시 한 번,

> 위대한 문명의 형식에 동참하고자 할 때, 우리는 도시의 삶을 선택합니다. 시골에 대한 향수는 그리 중요하지 않습니다. 중요한 것은 우리의 도시가 가짜라는 사실입니다. 그 도시의 모든 거리는 우리를 타격하고, 모든 길모퉁이는 우리를 칼로 찌릅니다.[9]

그리고 우리는 이러한 견해를 그의 더 관습적인 주장과 나란히 놓고 읽어야 한다.

> 내가 보기에 영국의 진정한 비극은 추악함의 비극이다. 시골은 너무도 사랑스럽지만, 인간이 만든 영국은 너무도 혐오스럽다.[10]

왜냐하면 추악함의 징후는 도시 자체가 아니라 가짜 도시이고, 가짜 도시의 뿌리는 소유적 개인주의라는 제도와 정신이기 때문이다. 소유적 개인주의는

---

8) *Phoenix*, 139.
9) H. Moore, ed., *Letters to Bertrand Russell* (London, 1948), 80.
10) *Phoenix*, 137.

> 오막살이농이 아니라 시민의 의연한 태도로 우리를 자부심과 위엄 속에서 단결하게 해 줄 저 공동체 본능을 좌절시켜 왔다.[11]

그의 도시 찬양—"영국인의 성격은 인간의 진정한 도시적 측면, 즉 시민적 측면을 발전시키지 못했다"는 불평—은 그가 종종 본보기로 드는 이탈리아 도시들에만 국한되지 않는다. 그는 심지어

> 미국의 새로운 도시들은 로마적 의미에서 볼 때 런던이나 맨체스터보다 훨씬 더 진정한 도시들이다[12]

고 말하기까지 한다. 또한 영국의 도시에 대한 그의 비난은 예의 19세기적 양식을 따르고 있다.

> 노팅엄은 인구 백만을 향해서 불규칙하게 뻗어가는 거대한 지역이다. 그런데 그것은 일정한 형태를 갖추지 못한 하나의 덩어리에 불과하다. 시에나[13]가 존재하는 것과 같은 의미에서 노팅엄은 존재하지 않는다.[14]

결론은 도시의 재건이다.

> 내 고향 마을을 벽돌 하나까지 모조리 파괴한다. 중심부를 설계한다. 초점을 정한다. 그 초점에서 멋진 방사선을 그린다. 그런 후 도시 중심까지 이어지는 멋지고 장대한 건물군을 건설한다.[15]

---

11) 같은 책, 139.

12) 같은 곳.

13) (역주) Siena: 이탈리아 토스카나 지방의 유서 깊은 도시.

14) 같은 곳.

15) 같은 책, 140.

이 계획이 최초로 발표된 잡지들 중 하나가 《건축평론》(*Architectural Review*)이었다는 것은 의미심장하다. 그러나 당연한 이야기이지만 건설과 도시에 대한 이러한 강조는 그가 오랫동안 심각하게 고수해 왔던 자연적이고 육체적인 접촉과 가장 단순한 생명 과정의 회복이라는 주장과 쉽게 화해할 수 없다. 화해할 수 없는 이유는 궁극적으로 그것이 하나의 논리적인 주장이나 입장이 아니라 시대의 모순적 압력들 속에서 생겨난 수많은 충동들의 창조적인 기록이기 때문이다. 로렌스는 거의 모든 것을 정열적이지만 고통스러울 정도로 집요하게 보았다. 그의 내면 깊숙한 곳에서는 육체적 관여(*commitment*) — 이에 대한 그의 묘사는 같은 세대 작가들 중 누구보다 강력하고 설득력이 있었다 — 와 지적 관여 — 이는 그가 비평의 세계에서 대응하고 논증하게 했다 — 가 갈등을 빚고 있었다. 그가 자주 그리고 있듯이 한 편에는 꽃의 세계가 있다. 그러나 다른 편에는 현미경을 통해 보는 세포의 세계도 있어서 가장 심층적인 생명 과정에 대하여 새로운 통찰을 제공해 준다. 사회적 모순 — 무의식적 존재, 의식적 공동체 — 은 강렬하고 가혹하다.

로렌스는 이런 모순을 근원적 관계의 발견을 강조하는 것으로 단순화했다고 이야기할 수 있다. 그러나 일견 이런 주장의 매우 적절한 예로 보이는 《사랑하는 여인들》에서도 그와는 다른 차원의 문제들이 여전히 그를 짓누르고 있으며, 그 결과 근원적 관계의 발견 여부는 끝까지 확실하지 않다. 《채털리 부인의 연인》은 필연적인 육체의 발견이고, 그 발견은 산업도시의 추악함의 거부와 자연의 삶에 대한 솔직한 애정과 연결되어 있다. 그렇지만 발견이 소설의 클라이맥스는 아니며, 불가피한 노동의 세계에서 이 생명의 불꽃이 어떻게 계속 타오를 수 있을 것인가 하는 문제는 여전히 남아 있다. 만년의 〈자전적 단편〉에서 로렌스는 — 당시의 문학적 유행들 중 하나였던 — 미래에 대한 꿈을 이야기하였다. 그는 고향 탄광마을의 변화한 모습을 본다.

> 그곳을 보자마자 단박에 내가 태어난 곳임을 알았다. 지저분한 붉은 벽돌 일색의 추악한 탄갱 마을 말이다. 아직 어렸을 때에도 무어그린 저수지에서 귀가하는 길에 고개를 들면 회사가 지은 광부용 주택가가 오후의 햇빛 속에서 언덕 꼭대기에 마치 예루살렘의 벽처럼 솟아 있었는데, 나는 그것이 황금의 도시이길 기원했다. …16)

이것은 모리스의 《에코토피아 뉴스》와 대단히 흡사한 환상이다. 또한 의미심장하게도, 모순적이게도, 이 고향마을은 끝까지 도시이면서 농촌마을이기도 하다. "도시의 황금빛(*golden*) 육체처럼 부드럽고 풍요로운(*golden*)"이라는 표현은 그곳의 물질적인(*physical*, 육체적인) 측면을 강조한다.

로렌스가 그의 작품에서 집중적으로 다루었던 것은 저 서로 용해되지 않는 충동과 애정의 복합물이었다. 20세기에 그 복합물이 가장 명백하고 접근하기 쉬운 형태로 드러난 것은 정신과 감정의 상태들로서의 시골과 도시의 관계를 통해서였다. 로렌스를 읽다가 그라식 기번의 《스코틀랜드 이야기》를 읽으면 유사점도 많지만 결국 한 가지 중요한 점에서 차이가 있음을 알게 되는데, 실로 그것은 바로 이러한 관념들의 향후 전개과정에서 중요한 의미를 갖는 차이이다. 로렌스가 거듭해서 거부하는 것은 — 거부함에도 불구하고 그가 끊임없이 그것을 천착하게 된다는 사실 역시 마찬가지로 중요한 것이지만 — 변화의 사회적 수행이라는 관념과 그 관념의 실천이다. 재생(*regeneration*)의 관념과 혁명의 관념 사이에서 그는 언제나 망설인다. 그는 과거보다 미래를 훨씬 더 중시하며 변화는 뿌리부터 가지까지 이르는 철저한 것이어야 한다고 본다. 그러나 그의 눈에 들어오는 혁명 운동은 재산 소유를 둘러싼 투쟁에 불과하다. 그로서는 가담하기 전에 그와는 다른 전망, 삶에 대한 새로운 의미가 필요하다. 그렇지 않다면 그것은 결국 재생이 아니라 궁극적인 붕괴가 될 것

16) 같은 책, 829.

이다.

그라식 기번의 《스코틀랜드 이야기》는 고전적 역사 과정을 통해서 시골에서 도시로 이동하는 3부작이다. 이 작품은 스코틀랜드 하이랜드의 소농장에서 시작하여 기아행진이 벌어지는 거리에서 끝난다. 1부인 《석양의 노래》는 농민계급의 붕괴로 이해되는 과정에 대한 나름대로 고전적인 표현이다. 그리고 그라식 기번이 이런 관념을 통해서 역사를 보았다는 사실은 중요하다. 잉글랜드 농촌의 장기간에 걸친 변화는 다른 어느 지역보다 먼저 진정한 농민계급을 붕괴시키고 그 빈 자리를 자본주의적 농업의 지대-임금 체제로 대체하였는데, 그 결과 주변부들(아일랜드, 스코틀랜드 일부, 웨일즈 일부)은 잉글랜드와는 다른 사회적 성격을 갖게 되었다. 아일랜드와 스코틀랜드와 웨일즈의 문학을 읽으면 18세기의 변화 이후 잉글랜드 농촌 마을들에는 거의 존재하지 않게 된 생활방식들이 이들 지역에는 20세기 들어서도 여전히 존속하고 있음을 확인하게 된다. 그러나 차이는 자칫 과장되기 쉽다. 그것은 주변지역이기 때문에 한층 두드러져 보이는 경제적 차이와 관련이 있는 만큼이나 부재지주와 외래지주 제도와도 관련이 있고, 민족의식과 공동체의식이 강력하게 잔존하고 있다는 사실과도 관련이 있다. 스코틀랜드와 웨일즈의 경우 아일랜드에 비해 상당한 정도의 자본주의의 침투가 이루어졌음에도 불구하고(그리고 스코틀랜드와 웨일즈의 일부 지역에서 공업화가 광범위하게 진행되어 자체적으로 일정한 사회 변화가 일어났음에도 불구하고), 잉글랜드 농촌 자본주의체제에서 볼 수 있는 사회적 통합은—그것을 이루기 위한 치열한 투쟁이 있었음에도—결코 발생하지 않았다. 이들 지역에는 다양한 형태의 공동체들이 특유의 민족감정을 고취하기도 하고 그것에 의해 고취되기도 하면서 (자본주의적으로 통합된 사회체제보다—역자) 오래전부터 존속해 왔다. 그것은 농민계급 공동체라기보다는 종속적이고 비교적 고립적인 농촌공동체라 해야 할 것으로서, 각기 전통적 방식을 통해서건 새로운 방식들을 통해서건 자신들의 어렵지만 독립적인 생활을 자각하고 있다. 아일랜드와 웨일즈의 농촌 작가들을 읽는 것은, 픽처레스크한 아름다움에서 비통함까지를 망라하는 감정의 전 영역을 접하는 것은, 현재의 소유제도보다 훨씬 더 결정적인 사회적 양식인 정신적 자립을 그 모든 창조적이고 파괴적인 형식들을 통해서 발견하는 것이다.

그라식 기번이 농업제도—지대, 차지권, 향신 계급의 토지 소유권이라는 우리에게 친숙한 패턴을 따르는—를 통해서 보여 주는 것 또한 바로 그것이다. 사실 그는 이러한 표준적 진화 과정을 보여 주는 역사로 작품을 시작한다. 그러나 그 역사의 내부에는 별종의 사회적 관념—"픽트 종족[17]의 혈통에 속하는 완고한 소작인"[18]이라는 관념—이 존재하는데, 척박한 토지에서 소규모 혼합영농을 하는 사람들 사이에는 이들의 정신이 여전히 살아 있다. 이러한 종류의 정신사(精神史), 다시 말해 고대 선돌에 대한 반응에서 여실히 드러나는 사실상 선사시대부터 이어져 온 연속성은, 20세기의 공동체—그는 그 공동체가 제 1차 세계대전에 의해 종식되고 있는 것으로 그린다—의 향방을 추적하는 장면들 내내 이 작품의 정서를 지배한다. 비통한 황무지 개척의 기억들과 하이랜드의 비가들과 선사시대의 전설들이, 빈곤을 은폐하기도 하고 무시하기도 하는 하나의 천으로 직조된다. 이것은 민족주의 특유의 강조법이다. 특정 지방에 고유한 것으로 만들 수 있는 요소들이라면 아무리 황당한 것이라도 모두 끌어 모아서 당대의 목적에 맞도록 스스로를 정의하는 데 사용하는 것이다. 여기서 이런 전략은 지역의 리듬과 어투를 활용한 대단히 특수하고 강력한 산문들 속에서 구사되기 때문에 성공적이다. 그것은 우리가 익히 보았던 의존적인 농촌의 회고와 관련된 여러 요소들을 흡수하는 바로 그 과정을 통해서, 생동감 넘치고 정신적 자립성이 여전히 유지되는 현대 사회를 창조하는 것이다. 이 과정에는 심지어 '황금시

17) (역주) Pict stock: 켈트 족 계통의 스코틀랜드 하이랜드 원주민.

18) Grassic Gibbon, *A Scots Quair*(London, 1950), 17.

대'까지 등장한다.

> '황금시대'에 사냥꾼들은 벌거벗은 몸을 빛내며 이 구릉지대를 거닐었다. 그들은 공포나 희망이나 증오나 사랑 따위와는 무관한 채, 인생의 행로를 따라 바람이 부는 대로 고고한 삶을 살았다.[19)]

그것은 그라식 기본이 "모든 암울하고 광기에 찬 희망"이라 부르는 것에 대항하여 로렌스가 상상했고 재창조하려 했던 세계였다. 그러나 《석양의 노래》의 힘은 이런 종류의 제스처의 힘이 아니라, 채 스트라챈, 롱 로브, 크리스 거스리와 같은 살아 있는 인간들의 힘이다. 지역에 전쟁 수행 요구가 들어오고 부락이 붕괴하여 죽은 사람을 애도하지 않으면 안 될 때 그들은 "최후의 농민, 최후의 옛 스코틀랜드 민중"을 애도하는 노래를 부르는데, 이것이 그들의 애도 방법이다.

그러나 흥미로운 것은 이후 소설의 무대가 자치 도시[20)] 와 일반 도시로 옮겨가면서 상황이 근본적으로 변화하는 와중에도 정신적 유산은 여전히 존속하는 것으로 묘사된다는 사실이다. 새로운 약탈적 체제는 사람들을 토지에서 내몰아 체제 유지를 위한 전쟁들에 투입하였다. 그러나

> 그들이 지금 살아 있다면 어느 진영에서 싸울 것인지 구태여 물어 볼 필요가 있을까?[21)]

이것은 결정적으로 다른 감정의 구조이다. 토지와 노동에 대한 영적 감정, 대지의 이미지에 언제나 강력하게 잠재해 있던 '이교적' 측면 — 리듬 면에서는 다르지만, 로렌스의 《무지개》의 도입부와 대단히 흡사한

---

19) 같은 책, 300.

20) (역주) borough: 일정한 자치권을 보유하거나 독자적인 국회의원 선거권을 갖는 도시.

21) 같은 책, 193.

— 이 이제 새로운 투쟁에 동원가능한 것으로 강조된다. 《구름의 골짜기》 시기의 총파업을 거쳐 《잿빛 화강암》 시기의 기아 행진에 이르는 투쟁들에 말이다. 전설들까지도 이러한 시대적 변화의 추이를 지지하는데, 왜냐하면 전설들이 강조하는 정신성은 자본가와 압제자의 진영에 공공연하게 가담했던 교회권력을 거부할 수 있게 해 주기 때문이다. 이보다 더 큰 역사적 의미가 있고 더 많은 설득력을 갖는 사실은, 소농과 직인과 노동자들의 급진적 독립이 산업노동자들의 전투성에 도달하기 위한 이행의 단계로 파악된다는 사실이다. 이렇게 해서 전체 역사의 모습이 결정적으로 변화한다.

토지의 딸인 크리스 거스리는 변화를 운명으로 본다. "인간이 아무리 꿈꾸어도 변화를 저지할 수 없"으며 변하지 않는 것은 토지뿐이라는 것이다.[22] 그러나 그녀의 아들은 혁명가이다. 그는 이상화되지 않는다. 활발했던 1930년대의 노동운동의 실상을 어떤 소설보다 명확하게 구현하는 이야기 속에서, 그의 애로사항들과 약점들이 가감 없이 다뤄지는 것이다.

로렌스와의 비교, 그리고 농촌의 붕괴와 농촌에 대한 추억을 묘사하는 광범위한 문학 작품들과의 비교가 흥미로운 것은 바로 이 이행(*transition*) 때문이다. 왜냐하면 이행은 단순히 어떤 관념을 다시 배열하는 문제만이 아니기 때문이다. 그것은 장구한 이행의 과정 동안 엄연히 존재했음에도 대체로 기록되지 못한 채 사라졌던 우리 역사의 실제 모습에 주목하는 하나의 방법이다. 추방당한 농촌 노동자들과 직인들과 소농들은 도시에 와서 급진주의를 배운 것이 아니었다. 그들은 변화하는 상황들 속에서 새로운 종류의 조직들, 새로운 지도 이념들을 배웠으며, 그것들은 그들이 오랫동안 지녀 왔던 증오와 자립과 열망의 정신을 확인하고 확장시켰던 것이다.

---

22) 같은 책, 496.

이것은 전통 전체에서 하나의 중요한 분기점이다. 시골에서 도시로 온 남녀들에게 그들이 무엇을 상실했는지를 말해 줄 필요는 없었다. 그것은 그들에게 새로운 세계에서 무엇을 얻기 위해 싸워야 하는지를 말해 줄 필요가 없는 것과 마찬가지였다. 그렇지만 그들이 새로운 세계에 다시 적응하기 위해 싸우고 있었을 때 시골의 체험 — 토지에 대한 사랑과 토지가 주는 자연스런 쾌감은 물론이고 재산박탈, 저임금 중노동, 실업, 주거지 상실 등의 고통까지도 포괄하는 전체 시골 현실의 체험 — 이 그들 진영과 적군 진영 중 어디에 배치되었는가 하는 것은 대단히 중요한 문제였다. 실제로 시골 체험의 일부 — 지주나 정착민의 견해들, '목가적'이거나 '전통적'인 묘사들 — 가 선별되어, 하나의 추상적 관념으로서 시골에서 쫓겨난 사람들의 자식들과 그들의 자식들의 자식들을 억압하는 데에, 즉 민주주의와 교육과 노동운동에 대항하는 데에 이용되었다. 전통적인 전원 회고는 이 현대 특유의 형식 속에서 노골적으로 반동화되었으며, 이처럼 연속성이 단절됨에 따라 반대편 진영에서는 거의 목소리를 들을 수 없게 되었다. 이것이 그라식 기번이 각별하게 중요한 이유이다. 그는 자신들의 이야기를 기록으로 남기는 데까지 이르지 못했던 많은 사람들을 대신해서 말하기 때문이다.

이런 점을 염두에 두면서 로렌스를 다시 보면 이와 관련된 문제가 제기된다. 로렌스가 천재라는 이유만으로도 그것은 중요한 문제이다. 소박한 전원 회고에 대해서 로렌스는 우리가 앞서 보았듯 그저 관습적인 관계만을 가졌을 뿐이다. 그는 소박한 전원 회고를 물리치고 자연적 자립과 재생의 이념에 도달하였고, 물질주의적 자본주의 산업체제를 분명히 적으로 인식하였다. 그러나 그의 중요한 특징은 인간의 자립과 재생의 관념 — 자연 그 자체라는 관념 — 을 민주주의와 교육과 노동운동에 적대적인 관념과 결합했다는 것이다. 그 적대적인 관념은 불안하고 왕왕 모순적이기도 한 것이었다. 그것은 전쟁 시기부터 1920년대 중반 사이에 가장 신랄했고, 만년의 성찰적 에세이들에서는 연관성에 대한 현실적 인식이 더해지면서 생각을 다시 하게 되어 어느 정도 수정되었다. 그의 문제는 너무도 단단히 꼬여서 이제는 풀기 어려운 매듭이며, 압도적인 모순과 압력을 견디며 살았던 사람의 난문제이다. 그러나 그 문제가 정착하여 이제는 하나의 관습이, 특히 문학 교육에서의 관습이 되는 것을 지켜보면서, 나는 위기가 계속되고 접경 지역이 존속하고 있는데도 로렌스를 그렇게 취급하는 것은 그에 대한 모욕이라고 느꼈다. 토지의 노래, 농촌 노동의 노래, 우리 모두가 자연세계를 공유하게 해 주는 다양한 형태의 삶의 기쁨의 노래는, 모든 현실적 자립과 재생을 자신만만하게 반대하는 자들에게 양순하게 헌납하기에는 — 그것은 로렌스에 대한 비참한 배신행위일 것이다 — 너무도 중요하고 감동적이기 때문이다.

제23장

도시와 미래

도시의 체험에서 미래의 체험이 생겨났다. 대도시의 체험이 위기를 맞았을 때, 미래에 관한 이야기들은 질적으로 변화하였다. 이러한 종류의 상상에는 전통적 모델들이 존재하였다. 기록이 남아 있는 모든 문학에는 사후세계, 이를테면 천국이나 지옥이 존재하였다. 탐험과 항해가 이루어진 수세기 동안 새로운 땅에서 약속이나 경고의 의미를 갖는 새로운 사회들이 발견되었다. 새로운 땅은 대부분 섬, 그것도 행복한 섬인 경우가 많았는데, 그도 그럴 것이 행복한 섬 자체가 신화를 형성한 중요 요소였기 때문이다. 이러한 모델들은 널리 활용되었지만, 대도시의 체험 속에서 결국 변화를 겪게 되었다. 인간은 운명에 따라 멸망하거나 행운에 따라 자신의 왕국을 발견하거나 하는 것이 아니게 되었다. 오만이든 착오이든 그는 자기 자신과 세계를 집단적으로 변화시킬 수 있는 능력이 자신에게 있음을 보았다.

일찍이 18세기에 루이 세바스티앙 메르시에[1]는 동시대를 지지학적(地誌學的)으로 묘사한 《파리의 모습》(1782~1789)과 미래의 세속적 세계를 그린 《2440년》(1770)이라는 작품을 썼다. 그러나 심각한 변화가

1) (역주) Louis-Sébastien Mercier(1740~1814): 프랑스의 극작가, 문필가.

일어난 것은 19세기 후반, 그것도 의미심장하게 런던에서였다. 우리는 윌리엄 모리스와 H. G. 웰즈처럼 서로 판이한 작가들에게서 이러한 변화를 확인할 수 있다. 두 사람은 당시 사회적 · 문학적 관심의 초점이던 당대 런던의 변화에 대한 체험을 각기 독자적인 방식으로 활용한다. 두 사람은 역시 각기 독자적인 방식으로 도시 체험의 사회적 산물인 새로운 집단의식을 — 도시를 비판하고 거부하고자 하는 경우조차 그것이 도시 체험의 사회적 산물인 것은 마찬가지이다 — 활용한다. 모리스의 《에코토피아 뉴스》(1890)에서 소설 속 관찰자는 정치논쟁을 하고 잠자리에 들지만 숙면을 취하지 못하고 깨어나서 자신이 21세기의 런던에 있음을 발견한다. 여기서 중요한 특징은 두 가지이다. 우선 모리스가 예견했던 미래의 런던은 질적인 단절의 성격을 갖는다. 그리고 그러한 세계를 창조해 낸 사회적 관념과 정서는 당대의 사회주의 운동과 연결되어 있다. 모리스가 상상으로 그려낸 런던에만 주목할 때, 우리는 몽환적이고 종종 과거지향적인 모리스를 보게 된다.

> 굴뚝으로 끝없이 연기를 뿜어내는 비누공장은 없어졌고, 기계공장도 사라졌으며, 납 제품 공장도 보이지 않았다. 소니크로프트 공장[2]에서 서풍을 타고 들려오던 못 박는 소리나 망치 소리도 들리지 않았다. 그리고 그 다리! 나는 그런 다리를 꿈꾸어 보기는 했으나 실제로는 그림책에서밖에 본 적이 없었다 …[3]
>
> … 나는 다시 눈을 뜨고 햇볕을 받으며 주위를 둘러보았다. 그리고 속삭이는 나무들과 향긋한 꽃들 속에서 소리쳤다. “트래펄가 광장이다!”[4]

---

2) (역주) 템스 강 상류의 조선소.

3) William Morris, *News from Nowhere* in Morris Centenary Edition, ed. G. D. H. Cole(London, 1946), 8; 윌리엄 모리스, 《에코토피아 뉴스》, 박홍규 옮김(필맥, 2004), 31.

4) 같은 책, 39; 《에코토피아 뉴스》, 85.

런던의 밀집된 건물들은 사라졌고, 옛 시가들 중 최상의 부분들은 일부 남아 있지만 빈민가들 중 일부는 예전의 개별적 소도시들과 마을들로 복구된 상태이다. 공업도시들은 "벽돌과 회반죽의 사막이던 런던과 마찬가지로 없어졌다."[5] 대부분의 소도시들은 중심부를 없애버린 상태로 살아남았고, 교외 지역들은 "용해되어 전원 지역과 합쳐졌다." 이것은 본질적으로 복원(역사를 후진시켜 중세적·전원적 패턴을 따르는)과, 이후 도시계획으로 스스로를 표현하게 되는 움직임(도시 질서와 도시 관리의 창출)의 결합이다. 이것은 산업주의와 대도시로 팽창하기 전의 옛 런던을 상상하는 것인 동시에, 현대적 의미의 전원 도시[6]에 해당하는 새 런던을 투영하는 것이다. 이 모순적 충동들은 결코 완전히 해결되지 않는데, 사실 해결은 모리스가 시종일관 지도 정신으로 제시하는 새로운 사회사상을 고려하지 않으면 불가능하다. 왜냐하면 이러한 변화를 추동하는 에너지 — 성난 거부의 에너지, 새로운 협력과 신뢰의 에너지 — 는 19세기 런던의 참혹한 고통에서, 그리고 그에 대한 반응으로 출현한 사회주의 운동에서 생성되고 있는 것으로 보이기 때문이다. 한때는 하나의 전망일 뿐이던 새로운 사회운동은 트래펄가 광장의 '피의 일요일' 사건[7]의 경험과 같은 투쟁을 겪으며 강고해지고, 그리하여 불가피한 내전을 통해서 새롭고 평화로운 사회로 나아가도록 운동을 지도할 능력을 갖춘 조직가들이 출현하게 되는 것이다.

본질적인 변화를 확인하려면 《에코토피아 뉴스》를 톰슨의 《도시의

---

5) 같은 책, 64;《에코토피아 뉴스》, 128.

6) (역주) garden city: 영국의 도시계획가 하워드(Sir Ebenezer Howard, 1850~1928)가 제안한 새로운 도시. 그는 농촌의 붕괴로 인한 농촌 인구의 도시 유입이 갖가지 문제를 낳는 것을 막기 위해서 도시와 농촌의 장점만을 종합한 새로운 도시의 건설을 제안하였다.

7) (역주) Bloody Sunday: 아일랜드에 대한 강압 통치를 항의하기 위하여 사회민주주의연합 등의 주도로 1887년 11월 13일에 트래펄가 광장에서 집회가 열렸는데, 경찰이 이를 폭력적으로 진압하여 많은 희생자가 발생한 사건.

운명》과 《무서운 밤의 도시》와 비교해 보면 된다. 세 작품은 이야기의 전개 방식이 비슷한 만큼이나 판단의 기준도 비슷하다. 그러나 모리스의 경우에는 운동의 성장에 관한 바로 이와 같은 역사적 감각이 경험 속에 들어 와서 그 경험을 변화시켰다. 톰슨의 사회비판 역시 신랄하지만, 그의 관찰자는 끝까지 고립된 상태로 남는다. 모리스의 경우 부정적인 에너지는 긍정적인(*positive*, 적극적인) 대의를 발견한다.

웰즈가 보는 미래는 더 가혹하다. 그는 역사적 차원뿐 아니라 진화론적 차원도 추가하였다. 1899년 작인 《잠자는 자가 깨어날 때》(이 작품에서 웰즈는 톰슨이나 모리스의 이야기 전개 양식을 받아들여 발전시켰지만, 한편으로는 에드워드 벨라미[8]를 따라 역사적 운동의 측면을 한층 강조하였다)에 대하여 작가 자신이 말한 바를 인용하면,

> 이 작품의 본질은 현대의 경향을 과장하는 것이다. 건물이 점점 고층화되고, 도시는 날로 확장되고, 자본가는 더욱 사악해지고, 노동자는 어느 시대보다 더 가혹하게 짓밟혀 절망적이 되는 경향 말이다.[9]

그러나 더 세부적으로 보면 예컨대 《미래세계 이야기》(1899)에서처럼 전통적인 도시관을 직접적으로 연장한 측면이 존재한다.

> 하층계급은 점점 더 심각하게 만행을 저지르게 하고, 상층계급에겐 허약한 우아함과 어리석은 낭비벽을 점점 더 만연하게 하는, 거대하고 광기어린 성장.[10]

《타임머신》(1899)에서는 이러한 전망에 진화론적 차원이 더해져 빈민

---

8) (역주) Edward Bellamy(1850~1898): 미국의 소설가, 사회주의자. 유토피아 계열 소설인 《뒤를 돌아보며》(*Looking Backward*)로 유명하다.

9) H. G. Wells, *Experiment in Autobiography*(London, 1969), 2권, 645.

10) *Complete Short Stories of H. G. Wells*(London, 1948), 786.

(하층계급)의 "만행"은 맹목적이고 야만적인 멀록 종족으로 진화하고, 부유층의 허약한 어리석음은 멀록 종족의 노리개이자 식량인 인형 같은 엘로이 종족으로 진화하였다. 이런 이미지는 형태를 달리하여 반복되는 경우가 많은데, 기싱의 '지옥'이 노예가 된 노동자들의 거처인 지하세계가 되는 식이다. 음울한 전망 — 인간이 야만적인 노동자와 시시한 소비자로 분화되고, 도시는 그처럼 분화된 세계에 조응하는 모습으로 변모하는 — 은 거듭 반복해서 표현된다. 이러한 관점은 이후 강력한 영향력을 행사하게 되었는데, 그 가장 주목할 만한 계승자들 중 하나가 1920년대에 나온 랭11)의 영화 《메트로폴리스》이다.

따라서 웰즈의 음울한 전망은 모리스의 한층 온건하고 목가적인 전망과 대응 관계에 있다. 그러나 모리스의 이상을 새로운 사회운동에 대한 그의 의식과 분리할 수 없는 것처럼, 웰즈의 묵시록적 전망 역시 새로운 사회이념에 대한 그의 의식과 분리할 수 없다. 두 사람의 전망은 각기 다른 형태를 취하고 있긴 하되 모두 도시 체험에서 나온 것이다. 웰즈의 경우 해결책은 (많은 비평가들이 지적하는 것과는 달리 — 역자) 단지 부분적으로만 과학기술과 관련될 뿐이다. 물론 그는 과학기술을 강조하기는 한다. 그에 의하면 새로운 커뮤니케이션 수단과 운송수단은 19세기의 공업과 도시 발전이 야기한 무시무시한 집중화를 해소할 것이고, 결국 새로운 물리적 · 사회적 거주형태를 현실적으로 가능하게 할 것이다. 그러나 이를 위해서는 사회에 대한 새로운 의식 — 웰즈의 용어로는 '인간생태학' — 이 근본적으로 전제되어야 한다. 그것은 환경을 전면적으로 지배하여 인간적 목적을 성취하는 방향으로 이용할 수 있게 해 주는, 과학적이고 사회적인 새로운 집단의식이다. 이런 사고의 차원은 새로운

---

11) (역주) Friedrich Christian Anton "Fritz" Lang(1890~1976) : 오스트리아 출신의 영화감독. 초기에는 독일에서 활동하며 《메트로폴리스》와 같은 무성영화 시대의 걸작을 남겼고, 1930년대 이후에는 미국으로 이주하여 헐리웃에서 활동하였다.

것이며, 무계획적이고 무지하고 공격적인 발전이 인간과 동물, 시골과 도시에 초래한 결과를 관찰함으로써 생겨난 결과이다. 새로운 도시가 도래한다면, 그것은 새로운 종류의 과학이 지도하는 새로운 세계일 것이다.

중요한 것은 모리스와 웰즈의 이러한 반응들을 이와 같은 대도시 산업 문명의 위기라는 맥락에서 고찰하는 것이다. 사람들은 왕왕 그들의 견해가 마치 안일한 공상이거나 근거 없는 오만한 상상인 것처럼 묘사해 왔다. 그러나 깊이를 더해가며 지속되던 현실적 위기에 단순히 반발하는데 그쳤던 일부 후배작가들에 비해서, 그들은 그것에 더 가까이 접근하였던 것이다.

사람들은 지금도 종종 헉슬리의 《훌륭한 신세계》(1931)와 오웰의 《1984년》(1949)을 웰즈 식의 반응에 대한 필수적인 교정책으로 보곤 한다. 그러나 그것들은 또한 모리스의 반응에 대한 '교정책'이며, 실로 저 모든 적극적 사회변혁운동에 대한 '교정책'이기도 하다. 헉슬리는 웰즈적 수단들(과학적 사유, 생산과 운송의 개선, 마약, 과학적 사회체제)을 통해서 모리스적인 안락의 상태에 도달한 세계를 보여 준다. 헉슬리는 그 세계의 공허함을 규명하고, 그 세계를 원시적 전망과 대비한다. 그의 원시적 전망은 로렌스에게서 일부 기인하는 것이지만, 소박한 농촌적 생명력을 불순하고 야만적인 피의 리듬으로 새롭게 변형한다. 오웰은 사회주의 운동이 '영사'(英社)[12]로 절정에 도달한 장면을 보여 줌으로써 그 원시적 전망을 분쇄한다. '영사'는 거짓말과 고문과 사상경찰이 판치는 전체주의 체제이고, 그 체제가 자리 잡은 도시는 지저분하고 절반쯤 파괴된 상태로 전쟁이 끊이지 않는다. 20세기에 이러한 반응이 출현한 데에는 많은 이유가 있었지만, 그러나 중요한 것은 모리스와 웰즈가 그처럼 강력하게 대결했던 중심적 위기가 이러한 반응에서는 상당한 정도

---

12) (역주) Ingsoc: 오웰은 '영국사회주의'(*English Socialism*)를 이렇게 줄여 쓴다.

로 간과되고 있다는 사실이다. 변혁운동을 유발한 상황보다 변혁운동 자체가 비판적 관심의 중심이 되었던 것이다. 비판이 정당할 때도 있지만, 그것에 만족하다 보면 위기 자체는 부차적인 것으로 보이기 쉽다. 오웰은 공교롭게도 여러 점에서 기싱과 같은 길을 걸었다. 이를테면 그는 기싱처럼 도시의 불결함을 신중하게 탐색하였는데, 그것에 대해서 어느 정도는 기싱처럼 불안한 혐오감을 보였지만 결국 훨씬 더 섬세하고 관대한 인간적 관점을 가지게 되었다. 그것은 혁명도시 바르셀로나를 찬양하는 데서 절정에 도달했던 하나의 결단이었다. 사회주의의 이후 전개 과정에 깊은 환멸을 느낀 그는 《숨 쉬러 나가다》(1939)와 같은 후기작에서 시골에 대한 전망으로 회귀하였는데, 그 전망에 의하면 손상되지 않은 시골은 인간적 은둔처이자 휴식처이고, 새로운 문명이 — 자본주의, 사회주의를 막론하고 — 공격적으로 파괴하고 있는 순수성이다. 《1984년》의 초라하고 추하고 위험하고 고독한 도시는 타락한 집단적 이념의 결과물이다.

이것은 사상운동 내부의 중요한 전환이었다. 그러나 그러는 동안에도 위기는 계속 첨예화되고 광범위하게 확산되고 있었다. 19세기 초에는 주로 영국에 국한된 현상이던 것이 19세기 말과 20세기 초에는 산업화된 서유럽과 북미에까지, 그리고 20세기 전반에는 아시아와 남미에까지 확산일로를 걸으면서 국제적인, 그리고 어떤 의미에서는 보편적인 현상이 되고 있었다. 미국은 현재 시점에서는 흔히 대도시 문명의 모델로 간주되곤 하지만 1910년까지만 해도 농촌 인구가 여전히 도시 인구를 상회하였고, 양차 대전 사이 기간 동안에야 비로소 역전되었다. 세계 전체를 보면 1850년에서 1950년 사이에 (인구 5천 명 이상의) 도시에 거주하는 인구가 총인구의 7퍼센트에서 거의 30퍼센트까지 증가하였다. 더 중요한 사실은 20세기 전반기에 (인구 10만 명 이상의) 도시에 거주하는 인구가 250퍼센트 증가하였다는 것이다. 총인구가 급증하는 동안 세계의 많은 지역의 옛 도시들은 대도시 단계로 진입하였다. 대도시 단계로의 진입은 단지 인간의 정주 패턴의 근본적 변화에 그치지 않았다. 그것은 또한 새로운 종류의 위기에 노출되는 것이기도 했는데, 인구와 식량 간의 관계의 문제, 토지 사용과 오염의 문제, 그리고 인간의 상상력에 깊은 영향을 미친, 제 2차 세계대전 중의 '말살폭격'13)과 같은 — 원폭투하에서 절정을 맞게 되는 — 물리적 대량 공격의 문제 등이 그것이다. 제임스 톰슨은 자연적 현상인 폭풍이 석조 인간들의 도시를 파괴하는 장면을 상상하였다. 웰즈는 화성인들이 "검은 연기"와 "열선"으로 런던을 공격하는 것을 상상하였는데, 압도적 파괴 앞에서 망연자실한 런던 시민들은 우주인들이 지구의 특이한 박테리아에 오염되는 우연적 사건에 의해서 간신히 구원될 뿐이다. 이제 도시의 이미지는 전쟁과 인구 증가와 국제적인 사회 위기의 시대를 맞아 더 빠른 속도로 발전하였다.

도시 이미지의 발전이 가장 명확하게 드러나는 것은 과학소설이라 불리는 분야이다. 과학소설은 도시에 대한 웰즈식 반응의 직계 후손이다. 그리고 과학소설이 도시 이미지에 추가한 요소 — 다른 혹성들이나 다른 태양계들에 존재하는 대안적 문명 — 역시 웰즈로부터 발전한 것이었다. 제임스 톰슨은 도시에서 별들을 보며 다음과 같이 쓴 바 있다.

> 우리가 과거에 없던 비행술로 저 별들에 접근한다 해도
> 그것들 역시 여기처럼 슬픈 세계들일 뿐임을 발견하게 되리라.
> 혹은 그 성좌의 태양들 또한 우리의 태양처럼 스스로를 소모할 뿐이고,
> 역시 우리처럼 엉망인 혹성의 세계들이 그것들 주위를 선회할 뿐임을 발견하게 되리라. 14)

본격적인 과학소설에서는 별들을 인간의 확장과 진보를 실현하기 위한 새로운 개척지로 보는 정반대의 정서가 두드러졌다. 과학소설은 수많은

13) (역주) obliteration bombing: 1942년에 영국이 독일인들을 공포에 빠트리고 그들의 '저항의지'를 없애기 위해 시행한 독일 도시들에 대한 무차별적 폭격.
14) Thomson, *City of Dreadful Night*, 앞의 책, 199.

혹성에서 온갖 종류의 경이로운 기술을 구현하며 밝게 빛나는 도시들을 상상하였다(대표적인 예로는 웰즈의 발상을 직접 차용한 브라이언 올디스[15]의 《혜택받지 못한 자들》이 있으며, 아서 C. 클라크[16]의 《도시와 성좌》도 있다). 도시화의 단계와 기술적 단계를 넘어 진화를 계속한 문명을 상상하는 의미심장한 시도들도 있었다. 그 문명에서 사람들은 우리가 전통적인 목가적 장소임을 알아 볼 수 있는 곳 — 개방된 시골, 조그만 마을들 — 에서 생활하지만, 도시-과학-산업 단계에서 성취한 커뮤니케이션 능력과 생산 능력을 내면화한 덕분에 엄청난 힘을 갖고 있다(돈 A. 스튜어트[17]의 《망각》은 많은 예들 중 하나이다). 시골과 도시 사이에 장구하게 진행된 역사의 모든 요소가 이런 식으로 과학소설 속에 투영되었다.

그러나 이와 함께 주목해야 할 것은 도시 자체를 대단히 비관적으로 묘사하는 경우이다. 이제 그것은 하나의 관례가 되었다. 《놀라운 도시들》이라는 제목으로 데이먼 나이트가 편집한 미래소설 선집에는 사실상 19세기 도시소설의 직계후손이라 할 수 있는 사례들과, 그것의 웰즈적 변종이라 할 수 있는 사례들이 다수 수록되어 있다. 예컨대 J. G. 발라드[18]의 〈1조년〉에서,

> 인구의 95퍼센트는 거대한 대도시 권역에 영원히 갇혀버렸다 … 전원지방 같은 것은 더 이상 존재하지 않았다. 모든 땅뙈기에는 이런 저런 종류의 곡물이 싹을 틔우고 있었다. 그리고 한때 지상의 밭이나 목장이던

---

15) (역주) Brian Wilson Aldiss(1925~): 영국의 소설가. 특히 웰즈의 영향을 받아 과학 소설을 많이 집필하였다. 《혜택받지 못한 자들》(*The Underprivileged*)은 1963년에 발표한 단편 소설이다.

16) (역주) Sir Arthur Charles Clarke(1917~2008): 영국의 소설가, 미래학자, 발명가.

17) (역주) Don A. Stuart는 영국의 과학소설가이자 주요 과학소설잡지의 편집자였던 John Wood Campbell, Jr.(1910~1971)의 필명이다.

18) (역주) James Graham Ballard(1930~): 영국의 과학소설가. 그의 소설은 주로 과학기술의 발전이 낳은 황량한 미래를 투영한다.

곳은 이제 공장 바닥이 되고 말았다.[19]

그런가 하면 월터 M. 밀러[20]의 〈벙어리 웨이터〉는 폭격과 방사능으로 대부분이 파괴된 도시를 보여 준다. 도시는 '중앙조정소'의 전자적 제어에 의해서 물리적으로는 여전히 작동하지만, 인간이 다시 들어가 구조활동을 펴기에는 위험한 상태이다. 헨리 커트너[21]의 〈농담을 즐기는 비행사〉에서 도시는 물, 식량, 전기, 쓰레기 처리 등의 내부 문제를 해결하느라 "너무도 인공적으로 변해버려서 결국 아무도 그것을 사용할 수 없게 되었다."[22] 그래서 주민들은 오직 집단최면에 의해서만 생존을 확보할 수 있다. 이런 자폐적 자동 도시들 — 주민들이 도시의 담장 밖에도 세계가 존재함을 믿지 못하는 — 은 거듭해서 상상의 대상이 되었으며, 도시 너머 야생의 시골로의 탈출이라는 주제가 동반되는 경우도 드물지 않았다. E. M. 포스터의 〈기계가 멈추다〉(1909)는 그 초기적 사례로서, 추락한 비행선 때문에 "도시 전체가 … 벌집처럼 파괴되는" 동안 도시 바깥에는 "안개와 늪지 속에서" 다른 사람들('노숙자들')이 도시를 접수할 때를 기다리며 파괴적 '기계'[23]는 재건하지 않겠노라고 다짐하는 장면으로 끝을 맺는다.[24] 혹은 로버트 애버네시[25]의 〈하나의 전투〉에서처럼 도시가 유기체로 변해버린 경우도 있다.

---

19) D. Knight, ed., *Cities of Wonder* (London, 1970), 92.

20) (역주) Walter Michael Miller, Jr. (1923~1996): 미국의 과학소설가.

21) (역주) 원문에는 "Henry Ruttner"라고 되어 있으나 이는 미국의 과학소설가 헨리 커트너(Henry Kuttner, 1915~1958)의 오식으로 보인다.

22) *Cities of Wonder*, 64.

23) (역주) 이 작품에서 '기계'는 도시 거주자들의 정신적 물질적 생활을 완벽하게 통제하는 기술공학 시스템을 의미한다.

24) *Cities of Wonder*, 186.

25) (역주) Robert Abernethy (1924~1990): 미국의 과학소설가.

> 3백 년 동안 도시는 … 몇 개의 미친 듯한 세포에서 자라나는 암처럼 성장을 계속했다 … 그것은 성장하면서 백 마일, 천 마일에 달하는 배후지로부터 자양분을 빨아들였다. 그것을 위해서 땅은 비옥한 토양을 제공했고, 숲은 곡식처럼 베어져 나갔으며, 인간과 동물 역시 그것의 날로 커져가는 허기를 채워주기 위해 살았다 … 이런 것들을 먹는 동안 그것은 바다에 배설물을 배출하고 공기에 독을 뿜었는데, 강력해질수록 더 지저분해졌다. 그것은 전선들과 매설된 케이블들로 구성된 중추신경계를 발전시켜 나갔다 … 그것은 마구 성장하는 거대한 무척추동물에서 진화하여, '의지'와 '목적'과 '의식' 같은 주관적 개념들을 명확한 특성으로 갖춘 고등생물이 되었다 …[26]

마지막으로 제임스 블리쉬[27]의 〈지구인이여, 귀향하라〉에는 은하계의 '유토피아'를 비롯한 다른 여러 행성들로 항해 중인 비행도시들이 등장한다. 비행도시들은 새로운 세계를 찾아 탈출했던 것이지만, 다양한 환경을 전전하는 과정 속에서 인류사의 모든 단계를 반복할 뿐이다.

이러한 미래도시 소설들은 장구한 역사를 지닌 전원에 관한 허구적 문학 작품들과 정신적으로 서로 영향을 주고받는다. 그러나 목가의 발전 과정에는 시골 생활의 현실에서 점점 멀어지는 움직임이 존재했던 반면, 이 도시소설에서는 그와는 성격이 사뭇 다른 작업(도시사회학과 도시계획학, 도시행정학, 공업 문명과 대도시 문명의 물리적 환경에 대한 연구들)과 부분적으로 부합되는 부분이 분명히 존재한다. 이 모든 연구들은 강조하는 바가 각기 다르긴 해도 도시 문제들 — 교통에서부터 공해까지의 문제들, 그리고 사회적 영향으로부터 심리적 영향까지의 문제들 — 을 압도적인 문제로 보는 경우가 많고, 어떤 경우에는 아예 해결이 불가능

26) *Cities of Wonder*, 15~16.

27) (역주) James Benjamin Blish(1921~1975): 미국의 판타지 소설작가, 과학소설가. 그는 또한 '윌리엄 애슬링 2세'라는 필명으로 과학소설 평론 활동도 하였다.

한 문제로 보기도 한다.

이것은 기묘한 상황이다. 왜냐하면 이러한 연구나 도시소설이 진행되고 집필되던 당시에 대도시는 여전히 급속도로 그리고 종종 무계획적으로 성장하였지만, 특정한 목적을 지닌 도시계획 또한 점점 더 대규모로 수행되었기 때문이다. 백 마일에 달하는 선형도시(線形都市)들,[28] 지도투영법[29]에 대한 확고한 신념으로 구상되고 건설된 신도시들이 대표적 예이다. 도시에 관한 지배적 의식에는 명백한 불균등성이 존재한다. 어떤 의미에서는 도시에 관한 모든 것들 — 장엄함의 묘사에서 종말론적인 예측까지 — 이 모두 믿을 수 있을 만한 것으로 보인다. 이런 불균등성이 생겨난 원인들 중 하나는 도시가 가하는 압력과 문제가 그만큼 복잡하다는 것이다. 그러나 그보다 인식하기 어려운 또 다른 원인은 도시를 하나의 거대한 고립적 문제로 추상화하는 경향이다. 그리고 전통적 이미지들은 이런 경향에 크게 기여해 왔다. 왜냐하면 도시에 관한 사실들과 이미지들을 볼 때 우리가 유념해야 할 것은 그것들이 더 넓은 세계사 속에서 발전해 왔다는 사실, 그리고 세계사는 시골과 도시 모두에 처음에는 거의 인식되지도 못했던 새로운 정의(定義)들을 놀라울 정도로 새로운 차원에서 부여해 왔다는 사실이기 때문이다.

---

28) (역주) linear city: 기능적으로 특수하게 분할된 일련의 도시영역들을 각기 평행선을 이루도록 길게 배치한 도시.

29) (역주) mapping and projection: 곡면인 지구 표면의 상태를 가능한 한 오차를 줄이면서 평면으로 나타내는 방법

제24장

새로운 대도시

근자에 세계를 묘사할 때 주요 산업사회들에 '대도시적'(*metropolitan*)이라는 형용어를 사용하는 경우가 왕왕 있다. 일견 이것은 대도시가 지배적이 된 해당 사회들의 내적 발전 양상을 단순히 묘사하는 것으로 받아들일 수 있다. 그러나 실제의 역사적 발전과정을 더 세심히 들여다보면, 19세기에 단일 국가 내에서 이루어지던 기능 분할(분업)이 이제 전세계적으로 확장된 현실을 의미하는 것임을 발견하게 된다. 서유럽과 북미의 '대도시적' 사회들은 '발전된' '선진' 공업국가들로서 경제적·정치적·문화적 권력의 중심이다. 이들 사회와 선명한 대조를 이루며 — 물론 많은 중간 단계들이 있지만 — '저발전된' 것으로 간주되는 사회들, 즉 여전히 농업이 중심이거나 '저공업화된' 국가들이 존재한다. '대도시적' 국가들은 무역 시스템을 통해서, 그리고 또한 복잡한 경제적·정치적 통제장치들을 통해서, 이 공급지들로부터 식량과 (식량보다 더 중요한 의미를 지니는) 원료를 조달한다. 사실상 '대도시적' 국가들의 배후지라 할 수 있는 이 국가들은 지표 면적의 대부분을 점하고 지구 인구의 대부분이 거주하는 국가들이기도 하다. 이처럼 도시와 시골의 모델은 정치경제적 관계의 면에서 국민국가를 넘어 세계 전체의 모델로 여겨지고 있을 뿐 아니라, 그에 따른 도전에 직면하고 있기도 하다.

도시와 시골 모델의 근대적 형태가 영국에서 처음으로 모습을 드러내었다는 사실은 대단히 중요하다. 영국 내부에서 진행된 도시와 시골의 실제 역사의 대부분은 그 초기에서부터 자본주의 발전의 지배적 모델이 확장되어 세계의 다른 지역들을 포섭해 온 역사이다. 그리고 그것은 요즘 일부가 주장하듯 어떤 곳은 '발전'했고 다른 곳은 '발전에 실패'했다는 식의 역사가 아니었다. '도시'에서 일어나고 있는 일들(즉 '대도시적' 경제)은 '시골' — 처음에는 자국 내의 배후지, 나중에는 다른 민족들이 살던 광대한 지역들 — 에서 일어나게 되는 일들을 결정하였고, 또 그것들에 의해서 결정되었다. 영국에서 일어난 일들은 모든 공업국가들과 그 외의 다른 모든 '저개발된'(그렇지만 경제적으로는 중요한) 국가들 사이의 새로운 의존적 관계 속에서 더욱 광범위하게 확대재생산되어 왔다. 따라서 오늘날 우리가 제국주의라고 알고 있는 체제는 '도시와 시골'의 최종적 모델들 중 하나이다.

유럽의 세계 각지로의 진출은 이미 16세기와 17세기에 막대한 부를 국내로 유입하였고, 그렇게 유입된 부는 국내 체제 속에 스며들었다. 16세기에서 18세기까지 시골 저택 체제의 중요 부분은 그러한 무역에서 벌어들인 이익을 기초로 해서 건설되었다. 향료, 설탕, 차, 커피, 담배, 금과 은 등에서 거둬들인 상업적 이익이 국내의 축산 및 곡물에서 나온 수입 이상으로 영국의 사회체제를 부양하였던 것이다. 이 단계에서 여전히 그것은 주로 한 경제권에서 다른 경제권으로 재화를 이동하는 데서 발생하는, 무역(물론 이동을 보장하기 위해 무력이 동원되는 경우가 빈번했지만)의 이익이었다. 그렇다면 지역적 착취 체제의 정점이던 시골 저택들은 이러한 의미에서 이와 같은 원격지들과 상당한 관련이 있는 것이었다. 그러나 이와는 별개의 과정 — 다른 종류의 '개량' — 이 이미 진행되고 있었다. 이러한 고가 외국 상품에 대한 수요가 꾸준히 증가하고 있었으므로, 유럽 국가들과 신대륙의 유럽 이민자들은 생산량 증대를 위한 조직화 작업에 착수하고 있었다. 이 때문에 그들은 열대 지역에서 '노동'의 조직화를 시작하였다. 노동의 조직화란 아프리카 노예무역의 우아한 이름이었는데, 노예의 수는 17세기에 3백만, 18세기에는 7백만에 달하였다. 설탕, 커피, 면화를 재배하는 열대지역의 플랜테이션이라는 새로운 농촌경제는 이러한 인신매매의 산물이었다. 그리고 이 새로운 농촌경제에서 거둬들인 이익은 이번에도 다시 본국으로 돌아와 시골 저택 체제를 부양하였다. 즉 18세기 말까지는 상품무역의 수입뿐 아니라 노예무역의 수입 또한 시골 저택 체제로 유입되었던 것이다. 1700년에 영국의 전체 무역 중 식민지와의 거래가 차지하는 비율은 15퍼센트였다. 1775년에는 무려 삼분의 일에 달했다. 공급지의 지배권을 둘러싼 교역국가들 간의 전쟁이 복잡한 경제적 상호관계를 지탱하는 가운데, 조직화된 식민체제와 공업중심 경제의 발전은 영국사회의 성격을 변화시켰다.

19세기의 전례 없는 사건들 — 영국에서 공업화와 도시화가 지배적인 위치를 점하게 되고 농업은 주변적 위치로 몰락하게 된 — 은 이와 같은 식민지의 발전이 없다면 설명이 불가능한 것이며, 아예 일어날 수도 없었을 것이다. 새로운 공업제품은 대량으로 수출되었다. 영국 — 해운업과 금융업과 보험업을 지배하고 있던 영국, 런던의 새로운 '시티' 지역[1] — 은 세계무역의 대부분을 처리하고 운영하였다. 이러한 이윤추구적 발전이 종종 다른 방향으로의 발전 가능성을 봉쇄하면서 진행됨에 따라 19세기 중엽에 영국 경제는 국내의 식량 생산이 전체 인구를 감당하지 못하는 지점에 도달하였다. 도시와 시골의 전통적 관계가 국제적 규모로 완전히 재편된 것이었다. 멀리 떨어진 나라들이 공업국가 영국의 농촌지역이 되었던 것인데, 이는 잔존하던 국내의 농촌지역들에 심대한 영향을 끼쳤다. 그와 동시에 공산품 시장과 원료를 확보하고자 하는 움직임은 영국 사회를 사실상 지구 절반에 해당하는 지역으로 확장시켰다. 이미 18세기에 영국의 가장 중요한 식민지가 북미에서 독립을 달성한 바

---

1) (역주) 런던의 '시티' 지역에 대해서는 292쪽의 각주 12) 참조.

있거니와, 그 신흥독립국은 결국 영국이 갔던 길을 영국보다 더 극적으로 가게 될 것이었다. 특히 1870년대부터는 발전하는 공업국들 사이에 시장과 원료와 세력권을 확보하기 위한 치열한 경쟁이 벌어졌다. 경쟁은 무역을 통해서, 그리고 거듭된 식민지 전쟁을 통해서 진행되었다. 그 결과 영국은 식민지역들에 대한 새로운 종류의 정치적 지배를 제도화하였다. 정치적 의미의 대영제국이 탄생한 것이었다. 20세기에는 바로 이런 경쟁이 유럽의 식민 본국들을 무대로 전개되었던 바, 그것이 제 1차 세계대전이었다.

이러한 발전이 영국인의 상상력에 미친 영향은 쉽게 파악하기 힘들 정도로 심층적인 것이었다. 앞에서 수많은 예들을 통해 보았던 것처럼, 영국 내부의 시골과 도시는 언제나 이러한 맥락 속에서 영향을 주고받아 왔다. 그러나 최소한 19세기 중엽부터는 — 그 이전에도 중요한 사례들이 더러 있었지만 — 이처럼 더 광범위한 맥락이 존재하였고, 그 맥락 속에서 모든 관념과 이미지들은 의식적 · 무의식적으로 영향을 받았던 것이다. 19세기 중엽의 산업소설들을 읽으면 식민지 이주를 도시의 빈곤과 과잉인구의 해결책으로 파악하고 있음을 볼 수 있다. 농촌에서 추방된 다수의 노동자들은 이미 식민지로 떠난 상태였다. 엘리자베스 가스켈의 《메리 바턴》은 캐나다에서 끝나는데, 결말의 분위기는 이전의 영국의 어떤 이미지 못지않게 목가적이고 도피적인 성격이 강하다. 《폭풍의 언덕》, 《막대한 유산》, 《앨턴 로크》,[2] 그리고 이 시기의 다른 많은 소설들에서 영국 사회 내부의 투쟁을 떠나 이처럼 먼 나라들로의 탈출이 이루어진다. 그 탈출은 단지 새로운 나라로 도피하는 것만이 아니라, 실제 역사에서 그 사례를 일부 볼 수 있듯이 적시에 귀환하여 투쟁에 다시 가담하기 위한 자금을 마련하는 것이기도 하다. 농촌의 위기의 희생자

2) (역주) *Alton Locke*: 찰스 킹슬리가 1850년에 발표한 소설. 동명의 주인공은 차티스트 운동에 투신했으나 그 결과에 낙심하여 미국으로 이주를 결심하지만 항해 도중 죽는다.

들인 알렉산더 서머빌과 '톨푸들 순교자들'[3] 은 해외에서 생을 마감하였다. 도시의 위기의 희생자들 중 다수(예컨대 차티스트 운동의 지도자들) 도 같은 길을 밟았다. 대영제국의 땅은 목가적 은둔처, 부채나 치욕으로부터의 도피처, 혹은 재산 장만의 기회였다. 먼 나라들에서 전쟁과 통치가 더욱 조직화됨에 따라, 점점 수가 증가하던 중간계급은 해외에서 정규적인 직업을 찾게 되었다. 정치적, 경제적 지배의 영향을 받는 가운데 새로운 농촌사회들이 영국인들의 상상력 속으로 들어 왔다. 키플링과 몸과 초기의 오웰이 묘사한 플랜테이션의 세계들, 콘래드와 조이스 캐리[4] 가 묘사한 무역의 세계들이 그것이다.

1880년경부터 풍경과 사회관계의 이처럼 극적인 확장이 시작되었다. 그와 함께 영국을 '고국'으로 보는 관념이 발전하는 것을 볼 수 있는데, 여기서 '고국'은 추억이자 이상이라는 특별한 의미를 갖는 것이었다. 이 '고국' 이미지들 중 일부는 중심 도시인 런던에 관한 것이지만(강력하고 위풍당당한 소비의 수도), 그러나 대부분은 영국 농촌의 관념과 관련이 있다(노동의 현장인 열대지역이나 건조지역과 대조되는 영국 농촌의 푸른 평화, 식민지배에서 발생하는 긴장감이나 이국 정착촌의 고립감과의 대조를 통해서 이상화되는 영국 농촌의 소속감과 공동체 의식). 우리는 영국 농촌에 대한 20세기의 이미지들 중 다수에서 이러한 관념의 위력을 확인할 수 있다. 그 사람들이 떠나 온 사회는 뭐니뭐니해도 세계에서 가장 도시화되고 공업화된 사회였고, 또한 그들은 대부분이 바로 그 도시화와 공업화와 관련된 일을 하기 위해서 떠나 왔다. 아마도 그래서 동경과 이상화가 더 심화되었을지 모른다. 게다가 현실적인 관점에서 볼 때 그들의 외지 근무에 대한 보수(報酬) 는 — 실제로 주어지는 경우보다 기대에 그치는 경우가 더 많긴 했지만 — 도시적이고 공업적인 영국 내부의 농촌 지역(영국 농촌의 '거주' 지역, '시골의 소박한 장소') 으로 돌아가는 것이었다.

---

3) (역주) '톨푸들 순교자들'에 관해서는 213쪽 각주 11) 참조.

4) (역주) Joyce Arthur Cary(1888~1957) : 아일랜드의 소설가.

물론 외지 근무에서 예전의 방식을 따라 진정한 장소[5]로, 다시 말해 '시골 저택'으로 귀향할 수 있을 정도의 수익을 얻지 못한 경우에 말이다. 영국의 새가 날고, 숲이 우거지고, 강이 흐르는, 그리고 원주민들이 자신과 같은 언어를 어느 정도 구사하는 곳. 이것이 많이들 상상했고 실현했던 거주지의 조건이었다. 시골은 이제 은퇴 생활의 장소였다.

여러 세대에 걸쳐 식민지 군인, 공무원, 플랜테이션 경영자, 무역업자와 같은 사람들에게서 이런 경우를 쉽게 볼 수 있다. 그러나 이런 사람들은 자신이 속한 계급에서 가장 성공하지 못한 부류였다. 토지귀족은 공업과 제국주의의 발전 과정에서 특유의 정체성과 정치권력을 상당 부분 상실하였다. 그러나 그 사회적 이미지는 여전히 위력을 발휘하고 있었다. 재산과 투기를 통하여 수입을 얻는 메커니즘은 이제 공업뿐 아니라 제국주의에도 의존하고 있었다. 그리고 과거에도 늘상 그러했던 것처럼 수입은 전원풍의 생활을 자의식적으로 과시하는 데 투입되었다. 우리가 보았듯이 후기 조지 엘리엇과 헨리 제임스, 그리고 그들의 창백한 계승자들의 소설에 나오는 시골 저택은 토지의 저택이 아니라 자본의 저택이었다. 공업과 제국주의의 발전에서 나오는 수익을 토대로 한 문화적 상부구조로 전에 없이 의미심장하고 의식적(儀式的)인 전원 양식이 발전하였다. 그것은 하나의 유희 양식으로서, 펜즈허스트의 전통적 이미지의 안일한 실현이었고, 야외 스포츠, 낚시, 그리고 무엇보다 승마였으며, 때로는 과거의 보존과 '옛 시골 방식들'에 대한 소소한 관심이었다.

한편 영국 내부에는 소규모의 농촌 프롤레타리아트가 여전히 건재하였으며, 이미 본 것처럼 점점 더 많은 수의 농장주들이 자작농으로 변신하고 있었다. 그들은 적잖은 어려움을 겪으면서 국내 농업생산에서의 종속적인 지위에 적응하고 있었지만, 과학적・공업적 사회가 제공하는

---

5) (역주) '장소'(*place*)의 이러한 용례에 대해서는 이 책의 12장을 참조할 것.

여러 수단들을 활용하는 가운데 효율성을 점점 증대시켰다. 시골을 현실적으로 반영하던 옛 이미지들은 침울한 분위기 속에서 일부 잔존하였다. 그러나 이제 마침내 새로운 이미지들이 옛 이미지들을 수적으로 압도하게 되었다. 이미지들의 기능이 변함에 따라 그것들의 성격도 변하게 된 것이었다. 조용한 은퇴 생활의 장소. 혹은 전원풍 생활을 영위하는 장소. 이런 것들이 이제 역사에서와 마찬가지로 문학에서도 지배적인 관념이었다.

그러나 이러한 관념의 시계(視界) 밖에는, 저 먼 지역들에는, 언제나 거대한 규모의 농촌 프롤레타리아트가 존재하였다. 그들 중 일부를 목격했던 오웰은 1939년에 다음과 같이 썼다.

> 우리가 언제나 잊어버리는 것은 영국 프롤레타리아트의 압도적 다수가 영국이 아니라 아시아와 아프리카에 산다는 사실이다.[6]

발전하는 체제란 실로 이런 것이었다. 수백만의 노예들, 수백만의 연한약정(年限約定) 노동자들[7]과 계약노동자들, 생존하기 힘들 정도로 낮은 임금을 받는 수백만의 농촌 노동자들. 이러한 '시골' 지역들에서 마침내 유혈투쟁으로 정치적 독립을 쟁취하려는 운동이 일어났다. 역사의 다양한 국면에서 시골 저택 출신의 젊은 장교들은 이러한 체제를 수호하기 위하여 다른 영국인들, 토지를 박탈당한 아일랜드인들, 스코틀랜드인들, 웨일즈인들을 이끌고 거듭된 식민전쟁에 참전하였고, 많은 사람들이 전사하였다. 기묘한 운명이다. 도시 빈민가 출신 실업자, 토지를 빼앗긴 잉여노동자, 재산을 몰수당한 농부가 기껏 구한 직업이 식민지

---

6) George Orwell, *Collected Essays, Journalism and Letters of George Orwell* (London, 1968), 1권, 397.

7) (역주) indentured labourers: '신대륙'의 개척 초기에 많은 이민자들은 신대륙으로의 뱃삯 대신 일정 기간 동안의 노동을 제공하는 약정을 맺었는데, 약정기간은 대개 3년 정도였다.

의 농촌 빈민을 살육하고 징벌하는 것이었으니 말이다.

이제 사람들은 죄책감을 표하면서 영국 사람들 전체가 제국주의 체제의 수혜자였다고 이야기하곤 한다. 부의 이동을 나타내는 지수를 모두 합산해 보면 이것이 진실임에는 의심의 여지가 없다. 생활수준의 전반적 향상은 대체로 '후진국 사람들', 원주민들로 인식되었을 뿐인 수백만의 사람들 덕분이었다. 아이러니하게도 식민지의 실업 사태가 영국으로의 역이민을 유발하여, 예전의 패턴대로 '시골' 지역에서 쫓겨난 사람들이 부를 쫓아, 그리고 부에 관한 이야기에 끌려 '대도시'의 중심으로 몰려오게 되었을 때에도, 혜택받은 영국인들이 여러 세대에 걸쳐 형성했던 죄의식과 증오와 편견의 대부분은 여전히 건재하였다. '시골' 지역들에서 귀국한 사람들이 곧장 — 예전에 도시가 발전하는 동안 줄곧 그랬던 것처럼 — 영국의 토착 빈민들 속에서 혼잡스럽게 이리 밀리고 저리 밀리는 처지가 되었음에도 말이다. 그러나 우리가 언제나 기억해야 하는 것은 영국으로 돌아온 부 — 그리고 지금도 여전히 돌아오고 있는 부 — 의 전체가 균등하게 배분되지 않았다는 사실이다. 런던은 제국주의 도시로 발전의 한 정점에 도달했을 때 빈곤과 비참의 처절한 중심부인 이스트 엔드를 창조하였다. 그것은 대영제국에서 소수의 손을 거쳐 국내로 들어오는 부가 바로 이 지배계급이 계속해서 행사하는 정치적 · 경제적 권력의 중요한 수단이었기 때문이다. 물론 선진공업국가에서 생활하는 데서 오는 편의는 하층계급도 누릴 수 있을 정도로 비교적 광범위한 것이었다(그렇다고는 해도 국내적으로 보면 노동자들은 그런 편의를 누릴 때조차 직접적인 착취를 당했지만). 그러나 노동자들은 그들이 누린 편의의 많은 부분에 대해서 대가를 톡톡히 치렀다. 자신들의 직접적인 이익과 거의 혹은 전혀 무관한 전쟁에 참전하여 거듭 피를 흘렸는가 하면, 내면적으로는 혼란 속에서 방향 상실, 정신의 왜곡을 겪어야 했던 것이다. 이것은 가장 가혹한 형태의, 그리고 이제 상상할 수 없을 정도로 복잡해진, 도시와 시골의 이야기이다.

지금 영국에서는 이런 체제가 끝났다는 믿음이 널리 퍼져 있다. 그러나 정치적 제국주의는 언제나 하나의 단계일 뿐이었다. 정치적 제국주의의 전(前) 단계는 경제와 무역을 통한 — 필요한 경우에는 무력의 지원을 받는 — 지배였다. 정치적 제국주의를 사실상 계승한 것은 경제적·재정적·상업적 지배인데, 저항이 발생할 때마다 어김없이 즉각적인 정치적·문화적·군사적 개입의 지원이 이루어지는 것은 이 단계에서도 마찬가지이다. 이런 의미에서 지배적인 관계는 여전히 도시와 시골 간의 관계이며, 그 관계는 현재 최대한의 착취가 이루어지는 단계에 도달해 있는 것이다.

이 착취를 은폐하기 위하여 전통적인 '개량' 관념을 현대적으로 변형시킨 관념이 등장한다. 그것은 인간 사회에 대한 하나의 척도로서, 보편적 산업화를 이론상 최고의 단계로 본다. 모든 '시골'은 '도시'가 될 것이고, 그것이 발전의 논리이며, 이 단순한 직선적 척도를 따라 '발전'과 '저발전'의 정도를 구분할 수 있다는 것이다. 그러나 현실은 사뭇 다르다. 많은 '저발전' 사회들은 순전히 '대도시' 사회들의 요구를 충족시키려는 목적에서 개발되었다. 자급자족 농업에 종사하던 많은 국가들이 경제적·정치적 강압에 의해 플랜테이션 경제, 광산지역, 단일작물시장으로 변화해 왔다. 대도시의 요구에 맞추어 특화된 상품을 생산하는 지역의 사람들에게 해당 상품의 가격 산정은 생사가 달린 문제인데, 그 가격 산정을 결정적으로 통제하는 것은 대도시의 상품 시장이다. 이러한 공급 방식과 경제적, 정치적 하부구조에 막대한 투자가 이루어지고, 그 결과 '시골' 지역의 부는 '대도시' 국가로 끊임없이 유입되어 지배적 상호관계를 더욱 강화한다. 생산물이 커피, 구리, 고무, 주석, 코코아, 면화, 기름 중 어떤 것이라도 사정은 본질적으로 동일하다. 그리고 빈곤 국가들에 대한 이른바 '원조'라고 하는 것은 거의 예외 없이 이러한 과정을 강화한다. 다시 말해서 빈곤 국가들의 경제를 대도시의 요구에 맞춰 발전시키고, 대도시가 영향력을 행사할 수 있는 권역과 시장을 유지한다. 혹은 협조적인 정권을 지지하면서 간접적인 정치적 지배를 계속하고, 빈곤국가들의 독립적이고 근본적으로 자주적인 발전을 도모할 어떤 변화도—필요하다면 무력을 동원해서—저지한다. 20세기 중반의 세계사 대부분은 이와 같은 결정적 관계와 그것이 초래한 혼란의 역사이다. '발전'이라는 추상적 관념은 이 역사를 이데올로기적으로 호도한다. 그 관념에 의하면 가난한 국가는 부유한 국가가 되는 '과정에' 있는 국가이다. 이는 마치 19세기의 공업국가 영국에서 가난한 사람을, 올바른 생각과 노력이 주어지면 부자가 되는 '과정'에 진입할 것이되 당분간은 그 과정 중 낮은 단계에 머물러 있는, 그런 존재로 볼 수 있었던 것과 같다. 그러나 실제로는 격차가 점점 더 벌어지고 있으며, 그 영향은 너무도 광범위하여 세계사를 좌우할 정도가 되고 있다.

이 거대한 움직임 속에서 도시와 시골의 전통적 이미지들은 영향력을 상실해 가는 것처럼 보인다. 그러나 그 이미지들 중 일부는 여전히 유효하다. 그리고 도시와 시골에 관한 역사와 관념들은 유효하다. 우리는 여전히 마음만 먹으면 농촌 문학을—그것도 가장 전통적인 종류의 전원 문학을—볼 수 있지만, 그러나 그러기 위해서는 점점 더 바깥으로 멀리 나가야 한다. 그것은 먼 나라에 관한 이야기들이되, 그 이야기들을 읽으면 우리 자신의 전통적 경험 중 일부를 확인할 수 있다. 민족이 다르므로 지역에 관한 세부적 묘사도 당연히 다르지만, 그 이야기들이 묘사하는 역사적 경험은 대개 본질적으로 비슷하다. 아나톨리아[8]의 계절노동자에 관한 야샤르 케말[9]의 훌륭한 소설 《들판에서 부는 바람》을 읽으면 대다수 영국인들이 공유했던 것과 동일한 형태의 경험을 확인할 수 있다. 공동체 주민 전체가 다른 지역의 투기적인 계절적 기업의 만만한 노동력이 되고, 온갖 고난을 겪으며 먼 길을 걸어 이동하고, 결국 우리가

---

8) (역주) Anatolia: 예전의 소아시아 지역. 지금의 터키.

9) (역주) Yashar Kemal(1923~): 터키의 소설가.

익히 아는 것처럼 사기를 당하는 것으로 끝나는 경험 말이다. 제임스 응구기[10]의 《샛강》(1965)에서 우리는 두 종류의 사람, 두 종류의 농촌 생활 간에 벌어지는 갈등을 읽을 수 있다. 엘레치 아마디[11]의 《첩》(1966)은 마을의 세계를, 윌슨 해리스[12]의 《우딘의 긴 여행》(1961)은 구아나의 쌀농사 지역을 보여 준다. R. K. 나라얀[13]의 《스와미와 친구들》(1935)은 인도 남부의 농촌 생활을, 멀크 라즈 아난드[14]의 《마을》(1939)은 농촌의 갈등을 보여 준다.

이러한 소설들 중 다수에는 특징적인 주제들이 내재해 있는데, 지주와의 투쟁, 흉작과 부채, 자본의 농촌 마을 침투가 그것이다. 이 주제들은 — 사회와 전통이 다른 만큼 실로 다양하게 표현되고 있긴 하지만 — 결국 우리가 소설의 전형적 형식으로 볼 수 있는 내적인 긴장 관계로서, 영국 역사에서는 매우 오래전부터 그러한 긴장 관계를 드물지 않게 볼 수 있었다. 그러나 이 소설들이 가장 흥미진진해지는 것은 제국주의와 식민지의 경험을 다룰 때이다. 영국 자체 내에서는, 다시 말해 식민 모국을 구성하는 섬들 내에서는, 식민지화 과정이 오래전에 진행된 탓으로 사실상 기록에도 남아 있지 않을 정도가 되었다 (다만 스코틀랜드와 웨일즈, 그리고 특히 아일랜드의 농촌 문학이 식민화 과정의 최근 결과를 다루고 있기는 하다). '옛 영국'이나 자연경제로 이상화되는 장구한 정착 생활 — 그것은 여러 세기에 걸쳐 이어진 침투와 지배의 결과물이다 — 의 일부가 되어버린 것이다. 식민지 사람들의 현대 문학 작품들에서 중요한 점은 영국을 기점으로 이러한 역사가 발생하는 것을, 다시 말해 우리 자신

10) (역주) James Ngugi(1938~): 케냐의 소설가. 초기에는 영어로 작품 활동을 하였으나 이후 영어를 버리고, 이름도 응구기 와 시옹오(Ngugi wa Thiong'o)로 바꾸었다.

11) (역주) Elechi Amadi(1934~): 나이지리아의 소설가.

12) (역주) Wilson Harris(1921~): 구아나의 시인, 소설가.

13) (역주) R. K. Narayan(1906~2001): 인도의 소설가.

14) (역주) Mulk Raj Anand(1905~2004): 인도의 소설가.

의 문학에서 너무도 다르게 묘사되어 왔던 이러한 역사가 만들어지고 있는 과정을, 볼 수 있게 해 준다는 것이다.

그렇기 때문에 이 소설들에는 영국과는 반대 쪽 극단에서 식민화 과정 — 재산 축적을 가능하게 했고, 그렇게 축적된 재산이 영국으로 들어가 시골 저택과 그것에 어울리는 생활 스타일로 모습을 바꾸는 것을 가능하게 했던 — 의 피해 당사자가 비통하게 떠올리는 체험이 들어 있다. 설탕 플랜테이션과 노예무역의 체험들 말이다. 이 가장 조직적으로 광범위하게 이루어지던 단계의 식민지화 과정을 직접적으로 기술한 예는 많다. 우리는 이 과정의 긴장을 체험했던 영국인들의 작품을 이미 잘 알고 있다. E. M. 포스터의 《인도로 가는 길》, 오웰의 《버마 시절》, 조이스 캐리의 중요한 아프리카 소설들(《구출된 아이사》, 《아프리카의 마녀》, 《미스터 존슨》)이 그것이다. 이 작품들의 공통된 특징은 키플링 이후 비판적이고 자기성찰적이 된 세대의 식민지 경험에 대한 자유주의적 시각을 보여 준다는 것이다. 그러나 인도, 아프리카, 서인도제도의 작가들로 눈을 돌리면 이와는 다른, 그리고 우리가 응당 가져야만 하는, 관점을 얻을 수 있다. 예컨대 멀크 라즈 아난드의 《이파리 둘과 싹 하나》(1937)는 반(反)식민세력의 입장에서 차(茶) 플랜테이션을 본다. 치누아 아체베[15]의 《모든 것이 산산이 부서지다》(1958)는 한 백인이 "니제르 강 하류지역 미개종족의 진압"에 관한 책을 쓰기 위해서 자료를 수집하고 있는 장면으로 끝나는데, 이런 식의 아이러니한 도전은 대단히 효과적이다. 왜냐하면 우리는 그런 (백인이 쓰려는 책과 같은 — 역자) 이야기들은 이미 충분히 읽은 바 있지만, 이 소설은 백인들(선교사들, 지역 담당자들)이 용병과 경찰을 대동하고 도착함에 따라 벌어지는 진압의 과정을 농촌공동체 내부의 관점에서 보여 주기 때문이다. 《모든 것이 산산이 부서지다》의 인상적인 점은 영국 농촌의 변화를 다룬 일부

15) (역주) Chinua Achebe(1930~): 나이지리아의 소설가, 시인, 비평가.

영문학 작품들 — 가장 최근의 예로는 하디 — 과 마찬가지로 사회의 내적 긴장을 명확하게 묘사하여, 식민지 확장과정에서 언젠가는 나타나게 마련이었던 자본주의적 침투의 여러 양상들을 이해할 수 있게 해 준다는 것이다. 낯선 종교로 가장 먼저 개종하는 사람들은 전통 사회의 주변부에 속하는 사람들이다. 낯선 법률과 종교는 원주민들의 비통한 원한의 대상이 되고 저항에 직면하지만, 야자기름을 거래하는 교역소는 화전농법에 기초한 자급자족용 얌(*yam*) 재배에 보탬이 되기 때문에 환영을 받는다. 가장 강력한 인물 오콩코는 내부의 갈등과 외부의 침략이 대단히 복잡하게 교차하는 가운데 파멸한다.

이와 동일한 복잡한 과정은 — 시기적으로 그보다 늦고 사회의 성격도 다르지만 — 제임스 응구기의 《아이야 울지 마라》와 《한 톨의 밀알》의 케냐, 혹은 한수인[16]의 《나는 빗물을 마신다》의 말라야에서 전개되는 현지 민중의 반영저항운동 속에서도 볼 수 있다. 이 작품들은 그동안 영국 독자들에게 만행에 이은 테러 행위라고 공식적으로 알려졌던 사태의 진상 — 너무도 많은 수의 다양한 농촌 사회들이, 각기 나름의 긴장 요소를 안고 있는 이상화되지 않은 농촌 사회들이, 이해력이 부족하고 잔혹하기 일쑤인 낯선 체제의 침략으로 변화를 겪게 되는 현실 — 을 보여 준다. 근대 영국의 중간계급 전통은 농민을 이상화하였지만, 의미심장하게도 그 이상화가 정작 요긴할 때 식민지 농민들, 집단농장 노동자들, 쿨리들에게 확대적용되는 일은 없었다. 그렇지만 이것은 전에 없던 보편적 의미에서 '도시'가 '시골'에 침투하여 그것을 변화시키고 복속시키는 과정이었다. 발전을 계속하던 대도시적 제국주의가 군사력과 경제력을 동원하여 오랫동안 굳건히 뿌리내리고 있던 농촌 공동체들을 절멸시

16) (역주) Han Suyin(韓素音, 1917~): 중국 태생의 작가. 본명은 엘리자베스 코머(Elizabeth Comber)이고 출생 당시의 이름은 로잘리 초우(Rosalie Elisabeth Kuanghu Chow, 周光湖)이다. 현대 중국에 관한 다수의 저작이 있으며, 동아시아를 배경으로 하여 여러 편의 소설을 썼다.

키고 엉뚱한 방향으로 나아가게 했던 것이다. 그리고 이것은 단순히 과거나 근래에 일어난 과정만이 아니다. 남아프리카 작가 에지킬 음파렐레[17]의 작품을 읽으면 이 사실을 금방 알 수 있다.

그러나 이제 우리는 이보다 복잡한 이차적 과정 또한 보게 된다. 가장 일반적인 의미로 이야기하면, 제국주의 국가들을 '대도시적'이라고 묘사하는 이면에는 시골의 이미지 — 도시에 의해 침투되고 변화되고 예속되는 가운데 그것에 대한 전통적인 투쟁 방식을 익히고 새로운 투쟁 방식을 배워가는 — 가 여전히 작동하고 있다고 볼 수 있다. 그러나 제국주의 지배가 초래한 결과 중 하나는 피지배 사회들 내에서 자신들과는 맞지 않는 발전 노선들을 내부적으로 답습하는 과정이 시작되었다는 것이다. 식민지와 신식민지 사회들 내부에서 종종 매우 극적인 형태로 시골과 도시의 내적 역사가 발생하는 것이다. 이것은 특히 아이러니한 사태이다. 왜냐하면 현재 서양의 사고에서는 도시를 서양이 발전시킨 가장 현대적인 것들 중 하나로 꼽는 것이 통례인 데 반해, 실제로 전 세계적으로 볼 때 20세기에 도시들이 가장 두드러지게 성장한 곳은 '저개발' 상태이거나 '발전도상'에 있는 대륙들이기 때문이다. 이미 산업화된 사회들 내부에서 도시화는 계속되었지만, 그래도 영국과 같은 사회에서 도시와 시골의 비율은 상당 기간 비교적 안정된 수준을 유지하였다. 그뿐 아니라 상업과 행정의 발전을 위해 도심지역이 재개발되거나 상대적 인구분산 정책의 일환으로 농업지역이나 준농업지역에 교외 주거단지와 신도시와 공업단지가 건설됨에 따라서, 전통적인 의미의 도시가 점점 사라지는 뚜렷한 추세를 볼 수 있다. 산업 사회들에서는 집중도시가 사실상 운송망으로 대체되는 과정이 진행 중이다. 집합도시,[18] 도시권, 런던-버밍

17) (역주) Ezekiel Mphahlele(1919~): 남아프리카의 작가. 1977년에 에스키아(Es'kia)로 개명하였다.

18) (역주) cornurbation: 인접한 도시들이 각기 팽창함에 따라 서로 접근하여 하나의 도시를 이루게 된 지역.

엄 광역 도시축[19] 등이 그 예이다. 도시는 이렇게 해서 발전의 세 번째 단계로 진입하는 것인데, 이 단계에서 도시는 사실상 하나의 주(州)가 되거나 심지어 한 국가 전체가 된다.

한편 제국주의적 과정의 다른 쪽 끝에는 강요된 경제발전과 그것의 내부적 영향의 직접적 결과로 인구가 대단히 과밀한 도시들이 발전하고 있는 중이다. 식민지 무역 및 통치의 거점으로 생겨난 이 도시들은 영국의 역사에서와 마찬가지로 농촌 지역의 잉여 민중과 추방 노동자들을 흡수해 왔다. 이미 오래전부터 계속된 이 현상은 총인구의 급증에 따라 더욱 가속화된다. 우리가 익히 알고 있는 무질서한 도시 팽창의 문제들이 전 세계의 많은 최빈국들에서 반복된다. 런던이나 뉴욕이나 로스앤젤레스를 염두에 두고 도시의 위기를 말하는 사람은, 캘커타나 마닐라, 혹은 아시아와 아프리카와 남미 대륙에 산재한 수많은 다른 도시들의 더욱 심각한 위기 또한 고려해야 마땅하다. 농촌에서 살다 추방된 사람들은 그들과는 전혀 무관한 이해관계에 의해 운영되는 화폐경제의 중심지를 향해 떠밀려가고 있는 중이다. 과거에 식민지였던 국가들과 현재 신식민주의의 침탈을 받고 있는 국가들에서, 도시의 최근 이미지는 정치적 수도나 무역항 주위를 판자촌과 빈민굴이 둘러싸고 있는 것이다. 이 판자촌과 빈민굴은 종종 믿을 수 없을 정도로 급속하게 팽창한다. 내가 이 글을 쓰는 동안 페루에서는 몇 에이커의 사막이 2주일 만에 인구 3만의 '도시'가 되었는데, 이것은 변화되고 파괴된 농촌공동체가 자본주의적 농업과 공업화—자체적으로 이루어지는 경우도 있지만 외부의 강압에 의한 경우가 더 많은—의 과정과 장기간 상호작용하는 가운데 발생한 사태의 한 개별적인 사례에 지나지 않는다.

---

19) (역주) London-Birmingham axis: 런던과 영국 제 2의 대도시인 버밍엄이 발전함에 따라 두 도시 사이에 각종 운송망이 발전하고 공업 단지들과 새로운 베드타운들이 들어서게 되었는데, 이를 일컬어 런던-버밍엄 광역 도시축이라 한다.

따라서 부강한 산업 사회들이 이 극적인 과정의 결과에 대하여 경고를 하기에는 이미 때가 늦었다. 환경보호론적, 반동적 입장에서 잘못된 견해를 역설하는 경우를 보는데, 그것은 하디가 영국의 농촌에 대해서 말했던 것처럼 사실상 개발도상국들을 현재 모습 그대로, 즉 관찰자들의 이익을 위하여 그림처럼 아름다운 빈곤 상태 그대로 머물러 있게 만들자는 것이다. 개발이 인간에 미치는 총체적 영향을 사리에 맞게 강조할 때처럼 이런 견해가 더 진지한 모습을 보일 때조차, 발전 과정이 지금 수준의 상대적 불평등을 얼마간이라도 유지하는 선에서 멈추어야 한다고 주장한다면 그것은 부실한 주장이다. 왜냐하면 우리는 이 모든 발전의 방향 설정이 — 의도된 결과이건 아니건 — 제국주의적인 경제 · 정치 · 군사력의 중심지들에서 시작된다는 것을 역사적인 사실로서뿐 아니라 우리 시대의 현실로서도 인식해야 하기 때문이다. 붕괴된 농촌 사회에는 남미 여러 나라들의 경제는 물론이고 폭격으로 초토화된 베트남도 포함된다. 그렇기 때문에 다수의 이익에 부합되는 성장을 할 수 있는 유일한 길은 독립적 발전에 있는 것이고, 그것을 위해서는 치열한 투쟁이 필요한 것이다. 그리고 발전의, 혹은 발전의 실패의, 모든 결과들을 검토할 때 지구가 현재 끔찍한 위기에 처해 있다는 지적은 타당하지만, 그것은 어느 특정 부문에만 제동을 걸 수 없는 총체적 과정이다. 사실 결정적인 변화가 굳이 일어난다고 하면 '대도시적' 국가들 내부에서 일어나야 할 것이다. 이제 '대도시적' 국가들의 힘은 발전 과정 전체를 왜곡하고 있으며, 공통의 이익과 관리를 위한 어떤 진정한 체제도 불가능한 것으로 만들고 있기 때문이다. 그러나 대도시의 공세 — 이 공세는 사실 대도시적 국가 고유의 내부적 위기로 인해 격화되는 경우가 많다 — 가 갖는 위력을 고려할 때, 대안적 발전의 길은 설령 우리가 그것을 찾는다 해도 혁명적인 변화를 반드시 필요로 하게 될 것이 확실하다. 위기가 너무도 심각하고 위기를 계속 관장하고 있는 자들의 힘이 너무도 막강하기 때문에 그보다 더 평탄하거나 쾌적한 길은 존재할 수 없는 것이다.

이제 거대한 규모로 진행되고 있는 유동성 — 그것은 우리 세계의 일상적 역사이다 — 속에서 문학은 여전히 거의 무한할 정도로 다양한 경험과 해석을 구현하고 있다. 우리는 영국의 문학이 일찍이 유동성과 도시의 타락 과정을 다루었던 것을 떠올릴 수 있고, 아프리카, 아시아, 서인도제도의 문학에서 그 주제들 중 대부분이 다시 등장하는 것을 볼 수 있다. 이들 문학의 특징은 대도시 국가의 언어들로 집필되었다는 점인데, 바로 그 언어들부터가 유동성이 초래한 결과들 중 하나인 것이다. 우리는 응켐 응완코[20]의 《단다》와 조지 래밍[21]의 《내 피부의 성(城)에서》를 통해서 너무도 많은 먼 나라 마을들이 변화를 겪는 모습을 읽을 수 있다. V. S. 레이드[22]의 《새로운 날》에는 유동 과정 속에서 터득한 혼종언어가 등장한다. 그리고 《모든 것이 산산이 부서지다》와 《신의 화살》에서 낯선 체제가 마을에 당도하는 상황을 보여 주었던 치누아 아체베는, 《더 이상 평안은 없다》와 《민중의 지도자》에서 교육을 통해 유동성을 확보하고 도시에서 새로운 종류의 직업을 얻게 되는 복잡한 과정을 보여 준다. 그런데 우리는 낯선 느낌을 주는 이국적 배경과 인종의 스크린을 뚫고 그 이면에 존재하는 공통의 문제를 생각하는 데 너무도 익숙한 까닭에, 이 이야기들의 특수성을 한갓 이국적인 풍물로 치부해버리는 경우가 대단히 많다. 처음에는 낯선 사회로 보이던 곳에도 하나의 사회과정은 진행되고 있으니, 바로 그렇기 때문에 그 사회과정이 중요하다는 식으로 말이다. 그러나 우리가 시골과 도시를 다루는 문학의 장구한 역사를 읽고 안목을 갖추게 되면, 그 사회과정은 시간과 장소는 다를지언정 궁극적으로 공통의 역사라고 보지 않으면 안 되는 개개의 역사들 속에서 그것들을 서로 연결하는 과정이라는 것을 알 수 있다.

---

20) (역주) Nkem Nwankwo(1936~2001): 나이지리아의 소설가, 시인.

21) (역주) George Lamming(1927~): 바베이도스 출신의 소설가, 시인. 현재 미국 거주.

22) (역주) Victor Stafford Reid(1913~1987): 자메이카의 소설가.

제25장

도시들과 시골들

1

시골과 도시는 변화를 계속하는 역사적 현실이다. 그것들은 자체적으로도 변화하고 서로 간의 상호작용을 통해서도 변화한다. 그리고 우리의 세계에서 시골과 도시는 단지 두 종류의 거주형태에 해당할 뿐이다. 우리는 실제로 가장 순수한 형태의 시골과 도시를 경험할 뿐 아니라 다종다양한 중간 형태들, 그리고 새로운 종류의 사회적·물리적 조직체들 또한 경험한다.

그러나 시골과 도시의 관념들과 이미지들은 여전히 위력을 잃지 않고 있다. 그것들의 위력이 이처럼 지속되고 있다는 사실은 그 관념들 자체가 사회적·역사적으로 실로 대단한 변화를 보여 왔다는 사실 만큼이나 중요하다. 시골과 도시의 대비는 우리로 하여금 자신의 경험의 핵심적 부분과 사회적 위기를 인식하게 해 주는 중요 형식들 중 하나임이 분명하다. 그러나 사실이 그렇기 때문에 우리는 역사적으로 다양하게 변화해 온 해석 형식들을 상징이나 원형(*archetype*)이라는 막연한 이름으로 불리는 것들로 환원하고자 하는 유혹을 받게 된다. 다시 말해서 사회적 성격이 가장 명백하게 드러나는 형식들까지도 추상화하여 그것들에 근본적으로 심리학적이거나 형이상학적인 지위를 부여하려 하는 것이다.

우리가 격변의 시기들을 관통해서 의연히 지속되어 온 일부 중요 형식들과 이미지들을 보게 될 때 환원은 종종 일어난다. 그러나 우리가 변화하는 — 비록 그 변화가 내부적이고 미묘할 때가 많고 의식할 수 없는 경우도 있지만 — 형식들과 이미지들과 관념들로 인해서 그와 같은 지속이 가능해진다는 사실을 알 수 있다면, 그 지속이 영속적인 (혹은 사실상 영속적인) 일정한 욕구가 존재함을 나타낸다는 사실, 그리고 변화하는 해석들은 그 영속적인 욕구에 말을 건네는 것이라는 사실 또한 알 수 있다. 나는 이러한 영속적인 욕구가 실제로 존재한다는 것, 그리고 그것이 개별적인 역사 과정들에 의해 창출된다는 것을 믿는다. 그러나 이 개별적 역사 과정들을 보지 않거나 단지 부수적으로만 보게 될 때, 우리는 '역사가 결여된 영속성'을 날조해 낼 수 있는 사고방식들로 후퇴하게 된다. 우리는 여기서 정서적이거나 지성적인 만족감을 얻을 수는 있겠으나, 그럴 경우 문제의 절반만을 다룬 것이다. 왜냐하면 저 모든 중요한 해석들에서 진정으로 놀랍고 흥미로운 점은 그것들이 지속하는 동시에 변화한다는 것이기 때문이고, 또한 우리는 그 지속과 변화를 어느 하나를 다른 하나의 형식으로 환원함이 없이 설명해야 하기 때문이다. 혹은 더 이론적으로 말하자면, 개념들의 지속성과 역사성을 서로의 연관관계를 통해서 설명할 수 있어야 하기 때문이다.

도시와 시골의 관념은 이런 문제에 해당되는 주요 사례들 중 하나이다. 예컨대 중세 도시의 경험에서 유래한 관념을 단지 '도시'라는 명칭이 계속 사용된다는 이유로 20세기 대도시에 관한 관념으로 받아들여서는 안 된다는 것은 분명하다. 그것은 보이오티아[1]의 목가적 관념을 현대 노퍼크의 적절한 해석으로 받아들여서는 안 되는 것과 마찬가지이다. 그러나 다른 한편으로 목가적 순수성의 관념이나 도시를 문명화의 주체로 보는 관념 — 그것들 각각은 실로 다양한 시대에 다양한 형식을 통하

1) (역주) Boeotia: 고대 그리스의 농촌지역.

여 거듭 출현하는 데 — 을 그저 폭로하거나 반박해야 할 뿐인 단순한 환상이라고 말해서도 안 된다. 폭로와 반박이 꼭 필요한 경우는 많다. 그러나 관념의 문제에만 국한하더라도, 우리는 이들 관념과 비교될 만한 정도로 오랫동안 지속되어 온 시골의 우매함이나 타락의 온상으로서의 도시와 같은 관념들이 단순한 환상이 아님을 이미 알고 있는 것이다. 그리하여 우리는 더 진전된 질문들과 만나게 된다. 그 관념들은 어떠한 종류의 경험들을 해석하는 것으로 보이는가? 그리고 왜 특정한 관념 형식들은 이런 혹은 저런 시기에 발생하거나 모습을 다시 드러내는가?

이런 질문들에 답하려면 관념들의 다양한 형식들을 역사적 · 비판적으로 추적할 필요가 있다. 그러나 특정 시점들에 정지해서 개별적인 단면도들을 그려보는 작업 역시 요긴하다. 그것은 특정 시기에 시골과 도시의 관념들에 무슨 일이 벌어지고 있는가 하는 것은 물론이고, 그 관념들이 더 일반적인 구조 속에서 다른 어떤 관념들과 관련을 맺고 있는가 하는 것도 또한 묻는 작업이다. 예컨대 우리가 주목해야 하는 사실은 다음과 같은 것들이다. 16세기와 17세기에 도시의 관념은 일반적으로 돈과 법과 관련이 있었다. 18세기에는 부와 사치와 관련이 있었다. 그것을 폭도와 대중과 관련짓는 경향은 지금도 지속되고 있지만, 절정에 달한 것은 18세기 후반과 19세기였다. 19세기와 20세기에는 유동성과 고립과 관련이 있었다. 이 관념들은 각기 일정하게 지속된다. 그러나 예컨대 고립은 발전의 대도시적 단계 동안만 중요 주제로 등장하는 반면, 도시를 돈과 관련된 것으로 보는 반응은 부패와 음모 따위의 고립적인 종류들부터 상업적이고 정치적인 체제에 대한 인식까지를 두루 포괄한다. 시골의 관념들의 관련 양상에도 도시의 관념들의 경우와 비슷한 근본적 차이들이 존재한다. 예컨대 전원 은둔의 관념(이것은 유동성의 관념을 함축한다)과 대조되는 것으로서 정주의 관념이 있다. 두 관념 모두 대단히 다양한 시대에 모습을 보이며, 둘 중 어느 쪽을 택하느냐 하는 것은 선택하는 자의 계급과 관련이 있는 것으로 보인다. 이에 반해 또 하나의 확연한 대조인 '경작지'로서의 시골(여기서 경작은 정직한 영농을 의미한다)과 '야생의, 혹은 오염되지 않은 장소'로서의 시골(여기서 시골은 경작지가 아니라 고립된 자연이다)의 대조에는 역사적인 상관관계가 한결 뚜렷하다. 왜냐하면 후자는 대체로 시골과는 무관한 장소에서 결정되는 생활양식 전체에 대한 반응을 너무도 명백하게 포함하고 있기 때문이다. 노동 현장인 시골의 관찰 속에 노동과 관련된 사실이 어느 정도 포함되는가 하는 것도 이와 비슷하게 — 앞에서 알아 본 것처럼 — 역사적으로 결정된다. 그러나 동일한 시대 내에서도 '황금시대'와 같은 관념을 분석해 보면 일견 비슷해 보여도 실로 다양한 현실적 관념들을 포괄하고 있음이 드러나는데, 예컨대 귀족계급, 소지주계급, 토지를 소유하지 못한 계급들이 각기 달리 사용하고 있는 것이다. 이처럼 관념의 연관과 내적 차이가 문제가 되는 경우들에서는 시골에 관하여 실제로 무슨 말을 하고 있는가보다 그 외에 다른 무슨 말을 하고 있는가가 더 중요할 때가 많다. 그것은 19세기와 20세기에 도시에 관해 상투적으로 늘어놓는 말보다 그 외의 말이 더 중요할 때가 많은 것과 꼭 마찬가지이다.

이러한 복잡성은 매우 심층적인 부분에까지 미친다. 예컨대 '지금보다 행복했던 과거'를 분명한 목소리로 불러내면서 농촌의 고통을 호소하던 세 주요 시기들을 살펴보는 것은 유용하다. 그 시기는 16세기 말과 17세기 초, 18세기 말과 19세기 초, 19세기 말과 20세기 초인데, 그리하여 세 시기가 각각 농촌 경제에서 이례적인 변화가 일어나던 시기와 일치한다는 사실이 명백해지고, 우리는 그 이례적인 변화가 다양한 방식들을 통해 직접적으로 반영됨을 알게 되는 것이다. 그러나 이러한 반영들 각각에는 다른 사회적·형이상학적 관념들이 다수 유입된다. 뿐만 아니라 기존의 시골 관념 — 원하지 않는 외부적 변화가 시골의 안정된 생활을 교란한다고 보는 — 은 20세기에 들어서면서 소도시와 대도시를 그와 대단히 비슷하게 보는 관념이 대두하는 바람에 복잡하게 변화하였다. 농촌의 변화에 대한 불평은 위협에 직면한 소규모 토지소유자도 할 수 있고, 공유지 입회권 보유자도 할 수 있고, 20세기에는 심지어 지주도 할 수 있지만, 그래도 20세기의 많은 도시들에서 — 심지어 런던의 일부 지역에서조차, 그것도 매우 강력하게 — 재개발, 도시계획, 공항, 자동차 전용도로들이 초래한 결과에 항의하는 무수한 운동이 벌어지는 와중에 똑같은 구절들(지역 공동체의 파괴, 약자의 추방, 기존의 전통적 관행의 무시)을 듣는 것은 매력적이다. 나는 코벤트 가든 지역[2]의 보존을 옹호하며 개발 계획에 반대하는 사람의 연설을 들은 적이 있는데, 그는 의회 인클로저 시대의 공유지 옹호론을 거의 모든 세세한 부분까지 반복하고 있었다. 시골과 도시의 관념들이 각기 특수한 내용과 역사를 갖고 있는 것은 분명하지만, 그러나 때로 그것이 전반적인 과정을 분리하여 각각에 고정된 정체성을 부여하는 형식이 되는 경우도 있다는 것 또한 마찬가지로 분명하다. 사람들은 종종 자본주의나 관료제도나 권력집중이라는 의미로 '도시'라는 단어를 사용했다. 한편 앞에서 보았듯이 '시골'은 다양한 의미로 사용되었는데, 때로 그것은 자립에서 빈곤에 이르는 모든 것, 그리고 활발한 상상력에서 의식의 해방에 이르는 모든 것을 의미하였다. 그렇기 때문에 우리는 모든 시점에서 역사적 현실로 이러한 관념들을 비추어 볼 필요가 있다. 때로는 그 관념들을 확인하기 위해서, 또 때로는 부정하기 위해서 말이다. 그러나 또한 전체 과정을 보는 경우에는 거꾸로 관념들로 역사적 현실을 비추어 볼 필요가 있다. 왜냐하면 관념들은 때로 인간의 관심과 목적을 — 단지 위장이나 왜곡을 통해서 뿐 아니라 효과적인 매개나 초월의 시도를 통해서, 또 어떤 경우에는 사실상의 초월을 통해서 — 표현하며, 관념 말고는 그것을 표현할 적절한 어휘를 당장은 입수할 수 없기 때문이다. 내가 말하고자 하는 바는 단순히 더 정교한 용어나 개념이 부재하거나 멀리 있다는 것만이 아니다. 인간의 경험은 또한 물리적으로 존재하는 실체인 시골과 도시에서 사상의 구체화에

2) (역주) Covent Garden: 런던의 웨스트 엔드의 동쪽에 위치한 지역. 소규모 가게들과 각종 공연 시설들로 유명하다.

필요한 소재를 발견하기도 한다는 것이다.

나는 내가 이처럼 주요한 과정들이라 믿는 것들을 한 국가의 문학과 사회 내부의 다양한 주요 변화들을 통해서 추적해 왔다. 아마도 영문학처럼 시골과 도시라는 주제들의 전 영역을 풍부하게 다루는 문학은 달리 없을 것이다. 그리고 영국 사회는 대단히 이른 시기부터 그것도 대단히 철저하게 — 농촌 경제와 농촌 공동체 속에서, 그리고 공업적 도시 경제와 도시 공동체 속에서 — 역사의 발전 과정을 경험하였다. 그렇다 해도 그것은 어디까지나 한 개별 국가의 역사이지만, 그러나 몇몇 중요한 점에서는 세계의 많은 지역들의 지배적 발전 양식이 된 역사이기도 하다. 이 역사의 개별 국면들 각각은 더 심층적인 관찰의 대상이 될 수 있으며, 이 역사의 진행과 상호작용과 발전 과정을 묘사하는 다른 방법들도 여전히 존재한다. 다른 국가들의 사례와의 더 진지한 비교 연구가 절실하게 요구된다. 프랑스와 러시아의 문학에는 이미 풍부한 자료가 있는데, 이들 문학에서 시골과 도시는 서로 관련은 있지만 독자적으로 중요한 의미를 갖는다. 독일의 사상과 문학의 경우에는 '문화적 중심으로서의 도시'라는 관념이 특히 명확한 궤적을 그리며 전개되었다. 미국의 문학과 문화는 도시화가 엄청난 규모로 급속하게 진행되었던 까닭에 도시화 과정에 대하여 실로 강력하고 때로는 보편적인 의미를 갖는 관념과 이미지를 산출해 왔다. 이탈리아 문화는 고전적 전거(典據)를 제공할 뿐 아니라, 현재 당면하고 있는 전환기의 극적인 성격에 대해서 풍부한 자료를 제공해 주기도 한다. 개발도상국가들의 문학들은 앞에서 본 것처럼 관계들 속에서 진행되는 과정을 보는 대안적 관점들을 표명해 오고 있다. 우리는 이 모두에 대한 개별 연구와 비교 연구가 이루어지기를 희망하고, 이루어질 수 있을 것으로 기대한다.

2

그러나 이것이 단순히 연구의 문제만이 아닌 것은 예나 지금이나 변함이 없다. 이 역사적 과정이 일부 주요 특징 면에서 이제 사실상 국제적인 성격을 띠고 있다는 사실 자체가, 우리가 흥미로운 비교를 위한 자료 이상의 것을 갖고 있음을 의미한다. 우리는 전반적 위기의 여러 형식들과 접촉하고 있으며, 그렇다는 사실을 알고 있다. 비근한 예로 영국 역사, 그중에서도 특히 제국주의의 전성기를 돌아볼 때, 나는 시골과 도시의 관계의 이러한 변화 과정 속에서 이후 실로 전 세계를 변화시켰던 생산양식의 추동력을 볼 수 있는 것이다. 따라서 나는 현대의 많은 논자들처럼 도시를 자본주의의 동의어로 보는 데 기꺼이 동의한다. 그러나 여기에는 하나의 조건이 따르는데, 그것은 우리가 또한 이러한 생산양식이 다름 아닌 영국의 농촌 경제에서 시작되었다는 사실, 그리고 그 생산양식은 영국의 농촌 경제에 이후 도시와 식민지와 국제 체제 전체를 통하여 확장된 형태로 나타나게 된 특징적 결과들 — 생산의 증가, 전면적 이용이 가능한 세계의 물리적 재편성, 일상적 정주형태의 대체, 프롤레타리아트를 구성하게 되는 인간 이하의 존재들과 그들의 세력 — 중 많은 부분을 초래했다는 사실을 말할 수 있어야 한다는 것이다. 그렇기 때문에 코벤트 가든의 항의가 공유지 입회권 보유자들의 항의를 반복하는 것이 내게는 놀랍지 않다. 왜냐하면 토지를 개량했던 세력들과 도시를 개발하려는 세력들은 하나같이 특수한 형태 — 지역 공동체와는 다른 목적을 추구하는, 그리고 독자적인 목적과 내적 이유를 갖는, 금융권력과 정치권력의 복합체 — 를 취한다는 점에서, 자본주의적 기업으로서 발전 단계의 차이는 있을지언정 근본적인 의미에서는 비슷한 존재들이기 때문이다.

석유회사들이 하는 일, 광산회사들이 하는 일은 과거에 지주들이 했었던 일이며, 플랜테이션 소유주들이 예나 지금이나 하고 있는 일이다.

그리고 많은 사람들이 토지와 그 부속 재산을 이익창출을 위한 착취의 대상으로 보면서 그들과 동조했다. 이익이 너무도 뚜렷하게 눈에 보이므로 이익과 무관한 지역 정착지와 공동체의 요구는 무시되고 때로는 무참히 짓밟힌다. 생산량이 늘고 새로운 형태의 직업과 수입원이 생겨나는 것은 의심의 여지없는 현실이기 때문에, 이 과정은 그만큼 더 파악하기 어렵고 복잡하다. 그렇기는 해도 일반적으로 보면 이러한 종류의 대조 — 정주의 형태들과 착취의 형태들의 대조 — 에 주목하는 것이, 농업 개발과 공업 개발의 전통적 대조(다시 말해서 자연과 협력하는 시골과, 자연을 제압하고 변형하는 도시와 산업의 대조)에 주목하는 것보다 더 중요하다. 농장 경영의 결과물과 광업의 결과물은 질적인 면에서 명백한 차이가 있지만, 우리가 그 점을 대조하는 데 그친다면 결과의 일부만을 보는 것이다. 농장 개발과 광산 개발이 인간의 정착 생활과 관습적이거나 부분적으로 자립적이던 생활양식에 미친 영향은 대단히 비슷한 경우가 많다. 둘 다 비옥도나 광물 매장량을 기준으로 추상적으로 토지를 보며, 사업과 무관한 일체의 고려사항들을 얼마간 무시하면서 토지를 이용하는 것이다. 산업혁명이 물리적 환경을 극적으로 변화시킨 이래, 우리는 농업이 토지를 얼마나 심층적으로 그리고 또한 가시적으로 변화시켰는지를 쉽게 망각하게 되었다. 긍정적일 뿐 아니라 부정적이기도 한 최초의, 그리고 가장 두드러진 환경 변화들 중 일부는 농업 활동에서 비롯되었다. 농업은 토지를 비옥하게 했지만 지나친 방목으로 일부 지역을 황폐화시켰다. 개간으로 양질의 토지가 확보되었지만 일부 지역에서는 삼림 벌목으로 토지의 파괴나 부식이 발생하였다. 이러한 토지 활용 사례들 중 일부는 어떤 자본주의 체제도 성립하기 전에 일어났지만, 그러나 자본주의 생산양식은 뭐니뭐니해도 이러한 종류의 자연개조와 사회변화를 유발한 세계역사상 가장 효과적이고 강력한 힘이다. 도시는 이제 이러한 종류의 변화를 보기 위해 우리가 관례적으로 이용하는 통로가 되었지만, 그러나 그것은 어디까지나 여러 통로들 중 하나일 뿐이다. 그리고 시골이 — 이제 우리들 거의 모두가 알고 있는 것처럼 — 변화를 보게 해 주는 또 다른 통로라는 데에는 의심의 여지가 없다. 과연 경작된 시골의 찬미가 '손상되지 않은' 전원에 대한 강렬한 애착으로 변화한 것은, 이 지속적 변화의 과정과 당시 전성기 중 하나를 맞이했던 그 과정의 결과를 정확하게 보여 준다.

그러나 이와 함께 우리는 이러한 생산기술과 그것의 특수한 사회적 발현 형태인 생산양식을 구분해야 한다. 우리는 기술의 변화를 개량과 진보라고 부르면서 그 변화의 결과들 중 일부는 환영하고 다른 일부는 개탄하는데, 이는 자칫 변화에 대한 우리의 감각을 마비시키거나 분열된 시각을 갖게 할 수 있다. 자연적이고 전원적인 생활방식에 대한 가장 추상적이고 환상적인 관념들은 바로 이런 정신 상태로 우리를 거듭해서 유인하거나 혹은 최소한 그것을 매력적으로 보게 만든다. 아니면 우리는 필수적인 물질주의와 필수적인 인간성 중 하나를 선택해야만 하는, 해결될 수 없는 문제에 직면해 있는 것이 인간의 조건이라고 말하는 것으로 후퇴할 수도 있다. 우리는 종종 노동과 여가를, 혹은 사회와 개인을, 혹은 도시와 시골을 분리하는 것으로 이 문제를 해결하려 한다. 관념 속에서만 분리하는 것이 아니라 교외와 전원도시[3]에서, 도시 주택과 시골 별장에서, 평일과 주말 동안 분리하는 것이다. 그러나 결국 우리는 개량의 지도자들과 변화의 지휘관들이 우리보다 먼저 와서 우리보다 더 깊이 뿌리를 내렸다는 것, 그리고 우리보다 사실상 더 성공적으로 자신을 분열시켰다는 것을 깨닫게 되기 마련이다. 앞에서 보았듯이 시골 저택은 이런 일시적 해결책의 최초 형태들 중 하나였다. 19세기에는 자본주의적 생산에 종사하는 새로운 영주들이 지은 저택의 수가, 농업을 변화시킨 옛 영주들(때로는 그 영주들의 선조들)의 시대부터 존재해 왔거나 개축 과정을 거친 저택의 수에 필적할 정도였다. 사람들이 이 거주형태의 너

3) 전원도시에 대해서는 525쪽의 각주 6)을 참조할 것.

무도 많은 부분을 — 간이 벽으로 집을 분리한 별장의 세세한 부분과, 레저나 주말을 즐기는 스타일까지도 — 물리적으로 모방해 왔다는 사실은 여전히 주목할 만하다. 거대한 생산력을 지닌 자본주의는 그 모든 발전 단계에서, 그것이 초래한 결과에 반응하는 형식들을 — 불균등하게라도 — 제공하고 포함하는 자원과 양식(樣式)을 확장시켰던 것이다.

그렇기 때문에 실질적으로 일상생활의 대부분에 해당하는 이 부단한 과정을 넘어서 자본주의 생산양식의 특수성 — 기계의 사용이나 농지의 개량이 아니라, 소수의 손에 부가 집중되는 것 — 을 제대로 인식하기란 힘들 때가 많다. 사실 소유의 집중 — 처음에는 토지 소유의 집중, 그리고 다음에는 모든 중요 생산수단의 소유의 집중 — 이 지속되면서 그것이 다양한 종류의 정치적·문화적 매개체들과 함께 체제와 국가 속에 견고하게 자리 잡게 됨에 따라, 집중의 정도가 심화됨에도 불구하고 그것에 대한 인식은 희박해지기 쉽다. '국가'가 관리하고 '도시계획자들'이 복무하는 것이 하나의 경제체제 — 의도와 과정과 판단 기준의 모든 주요 측면에서 자본주의적 성격을 갖는 — 인 것이 너무나 명백한데도, 현대의 많은 전원주의자들(*ruralists*)과 도시보존론자들은 '국가'나 '도시계획자들'을 가장 중요한 적(敵)으로 본다. 자동차 전용도로, 택지조성, 사무실용 거리 건설, 주택가와 상점가를 슈퍼마켓으로 대체하는 작업 등은 사회계획이라는 형식으로 구체화될지 모르지만, 그 계획의 시초부터 자본주의 체제의 우선적 고려사항들이 작용하지 않는 경우는 없다. 단순한 공업 개발이나 채굴 작업의 경우도 마찬가지이다. 그것을 최초로 결정했을 사람도 최후에 결정할 사람도 모두 이익을 계산하는 소유자들인 것이다. 도로 체계는 유통과 운송 방식에 대한 그들의 요구와 선택을 포함할 것이다. 그 요구와 선택은 예컨대 철도를 대형트럭으로 대체할 것을 고려하거나, 혹은 더 일반적인 상황으로는 토지 자체를 하나의 추상적인 운송 네트워크로 보는 경우에서 볼 수 있듯이, 우선적인 고려 사항이 된다. 토지를 추상적 생산의 기회로 보는 다른 지역의 소유자들 역시 추상적으로 본다는 점에서는 이들과 다를 바 없다. 택지조성과 주택부족은 모두 인간 거주지의 분포가 변화한 것과 관련이 있는데, 그 변화는 소수의 사람들이 이익과 내부적 편의성의 기준에 따라 사람들이 일자리를 구할 수 있는 지역을 결정한 결과였다. 이른바 지역정책이라고 하는 것은 이러한 우선적 고려사항에 단호히 반대하는 것이 아니라, 그 고려사항의 한계 내에서 교정을 시도하는 것이다. 공업과 농업의 균형을 맞추려는 시도는 그것이 구체적으로 시골과 도시의 관계에서 어떻게 실현되건, 그리고 중간에 어떤 매개작용이 개입하건, 결국은 자본을 관리하고 이익을 계산하여 자본의 사용처를 정하는 소수의 사람들이 자본투자와 관련해서 내린 일단의 결정의 결과이다.

우리는 이러한 체제와 함께 너무도 오랫동안 살아 왔기 때문에 그 체제의 이런저런 구성 요소들은 못마땅하게 여길지언정 정작 체제 자체는 불가피한 실제적 현실이라고 잘못 생각하기 쉽다. 그러나 영국에서 자본주의는 단지 시골과 도시 각각의 역사들과 그것들 간의 직접적 상호관계의 역사만을 결정해 온 것이 아니다. 자본주의는 우리가 이해하는 현대 사회의 총체적 성격까지도 결정해 왔다. 도시의 경쟁적 무관심이나 소외감은 바로 이와 같은 체제가 조장하는 여러 가지 종류의 사회적 경쟁과 소외와 깊은 관계가 있는 것으로 볼 수 있다. 이런 경험들이 절대적인 것은 결코 아니다. 왜냐하면 사람들은 압박과 제약 속에서도 그와는 다른 형태의 거주와 애착심을 만들어내며, 다른 가치에 따라 살려고 노력하기 때문이다. 그렇지만 중심적 동력은 여전히 건재하다.

또한 이제 너무도 많은 사람들이 너무도 오랫동안 도시에서 생활하고 있기 때문에, 새로운 종류의 커뮤니케이션이 필요하게 되었다. 이는 거꾸로 도시화와 공업화의 과정이 얼마나 광범위하고 기동력 있게 진행되었고, 커뮤니케이션 매체가 얼마나 자본주의적인 목적을 위해 전유되고 착취되어 왔는지를 보여 준다. 나는 단지 광고만을 이야기하는 것이 아니다. 물론 광고가 자본주의 도시 특유의 왜곡된 현상이기는 하지만 말이다. 그렇다고 소수의 인간이 신문과 잡지를 소유하고, 사적인 목적을 위해 그것을 운영하는 현실을 이야기하는 것만도 아니다. 내가 이야기하고자 하는 것은 우리에게 없어서는 안 되는 사회적 양식이 특수한 형식들로 전화되고 있다는 것이다. 특히 눈에 띄는 현상은 도시에 대한 반응이라는 면에서, 그리고 상호연관성이 더 깊어진 사회와 세계에 대한 반응이라는 면에서, 우리가 정보에 대하여 과거와 다른 의미로 습관화된 반응을 보이게 된 것이다. 조간신문, 아침의 라디오 프로그램, 저녁의 TV는 이러한 의미에서 그 반응의 향방을 설정하는 형식들인데, 우리는 이런 형식들을 통하여 중요한 사회의식을 추구하고, 또 특수하고 협소한 방식으로 확인한다.

워즈워드가 관찰했던 것처럼, 일견 우리와 무관해 보이지만 우리 모두에게 결정적으로 영향을 미치게 되는 그런 사람들의 세계 속에서 우리가 불안해질 때, 그리고 우리의 삶을 변화시킬 세력들이 겉으로는 상관없어 보이는 모습으로 우리가 알아 볼 수도 없게 주위를 온통 에워싸고 움직이고 있을 때, 우리는 안전을 찾아 주관성 속으로 깊숙이 은둔할 수도 있고, 아니면 사회적 그림과 기호와 메시지를 찾아 주변을 둘러보며 그것들과 관계 — 그것의 특징은 개인적 관계이되 모종의 공동체를 발견하고자 하는 목적을 갖는다는 것이다 — 를 맺으려 할 수도 있다. 현대의 커뮤니케이션의 내용의 대부분은 우리가 직접 밝혀 낼 수 있고 변화시킬 수 있는 세상과의 관계들을 이런 식으로 대체하는 것이다. 그것은 당연히 현대 사회의 엄청난 규모와 복잡성 — 도시는 언제나 이를 가장 명백하게 보여 주는 사례이다 — 과 관련이 있다고 볼 수 있다. 그러나 현대의 커뮤니케이션은 일반화되어 가장 후미진 농촌 지역들에까지 미치게 되었다. 그것은 기술의 집합체라기보다는 공통적 의식(意識)의 한 형태이다. '지구촌'과 같은 수사학적 비유로는 의식의 형태인 그것을 이해할 수 없다. 현대의 커뮤니케이션은 어떤 종류의 촌락이나 안정된 활동적 공동체의 경험과도 비슷한 점이 전혀 없다. 왜냐하면 현대의 커뮤니케이션은 주로 외부세계에서 끊임없이 일어나는 사건들에 대한, 불균등하게 공유되는 의식의 형태로서 작동하기 때문이다. 그것은 이 강력한 전달과 매개의 수단을 통하여 이 세계에서 실제로 일어나는 것처럼 보이는 것이고, 그 세계와 우리는 이렇다 할 다른 어떤 관계도 없지만 우리는 그것이 우리 생활에 중심적인 동시에 주변적인 의미를 갖는다고 느끼는 것이다. 그렇다면 이처럼 역설적인 일단의 일방통행적 관계들 — 우리가 적절하다고 여기게 될 정보나 뉴스를 커뮤니케이션 매체가 자체적으로 결정하여 송출하는 — 은 지배적 생산양식에 내재한 의식의 고유한 형태이다. 이 지배적 생산양식 속에서 우리의 기술, 우리의 활력, 우리의 일상생활의 질서, 우리의 인생관은, 이와 대단히 흡사한 방식으로, 불가피한 현실이 우리의 외부에서 만들어내는 일련의 공식들에 의해 마지막까지 규정되고 결정된다. 그리고 우리로서는 타인의 의지에 좌우되는 저 외부적 현실 — 외부적인 이유는 그것의 수단이 소수의 수중에 있기 때문이다 — 로부터 우리 삶의 대부분을 바쳐 배우는 것 말고 다른 선택은 없어 보이는 것이다.

근본적 사회관계는 이 습관적이고 관례적인 방식을 통해서 종종 모습을 드러낸다. 커뮤니케이션 시스템은 정보의 네트워크일 뿐 아니라 운송의 네트워크이기도 하다. 도시가 예로부터 교통의 집중과 관련이 있는 것이었음은 명백한 사실이다. 다 아는 바처럼 현대의 운송 시스템에서도 교통의 집중은 여전하며, 문제 해결이 아예 불가능해 보이는 경우도 많다. 그러나 교통은 기술적 문제일 뿐 아니라 의식의 형태이자 사회관계의 형태이기도 하다. 나는 교통 문제들 대부분이 작업장의 위치와 정치권력의 집중화와 관련된 지배집단의 여러 결정들 — 결코 그 어떤 진정한 의미에서도 사회적 결정인 적이 없었고, 언제나 생산양식이 설정하는 우선순위에 따라 강제적으로 이루어져 왔던 결정들 — 에서 비롯되었다는 명백한 사실만을 이야기하는 것이 아니다. 나는 또한 현대의 교통의 형태들을 이야기하는 것이다. 혼잡한 대도시 거리를 묘사하는 초기의 글들 — 이리저리 흘러 다니는 고립된 원자와 같은 군중, 저마다 분리된 채 각자의 방향으로 걸어가지만 전체적으로는 공통의 흐름을 형성하는 개별 주체들 — 을 읽을 때, 우리는 언제나 그 광경을 넘어 현대의 자동차 안에서 구현되는 다음과 같은 관계의 양식을 떠올리게 된다. 사적으로 폐쇄된 개개의 차량이 서로 꼬리를 물고 밀고 밀리면서 마구잡이로 엉켜 하나의 공통적 흐름을 이룬다. 각각의 차량은 일정한 기본적인 외적 통제를 따르되, 그 속에서 수시로 경고, 회피, 양보, 분노의 신호를 보낸다. 이것은 우리가 가는 길은 결국 서로 다를지라도 길을 가는 방식은 공통적인 것과 같다. 이러한 관계의 양식은 도시에서 확연히 드러나긴 해도 더 이상 도시만의 특징이 아니다. 어떤 면으로 보면 우리는 국토의 모든 교통망에서 이런 식으로 관계한다. 실로 이것은 거주의 한 형태로서, 우리가 보통 거주 형태라고 생각하는 것들 — 도시와 소도시와 마을 — 을 가로지르며 종종 그것들에 깊은 영향을 미친다.

이 모든 현실적 사회관계들과 의식형태들 속에서 시골과 도시의 관념들 — 그것은 전통적 관념인 경우가 많다 — 은 불공평한 해석자의 역할을 계속하고 있다. 그렇지만 우리는 그 관념들의 주요한 의미가 사회체제 전체에 대한 반응의 형태라는 점에 있음을 항상 의식하는 것은 아니다. 산업혁명 이후가 가장 두드러지지만 내가 보기에는 자본주의적 농업생산양식이 발생한 이후 줄곧, 시골과 도시에 대한 강력한 이미지들은 사회 발전 전체에 대한 우리의 반응을 표현해 왔다. 바로 이것이 우리가 궁극적으로 그 이미지들을 대조하는 데서 그치지 않고 그것들의 상호관계를 보아야 하고, 또 그 상호관계를 통해서 근본적 위기의 실상을 보아야 하는 이유이다.

예컨대 이제 일반 사람들이 시골에 대해서는 과거의 이미지를 갖고 있고 도시에 대해서는 미래의 이미지를 갖고 있다는 것은 중요한 사실이다. 둘을 제거하면 규정되지 않은 현재가 남는다. 시골의 관념은 전통적 방식, 인간적 방식, 자연적 방식의 방향으로 우리를 끌어당긴다. 도시의 관념은 진보와 근대화와 발전의 방향으로 우리를 끌어당긴다. 그렇기 때문에 긴장 관계 속에서, 긴장으로 경험되는 현재 속에서, 우리는 미해결 상태의 분열과 갈등을 승인하기 위하여 시골과 도시의 대조를 이용하는 것이다. 그것보다는 그 분열과 갈등과 온전히 대결하는 편이 더 나을 것인데도 말이다.

관념들의 역사의 여러 측면들은 여기서 우리를 도울 수 있다. 우리는 시골의 관념이 곧 어린 시절에 대한 관념인 사례를 종종 보았다. 시골의 관념은 특정 지역에 대한 기억이거나 우리가 관념적으로 공유하는 어떤 공동체에 대한 기억일 뿐 아니라, 자기만의 세계에 즐겁게 몰입하던 어린 시절의 감각이기도 하다. 성장하면서 결국 우리는 그 감각으로부터 분리되어 멀어지고, 그 감각과 세계는 관찰의 대상이 된다. 이러한 감정의 구조는 워즈워드와 클레어를 위시한 많은 작가들의 작품에서 강력하게 표현된다. 그리고 우리는 이후 그 감정의 구조가 농촌의 과거에 대한 환상적 관념들 — 계속해서 끝없이 과거로 소급해 올라가는 '내 어린 시절의 행복했던 영국' — 로 변질되기 일쑤였다는 사실을 이미 살펴본 바 있다. 그러나 지금 우리에게 흥미로운 것은, 도시에서의 어린 시절을 묘사하는 이야기들과 회고담들이 많이 나와 있어서 이와 동일한 패턴을 확인할 수 있게 되었다는 사실이다. 예전의 도시 노동자계급 공동체, 즐겁기만 했던 길모퉁이 가게, 가스등, 승합마차, 전차, 파이를 팔던 노점상들. 세대가 이어지면서 이 모든 것들은 사라진 듯하다. 문학에서 이러한 도시적 습속들과 풍물들은 전원 풍경을 구성하는 개울, 공유지, 울타리, 오두막, 축제 등과 동일한 실제적인 정서적 내용을 갖는 것으로 보인다. 그리고 내가 이렇게 말하는 것은 이 두 종류의 정서를 부인하거나 폄하하기 위해서가 아니라, 두 정서의 공통적인 변화 과정을 인식하면서 그것들이 표현하고 있는 변화의 실상을 알기 위해서이다.

왜냐하면 이 모든 사례들을 고찰할 때 문제가 되는 것은 의식의 성장과 변화이기 때문이다. 다시 말해서 많은 인생과 장소들 속에서 반복되는, 근본적으로는 지각과 관계의 변화인 역사가 문제이기 때문이다. 한때는 우리 곁에 존재하면서 우리의 마음을 뺏고, 누구에게나 인정받고, 친숙하고, 내면적으로 경험되던 것들이, 우리에게서 떨어져나가 분류할 수 있고, 위험하고, 변화를 멈추지 않는, 외부적 관찰의 대상이 된다. 공유지에서도 뒷골목에서도, 마을에서도 도시의 구역에서도, 이런 변화는 일어난다. 우리는 당연히 이것을 불가피한 과정이라고 말할 수 있다. 이 소중한 세계들이 인간에 의해 창조되었고 지금도 창조되는 중이라는 사실을 알기 위해서라도 성인 의식의 발달은 반드시 필요한 것이라고 말할 수 있다. 그렇지만 우리는 어린이의 마을이나 뒷골목이 당대 성인 노동자의 마을이나 뒷골목과 같지도 않고 같을 수도 없다는 사실 또한 말해야 한다. 실제의 어린 시절의 기억이라 해도 아무 전제 없이 역사로 투영하면 큰 혼란이 발생한다. 그러나 마지막으로 우리가 말해야 하는 것은, 지배적 생산양식과 사회관계가 냉정하고, 고립적이고, 외부적인 지각과 행동의 방식 — 사람과 사물을 수용하고 즐기는 것이 아니라 이용하고 소비하는 방식 — 을 가르치고, 주입하고, 또 그것을 정상적인 것으로, 심지어는 변경할 수 없는 것으로 만들려 하는, 그런 세계에 우리가 살고 있다는 사실이다. 그렇다면 회고의 감정 구조는 이 특수한 사회적 왜곡에 대한 하나의 반응으로서 중요하고 필수불가결한 것이다. 그러나 우리가 역사적 판단을 내렸을 때에만 이 감정 구조의 중요성을 인식할 수 있다. 그것이 어린이의 눈에 비친 세계이므로 당대 성인의 경험에 의해서 부정되거나 수정된다는 것만이 아니다. 이런 식으로 이용하고 소비하고 추상화하는 세계 속에서 성인의 의식은 특정한 쪽으로의 변화를 강제당하는 내적 경향성을 심층적으로 갖기 때문에 인간의 성장과정 자체가 근본적으로 왜곡되어 왔다는 것에 대해서도 판단을 내려야 한다는 것이다. 옛날의 마을이나 옛날의 뒷골목 자체가 중요한 것은 아니다. 그 마을이나 뒷골목을 통하여 우리가 세계 — 사람들이 필연적으로 이방인이나 대리인일 수밖에 없는 세계가 아니라, 삶의 원천을 공유하는 구성원, 발견자가 될 수 있는 세계 — 를 지각하고 확인한다는 사실이 중요하다. 물론 이것만으로는 결코 충분하지 않다. 사실 이러한 지각과 확인이 옛날 마을이나 뒷골목에 대한 환상들로 대체된다면, 그것의 직접적 의미까지 반감될 수 있기 때문이다. 우리가 말한 바와 같은 일하는 성인의 세계를 만들기 위해서는 날카로운 비판적 의식과 장기간의 적극적 활동이 필요하다. 그렇지만 우리는 여기서, 소외되지 않은 경험이 농촌의 과거이고 현실에 근거한 경험이 도시의 미래인 이 중심적 사례 속에서, 시골과 도시의 강력한 이미지들 중 일부를 만들어 낸 진정한 원인을 볼 수 있다. 우리가 이미지들을 보는 데서 그친다면 한 이미지에서 다른 이미지로 왔다 갔다 할 수는 있을지언정, 깨달음은 없을 것이다. 왜냐하면 우리는 시골과 도시 모두에서 소외, 분리, 외부성, 추상화의 현실적 사회과정을 보아야 하기 때문이다. 그리고 그것은 농촌 자본주의와 도시 자본주의의 필연적 역사를 통해서 비판적으로 보는 것일 뿐 아니라, 실질적으로 보는 것이기도 해야 한다. 즉 무수한 사람들이 많은 경우 억압을 받으면서 삶을 통해 발견하고 재발견하는 직접성과, 관계와, 상호성과, 공유의 경험들, 결국 우리로 하여금 현실의 왜곡이 어느 정도인지를 규정하게 해 주는 유일한 원천인 바로 그 경험을 긍정하면서 보아야 하는 것이다.

3

1940년대 후반에 나는 내가 자란 마을에서 마침내 분리되었음을 알았다. 나는 그 경험에 대해서 내가 생각했던 바를 쓰기 시작했는데, 일곱 번에 걸친 수정 끝에 그것은 《접경 지역》이란 소설이 되었다. 수정 작업을 하는 동안 나는 나의 개인적인 경험을 더 일반적인 물리적·사회적 이동의 역사에, 그리고 그것을 넘어 교육과 계급의 위기에 연결시키게 되었다. 작업을 끝낸 후 나는 조지 엘리엇과 하디와 로렌스가 교육과 계급의 위기를 다룬 부분을 다시 읽었는데, 마치 처음으로 읽는 듯한 느낌이었다. 그것만이 아니었다. 수정 작업은 고향 마을을 다시 보는 것, 그리고 나의 어릴 적 기억과 내 아버지 세대의 성인으로서의 삶의 경험 사이에 일정한 긴장 관계를 만들어내는 것도 요구하였다. 그러나 그것으로도 충분하지 않았다. 채마밭을 소유한 철도 신호수 해리 프라이스가 내 아버지를 형상화한 인물이라고 보는 사람들이 많지만, 사실은 그렇지 않다. 나는 이야기의 현실적 전개를 위해서는 내가 아버지 속에서 보았던 모순적 충동들과 행동의 양태들을 분리하여 서로 대조해야 함을 깨달았다. 또 한 사람의 인물, 정치가이자 사업가인 모건 로써를 상상해야 했는데, 그는 해리 프라이스와의 관계를 통해서 내가 내적 갈등으로 보고 있던 바를 표현하고 구현할 수 있는 인물이었다. 마을 생활의 복잡한 전개를 충분히 표현하기 위해서는 계획과 실행의 양상들, 흡수합병된 일자리와 유동적이고 위기적인 변화의 양상들을 두 사람의 관계 속에서 표현할 필요가 있었던 것이다. 이들의 세계를 또 다시 넘어선 곳에 아들이 있었다. 그는 관찰자, 더 정확히 이야기하면 멀리 떨어져 있는 관찰자로서, 아버지의 이러한 두 양상들, 두 형상들에 구속된 채, 이전 소설들로부터 이어져 오는 행위 — 도시에서 직장을 구하는 것 — 를 하게 되는 것이었다.

도시에 관한 소설인 《두 번째 세대》에서도 나는 동일한 방법 — 내적 위기를 표현하기 위해서 일단 분리했다가 다시 결합하는 방법 — 을 사용했다. 《두 번째 세대》의 환경은 《접경 지역》과 달랐지만, 이야기의 전개는 본질적으로 같았다. 그것은 교통의 이미지, 교통으로서의 관계의 이미지, 다른 관계들을 찾으려는 지속적인 노력의 이미지였다. 이런 점에서 《두 번째 세대》는 《접경 지역》과 동일했는데, 다만 《접경 지역》은 시골 철도와 그것의 변화라는 더 단순한 형식을 통해서 표현했을 따름이었다. 이후 나는 이러한 시각을 견지하면서 문제의 총체를 더욱 전반적으로 보았다. 두 편의 소설 속에 들어가 있는 경험은 내가 전통을 향하여 던지는 질문이 되었다.

그러나 《접경 지역》을 집필하던 어느 날, 나는 갑자기 슬픔을 느꼈다. 일견 그 슬픔은 나의 주제와는 무관해 보였다. 사람들에게서 그런 말을 들은 적이 있었던 때문으로 생각하지만, 나는 농촌의 경험과 노동 현장으로서의 시골이 이제 소멸하였고, 영국에서 시골은 주변적인 것이 되었으며, 시간이 지나면 모든 곳이 그렇게 될 것이라고 느꼈다. 나는 이것을 어느 수준에서는 인정했다. 그것도 지금 생각하면 어떻게 그랬을까 싶을 정도로 오랫동안 인정했다. 이제 나는 그것이 나로 하여금 옛 농촌 문학과 역사로 계속 돌아가게 만든 충격들 중 하나였음을 알 수 있다. 그리고 나는 언제 그것이 전혀 진실이 아님을 불현듯 깨닫게 되었는지 정확히 기억할 수 없다. 두 편의 소설을 통하여 그것과는 배치되는 경험이 지속되는 것을 보여 줄 때조차 나는 그런 생각을 떨쳐버리지 못하였다. 마침내 그것이 허위임을 깨달았을 때, 나는 그것의 출처를 찾아야 한다고 생각했다. 감상적인 전원주의자들이 출처라고 쉽게 추정할 수 있겠지만, 그들만이 아니었다. 나는 비록 개인적 경험 때문에라도 그들과 대결할 수밖에 없었지만 말이다. 또 하나의, 그리고 더 중요한 출처는 활기찬 대도시 진보주의자들이었다. 그들 중 다수는 필경 국제주의자와 사회주의자였을 터인데, 농촌 사회에 대한 그들의 경멸은 공업이 지배하는 도시적 미래에 대한 그들의 믿음만큼이나 강렬한 것이었다. 그들은 공업이 지배하게 될 도시적 미래를 이런 저런 방식 — 근대화, 기술공학의 고도화, 혁명 — 을 통해 사회주의로 전환시키고자 하는 참이었다. 지금도 이 두 부류들 중 어느 쪽에 속하는 작가들과 사상가들이 너무도 많기 때문에, 그들이 공유하고 있는 '농촌경제의 소멸'이라는 관념이 허위라는 사실을 책임 있게 말하려면 오랜 시간에 걸친 많은 노력이 필요하다.

그렇다면 그것은 허위가 아니지 않을까? 영국에서 농업 노동이 주변적이라는 것은 명백한 사실이 아닌가? 이런 식의 반론이 착오의 근원임을 나는 깨닫게 되었다. 그것은 오래된 제국주의 국가들에서 눈에 띄지는 않지만 끈질기게 지속되는 일종의 추상적 배외주의로서, 자신들에게 일어난 일이 모든 사람들에게 일어나고 있거나 앞으로 일어날 것임을 주장하는 것이었다. 세계의 대부분의 국가들은 여전히 압도적으로 농업중심적이었지만, 제국주의적 세계 분할 속에서 그 국가들은 고려의 대상이 되지 않았고, 거의 존재하지도 않다시피 했던 것이다. 그 국가들이 제국주의적 세계 분할 속에서 착취당하고 있음을 인식한 사람들조차 반드시 그 다음 사실을 인식하는 것으로 나아간 것은 아니었다. 그것은 그러한 상황 속에서 고통을 겪는 동안에도 그 국가들에서는 농업 노동과 농업 경제가 — 그것이 어떤 형태의 것이건 — 줄곧 지속될 수밖에 없었다는 사실이었다. 그리고 농업 경제는 착취당하는 국가들 내에서도 지속되었지만, 관념적으로 '선진 대도시 국가'로 생각되어 왔던 국가들 내부에서도 — 착취의 요소들이 다소 감소하는 경우는 있었으되 — 여전히 지속되었다는 사실이었다. 아마도 이제는 더 많은 사람들이 이러한 사실을 인식하고 있을 것이다. 식량과 인구의 위기는 널리 알려져 왔고, 마땅히 그래야 했다. 우리가 어떻게든 생존하려면 농업 노동을 발전시키고 확장시켜야 할 것이다. 그렇다면 농촌 세계가 소멸했다는 통념은 부단히 계속되는 역사 속의 일부 특정 단계(기쁘게도 그런 단계들 중 다수가 이미 과거지사가 되었거나, 되고 있는 중이다)가 만들어 낸 추상적 관념일 뿐 아니라, 우리의 미래 — 토지 노동의 중요성과 중심성이 감소하는 것이 아니라 증가할 수밖에 없는 미래 — 를 효과적으로 만들어나가려는 노력과 확실히 모순되는 것이기도 하다. 산업자본주의가 저지른 가장 두드러진 왜곡 행위들 중 하나는, 인간에게 가장 중심적이고 긴급하고 필수적인 활동들 중 하나를 공간이나 시간에서, 혹은 양자 모두에서 추방하여, 기껏해야 과거나 멀리 떨어진 나라들에만 그럴듯하게 어울릴 수 있는 것으로 만든 것이다.

이제 오래된 제국주의 유럽에서조차 이런 사정에는 다소의 변화가 일어나고 있다. 그러나 농업의 미래상과 관련해서는 변화가 없는데, 유럽에서나 제 3세계에서나 주로 자본주의적인 농업의 형태 속에서, 특히 대규모의 사회적 이동(*displacement*)을 수반하는 농업의 형태 속에서 농업의 미래를 보고 있는 것이다. 하지만 농업은 이와는 사뭇 다른 방식으로도 가능했으며, 지금도 다른 지역에서는 가능하다. 그리고 미래의 농업을 자본주의와 결별하는 형태로 구상하는 작업의 긴급성은, 농업과 상보적 관계로 위기를 구성하는 측면들인 도시와 산업의 현재 상황과 미래에 연결되어 있다. 일부 농촌 작가들의 진정한 미덕 — 다른 특징들 때문에 우리가 간과하는 경우가 많은 — 은 살아 있는 자연 환경의 복잡성을 강조하는 것이다. 그 환경에 대한 위협을 더욱 확연하게 보게 된 지금, 우리는 다시 한 번 생각을 변화시켜야 한다. 우리는 도시 이미지들 중에서도 가장 어두운 일부 이미지들을 문자 그대로의 미래의 모습으로 직시해야 한다. 대도시 산업주의의 특수한 능력을 어리석게 맹신한 결과, 우리가 그것을 아무리 정확하게 평가한다 해도 인류의 생존이 위태롭게 될 것이라는 사실이 명백해지고 있고, 설혹 인류가 생존하더라도 — 나는 그럴 수 있을 것으로 보는데 — 지금과 같은 식의 생존을 계속하는 것은 불가능하다는 것이 일목요연하게 드러나고 있다.

현대의 대도시적 공업 국가에서 생활의 위기가 심화되는 지금, 그리고 세계의 나머지 지역들에서 그보다 더 심각한 해결불가능한 빈곤의 위기가 지속되는 지금, 이러한 발언은 필요하다. 그것이 자칫하면 시골에 대한 또 하나의 애도사나 냉소적 운명론으로 변할 수 있다는 사실을 우리가 알고 있음에도 말이다. 중요한 것은 환경 파괴의 실로 많은 부분이 자본주의 양식에 기초한 진보적 농업에 의해 이루어졌고, 지금도 이루어지고 있다는 사실을 잊지 않는 것이다. 환경 파괴의 위기는 제조공업만이 초래한 위기가 아닌 것이다. 이와 마찬가지로 우리가 인정해야 할 것은 위기를 인식하는 것이, 그리고 그 위기의 해결을 위하여 가능한 거의 모든 방법들을 인식하는 것이, 의식의 임무라는 사실이다. 의식은 고도로 기민하게 움직이며 유연하게 관찰하고 개입하는 능력이다. 개발계획과 환경보존의 기술과 방식에, 그러나 우리의 미래를 실제로 결정하게 될 영역(결정 자체와 관련된 영역)이라면 더욱 비판적으로, 관찰하고 개입하는 능력이 의식인 것이다. 우리가 환경을 총체적으로 보게 되면, 그리고 추상화되고 분리된 수많은 행위의 결과들을 기록해 나가면, 진정한 결정이란 모두가 사회적 이해(利害)와 지배에 관한 결정임을 알게 된다. 결국 우리는 현재 소수 자본이 행사하는 권력이 — 그것이 어떤 모습을 보이든 — 우리가 당면한 최대의 적이라는 것, 그리고 그것이 설득해야 할 대상일 뿐 아니라 타도하고 폐지해야 할 대상이기도 하다는 것을 알게 되는 것이다. 필수적인 결정들은 규모 면에서 방대하고 서로 얽혀 있기 때문에 사회적 권력과 자원을 필요로 한다. 그 사회적 권력과 자원을 자본주의는 — 그것이 어떤 형태의 자본주의이든 — 하나같이 부인하고, 반대하고, 소외시킨다. 항의와 절망 속에서 태어난 토지를 박탈당한 농업노동자들과 도시노동자들의 서로 다른 사회의식은 이제 집단적으로 책임을 지는 결사체로 새롭게 등장해야 한다. 도시가 시골을 구원할 일도, 시골이 도시를 구원할 일도 없을 것이다. 오히려 각각의 내부에서 장구하게 진행되어 온 투쟁이 전반적 투쟁으로 발전할 것이다. 어떤 의미에서 지금까지의 투쟁이 항상 그러했던 것처럼 말이다.

서로 협력해서 해야 할 일은 우리가 일반적으로 생각하는 것보다 많다. 사람들은 '농촌이 중심인 영국'이 과거지사가 되었다고들 하고, 물론 누가 보더라도 변화는 명백하다. 그러나 우리가 통념을 버리고 농촌을 다시 보면, 이 예외적인 공업화와 도시화의 국가에까지도 얼마나 많은 부분들이 여전히 건재하고 있는지가 눈에 들어온다. 농촌은 영국 국토면적의 5분의 4를 차지한다. 경작지의 대부분은 역사상 그 어느 때보다도 잘 관리되고 있다. 미개간지는 압박과 개방의 복잡한 과정을 거치면서 더 쉽게 접근할 수 있게 되었다. 영국의 농촌 문학이 그처럼 강력하게 찬양했던 자연과 노동을 경험하는 것은 여전히 가능하다. 아름다운 시골 지역은 여전히 많고, 우리들 대부분은 저마다 다양한 방식으로 그것을 보존하고 고양시키는 데 일조할 수 있다. 운 좋게도 나는 숲의 나무를 솎아내고 난 자리에 앵초와 초롱꽃과 디기탈리스가 다시 피어나는 장면을 경험한 적이 있다. 낡은 돌담을 수리하거나 복원한 적도 있고, 오랫동안 방치했던 울타리와 도랑을 손보기도 했으며, 숙련된 기술자들의 노동 방식을 견학한 경험도 있다. 또 우리가 통념을 버리고 도시를 다시 본다면, 자본주의가 가해오는 그 이례적인 압박 속에서도 도시를 더 깨끗하고 아름답게 만들고 도시에 내재한 최상의 성질을 끌어내어 실현하기 위해서 세심하고 지적인 작업이 허다하게 이루어지고 있음을 발견하게 될 것이다. 이런 것들 중 어느 하나라도 몸소 체험하는 것은 언제나 존재하는 의도적인 파괴와 무관심한 파괴의 위협을 매우 엄밀하게 인식하는 것이기도 하다. 그러나 창조의 과정과 파괴의 과정은 모두 실재하는 사실이다. 최선의 경우이건 최악의 경우이건 운동에는 패배도 없고 승리도 없다. 그것은 우리의 눈앞에서 활발하게 진행 중인 지속적인 투쟁이다. 그리고 그것은 우리가 앞으로 보게 될 것처럼 우리 삶의 모든 부분에 영향을 미치는 대단히 복잡한 투쟁이기도 하다.

4

나는 하나의 생산양식으로서의 자본주의가 우리가 아는 시골과 도시의 역사의 대부분을 구성하는 기본적 과정이라고 주장해 왔다. 자본주의의 추상화된 경제적 추동력, 여러 사회관계들에서 자본주의가 갖는 근본적 우선권, 성장과 이익과 손실을 판정하는 자본주의의 기준은 수세기 동안 우리의 시골을 변화시켰고, 지금 우리가 아는 바와 같은 도시를 창조하였다. 그 최종적 형태인 제국주의를 통해서 자본주의는 우리의 세계를 변모시켰다.

역사를 이렇게 보기 때문에, 나는 인간성의 옹호라는 논란의 여지가 없는 목적을 실현하기 위한 결정적 행위가 자본주의에 대한 저항임을 당연히 확신한다. 인간성에 대한 옹호론들 중 다수는 이 결정적 과정에 대한 이해가 부족한데, 우리는 그것들에 이념과 정서를 철저히 숙지하도록 요구할 필요가 있다. 그러나 이른바 '근대 세계'에 대한 반대라는 형태로 전개되는 옹호론들도 있다. 이들이 말하는 근대 세계에는 자본주의와 기술공학이 당연히 포함되지만, 그것들에 대한 구체적인 분석은 찾아 볼 수 없다. 이것은 사실 근본적으로 방어적인 반사작용으로서, 지금과는 다른 삶이 가능하다는 확신을 전혀 보여 주지 못하거나, 혹 보여준다 해도 유토피아적이거나 종말론적인 비전으로 귀결되고 만다. 그러나 유토피아적 비전과 종말론적 비전 중 그 어느 쪽도 직접적인 사회적 실천이나 운동과 연결될 수 없다. 그렇다면 문제는 어떤 진지한 운동이 가능할 것인가 하는 것이다. 사회주의나 공산주의를 보라. 그것들은 역사적으로는 자본주의의 적이었지만, 시골과 도시의 문제에 관해서는 세부적 실천의 면에서, 그리고 드물지 않게는 원칙의 면에서도 또한, 동일한 근본적 과정의 일부를 계속해서 진행했고 심지어 더 강화해 오지 않았던가?

이것은 역사적으로나 정치적으로나 실로 어려운 문제이다. 트로츠키는 자본주의의 역사가 시골에 대한 도시의 승리의 역사라고 말했다. 또한 러시아 혁명 초기의 위기적 국면에서 그는 한 걸음 더 나아가 자본주의를 타도하고 사회주의를 수호하기 위한 방책으로 바로 그와 같은 승리를 위한 거대한 규모의 강령을 입안하였다.[4] 스탈린은 그 강령을 철저히 실천하였는데 실천의 과정이 워낙 엄청난 규모로 잔혹하게 진행되었기 때문에, 농민에 대한 그와 같은 '승리'는 농촌 사회의 모든 역사를 통

4) I. Deutscher, *The Prophet Unarmed*, 1959; 아이작 도이처, 《비무장의 예언자 트로츠키》 한지영 옮김(필맥, 2007), 참조.

틀어 가장 무시무시한 국면들 중 하나가 되었다. 지방주민의 필수품이나 시급한 요구사항들은 절망적인 상태였다. 경제는 붕괴하였고, 식량난은 소름이 끼칠 정도였으며, 새로운 형태의 농촌자본주의가 공공연하게 만연하였다. 그러나 농촌에 대한 '승리'가 이루어진 과정과 그것을 이루어 낸 정신은 그저 잔혹한 데서 그치지 않았다. 그것들은 맑스주의의 애매한 요소들 중 하나를 이용하였는데, 이는 이후 사회 전체의 성격에 엄청난 결과를 초래하였던 것이다.

우리가 보았듯이 엥겔스는 근대 도시가 자본주의의 사회적·물리적 결과물이고, 도시의 형성과 활동이 자본주의적 방식에 따라 이루어지는 것으로 보았던 최초의 인물 중 하나였다. 이후 엥겔스는 여기에 결정적인 사상을 추가하였는데, 그 사상에 따르면 자본주의는 도시를 이처럼 특수한 형태로 혼란스럽게 방치함으로써 바로 그 혼란과 방치 속에서 프롤레타리아 운동과 사회주의 운동이 창출되게 하였고, 그 운동은 앞으로 자본주의를 종식시키고 그와는 다른 사회관계와 거주형태를 만들어 낼 수 있을 것이었다. 《공산당 선언》에서 맑스와 엥겔스는 "부르주아지는 도시가 농촌을 지배하게 했고… 거대한 도시를 만들었고… 미개국과 반(半) 미개국을 문명국에 종속시켰다"[5] 고 주장하였던 바, 이것은 이제 우리가 잘 알게 된 자본주의와 제국주의의 역사인 것이다. 그들은 이러한 집중화와 종속의 관계들이 혁명의 조건을 창출했다고 주장하였으며, 어떤 의미에서 그들은 옳았다.

그러나 그들의 주장의 핵심에는 애매한 부분이 있었다. 그들은 자본주의와 제국주의의 고통스러운 진전 과정에서 자행되고 있던 일들을 고발하였고, 사람들이 자본주의와 제국주의를 타도하기 위해 투쟁할 것을 역설하였으며, 그것을 위한 몇몇 방법들을 제시하였다. 그러나 그들의 고발에는 또 다른 일단의 가치판단이 내재해 있었으니, 부르주아지는

5) *Manifesto*, ed. cit., 13~14.

"농촌 생활의 무지몽매함으로부터 인구의 상당 부분을 구원하였다." 그리고 종속국가들은 "미개국과 반미개국"이고, 지배하는 열강들은 "문명국"이라는 것이었다.[6] 그렇다면 공산주의의 전개 과정에서 중요한 왜곡이 발생했던 것은 바로 근대화와 문명화의 남다른 가치에 대한 그들의 이러한 확신에 기초한 것이었다. 버림받은 도시 프롤레타리아트는 새롭고 더 고차원적인 사회형태를 배우고 창조하게 될 것이다. 그들이 이렇게만 말하고 말았다면 사정은 대단히 달라졌을 것이다. 그러나 부르주아적 발전의 형태가 아무리 모순적이라 하더라도 어쨌든 "농촌의 몽매함"이나 "야만성"보다 더 고차원적인 가치를 포함하는 것이라면, 결과적으로 도시 프롤레타리아트의 이름으로 행해지는 거의 모든 강령이 정당화될 수 있고, 강제될 수 있는 것이다. 무서운 아이러니는 도시와 공업을 절대적으로 우선시하는 사상, 그리고 그 사상과 연관된 선진적이고 문명화된 국가들을 우선시하는 사상이 현실화되는 과정에서, 피해를 입은 것은 "몽매한 농민들"과 식민지의 "미개국과 반미개국"만이 아니었다는 사실이다. 기묘한 변증법적 반전이 일어나서 중심국의 도시 프롤레타리아트 자신들과 선진적이고 문명화된 사회들도 — 도시와 선진국을 우선시하는 사상이 이번에는 이들에게 지배력을 행사하여 — 피해를 입었던 것이다. 모든 것에서 버림받은 자가 혁명을 창출한다고 볼 수는 있었다. 그러나 동일한 사태(자본주의적 발전, 근대화, 도시화, 공업화 — 역자)가 더 진전될수록 그것과 전혀 다른 어떤 사태(사회주의 사회 — 역자)가 그만큼 더 생겨난다고 보는 것은 잘해야 종말론적 희망에 불과한 것이었다.

이 까다로운 문제는 20세기에 들어서 놀라운 방식으로 전개되었다. 혁명은 '선진국'에서가 아니라 '후진국'에서 일어났다. 중국 혁명은 도시에서 패배한 후 농촌으로 가서 결정적인 세력을 얻었다. 쿠바 혁명은 도

---

6) 같은 책, 14.

시에서 농촌으로 진입하여 세력을 형성하였다. 민족해방투쟁과 사회해방투쟁의 시기 내내 착취받는 농촌과 식민지의 주민들은 계속된 저항의 주요 원천이 되었다. 세계혁명에 관한 중국의 유명한 표현을 빌리면, '농촌'이 '도시'를 포위하고 있었다.[7] 이렇듯 "몽매한 농민들"과 "미개국과 반미개국들"은 지난 40년간 세계 혁명세력의 주력을 이루어 왔다.

우리는 이러한 실제 역사의 경험을 참조하여 혁명 관념의 기본적 형식들 중 하나를 재고해 볼 수 있다. 사회주의 전통의 근본 사상들 중 일부 — 거기에는 맑스와 엥겔스의 사상도 포함된다 — 에는, 혁명론 전체를 통틀어서 가장 흥미롭고 타당한 동시에 이론적 정교함은 가장 부족한 하나의 정식(定式)이 존재한다. 엥겔스는 사회주의가 "현대 자본주의 사회에 의해 정점에 도달한, 도시와 시골의 대조를 일소한다"고 썼다. 맑스와 엥겔스는 "현대의 대도시들"이 이대로 유지된다면 주택문제는 절대 해결될 수 없을 것이며, "공업 생산과 농업 생산의 긴밀한 관계"의 복원은 오직 사회주의 하에서만 가능할 것이라고 썼다. 유토피아적 사회주의자들은 도시와 시골 간에 균형이 잡힌 새로운 종류의 공동체와 사회에 대하여 많은 제안을 하였다. 우리가 보았듯이 윌리엄 모리스는 이런 식의 생각을 포기하지 않았다. 그러나 20세기가 되면서 다양한 압력 — 자본주의와 제국주의의 엄청난 물리적 추진력에서부터 대도시 사회주의 지식인들의 계급적 타성에 이르는 — 이 작용한 결과, 이런 이례적 주장은 사실상 소멸되었다. 사람들은 이런 주장의 문구는 기억하되, 그것을 낡고 비현실적이고 어리석은 몽상으로 여길 뿐이다. 그러나 지금 그것은 다시 부활하고 있다. 그것은 중국 혁명에서 지도적 방침으로 명백하게 천명되었다. 또한 그것은 서구 사회주의자들 사이에서 공업문명과 거대도시(*megalopolis*)에 대한 하나의 반응으로 의미심장하게 부활하였다.

우리는 이러한 사태에 대해서 다음과 같이 이론적으로 다시 말해 볼

7) (역주) 국공내전 시기 모택동이 제안했던 "농촌포위성시(農村包圍成市, 농촌이 도시를 포위해 승리한다)" 전략을 지칭한다.

수 있다. 도시와 시골의 분열과 대립은 근대에 들어 공업과 농업의 분열과 대립이라는 모습으로 드러나는데, 그것은 노동의 분업과 전문화가 정점에 도달한 위기적 사태이다. 노동의 분업과 전문화는 자본주의와 함께 시작된 것은 아니지만 자본주의 하에서 사회를 변모시킬 만큼 이례적으로 발전하였다. 이 근본적인 분업은 정신노동과 육체노동의 분리, 경영과 현장의 분리, 정치와 사회생활의 분리와 같은 별개의 형태들을 통해 드러나기도 한다. 이러한 분업의 징후는 이제 우리의 일상이 되고 있는 생활의 도처에서 — 사회계급에 관한 통념과 관행에서, 직업과 교육에 대한 관습적인 정의에서, 거주지의 물리적 분포에서, 시간을 하루, 한 주, 한 달, 일 년, 일생으로 조직화하는 데서 — 확인할 수 있다. 우리 시대의 창조적 사고는 대부분 이러한 개념들과 관행들 하나하나를 재검토하려는 시도이다. 그 사고의 근저에는 이러한 개념들과 관행들을 만들어내기도 하고 그것들로 구성되기도 하는 체제는 용납할 수 없는 것이며, 이대로 존속할 리도 없다는 확신이 존재한다. 우리는 여러 분야에서 이러한 반응을 볼 수 있는 바, 그것은 사실에 대한 분석으로 그치는 것만이 아니라 미래에 대한 계획 — 새로운 형태의 의사결정, 새로운 종류의 교육, 새로운 노동의 정의(定意)와 실천, 새로운 종류의 거주와 토지 사용 등에 관한 — 의 성격을 띠기도 한다.

나는 이제 한 세대 전인 제2차 세계대전 종전 직후에 내가 느꼈던 바를 회고할 수 있다. 과거를 이상화하는 소박한 회고를 논외로 하면, 현대 주요 사조 중에서 자본주의 제국주의 체제의 근본적 형식들 속에 편입되지 않은 것은 하나도 없다는 것이 당시에 내가 가졌던 느낌이었다. 정통 공산주의와 정통 사회민주주의는 전통적으로 그 체제의 적대자였음에도 실은 그 체제의 많은 특징들을 가장 강력한 형태로 보여 주었다. 그것들이 사회해방과 사회발전에 대한 멈추지 않는 열망과 결합되었기 때문에 위험은 그만큼 더 컸다. 그러나 이렇게 느낀다는 것은 당시에, 그리고 그 이후로도 한 세대 동안, 우리의 사고를 지배했던 극단적 주관주의와 운명론으로 후퇴함을 의미하였다. 현대의 위기에 대한 묘사들 중 다수가 이러한 주관주의적이고 운명론적인 틀 속에서 주조(鑄造) 되었고, 사정은 현재도 마찬가지이다.

그러나 이제 더 심층적인 변화가 일어나고 있음이 분명해졌다. 우리가 관례적으로 우선시해왔던 모든 사항들이 다시 한 번 의문의 대상이 되고 있다. 지금까지와는 다른 종류의 사회적 반응과 사회적 분석이 지속적으로 출현하여, 아직 정리되지 못하고 완성되지 못한 형태인 경우가 많음에도 불구하고 결국 일정한 주도권을 행사하게 되었다. 기존 체제를 옹호하는 자들의 — 실천적 확신까지는 아니더라도 — 이론적 확신은 사라졌다. 현실이 가하는 압력이 압도적이라 할 만큼 과중한 지금, 아이러니하게도 사상 영역의 판도는 예측하기가 대단히 힘든 상태이다.

나의 경우 기본적 사상과 기본적 문제의 이러한 변화 — 특히 사회주의 운동과 혁명 운동에서의 변화 — 는 내가 실로 오랫동안 추구해 왔던 결합(*connection*)을 가능하게 해 주었다. 나는 특별한 개인적 위기의 개별 형태들을 통해서, 그리고 그것의 연장인 연구 — 여러 가지 형태였지만 결국 시골과 도시에 대한 연구인 이 책으로 결실을 맺게 된 — 를 통해서, 결합을 추구해 왔다. 내가 다룬 문제는 여럿이되 결국 그것들은 한때는 빛처럼 움직였던 하나의 문제이다. 그것은 내가 앞에서 묘사했던 이유로 해서 나의 개인적 경험이었지만, 이제는 사회적 경험이기도 하여 너무도 많은 사람들과 나를 점점 더 결합시켜 준다. 이것이 내가 추구해 왔던 입장이고, 형세 인식이다. 그러나 결합은 여전히, 지금까지도, 막 형성되기 시작하는 것일 따름이다. 그것은 최종적으로 완성된 어떤 것이라기보다는 진행 중에 있는, 완성하지 않으면 안 될 것이다.

왜냐하면 지금 가장 긴급한 것은 기본 이념 — 노동분업의 극복이라는 문제 — 을 엄밀한 분석, 엄밀한 계획, 엄밀한 실천을 통하여 점검하는 일이기 때문이다. 이것은 지금까지 없던 새로운 협동적 노력이 있어야만 가능하다. 운동의 계획안이 이미 명확하게 나와 있다 해도 필수적인 이해력과 힘을 가지고 그것을 실천하기 위해서는 지역별 계획과 투자 계획으로부터 노동, 교육, 공동체의 수많은 과정들에 이르는 방대한 영역에서 우리가 실제로 무슨 일을 할 수 있는지를 세세히 말할 수 있어야 할 것이다. 이런 노력을 무산시키려는 부정적 영향들은 강력한, 그리고 일견 저항이 불가능해 보일 정도의 압박을 계속할 것이다. 예컨대 환경은 물리적으로 영향을 받을 것이다. 도시의 인구과잉과 농촌의 공동화가 동시적으로 진행되는 위기가 한 국가의 내부에서뿐 아니라 국가들 사이에도 또한 발생할 것이다. 일부 특별한 노동과 직업은 육체적·심리적 스트레스를 유발할 것이다. 인구와 자원의 위기가 심각해지는 가운데 빈부 격차가 증가할 것이다. '죽음의 재'—그것이 군사적인 것이건, 기술적인 것이건, 사회적인 것이건—를 결국 피할 수 없게 된 세계에서 사람들의 우려와 정책 결정 간의 격차 역시 마찬가지로 증가할 것이다. 이러한 부정적 영향들을 보게 되면—우리가 그것을 아무리 절박한 심정으로 본다 해도—자칫 의지가 무력화될 수 있다. 노동 분업의 최후의 은신처는 우리 내부에 있는 바로 여기, 우리가 원하는 것과 우리가 할 수 있다고 믿는 것이 도저히 극복할 수 없을 정도로 분열되어 있는 바로 그 곳이다.

우리는 분열을 거부함으로써만 그것을 극복할 수 있다. 거부는 개인적 결정이지만 결국은 사회적 결정이기도 하다. 나는 나 자신이 경험했던 것만을 적을 수 있을 뿐이다. 다른 사람들은 나와는 사뭇 다른 식으로 분열을 거부하는 방법을 배울 것이다. 그러나 앞에서 말했듯이 나는 분열을 눈으로 볼 수 있던 곳—토지가, 그리고 그 다음에는 가족이 분열되었던 곳—에서 자랐다. 나는 시골에서 도시로 이주하였으며, 지금은 양쪽 모두에서 살고 일한다. 나는 이후 보편적인 (혹은 최소한 보편적 발전의 모델로 제시되는) 성격을 띠게 되는 변화를 가장 먼저, 그리고 대단히 철저하게 경험했던 영국 사회와 영국 문학을 통해서, 그것의 역사의 여러 모습들, 관념들, 이미지들을 다양한 형태로 배웠다. 배움의 결과

내 마음 속에는 실로 온갖 종류의 의문과 난문제가 남게 되었다. 그래서 나는 자신의 내면과 기록 문서를 통하여 경험을 천천히 되돌아보아야 했는데, 그것은 우리의 정신을 형성하는 매혹적인 과거를 지금까지와는 다르게 이해함으로써 현재와 미래에 도달하려는 하나의 방법이었다.

이것은 처음부터 제한적인 연구였다. 단일한 전통에 속하는 시골과 도시를 대상으로 했기 때문이다. 그러나 연구의 결과 나는 연구의 의미와 관련성을 다른 사람들에 제시해도 무방할 것이라고 생각하게 되었다. 토론과 수정을 위해서, 다양하게 이루어질 수 있을 협동 작업을 위해서, 그러나 무엇보다 우리가 사는 많은 시골들과 도시들에서 경험과 그 경험을 변화시키는 방법들이 갖는 의미를 강조하기 위해서.

덧붙이는 말

'시골'(*country*, 국가, 토지, 지방)은 라틴어 '콘트라'(*contra*, 반대하여, 대립하여)에서 온 단어로서, 원래는 관찰자의 눈앞에 전개되는 토지를 의미했다. '지방'(*tract*)이나 '지역'(*region*), 그리고 '국토'(*land*)나 '국가'(*nation*)라는 현대적 의미는 13세기에 생겨났다. 1526년에 틴데일은 '시골'을 도시'(*city*)와 대비했다. ("그 일을 도시와 시골에 알렸다", 마가복음 5장 14절[1]) '도시'(*city*)는 라틴어 '시비타스'(*civitas*)에서 유래되었고, '시비타스'는 '시비스'(*civis*, 국민이라는 의미의 시민)에서 유래되었지만, 13세기가 되면 '도시'를 큰 마을이라는 의미로 사용하는 것이 관행이 되었다. '시비타스'는 공동체를 의미했고, 골(Gaul) 족을 지칭하는 데 사용되다가 이후에는 교회의 구역이라는 의미로 사용되었다. 고대영어에서 '도시'는 '자치도시'(*burh*)와 동의어가 되었고, 현대의 도시라는 의미에 더 가까웠던 'urbs'보다 더 일반적으로 사용되었다. 중세영어에서 '도시'는 일상용어가 되었고, 헨리 8세 시기에는 대성당의 소재지를 의미했는데, 이 용법은 이후 없어졌다.

일반적 역사를 읽은 사람이라면 충분히 예측할 수 있듯이, 16세기 후반부터 '도시'와 '시골'을 더 신랄하게 대비하는 경우가 빈번해졌다. 전원적이라는 의미의 '시골 사람'(*countryman*)과 '시골 민중'(*country people*)

1) (역주) 한글 성경은 이를 대개 "읍내와 마을"로 번역하고 있다.

은, '시골 저택'(*country-house*) 이나 '국가의 땅'(*country-seat*) 과 마찬가지로 이 시기에 출현한 단어들이다. 17세기 중엽에는 '시골스러운'(*countryfied*) 이라는 단어가 나왔으며, '촌놈'(*bumpkin*) 과 '시골뜨기'(*country bumpkin*) 라는 말 역시 이 시기의 산물이다. '시골 지방'(*countryside*) 이 현대적 의미로 발전한 것은 18세기와 19세기의 일이다. '전원적'(*rural*) 과 '시골풍'(*rustic*) 은 15세기부터 물리적 특징을 묘사하는 단어로 쓰였는데, 16세기 후반부터 주로 '시골풍'과 '촌스러움'(*rusticity*) 이 분화하는 가운데 현대적 의미를 갖게 되었다. '도시풍'(*urbane*) 역시 이와 비슷하게 16세기에는 물리적 특징을 묘사하는 단어였다가 이후 현대처럼 사회적 의미를 포함하는 단어로 확장되었다. 17세기 초의 기록에서 이러한 용법의 첫 사례를 볼 수 있다.

'대도시'(*metropolis*) 는 16세기부터 수도나 주교의 소재지를 의미했다. '대도시적'(*metropolitan*) 은 18세기까지도 여전히 주로 물리적 묘사의 용도로 쓰이지만, 이후 현대와 같은 사회적 의미를 함축하게 되었다. '교외의'(*suburban*) 역시 이와 비슷하게 17세기 초부터 물리적 묘사의 용도로, 19세기 초부터는 사회적 의미로 사용되었다.

'농장'(*farm*) 은 원래 일정액으로 고정된 지대를 의미했는데, 16세기부터 의미가 확장되어 차지의 보유권을 의미하게 되고, 결국 현대적 의미를 갖기에 이르렀다. '정기권 통근자'(*commuter*) 는 19세기 후반의 철도 용어인, 할인요금으로 구입한 승차권에서 유래하였다. '집합도시'(*conurbation*) 는 20세기 중반에 처음으로 출현하였다. '목초지'(*pasture*) 와 마찬가지로 '사육하다'(*feeding*) 는 의미를 갖고 있는 '목가, 목가적'(*pastoral*, 목동의, 사제의) 은 14세기부터 목동들을 지칭하는 일상적 용어였고, 현대적 용례와 거의 동일하게 사제들을 비유적으로 지칭하는 의미를 갖고 있었다. '목가적'이 사회적, 문학적 의미를 갖게 된 것은 16세기 후반부터였는데, 이 시기는 나의 주요 주제를 묘사하는 단어들의 의미 구조가 형성되는 결정적 시기라고 할 수 있다.

1. 왜 다시 레이먼드 윌리엄스인가

레이먼드 윌리엄스가 현대 영국의 가장 탁월한 문학·문화이론가 중 한 사람이라는 평가에 대해서는 별로 다른 의견이 없는 듯하다. 그러나 한 윌리엄스 연구자가 안타까움을 섞어 토로하는 대로 그가 적어도 한국의 "이론 진영에서는 죽은 개에 해당"하는 대우를 받고 있으며, 그의 책을 "요즘 문화연구자들은 굳이… 찾아 읽으려 하지 않을 것 같"은 것도 사실이다. 작고한 지 채 30년이 지나지 않았지만 그와 우리 사이에는 벌써 상당한 간극이 느껴지며, 그의 어법이나 방법론에는 세월의 더께가 역력해 보인다. 이런 부조화는 어디서 생겨난 것일까?

잘 알려진 대로 레이먼드 윌리엄스는 경험, 그것도 자신의 경험을 문화 현상과 사회 현실을 이해하고 판단하는 중요한 근거로 삼았다. 그는 또한 유사한 경험에 바탕을 둔 사람들 간의 연대에 대해서도 확고한 믿음을 갖고 있었다. 이 책의 말미에 실린 연보에서도 확인할 수 있듯이 그는 탁월한 연구자였을 뿐 아니라, 연대에 바탕을 둔 공동체를 실현하기

* 이 글의 일부는 졸고, "현대자본주의의 위기와 문화이론", 〈새한영어영문학〉 51(2009) : 65~86에 다소 다른 형태로 수록된 바 있다.

위해서 적극적으로 활동한 실천가이기도 하였다. 그는 노동자들을 위한 성인교육활동에 종사하는 것으로 사회 경력을 시작하였고, 대학에 몸을 담게 되면서는 기득권 계급 중심의 영문학 연구를 일신하고 '공통의 문화'를 건설하기 위한 싸움을 전개하였으며, 말년에는 막 모습을 드러내고 있던 자본의 세계화와 그것이 유포하는 '새로운 순응주의'와 대결하였다. 한국의 문학 · 문화이론 진영이 여전히 이 '새로운 순응주의' — 이제는 포스트맑스주의나 탈구조주의라고 불리는 — 를 탈피하지 못하고 있음을 인식할 때, 우리는 윌리엄스에 대한 저간의 홀대를 이해할 수 있다. 그는 바로 그 '순응주의'에 대한 가장 선구적이고도 강력한 비판자 중 한 사람이었기 때문이다. 전지구적 자본주의가 또 한 번의 위기를 맞는 가운데 '새로운 순응주의'의 지반이 흔들리고 있는 지금, 윌리엄스를 다시 꺼내 읽는 것은 그래서 더 절실한 일이 된다.

윌리엄스에 대한 재평가의 움직임은 근자에 들어 그의 저작들이 다시금 활발하게 번역 출간되고 있는 데서 확인할 수 있다. 윌리엄스의 저작 중 일부는 일찍이 1960년대에 《창작과 비평》을 통해 소개된 바 있지만, 본격적인 번역이 이루어진 것은 1980년대에 들어서이다. 《이념과 문학》(1982년) 을 필두로 해서 《문화사회학》(1984년), 《현대비극론》(1985년), 《문화와 사회》(1988년) 같은 주요 저작들이 모두 이 시기에 번역 출간되었다. 1980년대가 군사독재 정권에 대한 투쟁의 시기이자 자본주의 체제의 근본적 대안을 모색하던 시기였음을 상기한다면, 윌리엄스에 대한 소개나 연구가 같은 시기에 집중적으로 이루어졌음은 음미해 볼 만한 대목이다. 그러나 이후 20여 년 동안 그는 거의 잊혀졌다. 그러다 《기나긴 혁명》(2007년) 을 필두로 하여 《키워드》(2010년) 가 출간되고, 《이념과 문학》을 다시 번역한 《마르크스주의와 문학》(2011년) 이 출간된 데 이어서, 이제 그의 "홀대받는 걸작"인 《시골과 도시》의 출간을 앞두게 된 것이다. 적어도 물량 면에서 우리는 1980년대 못지않게 풍성한 시기를 목도하고 있는데, 이로써 한국의 독자들은 30여 권에 육박하는 윌리엄스의 저작 중 중요 저작을 얼추 망라하는 목록을 갖게 된 셈이다. 어쩌면 이는 우리에게 다시금 도래한 대안적 공동체 모색의 시기로 우리 시대의 성격을 성찰하게 하는 — 미약하긴 하되 의미심장한 — 하나의 사례가 될 수 있지 않을까?

2. 《시골과 도시》에 이르기까지

레이먼드 윌리엄스는 1921년에 영국의 웨일즈 지역에서 태어났다. 이 책에서 밝히고 있는 것처럼 그의 할아버지는 농장노동자였으나 실직하고 도로건설인부로 일하였고, 그의 아버지 역시 농사일을 하였으나 그것으로는 생계유지가 힘들어 철도 신호수가 되었다. 그는 장학금을 받고 케임브리지 대학으로 진학하던 1938년까지 고향에서 살았다. 고향마을은 그에게 언제나 "성장의 시기를 함께 보낸 사람들에 느끼는 유대감, 처음 생활했던 장소, 처음 바라보는 것을 배웠던 풍경에 대한 애착"을 품게 하였는데, 이는 이후 그의 연구나 사회 활동 전체에 자양분을 공급하는 원천이 된다. 하지만 윌리엄스는 이러한 경험을 '물신화'하지 않고, 언제나 그것의 역사적 · 사회적 의미를 탐색한다. 예컨대 이 책에서 토로하는 대로 고향마을 사람들은 "독립성과 공동체성이 실재하는 생활양식"의 모범적 사례를 보여 주지만, 그 생활양식은 대토지소유자를 위시한 외부적 세력의 끊임없는 간섭에 직면하여 위기를 맞고 있으며 결국은 자본주의의 발전에 따라서 소멸될 운명이기도 하다.

아버지가 노동조합 활동에 헌신하고 총파업에 가담하는 모습을 지켜 보면서 윌리엄스는 공동체란 외부의 억압에 대항하는 투쟁의 장에서 생겨나는 것임을 경험한다. 즉 그에게 공동체는 '황금시대'에 존재하다 사멸해 버린 과거지사도 아니고, 이상적인 미래에 형성될 유토피아도 아니다. 그것은 "억압적인 제도의 변경(邊境)이나 주변에서 살아가는 자들" 사이의 연대의 산물이다. 그것은 그들이 정치적 · 경제적 권리를 위해 투쟁하며 이러저런 승리나 패배를 경험하는 가운데 부침을 거듭하는 철저히 역사적인 현실이다.

이런 경험을 하고 진학한 열여덟 살의 윌리엄스에게 대학의 분위기는 대단히 이질적인 것이었다. 초등학교 시절부터 웨일즈 말을 쓰면 처벌받는 현실 ― '잉글랜드 제국주의'의 압력 ― 을 겪은 터이기도 했으니, 대학에서 전수되는 학문의 내용이나 방법론은 물론이고 학생들의 일상적 취향이나 말투, 제스처에서도 그는 잉글랜드 중상류 계급 중심의 '주류'와 자신 사이에 가로놓인 심연을 확인할 수밖에 없었다〔우리는 프랑스 남서부 시골 출신인 피에르 부르디외나 아일랜드 출신 가톨릭교도인 테리 이글턴 등의 후배 문화연구자들에게서 비슷한 경험이 반복됨을 본다. 요컨대 이들은 자신들이 경험했던 이질감과 간극의 의미를 성찰하면서 '대도시적'(*metropolitan*) 연구자들이 내세우는 학문 연구나 문학 전통의 '보편성'이란 것이 사실은 대단히 편파적인 것일 뿐이라는 인식을 심화시켜 나갔던 것이다〕. 대학에서 윌리엄스는 현대 언어, 역사, 고전문학을 폭넓게 공부하는 한편, 사회주의자 클럽에 가입하고 잡지 편집을 맡는 등 학내활동도 활발하게 전개한다. 특히 공산당에 가입했다 이내 탈당하고 소련의 핀란드 침략에 항의하는 팸플릿을 공동집필하였던 것은 이후 평생에 걸친 맑스주의와의 애증이 교차하는 관계를 예견케 하는 것으로 눈여겨볼 만하다.

그는 포병 장교로 제 2차 세계대전에 참전한 후 복학하여 1946년 9월에 졸업하였다. 대학에 남아 계속 연구할 수 있는 기회가 있었으나 거절하고 앞에서 말한 것처럼 성인교육에 투신하였다. 윌리엄스와 함께 문화연구의 기초를 닦았다는 평가를 받게 되는 리처드 호가트, 대표적인 맑스주의 역사가로 성장하게 되는 E. P. 톰슨과 크리스토퍼 힐이 모두 이 시기에 윌리엄스와 같이 성인교육에 종사하였다는 사실은 중요한 의미를 갖는다. 당시 영국은 전후 호황 덕분에 전쟁 피해를 신속하게 복구하고, 사회 구성원 전체에 최소한의 주택 · 의료 · 교육 · 사회보장 등을 제공할 것을 목표로 하는 이른바 복지국가의 건설에 속도를 내고 있었다. 유례없는 '완전고용' 속에서 노동자 계급은 마침내 경제투쟁의 질곡을 벗어난 것으로 보였고, 역사상 처음으로 본격적인 정치적 진출이 가시권에 들어오게 되었다. 이러한 상황 속에서 성인교육은 정치적인 계발을 원하는 성인 노동자들을 교육하는 한편 다양한 계급과 직종의 사람들에게 민주적 토론의 장을 제공하였는데, 윌리엄스와 진보적 성향을 지닌 일단의 젊은 학자들이 이에 주목한 것은 대단히 자연스러운 일이었다.

그러나 노동자들의 경제적 여건이 호전되면서 역설적이게도 성인교육의 여건은 악화되었다. 성인교육에서 노동자들이 차지하는 비중이 점점 줄어들었던 것이다. 이에 따라 교육의 방향을 다시 설정하는 문제를 두고 성인교육계 내부에서 논란이 일어났고, 결국 '평생교육' — 일반 대중에게 대학 수준의 교육을 제공하여 그들의 처우 개선에 도움을 줄 것을 목표로 하는 — 으로의 방향 전환을 주장하는 쪽이 득세하게 되었다. 윌리엄스가 16년에 걸친 성인교육기관 활동을 끝내고 모교 교수로 부임한 것은 이러한 사정을 배경으로 한다.

윌리엄스의 출세작인 《문화와 사회》와 《기나긴 혁명》에는 이 시기의 경험이 무르녹아 있다. 여기서 그는 의무교육의 확대와 대학의 문호 개방 등이 교육의 수준을 저하시키고 문화의 동질성을 파괴하게 될 것이라는 보수세력의 우려를 반박한다. 《문화와 사회》는 '문화'라는 개념의 추이를 역사적으로 더듬으면서 보수 세력이 내세우는 것과는 선명하게 구분되는 또 다른 '문화' 개념이 하나의 전통을 이루며 생성·발전해 왔음을 밝힌다. 새로운 문화 개념의 형성에 기여한 사람들은 예컨대 에드먼드 버크와 윌리엄 코벳처럼 실로 다양한 정치적 지향성을 지니고 있었고 어떤 측면에서는 서로 대립적이기도 했다. 그러나 그들은 산업자본주의 사회의 비인간성과 무계획성을 인식하고 문화의 개념을 중심으로 대안을 모색하였다는 데서 결국 동일한 전통 — 윌리엄스가 '문화와 사회' 전통이라 부르는 — 의 구성원이 된다. 전통은 꾸준히 지속하여 문화의 개념을 결정적으로 변화시켰다. 애초에 문화란 인간적·예술적 완성을 뜻하는 것이었지만, 그것과 함께 "인간의 모든 경험을 해석하는 한 양식"이라는 의미가 생겨났던 것이다.

《기나긴 혁명》은 문화 개념의 이러한 변화가 의미론적 수준에만 국한된 사건이 아님을 밝힌다. 교육 제도, 출판, 언론, 연극 등을 예로 들어 문화 개념의 변화가 영국 사회 전체의 변화와 나란히 진행되었음을 입증하는 것이다. 윌리엄스에 의하면 근대 이후 영국에는 민주주의와 산업자본주의의 발전이라는 정치·경제적 혁명뿐 아니라 '문화 혁명'이 진행되어 왔다. 글을 읽거나 쓰고, 자신의 견해를 거리낌 없이 말하고, 내면의 욕구를 창조적으로 표현하는 능력은 오랫동안 소수 특권층의 전유물이었다. 그러나 장구한 세월에 걸쳐 점점 더 많은 수의 민중이 그러한 능력을 터득하고 또 그 능력을 발휘하게 하는 물질적·제도적 장치가 형성되어 왔는데, 이것이 바로 '기나긴 문화 혁명'이라는 것이다. 사실이 그러하다면 특정 분야의 특정 작가들을 중심으로 계보를 만들고 그것을 국가적 전통으로 내세우는 영국의 '공식 문화'는 역사 발전의 실상을 오인하고 있을 뿐 아니라 앞으로의 발전 방향을 오도하고 있는 것이기도 하다. "문화는 평범한 것"이라든가 "전체적인 삶의 방식이 문화"라는 명제는 바로 이러한 작업의 성과를 요약한 것이다.

1961년 봄, 케임브리지 대학의 교수로 부임한 윌리엄스는 입장을 더욱 정교하게 다듬으면서 본격적인 영문학 연구에 몰두한다. 이후 10여 년 동안 그는 《현대비극론》(1966), 《디킨스에서 로렌스까지의 영국 소설》(1970), 《시골과 도시》(1973) 등으로 이어지는 문제작들을 연이어 발표하여 주류에 도전하는 대항적 문학이론가로서의 위치를 확고히 한다.

《현대비극론》과 《디킨스에서 로렌스까지의 영국 소설》은 제목이 말해 주듯 연극과 소설이라는 유력한 문학 장르를 대상으로 하여 '공식 문화'의 통설에 도전한다. 《현대비극론》에서 일차적인 비판의 대상이 되는 것은 인간의 근본적인 비합리성을 비극의 생성 원리로 보는 부르주아적 비극 이론이다. 윌리엄스는 이와 함께 인간의 역사가 악이 패배하는 방향으로 자동적으로 진행될 것이라는 맑스주의적 낙관론 역시 반박한다. 부르주아적 비극 개념에는 비극 경험의 사회적 성격에 대한 인식이 결여되어 있고, 맑스주의적 혁명 개념에는 사회적 경험의 비극성에 대한 인식이 결여되어 있다는 것이다. 한편 《디킨스에서 로렌스까지의 영국 소설》은 '공식 문화'의 대표자라 할 수 있는 F. R. 리비스의 《영국소설의 위대한 전통》을 직접적으로 겨냥한다. 여기서 윌리엄스는 문학이 역사의 외곽에 존재한다는 관점을 거부하고, 역사와 무관한 도덕성은 현실적으로 무의미함은 물론 텍스트의 세부적 문제를 해명하는 데도 무력할 수밖에 없음을 역설한다. 그리고 예컨대 찰스 디킨스가 영국 문학에서 갖는 중요성을 강조하고 토머스 하디의 작품의 문제적 성격을 섬세하게 분석하는 등, 기존의 문학사와는 다른 영국 소설의 계보를 작성한다. 영국의 지적 지형에서 문학이 유별나게 중심적인 위치를 점해 왔다는 사실을 상기할 때, 우리는 윌리엄스의 이 시기 작업을 '공식 문화'의 본거지에서 그 가장 중심적 사안을 두고 벌인 일종의 '문화적 전쟁'이었다고 말할 수 있다. 《시골과 도시》는 도전적인 문학 연구자이자 선구적인 문화 연구자로서의 윌리엄스의 진면목이 여실히 드러나는 저작으로서, 이 시기의 작업을 결산하는 의미를 갖는다.

3. 《시골과 도시》

《시골과 도시》를 두고 후대의 연구자들은 윌리엄스의 가장 "위대한 저작"이라거나 "가장 빛나고 내용이 풍부한" 책이라는 평가를 한다. 그러나 역자가 보기에 《시골과 도시》를 처음 읽는 일반 독자에게 가장 두드러져 보이는 것은 아무래도 저자의 개인적 경험의 토로가 이례적이라 할 만큼 빈번하다는 점이 아닐까 한다. 윌리엄스의 작업에서 경험이 갖는 남다른 의미는 이미 언급한 바 있지만, 그래도 그의 이전 저작들이 대체로 학술 연구의 통례에 크게 벗어나지 않는 객관적이고 중립적인 기술(記述) 형식을 유지했음을 감안하면 이는 분명 이례적이라 아니 할 수 없다. 예컨대 다음과 같은 대목을 보라.

> 도시는… 가능성의 감각, 집회와 운동의 느낌을 나에게 언제나 변함없이 선사한다. 그것은 내가 느끼는 다른 감정, 이를테면 내 고향 사람들과 같은 부류의 사람들이 여러 세대에 걸쳐 개간하고 울타리로 둘러싸 왔던 형형색색의 거대한 조각보(*patchwork*) 같은 들판을 산에서 내려다볼 때 느끼는 감정, 혹은 유명한 저택, 외따로 떨어진 농장, 성곽이나 교회 곁에 붙어 있는 오두막들, 강과 숲과 오솔길들, 예로부터 내려온 선(線)들과 새로 만들어진 선들을 볼 때 느끼는 감정과 마찬가지로 변함없다. 따라서 시골과 도시가 서로 다른 방식으로 이처럼 깊은 의미를 갖는 한, 나의 감

정은 어떤 추후의 논의에 앞서 이미 고정되어 있다고 할 수 있다.

혹은 다음과 같은 대목.

> 나는 나 자신의 경험으로 이 감정을 직접 느낄 수 있다… 다른 어느 곳에서 느끼는 것보다도 강력한 유대감, 피할 수 없는 동질감을 느끼는 것이다. 나 말고 다른 많은 사람들도 고향에서 이런 감정을 느낀다… 그러나 많은 사람들의 문제는 언제나 자신의 고향에서는 살아남을 수 없다는 것이었다. 나는 개인적 경험으로 이를 안다.

그가 스스로 이야기하듯 이는 '시골과 도시'의 문제가 학문적 주제이기 이전에 그의 가족사와 개인적 경험의 문제였다는 데 기인하는 것으로 보인다. 그런데 시골과 도시에 대한 자신의 감정이 언제나 고정되어 있다는 고백, 고향에 대한 자신의 느낌을 "다른 많은 사람들도" 공유하리라는 확신, 그리고 그 근거로 "나 자신의 경험", 그것도 "개인적 경험"을 내세우는 당당함이야말로 일견 매우 소박하게 보이는 것이 사실이다. 《시골과 도시》가 '위대한' 책이라는 평가가 무색할 만큼 연구자나 독자들에게 "홀대받아 온 걸작"임이 또한 사실이라면, 우리로서는 그 이유의 일단을 여기서 찾을 수 있지 않을까 한다. 이처럼 유별나게 경험을 강조하는 입장에 사람들이 의심쩍은 시선을 보냈던 것은 출판 당시에도 마찬가지였는데, 이를테면 그와 입장을 같이 하던 '신좌파' 진영의 동료들 사이에서도 그가 말하는 '경험'이 충분한 이론적 점검을 거치지 않은 것이라든가 부르주아 휴머니즘의 잔재를 떨치지 못한 것이라는 비판이 나왔던 것이다.

경험이나 감정을 지나치게 강조하는 경향은 분명 문제가 있다. 반성적 성찰을 거치지 않은 경험은 언제나 오류의 가능성을 안고 있기 때문이다. 더구나 위의 인용문처럼 특정한 경험에서 비롯된 감정을 “영원한” 것으로 단언하고 그것을 판단의 근거로 삼기까지 한다면 문제는 더욱 심각해진다. 동일한 감정을 경험하지 못한 사람들이 유사한 판단을 내릴 여지를 차단할 우려가 있는 것이다. 그러나 비판자들의 지적과는 달리 윌리엄스는 이런 문제점을 이미 의식하고 있는 것으로 보인다. 헤릭의 〈감사의 기도〉(1647)를 분석하는 대목이 적절한 예가 될 것이다. 윌리엄스에 의하면 그는 이 시를 아주 어린 시절에 접했다. 아버지가 다니던 “마을 야간학교의 지정도서”에 수록되어 있었기 때문이다. 시를 읽은 어린 윌리엄스는 이유를 설명할 수 없는 분노를 느꼈다. 한참을 지나 케임브리지 대학에 진학한 그는 이 시가 “기독교적 미덕과 안분지족(安分知足)을 보여 주는 전형적인 시”라는 ‘공식 문화’의 설명을 듣는다. 그러나 “이제 더 많은 것을 알게 된” 윌리엄스는 공식 문화의 설명과는 달리 어린 시절의 분노가 타당했음을 확인하고, 그 분노가 헤릭의 터무니없는 “자기비하의 유희” 때문이었다는 대안적 설명을 할 수 있게 된다. 왜냐하면 헤릭은 굶주리는 민중의 참상을 주변에서 목격하면서도 “금 세공사의 조카의 입장에서, 그리고… 전직 궁정시인이자 왕당파 성직자의 입장에서” 다시 말하면 결코 빈곤하다고는 할 수 없는 배부른 처지에서, 자신의 가난을 강조하며 짐짓 엄살을 부리고 있었을 뿐이기 때문이다.

이 대목은 경험과 인식, 그리고 판단의 관계에 대한 일정한 ‘이론’을 담고 있다. 윌리엄스가 케임브리지 영문학의 설명을 거부하고 독자적 판단에 도달하는 것은 이렇듯 어린 시절의 특수한 경험에 힘입은 바 크지만, 그 경험이 곧장 판단의 근거가 되는 것은 아니다. 그는 이후 학습을 통하여 축적한 역사적 사실들을 경험의 타당성 여부를 판단하는 자료로 요긴하게 활용한다. 그러나 역사적 사실들에 비추어 시를 읽는 것으로 작업이 끝난 것은 아니다. 결정적인 것은 그가 헤릭 주변에서 참상을 겪고 있던 농민들과 자신을 동일시한다는 사실이다. 누구의 입장에서 사태를 바라보느냐 하는 것은 자료의 선택이나 해석에서 결정적 역할을 하게 된다.

> 중세질서가 붕괴하여 사회가 혼란해진 것을 탄식하는 대목을 읽을 때, 우리는 어디에 서서 누구와 입장을 함께 할 것인가? 농노, 종복, 농업노동자, 예농과 함께 할 것인가? 아니면 흔히 '자연적'이라고 추상화하는 (그러나 실제로는 여러 세대에 걸쳐 수십만의 인간을 단순한 도구 이상의 존재로는 결코 취급하지 않았던) 질서와 함께 할 것인가?

역자가 보기에 《시골과 도시》에서 가장 인상적인 부분은 자신의 개인적 경험과 입장, 그리고 그것과 비평적 판단의 관계를 진솔하게 표명하는 위와 같은 대목들이다. 우리는 여기서 구체와 추상을 자기성찰적으로 오가는, 그리고 분석과 판단의 관계에 대해서 언제나 '당파적' 입장에서 고민하는 하나의 모범적 사례를 본다. 그가 "모든 전통은 (일정한 입장을 지닌 특정 세력의) 선택의 결과"라는 사실을 인식하기에 이른 것, 그리고 그 전통을 보편적 전범(典範)으로 내세우는 '공식 문화'에 의문을 제기하게 된 것은 바로 이러한 고민의 결과였다. 그리하여 그는 보편적 전범을 또 다른 전범으로 대체하는 식의 작업을 지양하고, 자신의 주장의 당파성을 인정하며, 그 당파성의 기원인 개인적 경험을—그리고 그 경험을 가능하게 했던 공동체를—허심탄회하게 기술하고 있는 것이다.

《시골과 도시》는 베르길리우스에서 현대 작가들에 이르기까지, 그리고 목가시에서 과학소설까지를 망라하는 다양한 시대의 방대한 텍스트들을 다룬다. 13장까지의 주된 분석 대상은 시골을 다루는 고전 고대부터 18세기까지의 시와 희곡들이다. 윌리엄스는 이 텍스트들이 대체로 시골을 진정한 공동체의 모델로 설정하고 있으며, 또 그 공동체가 "이제 막" 사라졌음을 한탄하고 있음에 주목한다. 그는 다양한 텍스트들이 제각기 소멸을 한탄하고 있는 공동체 — 이상적인 농촌마을 — 가 과연 실재했는지를 확인하기 위해서 '에스컬레이터'를 타고 각각의 시대를 방문한다. 그러나 어느 시대의 농촌 마을에도 착취와 억압과 분열이 엄존할 뿐이다. 요컨대 이 방대한 텍스트들이 소멸을 아쉬워하는 공동체는 언제 어디서도 실재하지 않았으며, 그런 점에서 이 텍스트들은 하나같이 역사를 잘못 읽고 있었던 것이다. 왜 이토록 다양한 시대의 내로라하는 텍스트들이 이처럼 비슷한 착오를 범했던 것일까? 자신의 유년시절을 미화하는 인간의 본성 때문이었을까? 혹은 좋았던 옛 시절을 들먹이며 현재를 비판하곤 하는 일반적 관행 때문이었을까? 아니면 역사적 사실에 대한 학습의 부족이 원인이었을까? 윌리엄스는 원인을 조급하게 일반화해서는 곤란하다고 본다. 텍스트와 역사적 사실과의 관계는 작가의 개별적 입장이나 당대의 정치경제적 상황 등에 따라 대단히 다양한 양상을 보이고, 그 양상은 작가나 텍스트를 산출한 시공간에 따라 서로 다른 의미를 갖기 때문이다. 요즘의 용어로 이야기하면 텍스트는 역사적 사실에 대한 신비화일 수도 있고, (무)의식적인 오인일 수도 있으며, 리얼리즘적 재현일 수도 있다. 따라서 문제는 개개의 텍스트를 그때그때의 역사적 사실에 견주어 개별적으로 섬세하게 규명하는 작업이다.

그리하여 그는 고대로부터 낭만주의에 이르는 다양한 시대의 텍스트들을 더듬으며 그것들이 다채롭게 보여 주는 시골 이미지들을 하나하나 분석해 나간다. 이 과정에서 특히 중점적인 분석 대상이 되는 것은 영국의 '시골 저택시'이다. '시골 저택시'는 17세기의 벤 존슨에서 앤드류 마벨을 거쳐 18세기의 알렉산더 포프에까지 이어진 시적 전통을 일컫는 바, 시골 저택과 그것을 둘러싼 삶의 양식전체를 찬미하는 것을 공통적 내용으로 한다. 그가 '시골 저택시'를 선택한 것은 다분히 전략적 고려의 결과로 보인다. 왜냐하면 리비스를 위시한 당시 영문학의 주류가 '시골 저택시'의 찬미 대상인 17·8세기의 영국을 '안정되고 질서정연하고 조화로운 사회'의 예로 들면서 상업주의 문화가 득세하는 현대의 대안으로 내세우고 있었기 때문이다.

과연 존슨의 〈펜즈허스트〉나 커루의 〈색스엄〉은 당대를 '황금시대'로 그리고 있다. 그들이 보는 저택 주변은 풍요로운 자연 환경과 사회의 완벽한 질서가 이상적인 조화를 이루고 있다. 그러나 윌리엄스는 저택—과 그것이 대표하는 시대—에 대한 찬미로 일관하는 이들 시의 행간에서 동시대의 다른 많은 저택들에 대한 부정적 평가를 읽는다. 저택 소유자들의 너그러운 행태에 대한 찬미는 비정하고 인색한 저택들이 허다함을 이미 전제하고 있다는 것이다. 그리고 이 찬미 자체도 정당한 것이 아니다. 예컨대 존슨이나 커루는 '신참자'들의 저택이 강탈의 결과인 데 반해, 펜즈허스트나 색스엄은 자연의 선물로 주어진 유서 깊은 저택이라 노래한다. 그러나 따지고 보면 펜즈허스트나 색스엄 역시 "16세기 초 영국 농촌의 소요에 따른 폭력적인 소유권 이전의 결과물"이었다. 즉 '신참자'들의 저택보다 취득한 지 오래되었기는 하나 "정복, 절도, 정치적 음모, 궁정에서의 아첨, 강요, 금전적 위력"의 산물임은 매일반이었다. "인간적 관점에서 조사를 하면 결백할 토지소유권은 거의 없"으니, "이와 같은 토지 획득 과정을 오로지 옛날에 이루어졌다는 이유로 해서 순수한 것으로 보고, 그 순수함이 이후의 토지 획득 과정의 비정함과는 판이한 것이었다고 생각하는 것은 집요하게 계속되는 뿌리 깊은 환상"일 뿐이다.

존슨이나 커루가 이런 사실을 몰랐을 리가 없다. 그렇지만 그들은 시에서 그것을 배제함으로써 저택과 저택이 대표하는 특정한 삶의 방식을 신비화한다. 신비화를 통한 현실 은폐는 그들의 시에서 민중의 노동 현실이 완벽하게 삭제됨으로써 완성된다. 그들의 시에는 작물 경작, 목축, 수렵과 같은 노동, 노동하는 사람들의 모습, 노동의 결과물에 대한 저택의 수탈 과정 등이 전혀 등장하지 않는다. 독자들은 저택 주인의 식탁에 오르는 음식의 재료로서만 노동의 결과물을 보게 될 뿐인데, 그것도 대단히 해괴한 과정을 거친다. 이를테면 "들판에 널려 있던 오색의 메추라기"는 저택 주인의 "식사용으로 즐겁게 죽어" 주고, "소는 양과 함께 자진해서 도살당하러" 오며, "물고기들은 개울에서보다 음식 접시에서 / 수영하기를 더 즐"긴다는 식이다. 존슨이나 커루는 왜 이처럼 황당한 시적 기지를 구사하면서까지 시골의 현실을 은폐하고자 했던 것일까? 윌리엄스에 의하면 바로 그들의 '입장'이 그러한 작업을 강제하기 때문이다. 그들은 저택 주인의 환대에 감사하면서 그와 식탁을 함께 하며 저택의 경관을 감상하는, 식객의 입장에서 글을 쓰고 있기 때문이다.

14장 이후 분석의 대상은 18세기에서 20세기까지 생산된 시와 소설들로 옮겨 간다. 여기서도 윌리엄스는 역시 글 쓰는 주체의 '위치' — 입장 — 에 초점을 맞추는 한편, '알 수 있는 공동체'라는 개념을 도입하여 소설가의 입장을 가늠하는 잣대로 활용한다. 소설가의 입장과 관련하여 윌리엄스는 시골을 모든 것이 다 알려진 투명한 장소로, 도시를 전모를 파악하기 힘든 불투명한 공간으로 대비하는 일반적 관행을 비판한다.

> 왜냐하면 우리가 어떤 대상을 알 수 있는 것은 단순히 그 대상의 기능 때문만은 아니기 때문이다. 다시 말해 우리가 어떤 대상을 알게 되는 것은 단순히 그 대상이 우리의 인식을 위해서 거기에 존재하고 있기 때문만은 아닌 것이다. 우리가 대상을 알 수 있는 것은 주체, 관찰자의 기능 때문이

기도 하다. 우리는 우리가 욕망하는 것, 우리가 알 필요가 있다고 느끼는 것을 알게 된다. 그렇기 때문에 우리는 농촌 관련 저술 전체를 통해서 농촌 공동체의 현실만을 보아서는 안 되며, 농촌 공동체 속에서의, 혹은 농촌 공동체를 향한, 관찰자의 위치도 보아야 한다. 그 위치 역시 저술을 통해서 우리가 알게 되는 공동체의 일부이기 때문이다.

그는 제인 오스틴과 조지 엘리엇을 예로 들어 이러한 주장을 입증한다. 제인 오스틴의 소설에서 '알 수 있는 공동체'는 인위적으로 선택된 "유복한 가족들과 가문들"이다. 그리고 그녀는 바로 그 가족들과 가문들의 구성원을 대상으로 글을 쓴다. 그녀는 그들의 일원으로서 그들을 관찰하고 판단한다. 그녀의 관찰은 예리하고 판단은 탁월하다. 그녀는 그들의 사회적 관계에 이미 친숙하고 개개인을 충분히 알고 있기 때문에 기존의 이야기 구조에 기대어 그녀 특유의 위트와 아이러니를 자연스레 구사할 수 있다. 반면 그들과 다른 계급 사람들은 그녀의 소설 속에 '존재하지 않'는다. 다른 계급 사람들의 생활공간인 시골 역시 날씨를 논할 때나 산책을 위한 장소로 잠깐 등장했다 사라질 뿐이다. 이런 의미에서 오스틴은 현실을 보는 "제한된 시각"을 보여 준다. 그런데 오스틴 소설의 묘미는 이렇듯 제한된 시각을 통해서나마 현실의 변화를 예리하게 드러낸다는 것이다. 그녀의 시선에 포착된 현실은 비록 "제한된" 것이긴 하되 부르주아지와 귀족이 불안하게 결합하는 현실이며, 외부로부터의 도전으로 그들의 운명이 불안하게 교차되는 가운데 전통적인 행위의 규범이 위기를 맞게 되는 현실이다. 그렇기 때문에 그녀는 "혼란과 변화의 연대기를 기록하면서도 어조의 통일성을 성취"하며, "정확하고 솔직하지만, 대단히 특별한 그녀만의 방식으로 그러하다"는 역설적 평가가 가능해진다.

그러나 조지 엘리엇의 경우에는 '알 수 있는 공동체'(그녀가 표현하고자 하는 시골 사람들)와 '알려진 공동체'(그녀가 잘 알고 있는 중간계급 독자층) 사이에 간극이 존재한다. 그녀는 그 간극을 날카롭게 의식한다는 점에서 오스틴과 흥미로운 대조를 이룬다. 엘리엇은 오스틴과 달리 직인(職人)이나 노동자, 빈곤층의 현실을 소설 속에 담고자 한다. 그러나 그녀의 소설을 읽게 될 독자들은 관심이나 가치관 면에서 이들과 사뭇 다르다. 그녀는 이 잘 '알려진 공동체'에 '알 수 있는 공동체'의 존재를 알려 주고 싶다. 그래서 '알 수 있는 공동체'를 다룰 때 그녀는 방어적이거나 변명조로 흐르고, 경우에 따라서는 중산계급 독자층이 상정하고 있는 상투형에 맞추어 기계적으로 묘사하는 경향마저 보이게 된다.

산업화 과정에서 교육을 통한 '사회적 유동성'이 커짐에 따라 엘리엇이 노정하는 딜레마는 중요한 사회적 문제로 부상한다. 윌리엄스 자신의 삶이 바로 이러한 '사회적 유동성'을 보여 주는 예이거니와, 그것은 또한 그가 소설 창작과 연구서 집필을 통하여 평생 동안 천착해 온 주제이기도 하였다. 기나긴 '문화 혁명'의 결과 노동계급은 자신들의 삶 속에 또 다른 대안적 문화의 전통이—'공식 문화'와 적대적 관계를 이루며—존속해 왔음을 알게 되었다. 그런데 교육을 받는다는 것은 그 대안적 문화의 전통을 나와서 '공식 문화' 속으로 옮겨 감을 의미하기도 하였다. 교육받은 노동자가 이러한 존재의 이전(移轉)을 온전히 감수할 수 없다면 어찌 될까? 지금껏 자신을 지탱해 왔던 대안적 전통에서 일정 부분 이탈해 있으면서 '공식 문화'로 대표되는 지배체제에 흔쾌히 순응할 수도 없는 그는 바로 윌리엄스의 소설 제목과 같은 '접경 지역'의 거주자가 되는 것이다.

토머스 하디는 '접경 지역'의 거주 실태를 전형적으로 보여 주는 작가이다. 그는 조지 엘리엇과 마찬가지로 도시 부르주아지를 대상으로 글을 쓰지만, 그녀와는 달리 공동체의 일원이라는 입장 또한 견지하려 한다. 그렇기 때문에 그는 시골의 공동체에서 진행되고 있는 변화의 실상을 볼 수 있다. 그리고 '알려진 공동체'의 상투형에 따라 시골을 그리는 수준을 넘어 시골의 변화를 사회 전체의 변화와의 관계 속에서 고찰할 수 있다. 그의 소설이 묘사하는 개인의 성공과 몰락, 시골의 변화와 연속성은 많은 하디 연구자들이 잘못 이해하듯 어떤 몰역사적인 패턴을 따르는 것이 아니라, 실제 사회의 변화와 갈등에 긴밀하게 연결되어 있다. 그가 그리는 시골의 인간들은 굳이 변명조의 설명이 필요 없는 인물들, 즉 변화하는 현실의 압력을 나름대로 견디며 갈등하는 인물들이다.

14장 이후의 또 다른 분석 대상은 시골에 대한 이상화나 신비화와 대비되는, 도시에 대한 부정적 이미지들이다. 여기서 윌리엄스는 산업화·도시화가 공동체의 소멸을 의미한다는 주장을 비판적으로 검토한다. 그는 다양한 텍스트에 도시를 보는 부정적 시각(도시는 위험하다)과 함께 긍정적 시각(도시는 인간의 단결을 위한 새로운 가능성을 제시한다)이 공존하고 있음을 보여 준다. 예컨대 워즈워드에게 도시는 이중의 이미지로 다가온다. 워즈워드의 런던은 무엇보다 끝없이 스쳐 지나는 거리의 인파이다. 지척에까지 접근했다가 이내 멀어지고 마는 사람들의 흐름은 도대체 덧없고 불안하고 낯설어서 추세를 예측하기 힘들다. 서로를 밀치며 한꺼번에 움직이는 사람들 사이에는 어떤 의미 있는 관계망도 존재하지 않는 듯하다. 하지만 워즈워드는 그 생경한 혼란 속에서, 저 "거대한 도시의 군중 속에서 / 어디서도 볼 수 없는 인간의 통일성이 / 감동적으로 나타나는" 모습을 보기도 한다. 그는 그 통일성이 "무지와 악덕을 이기는 단일한 정신"이자 "도덕적 판단을 내리는 단일한 감각"이라 노래한다.

디킨스의 런던은 일목요연하게 이해하는 것이 불가능할 정도로 엄청난 규모의 괴물이다. 런던을 매캐하게 감싸는 안개는 도시의 불투명성과 익명성을 상징한다. 이 불안한 세계를 지배하는 것은 학교나 법원, 공장 따위의 이질적 제도인데, 제도의 전모를 이해하는 것은 평범한 인간의 능력을 벗어나는 일인 것만 같다. 그러나 디킨스는 이러한 세계에서도 인간들의 상호성에 기초한 연대가 가능함을 감지한다. 엄청난 괴물과 같은 도시 역시 결국은 인간이 만든 것이라면, 비정한 제도를 개선하고 인간적 가치가 실현될 새로운 미래를 함께 여는 엄청난 작업 또한 얼마든지 가능하다는 것이다.

물론 워즈워드나 디킨스의 이중적 이미지에서 다른 한 쪽만을 취하는 경우도 있다. 이런 경우 도시는 끝내 예측을 허락하지 않는 공간이자 어떠한 관계 설정도 불가능한 장소이다. 여기서 도시는 거리를 걷는 고립된 개인의 이미지와 연결된다. 타자와의 교섭이 불가능하고 현실에 개입할 여지가 없는 도시의 개인은 내면세계로 침잠한다. 그에게 "역사는… 도시 속에 존재하는 것이 아니라 도시의 상실 속에, 관계들의 상실 속에 존재"하는 바, "'알 수 있는 공동체'는 오직 고독하게 질주하는 다양한 형태의 의식의 욕구 속에, 욕망 속에 존재할 뿐이다." 윌리엄스는 제임스 톰슨의 두 시편을 예로 들어 이러한 경향의 발생 과정을 더듬고, T. S. 엘리엇과 버지니아 울프, 제임스 조이스를 거치면서 그것이 어언 현대 문학의 지배적 조류로 발전 · 정착하는 과정을 추적한다. 그리하여 윌리엄스가 보기에 우리는 선택의 기로에 서 있다. 신화의 창조 — 개인의 고립된 자아 속에 인류를 관통하는 보편적 원형(*archtype*)이 존재한다고 하는 식의 — 로 귀결될 뿐인 파편화된 주관성의 세계와, 사회를 개선하고 혁명을 도모하고자 하는 집단적 의식의 세계 사이에서, 우리는 어떤 선택을 해야 하는가?

윌리엄스의 분석은 주로 영국의 사례를 중심으로 한 것이었지만, 그가 말하는 선택의 문제는 영국에만 국한되지 않는다. 시골과 도시를 둘러싼 역사의 착잡한 전개 과정은 근대 이후 세계 전체의 삶을 규정해 왔기 때문이다. 이제 서유럽과 북미의 '대도시적' 국가들은 '발전된' '선진' 공업국가들로서 세계의 정치·경제·문화의 중심이다. 다른 한편에는 이들과 선명하게 대조되는 '저발전된' 사회들, 즉 여전히 농업이 중심인 국가들이나 '저공업화된' 국가들이 존재한다. '대도시적' 국가들은 무역이나 기타의 정치경제적 통제장치를 통해서 이 공급지들로부터 식량과 원료를 조달한다. 사실상 '대도시적' 국가들의 배후지라 할 수 있는 이 공급지 국가들은 지표면의 대부분을 점하고 지구 인구의 대부분이 거주하는 국가들이다. 그렇기 때문에 '시골과 도시'의 문제는 영국을 넘어 전지구적인 문제가 된다.

윌리엄스는 직접적인 식민침탈의 시대가 끝났으므로 농업중심적 '저발전국가'에 대한 '대도시적' 공업국가들의 수탈도 막을 내렸다는 일부의 믿음을 통박한다. 그리고 '대도시적' 공업국가를 이들 '저발전국가'가 지향할 미래의 모델로 보는 이른바 '근대화' 모델 역시 근거가 박약한 것임을 역설한다. 왜냐하면 '대도시적 산업주의'의 능력을 맹신한 결과 인류의 생존이 위태롭게 될 것이라는 사실이 명백해지고 있고, 설혹 인류가 생존하더라도 지금과 같은 식의 생존을 계속하는 것은 불가능하다는 사실이 확실해지고 있기 때문이다. 그렇다고 공업화의 엔진을 멈추고—그럴 수 있는지도 의문이지만—'목가적' 시골로 회귀할 수도 없다. 왜냐하면 인간과 자연 간의 '신진대사적 관계'를 결정적으로 훼손한 것은 산업자본주의의 발전만이 아니었기 때문이다. 농촌의 소멸에 대한 그 모든 애도사가 무색할 정도로 자본주의적 영농은 오랫동안 다수의 인간을 수탈해 왔고, 전 지구적인 환경의 황폐화에 중요한 원인으로 작용해 왔다. 윌리엄스는 당면한 위기를 인식하고 그것의 해결을 위하여 가능한 모든 길을 모색하는 것이 우리의 임무임을 주장한다. 우리는 낙관론과 운명론 모두를 경계하면서 우리의 미래를 실제로 결정하게 될 영역을 비판적으로 관찰하고 의식적으로 개입해야 한다. 그럴 때 우리는 현재 "소수의 자본이 행사하는 권력"이 우리가 당면한 최대의 적이라는 것, 그리고 그것이 설득해야 할 대상일 뿐 아니라 타도하고 폐지해야 할 대상이기도 함을 알게 된다는 것이다.

4. 《시골과 도시》 이후

《시골과 도시》 이후 윌리엄스는 '이론' 영역에 본격적으로 개입한다. 그간의 '실제비평'적 작업을 통해서 그는 일단의 새로운 개념들과 방법론을 구사한 바 있는데, 《맑스주의와 문학》과 《문화사회학》으로 대표되는 이 시기의 작업은 일차적으로 그러한 개념들과 방법론을 이론적으로 벼리는 의미를 갖는다. 그런가 하면 이 시기의 작업은 영국의 변화하는 문화 지형에 대한 대응이라는 측면에서도 평가할 수 있다. 이제 그의 상대는 적어도 당시의 영국의 문학 연구자들 사이에서는 급격하게 영향력을 상실해 가고 있던 토착 '공식 문화'가 아니라, 대륙에서 건너온 '비판적 구조주의'와 '대안적 맑스주의'이다. 윌리엄스는 '비판적 구조주의'를 비판하고 '대안적 맑스주의'를 선별적으로 수용하면서, 그간의 입장을 이론적으로 정교하게 다듬는 한편 새로운 방법론을 구성한다.

잘 알려진 대로 '비판적 구조주의'는 언어가 인간의 의식과 정체성을 형성하는 데 결정적 역할을 담당한다고 본다. 언어를 포함한 '문화' 일반이 '토대'의 단순한 반영이 아님을 주장해 온 윌리엄스의 입장에서 이는 타당한 주장이다. 그렇지만 윌리엄스가 보기에 '비판적 구조주의'는 사회를 인간이 접근할 수 없는 선험적 실체로 본다는 점에서 결국 주관적 관념론 — 현실에 대한 불가지론 — 에 수렴한다. 그러므로 '비판적 구조주의'의 근본적 전제에 동의하면 사회의 변화를 위한 프로그램을 작성할 수 없다. 그저 담론의 변화가 사회의 변화를 보장해 줄 것임을 막연하게 상정할 수 있을 뿐인 것이다.

'비판적 구조주의'가 일종의 언어물신주의에 빠져 있는 데 반해, 정통 맑스주의에는 이렇다 할 언어 이론 자체가 없다. 언어를 이데올로기의 외피(外皮), 혹은 토대의 수동적 반영물로 간주해 왔을 따름이다. 그러나 볼로시노프와 비고츠키 같은 "맑스주의의 대안적 전통"은 언어의 사회 구성적 능력에 대한 새로운 모색을 가능하게 하였다. 이들은 언어가 의미를 사회적으로 창조할 뿐 아니라, 그 자체가 실제로 물질적인 성격을 갖는 것이기도 하다고 본다. 언어의 교환이 전제되지 않은 사회적·물질적 행위는 존재하지 않으므로, 언어는 비유적이 아니라 실제적인 의미에서 물질적 행위라는 것이다. 윌리엄스는 맑스주의의 토대-상부구조 모델을 줄곧 비판해 왔던 바, 이제 언어는 그러한 비판에 힘을 실어주는 가장 효과적인 사례가 된다. 즉 언어는 "문자 그대로의 생산수단"이며, "주체와 객체라는 추상적 존재물들 사이의 잊혀진 중간 지대"에 위치하는 "실천적 의식"이다.

윌리엄스에 의하면 문화연구자들의 책무는 무엇보다 이러한 "실천적 의식" 속에서 형성되는 "감정의 구조"를 포착하는 것이다. 그는 활동 초기부터 '감정의 구조'라는 용어를 사용했지만, 이 시기에 이르러 그것은 "형식적으로 정형화되고 체계화된 믿음들"을 넘어 사람들이 "능동적으로 체험하고 느끼는 그대로의 의미들과 가치들"에까지 접근하게 해 주는 유력한 통로가 된다.

> 고정된 형식들을 통해서는 전혀 언급될 수 없는, 아니 사실상 인식조차 될 수 없는 경험들이 존재한다. 기존의 의미체계로는 제대로 밝힐 수 없는 중요하면서도 혼돈된 경험들이 존재한다. 그리고 기존의 형태와 거기에 대한 반응이 외견상 무리 없이 조화를 이루는 것처럼 보이는 경우에도 수정적이고 유보적이며 미진해하는 듯한 징후가 있기 마련이다.

요즘 유행하는 식으로 바꿔 말한다면 이 "고정된 형식들을 통해서는… 인식조차 될 수 없는 경험들"이야말로 언어의 근본적 무기력을 드러내주는 모종의 징후일 것이다. 그러나 윌리엄스는 우리가 그 경험들에 접근할 수 있고 또 접근해야만 한다고 주장한다.

> 이러한 전승된 형태들에 대한 실제적 대안은 침묵도 아니며, 부르주아 문화가 신화화해 놓은 부재물, 즉 무의식도 아니다. 그것은 참으로 사회적, 물질적 성격을 띠는 것이면서도 완전히 명료하고 규정지어진 활동으로 자라나기에 앞서 태아적 국면에 있는 일종의 감정 및 사고이다.

아직 '공식적' 언어로 분절되기 이전의 경험이므로 "감정"인 것이고, 비록 "태아적 국면"에 있기는 하나 단순한 개인적 혼돈이 아니라 엄연히 사회적 메커니즘과의 관계 속에서 형성되는 경험이므로 "구조"인 것이다. 그러므로 "감정의 구조"를 포착하는 작업은 경험의 비반성적 한계를 극복하고 그것의 "생성적 직접성을 회복"하는 것인 동시에 "사회적 내용을 복구하는" 의미를 갖는다.

이러한 이론적 입장을 가지고 윌리엄스는 '문학'과 '문화'에 대한 그간의 생각을 더욱 명료한 형태로 정리한다. 우리가 보았던 것처럼 윌리엄스는 10여 년 이상 문학 연구에 전념하였다. 어찌 보면 그가 '공식 문화'에서 이루어져 온 기존의 문학적 평가를 비판하면서 토머스 하디와 같은 작가의 중요성을 강조하는 것은 문학 이론 내부에서 관행적으로 이루어지곤 하는 재평가 작업의 일환으로 이해할 수 있다. 그러나 《시골과 도시》에서 예컨대 스티븐 더크나 존 메이휴 같은 작가들을 분석의 대상으로 삼을 때, 그는 이미 문학적 가치판단과 문학 텍스트의 특수성 문제에 대하여 일정한 회의를 표명하고 있는 것이다.

《시골과 도시》를 집필하던 1970년대 초반에 그는 다음과 같이 쓰고 있다.

> 내게는 일부 가장 위대한 문학 작품들은 현실의 이면에 존재하는 결정적인(*formative*) 구조들의 현실화이자 그에 대한 반응이었던 것으로 보였다. 내가 보기에 문학적 현상의 특수성이란 실로 다음과 같은 것이었다. 즉 문학은 하나의 과정의 극화이자 허구화인데, 그것을 통해서 우리는 실제의 사회적 삶과 믿음들이 현실화되는 것을 보는 동시에 그것들을 참으로 중요한 의미에서 남다르게 경험하게 되는 것이다.

즉 위대한 문학 작품들은 예민하고 "남다르게" '감정의 구조'를 드러낸다는 점에서 집중적으로 분석할 모종의 성질을 갖고 있다는 것이다. 그러나 1977년의 그는 "더 이상 문학의 특수성을 믿지 않는다"고 말하며, 그것이 오랫동안의 성찰을 통해 도출된 결론임을 토로하고 있다. 이 문제와 관련하여 그가 1981년에 쓴 "작가: 참여와 연대"라는 짧은 글을 주목할 필요가 있는데, 여기서 그는 19세기의 노동계급 출신 작가들의 문제들을 논하면서 문학의 특수성과 문학적 가치판단 문제에 대한 입장 변화를 시사한다. 19세기에 소설은 가장 대중적인 문학 형식이었다. 그러나 당시의 노동계급은 소설이 될 만한 "놀라운 소재들"이 풍부하였음에도 좋은 소설을 산출하지 못했다. 아니 소설이란 것을 쓸 수 있는 사람 자체가 드물었다. 대신에 그들은 "놀라운 자서전"을 썼는데, 그것은 교회에서의 고해나 법정에서의 증언이 그들에게 가장 친숙한 담화 형식이었기 때문이다. 그렇다면 우리는 이 "놀라운 자서전"과 "좋은 소설"을 어떤 기준에서 어떻게 평가해야 할까? 혹은 소설이라는 이야기 형식이 근대의 거의 3, 4세대 동안 노동자 계급에게 대단히 낯설고 "침투하기가 거의 불가능한" 것이었다면, 그들의 몇 안 되는 소설이 보이는 형식적 조야함, 내용적 천박함을 어떻게 이해하고 평가해야 할까? 그것들은 그 자체로 중요한 '감정의 구조'의 기록이지 않은가?

윌리엄스 이후의 많은 후배 연구자들은 이러한 문제의식을 계승하여 문학이 영원한 보편적 지혜를 전수한다는 '환상'을 해체하고, 문학이라는 범주나 문학을 물신화하는 데 기여해 온 개념적 · 제도적 장치를 부정하기에 이른다. 문학 연구의 기본 전제에 대한 이와 같은 도전이 이후 '문학의 위기'라고 불리는 사태를 부른 결정적 원인이 되었다는 것은 이미 잘 알려진 사실이다. 그러나 우리는 윌리엄스의 주장과 이들의 주장을 구별할 필요가 있다. 윌리엄스가 문학 범주가 역사적으로 형성된 것임을 주장하는 것은 사실이다. 다만 그에게 역사적으로 형성되었다는 것은 역사적으로 실재했음을 의미하는 것이기도 하다. 즉 윌리엄스는 문학 범주의 '우연성'을 인정하는 동시에, 그것이 상당 기간 성공적으로 작동해 오는 과정에서 텍스트 생산자로 하여금 모종의 속성을 텍스트 속에 안정적으로 구현하게끔 하는 힘을 행사해 왔다는 사실 또한 인정하는 것이다. 그렇기 때문에 그는 문학 범주와 제도의 역사적 형성 과정을 분석하는 동시에 그 속에서 생산된 일부 작품들이 "뛰어나고 영구적인 중요성을 지닌"다고 말할 수 있다. 따라서 그가 문학의 특수성을 부정한다고 할 때, 그것은 문학에 다른 언어적 표현 양식들을 근본적으로 압도할 만큼 "배타적이거나 특권적인 속성"이 존재함을 부정하는 것일 따름이다.

그러나 윌리엄스는 문학 범주가 '공식 문화'의 중심적 기구로 작동하던

— 그래서 그것이 “배타적이거나 특권적인 속성”을 갖는다는 착시 현상까지 유발했던 — 시대가 저물어 가고 있다고 본다. 20세기로 접어들면서 “기본적인 생산 수단의 변화”가 일어났는데, 이에 따라 문학을 둘러싼 사회적 · 문화적 관계들 또한 심각하게 변화하였다. 그리하여 “인쇄물은 물론이고 심지어는 묵독(默讀) 까지도 여러 문화 형식들 중 하나에 불과한 시대가 다시” 도래하였다. 이는 문학 작품의 사회적 기능이나 위상, 지배적 이데올로기와의 관계 등에 결정적인 변화를 초래하였으니, 이제 영화나 텔레비전 방송 같은 새로운 커뮤니케이션 매체들이 문학의 자리를 대체하고 있는 참이다. 새로운 매체들은 해독하는 데 별다른 문화적 식별능력(*cultural literacy*)이 필요 없고, 문학이 포괄하지 못했던 전(前) 언어적 표현이나 몸짓들까지 총체적으로 구현해 낸다는 점에서 “문화적 민주화”에 기여할 새로운 가능성을 보여 준다. 그렇다면 문학 연구자들은 연구 대상의 소멸을 인정해야 하는가? 그렇지 않다. 왜냐하면 문학에서와 마찬가지로 새로운 매체들에서도 언어는 여전히, 어쩌면 어느 때보다 더, 인간의 경험과 실재를 이어 주는 “실천적 의식”으로 작동하고 있기 때문이다. 언어는 새로운 매체 환경 속에서 우리가 변화하는 ‘감정의 구조’를 감지하고 미래의 변화를 준비하는 데 여전히 가장 중요한 회로로 작용할 것이다. 오랜 세월 동안 축적된 문학 연구의 성과물들은 그러한 작업에 필수적인 연장통(*toolbox*)이 될 것이다. 그리고 《시골과 도시》를 위시한 일련의 저작을 통해서 윌리엄스는 이미 그러한 활용의 모범적 사례를 보여 준 바 있다.

주요 참고문헌

※ 발행지는 특별히 표기되어 있지 않으면 모두 런던이다. 이름이 이탤릭체로 표기된 경우는 편집자를 의미한다.[1]

1. 문학작품

• 1장-8장

T. Hesiod. *Works and Days*, ed. Sinclair, T. A., 1932.

Theocritus. *Works*, ed. Gow, A. S. F., Cambridge, 1952.

Edmonds, J. M. The Greek Bucolic Poets, 1912.

Gow, A. S. F. The Greek Bucolic Poets, Cambridge, 1953.

Headlam, W. A. Book of Greek Verse, Cambridge, 1907.

Higham, T. F. and Bowra, C. M., *Oxford Book of Greek Verse in Translation*, Oxford, 1938.

Virgil. *Eclogues*, tr. Day Lewis, C., 1963.

Virgil. *Georgics*, tr. Day Lewis, C., 1940.

Horace. *Odes*, tr. Godley, A. D., 1898.

Juvenal. *Sixteen Satires*, tr. Green, P., 1967.

---

1) (역주) 국내 번역본이 있는 경우는 괄호 안에 제목과 발간연도를 병기하였다. 국내에서 여러 번 번역되어 발간된 경우는 가장 신뢰할 만하다고 판단되는 국역본이나 가장 최근에 나온 국역본을 역자 임의로 선택하여 그 발간연도를 밝혔다.

Knott, T. A. and Fowler, D. C. Piers the Plowman, Baltimore, 1952.
Pollard, A. W. English Miracle Plays, Moralities and Interludes, Oxford, rev. 1927.
More, T. *Utopia*, ed. Sampson, G. and Guthkelch, A., 1910.
Sannazaro, G. *Arcadia*, Napoli (1966).
Tasso, T. *Aminta*, ed. Sozzi, B. T., Padova (1957).
Politianus, A. *Rusticus*, 1672.
Alamanni, L. *La Coltivazione*, 1780.
Sidney, P. *Arcadia*, ed. Baker, E. A., 1907.
Bastard, T. *Chrestoleros*, repr. Grosart, A. B., 1880.
Crole, R. (Crowley) *Select Works*, ed. Cowper, J. M., 1872.
Jonson, B. *Works*, ed. Herford, C. H. and Simpson, P. E., Oxford, 1925~52.
Marlowe, C. *Works*, ed. Case, R. H., 1933.
Middleton, T. *Plays*, ed. Swinburne, A. C. and Ellis, H., 1887~90.
Spenser, E. *The Shepheardes Calendar*, ed. Herford, C. H., 1895.
Rapin, R. *Dissertatio de Carmine Pastorali Eclogae Sacrae*, Paris, 1659.
Creech, T. The Idylliums of Theocritus with Rapin's Discourse of Pastorals, 1684.
Fontenelle, B. *Discours sur la nature de l'éclogue*, Paris, i688.
Matelot, P. A. *Of Pastorals*, 1695.
Carew, T. *Poems*, ed. Dunlap, R., Oxford, 1949.
Herrick, R. *Poetical Works*, ed. Moorman, F. W., Oxford, 1921.
Marvell, A. *Poems and Letters*, ed. Margoliouth, H. M., Oxford, 1952.
Massinger, P. *Plays*, ed. Symons, A., 1887~9.
Milton, J. *The Beadle and Easie Way to Establish a Free Commonwealth*, 2n. rev. ed., 1660.
Milton, J. *Complete Poetry and Selected Prose*, ed. Visiak, E. H., New York, 1938.
Pomfret, J. *Poems*, 1792.
Chambers, E. K. *Oxford Book of 16th Century Verse*, Oxford, 1932.
Kermode, J. F. English Pastoral Poetry, from the beginnings to Marvell, 1952.
Grierson, H. J. C. and Bullough, G. Oxford Book of 17th Century Verse,

Oxford, 1934.
Smith, D. N. Oxford Book of 18th Century Verse, Oxford, 1926.
Fausset, H. I'A. Minor Poets of the 18th Century, 1930.
Davie, D. The Late Augustans: Longer Poems of the Later 18th Century, 1958.
Congreve, W. *Works*, ed. Bateson, F. W., Oxford, 1930.
Etherege, G. *Works*, ed. Brett-Smith, H. F. B., Oxford, 1927.
Vanburgh, J. *Complete Works*, ed. Dobrée, B. and Webb, G., 1927.
Wycherley, W. *Plays*, ed. Ward, W. C., 1888.
Nettleton, G. H. and Case, A. British Dramatists from Dryden to Sheridan, 1939.
Pope, A. *Poems*, ed. Butt, J., Vols I, III. ii, IV; 1961, 1951, 1953.
Defoe, D. *Novels and Selected Writings*, Oxford, 1927-8.
Fielding, H. *Novels*, Oxford, 1926.
Richardson, S. *Novels*, Oxford, 1930.
Cole, G. D. H. Defoe's Tour Thro' the Whole Island of Great Britain, 1927.
Cowper, W. *Poems*, ed. Fausset, H. I'A., 1931.
Duck, S. *Poems on Several Occasions*, 1736.
Dyer, J. Poems, ed. Thomas, E., 1903.
Goldsmith, O. *Complete Poetical Works*, ed. Dobson, A., Oxford, 1906.
Gray, T. and Collins, W. *Poetical Works*, ed. Poole, A. L., rev. Whibley, L., Oxford, 1937.
Langhorne, J. *Poetical Works*, ed. Langhorne, J. T., 1804.
Philips, A. *Poems*, ed. Segar, M. G., Oxford, 1937.
Shenstone, W. *Poetical Works*, ed. Gilfillan, W., Edinburgh, 1854.
Young, A. *A Farmer's Letters to the People of England*, 1768.
Young, A. *Autobiography*, ed. Betham-Edwards, M., 1898.

• 9장–17장

Addison, J. *Essays*, ed. Frazer, J. G., 1915.
Austen, J. *Novels*, ed. Chapman, R. W., 1923~54.
Bewick, T. *Memoir Written by Himself, 1882~8*, repr., 1961.
Blake, W. *Complete Poetry*, ed. Hillyer, R. S., New York, 1941.
Bloomfield, R. *Poetical Works (of Robert Bloomfield and Henry Kirke-White)*,

1871.

Clare, J. *Poems*, ed. Tibble, J. W., 1935.

Cobbett, W. *Rural Rides*, ed. Cole, G. D. H. and M., Oxford, 1930.

Coleridge, S. T. *Poetical Works*, ed. Coleridge, E. H, Oxford, 1912.

Coleridge, S. T. *Select Poetry and Prose*, ed. Potter, S., 1933.

Constable, J. *Lectures at the Royal Institution*, 1836.

Crabbe, G. *Poetical Works*, ed. Carlyle, A. J. and R. M., Oxford, 1914.

Evelyn, J. *Diary*, ed. Beer, E. de S., Oxford, 1955.

Galt, J. *Annals of the Parish*, ed. Gordon, G. S., 1908.

Gilpin, W. *Observations*, 6 vols, 1782~98; *Three Essays*, 1792.

Jenner, C. *Town Eclogues*, 1772.

Johnson, S. *Prose and Poetry*, ed. Chapman, R. W., 1922.

Boswell, J. *Life of Samuel Johnson*, ed. Hill, G. B., rev. Powell, L. F., Oxford, 1934~50.

Kent, N. *Hints to Gentlemen of Landed Property*, 1775.

Lillo, J. *The London Merchant*, ed. Ward, A. W., Oxford, 1906.

Peacock, T. L. *Novels*, ed. Garnett, D., 1948.

Repton, H. *An Enquiry into the Changes in Landscape Gardening*, 1806.

White, G. *Writings*, ed. Massingham, H. J., 1938.

Wordsworth, W. *Poetical Works*, ed. Selincourt, E. de and Darbishire, H., Oxford, 1940~9.

Maxwell, J. G. The Prelude: a parallel text, 1971.

Arch, J. *Life*, 1898.

Brontë, C. *Shirley*, 1849.

Brontë, E. *Wuthering Heights*, 1847(《폭풍의 언덕》, 2005).

Dickens, C. *Old Curiosity Shop*, 1842; *Nicholas Nickleby*, 1839; *Dombey and Son*, 1848; *Hard Times*, 1854(《어려운 시절》, 2009); *Little Dorrit*, 1857; *Our Mutual Friend*, 1865.

Disraeli, B. *Coningsby*, 1844; *Sybil*, 1845.

Dolby, T. *Floreston*, 1839.

Eliot, G. *Adam Bede*, Edinburgh, 1859 (《아담 비드》 전 2권, 2007); *Mill on the Floss*, Edinburgh, 1860 (《플로스강의 물방앗간》 전 2권, 2007); *Felix Holt*, 1866; *Middlemarch*, Edinburgh, 1871~3; *Daniel*

Deronda, Edinburgh, 1876.

Cross. J. W. *Life of George Eliot*, Edinburgh, 1885.

Gaskell, E. *Mary Barton*, 1848; *Cranford*, 1853; *North and South*, 1855; *Wives and Daughters*, 1866.

Jefferies, R. *Hodge and his Masters*, 1880; *The Dewy Morn*, 1884; *The Life of the Fields*, 1884; *After London*, 1885; *The Open Air*, 1885; *Amaryllis at the Fair*, 1887; *Toilers of the Field*, 1892.

Looker, *S. J. Richard Jefferies: Field and Farm*, 1957.

Thomas, *E. Hills and the Vale: Richard Jefferies*, 1909.

Kingsley, C. *Yeast*, 1851; *Alton Locke*, 1852.

Somerville, A. *Autobiography of a Working Man*, 1848; *The Whistler at the Plough* Manchester, 1852.

Surtees, R. S. *Jaunts and Jollities*, 1838.

Trollope, A. *Doctor Thorne*, 1858.

Trollope, A. *The Barsetshire Novels*, ed. Harrison, F., 1906~28.

Watson, J. *Confessions of a Poacher*, 1890; *Poachers and Poaching*, 1891.

• 18장-25장

Barnes, W. *Poems of Rural Life, in the Dorset Dialect*, 1844.

Besant, W. *Children of Gibeon*, 1886.

Booth, W. *In Darkest England*, 1890.

Carlyle, T. *Collected Works*, 1857~8.

Conan-Doyle, A. *Memoirs of Sherlock Holmes*, 1894(《셜록 홈스의 회상록》, 2002).

Evan, P. *Life in London*, 1821.

Gissing, G. *Workers in the Dawn*, t88o; *The Unclassed*, 1884; *Demos*, 1886; *The Nether World*, 1889; *New Grub Street*, 1891 (《꿈꾸는 문인들의 거리》, 1995); *Born in Exile*, 1892; *In the Year of Jubilee*, 1894.

Gallienne, R. le, *English Poems*, 1892.

Greenwood, J. *A Night in a Workhouse*, 1866.

Hardy, T. *Under the Greenwood Tree*, 1872; *Far From the Madding Crowd*, 1874; *The Return of the Native*, 1878; *The Mayor of Casterbridge*, 1886; *The Woodlanders* 1887; *Tess of the D'Urbervilles*, 1891 (《더버빌

가의 테스》, 2000) ; *Jude the Obscure*, 1896 (《이름 없는 주드》, 전 2권, 2007).

Orel, H. Thomas Hardy: Personal Writings, 1967.

Hardy, F. E. The Early Life of Thomas Hardy, 1928.

Hollingshead, J. *Ragged London in 1861*, 1961.

Keating, P. J. Working-class Stories of the 1890s, 1971.

Mayhew, A. *Kitty Lamere*, 1855; *Paved with Gold*, 1858.

Mayhew, A. and H. *The Greatest Plague of Life*, 1847; *Living for Appearances*, 1855.

Morris, W. *News from Nowhere*, 1891 (《에코토피아 뉴스》, 2004).

Morrison, A. *Tales of Mean Streets*, 1894; *A Child of the Jago*, 1896.

Pall Mall Gazette, 1885.

Rutherford, M. *The Revolution in Tanner's Lane*, 1887.

Sims, G. *How the Poor Live*, 1883.

Wells, H. G. *The Time Machine*, 1895 (《타임머신》, 2011) ; *The War of the Worlds*, 1898 《우주 전쟁》, 2005) ; *Tono-Bungay*, 1909; *Experiment in Autobiography*, 1934; *Complete Short Stories*, 1927.

Borrow, G. *Wild Wales*, 1862.

Kilvert, F. *Diary, 1870~9*; (1938~40).

Stevenson, R. L. *Inland Voyage*, 1878; *Travels with a Donkey in the Cevennes*, 1879 (《당나귀와 떠난 여행》, 2003).

Baudelaire, C. P. *Oeuvres*, Paris, 1954

Dostoievsky, F. *Crime and Punishment*, 1886 (《죄와 벌》 전 2권, 2009).

Kafka, F. *The Trial*, 1956 (《소송》, 2005) ; *The Castle*, 1953 (《성》, 2000)

Mercier, L-S. *Tableau de Paris*, 1929; *L'An 2440*, Neuchâtel, 1772.

Thomson, J. *Poems and Some Letters*, 1963.

Abercrombie, L. *Collected Poems*, 1930.

Barrie, J. M. *A Window in Thrums*, 1889.

Bourne, G. *Memoirs of a Surrey Labourer*, 1907; *Change in the Village*, 1912; *The Wheelwright's Shop*, Cambridge, 1923.

Bell, A. *Corduroy*, 1930; *Silver Ley* 1931; *Cherry Tree*, 1932.

Bell, A. The Open Air, 1936.

Blythe, R. *Akenfield*, 1969.

Carpenter, E. *Towards Democracy*, 1885; *Civilisation, its Cause and Cure*, 1889.

Christie, A. *The Body in the Library*, 1942.

Drinkwater, J. *Collected Poems*, 1923.

Eliot, T. S. *Collected Poems*, 1936(《T. S. 엘리엇 전집》, 1988); *Idea of a Christian Society*, 1939; *Four Quartets*, 1944 (《T. S. 엘리엇 전집》, 1988); *Notes towards the definition of Culture*, 1948.

Evans, G. *E. The Pattern under the Plough*, 1966.

Forster, E. M. *The Longest Journey*, 1907(《기나긴 여행》, 2006); *Howard's End*, 1910(《하워즈 엔드》, 2010); *A Passage to India*, 1924(《인도로 가는 길》, 2006).

Gibbon, L. G. *A Scots Quair*, 1950.

Gibbons, S. *Cold Comfort Farm*, 1938.

Grahame, K. *The Wind in the Willows*, 1908.

Holme, C. *The Lonely Plough*, 1914.

Hudson, W. *H. A Shepherd's Life*, 1910; *Far Away and Long Ago*, 1918.

James, H. *Portrait of a Lady*, 1881(《여인의 초상》, 전 3권, 1997); *The Spoils of Poynton*, 1897; *The Golden Bowl*, 1904.

Joyce, J. *Dubliners*, 1914(《더블린 사람들》, 2010); *Portrait of the Artist as a Young Man*, 1916(《젊은 예술가의 초상》, 1999); *Ulysses*, 1922 (《율리시즈》 전 3권, 1997); *Finnegans Wake*, 1939(《피네간의 경야》, 2002).

Kitchen, F. *Brother to the Ox*, 1939.

Lawrence, D. H. *Sons and Lovers*, 1913(《아들과 연인》 전 2권, 2002); *The Rainbow*, 1915(《무지개》 전 2권, 2006); *Women in Love*, 1921; *Lady Chatterley's Lover*, 1961(《채털리 부인의 사랑》 전 2권, 2003); *Phoenix*, 1936; *Phoenix II*, 1968.

Marsh, E. Georgian Poetry, 1911~22.

Martin, E. W. *The Secret People*, 1954.

Massingham, H. *The English Countryman*, 1942.

Meredith, G. *The Ordeal of Richard Fevered*, 1859; *Rhoda Fleming*, 1865; *Poems and Lyrics of the Joy of Earth*, 1883; *A Reading of Earth*, 1888.

Phillpotts, E. *Dartmoor Omnibus*, 1933.

Powys, J. C. *A Glastonbury Romance*, 1933.

Powys, T. F. *Fables*, 1929; *Mr Weston's Good Wine*, 1927.

Sayers, D. L. *The Nine Tailors*, 1934.

Scott, J. R. The Cowarymars Book, 1948.

Thomas, E. *Collected Poems*, 1936.

Thompson, F. *Lark Rise to Candleford*, 1945.

Tolkien, J. R. *Lord of the Rings*, 1966(《반지의 제왕》 전 7권, 2007)

White, T. H. *The Sword in the Stone*, 1938.

Williamson, H. *Collected Nature Stories*, 1970.

Woolf, V. *Mrs Dalloway*, 1925(《댈러웨이 부인》, 2006); *To the Lighthouse*, 1927(《등대로》, 1996); *Orlando*, 1929(《올랜도》, 2010); *The Waves*, 1931(《파도》, 2004); *Between the Acts*, 1941(《막간》, 2004)

Young, F. B. *Mr. Lucton's Freedom*, 1940.

Aldiss, B. *Omnibus*, 1969.

Clarke, A. C. *The City and the Stars*, 1957.

Han Suyin. *And the Rain my Drink*, 1956.

Huxley, A. *Brave New World*, 1932(《멋진 신세계》, 1998).

Knight, D. Cities of Wonder, 1970.

Orwell, G. *Down and Out in Paris and London*, 1933 (《파리와 런던의 밑바닥 생활》, 2008); *Burmese Days*, 1934(《버마 시절》, 2010); *Clergyman's Daughter*, 1935; *Keep the Aspidistra Flying*, 1936; *The Road to Wigan Pier*, 1937(《위건 부두로 가는 길》, 2010); *Coming up for Air*, 1939(《숨 쉬러 나가다》, 2011); *Animal Farm*, 1945(《동물농장》, 1998); *Nineteen Eighty-Four*, 1949(《1984》, 2003); *Collected Essays, Journalism and Letters*, 1969.

Tressall, R. *The Ragged Trousered Philanthropists*, 1927(《누더기 바지 박애주의자들》, 1988)

Achebe, C. *Things Fall Apart*, 1958(《모든 것이 산산이 부서지다》, 2008); *Arrow of God*, 1964(《신의 화살》, 1993); *No Longer at Ease*, 1960(《더 이상 평안은 없다》, 2009); *Man of the People*, 1966(《민중의 지도자》, 1981).

Amadi, E. *The Concubine*, 1966.

Anand, M. R. *Two Leaves and a Bud*, 1937; *The Village*, 1939.
Cary, J. *Aissa Saved*, 1932; *The African Witch*, 1936; *Mister Johnson*, 1939;
Harris W. *The Far Journey of Oudin*, 1961.
Kemal, Y. *The Wind from the Plain*, 1964; *Anatolian Tales*, 1968.
Lamming, G. *In the Castle of My Skin*, 1953.
Mphahlele, E. *Man Must Live*, Cape Town, 1946.
Narayan, R. K. *Swami and Friends*, 1935.
Ngugi, J. *Weep not, Child*, 1964(《아이야 울지마라》, 1995); *A Grain of Wheat*, 1967(《한톨의 밀알》, 2000); *The River Between*, 1965(《사이로 흐르는 강》, 1986).
Nwankwo, N. *Danda*, 1964.
Reid, V. S. *New Day*, 1950.

2. 역사와 기타 연구

Archenholz, J. W. von *A Picture of England*, Dublin, 1790.
Ashley, M. R. *Joseph Ashley of Tysoe*, 1961.
Bennett, H. S. *Life on the English Manor, 1150~1400*, 1937.
Bloch, M. *La Société Féodale*, Paris, 1940(《봉건사회》1, 2, 2001).
Briggs, A. *Victorian Cities*, 1963.
Beresford, M. W. *New Towns of the Middle Ages*, 1967.
Bonser, K. J. *The Drovers*, 1970.
Booth, C. *Life and Labour of the People in London*, 1889~1903.
Caird, J. *English Agriculture in 1850~1*, 1852; *The British Land Question*, 1881.
Chambers, J. D. and Mingay, G. E. *The Agricultural Revolution, 1750~1880*, 1966.
Clapham, J. H. *Economic History of Modern Britain*, Cambridge, 1927.
Coulton, G. C. *Social Life in Britain from the Conquest to the Reformation*, 1918.
Deane, P. M. and Cole, W. A. *British Economic Growth, 1688~1959*, Cambridge, 1962.

Defries, A. *Sheep and Turnips, being the Life and Times of Arthur Young*, 1938.

Dickinson, R. E. *The West European City*, 1951.

Dobb, M. H. *Studies in the Development of Capitalism*, 1946(《자본주의 발전 연구》, 1986).

Engels, F. *The Condition of the Working Class in England, 1844*, 1892.

Fairbrother, N. *New Lives, New Landscapes*, 1970.

Fussell, G. E. *Village Life in the 18th Century*, 1948; *The English Rural Labourer*, 1949.

Fussell, G. E. and K. R. *The English Countryman*, 1955.

Hammond, J. L. and B. *The Village Labourer*, 1911; *The Skilled Labourer*, 1908.

Hasbach, W. *A History of the English Agricultural Labourer*, 1908.

Handlin, O. and Burchard, J. *The Historian and the City*, Cambridge, Mass., 1966.

Hobsbawm, E. J. *The Age of Revolution*, 1962(《혁명의 시대》, 1998); *Industry and Empire*, 1968(《산업과 제국》, 1984).

Hobsbawm, E. J. and Rude, G. *Captain Swing*, 1969.

Habakkuk, H. J. *American and British Technology in the 19th Century*, 1962.

Harden, D. B. Dark Age England, 1956.

Hoskins, W. G. *The Making of the English Landscape*, 1957.

Howitt, W. *The Rural Life of England*, 1838.

Jones, E. *Towns and Cities*, 1966.

Marshall, W. *Rural Economy*, 1787~98.

Marx, K. *Capital*, 1887(《자본론》 전5권, 2001~5).

Mayhew, H. *London Labour and the London Poor*, 1861.

Minchinton, W. E., ed., *Essays in Agrarian History*, 2 vols., Newton Abbot, 1968.

Mingay, G. E. *English Landed Society in the 18th Century*, 1963.

Mumford, L. *The Culture of Cities*, 1938; *Technics and Civilisation, 1938.*

Orwin, C. S. and Whetham, E H. *History of British Agriculture, 1846~1914*, 1964.

Peacock, A. J. *Bread* or *Blood*, 1965.

Pirenne, *N. Medieval Cities*, New York, 1925(《중세 유럽의 도시》, 1997).
Prothero, R. (Ernle) *English Farming Past and Present*, 6th edn., rev. Hall, D., and introd. Fussell, G. E. and McGregor, O. R., 1961
Rosenau, H. *The Ideal City*, 1959.
Rubinstein, S. *Historians of London*, 1968.
Saville, J. *Rural Depopulation in England and Wales, 1851~1951*, 1957.
Sheppard, F. *London, 1807-70; the infernal wen*, 1971.
Slater, G. *The English Peasantry and the Enclosure of Common Fields*, 1907.
Tawney, R. H. *The Agrarian Problem in the 16th Century*, 1912.
Thirsk, J. The Agrarian History of England and Wales, Vol. IV, 1967.
Thompson, E. P. *The Making of the English Working Class*, 1963(《영국노동계급의 형성》 전2권, 2000).
Thompson, F. M. L. *English Landed Society in the 19th Century*, 1963.
Trent, C. *Greater London*, 1965.
Vaughan, R. *The Age of Great Cities*, 1848.
Vinogradoff, P. *Villeinage in England*, 1968.
Voltaire, *Oeuvres Vol. X*, Paris, 1877.
Whitelock, D. The *Beginnings of English Society*, 1963.
Young, A. *A Farmer's Letters to the People of England*, 1768; *Annals of Agriculture*, contrib.

3. 문학, 예술, 사상 연구

Arnold, M. *Culture and Anarchy*, 1869(《교양과 무질서》, 2006).
Barrel, J. *The Idea of Landscape and the Sense of Place*, 1972.
Burckhardt, J. *The Civilisation of the Renaissance in Italy*, tr. Middlemore, 1929(《이탈리아 르네상스의 문화》, 2003).
Congleton, J. . E. *Theories of Pastoral Poetry in England, 1684~1798*, 1952.
Cooper, E. H. *The Medieval Background of English Renaissance Pastoral Literature*, Ph. D. thesis, Cambridge, 1972.
Duckworth, A. M. *The Improvement of the Estate*, 1972.
Empson, W. *Some Versions of Pastoral*, 1935.

Hibbard, G. H. *Journal of the Warburg Institute*, XIX, 1~2(1954).
Hill, C. *Puritanism and Revolution*, 1958.
Hopkins, A. B. *Elizabeth Gaskell: her life and work*, 1952.
Hussey, C. *The Picturesque: studies in a point of view*, 1927.
Leavis, F. R. *The Great Tradition*, 1948(《영국소설의 위대한 전통》, 2007).
Leavis, F. R. and Thompson, D. *Culture and Environment*, 1933.
Knights, L. C. *Drama and Society in the Age of Jonson*, 1937.
Leavis, Q. D. *Fiction and the Reading Public*, 1932.
Lindsay, J. *George Meredith*, 1956.
Mack, M. *The Garden and the City*, 1969.
Malins, E. *English Landscaping and Literature*, 1966.
Rostvig, M-S. *The Happy Man*; 2 vols., Oslo, 1954 and 1958.
Smith, G. *Dickens, Money and Society*; Berkeley, 1968.
Unwin, R. *The Rural Muse*, 1954.
Welsh, A. *The City of Dickens*, 1971.
Wilkinson, L. P. *The Georgics of Virgil*, 1969.
Williams, M. *Thomas Hardy and Rural England*, 1972.

레이먼드 윌리엄스

(1921~1988)[1)]

1921 그웬트(Gwent) 주, 애버게이브니(Abergaveeny) 읍, 팬디(Pandy) 마을의 루윈더르(Llywn Derw)에서 아버지 헨리 조셉 윌리엄스(Henry Joseph Williams)와 어머니 에스더 그웬돌렌 버드(Esther Gwendolene Bird)의 외아들로 출생. 아버지는 1896년에 농업노동자의 3남으로 출생하여 철도 신호수로 일했고, 1890년생인 어머니는 농장관리인의 3녀였음.

1925 웨일즈 교회 산하 랑피한젤 그루커니(Llanfihangel Crucorney) 초등학교 입학.

1926 아버지가 총파업에 참여하여 노동당 지부 서기직을 맡음.

1932 주(州) 장학금으로 애버게이브니 읍내의 헨리 8세 중학교 입학.

1935 웨일즈 교회 견신례를 거부.
총선에서 노동당 후보〔마이클 푸트(Michael Foot)〕 선거운동.

1936 중등교육 수료증서 취득. 대학입학자격시험 면제받음.
노동당 입당 거부.

1937 애버게이브니의 레프트 북 클럽(Left Book Club)에 가입.

---

1) 이 연보는 Raymond Williams, "Raymond Williams — Dates", *Politics and Letters: Interviews with New Left Review*(London, 1977) 11~16; 김영희, "레이먼드 윌리엄스 연보", 《비평의 객관성과 실천적 지평》(1993) 270~275를 기초로 하여 작성하였고, Fred Inglis, *Raymond Williams*(London, 1995); Dai Smith, *Raymond Williams: A Warrior's Tale*(Cardigan, 2008) 등을 참조하여 일부 내용을 보완하였다.

8월: 국제연맹 웨일즈 지부(Welsh League of Nations Union) 장학금으로 제네바의 청년회의(Youth Conference)에 참가.

1938 7월: 고등교육 수료증서(영어, 불어, 라틴어) 취득. 국가장학금 받음.
9월: 애버게이브니에서 열린 뮌헨협정 반대 대중집회에서 연설.

1939 봄: 중간선거에서 노동당 후보〔평화서약연합(Peace Pledge Union) 회원인 프랭크 핸콕 (Frank Hancock)〕의 상임운동원으로 활동.
10월: 케임브리지의 트리니티 칼리지 입학. 케임브리지대학 사회주의자클럽(Cambridge University Socialist Club) 가입.
12월: 공산당 학생지부에 입당.

1940 케임브리지대학 사회주의자클럽 작가그룹 회원. 단편소설 〈예배당〉(*Mother Chaple*)과 〈붉은 대지〉(*Red Earth*) 및 논문 〈방공〉(*Defence Against Air Raids*), 〈문학과 감수성 숭배〉(*Literature and the Cult of Sensibility*) 집필. 소련의 핀란드 침략에 관한 팸플릿 공동 집필.
4~6월: 신문 《케임브리지 대학 저널》 편집인.
6월: 영문학 우등졸업시험 중 예비시험 치름.
7월: 팬디에서 지역방위 자경단[2]에 가입

1941 《관점》(*Outlook*) 편집.
케임브리지 인민회의(People's Convention) 예술·교육분과 의장.
트리니티 칼리지 조합 창립위원,
6월: 영문학 우등졸업시험, 1부 치름.
7월: 징집되어 무선통신병 훈련을 받음.
단편소설 〈해고 노동자〉(*Sack Labourer*) 집필〔《잉글리시 스토리》(*English Story*)에 발표〕.

1942 1~6월: 포병 장교 훈련소 입소.
6월: 21 대전차 연대에 소위로 부임.
6월: 조이 달링(Joy Dalling)과 결혼.

---

2) LDV(*Local Defence Volunteers*): 제 2차 세계대전 중 연령상의 이유 등으로 군 입대가 불가능한 사람들이 독일의 공격에 대비하여 자체적으로 결성한 지역 예비군. 이후 '향토방위대'(Home Guard)로 명칭이 바뀜.

1943 포병 중위 진급. 셔먼(Sherman) 전차 장교 훈련 이수.

1944 6월: 노르망디 참전.
7월: 딸 메린(Merryn) 태어남.
9월: 선발대로 브뤼셀 해방. 네이메헌-아른험 작전 참가.

1945 아르덴, 함부르크, 킬 운하 작전 등에 참가.
4~10월: 마이클 포프(Michael Pope)라는 필명으로 군대신문 〈21〉 편집.
10월: 예비군으로 징집 해제되어 케임브리지 복학.

1946 6월: 영문학 우등졸업시험 2부 완료.
9월: 일반적으로 케임브리지대학 교수 임용의 전단계로 간주되던 대학원 장학금을 제안받았으나 거절. 옥스퍼드대학 개별교육위원회(성인교육단과 노동자교육협회의 연합 기구)의 강사(Staff Tutor)로 취임.
9월: 아들 에더린(Ederyn) 태어남. 서섹스 주의 시포드로 이사.

1947 소설 《접경 지역》(*Border Country*)의 초고인 《브륀윌위드》(*Brynllwyd*) 및 〈앓아눕기 좋은 방〉(*A Fine Room to be Ill in*, 〈잉글리시 스토리〉 1948년 게재) 집필. 《입센에서 엘리엇까지의 연극》(*Drama from Ibsen to Eliot*) 집필 시작.
문학 강의.

1947~48 울프 맨코위츠(Wolf Mankowitz), 클리포드 콜린즈(Clifford Collins)와 함께 잡지 《비평가》(*The Critic*) 편집, 그리고 《비평가》를 통합한 새로운 잡지 《정치와 문학》(*Politics and Letters*) 편집.

1948 《입센에서 엘리엇까지의 연극》 완료 (1952년 출판).
기록영화 감독인 폴 로타(Paul Rotha)를 위하여 영국의 농업·산업혁명에 관한 대본을 집필하였으나 영화화에는 이르지 못함.
유콘의 금광 붐을 다룬 라디오 대본을 집필하였으나 방송을 거절당하고, 이를 소설화〔《리드이어》(*Ridyear*)〕하였으나 간행에 이르지 못함.
재정적 곤란과 편집자들의 이견으로 《정치와 문학》 폐간.

1949 《브륀윌위드》 수정 작업.
《독서와 비평》(*Reading and Criticism*) 집필(1950년 출판).

문화이론 강의.

1950 《문화와 사회》(*Culture and Society*)로 제목이 바뀌게 될 《문화의 개념》(*The Idea of Culture*) 집필 시작.
미간행 소설 《애덤슨》(*Adamson*) 집필.
총선에서 노동당 선거운동.
아들 매도크(Madawc) 출생.

1951 한국전쟁에 징집되나 참전이 자신의 "도덕적·종교적 원칙에 맞지 않는다"는 이유로 거부. 법원 청문회를 거쳐 양심적 징집거부자로 등록됨.
《브륀윌위드》의 수정본인 《접경 지역 마을》(*Village on the Border*) 집필.
미간행 소설 《메뚜기》(*Grasshopper*) 집필.

1952 3월: 헤이스팅즈로 이사.
《접경 지역 마을》을 다시 고쳐 씀.

1953 《평론》(*Essays in Criticism*) 1권 3호에 〈문화의 개념〉 발표.
《무대 위의 연극》(*Drama in Performance*, 1954년 출간) 및 마이클 오롬(Michael Orrom)과의 공저 《영화론 서설》(*Preface to Film*, 1954년 출간) 집필.

1953~ 《하이웨이》(*Highway*), 《성인교육》(*Adult Education*), 《평론》 등에 기고.

1954 《접경 지역 마을》을 《접경 마을》(*Border Village*)로 고쳐 씀.

1955 《문화와 사회》의 일부 집필.
총선에서 노동당 상임 운동원으로 활동.

1956 《문화와 사회》 완료(1958년 출판).[3]

1957 《접경 마을》을 《접경 지역》으로 수정 집필.
미발표 희곡 《맥베스 왕》(*Macbeth*) 집필.
올더마스턴 행진[4]에 참여.

---

3) 《문화와 사회》 나영균 역(1988).

4) Aldermaston march: 핵무기 철폐 운동을 위하여 영국에서 최초로 조직된 대

런던의 '대학과 좌파 평론 클럽'(Universities and Left Review Club) 참가.

1958 《접경 지역》 다시 수정(1960년 출판).
《평론과 원리》(*Essays and Principles*) 집필 시작〔이후 《기나긴 혁명》(*The Long Revolution*)으로 완성됨〕.

1959 《기나긴 혁명》 완료(1961년 출판).[5]
희곡 〈코바〉(*Koba*) 집필〔1966년에 출간된 《현대비극론》(*Modern Tragedy*)의 일부로 발표〕.
《뉴레프트리뷰》(*New Left Review*) 창간을 주도하고 편집진에 합류.

1960 소설 《두 번째 세대》(*Second Generation*) 집필 시작.
옥스퍼드대학 성인교육단의 전임강사(Resident Tutor)로 취임하여 옥스퍼드로 이사.
전국 교사노조가 주최한 '대중문화' 관련 학회에서 기조발제. 이를 계기로 펭귄출판사와 《커뮤니케이션》(*Communication*) 발간 계약을 체결.
《채털리 부인의 연인》(*Lady Chatterley's Lover*) 재판에 증인으로 출두.

1961 《커뮤니케이션》 집필 (1962년 출판).
15년여에 걸친 성인교육 활동을 정리하고 케임브리지대학 영문학 교수(Lecturer)로 부임. 지저스 칼리지의 연구원에 선임.
9월: 케임브리지 주의 하드위크로 이사.

1961 ~66 핵무기 철폐운동(Campaign for Nuclear Disarmament, CND)과 베트남 연대운동(Vietnam Solidarity Campaign) 주도. 노동당원.

1962 《두 번째 세대》 완료 (1964년 출판).

1963 《현대비극론》 집필 시작.

1964 《현대비극론》 완료 (1966년 출판).[6]
케임브리지 주 노동당 후보를 위해 상임 운동원으로 활동.

중 행진.

5) 《기나긴 혁명》 성은애 역(2007).

6) 《현대비극론》 임순희 역(1985).

1965 소설 《매노드를 위한 싸움》(*The Fight for Manod*) 시작.
《시골과 도시》(*The Country and the City*) 시작.
케임브리지 좌파 포럼(Cambridge Left Forum) 및 베트남 연대운동(Vietnam Solidarity Campaign) 활동.

1966 희곡 《시골에서 보낸 편지》(*A Letter from the Country*, BBC 제 2방송에서 방영) 집필.
《입센에서 엘리엇까지의 연극》을 《입센에서 브레히트까지의 연극》(*Drama from Ibsen to Brecht*)으로 개작.
2월: 케임브리지 주 노동당 후보를 위한 활동.
7월: 원칙을 포기한 총선 승리에 항의하는 의미로 노동당 탈당.
8월: 《노동절 선언》(*May Day Manifesto*)을 낳게 될 모임 기획.

1967 희곡 《공식적 조사》(*Public Inquiry*, BBC 제 1방송에서 방영) 집필.
5월: 스튜어트 홀(Stuart Hall), E. P. 톰슨(Thompson)과 함께 첫 번째 《노동절 선언》 출간.
《노동절 선언》의 후속작업을 위한 실무작업단 주재.
《커뮤니케이션》 수정 작업(개정판 1968년 출간).

1968 《시골과 도시》 전반부 집필.
5월: 펭귄 출판사판 《노동절 선언》 출간.
스칸디나비아와 이탈리아에서 강연.

1968~72 BBC에서 발행하는 잡지 《시청자》(*The Listener*)에 텔레비전 비평 연재.

1969 1961~68년의 강의를 기초로 《디킨스에서 로렌스까지의 영국소설》(*The English Novel from Dickens to Lawrence*)을 집필 (1970년 출간). 《펠리컨판 영국 산문선집, 제 2권》(*Pelican Book of English Prose, II*)을 편집하고 〈서문〉 집필.
전국 좌파 회의(National Convention of the Left) 의장 및 대표위원회 위원장.

1970 《오웰》(Orwell) 집필(1971년 출간).
소설 《지원자들》(*The Volunteers*) 집필 계속.
5월: 총선 정책을 둘러싼 이견으로 대표위원회 해산.

1971 소설 《형제들》(*The Brothers*) 집필 시작.

루시앙 골드만(Lucien Goldmann) 추모강연 (1971년 《뉴레프트리뷰》에 게재).
이탈리아 강연.

1972 《지원자들》, 《맑스주의와 문학》(*Marxism and Literature*) 집필 계속.

1973 미국, 캐나다 강연.
《시골과 도시》 출간.
《텔레비전론 : 테크놀러지와 문화형식》(*Television: Technology and Cultural Form*) 집필(1974년 출간).[7)]

1974 2월: 총선에서 노동당 선거운동.
《맑스주의와 문학》, 《키워드》(*Keywords*), 《매노드를 위한 싸움》 집필 계속.
케임브리지대학 희곡 교수(Professor of Drama) 취임.

1975 《키워드》 완료 (1976년 출간).[8)]
《맑스주의와 문학》, 《매노드를 위한 싸움》 집필 계속.
《커뮤니케이션》 개정(개정판 1976년 출간).
독일 강연.

1976 《맑스주의와 문학》 완료(1977년 출간).[9)]
《지원자》 완료(1978년 출간).
이탈리아, 유고슬라비아, 독일, 프랑스에서 강연.

1978 《매노드를 위한 싸움》 완료(1979년 출간). 《뉴레프트리뷰》 109호에 논문 "유물론의 문제들" 발표.

1979 《뉴레프트리뷰》 편집인인 페리 앤더슨(Perry Anderson), 앤소니 바네트(Anthony Barnett), 프랜시스 멀헌(Francis Mulhern) 등과의 대담집 《정치와 문학》(*Politics and Letters*) 출간.

1980 논문모음집 《유물론과 문화의 문제들》(*Problems in Materialism and Culture*) 출간.

---

7) 《텔레비전론: 테크놀러지와 문화형식》 박효숙 역(1996).

8) 《키워드》 김성기 · 유리 역(2010).

9) 《이념과 문학》 이일환 역(1982).

1981 콜린 매케이브(Colin MacCabe)의 종신임용을 둘러싸고 케임브리지 영문학 교수들 사이에 의견 대립 발생〔이른바 "매케이브 사태"(The MacCabe Affair)〕. 프랭크 커모드(Frank Kermode)와 함께 매케이브를 옹호하나 뜻을 이루지 못함.
《문화》(*Culture*) 출간〔미국에서는 1982년 《문화사회학》(*The Sociology of Culture*)이라는 제목으로 출간〕.[10]
《접촉: 인간적 의사소통과 그 역사》(*Contact: Human Communication and its History*) 편찬.

1983 사회·문화비평서인 《2000년을 바라보며》(*Toward 2000*) 출간(미국에서는 1984년 《2000년》(*The Year 2000*)이라는 제목으로 출간).
윌리엄 코벳(William Cobbett) 평전인 《코벳》(*Cobbett*) 출간.
정년을 5년 앞두고 교수직 사임. 그러나 연구실을 유지하면서 강의도 계속함.

1984 논문모음집 《사회 속에서 글쓰기》(*Writing in Society*) 출간.

1985 소설 《충성심》(*Loyalties*) 출간.

1986 딸 메린과 《존 클레어 시·산문 선집》(*John Clare: Selected Poetry and Prose*) 편집 출간.

1988 심장마비로 사망.

---

10) 《문화사회학》 설준규·송승철 역(1984).

찾아보기

(작 품)

ㅂ·ㅅ

기타

찾아보기

(인 명)

ㄱ · ㄴ

ㄷ

ㄹ

ㅁ

ㅇ

ㅈ · ㅊ

ㅌ

ㅍ

ㅎ

레이먼드 윌리엄스 Raymond Williams, 1921~1988

20세기 영국의 대표적인 문화연구자, 소설가, 사회운동가. 웨일스 변경지방의 철도노동자 집안에서 태어난 그는 케임브리지대학 졸업 후 10여 년간 노동자 교육에 종사하며 초기의 대표작인 《문화와 사회》와 《기나긴 혁명》을 썼다. 새로이 태동하던 좌파운동에 적극적으로 개입하고 《신좌파평론》의 창간을 주도하는 등 영국 양심적 지식인 사회의 핵심적 인물로 부상하였고, 케임브리지대학 교수로 부임한 것을 계기로 당시의 문학연구 진영을 지배하던 귀족-부르주아지 중심의 문학 전통에 도전하였다. 이 시기의 대표작인 《시골과 도시》는 연면히 이어진 민중의 문화적 전통을 발굴·복원하고, 그들이 남긴 노동요, 인터뷰 기록, 법정 진술 등을 연구대상으로 삼는가 하면, 영화와 텔레비전 같은 새로운 매체의 사회적 의미에도 주목함으로써 '문화연구'라는 학문영역이 출현하는 데 결정적 역할을 하였다. 1970년대 이후 신자유주의를 기조로 하는 전지구적 자본주의의 전개를 목도하면서, 이를 극복하기 위한 이론적 작업에 전념하였다. 이 시기 저작인 《맑스주의와 문학》, 《문화사회학》 등은 후대의 연구자들에 의하여 발전적으로 계승되어 '문화유물론'이라는 연구방법론으로 정립되었다.

주요 저서로는 《문화와 사회》(1958), 《기나긴 혁명》(1961), 《현대비극론》(1966), 《시골과 도시》(1973), 《텔레비전론》(1974), 《맑스주의와 문학》(1977) 등이 있다.

이 현 석 (李炫錫)

서울대학교 인문대 영어영문학과 및 동대학원을 졸업하고, 현재 경성대학교 문과대학 영문학과와 대학원 문화기획·행정·이론학과 교수로 재직하고 있다. 《작가생산의 사회사》 등을 썼고, 《우리시대의 비극론》(테리 이글턴), 《예술의 사회적 생산》(자네트 월프) 등을 우리말로 옮겼다.